W0365233

Stanley I. Greenspan
Serena Wieder
Mein Kind lernt anders

Stanley I. Greenspan
Serena Wieder
unter Mitarbeit von Robin Simons

Mein Kind lernt anders

Ein Handbuch zur Begleitung förderbedürftiger Kinder

Aus dem Amerikanischen von
Maria Buchwald, Anke Grube und
Maren Klostermann

Walter Verlag

Titel der amerikanischen Originalausgabe:
The Child with Special Needs.
Encouraging Intellectual and Emotional Growth
© 1998 by Stanley I. Greenspan, M.D.
Perseus Books

Die Deutsche Bibliothek – CIP-Einheitsaufnahme

Greenspan, Stanley I.:
Mein Kind lernt anders : ein Handbuch zur Begleitung förderbedürftiger Kinder /
Stanley I. Greenspan/Serena Wieder
Aus dem Amerik. von Maria Buchwald, Anke Grube und Maren Klostermann.
Düsseldorf ; Zürich : Walter, 2001
ISBN 3-530-42156-1

© 2001 Patmos Verlag GmbH & Co. KG
Walter Verlag, Düsseldorf und Zürich
Alle Rechte, einschließlich derjenigen des auszugsweisen Abdrucks sowie der fotomechanischen und elektronischen Wiedergabe, vorbehalten.
Umschlaggestaltung: Groothuis & Consorten, Hamburg
Satz: Josefine Urban – KompetenzCenter, Düsseldorf
Druck und Bindung: Wiener Verlag, A-Himberg
ISBN: 3-530-42156-1

Inhalt

Für die vielen wundervollen Kinder und Familien, mit denen wir zusammenarbeiten durften und von denen wir unendlich viel gelernt haben.

Und für unsere Familien, Nancy, Elizabeth, Jake, Sarah und Jonathan Blank, Nathaniel, Rachel und Chany, ohne deren Liebe und Unterstützung diese Arbeit nicht möglich gewesen wäre.

Dank

Unser besonderer Dank gilt dem verstorbenen Reginald Lourie, der uns die visionäre Kraft gab, nach neuen Wegen zu forschen, um besonders förderbedürftigen Kindern zu helfen, und Steven Porges, Diane Lewis, Valerie Dejean und Georgia DeGangi für die vielen Jahre der Zusammenarbeit in der klinischen Arbeit, Forschung und Theorieentwicklung. Dank auch an Jan Tunney für ihre hilfreiche Unterstützung beim Manuskript und der Quellenarbeit und an Sarah Miller für ihre einfühlsame Unterstützung des Büros und der Familien, mit denen wir gearbeitet haben. Wir danken auch Merloyd Lawrence, die durch ihre außergewöhnliche Sensibilität und Klugheit viel zur Organisation und Klärung dieser Arbeit beigetragen hat.

Einleitung

Bei unserer klinischen Arbeit mit besonders förderbedürftigen Kindern haben wir in den letzten Jahren festgestellt, daß viele Kinder mit Entwicklungsbeeinträchtigungen (einschließlich geistiger Behinderung oder eines so schwerwiegenden Syndroms wie Autismus) wesentlich größere Fortschritte machen, als man bisher für möglich hielt. Gleichzeitig sind mehrere Studien zu dem Ergebnis gekommen, daß interaktive Erfahrungen tatsächlich die Hirnstruktur verändern und beeinflussen können. Durch besondere auditive Erfahrungen in der frühen Kindheit erhöht sich zum Beispiel die Zahl der neuronalen Verbindungen, die für die Verarbeitung von Tönen und Worten zuständig sind. Auch wenn die individuellen Möglichkeiten nicht unbegrenzt sind, verfügen doch die meisten Kinder über ein breites Spektrum an potentiellen Fähigkeiten. Wie sich diese Fähigkeiten entwickeln, hängt allerdings zu einem Großteil davon ab, ob sie durch bestimmte Erfahrungen gefördert werden.

Wir haben sechs elementare Arten von Erfahrungen ermittelt, die entscheidend für eine gesunde Entwicklung sind. Die Herausforderung besteht darin, daß wir Kindern, die auffällige Besonderheiten in der Funktionsweise ihres Nervensystems aufweisen und in ihren Kontakt- und Kommunikationsmöglichkeiten beeinträchtigt sind, die Chance eröffnen, in vollem Umfang an diesen vitalen, interaktiven Erfahrungen teilzuhaben.

Während der letzten 20 Jahre haben wir mit zahlreichen Kindern und Familien zusammengearbeitet und nach Methoden geforscht, wie man jedes Kind befähigen kann, auf der Entwicklungsleiter nach oben zu klettern. Wir haben einen Förderungsansatz entwickelt, der bei den derzeitigen Fähigkeiten des Kindes ansetzt, auf die Besonderheiten seines Nervensystems eingeht und das Kind mittels intensiver interaktiver Erfahrungen in die Lage versetzt, neue Fähigkeiten zu erlernen. Dieser Ansatz, der in den folgenden Kapiteln vorgestellt wird, gibt Eltern, Pädagogen und Therapeuten die Möglichkeit, einen umfassenden Behandlungsplan zu erstellen, um das intellektuelle und emotionale Wachstum des Kindes anzuregen.

Kinder mit besonderen Förderbedürfnissen werden herkömmlicherweise über Krankheiten und Syndrome definiert. Wir verwenden Begriffe wie »autistisch«, »autistisches Spektrum«, »tiefgreifende Entwicklungsstörung«, »geistige Behinderung«, »Down-Syndrom« usw. Zusammen mit diesen Begriffen werden Prognosen angeboten. Bei Kindern mit der Diagnose Autismus wird zum Beispiel üblicherweise die Prognose gestellt, daß ihre Entwicklungsmöglichkeiten relativ begrenzt sind. Man erwartet nicht, daß sie eine höhere Schule besuchen und ein eigenständiges Leben führen werden. Die geistige Behinderung wird in verschiedene Grade unterteilt, und jeder Grad wird mit der Vorhersage einer bestimmten geistigen Reife verknüpft, die dieses Kind voraussichtlich erreichen wird.

Die meisten Begriffe stehen für chronische, lebenslange Behinderungen; an deren Beschreibungen und Prognosen haben sich sowohl die Empfehlungen der Spezialisten als auch die Erwartungen der Eltern orientiert. Ihnen liegt die Überzeugung zugrunde, daß alle Kinder, die unter einen bestimmten Syndrombegriff fallen, einander ähneln – daß sie mehr Gemeinsamkeiten als Unterschiede aufweisen. Bei uns hat sich jedoch im Laufe der Jahre, in denen wir die Entwicklung von Säuglingen und sehr kleinen Kindern beobachtet haben, eine andere Überzeugung herauskristallisiert. Der Schwerpunkt unseres Interesses hat sich von älteren Kindern, die seit Jahren mit diesen Syndromen leben, auf die Gruppe der Ein- bis Dreijährigen verlagert, bei denen sich gerade erste Probleme zu zeigen beginnen, und wir haben eine andere Vorstellung vom Wesen dieser Probleme entwickelt. Wir haben festgestellt, daß Kinder, die bisher in dieselbe Kategorie eingeordnet wurden, sich erheblich voneinander unterscheiden. In einigen Fällen sind die Unterschiede größer als die Gemeinsamkeiten. Uns ist klar geworden, daß jedes Kind ein besonders beschaffenes Nervensystem aufweist und eine einzigartige geistige Entwicklung durchläuft. Jedes Kind ist »eine Klasse für sich«. Deshalb haben wir eine neue Beobachtungs- und Behandlungsmethode für besonders förderbedürftige Kinder entwickelt.

Dieser Ansatz geht davon aus, daß Eltern und Therapeuten in der Lage sind, auf die Besonderheiten des kindlichen Nervensystems einzugehen, und sich ein Therapieansatz entwickeln läßt, der bei der Einzigartigkeit des Kindes ansetzt; wir orientieren uns an den individuellen Bedürfnissen, anstatt einem Standardprogramm zu folgen, das für alle Kinder mit der gleichen Diagnose erstellt wurde. Dazu müssen Eltern und Spezialisten die Besonderheiten des einzelnen Kindes verstehen. Dazu gehört nicht nur die Biologie, sondern auch die Art, wie sich das Kind auf seine Umwelt und andere Menschen bezieht. Wenn man diese Besonderheiten erkennt, ist es möglich, einen maßgeschneiderten Ansatz für die individuellen Bedürfnisse des Kindes zu entwickeln.

Dieser Ansatz hat sich in bemerkenswerter Weise auf die Prognosen und die Fortschritte der Kinder ausgewirkt. Viele Kinder, bei denen Störungen aus dem autistischen Spektrum diagnostiziert wurden, haben sich zu fröhlichen kleinen Persönlichkeiten entwickelt, die überaus kontaktfreudig sind – Eigenschaften, die jeder Definition von Autismus zuwiderlaufen. Viele Kinder, die als geistig behindert eingestuft wurden, haben die Fähigkeiten zur Kommunikation, zum logischen Denken und zum Problemlösen entwickelt.

Der entwicklungsorientierte Interventionsansatz

Wir haben mit vielen unterschiedlichen Kindern zusammengearbeitet, die wir vom Säuglingsalter bis zum Alter von acht, neun oder zehn Jahren begleiteten. Aufgrund dieser Erfahrungen haben wir ein Entwicklungsmodell für die Arbeit mit Kindern konzipiert.

Der Ansatz ist darauf ausgerichtet, jedem Kind zu helfen, die Entwicklungsleiter zu erklimmen. Im einzelnen bedeutet dies, jedem Kind dabei zu helfen, die sechs fundamentalen Entwicklungsfähigkeiten zu meistern, die all unseren Denkprozessen und sozialen Interaktionen zugrunde liegen. Jede dieser erworbenen Fähigkeiten steht für eine neue Stufe oder eine Wegmarke in der Entwicklung.

Die sechs fundamentalen Entwicklungsfähigkeiten

Sechs grundlegende Entwicklungsfähigkeiten – auch funktionelle Wegmarken genannt – legen das Fundament für unsere gesamten Lern- und Entwicklungsprozesse. Normalerweise bewältigt ein Kind diese Wegmarken relativ mühelos. Doch Kinder mit erhöhtem Förderbedarf haben häufig Probleme damit, und zwar nicht notwendigerweise aufgrund eines grundsätzlichen Unvermögens, sondern weil ihre physiologischen Beeinträchtigungen die Bewältigung erschweren. Wenn Betreuungspersonen, Heilpädagogen und Therapeuten diese Fähigkeiten und die Faktoren, von denen sie beeinflußt werden, verstehen und gezielt daran arbeiten, sind häufig sogar Kinder mit vermeintlich chronischen Störungen in der Lage, viele dieser Wegmarken zu meistern.

1. *Die doppelte Fähigkeit, Interesse an der sichtbaren, hörbaren und fühlbaren Welt zu nehmen und sich selbst zu beruhigen.* Säuglinge versuchen zu verarbeiten, was sie sehen, hören und fühlen, und wenden sich instinktiv einem freundlichen Gesicht oder einer besänftigenden Stimme zu. Sie lernen, diese angenehmen Empfindungen zu genießen, zu verstehen und zur eigenen Beruhigung einzusetzen. Diese Fähigkeit zur Selbstregulierung ermöglicht uns, Informationen über unsere Umwelt aufzunehmen und darauf zu reagieren.
2. *Die Fähigkeit, sich auf Beziehungen zu anderen Menschen einzulassen.* Durch unsere frühesten Erfahrungen mit unseren Eltern lernen wir, uns zu »verlieben«. Wir nehmen unsere Eltern als eine Quelle der Fürsorge und Freude wahr, wir strecken die Arme nach ihnen aus, wir vertrauen ihnen. Diese Fähigkeit zur Intimität ermöglicht uns den Aufbau inniger, vertrauensvoller Beziehungen, die sich im Laufe unseres Lebens immer weiter vertiefen.
3. *Die Fähigkeit, sich auf eine wechselseitige Kommunikation einzulassen.* Mama lächelt mich an, ich erwidere das Lächeln. Papa rollt mir den Ball zu, ich rolle ihn eifrig zurück. Diese ersten Vorboten einer wechselseitigen Kommunikation lehren uns etwas über unsere Absichten, vermitteln uns einen ersten Eindruck von kausalen Zusammenhängen, von unserem Einfluß auf die Welt und liefern die ersten Bausteine für unser Selbstgefühl. Wenn diese frühen Interaktionen komplexer werden, lernen wir, mit Gesten zu kommunizieren, und verstehen die Absichten und Mitteilungen anderer. Wir legen das Fundament für die Beteiligung an immer anspruchsvolleren Gesprächen in unserem weiteren Leben.
4. *Die Fähigkeit, eine komplexe Gestik zu entwickeln und mehrere Handlungen zu einer kunstvollen und gezielten Problemlösungssequenz zu verknüpfen.* Das kleine Kind läuft zur Tür, um den Vater zu begrüßen, streckt seine Arme aus, um liebevoll gedrückt zu werden, läuft dann spielerisch weg und sagt durch sein Verhalten: »Papa, ich bin froh, daß du zu Hause bist. Fang mich, und nimm mich in den Arm!«
5. *Die Fähigkeit, Ideen und Vorstellungen zu entwickeln.* Das einfache Spiel, wie das Aufeinanderstapeln von Bauklötzen, wird zum komplexen Phantasiespiel – die Bauklötze werden zur Ritterburg, in der »die Guten« und »die Bösen« gegeneinander kämpfen. Das Kind benutzt diese Szenarien, um mit dem breiten Spektrum an Gefühlen und Vorstellungen zu experimentieren, die es entdeckt, wenn seine Welt größer wird. Es fängt

auch an, Sprache zu benutzen, um seine Wünsche und Interessen anzuzeigen: »Ich will Saft!«

6. *Die Fähigkeit, Brücken zwischen einzelnen Vorstellungen zu bauen und dadurch das Denken in der Realität und Logik zu verankern.* Das Kind fängt an, seine Ideen im Spiel und durch Worte auszudrücken; es beschreibt seine Gefühle, anstatt sie einfach auszuagieren, und verbindet bestimmte Vorstellungen zu eigenen, logischen Gedankenfolgen: »Ich bin wütend, weil du mein Spielzeug weggenommen hast!«

Bei diesen grundlegenden Fähigkeiten handelt es sich nicht um die traditionellen kognitiven Fähigkeiten: Es geht nicht darum, daß das Kind Formen wiedererkennt, Buchstaben benennt oder zählen kann. Es handelt sich auch nicht um die bekannten sozialen Fertigkeiten des Abwartens, bis man an der Reihe ist, oder des Stillsitzens. Sie sind elementarer. Wir bezeichnen sie als *funktionelle emotionale Fähigkeiten*, weil sie auf den ersten emotionalen Interaktionen beruhen; sie bilden sowohl die Grundlage für unseren Intellekt und unser Selbstgefühl als auch für solche bekannten Fähigkeiten wie das Zählen oder das Abwarten, bis man an der Reihe ist. Auf diesen fundamentalen Fähigkeiten bauen alle höheren Ebenen des Denkens und Problemlösens auf.

Drei Elemente der kindlichen Welt spielen zusammen und nehmen Einfluß darauf, wie gut ein Kind diese funktionellen emotionalen Fähigkeiten meistert. Das erste Element ist die Biologie des Kindes: neurologische Stärken oder Schwächen fördern oder hemmen sein Funktionsvermögen. Das zweite Element sind die Interaktionsmuster des Kindes gegenüber Eltern, Lehrern, Großeltern und anderen. Das dritte sind die Gegebenheiten in der Familie, der Kultur und der größeren Gesellschaft.

Physiologische Beeinträchtigungen

Kinder mit besonderen Förderbedürfnissen sind einer Vielzahl von physiologischen Anfechtungen ausgesetzt, die sie daran hindern, in der Welt erfolgreich zu sein. Man kann diese Beeinträchtigungen auf vielerlei Weise beschreiben. Wenn man sie jedoch unter dem Aspekt betrachtet, wie sie die Entwicklung beeinflussen, ist es sinnvoll, sie in drei Gruppen zu unterteilen:

1. *Störungen der sensorischen Reaktivität.* Das Kind hat Schwierigkeiten mit der Weiterleitung (Modulation) von Informationen, die es über seine Sinne, also durch Sehen, Hören, Tasten, Schmecken, Riechen und Körperempfinden aus der Außenwelt erhält (d. h., das Kind hat eine hohe oder eine niedrige Reizschwelle).
2. *Störungen der Verarbeitung.* Das Kind hat Schwierigkeiten, aufgenommene Sinnesdaten zu deuten.
3. *Störungen bei der Herausbildung und Abfolge oder bei der Planung von Reaktionen.* Das Kind hat zum Beispiel Schwierigkeiten, seinen Körper so zu bewegen, wie es will.

Jede Form der Beeinträchtigung macht es schwer für das Kind, eine Beziehung zu seinen Eltern oder Betreuungspersonen aufzubauen und mit ihnen zu kommunizieren, und behindert es dadurch in seinen Lern-, Reaktions- und Entfaltungsmöglichkeiten. Wenn wir die Entwicklung des Kindes fördern wollen, müssen wir folglich wissen, wie es um die Funktionsfähigkeit in jedem dieser Bereiche bestellt ist. Sobald wir die spezifischen Probleme einmal erkannt haben, können wir gezielte Behandlungspläne entwickeln, um den Beeinträchtigungen entgegenzuwirken. Noch wichtiger ist, daß wir dadurch die Möglichkeit erhalten, Eltern und andere Bezugspersonen gezielt darin zu unterweisen, wie sie diese Probleme umgehen und die Lern-, Kontakt- und Reifungsfähigkeiten ihres Kindes fördern können (Zu speziellen Fördermöglichkeiten bei bestimmten Syndromen siehe auch Kapitel 15.)

Die Interaktionsmuster des Kindes

Physiologische Hindernisse beeinflussen die Interaktionen des Kindes mit anderen. Bei einem Kind, das sehr schwach auf Töne reagiert, ist es beispielsweise unwahrscheinlich, daß es sich der werbenden Stimme der Mutter zuwendet. Ein Kind, das überempfindlich auf Berührungen reagiert, weicht zurück und fängt vielleicht sogar an zu weinen, wenn der Vater es umarmen will. Man kann sich unschwer vorstellen, daß diese Reaktionen weitreichende Auswirkungen auf die kindliche Entwicklung haben können. Wenn sich ein Kind ständig von seiner Mutter zurückzieht, versucht die Mutter verständlicherweise immer seltener, das Kind in eine liebevolle Interaktion zu verwickeln. Das Verhalten des Kindes ist ihr ein Rätsel, und sie glaubt vielleicht, daß es lieber in Ruhe gelassen werden möchte. Wenn sie dagegen weiß, daß ihr Kind eine hohe Reizschwelle hat, kann sie dieses physiologische Hindernis umgehen; sie kann das Kind auf anderem Wege in eine liebevolle Beziehung hineinführen, um es zur Interaktion und Kommunikation anzuregen.

Familiäre und soziale Verhaltensmuster

Alle Eltern bringen bestimmte Tendenzen in ihre Elternrolle ein. Einige von uns sind von Natur aus offen und zugänglich; andere sind eher zurückhaltend. Manche reden ohne Unterlaß; andere sind eher still. Diese Neigungen, die zum Teil angeboren, zum Teil durch familiäre Herkunft und kulturelles Umfeld geprägt sind, haben Einfluß darauf, wie wir mit unseren Kindern umgehen. Sie können es leichter oder schwerer für unsere Kinder machen, die emotionalen Wegmarken zu meistern.

Eine sehr sanfte, vorsichtige Familie kann ideal für ein sensibles, überempfindliches Kind sein. Aber nehmen wir einmal an, ein Säugling hat einen niedrigen Muskeltonus und reagiert zudem sehr schwach auf Berührungen und Geräusche, und nehmen wir weiterhin an, daß die Eltern dieses Kindes sehr ruhig und zurückhaltend sind. Wahrscheinlich werden weder das Baby noch die Eltern von sich aus die Interaktionsformen anbieten, die zum Aufbau einer wechselseitigen Beziehung notwendig sind. Das Kind liegt vielleicht reglos da und schaut seine Eltern an; die Eltern erwidern den Blick und lächeln. Doch es kommt sehr wahrscheinlich nicht zu jener Art von aktiver Zuwendung (Kitzeln, Lachen und lebhafte Gestik), die dieses Kind braucht, um zu vertrauensvoller Nähe angeregt zu werden.

Glücklicherweise können Eltern, wenn sie sich ihrer eigenen Interaktionstendenzen bewußt werden, ihr Verhalten ändern; sie können auf die besonderen Stärken und Schwächen des kindlichen Nervensystems eingehen und ihrem Kind bei der Bewältigung der Wegmarken helfen. Auch wenn das Problem physiologischer Art ist, kann der Interaktionsstil der Bezugspersonen dem Kind helfen, seine eigenen biologisch bedingten Tendenzen in den Griff zu bekommen. Wir haben oft Gelegenheit, den Eltern ein wichtiges Prinzip zu veranschaulichen: Obwohl ihr Verhalten nichts mit den Ursachen der Probleme zu tun hat, kann es entscheidend zu deren Lösung beitragen.

All diese Elemente – die physiologischen Beeinträchtigungen des Kindes, die Art, wie es sich auf seine Betreuungspersonen bezieht, und die Art, wie die Betreuungspersonen sich auf das Kind beziehen – wirken sich darauf aus, wie gut es die Fähigkeiten herausbildet, die es für seine weitere Entwicklung braucht. Beim entwicklungsorientierten Interventionsansatz arbeiten wir in allen drei Bereichen, um die Reifung des Kindes zu fördern. Wir schätzen das einzigartige physiologische Profil des Kindes ein; wir beobachten, wie sein Profil die Interaktionen mit Bezugspersonen beeinflußt; wir untersuchen, wie sich die Verhaltensmuster der Betreuungspersonen auf seine Entwicklungsfortschritte auswirken; schließlich erstellen wir ein Therapieprogramm, um alle drei Bereiche zu fördern.

Die Anwendung des entwicklungsorientierten Ansatzes bei häufig diagnostizierten Syndromen

Wenn man über die bekannten Syndrome hinausschaut und sich auf die Entwicklungsfähigkeiten und die individuellen Unterschiede bei förderbedürftigen Kindern konzentriert, erscheinen diese Kinder in einem ganz anderen Licht. Man sieht nicht in erster Linie die Gemeinsamkeiten, die ein ähnliches Behandlungsprogramm erfordern, sondern erkennt die Einzigartigkeit jedes Kindes und kann Behandlungspläne erstellen, die speziell auf die individuellen Förderbedürfnisse zugeschnitten sind. Im folgenden wollen wir darauf eingehen, was dieser Ansatz für einige der häufigsten Syndrome (siehe auch Kapitel 15) bedeutet.

Autismus, autistisches Spektrum und tiefgreifende Entwicklungsstörung

Aus Gründen, die noch nicht völlig klar sind (aber vermutlich nicht nur mit einer verbesserten Früherkennung zusammenhängen), berichten psychosoziale Einrichtungen, die Hilfe für Säuglinge und Kleinkinder sowie deren Eltern anbieten, von einer wachsenden Zahl von Kindern mit schweren Beziehungs- und Kommunikationsproblemen. Sehr häufig scheinen sich diese Kinder bis zum Alter von eineinhalb bis zwei Jahren ganz normal zu entwickeln. Die Eltern erinnern sich, daß sich ihr Kind gern umarmen und drücken ließ und altersgemäß erste Gesten einsetzte. Oft werden diese Beobachtungen von Familienvideos bestätigt. Doch im Alter von 12 bis 15 Monaten kommt die Entwicklung des vorverbalen, gestischen Kommunikationssystems allmählich zum Stillstand. Das Kleinkind greift zum Beispiel nicht nach der Hand des Vaters, um ihn in die Küche zu führen und mit Gesten oder Lauten nach bestimmten Speisen zu verlangen. Gleichzeitig fängt das Kind an, sehr empfindlich (oder noch empfindlicher) oder aber immer schwächer auf bestimmte Geräusche oder Berührungsarten zu reagieren. Es scheint selbst simple Wörter oder Gesten nicht mehr zu verstehen, und die Sprachentwicklung bricht ab. Nach und nach fällt den Eltern auf, daß ihr Kind sich immer mehr in sich selbst zurückzieht, das Interesse an seiner Umwelt verliert, ziellos wirkt und immer öfter bestimmte stereotype Verhaltensweisen wiederholt.

Viele dieser Verhaltensweisen fügen sich in die klassische Autismusdefinition, die der Kinderpsychiater Leo Kanner im Jahr 1943 aufstellte. Nach Kanner zeichnet sich der frühkindliche Autismus vor allem durch eine fundamentale Beziehungsstörung aus, durch eine von Geburt an bestehende extreme Einsamkeit, die alles, was von der Außenwelt kommt, ablehnt, ignoriert und ausschließt.[1] Nach dem von der American Psychiatric Association erarbeiteten Klassifikationssystem für psychische Störungen (*Diagnostic and Statistical Manual,* DSM-IV) fallen diese Verhaltensweisen in die Kategorie der tiefgreifenden Entwicklungsstörung (*PDD: Pervasive developmental disorder*). PDD hat eine Reihe von Unterkategorien, wie zum Beispiel die »autistische Störung« (die klassische und schwerere Verlaufsform) sowie die »nicht näher bezeichnete tiefgreifende Entwicklungsstörung« (*PDDNOS: Pervasive developmental disorder not otherwise specified,* eine allgemeinere Form, die diagnostiziert wird, wenn eine grundlegende Beziehungs- und Kommunikationsstörung vorliegt, das Kind jedoch sonst keines der offiziellen Kriterien für eine autistische Störung erfüllt).

Die Diagnose PDD wird bei immer mehr Kindern in immer jüngeren Jahren gestellt, doch wir beobachten klinische Merkmale, die das bestehende theoretische Rahmenwerk in Frage stellen. Die Beziehungs-, Kommunikations- und emotionalen Ausdrucksmuster von Kindern entsprechen häufig nicht einem ganz bestimmten Typus, sondern scheinen eher entlang einem Kontinuum angesiedelt zu sein. Da Klinikern keine besseren diagnostischen Kategorien zur Verfügung stehen, stellen sie die Diagnose PDDNOS für viele Kinder, die unter vielfältigen Kombinationen von sozialen, sprachlichen und kognitiven Störungen leiden, auch wenn die Kontaktfähigkeit dieser Kinder ganz unterschiedlich ausgeprägt ist. Die meisten Eltern sind sich allerdings bewußt, daß Autismus und PDDNOS beide unter den allgemeinen Oberbegriff der tiefgreifenden Entwicklungsstörung fallen.

Bei der Mehrheit der Kinder tritt das Beziehungsproblem nicht, wie Kanner meinte, bereits im ersten Lebensjahr deutlich hervor, sondern zeigt sich erst im zweiten und dritten Lebensjahr im Zusammenhang mit Schwierigkeiten bei der sensorischen Verarbeitung. Im Gegensatz zu anderen Studien haben wir festgestellt, daß die meisten Kinder erste klare Symptome im zweiten und dritten Lebensjahr entwickeln. Außerdem hat jedes Kind hinsichtlich der Verarbeitung von Sinneseindrücken sein ganz eigenes, unverwechselbares Profil. Diese Profile variieren in bezug auf die sensorische (z. B. taktile, auditive, visuelle) Reaktivität, in bezug auf die Verarbeitung von (z. B. auditiv-verbalen, visuell-räumlichen) Sinnesdaten sowie im Hinblick auf Muskeltonus und Bewegungsplanung oder -sequenzierung. Auch die Annahme, daß Kinder mit PDD (gemäß DSM-IV) dazu neigen, relativ bindungsarm, starr, mechanisch und idiosynkratisch zu bleiben, wird durch unsere jüngeren klinischen Erfahrungen nicht bestätigt. Bei einer frühzeitigen Diagnose und einem umfassenden, integrierten, entwicklungs- und beziehungsorientierten Behandlungsansatz erwerben viele Kinder mit ursprünglicher PDD-Diagnose die Fähigkeit, sich mit Wärme, Empathie und emotionaler Flexibilität auf mitmenschliche Beziehungen einzulassen. Wir haben mit einer Reihe von Kindern gearbeitet, bei denen man im Alter zwischen 18 und 30 Monaten die Diagnose Autismus oder PDDNOS gestellt hatte. Diese inzwischen älteren Kinder haben keine Kommunikationsprobleme (benutzen komplexe Sätze auf anpassungsfähige Weise), sind kreativ, warmherzig, liebevoll und fröhlich. Sie besuchen reguläre Schulen, bewältigen erste intellektuelle Herausforderungen, schließen Freundschaften und sind Meister des Phantasiespiels. Wir haben den Begriff *multisystemische neurologische Störung* eingeführt, um Kinder zu beschreiben, die unter Kommunikationsproblemen leiden und zur Perseveration neigen, aber kontaktfähig sind oder über das Potential zum Aufbau liebevoller, positiver Beziehungen verfügen. Die Fähigkeit, Intimität und Abhängigkeit positiv zu erleben und Freude zu empfinden, scheint häufig schon früh im Therapieprogramm erreichbar. Außerdem kann man das kognitive Potential erst erforschen, wenn interaktive Erfahrungen zur Gewohnheit geworden sind.

Die traditionell pessimistische Prognose für die tiefgreifende Entwicklungsstörung (oder PDD) beruht auf Erfahrungen mit Kindern, deren Behandlung einem relativ starren, festgelegten Schema folgte und nicht auf individuelle Unterschiede, Beziehungen, Gefühle und emotionale Hinweis-Reize ausgerichtet war. Therapieansätze, die das Kind nicht in *spontane*, erfreuliche Beziehungsmuster verwickeln, können das Problem verstärken, anstatt es zu verbessern. Wir haben festgestellt, daß sogar bei älteren Kindern mit PDD-typischen Verhaltensmustern die Perseveration und das idiosynkratische Verhalten abnehmen und die Bezogenheit zunimmt, wenn möglichst viele spontane Affekte, die auf emotional robusten gestischen oder sprachlichen Interaktionen beruhen, in Gang gesetzt werden.

Die Tatsache, daß es viele unterschiedliche Formen von Kontakt- und Kommunikationsproblemen gibt, daß signifikante individuelle Unterschiede zwischen Kindern bestehen und daß es weit mehr Möglichkeiten eines intellektuellen und emotionalen Wachstums gibt als bislang angenommen, zwingt uns, die herkömmlichen Annahmen über die tiefgreifende Entwicklungsstörung (PDD) kritisch zu überdenken. Das gilt ganz besonders für die Vorstellung eines unabänderlichen physiologischen Defizits, das Beziehungen zu anderen und das Erleben von Freude, Glück und schließlich Empathie verhindert. Vieles spricht dafür, daß ein Kind auf unterschiedliche Weise mit physiologisch bedingten Verarbeitungsdefiziten umgehen kann und daß man durch bestimmte Formen der Intervention eine erfolgreiche Anpassung, einschließlich Freude und Kreativität, fördern kann.

Geistige Behinderung und kognitive Defizite

Die Diagnose »geistige Behinderung« wird normalerweise gestellt, wenn ein Kind unter kognitiven Entwicklungsverzögerungen oder Defiziten leidet, die mehr als zwei Standardabweichungen vom erwarteten Durchschnitt entfernt sind oder, anders ausgedrückt, wenn der Standard-IQ-Test einen Wert von 75 oder darunter ergibt. Nach traditioneller Auffassung sind Kinder mit geistiger Behinderung generell zurückgeblieben, d. h., man geht davon aus, daß sie in Sprache, Kognition, motorischen Fähigkeiten, auditiver Verarbeitung und visuell-räumlicher Verarbeitung gleichermaßen hinterherhinken. Wir haben viele Kinder untersucht, bei denen man eine geistige Behinderung diagnostiziert hatte; ihr individuelles Profil umfaßte sowohl Stärken als auch Schwächen in der auditivien Verarbeitung, der visuell-räumlichen Verarbeitung, beim Muskeltonus und der Bewegungsplanung.

Wir haben außerdem festgestellt, daß ein einzelnes Defizit häufig dazu führt, daß andere Bereiche sich nicht optimal entwickeln. Manchmal verdecken schwere motorische Beeinträchtigungen stärkere Fähigkeiten in anderen Bereichen. So glaubte man zum Beispiel bei einem Mädchen, das nur seine Zunge bewegen konnte, daß es unter schweren kognitiven Defiziten litt und überhaupt keine Kommunikationsfähigkeiten besaß. Nachdem wir ihm einmal beigebracht hatten, wie es durch Bewegungen der Zunge »ja« und »nein« andeuten konnte, stellte sich heraus, daß es über ein weit größeres Potential für eine gezielte, wechselseitige Kommunikation verfügte. Nach relativ kurzer Zeit benutzte es seine Zunge, um seine Wünsche und Absichten zu signalisieren – Fähigkeiten, die die Kliniker ihm vorher abgesprochen hatten. Schon leichte Probleme mit der motorischen Planung und Sequenzierung können die Kommunikationsfähigkeit eines Kindes untergraben (zum Beispiel verhindern, daß es mehrere Gesten miteinander verbindet) und dazu führen, daß die Interaktionsarten, die das intellektuelle oder emotionale Wachstum fördern, erheblich eingeschränkt werden.

Kinder mit niedrigem Muskeltonus oder schweren Beeinträchtigungen der Bewegungsplanung haben häufig rein praktische Schwierigkeiten bei herkömmlichen Testverfahren, was ein falsches Bild von ihrem kognitiven Potential ergeben kann. So entsteht leicht der Eindruck, daß ihre Fähigkeiten auf einem eher einheitlich niedrigen Niveau liegen, obwohl sie sich in Wahrheit ungleichmäßig verteilen.

All das bedeutet nicht, daß jedes Kind mit der Diagnose »geistige Behinderung« über ein enormes Potential verfügt, aber es bedeutet, daß dies bei einigen Kindern der Fall ist und daß bei anderen möglicherweise unterentwickelte Fähigkeiten vorhanden sind. Wir stehen vor der Aufgabe, die einzigartigen Stärken und Schwächen jedes Kindes zu erkennen, denn solange wir seine Fähigkeiten nicht differenziert betrachten, verwehren wir ihm die Chance auf eine volle Entfaltung seiner Möglichkeiten.

Zerebrallähmung (zerebrale Bewegungsstörung)

Wie bei der geistigen Behinderung kann auch bei der Zerebrallähmung ein einzelnes Defizit die Fähigkeiten in anderen Bereichen verdecken. So erhält ein Kind mit schwerer zerebraler Lähmung, das in seiner Motorik erheblich beeinträchtigt ist, unter Umständen nicht die Chance, seine sprachlichen und kognitiven Potentiale zu entwickeln, weil es nicht an Aktivitäten teilnehmen kann, durch die diese Fähigkeiten gefördert werden.

Wir wissen, daß viele Kinder mit Zerebrallähmung, bei denen man gleichzeitig eine geistige Behinderung diagnostiziert hatte, enorme Fortschritte gemacht haben, nachdem man ihr Selbstbewußtsein und ihre interaktive Kommunikationsfähigkeit gefördert hatte. Wie wir in den folgenden Kapiteln aufzeigen werden, sind Interaktionen unabdingbar für das Lernen. Wenn ein Kind keine Möglichkeit erhält, seine Umwelt zu beeinflussen oder Reaktionen bei anderen auszulösen, ist es schwierig, die Grundstrukturen zusammenzusetzen, auf denen das Lernen beruht. Wir haben bei vielen Kindern einen signifikanten Anstieg der Intelligenz beobachtet. Die einzige Methode, jedem Kind bei der Entfaltung seines persönlichen Potentials zu helfen, besteht darin, seine individuellen Stärken und Schwächen zu ermitteln und einen maßgeschneiderten Behandlungsplan anzuwenden.

Regulierungsstörungen

Abgesehen von den Problemen aus dem autistischen Spektrum, den multisystemischen Entwicklungsstörungen und den kognitiven Defiziten, die mit einer geistigen Behinderung verbunden sind, gibt es noch einen weiteren großen Problembereich, der unter dem Begriff der Regulierungsstörungen zusammengefaßt wird. Regulierungsstörungen umfassen individuelle Unterschiede in der Empfänglichkeit für Sinneseindrücke, der Verarbeitung von sensorischen Daten und der Bewegungsplanung.[2] Viele Kinder mit Lern- oder Verhaltensstörungen, Aufmerksamkeits-, Konzentrations- und Organisationsproblemen sowie Schlaf- und Eßstörungen haben grundlegende Schwierigkeiten damit, Sinneseindrücke aufzunehmen, sprachliche oder visuell-räumliche Muster zu verstehen oder ihre Bewegungen zu planen. In diesem Fall bezeichnen wir die Symptome als Regulierungsstörungen. Sie unterscheiden sich von Störungen des autistischen Spektrums, weil die betroffenen Kinder durchaus liebevolle Beziehungen zu anderen Menschen herstellen können. Sie unterscheiden sich von der geistigen Behinderung, weil Kinder mit Regulierungsstörungen keine signifikanten kognitiven oder sprachlichen Defizite aufweisen, auch wenn sie in diesen Bereichen häufig zu kämpfen haben. Die von Regulierungsstörungen hervorgerufenen Schwierigkeiten hängen eher damit zusammen, wie ein Kind teilen, kooperieren, mit Wutanfällen umgehen oder Aggressionen zeigen kann, und weniger mit grundlegenden Bindungs-, Kommunikations- und Denkfähigkeiten. Wir ermittelten fünf Arten von Regulierungsstörungen:

sensibel/ängstlich
trotzig
selbstbezogen
aktiv/verlangend
unaufmerksam

Aufmerksamkeitsstörungen

Obwohl die Aufmerksamkeitsdefizitstörung (Attention Deficit Disorder, ADD) im *Diagnostic and Statistical Manual* der American Psychiatric Association (APA) als eigenständige Störung aufgeführt ist, kann man sie auch als Form der Regulierungsstörung auffassen, die Probleme mit der Bewegungsplanung und -abfolge umfaßt. Manchmal treten außerdem Probleme mit der Aufnahme oder Verarbeitung von Sinnesreizen auf. Wie den Autismus und die geistige Behinderung sollte man am besten auch die Aufmerksamkeitsstörungen im Rahmen der individuellen Unterschiede betrachten, damit man die einzigartigen Merkmale des Kindes zur Grundlage des Interventionsprogramms machen kann. Aufmerksamkeitsstörungen sind ein gemeinsames Symptom vieler unterschiedlicher individueller Grundmerkmale. Eine hohe Reizschwelle und ein starkes Verlangen nach Sinnesreizen können zum Beispiel einige Kinder aktiv und leicht ablenkbar machen. Durch eine beeinträchtigte Bewegungsplanung wirken manche Kinder verloren und desorganisiert. Auditive oder visuell-räumliche Verarbeitungsprobleme können dazu führen, daß das Kind zu einem fragmentierten Verhalten neigt und Schwierigkeiten hat, Anordnungen und Regeln zu befolgen. Eine Überempfindlichkeit für Geräusche, für visuelle Reize oder Berührungen kann zur Folge haben, daß Kinder sehr stark reagieren, ablenkbar, überlastet und überfordert sind. Viele Kinder mit schweren Regulierungs- und Aufmerksamkeitsproblemen besuchen sonderpädagogische Einrichtungen und gelten als besonders förderbedürftig.

Weitere physiologische Beeinträchtigungen

Weitere Störungen, zum Beispiel das Fragile-X-Syndrom (Martin-Bell-Syndrom), Down-Syndrom und andere genetische Syndrome, das fetale Alkoholsyndrom, Drogenmißbrauch der Mutter während der Schwangerschaft sowie verschiedene Formen von kognitiven oder Wahrnehmungsdefiziten zeigen sich an einer Vielzahl unterschiedlicher Aufmerksamkeits- und Regulierungsprobleme. Obgleich viele dieser Syndrome kognitive, motorische und Verarbeitungsprobleme umfassen, sollte man sie ebenfalls im Rahmen von individuellen Unterschieden betrachten (d. h. über ihre Manifestation in spezifischen Schwierigkeiten).

Es gibt viele hervorragende Programme, die darauf ausgerichtet sind, Kindern mit Gehör- oder Sehschäden bei der Bewältigung ihrer besonderen Schwierigkeiten zu helfen. Doch diese Kinder teilen auch einige Probleme mit Kindern, die Regulierungsprobleme haben; sie brauchen eine Intervention, die auf ihre stärkeren Sinne zielt und diese zur Grundlage ihrer Kontakt-, Kommunikations- und Denkfähigkeiten macht. Wir werden später noch einige interaktive Erfahrungen beschreiben, die man in herkömmliche Programme für Kinder mit visuellen oder auditiven Defiziten einschließen könnte, um die allgemeine Anpassung der Kinder zu fördern.

Das individuelle Profil

In diesem Buch erklären wir, wie man ein Profil erstellt, das die individuellen Besonderheiten eines Kindes im Hinblick auf folgende Bereiche erfaßt: (1) Reaktivität gegenüber Sinnesreizen, Informationsverarbeitung, Handlungsplanung und Sequenzierung von Verhaltensweisen und Gedanken; (2) Grad der funktionellen emotionalen, sozialen und intellektuellen Fähigkeiten; (3) typische und notwendige Interaktionsmuster; und (4) familiäre Besonderheiten. Dieses Profil gibt Eltern und Therapeuten die Möglichkeit, einen Interventionsplan zu erstellen, der auf die individuellen Merkmale des jeweiligen Kindes zugeschnitten ist.

Die hier aufgeführten Syndrome zeigen sich ebenso wie andere Symptomenkomplexe im Entwicklungsstand und in den Funktionsfähigkeiten, etwa der Reaktion auf Berührungen und Töne, der auditiven Verarbeitung, der Bewegungsplanung, und in den perzeptiven Bewegungsfähigkeiten. Kinder, die ein bestimmtes Syndrom oder einzelne Symptome verschiedener Syndrome gemeinsam haben, können sich mehr oder weniger ähnlich sein, je nach ihrem individuellen Profil. *Das individuelle Profil, nicht das Syndrom,* bestimmt über das angemessene Interventionsprogramm. Die Ausnahme ist ein spezifisches physiologisches Defizit, das einem Syndrom zugrunde liegt und das durch Medikamente oder medizinische Verfahren korrigiert werden kann. Doch die meisten Entwicklungsprobleme erfordern einen umfassenden Interventionsansatz, zu dem auch bestimmte Medikamente oder medizinische Eingriffe gehören können.

Im zweiten Teil dieses Buches werden wir aufzeigen, wie man einen umfassenden Behandlungsplan erstellt, der auf dem individuellen Profil beruht. Dazu gehört auch ein Verfahren, das wir im Laufe vieler Jahre entwickelt haben und als »Bodenzeit« bezeichnen. Obwohl die vorgestellten Fallbeispiele einige der einzigartigen Interventionsmerkmale bei häufig auftretenden Syndromen veranschaulichen, möchten wir vor allem darlegen, daß man an einer Vielzahl von Entwicklungsstörungen arbeiten kann, indem man das einzigartige Profil eines Kindes, einschließlich seiner Funktionsfähigkeiten, ermittelt. Die Kriterien für die Klassifizierung und eine ausführliche Erörterung von Syndromdiagnosen finden sich im *DSM-IV* und anderen Fachtexten. Wir möchten uns statt dessen darauf konzentrieren, wie man den Entwicklungsstand und die einzigartigen Verarbeitungsfähigkeiten eines Kindes erkennt und wie man vorgehen kann, um die Funktionsfähigkeiten zu stärken, die für weitere Fortschritte notwendig sind. Wir beschreiben Beispiele von Kindern mit tiefgreifenden Entwicklungsstörungen (Störungen aus dem autistischen Spektrum) und mit multisystemischen Entwicklungsstörungen, denn diese Störungen umfassen Probleme auf mehreren Entwicklungsstufen sowie die meisten der Verarbeitungsdefizite, die bei den unterschiedlichsten Beeinträchtigungen auftreten.

Einschätzung

Die Einschätzung sollte damit beginnen, daß man sich einen Überblick über die derzeitigen Fähigkeiten des Kindes und seine Entwicklungsgeschichte verschafft und bei mehreren Gelegenheiten mindestens eine halbe Stunde lang beobachtet, wie sich das Kind gegenüber seinen Bezugspersonen verhält. Standardisierte Tests sollten nicht als Eckpfeiler der Einschätzung dienen. Wenn nötig, können sie eingesetzt werden, nachdem man das Kind bei seiner Interaktion und seinem Spiel mit seinen Eltern oder Betreuungspersonen beobachtet hat. Eine Auswertung von mehr als 200 Fällen, viele davon aus renommierten Diagnosezentren, ergab, daß in mehr als 90 Prozent der Fälle keine direkte Beobachtung der Interaktionen zwischen Eltern und Kind stattgefunden hatte. Doch diese Interaktionen offenbaren die Beziehungs- und Interaktionsfähigkeit des Kindes und sind der Schauplatz, an dem es am ehesten auf seinem höchsten Leistungsniveau operiert. Tests sind häufig darauf ausgerichtet, wie sich das Kind in der Beziehung zum Testleiter und bei hochstrukturierten Aufgaben verhält. Dazu sind unter Umständen motorische Planungs- (Aufmerksamkeits-)fähigkeiten erforderlich, über die das Kind nicht verfügt. Aber diese Beziehung und die Aufgaben sind dem Kind fremd und machen ihm vielleicht sogar angst. Deshalb wird es wahrscheinlich auf einem niedrigeren Leistungsniveau handeln. Deshalb wird die Einschätzung häufig ein eher allgemeines Bild von dem Kind vermitteln und seine Fähigkeiten stark verallgemeinern. Das so gewonnene Bild beruht nicht auf der Beobachtung, wie es seine besonderen Fähigkeiten in der Beziehung zu seinen wichtigsten Betreuungspersonen einsetzt. Unter diesen Umständen ist es nicht überraschend, daß man bei vielen Kindern irrtümlicherweise Störungen aus dem autistischen Spektrum diagnostiziert. Weil sie keine herzliche und spontane Beziehung zum Testleiter herstellen können, wird unterstellt, daß sie ähnliche Interaktionsdefizite in ihrer häuslichen Umgebung haben. Da die Interaktion zwischen Eltern und Kind die entscheidende Interaktion für eine Förderung der sechs emotionalen Entwicklungsstufen ist, können die Ergebnisse von standardisierten Tests ein besonders schlechtes Prognoseinstrument für die Fortschritte eines Kindes sein.

Wir empfehlen die Anwendung eines Bewertungsansatzes, der die individuell unterschiedlich ausgeprägten Stärken und Schwächen jedes einzelnen Kindes ermittelt. Das heißt, daß man die sensorische Verarbeitung und das Bewegungsprofil des Kindes untersucht sowie seine Interaktionsmuster mit den Eltern und die Interaktionsmuster der Eltern mit dem Kind. Berücksichtigt werden außerdem seine sprachlichen und kognitiven Fähigkeiten und sein allgemeiner Gesundheitszustand. Mit Hilfe dieser Informationen können wir die funktionellen Stärken und Schwächen des Kindes erkennen und einen Behandlungsplan erstellen, der diese Schwächen umgeht und auf den Stärken des Kindes aufbaut.

Im Idealfall sollte sich die Einschätzung über einen längeren Zeitraum erstrecken und nicht an einem einzigen Tag erfolgen. Genaugenommen sollte die Bewertung ein integraler Bestandteil der Behandlung sein. Während wir mit Kindern an ihren individuellen Stärken und Schwächen arbeiten, schätzen wir laufend ihre Fähigkeiten sowie die Fähigkeiten ihrer Betreuungspersonen ein, wobei wir normalerweise Fortschritte in allen Bereichen verzeichnen. Bei einigen Kindern hatte man zum Beispiel ein schweres kognitives Defizit in allen Bereichen diagnostiziert; als sie nach drei- bis viermonatiger Behandlung gelernt hatten, mehr Initiative zu entwickeln (d. h. zielgerichteter mit ihren Eltern kommunizierten, indem sie ihre Wünsche äußerten), stellten wir fest, daß sie Stärken im visuellen Verständnis und bei der Problemlösung entwickelten, die sich bei der Eingangsuntersuchung oder dem Eingangstest nicht gezeigt hatten. Diese Kinder waren zu weit größeren Fortschritten fähig als ursprünglich angenommen. Der Schlüssel zum Erfolg war, daß man die individuellen Stärken und Schwächen einschätzte und dann gezielt darauf einging (anstatt mit einem standardisierten Behandlungsprogramm zu arbeiten).

Wir haben festgestellt, daß zwei Dinge geschehen, wenn wir uns auf die individuellen Unterschiede und Besonderheiten konzentrieren:

1. Die Kinder machen bessere Fortschritte.
2. Die individuellen Unterschiede verändern sich ständig, weil jeder Entwicklungssprung bedeutet, daß sich das Profil verändert.

Die Einschätzung muß also ein laufender Prozeß sein, und der Behandlungsplan muß entsprechend modifiziert werden.

Die große Bedeutung von Emotionen

Im Umgang mit den individuellen Besonderheiten und Entwicklungsstufen von Kindern haben wir beobachtet, daß ihre Fortschritte zu einem wesentlichen Teil davon abhängen, ob wir ihnen helfen können, ihre eigenen Emotionen, Wünsche und Absichten zu nutzen, um zunächst ihr Verhalten und später dann ihr Denken daran auszurichten. Mit anderen Worten: Man muß die instinktiven Bedürfnisse nutzbar machen, damit die Kinder lernen, ihre Gesten gezielt einzusetzen und ihren Worten Sinn zu verleihen. Das kann zum Beispiel so aussehen, daß man dem Kind einen Keks hinhält, den es haben möchte, es dazu anregt, danach zu greifen, und es später auffordert, die Worte »Keks essen« zu verwenden, um eine Süßigkeit für sich selbst oder – beim Symbolspiel – für seine Puppe zu erhalten. Das Verhalten des Kindes wird von seinen Emotionen, Wünschen und Bedürfnissen – von seinen Interessen – angetrieben; das gilt für die einfachsten Gesten (das Kind lächelt, runzelt die Stirn, wendet sich ab) bis hin zu komplexeren Verhaltensweisen (es ahmt Laute nach; nimmt die Eltern bei der Hand, damit sie ihm bei der Suche nach einem Spielzeug helfen; benutzt Worte und Begriffe). Je besser wir einem Kind dabei helfen können, seine Emotionen mit seinen Verhaltensweisen und seinen Gedanken zu verbinden, desto besser können wir ihm helfen, sich zu einer Persönlichkeit zu entwickeln, die zu einem bewußten, erfüllten Leben fähig ist und zu begreifen vermag, was in ihrer Welt geschieht.

Viele Eltern und andere Betreuungspersonen nehmen besonders förderbedürftigen Kindern alle wichtigen Aufgaben ab, anstatt sie zu ermutigen, eigenständig auf ihre inneren Bedürfnisse zu reagieren und entsprechende Initiativen zu entwickeln. Die eigenen Wünsche und Interessen eines Kindes sind ein wichtiger Bestandteil seiner Persönlichkeit; deshalb scheinen Betreuungspersonen und Therapeuten am meisten zu bewirken, wenn es ihnen gelingt, ein Kind dazu anzuregen, seine eigenen Initiativen und Wünsche zu nutzen, um einige der wichtigsten Fertigkeiten einzuüben. Wenn wir ein kleines Mädchen dazu anregen, Initiative zu ergreifen, versteht es ein kleines bißchen besser, wer es ist und was es zu tun vermag. Eltern und Therapeuten, die auf diese Weise mit Kindern arbeiten, machen häufig die Erfahrung, daß die Kinder sie mit unerwarteten neuen Fähigkeiten überraschen.

Über dieses Buch

Wir geben in diesem Buch eine ausführliche Beschreibung des entwicklungsorientierten Behandlungsansatzes, der auf individuelle Unterschiede und Beziehungen ausgerichtet ist. In Teil 1 erkunden wir die individuellen Unterschiede und Besonderheiten, angefangen bei den physiologischen Stärken und Schwächen. Wir betrachten die Interaktionsmuster, zu denen das Kind in den einzelnen Entwicklungsstufen fähig ist, und die Interaktionsmuster seiner Betreuungspersonen. Mit Hilfe von Beobachtungsschemata können die Leser sowohl ihr Kind als auch sich selbst einschätzen und das individuelle Profil ihres Kindes ermitteln. (Elterliche Verhaltenstendenzen werden ausführlicher in Teil 3, Kapitel 16 und 17 behandelt.)

In Teil 2 beschreiben wir, wie der entwicklungsorientierte Ansatz in der Praxis funktioniert. Bei der sogenannten Bodenzeit, dem wichtigsten Interventionsverfahren, bereiten Eltern (und Therapeuten) im buchstäblichen und im übertragenen Sinne den Boden vor, um mit dem Kind zu interagieren und dadurch die erfolgreiche Anwendung der sechs emotionalen Entwicklungsstufen zu fördern. Wir beschreiben, wie man die Bodenzeit nutzt, um dem Kind auf jeder Entwicklungsstufe die Arten von Erfahrungen zu bieten, die seine einzigartigen Stärken optimieren und seine Schwächen umgehen und verbessern.

In Teil 3 erläutern wir, wie man das Modell der individuellen Unterschiede einsetzen kann, um die Arbeit von Eltern, Therapeuten und Lehrern zu koordinieren, und wir erörtern einige familiäre Schwierigkeiten, die häufig auftreten, wenn ein Kind besondere Förderbedürfnisse hat.

Wer sollte dieses Buch lesen?

Dieses Buch wendet sich an Eltern von Kindern mit Entwicklungsbeeinträchtigungen. Zu diesen Beeinträchtigungen gehören neben anderen:

Autismus oder Störungen aus dem autistischen Spektrum
tiefgreifende Entwicklungsstörung
nicht näher bezeichnete tiefgreifende Entwicklungsstörung
multisystemische Entwicklungsstörungen
geistige Behinderung
Zerebrallähmung (zerebrale Bewegungsstörung)
Down-Syndrom
kognitive Entwicklungsverzögerungen oder Defizite
sprachliche Entwicklungsverzögerungen oder Defizite
niedriger Muskeltonus (Hypotonie)
Störungen der sensorischen Integration
Aufmerksamkeitsstörungen
Chromosomale, metabolische und andere Störungen, bei denen die Beeinträchtigung des kindlichen Nervensystems und der geistigen Funktionsfähigkeit nicht von Natur aus fortschreitend ist, aber das Kind in seiner Kontakt-, Kommunikations- und Lernfähigkeit behindert.

Auch wenn wir in diesem Buch nicht speziell auf die besonderen Bedürfnisse von seh- oder hörgeschädigten Kindern eingehen, lassen sich die Behandlungsansätze auf diese Kinder übertragen.

Dieses Buch richtet sich auch an die medizinischen, psychologischen und vielen anderen Fachkräfte, die mit Kindern arbeiten, bei denen man diese Störungen diagnostiziert hat. Sie können in den beschriebenen Prinzipien hilfreiche Anregungen für ihre Praxis finden.

Teil I

Die einzigartigen Stärken, Entwicklungsfähigkeiten und Probleme jedes einzelnen Kindes entdecken

1 Jenseits der Stigmatisierung

Bei dem zweijährigen Ben hatte man gerade die Diagnose »tiefgreifende Entwicklungsstörung« (PDD) gestellt, und seine Eltern waren verständlicherweise aus der Fassung. Sie hatten Ben für eine weitere Einschätzung zum Therapeuten gebracht. Zuerst saß er auf dem Schoß seiner Mutter Sarah, mit dem Rücken zum Therapeuten und klammerte sich an ihr fest. Er beobachtete den Therapeuten verstohlen aus den Augenwinkeln und wandte schnell den Blick ab, sobald der Therapeut in seine Richtung schaute. Als Ben den Blickkontakt allmählich verlängerte, fing der Therapeut an, sanft mit ihm zu reden, ihn beim Namen zu nennen und Grimassen zu schneiden. Nach etwa fünf Minuten lächelte Ben vorsichtig zurück. Einige Minuten später gluckste er vergnügt über die Grimassen des Therapeuten und wandte sich dann schüchtern Sarah zu, umarmte sie und schenkte ihr das glücklichste Lächeln, zu dem ein Zweijähriger fähig ist. Während der Vater Mark, Sarah und der Therapeut sich weiter unterhielten, sah sich Ben neugierig in der Praxis um. Etwa eine halbe Stunde nach Beginn der Sitzung kletterte er vom Schoß seiner Mutter, nahm ihre Hand und zog daran. Als sie ihm folgte, ging er auf wackligen Beinen (sein Gleichgewichtssinn schien gestört) zur Tür, schlug beharrlich dagegen und gab begeisterte gutturale Laute von sich. Seinetwegen hätten sie jetzt gehen können! Geduldig erklärte Sarah, daß sie noch ein Weilchen bleiben müßten. Daraufhin warf Ben sich hin und trommelte wiederholt mit den Fäusten auf den Boden. Als Mark versuchte, ihn hochzunehmen, bekam er ein ausgewachsenen Wutanfall, schlug um sich und brüllte aus Leibeskräften. Nachdem seine Eltern ihn zehn Minuten lang gehalten und beschwichtigend auf ihn eingeredet hatten, beruhigte er sich. Er verbrachte den Rest der Sitzung zusammengekuschelt auf dem Schoß seiner Mutter und weigerte sich, irgend jemandem in die Augen zu sehen.

Ben zeigte viele Eigenschaften, die häufig als autistisch beschrieben werden: Seine sprachliche und möglicherweise auch seine kognitive Entwicklung schienen verzögert zu sein; seine motorischen Fähigkeiten wirkten unterentwickelt, und er zeigte stereotype Bewegungsabläufe. Doch es fehlte das Hauptmerkmal des Autismus: die Beziehungslosigkeit. Nach den klassischen Definitionen des Autismus sind autistische Kinder dauerhaft unfähig, Beziehungen zu anderen herzustellen. Sie nehmen keinen Anteil an anderen Menschen – für sie unterscheidet sich ein Mensch nicht von einem Stuhl. Obwohl sich die Definition des Autismus im Laufe der Jahre verändert hat und man heute von *relativen* Defiziten in der Kontaktfähigkeit ausgeht, ist das Defizit in der Fähigkeit zur Intimität und Freude ein zentrales Merkmal geblieben. Dieser Teil der Definition traf auf Ben zweifellos nicht zu. Es machte ihm Spaß, liebevoll mit seiner Mutter zu schmusen und zu knuddeln, er suchte ihre Bestätigung, lächelte seinen Therapeuten an und kicherte über dessen Grimassen. Ben war durchaus fähig, eine Beziehung herzustellen – wenn auch in nicht so ausgeprägter Weise wie die meisten Kinder seines Alters. Während der nächsten Beobachtungssitzungen schwankte Ben zwischen verschiedenen Verhaltensweisen hin und her, umarmte seine Mutter, verhandelte mit Gesten um einen Keks oder darum, weggehen zu dürfen, stellte immer wieder Spielzeuge in einer Reihe auf oder strich monoton und selbstvergessen über das Fensterbrett.

Der Therapeut erklärte Bens Eltern, er glaube nicht, daß ihr Sohn autistisch sei. Ben schien vielmehr unter unterschiedlichen sensorischen, kognitiven und motorischen Problemen zu leiden, die zu Beeinträchtigungen in der Art und Weise führten, wie Ben Informationen aus der Umwelt aufnahm, verarbeitete und darauf reagierte. Seine Probleme waren behandelbar; durch eine umfassende Therapie konnte er lernen, Informationen besser zu verarbeiten und seine Kontakt- und Kommunikationsfähigkeiten zu erweitern.

Nachdem Bens Eltern die Diagnose PDD erhalten hatten, besorgten sie sich stapelweise Bücher über diese Störung, die allesamt ein düsteres Zukunftsbild entwarfen. Sie hatten innerlich aufbegehrt: »Nicht unser Sohn! Bei ihm wird es anders sein!« Doch trotz ihrer Liebe, trotz ihrer Wut, trotz ihrer Entschlossenheit, sich von der Diagnose nicht darin beeinflussen zu lassen, wie sie mit ihrem Kind umgingen, schlichen sich fast unmerkliche Veränderungen in der Beziehung zu Ben ein. Sie erwarteten nicht mehr, daß er sie jedesmal anschaute, wenn sie ihn beim Namen riefen; sie erwarteten nicht mehr, daß er lächelte, wenn sie ihn hochnahmen. Eine innere Stimme sagte: »Er wird nicht reagieren. Erwarte nicht, daß er reagiert: Er hat eine tiefgreifende Entwicklungsstörung.« Obwohl sie sich gegen die Diagnose auflehnten, akzeptierten sie nach und nach die damit verbundenen Einschränkungen.

Aber jetzt hatte man dieses vernichtende Etikett entfernt. Ihr Sohn war nicht zu dem eingeschränkten Leben verurteilt, das für ein Kind mit der Diagnose PDD prognostiziert wird. Er litt unter einer Reihe von sensorischen, motorischen und kognitiven Problemen, die sich im Laufe der Zeit allmählich bessern konnten. Seine Eltern wußten zwar, daß noch ein langer Weg vor ihnen lag, aber sie schöpften wieder Hoffnung. Das Wichtigste war, daß sie ihre Aufmerksamkeit verstärkt auf emotionale Reaktionen richteten. Sie wurden selbst lebhafter und sensibler. Bens Therapeut half ihnen bei der Zusammenstellung eines umfassenden Therapieprogramms, zu dem Beschäftigungs- und Sprachtherapeuten gehörten, die an Bens psychologischen und physiologischen Problemen arbeiteten, sowie ein Therapeut, der Mark und Sarah dabei half, ihre Interaktionen mit Ben auf dessen Bedürfnisse auszurichten. Nach sechsmonatiger Behandlung fing Ben an, große Fortschritte zu machen. Er konnte seiner Freude Ausdruck geben und sich mehrere Minuten lang auf einen positiven Kontakt mit wichtigen Personen in seinem Leben einlassen; er suchte häufiger die Nähe seiner Eltern, verlor sich seltener in stereotypen Bewegungsabläufen und selbstbezogenen Verhaltensweisen. Seine Mimik wurde ausdrucksstärker, und er reagierte auf einfache Fragen seiner Eltern mit angemessenen Gesten. Er entwickelte einen Wortschatz von vier oder fünf Wörtern und ahmte neue Laute bereitwilliger nach. Er fing an, auf der Entwicklungsleiter nach oben zu klettern.

Ben ist kein Einzelfall. Viele Kinder werden heute mit irreführenden Etiketten versehen. Diese Etiketten verdunkeln die einzigartigen Stärken und Schwächen eines Kindes, anstatt sie hervorzuheben, wirken demoralisierend und wecken negative Erwartungen auf seiten der Eltern, Therapeuten und Lehrer.

Probleme durch die Etikettierung

Derzeitige diagnostische Kategorien erfassen im allgemeinen die Krankheits*symptome* eines Kindes, sagen aber häufig nicht genug über die Prozesse aus, die den Problemen des Kindes zugrunde liegen: Sie geben keinen Aufschluß darüber, wie das Kind Informationen über die Welt aufnimmt, verarbeitet und darauf reagiert. Aber diese drei Aspekte sind von zentraler Bedeutung für die kognitiven, emotionalen und interaktiven Fähigkeiten des Kindes. Was diese grundlegenden Prozesse betrifft, weisen Kinder mit demselben Etikett unter Umständen viel mehr Unterschiede als Gemeinsamkeiten auf und Kinder mit unterschiedlichen Etiketten mitunter mehr Gemeinsamkeiten als Unterschiede.

So wird bei einem Kind möglicherweise die Diagnose Autismus gestellt, weil es Schwierigkeiten hat, mit anderen Menschen in Beziehung zu treten; doch seine grundlegenden Probleme sind viel spezifischer und hängen vielleicht damit zusammen, daß es Schwierigkeiten hat, akustische Informationen zu verarbeiten, und extrem überempfindlich auf Geräusche reagiert. Dadurch wirkt die Sprache der ihn umgebenden Menschen verwirrend und bedrohlich auf das Kind und bereitet ihm physisches und psychisches Unbehagen. Um sich selbst zu schützen, zieht es sich zurück und wirkt ziellos, was ihm die Diagnose Autismus einbringt. Ein anderes Kind mit ähnlichen Auffälligkeiten im Verhalten bekommt möglicherweise ein anderes Etikett. Angenommen, seine Probleme mit Geräuschen und ihrer Verarbeitung sind nicht ganz so gravierend. In diesem Fall hat es wahrscheinlich Schwierigkeiten, Sprache aufzunehmen und zu entschlüsseln, fühlt sich aber von der reinen Lautstärke als solcher nicht überfordert. Dieses Kind stellt vielleicht mühelos emotionale Beziehungen her, reagiert aber langsam oder verwirrt auf Anweisungen. Es bleibt in Kontakt mit anderen, vermeidet jedoch Interaktionen, die die kognitive Entwicklung fördern. Wenn dieses Kind außerdem noch Probleme mit der motorischen Planung oder Bewegungskoordination hat, erhält es möglicherweise die Etiketten »kognitive Entwicklungsverzögerung« oder »leichte geistige Behinderung«.

Einige Kinder, bei denen eine geistige Behinderung diagnostiziert wird, können vielleicht ein bißchen besser mit verbalen Problemen fertig werden, während andere sich mit visuellen Herausforderungen leichter tun. Andere Kinder, die das Etikett PDD erhalten, weisen große Stärken in der Verarbeitung visueller Reize auf – sie können sich gut merken, an welchem Platz bestimmte Dinge liegen, und setzen mühelos komplexe Puzzles zusammen; manche zeigen hier schwere Beeinträchtigungen – sie wirken oft hilflos und können sich zum Beispiel nicht merken, wo die Schranktür ist, oder haben Schwierigkeiten, Bilder von bekannten Tieren wiederzuerkennen.

Wenn wir Kinder in diagnostische Kategorien eingruppieren, die zu allgemein gefaßt sind, verschleiern wir die grundlegenden physiologischen Verarbeitungsunterschiede, die ihre Probleme verursachen, und erhalten keinerlei Aufschluß darüber, wie wir sie behandeln können. Wenn wir dagegen untersuchen, wie das einzelne Kind Informationen aus der Umwelt aufnimmt, verarbeitet und darauf reagiert, können wir die Ursachen seiner Probleme genau bestimmen und einen Behandlungsplan entwickeln, um sie gezielt in Angriff zu nehmen.

Ein weiteres Problem mit diesen verallgemeinernden Etiketten ist, daß sie uns sehr häufig im unklaren darüber lassen, wo ein Kind entwicklungsmäßig steht. Einige Kinder, die als autistisch diagnostiziert werden, vermeiden jeden Kontakt, während andere wie Ben herzlich, verschmust und empfänglich sind und mit Gesten kommunizieren. Einige Kinder, die als geistig behindert eingestuft werden, sind zum symbolischen Spiel in der Lage, was ein abstraktes Denken zum Ausdruck bringt; andere spielen konkret, umarmen ihre Puppen, inszenieren aber keine Geschichten mit ihnen. Und wieder andere lernen einfach, eine zielgerichtete Gestik mit einem Lächeln oder einem Laut zu verbinden. Wie die meisten Therapeuten und Pädagogen bestätigen werden, muß man, wenn man mit einem Kind arbeiten und seine Entwicklung fördern will, wissen, wo es auf der Entwicklungsleiter der emotionalen, sozialen und wichtigen kognitiven Fähigkeiten steht, welche Wegmarken es bewältigt hat und welche noch vor ihm liegen. Wir haben eine ungewöhnliche Methode entwickelt, mit der man den Entwicklungsstand des Kindes bestimmen kann. Dieser Ansatz wird in den Kapiteln 4 und 5 vorgestellt.

Die meisten Eltern und Spezialisten wissen zwar, daß Etiketten von begrenztem Wert sind, und lassen sich bei ihren Bemühungen von ihrer persönlichen Einschätzung des kindlichen Entwicklungsvermögens leiten; dennoch entgehen ihnen häufig einige sehr wichtige Wegmarken, die mit der Kontaktfähigkeit, der vorverbalen Kommunikation und dem kreativen Denken zu tun haben.

Individuelle Unterschiede erkennen

Wir empfehlen einen Bewertungs- und Behandlungsansatz, der auf individuelle Unterschiede ausgerichtet ist. Das heißt, man betrachtet das individuelle Profil des Kindes – seine ganz besonderen physiologischen Probleme, die familiären Zusammenhänge und seinen derzeitigen Stand auf der Entwicklungsleiter – und benutzt diese Informationen dann, um einen Interventionsplan zu erstellen, der Eltern, Therapeuten und Pädagogen einbezieht.

Später in Teil I stellen wir neue Methoden vor, mit denen Sie Ihr Kind beobachten können, um sein einzigartiges Profil zu erkennen, und in Teil 2 werden wir darlegen, wie Sie dieses Wissen praktisch anwenden können, um die Entwicklung Ihres Kindes zu fördern.

Die meisten Kinder, die in ihrer Entwicklung beeinträchtigt sind, haben

Probleme in mehr als einem Bereich. Das Etikett »verzögerte Sprachentwicklung« bedeutet zum Beispiel, daß das Kind Probleme hat, Sprache zu verarbeiten und Worte zu bilden. Doch viele Kinder, denen man dieses Etikett angeheftet hat, haben subtilere Probleme in anderen Bereichen der sensorischen Verarbeitung. Kinder, denen man kognitive Defizite und leichte Formen des Schwachsinns attestiert, haben häufig Schwierigkeiten mit der Verarbeitung von Sinnesdaten und mit der motorischen Planung. Wir brauchen Methoden der Kategorisierung, die unsere Aufmerksamkeit auf all diese grundlegenden Probleme lenken, damit die Kinder eine umfassende Behandlung erhalten können.

Wenn wir die *Methode* ändern, mit der wir die Kinder bewerten, können wir die Zahl der Fehleinschätzungen vielleicht minimieren. Heute stützt man sich bei den meisten Einschätzungen der kindlichen Kommunikations- und Denkfähigkeiten auf standardisierte Tests, anstatt zu beobachten, wie das Kind mit seinen Bezugspersonen interagiert. Doch bei einem Test verhält sich ein Kind möglicherweise ganz anders als in seiner gewohnten Umgebung. Ein Bewertungsprozeß sollte damit beginnen, daß man den derzeitigen Entwicklungsstand des Kindes überprüft und eine gründliche Anamnese macht. Außerdem sollte über einen längeren Zeitraum beobachtet werden, wie das Kind mit seinen Eltern sowie mit den Fachleuten interagiert. (Wie wir später erörtern werden, können standardisierte Tests im weiteren Verlauf des Bewertungsprozesses für ausgewählte Zwecke eingesetzt werden.) Hätte der Psychologe, der Bens Diagnose stellte, genügend Zeit auf eine gründliche Beobachtung verwendet, hätte er erkannt, daß dieses Kind unter sensorischen, motorischen und kognitiven Entwicklungsverzögerungen, nicht aber unter Autismus leidet.

Wenn wir uns über das Schubladendenken hinausbewegen und einen Ansatz wählen, der auf individuelle Unterschiede ausgerichtet ist, eröffnen wir den Kindern neue Möglichkeiten. Es ist noch zu früh für Vorhersagen über das genaue Ausmaß dieses Potentials. Sind *die meisten* förderbedürftigen Kinder zu signifikanten Fortschritten fähig? Welche Faktoren bestimmen über den Grad der Verbesserung? Wir können noch nicht alle Fragen beantworten, aber die Erfahrungen, die wir bislang gesammelt haben, sind ungeheuer ermutigend.

Die folgende Geschichte veranschaulicht, wie der in diesem Buch beschriebene Entwicklungsansatz einer Familie geholfen hat, die lähmende Wirkung einer bestimmten Etikettierung zu überwinden.

Austin

Paula Zuger brachte Austin, ihr drittes Kind, nach sechs Monaten Schwangerschaft zur Welt. Drei schreckliche Wochen lang lag es im Inkubator. Schläuche und Kabel hielten seine zerbrechliche Verbindung zum Leben aufrecht. Es vergingen viele weitere Wochen, in denen Austin nach und nach von den Maschinen getrennt wurde. Doch eines Tages war es dann endlich soweit: Die Eltern konnten den in drei Wolldecken gehüllten Winzling, dessen kleines Köpfchen in der riesigen Babymütze fast verschwand, mit nach Hause nehmen. Seine Eltern und Geschwister begutachteten eingehend die winzigen rosa Finger und Zehen, die Grübchen in seinen Beinen, das dunkle, glänzende Haar – und erklärten Austin für vollkommen.

Aber als er vier Monate alt war, merkten Paula und ihr Ehemann Kurt, daß etwas nicht stimmte. Austin schien sich viel weniger für sie zu interessieren, als ihre anderen Kinder es in diesem Alter getan hatten. Er streckte nie die Ärmchen nach ihnen aus, reagierte nicht auf ihre Stimmen und rollte sich auch nie auf die Seite. Die Zugers brachten Austin zu einem Kinderspezialisten, der ihnen versicherte, daß sich Frühgeburten häufig langsamer entwickelten und daß kein Grund zur Sorge bestehe.

Doch als Austin neun Monate alt war, waren seine Eltern *sehr* besorgt. Er konnte sich inzwischen mit großer Anstrengung auf die Seite rollen, war aber nicht in der Lage, sich eigenständig aufzusetzen, und er zeigte keinerlei Neigung zu krabbeln. Noch größere Sorgen machte den Eltern, daß seine Teilnahmslosigkeit zuzunehmen schien. »Er wirkt deprimiert«, sagte Paula. »Wenn ich sein Gesicht berühre, sieht er mich an, aber er reagiert nicht auf unsere Stimmen. Es scheint ihm gleichgültig zu sein, ob wir da sind oder nicht.« Verängstigt von diesem sonderbaren Verhalten brachten die Zugers Austin in ein Kinderkrankenhaus, wo er einer gründlichen Untersuchung unterzogen wurde. Anschließend bat der Arzt sie in sein Sprechzimmer, schaute sie über seinen Schreibtisch hinweg an und fragte in nüchternsachlichem Ton: »Wie lange wissen Sie schon, daß ihr Sohn unter Zerebrallähmung leidet?«

Paula und Kurt waren am Boden zerstört. Vor ihrem inneren Auge tauchte das Bild eines völlig unzugänglichen Kindes auf, an den Rollstuhl gefesselt, abgeschnitten von Freunden und Geschwistern. Auf dem Heimweg schwiegen sie, zu betäubt, um zu weinen. Nur Austin, der in seinem Kindersitz rebellierte, schien fähig, dem Schmerz seiner Eltern Ausdruck zu verleihen.

Im Laufe der nächsten Monate begaben sich Paula und Kurt auf eine wahre Odyssee von Arzt zu Arzt und von Therapie zu Therapie, um jeweils irgendeinen Teilaspekt von Austins Zerebrallähmung behandeln zu lassen. Am Anfang jeder neuen Runde dachten sie: »Jetzt kommt alles wieder in Ordnung.« Am Ende, wenn die erhoffte Rückkehr zur Normalität wieder ausgeblieben war, stürzten sie in noch tiefere Verzweiflung.

Verschlimmert wurde ihre Traurigkeit durch Austins Zurückhaltung. Paula, eine außergewöhnlich freundliche und geduldige Frau, konnte Austin ein kleines Lächeln entlocken, wenn sie ihn ausdauernd streichelte und liebevoll mit ihm sprach. Doch Kurt fand überhaupt keinen Zugang zu seinem Sohn. Er kitzelte das Baby und warf es in die Luft – ein Spiel, das seine anderen Kinder heiß und innig geliebt hatten. Doch was die anderen Kinder zum Lachen gebracht hatte, löste bei Austin nur Tränen aus, und anstatt wie die anderen lautstark nach mehr zu verlangen, wandte Austin sich von ihm ab. Als Austin 15 Monate alt war, brachten die Zugers ihn zu einer weiteren Einschätzung. Diesmal kam man zu dem Schluß, daß Austin geistig behindert sei und signifikante autistische Züge aufweise. Mit einem Entwicklungsquotienten von 40 bis 50, so der Arzt, könne er später vielleicht in einem Behindertenheim leben. Wieder einmal fühlten die Zugers sich am Boden zerstört. Der Begriff *geistig behindert* erschien ihnen wie ein Todesurteil.

In den Monaten nach der ersten diagnostischen Einschätzung hatte Austin an einem Programm zur Frühintervention teilgenommen, das von den öffentlichen Schulen angeboten wurde und eine Physio-, Beschäftigungs- und Sprachtherapie umfaßte. Doch er hatte kaum Fortschritte gemacht. Als das Programm in die Sommerpause ging, bat der Physiotherapeut die Zugers, Austin zu einem Assessment vorbeizubringen. Eine sorgfältige Beobachtung von Austin zeigte, daß er zusätzlich zu großen Problemen mit seinem motorischen System und seinen kognitiven Fähigkeiten sehr schwach auf viele Sinnesreize, einschließlich der meisten Formen von Berührungen und Lauten, reagierte. Andererseits reagierte er überempfindlich auf tiefe Töne, wie zum Beispiel Motorengeräusche oder eine sehr tiefe Stimme und zog sich noch mehr in sich selbst zurück, wenn er auf solche unangenehmen Reize stieß. Er war auch extrem selbstbezogen, und es geschah sehr selten, daß er lächelte, die Arme nach seinen Bezugspersonen ausstreckte oder durch andere Gesten Interesse bekundete. Er war ziellos. Beobachtungen zeigten, daß sein niedriger Muskeltonus und seine Unfähigkeit, die einfachsten Handlungen auszuführen, erheblich zu seinen Problemen beitrugen, ebenso wie seine Selbstbezogenheit und die wachsende Verzweiflung seiner Eltern.

Das erste Ziel des umfassenden Interventionsprogramms, das eine Physio-, Beschäftigungs- und Sprachtherapie umfaßte, bestand darin, Austins Bindungsfähigkeit zu fördern und ihm zu helfen, über einen längeren Zeitraum einen liebevollen, emotionalen Kontakt herzustellen. Während wir Austins scheinbar zielloses Verhalten beobachteten, stellten wir fest, daß er gelegentlich auf bestimmte Spielsachen schaute und ihnen mit der linken Hand eine Art Schlag versetzte. Wir nutzen dieses flüchtige Interesse, um Austins Aufmerksamkeit zu wecken. Paula wedelte mit dem Spielzeug vor seinem Gesicht, bis er hinschaute, und bewegte es dann langsamer hin und her. Ein paar Sekunden später wiederholte sie diesen Vorgang. Austin entwickelte größeres Interesse an dem sich bewegenden Spielzeug und fing an, ihm mit den Augen zu folgen. Dann hielt Paula das Spielzeug vor sein Gesicht und versuchte, Blickkontakt mit Austin herzustellen. Wenn es ihr gelang, seinen Blick für vier oder fünf Sekunden einzufangen, änderte sie ihren Gesichtsausdruck, um ihm einen neuen visuellen Reiz zu bieten. Ganz allmählich begann sein Interesse am Blickkontakt zu wachsen, und bald konnte er ihr Gesicht fast eine ganze Minute lang beobachten.

Paula war es peinlich, daß ein Therapeut ihr dabei helfen mußte, mit ihrem Kind zu spielen. Bei ihren älteren Kindern hatte sie sich für eine gute Mutter gehalten, doch Austins Zurückhaltung hatte dazu geführt, daß sie an ihren Fähigkeiten zweifelte. Und in Gegenwart des Therapeuten fühlte sie sich noch unsicherer.

»Sie sind eine wundervolle Mutter«, versicherte ihr der Therapeut, »doch einige behinderte Kinder reagieren nicht so, wie die Eltern es erwarten. Die Kinder widmen den üblichen Reizen – Licht, Geräuschen, Berührungen – häufig keine Aufmerksamkeit oder fühlen sich dadurch beunruhigt. Es ist oft schwierig herauszufinden, was ihnen gefällt und was nicht und welche Arten von Spiel hilfreich für ihre Entwicklung sind.«

Paula lernte tatsächlich einige Tricks vom Therapeuten, die ihr halfen, Austins Aufmerksamkeit zu wecken; allmählich gewann sie mehr Selbstvertrauen im Umgang mit ihrem Sohn und fühlte sich auch bei den Sitzungen wohler.

Kurts Anstrengungen waren zunächst darauf gerichtet, seine Stimme zu modulieren. Als erfolgreicher Anwalt hatte er ein forsches, selbstbewußtes

Auftreten und sprach mit kräftiger, tiefer Stimme. Der Therapeut wies darauf hin, daß Austin laute, tiefe Töne nicht mochte und wegkrabbelte, wenn Kurt mit lauter Stimme sprach. Also bemühte er sich, in einer leiseren, höheren Tonlage mit Austin zu sprechen. Das war nicht leicht, doch mit Hilfe von häufigen Handzeichen von Paula lernte er es allmählich. Seine Bemühungen zahlten sich aus. Austin reagierte besser auf die höhere Tonlage und wandte sich nicht mehr so häufig ab, wenn sein Vater mit der neuen Stimme sprach. Nach einigen Wochen stellten Vater und Sohn häufiger Blickkontakt her.

Kurt war begeistert. Daß sein Sohn ihn ansah und gelegentlich die Arme nach ihm ausstreckte, löste ein starkes Gefühl von Zuneigung in ihm aus, das einzugestehen er sich bisher nicht getraut hatte. Jetzt suchte er den Kontakt zu Austin nicht mehr vornehmlich über die Sprache, sondern schloß ihn überschwenglich in die Arme und versuchte, spielerisch mit ihm zu raufen. Leider waren diese ausgreifenden, schnellen Bewegungen zu viel für Austin, dessen körperliche Unsicherheit und Empfindlichkeit gegenüber Bewegungen dazu führten, daß er sich schnell erdrückt fühlte. Und so kam es, daß sich Austin erneut in sich zurückzog, sobald sein Vater versuchte, mit ihm zu spielen. Kurt schluckte die Abweisung, aber da er sich seinem Sohn gegenüber geöffnet hatte, war die Zurückweisung besonders schmerzlich, und nach einigen Wochen fing auch er an, auf Abstand zu gehen. Die Therapeutin versuchte, ihm zu helfen, sanftere Interaktionsmethoden zu finden.

»Versuchen Sie, sich an dem zu beteiligen, was er bereits tut, anstatt Ihre eigenen Ideen auszuprobieren«, riet sie.

»Aber er tut nichts«, entgegnete Kurt.

»Er tut ständig irgend etwas«, sagte die Therapeutin. »Wenn er ein Spielzeugauto auf dem Boden betrachtet, schauen Sie es auch an und schieben es dichter heran. Beobachten Sie, ob er seine Arme danach ausstreckt.«

Kurt versuchte, sich an den Rat der Therapeutin zu halten, aber mit einem Kind zu spielen, von dem er sich bei jedem Annäherungsversuch abgewiesen fühlte, war sehr schwierig. Wenn Kurt ein Auto in Austins Nähe rollte, drehte sein Sohn ihm häufig den Rücken zu. Nach zwei Monaten Therapie war Kurt demoralisiert. Es schien unmöglich zu sein, mit seinem Sohn zu interagieren.

Dann, eines Tages, drei Monate nach Therapiebeginn, geschah das Unmögliche. Austin drehte immer wieder an dem Rad eines Stuhls im Behandlungsraum. Diese Art von zielgerichteter Handlung war eine neue, vielversprechende Entwicklung bei Austin. Kurt, der nach einer Möglichkeit suchte, sich von seinem Sohn führen zu lassen, drehte das Rad langsam in die entgegengesetzte Richtung. Sofort drehte Austin das Rad wieder zurück. Kurts Hand erstarrte mitten in der Bewegung. Austin hatte mit einer gezielten Aktion auf ihn reagiert. Schnell drehte Kurt das Rad erneut, doch Austin schaute bereits auf etwas anderes. Als Kurt den abwesenden Blick bemerkte, fühlte er dennoch eine starke Zuneigung für seinen Sohn. Durch das simple Vor- und Zurückdrehen eines Rades hatten Vater und Sohn gerade ihre erste nonverbale Unterhaltung geführt.

Dieser ersten Unterhaltung folgten viele weitere nach, und drei Monate später war Austin zu zwei aufeinanderfolgenden, zielgerichteten Reaktionen fähig. Durch die größere Intentionalität wurden seine stereotypen Bewegungen und Wiederholungstendenzen, die wir *Perseveration* nennen, allmählich planvoller. Außerdem machte er schnellere Fortschritte in der Beschäftigungs- und Physiotherapie; er konnte besser aufrecht sitzen, ohne umzufallen, und seine Krabbelversuche weiteten sich aus.

Austin konnte sich endlos damit beschäftigen, ein Spielzeugauto vor und zurück zu schieben. Er öffnete und schloß wie besessen Türen. Kurt und Paula beunruhigte dieses Verhalten, weil es so merkwürdig wirkte, aber wie viele Eltern in dieser Situation schreckten sie davor zurück, etwas dagegen zu unternehmen, weil es ihren Sohn offenbar glücklich machte. Er benutzte die zwanghafte Wiederholung, um sich zu beruhigen, so wie ihre anderen Kinder Schnuller oder Beißringe benutzt hatten. Doch die Therapeutin erklärte ihnen, daß sie die Perseveration, obgleich sie beruhigend wirkte, auch nutzen konnten, um Austin zur Interaktion zu bewegen.

»Wenn Austin ein Spielzeugauto auf dem Fußboden vor- und zurückrollt«, sagte sie, »versperren Sie den Weg mit Ihrer Hand. Bringen Sie ihn dazu, mit ihnen zu interagieren. Wenn Sie spielerisch vorgehen, können Sie seine Perseverationen in ein Spiel umwandeln, an dem zwei Personen beteiligt sind.«

Sie versuchten es. Kurt fing an, Austins Autos mit seiner Hand zu blockieren, und Austin bemühte sich jedesmal, die Hand wegzudrücken. Paula mischte sich ein, wenn Austin versuchte, eine Tür zu öffnen und zu schließen, indem sie die Tür festhielt oder dagegendrückte. Jede Perseveration wurde zu einer Interaktionsmöglichkeit, und bald führte Austin drei gezielte Reaktionen hintereinander aus. Gewiß, die Reaktionen waren alles andere als freudig und liebevoll, aber es waren Reaktionen. »Auch wenn er in Wut geriet, war das viel besser als überhaupt keine Reaktion«, erklärte Paula. Zum ersten Mal hatten die Zugers das Gefühl, daß sie tatsächlich mit ihrem Sohn kommunizierten.

Im Laufe der Zeit, als die Interaktionen sich ausweiteten, Austin immer zielbewußter vorging und der Grad seiner Verbundenheit und seiner expressiven Gestik zunahm, machte er immer größere Fortschritte in allen Bereichen seiner Entwicklung. Kurz vor seinem dritten Geburtstag hatte er einen starken Entwicklungsschub. Seine größere Zielgerichtetheit und Bezogenheit trugen sogar zu seiner Physiotherapie bei, als er lernte, einen Laufstuhl zu benutzen. Seine neue Bewegungsfreiheit und größere Intentionalität schienen wiederum einen weiteren Lernschub auszulösen. Er wurde sich seiner Eltern immer bewußter. »Es war, als würde er aufwachen und erkennen, daß wir da sind«, sagte Paula. Er fing an, sie liebevoll anzuschauen, kam zu ihnen, um sich umarmen zu lassen, und initiierte Interaktionen. Gleichzeitig fing er an, ihre Worte nachzuahmen. Mit derselben Überschwenglichkeit, die nichtbehinderte Kinder zeigen, wenn sie entdecken, daß Wörter eine Bedeutung haben, begann er, seine Welt zu bezeichnen – seine Körperteile, seine Eltern, seinen Hund, sein Lieblingsessen. Nach einer Weile konnte er Buchstaben, Zahlen und Farben benennen.

Etwa zu dieser Zeit hatte Paula ein Schlüsselerlebnis. Austin versetzte ihr einen Schlag auf die Nase, und sie schimpfte: »Du tust mir weh, Austin!« Sofort berührte er sie erneut, diesmal sanft, und sagte »Nase«, so als würde er gerade üben, verschiedene Körperteile zu benennen. Paula war wie vom Blitz getroffen. »Austin versucht, sein Verhalten als Sprechübung zu kaschieren«, dachte sie. Er hatte eine Strategie ersonnen, um ihren Ärger zu vermeiden. An diesem Abend konnte sie gar nicht wieder aufhören zu weinen. Zum ersten Mal wußte sie genau, daß ihr Kind sich zu einem denkenden, fühlenden Menschen entwickeln konnte und nicht nur wie ein Papagei bestimmte Worte nachplappern würde.

Um Austins Denkfähigkeit zu fördern und seine Kommunikation zu unterstützen, drängte die Therapeutin Kurt und Paula dazu, spielerisch mit Austin zu verhandeln. »Geben Sie ihm nicht zu schnell, was er verlangt«, sagte sie. »Lassen Sie ihn eine Weile für seine Bedürfnisse streiten. Aber tun Sie es auf spielerische Weise.« Das war nicht leicht für die Zugers. Austin hatte eine so schwere Zeit hinter sich. Wie konnten sie ihm gerade jetzt seine Wünsche abschlagen, wo er endlich gelernt hatte, sie auszudrücken? Und warum sollten sie seine Wut wecken? Doch sie probierten es. Wenn Austin

Saft wollte, schenkten sie ihm nicht sofort ein Glas ein, sondern hielten ihn mit Fragen hin: Was für Saft? Wieviel? Welches Glas? Wenn er ein bestimmtes Spielzeug verlangte, stellten sie sich taub, brachten ihm wiederholt das falsche, bis er ihnen auf unterschiedliche Weise mitgeteilt hatte, was er haben wollte. Wenn er sein Mißvergnügen lautstark zum Ausdruck brachte, taten sie, als würden sie ihn nicht verstehen, und ermutigten ihn, sein Anliegen mit anderen Worten oder Gesten mitzuteilen. Im Laufe der nächsten Monate machte Austin ungeheure Fortschritte in seiner sprachlichen Ausdrucksfähigkeit. Durch die Motivation, zu bekommen, was er wollte, lernte er etwas sehr Wichtiges: Worte sind nicht nur Bezeichnungen, sondern Kommunikationswerkzeuge.

Während dieses gesamten Prozesses wurde Austin auch in die Welt des Phantasiespiels und der Vorstellungen eingeführt. Wenn er Saft wollte, wurde auch der Teddy durstig, und seine Mutter, die für den Teddy sprach, sagte: »Ich brauche Saft.« Anfangs ahmte Austin sie nach; dann begann er aus eigenem Antrieb, Teddy zu füttern. Später fütterte er auch seine anderen Stofftiere. Das Phantasiespiel wurde ein wichtiger Teil seiner täglichen Aktivitäten. Dadurch wuchs seine Vorstellungskraft, so daß er nach und nach die Fähigkeit entwickelte, eigene Ideen hervorzubringen.

Da Austin jetzt lernte, mit seiner Familie zu kommunizieren, war es an der Zeit, ihm auch Erfahrungen mit Gleichaltrigen zu vermitteln. Kurt und Paula befürchteten, daß es schwierig sein würde, Kinder zu finden, die mit ihrem »Spätzünder« spielen wollten. Es war viel einfacher, wenn sie es selbst taten. Doch die Therapeuten beharrten darauf, also luden die Zugers nach und nach andere Familien mit Kindern zum Spielen ein. Aber Austin saß nur in der Ecke, während das andere Kind mit seinen Spielsachen hantierte.

Zögernd legten die Zugers zunächst eine, dann zwei und schließlich drei und vier Spielsitzungen pro Woche fest. Und mit der Zeit besserte sich Austins Verhalten. Nach sechs Monaten mit regelmäßigen Spielstunden spielte er bereitwillig mit einem anderen Kind, vorausgesetzt, seine Mutter oder sein Vater setzten sich als Vermittler dazwischen.

Als Austin vier Jahre alt war, hatten die Zugers den Eindruck, daß er einer kleinen Gruppe von Kindern in einer privaten Kindertagesstätte gewachsen war. Mit etwas Hilfe konnte er bei vielen der üblichen Gruppenaktivitäten mithalten, obwohl er anfangs eher abseits von den anderen Kindern und nicht mit ihnen zusammen spielte. Doch die anregende Umgebung schien einen weiteren Lernschub auszulösen. Seine sprachlichen Fähigkeiten verbesserten sich im Laufe des Jahres immer weiter. Gegen Ende des Jahres fing er an, in komplexen Sätzen zu sprechen und jeweils zwei Gedanken in einen Satz zu packen (»Ich mag Mrs. Sheffield, sie hat mir einen Stern gegeben«). Während des folgenden Jahres fing er an, Befehlsketten zu folgen (»Hol deinen Cowboyhut und setz ihn auf«). Und er begann, Fragen zu beantworten, die ein anspruchsvolleres, abstraktes Denken verlangten (»Warum können wir nicht mit dem Auto fahren?« »Weil das Auto kaputt ist.« »Was müssen wir tun?« »Es heil machen lassen.«). Als sein Denken logischer und abstrakter wurde, kam es zu einem bemerkenswerten Austausch zwischen ihm und Paula über einige Spielzeugautos. Austin hatte seiner Mutter ein weißes Auto zugeteilt und für sich selbst den begehrten Jeep ausgewählt. Paula hatte gegen diese Aufteilung protestiert.

»Nein«, sagte Austin, schüttelte den Kopf und deutete auf das weiße Auto. »Das ist dein Auto.«

»Aber du hast immer den Jeep.«

»Du mußt das weiße Auto nehmen«, beharrte Austin mit Entschiedenheit.

»Ich darf nie mit dem Jeep fahren, und ich will jetzt auch mal den Jeep«, argumentierte Paula.

»Du kannst den Jeep vielleicht später haben«, entgegnete Austin.

Kurt rief aus dem Nebenzimmer. »Er will den Jeep. Gib ihm den Jeep.« Doch Paula ließ sich nicht erweichen.

Nachdem sie weitere zehn Minuten gezankt hatten, gab Paula schließlich nach, aber erst nachdem Austin ihr versprochen hatte, daß sie den Jeep beim nächsten Mal bekommen würde. Austin setzte seine Plastikfigur in das Auto und schenkte seiner Mutter ein selbstzufriedendes Lächeln. Paula lachte zurück. Wenige Vierjährige hätten besser streiten können.

Als Austin sechs Jahre alt war und in die Vorschule kam, wurde das Leben komplizierter. Die Klasse war größer und chaotischer; die Aufgaben, zum Beispiel das Erkennen von Zahlen und Buchstaben, waren schwieriger. Obwohl Austins soziale Fähigkeiten sich stetig verbesserten, schien es schwieriger, Freundschaften zu schließen, was zum Teil damit zusammenhing, daß die anderen Kinder in ihrer Entwicklung weiter vorangeschritten waren und lange, logische Gespräche führen konnten, fast so wie Erwachsene. Austin lud gelegentlich ein anderes Kind zu sich nach Hause ein, aber die Einladung wurde nie erwidert.

»Die Eltern haben Angst«, erklärte Kurt. »Sie sehen ein Kind mit Zerebralllähmung und denken: Kann es unsere Treppe hinaufsteigen? Kann es ins Bad gehen? Was ist, wenn etwas passiert?« Zum ersten Mal mußten sich Austins Eltern mit der Tatsache auseinandersetzen, daß andere nur eine Behinderung sahen, wo sie selbst einen tapferen und findigen kleinen Jungen sahen.

Etwas von der Niedergeschlagenheit, die die Zugers in Austins erstem Lebensjahr gespürt hatten, kehrte zurück. Paul und Kurt litten unter der Anspannung. Manchmal hatten sie das Gefühl, der Belastung nicht mehr gewachsen zu sein. Doch Austins Fortschritte in physischer, sozialer, emotionaler und intellektueller Hinsicht setzten sich fort, und das ließ sie diese schwierige Phase schließlich überstehen.

Auch bei außergewöhnlichen Fortschritten scheint sich die Kluft zwischen besonders förderbedürftigen und anderen Kindern mitunter zu vergrößern, wenn die Gleichaltrigen sich von schwer verständlichen Vorschulkindern zu logisch denkenden Schulkindern entwickeln. Die eine Gruppe hat eine neue Wegmarke passiert, an deren Bewältigung die andere immer noch arbeitet.

Glücklicherweise erwies sich die zweite Hälfte des Vorschuljahres als wesentlich leichter. Austin fand einen Busenfreund namens Jesse; für den Rest des Jahres waren die beiden unzertrennlich und verbrachten praktisch jedes Wochenende zusammen. Im darauffolgenden Frühjahr schloß Austin eine weitere Freundschaft mit einem kleinen Mädchen. Zu dieser Zeit fing er auch an, ein großes Maß an Empathie zu zeigen. Als ein neues Mädchen in die Klasse kam, lud er sie als erster aus der Gruppe zu sich nach Hause ein. Als seine Mutter sich bei einem Sturz das Bein verletzte, erklärte er mitleidig: »Ich weiß, wie weh das tut.« Paula und Kurt hatten den Eindruck, daß er durch die Ablehnung, auf die er anfangs bei seinen Mitschülern gestoßen war, mehr Gespür für die Gefühle anderer entwickelt hatte. Die Therapeuten deuteten es als Zeichen eines ungeheuren Fortschritts. Für Kinder, die anfangs so stark nach innen gerichtet sind wie Austin, ist es sehr schwer zu lernen, sich in die Gefühle anderer hineinzuversetzen. Austins Sensibilität zeigte, daß er einen wichtigen Entwicklungsschritt gemeistert hatte.

Da Austin jetzt die Gefühle anderer wahrnahm, kamen die Therapeuten zu dem Schluß, daß er auch bereit war, sein eigenes Gefühlsspektrum zu erweitern. Wie viele behinderte Kinder konnte Austin gut mit positiven Gefühlen wie Liebe und Zuwendung umgehen, hatte aber Angst vor negativen Gefühlen wie Wut und Aggressionen. Um sich selbst zu schützen, vermied er solche Emotionen, indem er das Thema wechselte, sobald sie auftauchten.

Die Therapeuten zeigten den Zugers, wie sie Austins Phantasiespiele nutzen konnten, um ihm zu helfen, mit diesen beängstigenden Emotionen zu experimentieren.

»Jedesmal wenn er sich eine Geschichte mit seinen Spielsachen ausdenkt«, sagten sie, »drückt er seine Gefühle aus. Lassen Sie Ihre fiktiven Figuren Fragen stellen, die er (d. h. *seine* fiktive Figur) nicht mit Ja oder Nein beantworten kann, damit er erzählen kann, wie sich seine Figuren fühlen.«

Eines Tages inszenierte Austin eine Geschichte, indem er ein Babypuppe in ein Spielzeugbett legte. »Ihr seid die Mutter und der Vater«, instruierte er seine Eltern. »Sagt dem Baby, daß es im Bett bleiben soll.« Paula und Kurt taten es. Dann ließ Austin das Baby aus dem Bett klettern.

»Sagt dem Baby, es soll sich wieder reinlegen«, wies er seine Eltern an, und wieder folgten sie seiner Anordnung, aber Austin ließ das Baby erneut aus dem Bett steigen.

»Austin, wie fühlt sich das Baby, wenn es im Bettchen bleiben muß?« fragte Paula.

»Ganz böse«, sagte Austin.

»Fühlst du dich auch so, wenn wir dir sagen, daß du im Bett bleiben sollst?« Austin schaute weg. »Das Baby muß wegfahren«, erklärte er und setzte die Puppe in ein Spielzeugauto.

Paula und Kurt wechselten einen vielsagenden Blick wegen Austins Versuch, das Thema zu wechseln, doch da sie wußten, wie groß seine Angst vor aggressiven Gefühlen war, spielten sie eine Weile mit. Sie erkannten, daß es vielleicht leichter für Austin war, seine Gefühle im Spiel auszudrücken, als darüber zu reden.

Austin steckte dann abrupt eine weitere Puppe in das Bett und platzte mit den Worten heraus: »Mama liegt im Bett!«

Paula und Kurt lachten innerlich. Austin brachte nicht nur seine Wut zum Ausdruck, sondern übte auch Vergeltung, indem er Mama antat, was sie ihm antat. Paula, die für die Mutterpuppe sprach, sagte: »Ich finde es scheußlich im Bett! Laß mich raus!«

Austin lächelte befriedigt und drückte die Mamapuppe tiefer in das Bett hinein: »Du mußt drinbleiben.« Zum ersten Mal hatte er seine »aggressiven Muskeln« spielen lassen und schien es zu genießen.

Im Laufe des folgenden Jahres versuchten Paula und Kurt weiterhin, Austin mit Hilfe des Symbolspiels dazu anzuregen, mit seiner Wut und seinen

Aggressionen zu experimentieren und sich besser zu behaupten. Wie viele Kinder mit motorischen Problemen scheute sich Austin, seine Wünsche geltend zu machen, als ob er Angst hätte, daß sein Körper ihn im Stich lassen könnte, wenn er sich selbst behauptete.

»Achten Sie darauf, daß er die Regie bei den Stücken behält«, sagten die Therapeuten. »Er muß das Spielgeschehen lenken, aber manchmal dürfen Ihre Figuren seine Befehle auch mißachten. Das wird ihn dazu anregen, seine Wut herauszulassen und seinen Willen zu behaupten.«

Wenn Austin jetzt also die Anweisung gab, daß Kurts Spielzeugarmee auf eine bestimmte Weise kämpfen sollte, entwickelte Kurt gelegentlich seinen eigenen Schlachtplan. Wenn Austin Paula auftrug, die Piraten ins Schiff zu setzen, stellte sie die Figuren manchmal im Schloß auf. Anfangs reagierte Austin auf diese Verstöße, indem er die Beherrschung verlor oder das Spiel hinwarf. Doch seine Eltern lockten ihn geduldig ins Spiel zurück, und mit der Zeit konnte er seine Wünsche immer besser in Worte fassen.

»Nein, nein, nein!« brüllte er eines Tages, als Kurt die Anweisung, die schwarze Armee auf der Spitze des Berges zu plazieren, »mißverstanden« hatte. »Tu sie *da* hin; *da* hab ich gesagt!«

»Hey, du scheinst ganz schön wütend auf mich zu sein«, sagte Kurt. »Es ist dir wohl sehr wichtig, daß die Armee dort steht, wo du sie haben möchtest.«

»Ja, ist es«, bestätigte Austin. »Und ich *bin* wütend auf dich, weil du nie tust, was ich sage!«

Kurt versuchte, sein Lächeln zu verbergen, während er seine Soldaten gehorsam auf der Spitze des Berges aufstellte. Ihm war klar, daß Austins selbstbewußtes Eingeständnis seiner Wut ein weiterer großer Fortschritt war.

Als Austin in die erste Klasse kam, hatte er eine stabile Gruppe von drei Freunden, die genauso alt und ein Jahr jünger waren als er und mit denen er größtenteils auf altersgerechte Weise umging. Auch in intellektueller Hinsicht machte er große Fortschritte. Als das Jahr zur Hälfte um war, nahm er das Lesebuch für die zweite Klasse in Angriff. Mit dem Rechnen hatte er größere Probleme, aber er hielt mit den anderen Schritt. Feinmotorische Aktivitäten wie Schreiben fielen ihm aufgrund seiner eingeschränkten Bewegungskontrolle schwer; er trug auch immer noch Beinschienen, so daß der Sport noch warten mußte. Die Zugers freuten sich so sehr über seine Fortschritte, daß sie beschlossen, Austin erneut testen zu lassen. Diesmal erzielte er beim sprachlichen IQ einen Wert von 110 – himmelweit entfernt von dem IQ von 40-50, den man vor Jahren ermittelt hatte.

Die Beschäftigungs- und Physiotherapie, an der Austin weiterhin zweimal wöchentlich teilnahm, hatte seine motorischen Fähigkeiten erheblich verbessert, dennoch blieben viele Defizite bestehen; dazu gehörten die Schwierigkeiten mit dem Schreiben, die ihn im Unterricht behinderten. Austins Lehrerin schlug vor, daß er einen Computer benutzen solle; außerdem vergrößerte sie seine Rechenpapiere auf dem Kopierer, damit er mehr Platz für das Hinschreiben der Antworten hatte. Doch Austin widersetzte sich diesen Anpassungen mit neu erwachter Selbstbewußtheit. Er wollte nicht anders sein als seine Mitschüler.

Gleichzeitig wuchs Austins Befangenheit wegen seiner Beinschienen. Wenn die anderen Kinder Fragen danach stellten, deutete er dies nicht als neugieriges Interesse, sondern fühlte sich gehänselt.

»Ich sage ihm immer wieder, daß sich niemand an seinen Beinschienen stört«, erklärte Paula. »Wenn überhaupt, sind es seine Eßmanieren, die andere Leute vor den Kopf stoßen!«

Austin ist jetzt achteinhalb und besucht die zweite Klasse. Er ist ein warmherziges, liebenswürdiges, kreatives und logisch denkendes Kind, das mit Begeisterung lange Gespräche über beinahe jedes Thema führt. Seine schulischen Leistungen entsprechen in allen Fächern dem Klassendurchschnitt oder liegen sogar darüber. Sein sprachlicher IQ liegt im oberen Bereich. Mit seinen Beinschienen kann er sicher gehen, ein oder zwei Stufen ohne Geländer gleichzeitig heruntersteigen und mit seinen Freunden auf dem Spielplatz herumlaufen, wenn auch langsam. Er fällt zwar häufiger hin, steht aber gleich wieder auf. Mit dem Schreiben hapert es immer noch; die Verbesserung dieser Fähigkeit bildet den Schwerpunkt seiner Beschäftigungstherapie.

Was denken die Eltern über seine gewaltigen Fortschritte und über die Zukunft?

»Austin kommt nächstes Jahr auf eine neue Schule, und das macht mir Sorgen«, sagt Paula. »Ich weiß, daß er gut zurechtkommen wird; er schließt inzwischen mühelos Freundschaften. Auch das Lernen macht ihm keine Probleme. Doch in neuen Situationen ist er immer schüchtern. Und ich befürchte, daß es in sozialer Hinsicht schwerer für ihn werden wird, je älter er wird. Vor allem in der Pubertät wird es sicher einige Turbulenzen geben! Aber wir wissen, daß er das College besuchen wird. Wir wissen, daß er einen guten Job finden wird. Wir sind viel optimistischer als zu jener Zeit, als er zwei Jahre alt war. Ich glaube, es liegen noch einige harte Wegstrecken vor uns – aber am Ende wird alles gut ausgehen.«

Das Programm, das Austin bei seinen Fortschritten geholfen hat, beruhte auf der Kenntnis der drei Prozesse, die zu seinem intellektuellen und emotionalen Wachstum beitrugen; das waren: 1. sein einzigartiges physiologisches Profil, 2. seine eigenen Interaktionsmuster während unterschiedlicher Entwicklungsphasen und 3. die Verhaltensmuster seiner Bezugspersonen und seiner Familie. Um Kindern auf ihrem Entwicklungsweg zu helfen, müssen wir alle drei Prozesse verstehen. In den nächsten Kapiteln wollen wir sie nacheinander erkunden.

2 *Physiologische und neurologische Beeinträchtigungen*

Wenn Kinder zu früh geboren werden, mit Untergewicht zur Welt kommen, zu wenig Sauerstoff während der Geburt erhalten oder ihr Nervensystem geschädigt ist, wird ihre Entwicklung häufig dadurch beeinträchtigt. Die körperlichen Besonderheiten bei einem Säugling oder Kleinkind können spezifische oder unspezifische Ursachen haben, die man auf unterschiedliche Weise beschreiben kann. Wir haben festgestellt, daß es nützlich ist, sie danach zu ordnen, wie sie durch die Anforderungen des Alltags zum Ausdruck kommen. Die dadurch gewonnenen Kategorien umfassen drei allgemeine Funktionsbereiche des zentralen Nervensystems, durch die unsere Empfindungs- und Verständnisfähigkeiten sowie unsere Reaktionen auf die Umwelt gesteuert werden:

1. *Sensorische Reaktivität*: die Art, wie wir Informationen über unsere Sinne aufnehmen.
2. *Sensorische Verarbeitung*: die Art, wie wir die aufgenommenen Informationen deuten.
3. *Muskeltonus, Bewegungsplanung und -sequenzierung*: die Art, wie wir unseren Körper und später unsere Gedanken einsetzen, um unsere Reaktion auf die aufgenommenen Informationen zu planen und auszuführen.

Wenn diese drei Systeme reibungslos funktionieren, entsteht eine fortlaufende Feedbackschleife: Wir nehmen Sinnesempfindungen wie etwa Bilder und Töne auf, reagieren gefühlsmäßig darauf und versuchen, sie zu verarbeiten und zu verstehen; schließlich ordnen wir dann unsere Gedanken und Verhaltensweisen ebenso wie unsere Gefühle, um erfolgreich mit der Welt zu interagieren. Doch wenn eines oder mehrere Teile dieser Systeme fehlerhaft arbeiten, sind wir in unseren Fähigkeiten eingeschränkt. Diese Schwierigkeiten können eine Reihe von Ursachen haben, zum Beispiel genetische Anomalien (wie das Fragile-X-Syndrom), Geburtsverletzungen, vorzeitige Geburt oder nicht näher bezeichnete konstitutionelle Probleme. Die Behandlung ist darauf ausgerichtet, die Feedbackschleife wieder in Gang zu setzen, indem man diejenigen Teile des Systems ermittelt, die gestört sind, und an ihrer Verbesserung arbeitet. Weil diese drei Bereiche so wichtig sind, wollen wir sie einzeln nacheinander behandeln.

Das sensorische System

Wir denken selten darüber nach, daß wir einen Großteil unserer Informationen über die Welt durch unsere fünf Sinne aufnehmen. Wenn wir nicht sehen, hören, tasten, riechen und schmecken könnten, würden wir in totaler Isolation leben, wären nicht nur unfähig zu empfinden, sondern auch zu *denken*, weil wir keinerlei Erfahrungen hätten, aus denen wir Ideen und Vorstellungen ableiten könnten. Zusätzlich zu diesen fünf allgemeinen Sinnen gibt es die Körpersinne: Das vestibuläre System reagiert empfindlich auf Schwerkraft und Bewegung und beeinflußt Muskelspannung, Gleichgewicht und Erregung; das propriozeptive System gibt uns ein Gefühl dafür, wie sich unser Körper im Raum bewegt, und beeinflußt unsere motorische Kontrolle und unser Körperschema. Durch diese Systeme entwickeln wir ein sicheres Eigenempfinden für unseren Körper und können spüren, wo »Ich« endet und die Welt beginnt. Sie sorgen dafür, daß wir uns beim Gehen, Sitzen oder Stehen sicher und ausgewogen fühlen, daß wir körperliche Nähe zulassen oder uns schützen können, wenn wir uns bedroht fühlen. Außerdem tragen auch unsere Gefühle oder Emotionen dazu bei, daß wir spüren, was um uns herum geschieht. Ein Reiz kann stark und gleichzeitig beängstigend sein. Auf die besondere Rolle der Emotionen werden wir später noch ausführlicher eingehen.

Bei jedem dieser Wahrnehmungsbereiche besteht die Möglichkeit, daß Menschen zu schwach oder zu stark reagieren, je nach ihrer individuellen Reizschwelle (der Punkt, an dem die Ansammlung der aufgenommenen Sinnesdaten das zentrale Nervensystem aktiviert und eine wahrnehmbare Reaktion auslöst). Menschen mit einer hohen Reizschwelle in einem bestimmten Sinnesbereich reagieren nicht auf ein geringes oder auch mittleres Maß an Stimulation in diesem Bereich. Menschen mit niedriger Reizschwelle empfinden ein geringes oder mittleres Maß an Stimulation als Überlastung oder als Irritation. Wer zum Beispiel eine hohe Reizschwelle bei Geräuschen hat, reagiert vielleicht nicht auf eine normale menschliche Stimme. Damit die Aufmerksamkeit geweckt wird, sind laute, häufig rhythmische Töne erforderlich. Menschen, die eine extrem hohe Reizschwelle bei Tönen haben, reagieren möglicherweise überhaupt nicht auf akustische Reize. Wer dagegen überempfindlich auf Geräusche reagiert, empfindet unter Umständen schon den Ton eines normalen Gesprächs oder des Fernsehers als genauso irritierend wie kratzende Fingernägel auf einer Wandtafel. Staubsauger und Küchengeräte können ganz besonders irritierend wirken. Für diesen Personenkreis sind nur die leisesten, sanftesten Töne erträglich.

Menschen mit einer hohen Reizschwelle bei Berührungen nehmen übliche Berührungsreize wie eine Umarmung oder den Druck des Stuhles, auf dem sie sitzen, möglicherweise kaum wahr. Mitunter sind sie auch schmerzunempfindlich. Wer dagegen überempfindlich auf Berührungsreize reagiert, kann schon die leichteste Berührung als Qual empfinden. Ein freundliches Schulterklopfen oder der Hautkontakt mit bestimmten Stoffen kann schwere Irritationen auslösen. Kinder, die überempfindlich auf visuelle Reize reagieren, können Licht und Farben als schmerzlich erleben oder derart von Farben, Formen und Einzelheiten überwältigt werden, daß sie unfähig sind, das Gesamtbild zu erkennen. Anderen Kindern entgehen möglicherweise die Details, so daß sie quasi nur den Wald, aber keine Bäume sehen. Jede dieser Wahrnehmungsstörungen beeinflußt die gesamten Interaktionen eines Kindes.

Häufig kompensieren Kinder ihre besonders hohen oder niedrigen Reizschwellen. Ein Kind, das sehr stark auf bestimmte Reize reagiert, versucht vielleicht, diese Empfindungen zu vermeiden, während ein Kind, das sehr schwach reagiert, unter Umständen regelrecht danach sucht.

Was die hohen und niedrigen Reizschwellen noch problematischer macht, ist, daß Sinnesdaten nicht einzeln aufgenommen werden. Wir erhalten Informationen aus vielen unterschiedlichen Quellen gleichzeitig – von unseren Augen *und* unseren Ohren *und* von unserem Körper im Raum. Diese Informationen stauen sich mit der Zeit an und vermischen sich ständig mit Sinnesdaten, die wir wenige Sekunden zuvor aufgenommen haben. Deshalb ist die Fähigkeit eines Kindes, solche Daten zu verarbeiten, von der Situation oder vom Kontext abhängig. So reagiert ein kleiner Junge vielleicht erfreut auf ein Lied, das seine Mutter ihm in einem ruhigen Raum vorsingt, während sie ihn im Arm hält, bleibt aber völlig gleichgültig, wenn ihm dasselbe Lied in einem lauten Klassenzimmer vorgesungen wird.

Um die Sache noch komplizierter zu machen, haben Kinder mit schweren Beeinträchtigungen normalerweise sehr hohe oder sehr niedrige Reizschwellen in *mehreren* Bereichen. So kann ein Kind beispielsweise überempfindlich auf Geräusche und Berührungen, aber unempfindlich auf Bewegungen reagieren. Dieses Kind schreckt vielleicht vor Geräuschen und körperlichem Kontakt zurück, kann aber gar nicht genug von wirbelnden, drehenden Bewegungen bekommen. Ein anderes Kind reagiert vielleicht überempfindlich auf visuelle Reize, aber sehr schwach auf Geräusche. Dieses Kind hat dann zum Beispiel Angst vor entgegenkommenden Autos, reagiert aber nicht, wenn seine Eltern ihm eine Warnung zurufen. Die Reaktivität eines Kindes kann sich von einem Moment zum nächsten ändern. Streß, Müdigkeit oder starke Gefühle können dazu führen, daß sich das Reaktionsmuster wandelt.

Manchmal variiert die Reaktivität innerhalb eines einzelnen Sinnesbereichs. Ein Kind kann überempfindlich auf Töne in einem bestimmten Frequenzbereich reagieren (z. B. auf Staubsauger und Motorengeräusche) und unempfindlich für Töne sein, die in einem anderen Frequenzbereich liegen (z. B. für eine durchschnittliche menschliche Stimme). Doch meistens zeigen Kinder ein gleichbleibendes Muster und haben in der Regel entweder eine relativ hohe oder eine relativ niedrige Reizschwelle.

Es liegt auf der Hand, daß einem Menschen, dessen Sinneswahrnehmung beeinträchtigt ist, viele Informationen über die Welt entgehen können. Beim Hören etwa sind wir darauf angewiesen, daß wir nicht nur die großen Informationseinheiten wie die Worte einer anderen Person oder das Geräusch eines vorbeibrausenden Autos aufnehmen, sondern auch Details wie feine Unterschiede im Tonfall, die zwischen echter Anteilnahme und Sarkasmus oder Geduld und Ungeduld unterscheiden helfen. Die Fähigkeit, zwischen all diesen Tonabstufungen zu unterscheiden, versetzt uns in die Lage, die aufgenommenen Informationen über die Welt vollständig zu erfassen und zu verstehen. Dasselbe gilt für alle anderen Sinne. Unser Sehvermögen befähigt uns nicht nur, eine Person von einer anderen zu unterscheiden, sondern hilft uns auch, feine Nuancen in der Mimik zu erkennen, die anzeigen, wann ein Mensch echtes Interesse hat oder nur so tut oder ob ein Lächeln echt oder nur mechanisch ist. Durch die visuelle Wahrnehmung können wir bestimmen, auf welche Weise die Gegenstände im Raum angeordnet sind. Der Tastsinn hilft uns, Schmerz von Lust zu unterscheiden und den Unterschied zwischen einem spielerischen Klaps und einem zufälligen Zusammenstoß von gleicher Stärke zu erkennen. Vor allem trägt er entscheidend dazu bei, daß wir wissen, wo die Grenze zwischen unserem Körper und der Außenwelt verläuft.

Kinder, deren Sinne einwandfrei funktionieren, sammeln und deuten eine Vielzahl von winzigen sensorischen Hinweisen, während sie die Fähigkeiten zur Interaktion erwerben. Doch Kinder mit sensorischen Beeinträchtigungen können diese wichtigen Informationseinheiten bei ihren Interaktionsbemühungen leicht übersehen oder falsch deuten. Das kann weitreichende Folgen für die Entwicklung der Aufmerksamkeit sowie der Bindungs- und Kommunikationsfähigkeit haben.

Das Verarbeitungssystem

Unsere Sinne befähigen uns, Informationen aus der Welt aufzunehmen, aber unser Verarbeitungssystem ermöglicht es, diese aufgenommenen Informationen zu deuten. Ohne Verarbeitung haben wir nur eine riesige Ansammlung von unzusammenhängenden Einzeldaten. Während der Verarbeitung werden diese Informationen gedeutet. Lichtfetzen werden in Farben, Bilder, Gesichter und andere verständliche visuelle Muster übersetzt. Schallwellen werden in Worte, Musik, das Heulen einer Sirene oder andere erkennbare Lautmuster übertragen. Eine Stimulation der Nervenenden in unserer Haut wird als sanftes Streicheln, als ungestüme Umarmung oder als andere bedeutungsvolle Kontaktform interpretiert. Auf diesem und anderem Wege interpretiert unser Verarbeitungssystem, das sich aus unzähligen Nervenbahnen in unserem Gehirn zusammensetzt, die Myriaden von sich anhäufenden Sinnesdaten, die wir in jeder Sekunde aufnehmen.

Die *sensorische Verarbeitung* ist die früheste Form der Verarbeitung, die im Gehirn stattfindet. Neugeborene leben in erster Linie in einer Welt der Sinne; die Bewältigung all der Sinnesdaten, die sie erhalten, ist die erste große Herausforderung, vor der sie stehen. Doch fast gleichzeitig beginnt bereits eine zweite Form der Verarbeitung: die *kognitive Verarbeitung* – die Fähigkeit, Muster zu erkennen und Zusammenhänge herzustellen. Der Säugling fängt an, ein bestimmtes, freundliches Lächeln und eine sanfte Stimme damit zu verbinden, daß er hochgenommen und in den Armen gewiegt wird. Er beginnt, sich auf das Gefühl zu freuen, das sich einstellt, wenn die Stimme näherkommt. Schon lange bevor das Kind in der Lage ist, Worte zu benutzen, verbindet es diese angenehmen Empfindungen zu einem rudimentären Schema, dem Schema »Mutter«. Diese Fähigkeit zur Herausbildung eines Schemas ist ein Ergebnis der kognitiven Verarbeitung.

Wenn Kinder heranwachsen, verfeinern sich ihre kognitiven Verarbeitungsfähigkeiten immer weiter. Vorstellungen bilden sich heraus, und im Alter von vier oder fünf können die meisten Kinder in abstrakten Begriffen denken, das heißt, sie können über Dinge nachdenken, die sich nicht direkt vor ihrer Nase befinden. Sie können zwei oder mehr Gedanken verbinden, und sie können Sprache einsetzen, um ihre Gedanken in Worte zu fassen.

Die meisten Menschen meinen die sensorische und die kognitive Verarbeitung, wenn sie von den individuellen Verarbeitungsfähigkeiten eines Menschen sprechen. Doch es gibt eine dritte, genauso wichtige Form der Verarbeitung: die *affektive* oder *emotionale Verarbeitung*. Sie bezieht sich auf die Fähigkeit, die emotionalen Signale, die wir von anderen erhalten, zu deuten – dadurch können wir zum Beispiel erkennen, daß ein Mensch freundlich ist, wenn er lächelt, oder feststellen, ob es sich bei einem lauten Rufen um eine Warnung oder einen Hilfeschrei handelt. Vielen Menschen wird die Fähigkeit, zwischen subtilsten emotionalen Bedeutungsnuancen zu unterscheiden, quasi zur zweiten Natur. Doch bei Kindern mit erhöhtem Förderbedarf kann diese Fähigkeit beeinträchtigt sein oder sogar gänzlich fehlen.

Ein Grund, weshalb behinderte Kinder Probleme mit der kognitiven und emotionalen Verarbeitung haben, ist, daß beide Formen der Verarbeitung von der Aufnahme sensorischer Daten abhängen. Für diese Kinder ist das sensorische »Input« häufig extrem verwirrend, weil bestimmte Sinnessignale unbeachtet bleiben, überwältigend wirken oder keine Form oder kein erkennbares Schema haben.

Zur kognitiven Verarbeitung (oder zum Denken) gehört eine Bearbeitung der Sinnesdaten, die wir aufnehmen. Wir verbinden zahlreiche Datenhäppchen zu Mustern, die wir verstehen und beurteilen können. Da bei den meisten Menschen ein bestimmter Sinn besonders stark ist, neigen wir dazu, ein bißchen mehr auf diejenigen Informationen zu achten, die wir über diesen Sinn aufnehmen.

Einige Ornithologen erkennen den vorbeihuschenden Vogel an seiner Form, andere erkennen ihn an seinem Gesang. Die Bevorzugung bestimmter Sinne gilt sogar für die höchsten Ebenen des Denkens. Albert Einstein war nach eigenen Angaben ein »visueller Denker«. Wenn er mathematische Theorien entwickelte, stellte er sie sich nicht in Zahlen oder Worten vor, sondern in Bildern, die er innerlich bearbeitete. Erst nachdem er seine Theoreme bildlich ausgearbeitet hatte, übersetzte er die Ergebnisse in mathematische Symbole.

Doch auch wenn wir einen bestimmten Sinn bevorzugen, verlassen wir uns beim Denken im allgemeinen auf das »Teamwork unserer Sinne«. Während des Verarbeitungsprozesses werden die Informationen, die wir über den einen Sinn aufnehmen, in die Sprache der anderen Sinne übersetzt. Dieser Schritt ermöglicht uns, eine Sache vollständig zu begreifen, sie gedanklich zu erfassen und von unterschiedlichen Seiten zu betrachten. Ein kleines Mädchen, das ein Spielzeug untersucht, berührt es, nimmt es in den Mund und riecht daran. Es lehnt sich vielleicht sogar dagegen oder drückt es an sich. Es untersucht das Spielzeug mit all seinen Sinnen und erhält dadurch einen umfassenden Eindruck von dem Gegenstand.

Bei Kindern, die Schwierigkeiten haben, sensorische Informationen zu verarbeiten, ist das Teamwork der Sinne, das für eine höhere Ebene der Kognition erforderlich ist, gestört. Sie mißdeuten Signale, verwechseln ein Lächeln mit einer Grimasse oder einen sanften Klaps mit einem aggressiven Schlag. Möglicherweise haben sie auch Schwierigkeiten, die vielen Signale, die sie aufnehmen, zu einem sinnvollen Muster zu verbinden. Sie können sich vielleicht vorstellen, was die Mutter tut, können aber nur mit Mühe herausfinden, was sie sagt oder was der Ton ihrer Stimme bedeutet. Das führt dazu, daß das Bild der Mutter eingeschränkt oder widersprüchlich ist. Die schwächer ausgeprägten Sinne hindern das Kind daran, die Gesamtsituation zu begreifen – Mutter hält einen Mantel in der Hand und verkündet ungeduldig, daß es Zeit ist zu gehen.

Emotionale Informationen werden ebenfalls durch die Sinne aufgenommen, durch Myriaden von visuellen, akustischen, taktilen und anderen sensorischen Hinweisen. Wenn Kinder Probleme mit der Verarbeitung dieser Hinweise haben, haben sie folglich auch Probleme mit der emotionalen Verarbeitung.

Wie bei der kognitiven Verarbeitung stützen wir uns auch bei der Aufnahme emotionaler Informationen zunächst auf unseren am stärksten ausgeprägten Sinn und achten als erstes auf die über diesen Sinn aufgenommen Daten. Doch wenn wir eine Situation vollständig erfassen und deuten wollen, sind wir auf das Teamwork unserer Sinne angewiesen. Akustische Hinweise, Bewegungen und Berührungen werden nebeneinander wahrgenommen, während wir sie emotional verarbeiten und darauf reagieren.

Kinder mit sensorischen Verarbeitungsproblemen sind nicht in der Lage, die hereinkommenden emotionalen Informationen zu verknüpfen und sie aus unterschiedlichen Perspektiven zu betrachten. Die emotionale Verarbeitung kann durch eine extrem hohe oder niedrige Reizschwelle erheblich beeinträchtigt werden. Ein Kind, das überempfindlich gegenüber akustischen Reizen ist, kann zum Beispiel so stark auf das Geräusch eines Staubsaugers reagieren, daß seine anderen Sinne davon überwältigt werden. Aufnahme und Verarbeitung von visuellen Informationen, die ihm sagen könnten, daß die Ursache des Lärms ein harmloser Staubsauger ist, werden durch die übermächtige Reaktion auf das Geräusch ausgeblendet. Das Kind hört ein lärmendes Ungeheuer, das es bei lebendigem Leib verschlingen könnte. Bevor Sehen, Tasten oder irgendein anderer Sinn diesen Eindruck widerlegen kann, schreit es vor Angst oder versucht zu fliehen. Störungen der Reaktivität oder Verarbeitung können zur Folge haben, daß das Kind emotionale Informationen aus seiner Umwelt mißdeutet, was zu unangemessenen – manchmal extremen – emotionalen Reaktionen führt.

Das motorische System

Das sensorische System befähigt uns, Informationen aus der Welt aufzunehmen; der Verarbeitungsbereich dieses Systems ermöglicht uns, diese Informationen zu deuten. Das motorische System versetzt uns in die Lage, darauf zu reagieren. Wenn ein Säugling sich mühelos anschmiegt, wenn wir über einen Witz lachen, wenn wir losrennen, um einen Ball aufzufangen, oder wenn wir eine Frage beantworten, die man uns gestellt hat, benutzen wir unser motorisches System für die Reaktionsbildung.

Kinder mit Entwicklungsverzögerungen haben häufig Probleme mit dem Muskeltonus oder der Bewegungsplanung. *Muskeltonus* bezieht sich auf die Fähigkeit der Muskeln, unseren Körper zu halten, ohne daß wir besondere Anstrengungen darauf verwenden müssen. Kinder mit niedrigem Tonus, deren Muskeln sehr locker sind, müssen große Mühe aufwenden, um ihren Kopf hochzuhalten oder um zu laufen. Der Muskeltonus beeinflußt zum Teil die Fähigkeit einzelner Muskelgruppen, so zu reagieren, wie wir es wollen. *Bewegungsplanung* bezieht sich auf die Fähigkeit eines Menschen, eine *Abfolge* von Muskelbewegungen zu koordinieren und auszuführen. Ein normaler Muskeltonus befähigt uns, unsere Muskeln zusammenzuziehen oder zu entspannen. Ein gestörter Tonus bedeutet, daß diese Muskeln zu angespannt oder zu locker sind und sich den Steuerungsbemühungen der Person widersetzen. Eine gesunde Bewegungsplanung bedeutet, daß der einzelne erkennen kann, welche Handlung notwendig ist, und sie dann ausführen kann; er kann einen Fuß vor den anderen setzen, sein Gewicht vom linken auf den rechten Fuß verlagern und ein Gegengewicht mit den Armen herstellen, um durch ein Zimmer zu gehen. Bei einer gestörten Bewegungsplanung kann die Person unter Umständen nicht erkennen, welchen Fuß sie zuerst benutzen soll und wie sie ihr Gewicht verlagern muß, um das Gleichgewicht zu bewahren.

Durch Probleme mit der motorischen Planung können die einfachsten Aufgaben sehr schwierig werden. Ein Kind, das seinen Vater wiedererkennt, wenn er sich über den Rand des Bettchens beugt, wendet ihm das Gesicht zu, stellt Blickkontakt her und reagiert mit Gesten oder einem Lächeln – das heißt, es fügt zahlreiche Bewegungen zu einer Sequenz zusammen. Viele gesunde Säuglinge können diesen Bewegungsablauf automatisch ausführen, doch ein Kind, das Probleme mit der motorischen Planung hat, muß sich jeden Schritt mühsam erkämpfen. Man kann sich unschwer vorstellen, daß es entlang dieses mühsamen Weges häufig abgelenkt wird! Jede Aktivität, die eine Aneinanderreihung von Handlungen oder Verhaltensweisen erfordert, stellt das Kind vor ähnliche Probleme. Deshalb ist es für Kinder, die Schwierigkeiten mit der motorischen Planung oder Sequenzierung haben, wesentlich schwieriger, zu essen, Spielsachen zu untersuchen, Spiele zu spielen oder sozial zu interagieren. Auf dieser motorischen Planungs- und Sequenzierungsfähigkeit bauen später im Leben komplexe soziale Abfolgen auf, zum Beispiel Begrüßungsrituale, Formen des sozialen Austauschs wie ein wechselseitiges Gespräch oder sportliche Aktivitäten. Sogar unsere Fähigkeit, Gedanken in eine logische Reihenfolge zu bringen, hängt möglicherweise zum Teil mit dieser Fähigkeit zusammen.

Die sensorische Reaktivität, die Verarbeitung von Sinneseindrücken und die motorische Planung und Sequenzierung beeinflussen, wie ein Kind in der Welt zurechtkommt – wie gut es Kontakt zu seiner Umwelt herstellen, seine Wünsche und Vorstellungen vermitteln und die häufig turbulente Welt der Emotionen erkennen und bewältigen kann. Die Untersuchung dieser Fähigkeiten ist sehr wichtig, wenn man die individuellen Probleme und Merkmale eines Kindes erkennen will. Viele Kinder, die als besonders förderbedürftig eingestuft werden, weisen Funktions- oder Entwicklungsbeeinträchtigungen in einem oder in mehreren dieser Bereiche auf.

Wie Störungen in diesen Systemen die Entwicklung beeinträchtigen können

Stellen Sie sich einen Säugling vor, der Schwierigkeiten hat, akustische Informationen aufzunehmen. Er reagiert nicht auf normale menschliche Stimmen. Doch da dieses Problem nicht sofort offenkundig ist, nehmen die Eltern es nicht wahr. Statt dessen fühlen sie sich zurückgewiesen, wenn ihr Kind nicht auf ihr freundliches Zureden reagiert. Nach und nach schränken sie ihre Bemühungen um die Gunst ihres Kindes ein und überlassen es immer mehr seiner inneren Welt. Wenn das Problem des Kindes nicht entdeckt wird, kann seine Bindungs- und Kommunikationsfähigkeit beeinträchtigt werden.

Stellen Sie sich jetzt einen kleinen Jungen vor, der leichte Probleme mit der Verarbeitung auditiver Informationen hat. Er ist nicht in der Lage, akustische Signale zu sinnvollen Mustern zu verbinden. Dieser Junge hört, wie die Mutter seinen Namen ruft, gefolgt von einer langen Kette von Anweisungen, kann aber nicht entschlüsseln, was sie will. Nachdem der Junge den Anordnungen zum wiederholten Mal nicht nachgekommen ist, wird die Mutter ärgerlich. Da sie nichts von dem Problem ihres Sohnes weiß, deutet sie sein Verhalten als Trotz und reagiert wütend und ärgerlich. Das Problem, das der Junge in einem bestimmten Bereich hat, löst ein Interaktionsproblem aus, das die Beziehung zu seinen Eltern belastet.

Ein Kind, das gravierende Probleme mit der auditiven Verarbeitung hat und die *meisten* Dinge, die man zu ihm sagt, nicht versteht, erlebt unter Umständen noch schlimmere Interaktionsprobleme. Für dieses Kind kann die Welt zu einem feindlichen Ort werden, voll von verwirrenden akustischen Forderungen, auf die es nicht reagieren kann. Die Menschen in seiner Umgebung scheinen es auszuschließen oder – schlimmer noch – machen ihm Angst, weil sie ihn aufgrund ihres Ärgers und ihrer Enttäuschung ständig anschreien. Allmählich zieht sich das Kind immer mehr in sich selbst und in die Welt der stillen, unbelebten Gegenstände zurück. Hier findet es endlich die ersehnte Sicherheit und Geborgenheit. Wenn dieses Kind zu einem Arzt oder Psychologen gebracht wird, ist es möglicherweise nicht kommunikations- und kontaktfähig. Sogar wenn es sich sicher fühlt, hat ein Kind, das gravierende Probleme mit der auditiven Verarbeitung hat, vermutlich Schwierigkeiten, die Worte anderer Menschen zu begreifen, und entwickelt deshalb nicht die Fähigkeit zu einer wechselseitigen symbolischen Kommunikation oder zur Bildung abstrakter Vorstellungen.

Ein Kind mit visuellen Verarbeitungsproblemen zeigt unter Umständen ein ganz anderes Verhalten. Da visuelle Informationen uns helfen, mentale Bilder von der Welt zu entwickeln, sind sie ein wichtiger Bestandteil der Verhaltensorganisation und der Fähigkeit des Kindes, größere Zusammenhänge zu erkennen. Ohne diese Fähigkeit wird das Kind leicht abgelenkt oder verliert sich in Einzelheiten. Seine Fähigkeit zum Problemlösen und zum abstrakten Denken kann beeinträchtigt werden. Die bildliche Vorstellungskraft hilft Kindern auch, sich selbst zu beruhigen. Wenn sie unter Streß stehen, können sie sich die Mutter in Gedanken vorstellen und dieses mentale Bild nutzen, um sich zu trösten. Doch für ein Kind, das keine visuellen Informationen verarbeiten kann, ist es schwierig, mentale Bilder zu entwickeln. Für dieses Kind hört die Mutter auf zu existieren, sobald sie den Raum verläßt. Das kann dazu führen, daß solche Kinder unter extremer Trennungsangst oder unter Schlafstörungen leiden, übertriebene Forderungen stellen und im späteren Leben depressiv reagieren, wenn sie mit starken Gefühlen oder Konflikten konfrontiert werden, weil sie das innere Bild, das mit dem Geliebtwerden assoziiert ist, verlieren und es nur mit Mühe rekonstruieren können.

Auch in eher kognitiven Bereichen können Verarbeitungsprobleme auftreten. Bei einer gestörten kognitiven Verarbeitung haben die Kinder häufig Probleme, sich in der Welt der Ideen und Vorstellungen zurechtzufinden. Es fällt ihnen schwer, abstrakt zu denken (sich etwas zu vergegenwärtigen, was sie nicht direkt vor sich sehen) oder Zusammenhänge zwischen einzelnen Gedanken herzustellen (die Verbindung zwischen zwei oder mehr abstrakten Begriffen zu erkennen). Sie haben möglicherweise Probleme mit dem Spracherwerb, weil Sprache erfordert, daß man abstrakt denkt und Gegenstände durch Worte ersetzt. Kinder mit kognitiven Verarbeitungsproblemen erhalten leicht Etiketten wie *geistig behindert, kognitive Entwicklungsverzögerung* oder *verzögerte Sprachentwicklung.*

Der am stärksten vernachlässigte Wahrnehmungsbereich ist die affektive oder emotionale Verarbeitung. Ein Kind, das Probleme mit der Verarbeitung emotionaler Informationen hat, kann die emotionalen Signale anderer Menschen nur mit Mühe deuten. Wenn etwa der Lehrer mit lauter Stimme redet, kauert sich das Kind möglicherweise ängstlich zusammen, weil es glaubt, daß der Lehrer böse ist und es bestrafen will. Oder es mißdeutet das hilfreiche Angebot eines Mitschülers, die Schaukel anzuschubsen, als feindselige Geste, stößt das andere Kind zurück oder fängt an zu weinen. Die Welt wird zu einem Ort, an dem überall Gefahren lauern. Ob Umarmung oder freundlicher Klaps, Lächeln oder Stirnrunzeln, Lachen oder Weinen – das Kind hat das Gefühl, daß von allen Seiten Empfindungen auf es einstürmen, die es nicht versteht. Und wenn es reagiert, häufig auf unerwartete Weise, löst seine Reaktion eine Flut von weiteren verwirrenden Informationen aus, weil die Person, mit der es interagiert, wiederum auf seine Reaktion eingeht. Gefangen in diesem eskalierenden Dialog entwickelt das Kind leicht das Gefühl, keinerlei Kontrolle zu haben, und reagiert mit Wutanfällen, unangemessenen Bewegungen oder mit Flucht.

Auch Probleme des Bewegungssystems können die Interaktion und Kommunikation erschweren. Angenommen, ein Säugling hat Schwierigkeiten mit der Steuerung seiner Halsmuskeln und braucht deshalb sehr lange, bevor es das Gesicht seinen Eltern zuwendet, wenn sie an sein Bettchen kommen. Wenn die Eltern nichts von dem Problem wissen, deuten sie diese »Gleichgültigkeit« als Zeichen der Ablehnung. Nach und nach, ohne es wirklich zu wollen, hören sie auf, sich angestrengt darum zu bemühen, die Aufmerksamkeit ihres Kindes zu gewinnen. Doch ohne die Ermutigung der Eltern wird das Kind Schwierigkeiten haben, enge, liebevolle Beziehungen zu entwickeln.

Manchmal sind die Probleme noch subtiler. Stellen Sie sich einen kleinen Jungen mit niedrigem Muskeltonus vor, der laufen kann, aber nicht besonders gut, und Mühe hat, die Arme zu bewegen. Stellen Sie sich diesen Jungen in einem Kindergarten vor, wo es normal ist, daß die Kinder herumrennen und sich gelegentlich hinschubsen, sich umarmen und knuffen. Was wird wohl mit dem Selbstgefühl dieses Jungen geschehen? Da er nicht mit den anderen Kindern mithalten oder sich gegen ihre Angriffe verteidigen kann, wird er unter Umständen passiv, vermeidet den Kontakt mit anderen und zieht sich immer mehr in sich selbst zurück. Oder er reagiert mit übertriebener Selbstbehauptung und Aggressivität. Die Signale, die er aussendet, sagen den anderen Kindern, daß sie sich von ihm fernhalten sollen, was die Interaktion mit den Gleichaltrigen noch weiter einschränkt.

Manchmal können sogar die positiven Reaktionen des Kindes soziale Probleme verursachen. Ein Mädchen mit beeinträchtigter Bewegungskontrolle, das mit den anderen Kindern an der Rutsche wartet und freudig erregt ist, weil es gleich an die Reihe kommt, wedelt vielleicht wild mit den Armen oder wackelt mit dem Kopf. Auf die anderen Kinder wirken diese freudigen, aufgeregten Gesten befremdlich oder sogar furchteinflößend. Sie ziehen sich zurück oder reagieren mit offener Ablehnung, und eine weitere Chance, gute Beziehungen zu Gleichaltrigen aufzubauen, ist vertan.

Allgemeine Sequenzierungsprobleme

Schwierigkeiten mit der Bewegungsplanung sind häufig mit allgemeinen Sequenzierungsproblemen verbunden. Wenn ein Kind unfähig ist, mit einer geordneten Verhaltensabfolge auf andere Menschen zu reagieren, kommt es häufig zu Interaktionsproblemen. Wenn etwa der Lehrer signalisiert, daß die Kinder sich setzen und still sein sollen, muß das Kind nicht nur die Botschaft verstehen können, sondern auch fähig sein, körperlich zu reagieren. Es muß seinen Körper dazu bringen, sein bisheriges Verhalten einzustellen, zu einem Stuhl zu gehen und sich zu setzen. Und wenn es sich hingesetzt hat, muß es seine Bewegungen unter Kontrolle halten. Probleme mit der Bewegungsplanung können eine solche elementare Abfolge sehr schwierig machen.

Komplexe soziale Interaktionen zwischen Kindern erfordern sogar noch subtilere Formen der Verhaltenssequenzierung. Herauszufinden, wie nahe man jemandem kommen darf, ohne ihm *zu* nahe zu kommen, wie weit man sich behaupten darf, ohne aggressiv zu wirken, wie man herumalbert, ohne bedrohlich oder feindselig zu erscheinen – diese und andere soziale Verhaltensweisen umfassen komplexe Sequenzierungsmuster.

Auch zur Herstellung logischer Verbindungen zwischen Wörtern, Vorstellungen oder Begriffen gehören Sequenzierungsfähigkeiten. Vermeintliche Aufmerksamkeits- oder Verhaltensstörungen hängen häufig mit grundlegenden Problemen bei der Sequenzierung zusammen.

Diese Probleme treten selten isoliert auf. Fast alle Kinder mit besonderem Förderbedarf haben Schwierigkeiten in zwei oder mehr Bereichen. Es ist nicht überraschend, daß diese Probleme sich gegenseitig verstärken. Stellen Sie sich einen Jungen vor, der überempfindlich auf Berührungen reagiert, einen schwach ausgeprägten kinästhetischen Sinn und Schwierigkeiten mit der Bewegungsplanung hat. Wenn er über den Spielplatz geht und versehentlich mit einem anderen Kind zusammenstößt, wird er wahrscheinlich etwas sagen wie: »Hör auf mir wehzutun! Paß auf, wo du hingehst!« Er hat nicht die Absicht, die Schuld abzuwälzen; er ist nur unsicher, wo sein Körper aufhört und der des anderen Kindes anfängt und wer den Zusammenstoß verursacht hat. Außerdem empfindet er den leichten Zusammenstoß als schwere Verletzung. Das führt dazu, daß das andere Kind eine völlig unerwartete Botschaft erhält und ihm künftig wahrscheinlich aus dem Weg geht. So werden seine Möglichkeiten, Freundschaften zu schließen, nach und nach untergraben.

Wenn man die physiologischen Entwicklungsprobleme des Kindes einmal erkannt hat, kann man anfangen, einen Behandlungsplan zu erstellen, der darauf angelegt ist, diese speziellen Probleme zu lindern. Außerdem kann man die Interaktionen mit dem Kind so ausrichten, daß sie auf den Stärken aufbauen und die schwächeren Bereiche schonen, bis diese besser entwickelt sind. Der folgende Fall veranschaulicht, wie man Eltern dabei helfen kann, die individuellen Besonderheiten ihres Kindes besser zu verstehen.

Dylan

Dylan war ein schwieriges Baby. Er war unruhig und schlief schlecht. Er saugte nicht gut an der Brust, und dem Wechsel zu fester Nahrung widersetzte er sich mit handfesten Wutausbrüchen. Doch er war klug und aufmerksam, fing früh an zu krabbeln und wollte unbedingt laufen und sprechen lernen. Sein Lieblingsspiel in dieser Zeit war »auf dem Bauch gehen«.

Mit 17 Monaten fing Dylan an zu plappern. Mit 19 Monaten sagte er sein erstes Wort: »Ente«. Er war so hingerissen von seiner Entdeckung, daß er aufgeregt zwischen seiner Mutter und seinem Vater hin- und herlief, etwa zwanzigmal hintereinander, und immer wieder: »Ente! Ente! Ente!« rief. Die Eltern Vicky und Bruce waren begeistert.

Doch als Dylan 22 Monate alt war, fingen sie an, sich Sorgen zu machen. Dylan schnappte schnell neue Wörter auf – Zahlen, Buchstaben, Farben – und lief bei jedem neuen Begriff an die zwanzigmal zwischen Mutter und Vater hin und her, um seine Entdeckung lauthals kundzutun. Doch er schien es nicht zu tun, weil er kommunizieren wollte. Es war, als wiederhole er das Wort zu seinem ganz eigenen, privaten Vergnügen.

Ein ähnliches Wiederholungsmuster durchzog sein gesamtes Verhalten. Er forderte immer wieder dieselben Bücher und Filme und reagierte mit einem ausgewachsenen Wutanfall, wenn seine Eltern etwas Neues vorschlugen. Er spielte endlos mit seinem Feuerwehrauto und tobte, wenn man ihm ein anderes Spielzeug anbot. All seine Bücher sollten in einer Reihe auf seinem Bord stehen, und er geriet völlig außer sich, wenn eines nicht an seinem gewohnten Platz stand. Er aß nur Babynahrung und schleuderte alles andere, was ihm angeboten wurde, zu Boden. Wenn seine Eltern versuchten, ihn anzukleiden, weigerte er sich zu kooperieren und machte sich völlig steif. Auf vielfache Weise hatte er angefangen, seine Eltern herumzukommandieren; er quengelte, wenn er auf den Arm wollte oder nach einem Spielzeug verlangte, und falls seine Eltern sich weigerten, bekam er einen Wutanfall. Nach und nach hatten sie aufgehört, sich zu weigern.

»Er war ein Tyrann«, sagte Vicky. »Alles mußte nach seiner Nase gehen oder er schrie wie am Spieß.«

Es war auch unmöglich, ihn mit in die Öffentlichkeit zu nehmen. Jedes laute Geräusch ängstigte ihn, und der Anblick vieler Autos oder Gesichter versetzte ihn in Panik. Jeder Ausflug endete mit einem Tobsuchtsanfall. Der einzige Ort, an den man ihn gefahrlos bringen konnte, war der Zoo. Dort wanderte Dylan ausdauernd an den Absperrgittern der Gehege auf und ab und starrte sie wie gebannt an, während die anderen Kinder in staunende »Ah!«- und »Oh!«-Rufe ausbrachen. Er marschierte vor und zurück, vor und zurück, etwa 20 bis 30 Minuten am Stück, während Bruce und Vicky ratlos auf einer Bank saßen und warteten. Sie wußten, daß ihr Sohn sich merkwürdig verhielt und daß sie versuchen sollten, seine Fixierung zu durchbrechen, aber sie wußten auch, wie der Versuch enden würde. Wenigstens brüllte er während dieser halben Stunde nicht wie am Spieß …

Ähnliches zeigte sich auch zu Hause. Wenn Vicky oder Bruce versuchten, sich an Dylans Spiel zu beteiligen, ignorierte er sie, rollte sein Feuerwehrauto vor und zurück, als ob sie gar nicht da wären. Wenn sie ihn riefen, weigerte er sich zu antworten. Wenn Bruce einen Ball in Dylans Richtung rollte, warf sein Sohn den Ball in die Ecke, und keine noch so inständige Bitte konnte ihn dazu bewegen, den Ball zurückzurollen.

Als Vicky und Bruce mit dem Kinderarzt und mit Dylans Kindergärtnerinnen über ihre Besorgnis sprachen, versicherte man ihnen, daß alles in Ordnung sei. »Dylan ist ein so kluges Kind!« sagten alle. Doch als Dylan mit der Zeit immer schwieriger und in sich gekehrter wurde, bekamen seine Eltern es mit der Angst. Dylan verbrachte immer mehr Zeit damit, Wörter und Zahlen monoton zu wiederholen. Es wurde zunehmend schwieriger, ihn zu einem Blickkontakt zu bewegen.

»Ich dachte allmählich, daß irgendwelche Teile in seinem Innern fehlten«, sagte Vicky. Schließlich brachten die Eltern ihren Sohn zu einer Kinderpsychologin, die eine gründliche, dreiteilige Untersuchung durchführte. Sie kam zu dem Schluß, daß Dylan unter einer Störung aus dem autistischen Spektrum litt, und überwies die Familie an uns.

Der Begriff *autistisch* hatte Vicky und Bruce schwer getroffen. Als sie zu uns kamen, hatten sie schreckliche Angst, daß Dylan sein Leben lang schwer behindert bleiben würde. Wir führten als erstes unsere eigene umfassende Untersuchung durch, wozu gehörte, daß wir die Eltern eingehend nach Dylans bisheriger Entwicklung befragten und sein Verhalten beobachteten, etwa seine Reaktionen auf unterschiedliche Interaktionsversuche. Wir stellten fest, daß Dylan mehrere spezifische Probleme mit der Aufnahme und Verarbeitung von Sinneseindrücken sowie mit der Bewegungsplanung hatte, entdeckten hinderliche und förderliche Interaktionsmuster und entwickelten einen umfassenden Behandlungsplan, um Dylans Eltern zu helfen, mit den besonderen Stärken und Schwächen ihres Sohnes zu arbeiten. Zu dem Programm gehörte, daß Dylan und seine Eltern zweimal pro Woche eine Beschäftigungs- und Sprachtherapie besuchten, einmal pro Woche an einer interaktiven Entwicklungstherapie mit einer wundervollen, sanften Therapeutin teilnahmen und die Therapie durch intensive Interaktionsübungen in der häuslichen Umgebung ergänzten.

Regina, die Therapeutin, versuchte als erstes, Vicky und Bruce verständlich zu machen, wodurch Dylans auffällige Verhaltensweisen verursacht wurden. Die Untersuchung habe ergeben, erklärte sie, daß Dylan einen niedrigen Muskeltonus habe, in seiner Bewegungsplanung eingeschränkt sei und Schwierigkeiten habe, seinen Körper im Raum wahrzunehmen. Das machte ihn unsicher, wie er seinen Körper dazu bringen konnte, das zu tun, was er wollte. Seine ritualisierten Bewegungen, die er stereotyp wiederholte, waren seine Methode, ein Gefühl von Sicherheit zu gewinnen. Er hatte auch Schwierigkeiten, auditive Informationen zu verarbeiten. Er reagierte überempfindlich auf bestimmte Töne, und obwohl er hörte, was gesagt wurde, verstand er nicht immer die Bedeutung. Diese Mischung aus verschiedenen Defiziten machte Dylan ängstlich und verständlicherweise nervös bezüglich seiner Fähigkeit, in der Welt zurechtzukommen. Um sich zu beruhigen, brauchte er das Gefühl, daß alle Dinge an ihrem gewohnten Platz blieben, daß sich nichts veränderte und daß er alles unter Kontrolle hatte. Und weil es ihm weniger schwerfiel, sich selbst zu äußern, als Informationen aufzunehmen, versuchte er, die notwendige Kontrolle zu bewahren, indem er vertraute Wörter ständig wiederholte und Anweisungen erteilte.

Da Dylan durch seine auditiven Verarbeitungsprobleme und seine Angst unsicher war, was er hörte, war es häufig leichter für ihn, die äußere Welt auszublenden und sich in seine innere Welt zurückzuziehen, wo er alles unter Kontrolle hatte. Dort konnte er sich mit den tröstenden stereotypen Spielen beschäftigen, sein Feuerwehrauto vor- und zurückrollen, Autos aufreihen, vertraute Worte und Muster wiederholen.

Das erste therapeutische Ziel bestand darin, Dylan dabei zu helfen, eine emotionale Beziehung zu seinen Eltern aufzubauen und zielgerichteter vorzugehen. Er sollte den Wechsel von Selbstbezogenheit und Wiederholung zu Bezogenheit und zielgerichteter Interaktion vollziehen. Zu diesem Prozeß gehörte das Öffnen und Schließen von Kommunikationskreisen, das heißt, Dylan sollte darauf eingehen, wie seine Eltern oder Therapeuten auf sein Handeln reagierten. Sein repetitives, selbstbezogenes Verhalten hatte offensichtlich eine beruhigende Wirkung auf ihn. Vicky und Bruce schreckten davor zurück, ihn dabei zu stören. Doch Regina erklärte: »Dylan muß lernen zu interagieren; Sie müssen Kontakt zu ihm herstellen und ihm helfen, mit Ihnen zu interagieren.«

Dylan hatte eine generell niedrige Reizschwelle für sensorische Stimuli und zog die Sicherheit seiner eng begrenzten Aktivitäten vor, deshalb mußten visuelle Reize beruhigend und dennoch interessant sein, damit er sie registrierte. Regina zeigte Vicky und Bruce, wie sie Dylans Aufmerksamkeit durch eine besänftigende Sprache und Gestik wecken konnten.

»Gehen Sie auf ruhige, aber lustige Weise auf sein Spiel ein«, sagte sie. »›Ärgern‹ Sie seine aufgereihten Autos und Lastwagen. Besorgen Sie sich Murmeln, Zauberstäbe und anderes buntes Spielzeug und führen Sie es ins Spiel mit ein. Benutzen Sie den Zauberstab, um sein Auto verschwinden zu lassen.

Seien Sie auch nicht zu nachgiebig. Wenn er Sie ignoriert, behindern Sie ihn auf spielerische Weise. Verstellen Sie dem Auto, das er hin- und herrollt, den Weg, aber tun Sie es im Zeitlupentempo, damit er Einwände erheben kann, bevor Sie fertig sind. Das Wichtigste ist, daß Sie etwas Beruhigendes, Interessantes tun und ihn – in Zeitlupe – vor Herausforderungen stellen.

Spielen Sie auf diese Weise etwa 20 bis 30 Minuten mit ihm, mehrmals am Tag, damit er die Interaktion einüben kann.«

Das war eine völlig Abkehr von dem Verhalten, das Vicky und Bruce im Umgang mit ihrem Sohn gewohnt waren. Beide Elternteile hatten ein ruhiges Wesen. Beide drückten sich lieber mit Worten als mit Gesten aus. Spielerisch probierten sie den neuen Ansatz aus. Mit ein bißchen Übung wurde Bruce sehr erfolgreich darin. Er sprach mit alberner, aber sanfter Stimme zu Dylan, während er ihm durchs Zimmer folgte und ihn spielerisch dazu aufforderte, mit ihm zu tanzen, ihn zu jagen oder Pferd und Reiter zu spielen. Dabei versuchte er immer, auf dem aufzubauen, was Dylan gerade tat. Manchmal ließ sich Dylan in die Bewegungsmuster verwickeln und jagte seinen Vater durchs Zimmer oder kletterte auf seinen Rücken, um Pferd und Reiter zu spielen.

Der Versuch, Dylan bei seinen Aktivitäten zu behindern und ihn dadurch zur Interaktion zu bewegen, erwies sich als schwieriger. Er heulte vor Wut, wenn Bruce und Vicky seinem Feuerwehrauto den Weg versperrten.

»Tun Sie es spielerisch und langsamer«, sagte Regina. »Er muß erkennen, daß es ein Spiel ist und daß er die Regie übernehmen kann.«

Also lächelte Bruce jedesmal, während er langsam nach dem Feuerwehrauto griff. Er steckte es in seine Tasche und hielt dann die Tasche auf, damit Dylan hineingreifen und das Auto wieder herausholen konnte. Nach einigen Tagen fing Dylan an zu kichern, wenn er danach griff. Nach einigen weiteren Tagen begann er, häufiger Blickkontakt herzustellen. Bruce' spielerische Versuche zu stören entwickelten sich ziemlich schnell zu einem »Da/weg-Spiel«, an dem beide Seiten großen Spaß hatten.

Einen Ball über einige Stufen nach unten rollen zu lassen entwickelte sich zu einem weiteren Lieblingsspiel von Dylan. Es gefiel ihm, den Ball zu bewegen. Er weigerte sich zwar, auf ebener Erde einen Ball zurückzurollen, aber den hüpfenden Ball auf den Stufen fand er amüsant. Also fing Bruce an, den Ball über die Stufen zu Dylan hochzuwerfen, der ihn dann wieder herunterrollen ließ. In den ersten Monaten der Therapie verbrachten die beiden häufig 30 Minuten mit der Wiederholung dieses Spiels. Es war keine hochrangige Kommunikation, aber es war der intensivste Kontakt, den die beiden seit langem gehabt hatten.

Inzwischen setzte auch die Sprachtherapeutin spielerische Behinderungen ein, um Dylans Sprachentwicklung zu unterstützen. Sie ärgerte ihn geduldig mit einem Spielzeug und reagierte nicht auf seine Wutanfälle, so daß er Worte benutzen mußte, um ihr mitzuteilen, was er wollte. An die Stelle des Quengelns und Brüllens trat allmählich die Sprache.

Schon früh in der Therapie hatten Bruce und Vicky gesagt: »Wir haben sein Verhalten im Grunde verschlimmert. Wenn er auf irgendwelche Gegenstände wies und grunzte, haben wir sie ihm sofort geholt. Es bestand gar keine Notwendigkeit für ihn, sprechen zu lernen.« Dylans Schwierigkeiten mit der Verarbeitung und Sequenzierung von Lauten machten es schwer für ihn, zu kommunizieren; er brauchte eine stärkere Motivation als andere Kinder.

Die Beschäftigungstherapeutin nahm Dylans niedrigen Muskeltonus und seine körperliche Unsicherheit in Angriff, indem sie ihn in grobmotorische Aktivitäten verwickelte und ihn aufforderte, zu schaukeln, zu springen oder sich auf dem Boden zu wälzen. Solche Aktivitäten versetzten Dylan im allgemeinen in Panik. Außerhalb der Therapie weigerte er sich, auch nur einen Zentimeter vom Boden hochzuspringen, mied Spielplätze und wollte nicht mit anderen Kindern spielen, weil sie ihn häufig schubsten. In der Therapie dauerte es oft sehr lange, bis er sich dazu bewegen ließ, auf die Schaukel zu gehen. »Wir bezahlen einen Haufen Geld dafür, daß er ein paar Minuten schaukelt«, klagte Bruce. Doch er erkannte auch, daß Dylan allmählich Fortschritte bei der Bewältigung von Sinnesempfindungen und Bewegungen machte.

Die ersten Monate der Therapie waren nicht einfach. Es war schwierig, die notwendige Zeit aufzubringen, vor allem für Bruce, der erst um sieben Uhr abends von der Arbeit nach Hause kam und dann genauso müde war wie Dylan. Regina sagte ihm, er müsse früher kommen, aber er hatte gerade eine neue Stellung angenommen und sah sich außerstande, der Empfehlung nachzukommen. Außerdem war das Spielen mit Dylan außerordentlich anspruchsvoll. »Es ist kein normales Spielen«, erklärte Vicky. »Man muß sich die ganze Zeit anstrengen, immer einen Schritt vorausdenken und sich ständig fragen: ›Wie kann ich jetzt seine Aufmerksamkeit erringen? Wie kann ich sie aufrechterhalten?‹ Wenn man sich nur einen Moment lang entspannt, hat man ihn schon verloren.«

Doch im dritten Monat der Therapie machte Dylan gute Fortschritte. Er konnte Blickkontakt mit seinen Eltern und Therapeuten herstellen und reagierte auf all ihre Gesten. Sein Wortschatz erweiterte sich in rasantem Tempo. Er begeisterte sich für Wörter. Mit Leidenschaft bezeichnete und kategorisierte er alles, was er sah. »Bagger, Zementmischer, Schuttlaster«, betete er herunter, wenn sie auf der Straße an diesen Fahrzeugen vorbeikamen. »Schraubenzieher, Kneifzange, Schraubenschlüssel«, deklamierte er, wenn sein Vater im Werkzeugkasten wühlte. Mit großer Präzision rezitierte Dylan lange Listen von seinen Lieblingsgegenständen. Doch seine Sprechweise wirkte auf eigentümliche Weise selbstbezogen; er schien immer noch hauptsächlich zu seinem eigenen Vergnügen und nicht um der Kommunikation willen zu sprechen. Er bekam Tobsuchtsanfälle, wenn man ihm widersprach oder ihn unterbrach. Er antwortete nicht auf Fragen, und obwohl er häufig unentwegt vor sich hinplapperte, während er spielte, hatten seine Worte häufig keinen Bezug zu seiner Aktivität.

»Es war so entmutigend«, sagte Vicky. »Endlich sprach er, aber es klang wie das Gebrabbel eines Verrückten.«

Die Sprachtherapeutin erklärte, daß Dylan Worte genauso benutzte und aneinanderreihte wie vorher seine Spielzeugautos. Er wußte, was er sagen wollte, aber er verstand häufig nicht, was andere sagten. Die Klassifikationen und Wiederholungen beruhigten ihn; es war eine Möglichkeit, Kontrolle über eine verwirrende Welt zu gewinnen und diese Welt gleichzeitig auszuschließen. Da er Schwierigkeiten hatte, Verhaltensweisen und Worte in eine Reihenfolge zu bringen, war es außerdem viel leichter für ihn, eine bestimmte Sequenz ständig zu wiederholen, als eine neue Reihe von sprachlichen Sequenzen auszuarbeiten. Um sich weiterzuentwickeln, mußte er lernen, Sprache auf interaktivere Weise zu nutzen.

Da Dylan jetzt kontaktfähiger war und planvoller vorging, bestand das nächste Therapieziel darin, ihm zu helfen, sprachliche Kommunikationskreise zu schließen, seine Gedanken mit denen seiner Gesprächspartner zu verknüpfen.

Es erforderte unglaubliche Geduld, eine Antwort aus Dylan herauszukitzeln. »Wohin fährt das Feuerwehrauto?« fragte Vicky einmal, zweimal, dreimal oder auch viermal. »Fährt es zu dem Haus oder zur Feuerwache?« setzte sie erneut an und vereinfachte die Frage, indem sie Dylan zwei Antworten zur Auswahl gab.

»Feuerwehrauto rot ... Äpfel rot ... Eis am Stiel rot«, kam es dann vielleicht irgendwann in einer frei assoziierten Aufzählung.

»Dylan, wollen die Feuerwehrmänner rotes Eis am Stiel?« fragte Vicky in dem Versuch, eine logische Beziehung zwischen seinen Gedanken herzustellen.

»Feuerwehrmänner Eis am Stiel.«

»Wollen die Feuerwehrmänner Eis am Stiel?« fragte Vicky.

»Feuerwehrmänner wollen Eis am Stiel«, bestätigte Dylan schließlich.

Langsam lernte er, aus einer bedeutungsvollen Liste von Möglichkeiten, ein Wort oder eine Formulierung auszuwählen, die einen Kommunikationskreis schloß.

Jedes dieser Gespräche war zäh und anstrengend – »wie Zähneziehen«, sagte Vicky. Zwei Kreise konnten mitunter 15 Minuten in Anspruch nehmen. Nach 30 Minuten stand Vicky häufig kurz vorm Nervenzusammenbruch. Doch Dylan machte ohne Zweifel Fortschritte. Nach drei Monaten intensiver Arbeit schloß er verbale Kreise und baute in der Hälfte der Fälle Brücken zwischen seinen Worten und den Worten anderer. Wenn er motiviert war, konnte er die meisten einfachen Was- oder Wo-Fragen beantworten.

Um sein logisches Denken weiter zu fördern und die Zahl der Kreise, die Dylan schließen konnte, zu erhöhen, schlugen die Therapeuten vor, mit den spielerischen Behinderungen fortzufahren. »Wenn er will, daß das Feuerwehrauto in eine bestimmte Richtung fährt, rollen Sie es in eine andere Richtung. Helfen Sie ihm, in Worte zu fassen, was er will, und halten Sie die Verhandlung so lange wie möglich aufrecht.« Also fingen Bruce und Vicky widerstrebend an, sich erneut als wenig kooperative Spielgefährten zu zeigen.

»Ich will dieses Auto«, sagten sie zum Beispiel und griffen nach Dylans heißgeliebtem Feuerwehrauto.

»Nein! Das da!« brüllte Dylan und wies auf ein kleineres Gefährt.

»Nein, dieses«, beharrten sie.

»Nein! Nein! Das ist meins!«

»Du nimmst das kleinere.«

»Großes meins!«

»Na gut«, gaben sie schließlich nach. »Aber wenn ich das Feuerwehrauto nicht haben kann, dann will ich das hier!« erklärten sie und griffen nach einem anderen Spielzeug, dessen Auswahl garantiert einen Protest auslöste.

Obwohl solche Herausforderungen Dylans Zorn erregten, wuchs die Zahl der Kommunikationskreise, die er schließen konnte, stetig an. Seine Eltern sorgten dafür, daß auch viele spielerische Interaktionen stattfanden, die sich durch Kooperation und Spaß und nicht durch hitzige Wortwechsel auszeichneten.

Etwa zu dieser Zeit brachten Bruce und Vicky ihren Sohn in einen normalen Kindergarten. Seine erste Woche dort verlief glatt, aber als die zweite Woche anbrach, wollte er nicht mehr hingehen. In der dritten Woche beklagte sich die Kindergärtnerin, daß Dylan die anderen Kinder schlage. Regina besuchte ihn im Kindergarten und fand schnell heraus, wo das Problem lag. Das strukturierte Programm umfaßte große Zeiträume, in denen von den Kindern erwartet wurde, daß sie still im Kreis saßen. Es wurden häufig Lieder gesungen, die mit Fingerspielen verbunden waren. Aufgrund seines niedrigen Muskeltonus und seiner körperlichen Unsicherheit stützte Dylan sich häufig auf der Matte seines Nachbarn ab und störte das andere Kind. Da er Schwierigkeiten mit der Bewegungsplanung hatte, konnte er die Hände nicht so bewegen wie die anderen Kinder, wenn sie »Alle Vögel fliegen hoch« oder ähnliche Lieder sangen. Ohne es zu wollen, verpaßte er seinem Sitznachbarn einige Schläge. Zudem brachte ihn der Geräuschpegel häufig aus der Fassung, so daß er aufstand und wegging. Da dieser Kindergarten keine besondere Förderung anbieten konnte, meldeten Vicky und Bruce ihren Sohn in einem anderen an, der mehr Personal hatte und flexibler war. Hier blühte Dylan regelrecht auf. Er war immer noch ängstlich und unsicher bei körperlichen Interaktionen mit anderen Kindern und reagierte abwehrend auf unerwartete Berührungen, aber verbal stand er im großen und ganzen auf derselben Stufe wie die anderen Kinder und konnte sich gut behaupten. Dylans Therapeuten drängten Bruce und Vicky, Spieltreffen mit anderen Kindern zu organisieren, um die Interaktion weiter zu fördern – keine leichte Aufgabe, weil Dylan wie am Spieß brüllte, sobald ein anderes Kind einfach unerlaubt seine Spielsachen anfaßte!

Nach etwa 12 Monaten Therapie hatte Dylan große Fortschritte in jedem Bereich außer in seinen motorischen Fähigkeiten gemacht. Vicky und Bruce zweifelten schon seit einiger Zeit an der Effektivität der Beschäftigungstherapie. Obwohl die Therapeutin geduldig und offenbar hochqualifiziert war, schien sie kein Gespür für Dylan zu haben. Sie bestand auf Aktivitäten, von denen Vicky und Bruce intuitiv wußten, daß sie nicht funktionieren würden; häufig verbrachte sie die Hälfte der Sitzung damit, Dylan zu beruhigen, indem sie ihm etwas vorlas – sie las und las, ohne zu bemerken, daß Dylan sich längst wieder gefaßt hatte. »Bei allen anderen Therapeuten hatte ich das Gefühl, daß sie besser waren als ich«, erklärte Vicky, »daß ich etwas von ihnen lernen konnte. Doch bei dieser Therapeutin erkannte ich, daß ihr Gespür schlechter war als meins.« Nachdem Vicky und Bruce mehrere Monate lang gezögert hatten, ihrem Gefühl zu folgen, entschieden sie schließlich, den Therapeuten zu wechseln. Die neue Therapeutin spürte, wann sie Dylan drängen mußte, etwas Neues auszuprobieren, und wann sie sich zurückhalten mußte. Sie erkannte auch intuitiv, wie sie Dylan motivieren und an die Ausrüstungsgegenstände heranführen konnte, die ihm Angst machten. Wenige Wochen nach dem Therapeutenwechsel hatte Dylans Toleranz für körperliche Aktivitäten erkennbar zugenommen. Zwei Monate später lachte er beim Spielen.

Die neue Therapeutin gab Bruce und Vicky auch Tips, wie sie die Beschäftigungstherapie zu Hause fortsetzen konnten. »Gehen Sie mit ihm auf Spielplätze«, riet sie. »Bringen Sie ihn dazu, auf Abhängen herunterzurollen. Spielen Sie ›Folge dem Anführer‹, und lassen Sie ihn springen und hüpfen. All diese Aktivitäten tragen dazu bei, seine motorischen Fähigkeiten auszuweiten.« Vicky und Bruce befolgten den Rat, und bald fing Dylan an, von sich aus den Vorschlag zu machen, auf den Spielplatz zu gehen. Für einen Jungen, der sich ein Jahr zuvor nicht einmal in die Nähe einer Schaukel getraut hatte, war dies ein beeindruckender Fortschritt.

Die nächste Herausforderung bestand darin, Dylans Phantasie anzuregen. Die meisten Dreijährigen sind Meister des Phantasiespiels und verwickeln ihre Puppen oder Dinosaurier in dramatische Geschehnisse. Dylans Spiel beschränkte sich auf vier oder fünf Szenarien, die er immer wieder durchspielte. Eine Puppe machte ein Nickerchen, wachte auf und machte dann ein weiteres Nickerchen. Eine Figur fiel von einem Schlitten und verletzte sich, erhielt ein Pflaster, kletterte wieder auf den Schlitten und fiel erneut herunter. Ein Feuerwehrauto raste zu einem brennenden Haus, eine Person fiel aus dem Fenster, das Feuerwehrauto raste davon. Diese Wiederholung wirkte beruhigend auf Dylan, war aber problematisch. Sie bildete eine neue Variante seiner Unfähigkeit, sich neuen Situationen anzupassen, und hielt ihn davon ab, spontan zu denken oder mit neuen Ideen zu experimentieren.

Die Therapeuten zeigten Vicky und Bruce, wie sie die Handlungen verdichten konnten, um Dylan aus seinem Wiederholungsmuster herauszulocken.

»Übernehmen Sie die Rolle des Arztes, wenn die Puppe sich verletzt«, rieten sie. »Weisen Sie darauf hin, daß das Haus immer noch brennt, wenn das Feuerwehrauto davonrast. Tun Sie Ihr Möglichstes, um innerhalb seiner Geschichte zu bleiben, aber geben Sie dem Drama eine neue Richtung.«

Bruce und Vicky versuchten es, aber es war wieder ein hartes Stück Arbeit. Dylan schrie Zeter und Mordio, wenn sie seine Drehbücher über den Haufen warfen. Er drehte sich weg und spielte allein weiter. Bruce und Vicky zerbrachen sich den Kopf darüber, wie sie ihn zu neuen Szenarien verleiten konnten. Bruce stellte fest, daß es hilfreich war, wenn er wieder mit hoher quäkender Stimme sprach, was er größtenteils aufgegeben hatte, nachdem Dylan gelernt hatte, verbale Kreise zu schließen. Noch besser war es, die Ernie-Handpuppe zu benutzen. Wenn Ernie Veränderungen im Handlungsverlauf vorschlug, war Dylan meistens damit einverstanden.

Vicky stellte fest, daß sie am besten mit Dylan spielen konnte, wenn sie sich selbst auch in die Rolle eines Dreijährigen versetzte. Sie fragte sich, was ein Vorschulkind in einer bestimmten Situation tun würde. Das half ihr, verstärkt mit Gesten zu arbeiten und sich stärker interaktiv und weniger kooperativ zu verhalten. »Als Erwachsene machte ich ihm die Dinge zu leicht. Ich ließ ihn so spielen, wie er es wollte. Andere Kinder zwingen ihn, sein Spiel zu verändern.«

Wenn Vicky völlig entnervt war, weil es ihr trotz aller Anstrengungen nicht gelang, Dylan zu etwas Neuem zu bewegen, ging sie los und kaufte neues Spielzeug.

»Ich kam nach Hause, sah drei neue Spielsachen auf dem Boden und wußte sofort, daß Vicky einen schlechten Tag gehabt hatte«, witzelte Bruce.

»Und ich sagte dann immer«, ergänzte Vicky, »›Wir geben so viel Geld für die Therapie aus, was sind da schon 30 Dollar für neues Spielzeug?‹«

Nach und nach wurde Dylans Spiel vielseitiger. Nickerchen und Brände wurden durch Tiere im Dschungel und marschierende Soldaten ersetzt. Doch sein Spiel hatte immer noch etwas Flaches, Unlebendiges. Menschen und Tiere führten ihre Handlungen mechanisch, ohne Gefühl aus. Sie wachten auf, aßen, gingen zur Schule oder zur Arbeit und wieder nach Hause. Sie kämpften nie, hatten nie Angst. Es gab keine guten und bösen Figuren, keine furchteinflößenden Monster, keine Phantasiewesen, wie sie das Spiel von Kindern so häufig bevölkern und ihnen helfen, ihre Gefühle zu verarbeiten und die Realität auszutesten. Es war, als ob Dylan seine Gefühle unter strenger Kontrolle hielte und ihnen nicht gestattete, in sein Spiel einzudringen. Außerhalb des Spiels hielt er sie auf ähnliche Weise unter Verschluß. Er versuchte selten, sich zu behaupten. Wenn ihm ein anderes Kind sein Spielzeug wegnahm, rannte er zu seinen Eltern, anstatt sich mit dem Missetäter auseinanderzusetzen. Wenn er wütend wurde, weinte er oder verlor die Beherrschung, anstatt seinen Ärger in Worte zu fassen.

Um seine Kontrolle zu lockern, schlug Regina vor, daß Vicky und Bruce ihn zum Spiel mit Emotionen ermutigen sollten. »Wenn er ein starkes Gefühl zu haben scheint, erkunden Sie es gemeinsam mit ihm. Lassen Sie Ihre

Figur sagen, daß sie dieses Gefühl kennt oder es selbst erlebt. Zeigen Sie Dylan, daß es völlig in Ordnung ist, starke Gefühle zu haben.«

Für Vicky und Bruce war dies eine sehr schwierige Aufgabe. »Keiner von uns ist besonders konfrontationsfreudig«, gestand Vicky. »Es fällt uns leichter, über verletzte Gefühle und Aggressionen hinwegzugehen, als sie auszudrücken. Wenn eine böse Figur ins Spiel kommt, möchte ich immer, daß sie verschwindet.«

Aber sie bemühten sich. Kissenschlachten wurden zu einem beliebten Spiel, das ihnen zudem die Möglichkeit bot, mit aggressiven Gefühlen zu experimentieren. Vicky kaufte einige Schaumgummischwerter und fing vorsichtig an, kleine Scheinkämpfe mit Dylan zu inszenieren. Bruce versuchte, aggressive Themen in Dylans Spielhandlungen einzuführen, was nicht immer zu den erhofften Ergebnissen führte. Dylan bekam Angst, wenn der Elefant von Bruce seine Ritter angriff; er warf den Elefanten ganz nach hinten in einen Schrank. »Er kommt nie wieder raus!« schrie er und trommelte mit den Fäusten auf Bruce ein. Regina erklärte, daß Dylan noch nicht zwischen Realität und Phantasie unterscheiden könne. Er hatte den Angriff als sehr reale Bedrohung empfunden. »Doch wenn er mehr Übung bekommt«, sagte sie, »wird er den Unterschied lernen.«

Zwei oder drei Monate vergingen, ohne daß sich die Situation wesentlich verbesserte. Dann steuerte Dylan eines Tages während der Spieltherapie auf den Korb mit den »gruseligen Spielsachen« zu. Er hatte immer einen großen Bogen um diese Sammlung von zähnefletschenden Tigern und schwer bewaffneten Action-Figuren gemacht, doch an diesem Tag zog er – unaufgefordert – einen Hai heraus und wedelte damit herum. Einige Minuten später legte er ihn wieder zurück und faßte ihn wochenlang nicht mehr an. Regina meinte lächelnd, daß er im Begriff stehe, einen wichtigen Entwicklungsschritt zu tun. Einen Monat später kehrte er zu dem Korb zurück und inszenierte ein Drama, in dem ein Lastwagen in den Dschungel fuhr und auf ein Krokodil traf. Der Laster drehte schnell wieder um, aber der metaphorische Besuch des Dschungels markierte den Beginn von Dylans Vorstoß in die Welt der »gruseligen« Gefühle.

Etwa 15 Monate nach Beginn der Therapie schien Dylan in sein altes Verhalten zurückzufallen. Er wurde weinerlich und fordernd, weigerte sich, irgend etwas allein zu tun, und steigerte sich immer häufiger in die alten Wutanfälle hinein. Vieles, was er zu tolerieren gelernt hatte, führte erneut zu Tränenausbrüchen. Vicky und Bruce bekamen Angst. Vicky wurde wieder von der quälenden Vision verfolgt, daß ihr Sohn in einer Anstalt enden würde. Doch Regina beruhigte sie. »Er entwickelt sich weiter«, erklärte sie. »Er läßt mehr Emotionen zu, und das macht ihm Angst. Deshalb will er alles kontrollieren, um sich sicherer zu fühlen. Jedesmal wenn er etwas nicht kontrollieren kann, bekommt er Angst.«

Vicky und Bruce waren dennoch so bestürzt über Dylans neuerliche Wutanfälle, daß sie ihn wie ein rohes Ei behandelten und eifrig versuchten, ihn durch etwas Angenehmes zu erfreuen, sobald ein neuerlicher Ausbruch drohte.

»Helfen Sie ihm, besser mit Ärger und Enttäuschungen umzugehen«, sagte Regina. »Wenn er darauf besteht, die Treppe heruntergetragen zu werden, sagen Sie: ›Jawohl, Boß. Ganz wie Sie wollen, Boß. Sonst noch was, Boß?‹ Machen Sie Witze darüber, aber ziehen Sie die Sache gleichzeitig in die Länge, und ermutigen Sie ihn, Ihnen zu helfen, indem Sie etwas sagen wie: ›Könnten Sie bitte auf meinen Rücken klettern, Boß?‹, und nach einigen Stufen: ›Okay, ich brauch 'ne Pause.‹ Und dann: ›Könnten Sie mich bitte anschieben?‹«

Zweifelnd folgten Vicky und Bruce Reginas Rat. Dylan reagierte zuerst alles andere als positiv und bekam den erwarteten Wutanfall. Doch nach einigen Tagen begann er ruhiger zu werden, so als denke er über ihre Worte nach, und im Laufe der nächsten zwei Wochen nahm sowohl die Intensität als auch die Zahl der Wutanfälle ab. Dylan schien eine neue Art des Spiels zu genießen, bei dem er sich besser behauptete und eigenständiger handelte.

Regina nutzte die Gelegenheit, um Dylans Eltern dazu anzuregen, ihrem Sohn beim Problemlösen zu helfen. Sein niedriger Muskeltonus und seine beeinträchtigte Bewegungsplanung machten es schwierig für ihn, sich die Schritte vorzustellen, die zur Lösung eines Problems erforderlich waren. Wenn zum Beispiel ein Spielzeug unter den Tisch fiel oder sein Fäustling von der Hand rutschte, reagierte er hysterisch und fühlte sich unfähig, die Situation zu korrigieren.

»Anstatt den Gegenstand für ihn zu holen«, sagte Regina, »sollten Sie die Situation mit ihm durchsprechen. Zeigen Sie ihm, daß er es selbst tun kann.«

Doch Vicky und Bruce fühlten sich schuldig und traurig, wenn Dylan schrie: »Aber *warum* holt ihr es nicht? Ihr *müßt* es mir doch holen!« Regina half den Eltern, ihre eigenen Gefühle zu erforschen. Sie mußten noch einmal ihre Schuldgefühle, ihre Beschützerrolle, ihre Ängste und ihre Assoziationen mit früheren Problemen aufarbeiten. Es war wichtig, daß sie sich damit auseinandersetzten, wie Dylan ihre Beziehung beeinflußte und wie es sich auf ihr Verhältnis ausgewirkt hatte, daß sie sich ständig um seine Bedürfnisse gekümmert hatten.

Mit Hilfe dieser Unterstützung fingen Vicky und Bruce an, Dylan anzuleiten, seine verlorenen Spielsachen und Kleidungsstücke selbst zu suchen. Anfangs reagierte er jedesmal mit Tobsuchtsanfällen, wenn sie sich weigerten, etwas für ihn zu holen. Bruce und Vicky mußten der Neigung widerstehen, ihm nachzugeben. Doch nach und nach wurden die Wutanfälle schwächer. Drei Monate später bat er sie immer noch, Gegenstände für ihn zu suchen und zu holen, aber er protestierte nicht mehr, wenn sie ihn stattdessen mit Worten dazu anleiteten, selbst zu handeln. Als er allmählich immer sicherer wurde, entwickelte er sogar einen gewissen Stolz auf die Dinge, die er eigenständig erledigen konnte.

Zu dieser Zeit, etwa 18 Monate nach Beginn der Therapie, war Dylans Sprache empfänglicher und logischer geworden; er schloß fast alle verbalen Kommunikationskreise. Doch seine Sprechweise hatte immer noch etwas Formelhaftes, als ob er, wie Bruce es ausdrückte, eine Fremdsprache erlernt hätte. Wenn man ihn fragte, wo sein Ball sei, antwortete er nicht: »Da drüben«, sondern eher: »Der gelbe Ball liegt hinter dem roten Müllaster.« Wenn er gebeten wurde, seine Lehrerin zu beschreiben, sagte er nicht: »Miss Leows ist nett« oder: »Miss Leows liest mir Geschichten vor«, sondern listete akribisch alle Ereignisse seines Schultages auf. Regina erklärte, daß Dylan noch nicht in der Lage sei, eine einzelne Antwort zu abstrahieren. Er registrierte und berichtete jedes Detail, weil er Schwierigkeiten hatte, Gedanken aneinanderzureihen. Um nur die relevanten Informationen herauszuziehen, müßte er sehr schnell neue Sequenzen bilden können. Seine Angst und die Tatsache, daß er sich rasch überfordert fühlte, trugen ebenfalls zu seiner formelhaften Sprechweise bei. Regina versicherte den Eltern, daß kein Anlaß zur Besorgnis bestand: Je flexibler und zuversichtlicher Dylan in emotionaler Hinsicht werde und je besser er die Informationen aus seiner Umgebung verarbeiten könne, desto lockerer würde auch seine Sprechweise werden.

Dylan ist jetzt knapp viereinhalb und seit zwei Jahren in Therapie. Er ist zu innigen Kontakten fähig, hat ein eifriges, gewinnendes Wesen und ein ansteckendes Lachen. Wer ihn das erste Mal sieht, ist hingerissen von seinem Charme, seiner präzisen Sprechweise und seinem großen Wortschatz. Er liebt jetzt Spielplätze und grobmotorische Aktivitäten und spielt gern mit anderen Kindern. Er geht nur noch einmal anstatt zweimal pro Woche zu seiner Beschäftigungstherapeutin, mit deren Hilfe er seine feinmotorischen Sequenzierungsfähigkeiten weiter ausfeilt.

Dylans Redeweise ist immer noch sehr genau, aber er ist fähig zu Logik, Intuition und subtiler emotionaler Interaktion. Wenn seine Eltern sich heute weigern, etwas Bestimmtes für ihn zu tun, reagiert er nicht mehr mit Tränen oder Wutanfällen, sondern schaut sie oft treuherzig an und fragt: »Aber wieso wollt ihr das nicht für mich tun? Ihr seid doch meine Eltern; ihr *solltet* das tun.« Weit mehr als die meisten Kinder seines Alters ist er in der Lage, eine Sache haargenau auf den Punkt zu bringen, seine Gefühle in Worte zu fassen und wie ein Rechtsanwalt zu argumentieren.

Auch Bruce und Vicky haben einen langen Weg zurückgelegt und vieles gelernt: Sie sind Meister des Pantasiespiels geworden, führen lange Dialoge mit Dylan, fühlen sich in ihn ein, setzen ihm Grenzen und ertragen seine Proteste. Außerdem haben sie gelernt, seine Unabhängigkeit besser zu fördern.

Dylan macht Fortschritte beim Problemlösen. Während einer Therapiesitzung fiel kürzlich eine Kiste mit Spielsachen, die er haben wollte, hinter einen Tisch, und Dylan brach in Tränen aus. Die Therapeutin reagierte nicht. Nach einigen Minuten fing Dylan an, selbst nach der Kiste zu suchen. Damit hatte er zum ersten Mal eine problemlösende Aktivität initiiert.

Außerdem hat er sein neues Selbstvertrauen eindrucksvoll unter Beweis gestellt, indem er eine Nacht bei einem Freund verbrachte. Es war noch in einer weiteren Hinsicht eine Premiere: Dylan hatte sich zum ersten Mal freiwillig von seinen Eltern getrennt.

Wenn Vicky und Bruce auf die letzten zwei Jahre zurückblicken, sind sie ungeheuer erleichtert: »Die größten Ängste liegen hinter uns«, sagte Vicky. »Jetzt wissen wir, daß er sich gut entwickeln wird.« Doch sie räumen ein, daß nicht alles glatt gelaufen ist und immer noch viele Hindernisse zu bewältigen sind. »Gefühlsmäßig sitzt man in einer Achterbahn«, sagte Bruce. »Es geht vor und zurück, vor und zurück. Nachdem man eine ganze Weile nur Fortschritte gemacht hat, gerät plötzlich alles ins Stocken, und man fühlt sich am Boden zerstört.«

Wenn Vicky und Bruce sich entmutigt fühlen, weist Regina sie darauf hin, daß sie nicht nur daran denken dürfen, was Dylan noch alles lernen muß, sondern sich auch vor Augen führen sollten, was er schon alles gemeistert hat. Sie hilft ihnen, die Leistungen ihres Sohnes anzuerkennen. Er hat in kurzer Zeit enorme Fortschritte gemacht. Er ist ein aktiver, kreativer und sensibler Schüler, und viele Kinder in seiner Klasse reißen sich um seine Freundschaft. Es gibt keinen Grund zu der Annahme, daß er nicht weiterhin genauso stetige oder sogar noch schneller Fortschritte in seiner Entwicklung machen wird.

3 Die genaue Beobachtung des einzelnen Kindes: Physiologische Stärken und Schwächen

Da Sie täglich mit Ihrem Kind umgehen, sind Sie sich des Bereiches, in dem es Schwierigkeiten hat, möglicherweise sehr bewußt. Angesichts der Beeinträchtigungen übersieht man leicht, daß das Kind auch über Stärken verfügt. Dieses Kapitel soll Ihnen helfen, die Stärken *und* die Schwächen Ihres Kindes besser zu erkennen. Wir werden darlegen, wie Sie sowohl die besonderen physiologischen Hindernisse ermitteln können, die den Interaktionen Ihres Kindes mit seiner Umwelt im Wege stehen, als auch die Bereiche, in denen es keine Schwierigkeiten hat, so daß Sie diese Stärken ausnutzen können, um die Entwicklung Ihres Kindes zu fördern.

Einige physiologische Beeinträchtigungen Ihres Kindes sind möglicherweise offensichtlich, doch einige liegen vielleicht auch im verborgenen. Eine Überempfindlichkeit für Gerüche wird zum Beispiel selten bemerkt, kann jedoch großen Einfluß auf die Toleranz des Kindes für bestimmte Menschen, Orte oder Nahrungsmittel haben. Viele Verarbeitungsstörungen sind schwer zu entdecken, haben aber weitreichende Auswirkungen auf das Verhalten des Kindes.

Zur Einschätzung der Stärken und Schwächen des Kindes gehört, daß Sie es beim Spielen und bei gemeinsamen Aktivitäten in seiner häuslichen Umgebung oder draußen beobachten. Wenn Sie Ihr Kind sorgfältig beobachten und über einen längeren Zeitraum viele Eindrücke sammeln, erhalten Sie einen Großteil der wichtigsten Informationen. Denken Sie daran, daß die einzelnen Sinnesfunktionen nicht isoliert, sondern vom Kontext abhängig sind. Was in einer bestimmten Situation eine starke Reaktion auslöst, löst in einer anderen Situation möglicherweise nur eine schwache oder gar keine Reaktion aus. Außerdem arbeiten alle Sinne und das motorische System zusammen.

Wenn Sie das Gefühl haben, die Stärken und Schwächen Ihres Kindes recht gut zu kennen, ist es hilfreich, sie schriftlich festzuhalten. Wenn Sie mit Ihrem Kind während der sogenannten Bodenzeit arbeiten, können Sie auf Ihre Notizen zurückgreifen, um sich wieder bewußt zu machen, welches Ziel sie anstreben und welche Hilfsmittel Sie dafür einsetzen können.

Die Einschätzung der kindlichen Fähigkeit, alltägliche Sinnesempfindungen zu regulieren

1. Sensibilität für Geräusche. Die meisten Kinder können eine große Vielzahl von Tönen tolerieren – von einem hohen, klagenden Wimmern bis zu einem tiefen, kehligen Brüllen, vom Motorgeräusch des Staubsaugers bis zu durchdringenden Pfeiftönen, von plötzlichen lauten Explosionen bis zu einem leisen Flüstern. Doch viele Kinder mit besonderem Förderbedarf haben eine sehr hohe oder sehr niedrige Reizschwelle gegenüber Tönen.

Wie reagiert Ihr Kind, wenn Sie sehr leise mit ihm reden? Scheint es diese Stimme zu mögen? Was geschieht, wenn Sie die Stimme etwas anheben und mit normaler Lautstärke sprechen? Verändert sich die Reaktion? Was passiert, wenn Sie lauter reden als normal, ohne gleich zu brüllen (schließlich wollen Sie Ihr Kind nicht unnötig ängstigen)? Wenn es positiv auf die leise Stimme reagiert, aber bei den beiden lauteren Varianten zurückschreckt, reagiert Ihr Kind möglicherweise überempfindlich auf akustische Reize. Wenn es hingegen die beiden leiseren Stimmen ignoriert, aber bei der lauteren aufhorcht, ist es möglicherweise unterempfindlich und nimmt die leiseren Töne vielleicht gar nicht wahr. Probieren Sie dieses Experiment mehrmals mit unterschiedlichen Arten von akustischen Reizen aus. Benutzen Sie zum Beispiel Trillerpfeifen, Musikinstrumente oder Töpfe und Pfannen. Versuchen Sie auch, das Tempo und die Tonlage zu variieren.

Experimentieren Sie als nächstes mit Musik. Spielen Sie Klassik, Rock und andere Arten von Musik und beobachten Sie, was Ihr Kind bevorzugt. Spielen Sie jede Musikart in niedriger, mittlerer und hoher Lautstärke. Mag Ihr Kind leise, melodische Klänge oder lautere, kräftigere Takte? Gesangsstücke oder Instrumentalstücke? Komplexe oder einfache Rhythmen? Abwechslungsreiche oder wiederkehrende Melodien? Beobachten Sie seine Reaktion auf Umweltgeräusche. Wie reagiert es auf Sirenen, Alarmglocken, Schulklingeln? Wie reagiert es, wenn Sie den Staubsauger einschalten? Wenn Sie den Mixer benutzen? Wenn Sie Töpfe und Pfannen gegeneinanderschlagen? Genießt Ihr Kind bestimmte vibrierende Töne oder sitzt es gern auf der Waschmaschine oder dem Trockner?

Wenn Sie Ihr Kind beobachten, denken Sie daran, daß die Töne nicht isoliert auftreten und einen kumulativen Effekt haben können. Was einen Moment lang angenehm sein kann, ist vielleicht unangenehm, wenn es längere Zeit andauert.

Wenn Sie die Arten von akustischen Reizen zusammengestellt haben, die positive Reaktionen bei Ihrem Kind auslösen, setzen Sie diese Töne beim Spielen ein. Wenn Ihr Kind eine hohe Reizschwelle hat, setzen Sie vibrierende Töne ein, um seine Aufmerksamkeit zu wecken. Sprechen Sie lebhaft, variieren Sie den Tonfall Ihrer Stimme. Sie können auch Trommeln, Hörner und laute Aufziehspielsachen verwenden. Es kann sein, daß *Sie* den Geräuschpegel als unangenehm empfinden, aber vielleicht gefällt er Ihrem Kind und erregt sein Interesse.

2. Sensibilität für Berührungen. Einige Kinder mögen nicht angefaßt werden; sie reagieren vielleicht besonders ablehnend auf leichte, behutsame Berührungen. Sanfte Berührungen, auch von einem liebevollen Elternteil, machen ihnen angst. Wenn sie bestimmte Stoffe auf der Haut spüren, würden sie am liebsten alle Kleidungsstücke abwerfen und unbekleidet bleiben, wenn sie könnten. Wenn Wasser an ihre Hände kommt, schreien sie, als bereite es ihnen körperlichen Schmerz. Andere Kinder sind dagegen ganz begeistert von Berührungen. Sie wollen gedrückt und gestreichelt werden. Sie lehnen sich ständig an Gegenstände an oder streichen über deren Oberflächen. Sie weigern sich, irgend etwas anderes als langärmelige Hemden und lange Hosen zu tragen. Sie fühlen sich verloren, wenn sie nicht den Druck von Stoff auf ihrer Haut spüren.

Wahrscheinlich wissen Sie schon, wie Ihr Kind auf taktile Reize reagiert, aber vielleicht sind Ihnen bislang bestimmte subtile Nuancen entgangen, die sehr hilfreich für die Interaktion sein können. So reagieren beispielsweise nur wenige Kinder mit niedriger Reizschwelle überempfindlich auf *alle* Arten von Berührungen. Die meisten können bestimmte taktile Reize tolerieren oder sogar genießen. Viele Kinder, die überempfindlich auf leichte Berührungen reagieren, mögen aber einen festen Druck, etwa wie man ihn bei einer kräftigen Umarmung ausübt. Das Wissen um die Empfindungen, die Ihrem Kind Freude bereiten, kann ausschlaggebend für Ihre Fähigkeit sein, eine liebevolle körperliche Beziehung zu ihm aufzubauen.

Nur wenige Kinder mit hoher Reizschwelle reagieren gleichermaßen positiv auf alle Berührungsarten. Viele haben starke Vorlieben für bestimmte Formen von taktilen Reizen. Auch hier kann Ihnen die Kenntnis dieser Vorlieben helfen, Berührungen zu nutzen, um die Aufmerksamkeit Ihres Kindes zu erringen. Mit Hilfe einiger systematischer Experimente können Sie feststellen, welche Formen von taktilen Reizen Ihrem Kind angenehm sind und wo und wann es berührt werden möchte.

Denken Sie zunächst darüber nach, wie Ihr Kind reagiert, wenn Sie es knuddeln oder streicheln, wenn Sie es baden, kämmen oder umziehen. Genießt es die Berührungen? Nutzt es körperliche Kontakte und Berührungen, um Nähe herzustellen, sich zu entspannen oder die Welt zu erforschen? Überlegen Sie, wie Ihr Kind seine Umwelt erkundet. Berührt es gern Gegenstände mit den Händen? Einige Kinder benutzen zum Beispiel lieber die Füße.

Experimentieren Sie mit unterschiedlichen Berührungsformen und mit unterschiedlichen Teilen des Körpers. Auch Kinder, die überempfindlich auf Körperkontakte reagieren, können bestimmte Formen von Berührungen in bestimmten Bereichen tolerieren. Probieren Sie nacheinander aus, wie Ihr Kind auf leichte Berührungen reagiert (indem Sie zum Beispiel mit den Fingerspitzen über seinen Körper fahren), wie es sich bei etwas stärkeren Berührungen verhält und wie es auf festen Druck reagiert. Beobachten Sie, wie Ihr Kind auf Berührungen von Armen und Beinen, Händen und Füßen, Bauch und Rücken anspricht.

Experimentieren Sie als nächstes mit Rhythmen. Einige Kinder mögen kräftige, gleichmäßige Massagen. Andere ziehen kurze Stakkatobewegungen vor; wieder andere finden kräftigen Druck, ganz ohne Bewegungen, am angenehmsten. Machen Sie ein Spiel daraus, so viele unterschiedliche Berührungsformen wie möglich auszuprobieren, und notieren Sie sich dann diejenigen, die Ihrem Kind am besten gefallen. Durch eine Therapie kann es lernen, seine Toleranz für die übrigen taktilen Reize zu erhöhen.

Es ist enttäuschend, wenn Ihr Kind keine Berührungen mag, weil Sie als Elternteil den natürlichen Wunsch haben, mit Ihrem Kind zu knuddeln und zu schmusen. Doch Ihr Kind hat vielleicht nicht das Bedürfnis, in Ihre Arme zu laufen, sondern braucht die schützende Barriere eines Sofas oder eines Tisches, bevor es sich in der Lage fühlt, Sie zu beobachten und Ihnen zuzuhören.

Verzweifeln Sie nicht, wenn Ihr Kind überempfindlich auf Berührungen reagiert. Berühren Sie es mit Ihrer Stimme. Nutzen Sie Worte, um Ihrem Kind zu sagen, wie sehr Sie es lieben, um es schmeichelnd zum gemeinsamen Spiel zu bewegen und in eine liebevolle Beziehung zu locken. Kommunizieren Sie auch mit den Augen – Blicke können Bände sprechen. Verzichten Sie auf leichte Berührungen, und stellen Sie statt dessen Blickkontakt her, um Ihrem Kind zärtliche Gefühle zu übermitteln. Kommunizieren Sie auch durch Mimik und Gestik. Wenn Sie mit der Hand auf etwas deuten, die Augen weit aufreißen oder sich über einen interessanten Gegenstand beugen, können Sie die Aufmerksamkeit Ihres Kindes wecken, ohne es zu berühren. Ziehen Sie sich gemeinsam mit Ihrem Kind in einen geschützten Bereich zurück, um ihm klarzumachen, daß Sie sowohl seine Probleme als auch seinen Wunsch nach Nähe verstehen. Wenn die Vertrautheit größer geworden ist, führen Sie nach und nach körperliche Kontakte ins Spiel mit ein: Wählen Sie Berührungen, die sich durch festen Druck auszeichnen, und überlassen Sie Ihrem Kind die Führung. Viele Kinder können Berührungen besser ertragen, wenn sie die Kontrolle über eine Situation haben.

3. *Sensibilität für visuelle Stimuli.* Die meisten Kinder sind empfänglich für die unterschiedlichsten visuellen Reize. Sie können helles und gedämpftes Licht ertragen, kräftige Farben und Pastellfarben, lebhafte und ruhige Bilder. Kinder mit besonderem Förderbedarf reagieren jedoch häufig über- oder unterempfindlich auf visuelle Reize. Ein flimmernder Fernseher kann einem übersensiblen Kind so großes Unbehagen bereiten, daß es sich verstecken möchte, während ein Kind mit sehr geringer Sensibilität den Reiz möglicherweise gar nicht bemerkt.

Setzen Sie Ihr Kind einer Vielzahl von Anblicken aus und beobachten Sie seine Reaktion, um seine Sensibilität für visuelle Reize zu ermitteln. Fangen Sie an, indem Sie vergleichen, wie es sich in einem hell erleuchteten Raum und in einem Raum mit gedämpftem Licht verhält. Ein Kind, das überempfindlich auf visuelle Stimuli reagiert, fühlt sich in einem hell erleuchteten Raum häufig unwohl. Es wird möglicherweise unruhig, wirkt hyperaktiv oder abgelenkt, weil es versucht, sein Unbehagen auf irgendeine Weise zu überwinden. Dagegen fühlt sich ein Kind mit einer hohen Reizschwelle durch das helle Licht unter Umständen positiv angeregt, wird geistig reger und kann sich besser auf Sie konzentrieren.

Beobachten Sie, wie Ihr Kind auf unterschiedliche Farben und den Anblick von Bewegungen reagiert. Schaut es Sie freudig an, wenn Sie mit ihm tanzen, oder wendet es den Blick ab? Wenn es eine niedrige Reizschwelle hat, bereiten Ihre Bewegungen ihm möglicherweise Unbehagen; bei einer hohen Reizschwelle empfindet es die Bewegung vielleicht als angenehmen Reiz.

Vermeidet Ihr Kind Blickkontakt? Wenn ja, setzen Sie es in eine Schaukel und geben ihm von vorn Anschwung. Oder raufen Sie spielerisch mit ihm auf dem Boden, kitzeln es und schauen ihm dabei in die Augen. Bewegungen können den Blickkontakt erleichtern, weil sie dem Kind helfen, ein Gefühl von Kontrolle zu empfinden (was ihm die Freiheit gibt, sich umzuschauen). Durch den wahrgenommenen Druck der Schaukel oder des Fußbodens muß das Kind sich nicht mehr darum kümmern, seinem Körper Halt zu geben. Dadurch erhält es die Möglichkeit, Sie anzuschauen und mit Ihnen zu interagieren.

Vielleicht zeigt Ihr Kind keine extremen Reaktionen auf die genannten visuellen Stimuli und hat weder eine besonders hohe noch eine besonders niedrige Reizschwelle gegenüber visuellen Daten. Wenn das der Fall ist, können Sie visuelle Informationen (Gesten, Bilder, Fotos) nutzen, um ihm zu helfen, andere, schwächere Sinne auszugleichen. Visuelle Informationen wirken sich häufig förderlich auf die Kommunikation aus, wenn die Verarbeitung von akustischen Reizen gestört ist.

4. Sensibilität für Bewegungen. Einige Kinder, die sehr schwach auf motorische Reize reagieren, verlangen regelrecht nach bestimmten Bewegungen. Um dieses Bedürfnis zu befriedigen, sind sie praktisch ständig in Bewegung – laufen, springen, zappeln herum oder schwingen sich von einem Möbelstück zum nächsten. Einige Kinder suchen waghalsig nach neuen Herausforderungen, während andere immer wieder dieselben Bewegungen durchführen.

Andere Kinder reagieren überempfindlich auf Bewegungen. Schon die leichtesten Bewegungen – wenn man sie aus dem Bettchen hochnimmt oder schaukelt – führen dazu, daß sie sich verunsichert fühlen und anfangen, unbehaglich zu weinen oder zu wimmern. Diese Kinder haben häufig einen niedrigen Muskeltonus. Da sie wenig Eigenempfinden für ihren Körper haben, verabscheuen sie jede Bewegung und ziehen die Sicherheit eines fast reglosen Sitzens oder Liegens vor. Sie kompensieren ihre Überempfindlichkeit für Bewegungen, indem sie diese meiden.

Um einzuschätzen, wie Ihr Kind auf Bewegungen reagiert, denken Sie über seine Bewegungsmuster nach. Initiiert Ihr Sohn von sich aus Bewegungen oder wartet er ab, bis Sie etwas tun? Wenn Ihre Tochter auf den Spielplatz geht, rennt sie dann schnurstracks zum Karussell oder zur Schaukel, oder sitzt sie still da und spielt ruhig im Sand?

Überlegen Sie, welche Bewegungsformen Ihrem Kind Spaß machen. Was gefällt ihm am besten? Die kreisförmige Bewegung einer Karussellfahrt, die geradlinige Vorwärtsbewegung eines Go-Cart, das Auf und Ab eines Pogostockes oder das Vor- und Zurückschwingen einer Schaukel?

Die meisten Kinder mit hoher Reizschwelle schaukeln mit ausdauernder Begeisterung und wollen gar nicht wieder aufhören. Achten Sie darauf, wie lange Ihr Kind Spaß am Schaukeln hat. Achten Sie auch darauf, welche Form des Schaukelns Ihr Kind am liebsten mag: schnell oder langsam, hoch oder niedrig oder immer wieder im Kreis herum. Je besser Sie sich auf die Vorlieben Ihres Kindes einstellen können, desto besser können Sie diese nutzen, um ihm zu helfen. Am Anfang ist das Schaukeln vielleicht ein reiner Selbstzweck, aber es kann zu einem Mittel werden, mit dem Sie Ihrem Kind das Gefühl geben können, seinen Körper besser im Griff zu haben. Das Schaukeln fördert komplexere Formen des Spiels und die sensorische Verarbeitung, wenn das Kind Blickkontakt herstellt, singt oder seine Wünsche mitteilt (»Schneller!« »Langsamer!« »Höher!« »Aufhören!«). Das vestibuläre »Input« wirkt sich positiv auf Muskeltonus, Gleichgewichtsgefühl, Aufmerksamkeit und emotionale Empfänglichkeit aus.

Wenn Sie erkennen, auf welche Bewegungen Ihr Kind empfindlich reagiert, können Sie dieses Wissen zu seinem Vorteil nutzen. Wenn Ihr Kind einen sehr starken Bewegungsdrang hat, sollten Sie diesem nicht entgegenwirken, sondern ihm gemeinsam mit Ihrem Kind nachgeben. Lassen Sie es hüpfen und laufen, schaukeln und springen, und unterstützen Sie es dabei mit Worten wie »Auf die Plätze! Fertig! Los!« oder »Stop!«. Erwarten Sie Ihr Kind an seinem Ziel, oder halten Sie es an der Hand und hüpfen gemeinsam mit ihm zum Takt eines Liedes. Die Bewegung hilft dem Kind, ein Gefühl von körperlicher Kontrolle zu entwickeln, weil es eine Rückmeldung darüber erhält, wo sich sein Körper im Raum befindet. Dadurch wird es leichter, seine Aufmerksamkeit zu gewinnen, weil es sich nicht mehr so stark auf seinen Körper konzentrieren muß.

Wenn Sie die Bedürfnisse Ihres Kindes nach Bewegung erfüllen, geben Sie ihm die Möglichkeit, seine Energien auf andere Aufgaben zu richten. (Die meisten Schulen versuchen leider, bewegungsfreudige Kinder zum Stillsitzen zu zwingen. Einige Kinder müssen so viel Kraft auf das Stillsitzen verwenden, daß sie wenig Energie übrig haben, um sich zu konzentrieren und zu lernen. Wenn sie herumlaufen dürften, könnten viele Kinder wesentlich besser lernen und würden den Unterricht weniger stören.) Durch Regulierungsübungen (zum Beispiel Laufen in schnellem, mittlerem und langsamem Tempo oder Händeklatschen in schnellem, mittlerem und langsamem Rhythmus) und durch Aktivitäten in Zeitlupe können Kinder lernen, ihre Bewegungen zu regulieren und schließlich mehr Kontrolle darüber zu gewinnen. Entscheidend ist, daß man den Bewegungsdrang nicht hemmt, sondern ihn fördert.

Wenn Ihr Kind keine Bewegungen mag – wenn es aufschreckt, das Gleichgewicht verliert oder nicht zu wissen scheint, welche Bewegung es als nächste ausführen soll –, sollten Sie sich auf ruhige Beschäftigungen konzentrieren, bei denen man zum Beispiel nur die Hände bewegt: Setzen Sie gemeinsam mit Ihrem Kind ein Puzzle zusammen, oder spielen Sie mit Bauklötzen. Führen Sie dann allmählich sanfte Bewegungen ins Spiel mit ein. Sie könnten ganz sacht wippen oder schaukeln, während Sie ein Lied singen. Wenn Sie mit ganz leichten Bewegungen beginnen und diese mit einer Lieblingsbeschäftigung Ihres Kindes verbinden, können Sie seine Toleranz für interaktive Bewegungen ganz allmählich steigern.

5. *Sensibilität für Geruch und Geschmack.* Überempfindlichkeiten für Geruch und Geschmack gehen oft Hand in Hand, weil diese beiden Sinne physiologisch so eng verbunden sind. Gerüche können beeinflussen, wie ein Kind auf Menschen und Räume reagiert, und die Verbindung von Geruch und Geschmack bestimmt in starkem Maße darüber, wie ein Kind auf Nahrungsmittel anspricht.

Ob Ihr Kind überempfindlich auf Gerüche reagiert, läßt sich leicht feststellen. Machen Sie eine Liste von allen intensiven Gerüchen in Ihrer Wohnung – Parfums, Rasierwasser, Haushaltsreiniger und andere Chemikalien. Beobachten Sie dann, ob Ihr Kind negativ reagiert, wenn diese Gerüche vorhanden sind – ob es sich zurückzieht oder sehr aufgeregt oder gereizt wirkt. Unterscheiden Sie sehr genau, ob Ihr Kind auf das Einatmen der Dämpfe oder tatsächlich auf den reinen Geruch reagiert.

Eine hohe Reizschwelle ist schwerer zu erkennen. Am auffälligsten ist sie in bezug auf Nahrungsmittel. Bieten Sie Ihrem Kind Speisen mit unterschiedlichen Geschmacksrichtungen und Gerüchen an, und beobachten Sie seine Reaktionen. Einige Kinder mit hoher Reizschwelle ziehen zum Beispiel bestimmte Nahrungsmittel vor.

Wenn Sie das sensorische Profil Ihres Kindes einmal erkannt haben, können Sie dieses Wissen nutzen, um Ihre gesamte Interaktion zu verbessern. Die Kinder können sich besser konzentrieren, besser kommunizieren, besser lernen und sind glücklicher, wenn ihre sensorischen Bedürfnisse erfüllt werden.

Wie Sie die Fähigkeit zur sensorischen Verarbeitung bei Ihrem Kind einschätzen können

Wenn Sie Ihr Kind genau beobachten, erhalten Sie die notwendigen Hinweise, um zu verstehen, wie es Informationen über seine Sinne aufnimmt und verarbeitet. Sie werden erkennen, wie es lernt und welche Informationen es nicht deuten und für sein Handeln nutzen kann. Oft ist es hilfreich, diese Beobachtungen mit Fachleuten zu besprechen, die Ihnen helfen können, ein Programm zu erstellen, das die Verarbeitung der Informationen unterstützt und fördert.

Auditive Verarbeitung

Die auditive Verarbeitung bezieht sich auf die Fähigkeit, akustische Informationen zu deuten.

Um die auditive Verarbeitungsfähigkeit eines Säuglings einzuschätzen, kann man ihm simple Muster mit variierender Tonhöhe wie *dum, dum, DUM … dum, dum, DUM … dum, dum, DUM* vorsingen. Achten Sie darauf, ob Ihr Kind das letzte *DUM* vorauszuahnen scheint, wenn Sie das Muster mehrmals hintereinander singen. Schaut es Sie anders an, wenn Sie kurz vor dem letzten *DUM* plötzlich aufhören?

Beobachten Sie, was geschieht, wenn Sie das Muster verändern. Fangen Sie mit dem ursprünglichen Schema an, doch anstatt das dritte *DUM* zu betonen, was Ihr Kind jetzt erwartet, schieben Sie ein drittes unbetontes *dum* ein und legen die Betonung auf den vierten Takt. Reagiert das Kind in irgendeiner Weise auf diese Veränderung? Zeigt es damit, daß es ein komplexes akustisches Muster erkennen kann?

Wenn Ihr Kind auf die Veränderungen des Musters reagiert, kann es sie erfolgreich verarbeiten. Versuchen Sie es jetzt mit einem etwas komplexeren Schema, indem Sie einige neue Silben hinzufügen: *dum, dum, de-DUM, dum … dum, dum, de-DUM, dum …* Reagiert es immer noch auf die Veränderungen? Scheint es mehr Interesse an diesem komplexeren Muster zu haben als an dem einfacheren? Kinder, die Probleme mit der Verarbeitung auditiver Informationen haben, schalten ab, wenn das Muster zu komplex wird. Sie könnten auch ein Xylophon oder ein Klavier benutzen, um zu überprüfen, ob Ihr Kind ein Muster nachahmt oder vervollständigt. Die andere Tonhöhe und Tonlage ebenso wie visuelle Hinweise tragen möglicherweise dazu bei, daß Ihr Kind die Töne leichter verarbeiten kann.

Denken Sie darüber nach, wie Ihr Kind auf akustische Alltagsreize reagiert. Versteht es das meiste, was Sie sagen, oder reagiert es nur auf vertraute, häufig wiederholte Formulierungen, die sich auf seine Bedürfnisse beziehen – etwa Formulierungen wie »Laß uns nach draußen gehen«, »Essenszeit« oder »Badezeit«? Braucht es häufig visuelle Hinweise, um zu verstehen, was Sie meinen? Wenn Sie Ihr Kind fragen, ob es Saft möchte, erkennt es dann die Wortbedeutung oder muß es den Saft sehen? Kann es mündlichen Anweisungen folgen, oder bewirken Worte allein nicht die gewünschte Reaktion? Versteht es Anweisungen, die zwei abstrakte Vorstellungen enthalten (»Hol deine Mütze und bring sie her«), oder ist sein Verständnis auf einen einzigen gedanklichen Inhalt beschränkt? Da wir unsere Worte häufig mit Gesten, Handlungen und affektiven Hinweisen verbinden, bleibt häufig unbemerkt, daß das Kind gar nicht auf die Worte reagiert.

Beobachten Sie, wie empfänglich Ihr Kind auf Veränderungen in Ihrem Tonfall oder Ihrer Stimme reagiert. Wenn Sie Ihre Stimme auf einer fiktiven Lautstärkeskala von 1 bis 10 anheben, um Ihr Kind zu verwarnen, reagiert es anders auf die Stimme, die bei 5 liegt, als auf die Stimme, die bei 10 liegt? Oder scheint es die Unterschiede gar nicht wahrzunehmen? Bleibt es auf Abstand, wenn Sie mit wütender Stimme sprechen, und kommt es auf Sie zu, wenn Sie es mit schmeichelnder Stimme herbeirufen?

Wenn Ihr Kind etwas älter ist (3 oder 4 Jahre), sollten Sie darauf achten, ob es abstrakte Fragen verstehen kann, etwa »Was möchtest du tun?« oder »Warum willst du nach draußen?«

Kognitive und emotionale Verarbeitung

Die kognitive und die emotionale Verarbeitung sind insofern hochentwickeltere Formen der sensorischen Verarbeitung, weil sie auf Informationen beruhen, die über die Sinne aufgenommen und auf eine abstraktere Ebene transferiert werden. Man kann davon ausgehen, daß Probleme mit der visuellen und auditiven Verarbeitung auch in diesen beiden Bereichen zu Problemen führen. Wenn man daran arbeitet, die visuelle und die auditive Verarbeitungsfähigkeit zu verbessern, stärkt man auch die sich später entwickelnde Fähigkeit, kognitive und emotionale Informationen zu verarbeiten. Achten Sie darauf, wie Ihr Kind emotionale Hinweise aufnimmt. Kann es in Ihrer Mimik lesen? Nimmt es Unterschiede in Ihrem Tonfall wahr? Erkennt es, wenn Sie Ärger, Trauer oder Freude ausdrücken? Beobachten Sie, wie es kognitive Probleme löst. Findet es versteckte Gegenstände? Kann es Probleme lösen, wenn sein Turm aus Bauklötzen umfällt oder ein Spielzeug kaputtgeht? Kann es bei Spielen, die eine Situation simulieren, konkrete Gegenstände durch Symbole ersetzen oder ein Objekt, das es für seine Idee braucht, gestisch darstellen? Fängt es an, Quantitätsbegriffe (mehr oder weniger), Zahlen- und Zeitbegriffe zu verstehen? Zeigen seine Antworten auf Warum-Fragen, daß es lernt, abstrakt zu denken? Fängt es an, nicht nur in einem Satz, sondern in mehreren Sätzen zu antworten?

Visuelle und räumliche Verarbeitung

Die visuelle Verarbeitung bezieht sich auf die Fähigkeit, zwischen visuellen Informationen zu unterscheiden und sie zu entschlüsseln. Beobachten Sie Ihr Kind, wenn es vor Herausforderungen steht, bei denen es visuelle Informationen nutzen muß. Achten Sie darauf, ob es sich für Zusammenhänge interessiert. Kann Ihre Tochter ein Spielzeug wieder zusammensetzen, nachdem sie es auseinandergenommen hat? Weiß Ihr Sohn, welche Gegenstände in welche Kiste gehören und welche Kiste auf welches Regal gehört, wenn es an der Zeit ist, das Spielzeug wegzuräumen?

Suchen Sie nach Anhaltspunkten dafür, wie Ihr Kind visuelle Informationen in sein Handeln integriert: Kann es eine dreieckige Form in ein Formenraster einfügen? Sucht es das Bild heraus, das den Gegenstand darstellt, den es gern haben möchte?

Achten Sie auf motorische Probleme, die ein erfolgreiches Handeln behindern. Ein Kind mit visuellen Verarbeitungsproblemen hat möglicherweise Schwierigkeiten, alle Teile eines Puzzles zu überprüfen, um zu sehen, welches es benötigt. Es benutzt möglicherweise keine visuell-räumlichen Hinweise, um zwei Puzzlesteine zusammenzufügen, oder kann sich nur mit Mühe daran erinnern, wie das Gesamtbild ausgesehen hat. Dagegen kann es sein, daß ein Kind mit motorischen Beeinträchtigungen die visuellen Informationen sehr gut verarbeitet, aber unfähig ist, seine Bewegungen so zu koordinieren, daß es die Puzzleteile zusammenbringen und ineinanderschieben kann.

Spiele, bei denen das Kind Formen einsortieren muß, erfordern sowohl eine visuelle als auch eine motorische Verarbeitung; dasselbe gilt für das

Zusammensetzen eines Puzzles. Achten Sie darauf, wie Ihr Kind mit einem neuen Puzzle spielt. Einige Kinder kennen vertraute Puzzles auswendig und setzen sie mechanisch zusammen. Manche Kinder entschlüsseln das Grundmuster eines Puzzles oder setzen flexible Strategien auf der Basis von Versuch und Irrtum ein. Beobachten Sie auch, ob Ihr Kind Bauklötze oder Legosteine benutzt, um komplexe Strukturen aufzubauen, wie ein Haus mit mehreren Räumen oder einen Bauernhof mit Wegen, Pferchen und Gebäuden. Seine Fähigkeit, begrifflich zu denken und etwas ganz Neues zu gestalten, unterscheidet sich möglicherweise von der Fähigkeit, nachzuahmen, was eine andere Person gebaut hat.

Die Verarbeitung visueller Informationen hat Einfluß darauf, wie sich Ihr Kind in der Welt zurechtfindet. Hat es einen guten Orientierungssinn? Weiß es intuitiv, in welcher Richtung sein Zuhause oder die Wohnung eines Freundes liegt? Einige Kinder achten auf diese visuellen Details und bekommen Angst, wenn man auf einem anderen Weg nach Hause fährt oder das Lieblingsspielzeug an einen anderen Platz legt. Sie fühlen sich nur sicher, wenn alles so bleibt, wie es ist, und deuten das Geschehen über das, was sie sehen. Einige Kinder stützen sich auf die visuelle Verarbeitung, weil ihre auditive Verarbeitung unzuverlässig oder eingeschränkt ist. Wenn die visuell-räumliche Wahrnehmung ebenfalls beeinträchtigt ist, verstärkt sich die Neigung zu einem starren, repetitiven Verhalten.

Zur visuellen Verarbeitung gehört die Objektkonstanz, das heißt die Fähigkeit, sich an einen Gegenstand zu erinnern, auch wenn er nicht direkt zu sehen ist. Ist Ihr Kind in der Lage, einen Gegenstand zu finden, wenn Sie ihn in der Hand verstecken? Probieren Sie eine Version des Hütchenspiels aus, bei dem Sie ein kleines Objekt abwechselnd unter einer von drei Servietten verstecken. Findet Ihr Kind den zugedeckten Gegenstand oder gerät es schnell durcheinander? Scheint es zu vergessen, was es gesehen hat?

Überlegen Sie, wie Ihr Kind auf die visuellen Informationen in seiner Umgebung reagiert. Haben Sie den Eindruck, daß es visuelle Hinweise aufnimmt, oder scheinen sie an ihm vorbeizugehen? Zieht Ihr Kind es vor, immer wieder mit denselben Gegenständen zu spielen, oder erforscht es eifrig neue Spielsachen? Bemerkt es, wenn ein Gegenstand nicht an seinem gewohnten Platz liegt, gerät deshalb aber nicht aus der Fassung, weil es sich vorstellen kann, wo er sich statt dessen befindet? Mit anderen Worten: Erkennt es größere Zusammenhänge?

Wie Sie das motorische System Ihres Kindes einschätzen können

Muskeltonus

Wenn Ihr Kind ernste Probleme mit dem Muskeltonus hat, etwa mit einem sehr niedrigen Tonus, sind Sie sich dessen sehr wahrscheinlich bewußt und haben bereits eine medizinische und physiologische Einschätzung vornehmen lassen. Doch leichtere Beeinträchtigungen des Muskeltonus bleiben häufig unbemerkt.

Was passiert, wenn Ihr Kind Sie umarmt? Fühlt sich sein Körper fest und dennoch entspannt an? Eher schlaff? Oder steif, angespannt und verkrampft? Wenn Ihr Sohn bei Ihnen auf dem Schoß sitzt, können Sie dann mühelos seine Arme und Beine bewegen und stoßen dabei nur auf geringfügigen Widerstand? Lassen sich die Gliedmaßen allzu leicht bewegen, wie Wackelpudding? Oder wirken sie sehr steif, als ob die Muskeln der Bewegung nicht folgen wollten? Lockerheit kann ein Anzeichen für einen niedrigen Muskeltonus sein; Steifheit dagegen kann auf einen hohen Tonus hindeuten.

Wenn Sie vor Ihrer Tochter stehen, sie an den Händen halten und einige Kniebeugen machen, kann sie diese Bewegung nachahmen? Kann sie ihre Beinmuskeln einsetzen, um ihren Körper auf- und abzubewegen? Kann sie das Gleichgewicht halten, wenn sie in die Hocke geht? Sind ihre Bewegungen sicher und flüssig, oder wirkt sie unsicher und schwankend? Häufig ist die Fähigkeit eines Kindes, sich mit den Beinen hochzudrücken, ein gutes Anzeichen für seinen allgemeinen Muskeltonus. Wenn Ihre Tochter beim Spielen häufig auf dem Fußboden liegt, zum Beispiel während sie Autos und Züge hin- und herschiebt, sucht sie möglicherweise den Halt des Untergrundes, damit sie ihre Arme einsetzen und den Kopf aufrechthalten kann.

Manche Kinder haben Schwierigkeiten, den Kopf hochzuhalten und sich mit dem Arm abzustützen, wenn sie spielen. Wenn Ihr Sohn nicht in der Lage ist, seinen Arm lange genug in der Luft zu halten, um auf einen Gegenstand zu deuten, hat er möglicherweise einen niedrigen Muskeltonus. Kann Ihr Kind präzise auf den Gegenstand deuten, den es haben möchte? Wie gut kann es seine Armmuskeln kontrollieren?

Feinmotorische Fähigkeiten

Auch für feinmotorische Fähigkeiten ist ein guter Muskeltonus erforderlich. Wenn Ihr Kind mindestens 18 Monate alt ist, überprüfen Sie, ob es eine Faust um einen Buntstift machen und Zeichen damit kritzeln kann. Mit zwei Jahren sollte es in der Lage sein, den Stift so zu halten, daß es sowohl damit kritzeln als auch einen geraden Strich ziehen kann. Mit zweieinhalb sollte es außerdem über die Fähigkeit verfügen, einen Türknauf zu drehen, eine Mütze abzunehmen oder einen Turm aus acht oder mehr Bauklötzen zu errichten. Von einem Drei- oder Vierjährigen wird erwartet, daß er einen Stift mit drei Fingern halten und einen Kreis, ein X oder ein Rechteck nachmalen kann.

Motorische Planung

Für zielgerichtete Verhaltensweisen sind neben bestimmten fein- und grobmotorischen Fähigkeiten auch gewisse Wahrnehmungs- und Kognitionsprozesse erforderlich. Zum Handeln gehört, daß man zunächst eine Vorstellung entwickelt, dann die Reihenfolge der Schritte plant, die zur Umsetzung erforderlich sind, und den Plan dann schließlich ausführt. Die Fähigkeit, die notwendige Vorgehensweise zur Erreichung eines Ziels zu planen, ist entscheidend für das Lernen.

Beobachten Sie Ihr Kind, um zu bewerten, wie gut es die Abfolge seiner Bewegungen planen kann. Kann Ihre Tochter zwei oder drei Bewegungen nacheinander ausführen, um ein bestimmtes Ziel zu erreichen? Wenn sie ein Spielzeug möchte, das mehrere Meter entfernt liegt, läuft oder krabbelt sie darauf zu, streckt die Hand danach aus und ergreift es? Führt sie irgendeine Handlung mit dem Gegenstand durch, oder läßt sie ihn einfach wieder fallen? Kann sie Stufen hinauf- und heruntersteigen, oder müssen Sie ihr sagen, wie sie die Füße setzen soll? Wenn sie über zwei Jahre alt ist, sollte sie mit Hilfe von Armen und Händen einen großen Ball fangen können. Kann sie die Gesten von bestimmten Kinderliedern wie »Backe, backe Kuchen« nachahmen? Kann sie eine Reihe von Formen abmalen – sich vorstellen, in welche Richtung sie den Stift bewegen muß und dann an den richtigen Stellen die Richtung wechseln?

Kinder, die dazu neigen, sogar in einem Zimmer voller Spielsachen ziellos herumzuwandern, wissen unter Umständen nicht, wie sie die Handlungen planen sollen, die für eine Auswahl und Erforschung notwendig sind.

Manchmal nimmt ein Kind ein Spielzeug auf, das am Boden liegt, und läßt es dann fallen, weil es die zwei oder mehr Vorgehensschritte, die notwendig sind, um das Spielzeug zu benutzen oder es zurück ins Regal zu stellen, nicht aneinanderfügen kann. Trotz beeinträchtigter Bewegungsplanung kann ein Kind in der Lage sein, etwas rückgängig zu machen, was ein anderer getan hat. Eine bereits durchgeführte Handlung wieder aufzuheben stellt geringere Anforderungen an die Problemlösefähigkeiten. Kann Ihr Sohn die Spielsachen aus einem Korb hinauswerfen, den Sie gerade gefüllt haben? Kann er das Gummiband von zwei Figuren herunterziehen, die Sie gerade zusammengebunden haben? Ein Kind, das unter weniger gravierenden Problemen mit der Bewegungsplanung leidet, kann einzelne Handlungen, die einen Zusammenhang zwischen Ursache und Wirkung herstellen, durchführen, etwa auf einen Knopf drücken, durch den ein Spielzeug hochspringt, oder eine Taste auf einem Kinderklavier anschlagen.

Wenn Sie bemerken, daß Sie die Hand Ihres Kindes führen, um ihm bei der Ausführung einer bestimmten Aktivität zu helfen, gleichen Sie vermutlich seine beeinträchtigte Bewegungsplanung aus. Durch Üben kann das Kind lernen, die Handlung selbst auszuführen. Manchmal wird dadurch der erste Schritt einer schwierigen Handlung vollzogen, so daß das Kind die nachfolgenden Schritte selbst aneinanderfügen kann. Reichen Sie Ihrem Kind einen Gegenstand, und beobachten Sie, ob es ihn annimmt und damit spielt.

Auch das Symbol- oder Phantasiespiel erfordert motorische Planungsfähigkeiten. Wenn Ihre Tochter ihr Spielzeugauto oder ihre Eisenbahn lediglich ziellos vor- und zurückschiebt, weiß sie möglicherweise nicht, wie sie die nächste Handlung sequenzieren soll. Sie ist vielleicht nicht in der Lage, eine Puppe mit dem Auto fahren zu lassen, weil dies ein zweistufiger Prozeß ist (außerdem erfordert es eine höhere Ebene des abstrakten Denkens).

Komplexere Symbolspiele verlangen komplexere Fähigkeiten in der Bewegungsplanung. Kann Ihr Kind einen imaginären Geburtstagskaffee veranstalten, Sie bedienen und das Geschirr wegräumen? Kann Ihr Sohn sein Spielzeugauto zum fiktiven Swimmingpool fahren, schwimmen gehen, sich abtrocknen und wieder nach Hause fahren? Der Ausdruck dieser Ideen erfordert längere Handlungssequenzen. Die Vorstellung darüber treibt das Handeln an. Einige Kinder, die phantasievolle Ideen haben, sind möglicherweise ungeschickt beim Ausführen der erforderlichen Handlungen und ziehen es vor, über ihre Ideen zu reden; andere beobachten vielleicht lieber passiv, was geschieht, und versuchen nicht, ihre Vorstellungen in die Tat umzusetzen. Ein Kind mit beeinträchtigter Bewegungsplanung vermeidet unter Umständen Aktivitäten, die eine motorische Planung erfordern. So entwickeln sich einige Kinder zum Beispiel zu Leseratten, weil die einzige dazu erforderliche Aktivität das Umblättern der Seiten ist. Das Einüben von Handlungen kann dem Kind dabei helfen, sie zu meistern, aber einige Kinder müssen jede Handlungssequenz einzeln erlernen, weil das Erlernen einer bestimmten Handlungssequenz ähnliche Aktivitäten nicht automatisch leichter macht.

Motorische Planungsfähigkeiten entwickeln sich von ziellosen Bewegungen und einzelnen repetitiven Handlungen (ein häufig zu beobachtendes Phänomen bei Kindern, deren Bewegungsplanung beeinträchtigt ist) zu problemlösenden motorischen Handlungen, die zwei oder drei Sequenzen umfassen. Längere Problemlösesequenzen, wie das Heranziehen eines Stuhls, auf den das Kind klettert, um ein Spielzeug aus dem Regal zu holen, führen allmählich zu komplexen Nachahmungen, zum Symbolspiel und zu komplexeren Problemlösefähigkeiten, die auch räumliche Beziehungen mit einschließen, zum Beispiel die Verwendung von Bauklötzen, um ein Haus mit sechs Zimmern zu bauen. Die Bewegungsplanung ist auch mit allgemeineren Sequenzierungsfähigkeiten verbunden.

Weitere wichtige Fähigkeiten

Aus der fundamentalen Fähigkeit zur Bildung von Sequenzen entwickelt sich die Fähigkeit zur Sequenzierung sozialer Verhaltensweisen, zum Beispiel daß man abwartet, bis man an der Reihe ist, daß man kooperativ spielen kann, über Aktivitäten auf dem Spielplatz verhandelt oder – als Erwachsener – die Partyregeln beherrscht. Auch unsere Fähigkeit, Worte in Sätze zu fassen und Sätze in zusammenhängende Absätze zu ordnen, um eine logische Gedankenfolge zum Ausdruck zu bringen, ist mit dieser elementaren Fähigkeit zur Sequenzierung von Handlungen, Verhaltensweisen und Gedanken verbunden. Wir werden in späteren Kapiteln noch einmal auf diese wichtige Fähigkeit zurückkommen.

Zu einer weiteren wichtigen Verarbeitungsfähigkeit gehört, daß wir unsere Wünsche, Gefühle und Absichten mit unseren anderen Verarbeitungsfähigkeiten verknüpfen, um ihnen Ziel, Richtung und Bedeutung zu verleihen. Diese Fähigkeit wird ausführlich in Kapitel 7 behandelt.

Hinzuziehen von Fachleuten

Sie können die in diesem Kapitel vorgestellten Fragen zunächst anhand ihrer eigenen Beobachtungen beantworten, aber oft ist es hilfreich, die Einschätzungen mit Therapeuten und anderen Fachleuten zu besprechen. Dazu sollte auch gehören, daß Ihr Kind einer erneuten, umfassenderen Diagnose unterzogen wird, wenn dies nicht bereits geschehen ist. Wenden Sie sich an einen Kinderarzt, um körperliche Erkrankungen auszuschließen oder mögliche genetische oder stoffwechselbedingte Störungen abklären zu lassen. Ein auf Kinder spezialisierter Neurologe sollte überprüfen, ob Ihr Kind unter neurologischen Störungen leidet. Bei Sprachproblemen empfiehlt sich die Beratung mit einem Sprachtherapeuten und bei Störungen der motorischen oder sensorischen Funktionen die Hilfe eines Körper- oder Beschäftigungstherapeuten. Bei Fragen bezüglich der kognitiven Fähigkeiten des Kindes können Sie einen Psychologen oder Sonderpädagogen konsultieren, bei Fragen bezüglich emotionaler oder psychischer Probleme einen Kinderpsychiater oder Kinderpsychologen. Fachleute für die seelische Gesundheit wie Psychiater, Psychologen und Sozialpädagogen können helfen, die Belastungen, unter denen Eltern von förderbedürftigen Kindern häufig leiden, und daraus resultierende Partnerschaftsprobleme in Angriff zu nehmen. Einige Bewertungen umfassen eine Team-Einschätzung; das Team trifft sich mit Ihnen, um seine gemeinsamen Erkenntnisse in der Gruppe zu besprechen. Wenn Sie das Wesen der physiologischen Beeinträchtigungen verstehen, von denen Ihr Kind betroffen ist, können Sie seine Behandlung besser einschätzen und die Therapeuten unterstützen, indem Sie die Therapieansätze im Alltag fortführen.

4 *Die sechs Wegmarken*

Im letzten Kapitel wurde erklärt, wie Sie die Interaktion mit Ihrem Kind fördern können, indem Sie seine körperlichen Beeinträchtigungen erkennen. In diesem Kapitel beschreiben wir sechs Formen emotionaler Interaktionen, die gleichbedeutend mit sechs frühen Entwicklungsphasen sind. Angemessene emotionale Erfahrungen während dieser Phasen fördern die Herausbildung wichtiger kognitiver, sozialer, emotionaler, sprachlicher und motorischer Fähigkeiten ebenso wie das kindliche Selbstgefühl.

In den ersten Lebenstagen nimmt das Kind sich selbst in erster Linie durch seine Reaktionen auf seine körperliche Welt wahr, die aus Verdauungsprozessen, Speichelblasen, Bewegungen, Bildern und Tönen, Stoffen und anderen Sinnesempfindungen besteht. Bald reagiert es speziell auf seine Eltern, auf ihre Stimmen, ihr Lachen und ihren Eigengeruch. Durch bestimmte Bewegungsmuster entstehen Zustände beiderseitiger Freude. Im Alter von 4 bis 8 Monaten fängt das Kind an, nach einer Rassel zu greifen, und gibt sie vielleicht sogar schon zurück oder schleudert sie frustriert von sich. Es lächelt und gibt Laute von sich, rechnet damit, daß man ihm mit einem Lächeln, einem Stirnrunzeln oder einem Gurren antwortet. Zum ersten Mal nimmt es sich selbst teilweise als von anderen getrenntes Wesen wahr, als eine Person mit eigenem Willen, die eine Aktivität in Gang setzen kann und Einfluß auf ihre Umwelt nimmt. Im Laufe des ersten Jahres gewinnen die emotionalen Gesten an Komplexität. Im Alter von 12 bis 16 Monaten greift das kleine Mädchen nicht mehr einfach nach dem Spielzeug, das der Vater ihm hinhält, sondern kann ihn zu dem Regal führen, damit er ihr das Spielzeug gibt, das sie gern haben möchte. Sie nimmt sich selbst als Person wahr, die eine Reihe von Aktionen verknüpfen kann, um einer anderen Person mitzuteilen, was sie will. Im Laufe der folgenden Monate wird ihr Handeln wiederum immer komplexer. Mit 18 bis 20 Monaten füttert sie ihre Puppen, anstatt sie nur zu knuddeln, und erklärt ihr Handeln, indem sie zum Beispiel sagt: »Puppe essen«. Ihre Selbstwahrnehmung hat die Ebene der Vorstellungen erreicht. Sie kann sich ein inneres Bild von sich und anderen machen. Sie kann Ideen entwickeln und sie der Welt mit Worten beschreiben. Weitere Monate vergehen, und die Komplexität nimmt wiederum zu. Mit drei Jahren kann Ihre Tochter zu Ihnen sagen: »Wir wollen Fahrrad fahren!« Während sie an der Tür stehenbleibt, um zu überprüfen, ob es draußen kalt ist, fügt sie vielleicht hinzu: »Wir müssen einen Mantel anziehen.« Sie ist jetzt ein Mensch, der in logischen Zusammenhängen denken kann.

Durch all diese Stufen hindurch wachsen die emotionalen, sozialen und kognitiven Fähigkeiten des Kindes, und sein Selbstgefühl wird immer komplexer. Dieses Selbstgefühl wird stärker, je älter das Kind wird und je mehr neue Erfahrungen sein Interesse wecken und seine Fähigkeiten in neue Richtungen lenken. Doch sein *funktionelles* Selbstgefühl, jenes emotionale Kernverständnis, das die Grundlage für alle weiteren Lernerfahrungen bildet, ist bereits voll ausgebildet. Es wurde durch unzählige tägliche Interaktionen gefördert, in erster Linie durch die Interaktionen mit den Eltern, denn jeder Blick, jedes Lächeln, jedes Kitzeln, jede Frage haben das Gefühl des Kindes für sich selbst gefördert. Dank dieser Interaktionen kann es weitere kognitive, intellektuelle und soziale Fertigkeiten, die es für sein späteres Leben braucht, aufeinanderschichten. Es ist bereit für neue Herausforderungen, vor die es durch seine eigene Entwicklung und seine Umwelt gestellt wird.

Diese sechs grundlegenden Stufen bilden eine Entwicklungsleiter; jede Stufe baut auf der vorherigen auf und fügt den vorhandenen Fähigkeiten neue hinzu. Wir nennen diese Stufen die sechs Wegmarken, weil jede einen wichtigen Wendepunkt im Leben eines Kindes darstellt.

Kinder, die liebevolle Zuwendung erhalten und in ihrer Entwicklung nicht beeinträchtigt sind, haben diese Wegmarken im Alter von vier oder fünf Jahren häufig automatisch bewältigt. Doch Kinder mit Entwicklungsproblemen brauchen die Hilfe von Eltern und Therapeuten und benötigen meist mehr Zeit, um diese Stufen zu meistern. Ein Kind mit motorischen Schwierigkeiten streckt die Hände vielleicht nicht schon mit 8 oder 9 Monaten nach Gegenständen aus, sondern erst mit 14 oder 15 Monaten. Ein Kind mit multiplen Entwicklungsbeeinträchtigungen verknüpft abstrakte Vorstellungen vielleicht erst im Alter von 5, 6 oder 7 Jahren und nicht mit 3 Jahren. Das ist völlig in Ordnung. Wenn Ihr Kind 45 ist, spielt es vermutlich keine Rolle mehr, ob es mit 8 oder mit 17 Monaten zum ersten Mal auf das Geplapper der Mutter eingegangen ist oder ob es mit 6 oder mit 10 Jahren schreiben gelernt hat. Entscheidend ist nicht, in welchem Alter eine bestimmte Fähigkeit erworben wird; entscheidend ist vielmehr, wie gut sie erlernt wird und ob die Fortschritte dauerhaft sind. Da diese grundlegenden Fähigkeiten in der frühen Kindheit erworben werden, hat man normalerweise genügend Zeit zur Verfügung, um sie einzuüben. Sie sind von entscheidender Bedeutung, weil sie die Grundlage für alle weiteren Lernerfahrungen und die weitere Entwicklung des Kindes bilden. Wie das Fundament eines 80stöckigen Hochhauses müssen sie sehr solide gebaut sein, damit das Gebäude nicht zusammenfällt.

In den folgenden Abschnitten beschreiben wir jede dieser Wegmarken und zeigen anhand von Beispielen auf, wie Eltern ihren Kindern geholfen haben, Herausforderungen zu meistern und die Entwicklungsleiter zu erklimmen. In Teil 2 dieses Buches erklären wir, wie Sie praktisch vorgehen können, um Ihr Kind bei der erfolgreichen Bewältigung dieser Wegmarken zu unterstützen. Durch diese Hilfestellung können Sie die Entwicklung seiner emotionalen, kognitiven, motorischen, sprachlichen und sozialen Fähigkeiten fördern.

Erste Wegmarke: Selbstregulierung und Interesse an der Welt

Nach neun Monaten Dunkelheit erblickt das Neugeborene im wahrsten Sinne des Wortes das Licht der Welt: Schlagartig wird es in eine Welt voller Farben und Töne, Bewegungen und Berührungen, Geruchs- und Geschmacksempfindungen versetzt – in einen Rausch der Sinne! All diese Informationen sind aufregend und stimulierend für das Neugeborene, aber gleichzeitig muß es lernen, sich nicht davon überwältigen zu lassen. Es steht vor seiner ersten Herausforderung: Es muß dieses sensorische Panorama aufnehmen und gleichzeitig seine Reaktionen regulieren und ruhig bleiben.

Allmählich entdeckt es einzelne Dinge, auf die es seine Aufmerksamkeit konzentrieren und die es gleichzeitig nutzen kann, um sich selbst zu beschwichtigen – das Gesicht der Mutter, die Stimme des Vaters, den weichen Stoff einer Decke auf seiner Haut. Nach und nach lernt der Säugling, die wachsende Bewußtheit der Sinnesempfindungen und die Fähigkeit, die Ruhe zu bewahren, in ein ausgewogenes Verhältnis zu bringen. Diese beiden Fähigkeiten bilden den wichtigsten Grundbaustein der emotionalen, sozialen und geistigen Gesundheit. Ohne ihn können wir weder lernen, noch Beziehungen zu anderen Menschen entwickeln, noch in unserer extrem stimulierenden Welt überleben. Wie ein Säugling Sinneseindrücke reguliert und verarbeitet, trägt entscheidend zur Meisterung dieser ersten Wegmarke bei.

Peter war von Geburt an ein reizbares Kind. Er schlief wenig, weinte ständig, und nichts schien ihn trösten zu können. Wenn seine Eltern ihm Lieder vorsangen oder ihn in seiner Wiege schaukelten, ruderte er unglücklich mit Armen und Beinen. Wenn sie ihn hochnahmen und auf dem Arm hielten, krümmte er sich zusammen und brüllte. Seine Eltern waren verzweifelt. Ihr Kind war unglücklich und anstrengend, und all ihre Bemühungen, ihm zu helfen, schienen die Situation nur noch zu verschlimmern. Sie waren enttäuscht, erschöpft und traurig, und ganz allmählich hörten sie einfach auf, sich so angestrengt um Peters Gunst zu bemühen. Sie ließen ihn für immer längere Zeiträume allein, und irgendwann weinte er sich dann in den Schlaf. Mit sechs Monaten schlief er die meiste Zeit oder starrte abwesend vor sich hin. Er hatte bereits die erste emotionale Entwicklungsstufe nicht bewältigt. Deshalb konnte er auch die zweite emotionale Wegmarke, die Stufe der vertrauensvollen Nähe, nicht erreichen.

Peters Eltern wandten sich hilfesuchend an ihren Kinderarzt. Eine gründliche Untersuchung ergab, daß Peter überempfindlich auf Berührungen, Geräusche und Bewegungen reagierte. Dieses Wissen versetzte die Eltern in die Lage, Peters Welt zu einem angenehmeren Ort zu machen. Sie hörten auf, ihn kräftig zu schaukeln oder zu kitzeln. Statt dessen hielten sie ihn liebevoll, aber fest im Arm und wiegten ihn in einem ganz sanften Rhythmus. Sie dämpften ihre Stimmen und schwächten ihre Mimik ab, wenn sie mit ihm sprachen. Schon bald konnte Peter sie mehrere Minuten lang anschauen. Wenn sie mit sanfter Stimme sprachen, konnten sie seine Aufmerksamkeit wecken und ihn beruhigen. Nach einigem Herumprobieren stellten sie fest, daß niedrigere Töne eine besonders beruhigende Wirkung auf ihn hatten. Sie fingen auch an, einige einfache motorische Muster mit Peter einzuüben, um seine Bewegungslust zu fördern. Sie setzten ihren Sohn auf den Boden, bewegten vorsichtig seine Arme und Beine und massierten sie mit festem Druck. Nach und nach nahm Peters Toleranz für Bewegungen und Berührungen zu, und er ließ sich bereitwillig von seinen Eltern herumtragen. Mit der geduldigen Hilfe seiner Eltern fing er allmählich an, die Welt als einen freundlicheren Ort zu empfinden. Stück für Stück lernte er, sich auf andere Weise als nur durch Schlaf zu beruhigen. Als er ein Jahr alt war, hatten seine Eltern ihm geholfen, diese erste emotionale Wegmarke zu bewältigen, indem sie sich auf seine individuellen Empfindlichkeiten eingestellt und ihr Verhalten entsprechend angepaßt hatten.

Angie schien im Gegensatz zu Peter ein träges Baby zu sein. Ihre Eltern konnten noch so viel mit ihr reden oder sie anlächeln, Angie wirkte immer desinteressiert. Sie stellte selten Blickkontakt her, strahlte nicht, wenn ihre Eltern sie anschauten, und wandte ihnen nicht das Gesicht zu, wenn sie kamen. Genauso gleichgültig reagierte sie auf Gesten. Wenn die Eltern sie hochnahmen oder kitzelten, lag sie schlaff und teilnahmslos in ihren Armen. Da es ihren Eltern nicht gelang, ihre Aufmerksamkeit zu wecken, und sie offenbar glücklich oder jedenfalls ruhig war, wenn sie allein blieb, überließen die Eltern sie für immer längere Zeiträume sich selbst. Angie hatte keine Probleme damit, sich selbst zu beruhigen. Im Gegenteil: Ihr Problem war, daß sie kein Interesse an der Welt hatte. Nichts konnte sie aus ihrem stillen Schneckenhaus herauslocken. Auch sie hatte die erste emotionale Wegmarke nicht bewältigt.

Angies Großeltern erkannten, daß etwas nicht stimmte, und überredeten die Eltern, einen Spezialisten zu konsultieren. Eine Untersuchung ergab, daß Angie sehr schwach auf Sinnesreize, insbesondere auf Geräusche, Berührungen und Bewegungen reagierte. Mit Hilfe eines Therapeuten fanden Angies Eltern andere Möglichkeiten, das Interesse ihrer Tochter zu wecken. Da sich herausstellte, daß Angie empfänglich auf visuelle Stimuli reagierte, konnten die Eltern ihre Aufmerksamkeit durch eine lebhafte Mimik und Gestik fesseln. Außerdem sprachen sie mit lauterer Stimme zu ihr und bemühten sich um kraftvollere Bewegungen. Angie freute sich, wenn ihre Eltern Grimassen schnitten, und fing bald an zu lachen, wenn sie die neue Stimme ihrer Eltern hörte. Sie reagierte auch auf bunte Gegenstände und Bilder, die ihre Eltern ihr zeigten, und lachte, wenn die Objekte hin- und herbewegt wurden. Ihre Eltern stellten fest, daß sie Spaß daran hatte, wenn man sie temperamentvoll durch die Luft schwang und in den Armen schaukelte. Dann strampelte sie begeistert mit den Füßen und spannte die Muskeln an, was ihrer normalerweise schwachen Muskelkontrolle entgegenwirkte. Durch den Einsatz visueller Stimuli und kraftvoller Bewegungen sowie zahlreicher Finger- und Zehenspiele, die Angies hohe Reizschwelle kompensierten, gelang es den Eltern nach und nach, ihre Tochter für die Welt zu interessieren.

Außerdem fingen sie an, mit Geräuschen zu experimentieren. Sie probierten schnelle und langsame Rhythmen aus und beobachteten, wie Angie reagierte. Sie stellten fest, daß sehr kraftvolle Vokaltöne aus dem mittleren Frequenzbereich ihrer Tochter halfen, sich auf akustische Informationen einzustellen. Die auditive Verarbeitung bereitete ihr immer noch Probleme, aber als sie ein halbes Jahr alt war, schien sie die Welt als einen erfreulichen, anregenden Ort zu empfinden. Mit der geduldigen Hilfe ihrer Eltern hatte sie die erste emotionale Wegmarke bewältigt und war bereit, die nächsten Schritte in Angriff zu nehmen.

Zweite Wegmarke: Vertrauensvolle Nähe

Zusammen mit dem Interesse an der Welt entsteht eine besondere Vorliebe für den Bereich menschlicher Beziehungen. Das gilt jedoch nicht für jede beliebige Beziehung! Der Säugling will die Nähe seiner primären Bezugspersonen oder Eltern. Er hat sie als den wichtigsten Bestandteil seiner Welt auserkoren und läßt sie wissen, daß sie etwas Besonderes sind. Wenn sie in sein Blickfeld treten, strahlt er, schaut ihnen in die Augen und lächelt. Durch diese Momente des gemeinsamen Lächelns und der geteilten Freude »verlieben sich« Eltern und Kind immer mehr ineinander. Gemeinsam entdecken und vertiefen sie ihre Nähe und Vertrautheit.

Die Fähigkeit zur vertrauensvollen Nähe bildet die Grundlage für alle späteren Beziehungen. Durch sie lernt das Kind, daß Wärme und Liebe möglich sind und daß Beziehungen zu anderen Menschen eine Quelle der Freude sein können. Ein Kind, das diese Erfahrung mit seinen Eltern macht, hat das Fundament für eine lebenslange Erweiterung seiner Liebes- und Beziehungsfähigkeiten gelegt.

Die Meisterung dieser Wegmarke festigt auch motorische, kognitive und sprachliche Fähigkeiten. Das Kind lernt, seinen Körper einzusetzen, wenn es nach dem Anblick oder der Berührung seiner Eltern verlangt; es stellt Blickkontakt her oder kuschelt sich an. Es lernt, seine Welt nach vertrauten Gegenständen und Gesichtern abzusuchen und ihnen 30 Sekunden oder länger Aufmerksamkeit zu schenken. Es lernt, den Klang und die Quelle von Sprache, vor allem die Stimmen der Eltern, zu erkennen. All diese Fähigkeiten tragen entscheidend zur Entwicklung späterer motorischer, kognitiver und sprachlicher Fähigkeiten bei.

Jenny reagierte von Geburt an überempfindlich auf Geräusche und Berührungen. (Mediziner stellten später fest, daß auch ihre auditive Verarbeitung schwer beeinträchtigt war.) Ein klingelndes Telefon, ein bellender

Hund oder das Rufen ihres Bruders brachten sie völlig aus der Fassung. Sogar die tröstende Stimme der Mutter irritierte sie. Wenn ihre Eltern sie hochnahmen, sie streichelten oder ihr ein Lied vorsangen, um sie zu beschwichtigen, wurde sie durch diese Mischung aus akustischen und taktilen Reizen noch verwirrter oder geriet völlig außer sich. Die Eltern wußten nicht mehr, was sie tun sollten. Ihr erstes Kind war so unkompliziert gewesen. Es hatte praktisch ganz von allein gegurrt, gelächelt und gestrahlt. Was war los mit diesem Baby? Was machten sie falsch? Da sie sich durch die vermeintliche Zurückweisung zutiefst verletzt fühlten, wandten sie sich verstärkt ihrem anderen Kind zu und widmeten der »wütenden Jenny« immer weniger Zeit. Sie hatten nicht die Absicht, Jenny zu ignorieren; sie wußten einfach nicht, wie sie anders mit ihr umgehen sollten. Sie wünschten sich nichts sehnlicher als einen Blick oder ein Lächeln von ihrer Tochter, doch genau das schien Jenny unmöglich zu sein. Im Alter von sieben Monaten, wenn die meisten Babys sich längst in ihre Eltern verliebt haben, war Jenny noch immer kaum zu einem Lächeln oder einer freudigen Reaktion zu bewegen.

Jennys Großmutter, die in der Nähe lebte, war sehr geduldig und beschäftigte sich bereitwillig viele Stunden lang mit dem unruhigen Kind. Sie setzte Jenny immer wieder in einen Babystuhl, rückte ihn an den Tisch und spielte kleine »Ich sehe dich«-Spiele; sie tauchte von links, von rechts oder von unten in Jennys Blickfeld auf oder hielt sich eine Serviette vors Gesicht und zog sie dann weg. Sie zeigte Jenny Spielsachen oder Bilderbücher und summte ihr leise etwas vor. Manchmal plazierte sie den Babysitz auf dem Fußboden und schaukelte ihn sanft mit dem Fuß, während sie auf dem Sofa saß und strickte. Dabei schaute sie liebevoll auf Jenny herab und schnitt fröhliche oder alberne Grimassen. Jenny reagierte auf diese Gestik. Die sanfte Bewegung des Babystuhls wirkte beruhigend auf sie; sie mochte die farbenfrohen Bilder, die ihre Großmutter ihr zeigte, und ihre lustigen Grimassen. Die Großmutter stimmte intuitiv einfache vokale Rhythmen an, wiederholte simple Laute wie »bababa« und verzichtete beim Vorsingen auf komplexere Lautfolgen. Mit der Zeit stellte Jenny immer länger Blickkontakt mit ihrer Großmutter her und fing an, sie anzulächeln. Indem die Großmutter ihre Überempfindlichkeiten gemieden und hauptsächlich ihre stärkeren Sinne angeregt hatte, war es ihr gelungen, Jenny in eine liebevolle Beziehung zu locken. Sie hatte intuitiv die richtigen Mittel und Wege gefunden, mit denen sie Jennys sensorische

Probleme umgehen und ihr helfen konnte, die zweite emotionale Wegmarke zu passieren. Jennys Reaktion ermutigte die Eltern, hartnäckig mit ähnlichen Bemühungen fortzufahren und sich ein Vorbild am Verhalten der Großmutter zu nehmen.

Nicht nur Babys müssen die Fähigkeit zur vertrauensvollen Nähe erlernen. Viele ältere Kinder haben diese Entwicklungsstufe nicht bewältigt, weil Verarbeitungsprobleme dazu geführt haben, daß sie den liebevollen Kontakt zu ihren Bezugspersonen als verwirrend, beängstigend oder quälend empfinden. Wenn Betreuungspersonen sich geduldig bemühen, können sie das Kind unabhängig von seinem Alter für eine liebevolle, vertraute Beziehung gewinnen.

Der zweieinhalbjährige Jay schien für sein Leben gern mit Spielzeuglastern zu spielen – solange er allein und immer wieder nach demselben Muster spielen konnte. Er hatte noch nicht angefangen zu sprechen, weshalb seine Eltern verständlicherweise besorgt waren. Immer wenn Jays Vater versuchte, sich am Spiel seines Sohnes zu beteiligen, riß Jay ihm die Spielzeuglaster aus der Hand und wandte ihm demonstrativ den Rücken zu. Jays Vater reagierte, indem er sich die Teilnahme am Spiel erzwang. Er baute Brücken und Tunnel, die Jay mit seinen Spielzeuglastern passieren sollte, oder schaute dem Spiel zu und gab Anweisungen wie: »Fahr ihn hierher!« Die Annäherungsversuche des Vaters stießen bei Jay auf wenig Gegenliebe. Je angestrengter der Vater sich bemühte, desto mehr schloß Jay ihn aus. Am Ende mied er jeglichen Kontakt mit seinem Vater. Bei einer ersten Untersuchung diagnostizierte man eine tiefgreifende Entwicklungsstörung.

Im Rahmen dieser Untersuchung versuchte man unter anderem herauszufinden, warum Jay ein so starkes Vermeidungs- und Abwehrverhalten zeigte. Sorgfältige Beobachtungen ergaben, daß er extrem empfindlich auf Berührungen reagierte und Probleme mit der Bewegungsplanung sowie leichte Probleme mit der Verarbeitung von auditiven Reizen hatte. Er versuchte verzweifelt, sich im Griff zu behalten und nicht von den Reizen, die auf ihn einströmten, überwältigt zu werden. Er schützte sich, indem er Interaktionen unter Kontrolle hielt oder sie vermied. Man schlug mehrere Maßnahmen vor, um ihm und seinem Vater beim Aufbau einer Beziehung zu helfen.

Wichtig war zunächst, daß der Vater nicht versuchte, Jay zu einer Interaktion zu zwingen, sondern ihm vielmehr ein Gefühl von Sicherheit vermittelte. Er mußte lernen, still zuzuschauen, wenn Jay mit seinen Lastern spielte. Er konnte ein oder zwei begeisterte Bemerkungen machen oder mit seinem eigenen Spielzeugauto gestikulieren, aber er durfte keine Anweisungen geben oder die Führung übernehmen. Er sollte werben und locken. So machte er die Erfahrung, daß es das Beste war, wenn er Jay dabei half, seine eigenen Absichten in die Tat umzusetzen, indem er vorausahnte, welche Gegenstände Jay benötigen würde, und ihm diese aushändigte. Nach einigen Wochen drehte Jay seinem Vater nicht mehr konsequent den Rücken zu, sondern schaute ihn beim Spielen zeitweilig an. Von da an benutzte der Vater einen Spielzeuglaster, um die Interaktion zu fördern. Er spielte selbst damit, ahmte Jays Bewegungen nach oder äußerte unaufdringliche Kommentare wie: »Kann mein Laster mit deinem zusammen fahren?« Jay schaute gelegentlich zu ihm herüber, spielte aber weiterhin größtenteils allein. Doch nach und nach schob Jay seinen Laster dichter an den seines Vaters heran oder ließ es zu, daß das Auto des Vaters seinem eigenen folgte. Eines Tages setzte er sich dann während des Spiels neben seinen Vater. In der Mitte der Spielsitzung lehnte er sich für einige Momente gegen ihn. Jays Vater war hingerissen, doch anstatt die Hand auszustrecken und seinen Sohn zu berühren, was einen sofortigen Rückzug bewirkt hätte, lächelte er nur und sagte: »Hallo«. Im Laufe der folgenden Wochen lehnte sich Jay immer wieder kurz an seinen Vater und zeigte ihm manchmal auch, wohin er seine Autos schieben sollte. Eines Tages nahm Jay plötzlich seinen Laster und ließ ihn mit dem des Vaters zusammenkrachen. Eine Einladung! Der Vater nahm sie an und ließ seinen Laster ebenfalls gegen Jays Fahrzeug krachen. Jay lachte. Dann tat sein Vater etwas Unerwartetes. Er rollte sein Spielzeugauto auf das von Jay zu, zog es jedoch im letzten Moment zurück. Jay lachte abermals. Die Überraschung gefiel ihm. Nachdem sie einige weitere Monate lang mehrmals täglich auf diese Weise miteinander gespielt hatten, versuchte Jay seinerseits, seinen Vater zu überraschen. Er rollte seinen Laster ein Stückchen vor und hielt ihn dann an, versteckte ihn hinter seinem Rücken und zog ihn wieder hervor. Mehrere Monate später hielt der Vater ihm einen Laster hin. Anstatt ihm das Auto wie üblich aus der Hand zu nehmen, kletterte Jay plötzlich auf seinen Schoß, um sich das Auto anzuschauen. Als sie zusammensaßen und den Laster begutachteten, erlebten sie ihre ersten echten Momente der Nähe und Vertrautheit. Der Vater hatte geduldig gewartet (auch wenn es ihm mitunter schwer gefallen war!) und seinem Sohn die Führung überlassen; dadurch war es ihm gelungen, Jay das Gefühl zu geben, daß er sich gefahrlos nähern konnte. Er hatte das Widerstreben des Jungen umgangen und ihm dadurch geholfen, die zweite emotionale Entwicklungsstufe zu durchleben und zu meistern.

Damit waren Jays Probleme nicht aus der Welt. Er brauchte eine Sprachtherapie, die bei seinen Sprachproblemen ansetzte, und eine Beschäftigungstherapie, die seine Bewegungsplanung verbesserte. Doch nachdem man ihm geholfen hatte, sich selbst besser zu regulieren, hatte er einen entscheidenden ersten Schritt getan, um seine Entwicklungsbeeinträchtigungen und seine Probleme mit der Sinnesmodulation zu bewältigen.

Dritte Wegmarke: Wechselseitige Kommunikation

Wenn sich ein Neugeborenes in seine Eltern verliebt, geschieht etwas sehr Interessantes. Es erkennt, daß es Einfluß auf sie nehmen kann. Wenn es seine Mutter anlächelt, lächelt sie zurück. Wenn es die Arme nach dem Vater ausstreckt, tut er das gleiche. Das Kind drückt ein Gefühl oder eine Absicht aus, und seine Betreuungsperson reagiert darauf. Das ist der Beginn der Kommunikation. Das Baby und »seine« Menschen treten in einen Dialog.

Wir stellen uns diese Dialoge gern als Kommunikationskreise vor, die geöffnet und geschlossen werden. Wenn das Kind uns entgegenkommt (indem es uns zum Beispiel anschaut), öffnet es den Kreis. Wenn die Mutter antwortet (indem sie den Blick erwidert), baut sie auf der Handlung des Kindes auf. Wenn das Kind seinerseits wieder auf die Eltern eingeht (wenn es lächelt, brabbelt, die Arme ausstreckt oder sogar wenn es sich wegdreht), schließt es den Kreis. Wenn der Vater auf die Reaktion des Kindes reagiert (indem er ihm ein Spielzeug hinhält, etwas sagt wie: »Na, möchtest du spielen?« oder die Laute des Kindes nachahmt) und das Kind mit einer weiteren Geste antwortet (einem Blick, einem Lächeln oder einer Handbewegung), haben die beiden einen weiteren Kreis geöffnet und geschlossen.

Das Kind zieht sehr schnell seine Schlüsse aus dieser Erfahrung: Es kann nicht nur Mutter und Vater zu Reaktionen bewegen, sondern auch weitere Reaktionen auslösen. Es schlägt auf ein Spielzeug, und das Spielzeug gibt einen Ton von sich! Es läßt einen Bauklotz fallen; er landet auf dem Boden. Sein Tun wirkt sich auf die Welt aus. Zum ersten Mal wird der Säugling zu einer Person mit einem eigenem Willen, die sich aktiv für ein bestimmtes

Tun entscheiden kann und die weiß, daß ihr Handeln eine Wirkung auslöst. Er lernt fundamentale emotionale, kognitive und motorische Lektionen.

Die wechselseitige Kommunikation ist wesentlich für jede menschliche Interaktion. Sie gibt dem Kind außerdem die Möglichkeit, etwas über sich selbst und die Welt zu lernen. Das ältere Kind umarmt die Kindergärtnerin, und die Kindergärtnerin erwidert die Geste. Das Kind lernt, daß es Anerkennung findet. Das kleine Mädchen schubst ein anderes Kind zu Boden, und dieses Kind fängt an zu weinen. Es lernt, daß sein Handeln einen Menschen zum Weinen bringen kann. Ohne diese grundlegenden Erfahrungen mit einer wechselseitigen Kommunikation sind Kinder nicht in der Lage, ein elementares Gefühl von Intentionalität herauszubilden, das heißt, sie können kein echtes Gefühl dafür entwickeln, wer sie sind, und keine logischen Zusammenhänge erkennen.

Seit der sehr schwierigen Geburt schien Scott kein großes Interesse an der Welt zu haben. Er reagierte sehr schwach in mehreren Sinnesbereichen, hatte einen niedrigen Muskeltonus, und seine motorische Entwicklung war verzögert. Seine linke Körperhälfte war schwächer als die rechte. Als er acht Monate alt war, stellte man die Diagnose Zerebrallähmung und empfahl eine Körper- und Beschäftigungstherapie zur Stärkung der Arm- und Beinmuskeln und zur Verbesserung der Koordination. Auch mit Hilfe der Therapie zeigte er wenig Interesse an der Umwelt und wurde kaum von sich aus aktiv. Wenn seine Mutter ihn anlächelte, liebevoll gurrte und versuchte, ihm ein Lächeln zu entlocken, wandte er sich ab, schloß die Augen oder schaute an ihr vorbei.

Nachdem es seiner Mutter (unter Verwendung der oben beschriebenen Methoden) gelungen war, seine Aufmerksamkeit zu gewinnen und eine liebevolle Beziehung aufzubauen, fing sie an, Scott an die dritte wichtige Wegmarke, die Fähigkeit zu einer wechselseitigen Kommunikation, heranzuführen. Es reichte nicht mehr, Scott dazu zu bringen, seinen Eltern Aufmerksamkeit zu schenken; er mußte jetzt dazu angeregt werden, mit eigenen Gesten auf die Gesten seiner Eltern zu antworten.

Scotts Eltern fingen an, ihm zu zeigen, wieviel er durch seine Gesten bewirken konnte. Sobald er den leisesten Ton von sich gab oder die leichteste Bewegung machte, brachen seine Eltern in bewundernde »Ah!«- und »Oh!«-Rufe aus oder zeigten ähnlich übertriebene Reaktionen. Sie achteten sorgfältig darauf, daß sie dabei vor allem auf solche motorische Gesten eingingen, die Scott leicht fielen wie Augenbewegungen oder Bewegungen der Zunge oder des Kopfes. Er hatte schnell begriffen, daß seine Gestik eine Reaktion bei seinen Eltern auslöste. Er übte eine Wirkung auf die Umwelt aus! Nach und nach verwandelten Scotts Eltern diese Gesten in kleine Dialoge. Jedesmal wenn Scott seine Arme bewegte, ganz gleich wie geringfügig oder scheinbar unbeabsichtigt die Bewegung sein mochte, wedelte Daddy mit den Armen. Scott erwiderte die Geste mit einer erneuten Armbewegung. Er hatte einen Kommunikationskreis geschlossen.

Scott fand Gefallen an seiner Fähigkeit, etwas zu bewirken, und fing an, selbst die Initiative zu ergreifen. Er warf zum Beispiel ein Spielzeug von seinem Hochstuhl herunter. Peng! Jetzt konnten die Eltern seine Spielsachen einsetzen, um ihn für eine erweiterte Kommunikation zu gewinnen. Sie setzten sich direkt vor ihn auf den Boden. Sobald er ein Spielzeug beäugte, nahmen sie es in die Hand und ließen ihn danach greifen. Oder sie legten ein Spielzeug, das er berührt hatte, etwas außerhalb seiner Reichweite auf den Boden und forderten ihn auf, darauf zuzurutschen. Als er diese Aufgabe erfolgreich bewältigte, beglückwünschten sie ihn überschwenglich zu seiner Leistung: Er hatte einen Kommunikationskreis geschlossen. Die Eltern bauten auf Scotts natürlichen Interessen und bestehenden Bewegungsfähigkeiten auf und setzten den Entwicklungsprozeß damit wieder in Gang. Sie halfen ihm, mit der Meisterung der dritten emotionalen Entwicklungsstufe zu beginnen. Durch ihre Bemühungen unterstützten sie die Arbeit der Beschäftigungs- und Bewegungstherapeuten, die ebenfalls von Fortschritten berichteten.

Vierte Wegmarke: Komplexe Kommunikation

Sobald ein Kind die Grundlagen der wechselseitigen Kommunikation gemeistert hat, nimmt die Zahl der Kommunikationskreise, die es öffnen und schließen kann, rapide zu. Mit der Anzahl wächst schließlich auch die Komplexität.

Zum ersten Mal verfügt das Kind jetzt über ein Vokabular, um seine Wünsche auszudrücken. Es ist ein gestisches, kein sprachliches Vokabular, doch durch die Verknüpfung von Gesten kann das Kind relativ komplizierte Gedanken äußern. Wenn es zum Beispiel Hunger hat, muß es nicht mehr darauf warten, daß der Vater ihm etwas Eßbares anbietet. Es kann ihn an der Hand nehmen, zum Kühlschrank führen und auf die gewünschte Speise deuten. Wenn das kleine Mädchen wütend auf seinen Bruder ist, weil er ihm ein Spielzeug stibitzt hat, kann es ihn treten und hauen und versuchen, ihm das Spielzeug wieder zu entwenden, anstatt einfach nur zu weinen. Es kann auch in das Zimmer des Bruders gehen, um nachzuschauen, ob das Spielzeug dort liegt, und es in seinen eigenen Spielbereich zurückholen.

Ein wachsendes gestisches Vokabular bietet ihm komplexere Möglichkeiten des Selbstausdrucks. Zusammen mit dieser Ausdrucksfähigkeit entwickelt sich auch die Kreativität. Es muß nicht mehr genauso handeln, wie die Eltern es ihm vormachen. Seine neuen gestischen und kommunikativen Fähigkeiten bieten eine Vielzahl von Möglichkeiten, um seine Individualität zum Ausdruck zu bringen. Die Persönlichkeit des Kindes fängt an, sich herauszubilden. Gleichzeitig wird sein Selbstgefühl immer komplexer. Das Kind versteht jetzt, daß der Ausdruck von Nähe, Zuneigung oder Wut zwanzig oder dreißig Verhaltensweisen – ein Verhaltens*muster* – umfaßt. Es hat ein breites Spektrum an Gefühlen entwickelt und verfügt über ein reiches Verhaltensrepertoire, mit dem es diese Gefühle äußern kann.

Wenn das Kind sein wachsendes gestisches Vokabular einsetzt, um seine vielfältigen Gefühle und Absichten zum Ausdruck zu bringen, und wenn es auf die wachsende Komplexität der elterlichen Gesten reagiert, treten Eltern und Kind in eine ausgedehnte gestische Unterhaltung ein. Zwanzig, dreißig, vierzig Kommunikationskreise werden geschlossen, und mit jedem Kreis weitet sich das kindliche Selbstgefühl aus. Es versteht, daß »Ich« aus Mustern zielgerichteter Verhaltensweisen besteht und nicht nur aus isolierten Reaktionen.

Gleichzeitig fängt das Kind an, die Verhaltensmuster anderer Menschen zu begreifen. Es kann an den Gesten der Eltern ablesen, ob es sicher oder in Gefahr ist, ob man es annimmt oder ablehnt, respektiert oder demütigt. Noch bevor es in irgendeiner Weise der Sprache mächtig ist, führt es mit seinen Eltern »Dialoge« über die wichtigen Themen des Lebens. Es bildet Charakterstrukturen und ein Ich-Bewußtsein heraus und richtet Erwartungen an andere. Außerdem zeichnen sich Muster einer hilflosen oder selbstsicheren Haltung ab sowie bestimmte Erwartungshaltungen in bezug auf Liebe und Respekt, Schmerz oder Kränkung.

Diese sich ausweitenden Dialoge sind der Auftakt für den Spracherwerb. Sie vermitteln dem Kind umfassende Kommunikationserfahrungen, auf denen es aufbaut, wenn es sprechen lernt. Während dieser Stufe fängt das Kind zum Beispiel an, den Lautklang der elterlichen Worte nachzuahmen. Lange bevor auffällig wird, daß ein Kind nicht sprechen lernt, können Schwierigkeiten mit der Meisterung dieser Phase darauf hindeuten, daß seine Kommunikationsfähigkeit beeinträchtigt ist. Im Alter von einem bis eineinhalb Jahren sollte Ihr Kind in der Lage sein, komplexe Gesten auszuführen, etwa Ihre Hand nehmen und Sie zur Tür führen, wenn es draußen spielen möchte, oder Sie dazu drängen, ein bestimmtes Spielzeug zu suchen. Wenn dies nicht der Fall ist, empfiehlt sich eine gründliche Untersuchung. Wenn ein Kind keine Worte benutzt, sind sich Eltern und Spezialisten häufig unschlüssig, ob man einfach weiter abwarten oder eine umfassende Evaluation durchführen sollte. Wenn das Kind nicht spricht, aber komplexe Problemlösefähigkeiten zeigt (die Eltern zum Beispiel zur Tür oder in die Spielecke leitet), kann man häufig abwarten. Wenn es sich jedoch nicht auf solche präverbalen Muster einläßt, sollte man etwas unternehmen.

Die Fähigkeit, sich durch komplexe gestische Unterhaltungen auszudrücken, fördert die motorischen Fähigkeiten und die Bewegungsplanung des Kindes. Um seine Wünsche und Absichten zu vermitteln, muß es als erstes sein Verhalten in logische Sequenzen einteilen und lernen, die Verhaltensabfolgen anderer zu deuten. Mit der wachsenden Fähigkeit, die Welt für eigene Zwecke zu nutzen und sich daran zu erfreuen, wächst auch die Fähigkeit, sie kognitiv zu erfassen. Das Kind weiß jetzt, daß der Vater nicht verschwunden ist, wenn er sich hinter dem Vorhang versteckt. Es zieht den Vorhang beiseite und findet ihn.

Der dreijährige Andrew zeigte ein auffallend zielloses Verhalten. Er hob ein Spielzeug hoch, ließ es fallen, griff nach dem nächsten, betrachtete es, lief dann zum Fenster und schlug Lärm, weil er nach draußen wollte. Wenn seine Mutter sich weigerte, ihn nach draußen zu lassen, weinte er bitterlich und war durch nichts zu trösten. Diese Art von willkürlichen, bruchstückhaften Aktivitäten war kennzeichnend für sein gesamtes Verhalten. Doch am meisten beunruhigte die Eltern, daß Andrew offenbar kein nachhaltiges Interesse an ihnen hatte. Er kam zu ihnen, um sie flüchtig zu umarmen, blieb aber nie länger als ein paar Sekunden. In dieser Zeit schloß er etwa zwei oder drei Kommunikationskreise – stellte vielleicht einen Blickkontakt mit seinem Vater her oder reagierte auf die Gesten seiner Mutter, indem er den Kopf in ihren Schoß legte, um gestreichelt zu werden, oder akzeptierte ein angebotenes Spielzeug. Doch bevor seine Eltern die Kommunikation ausweiten konnten, lief er weg und fing wieder an, ziellos herumzuwandern. Drei Minuten später kam er vielleicht ein zweites Mal zu seinen Eltern, aber wieder nur für einige Sekunden. Außerdem waren Andrews Eltern besorgt, weil sein Wortschatz sehr beschränkt war und weil er ungeschickt wirkte – seine Bewegungen schienen schlecht koordiniert und unsicher.

Eine Evalution ergab, daß Andrew unter dem Fragile-X-Syndrom litt. Er hatte Probleme mit der Verarbeitung von auditiven Informationen, wodurch es ihm schwerfiel, Töne zu deuten. Die Worte seiner Eltern machten keinen Eindruck auf ihn. Sogar wenn sie in Begeisterungsrufe ausbrachen, tröstende Worte murmelten oder ihn mit lauter Stimme vor etwas warnten, verstand er häufig nicht, was sie meinten. Auch seine Bewegungsplanung war beeinträchtigt, was zu Sequenzierungsproblemen führte. Er hatte nicht nur Schwierigkeiten mit der Koordination von Bewegungsabläufen, sondern auch mit der Deutung von Wort- oder Bewegungssequenzen. Wenn seine Eltern ihm mit einer Reihe von Gesten und Worten vermittelten, daß er zum Essen herunterkommen oder sein Spielzeug wegräumen sollte, verstand er buchstäblich nicht, was sie von ihm wollten. Durch ihre Kommunikationsversuche fühlte er sich verwirrt und aus dem Gleichgewicht gebracht. Er liebte seine Eltern und sehnte sich nach ihrer Zuneigung, deshalb lief er immer wieder zu ihnen. Doch sobald er sich ihnen näherte, fingen sie wieder an, diese verwirrenden Töne und Gesten zu machen, die ihn zu überwältigen drohten, so daß er sich zur Flucht gezwungen fühlte.

Nach der Untersuchung zeigte einer von Andrews Therapeuten den Eltern, wie sie seine Probleme umgehen und ihm helfen konnten, die Länge des Kontakts allmählich auszudehnen. Der Therapeut erklärte ihnen, wie sie weiterhin gestisch mit Andrew kommunizieren konnten, ohne ihn zu überfordern. Wenn er zu ihnen kam, um sie zu umarmen, sollten sie liebevoll lächeln und die Umarmung erwidern. Wenn er die Flucht ergriff, sollten sie weiter lächeln und einfach etwas sagen wie: »Mehr umarmen«, die Arme ausbreiten oder zu Andrew hinübergehen und mit sanften Bewegungen, Worten oder mimischen Ausdrücken eine Umarmung anbieten.

Andrews Eltern folgten den Anweisungen, und im Laufe der nächsten Monate kam er immer schneller zu ihnen zurück, um sich eine Umarmung abzuholen. »Mehr umarmen« entwickelte sich zu einem Spiel, das Andrew kontrollieren konnte und an dem er eindeutig Freude hatte. Wenn er seinen Eltern ein keckes kleines Lächeln schenkte, konnte er sie dazu bringen, ihre Arme auszubreiten und zu sagen: »Mehr umarmen«; dieses Angebot nahm er dann an und lief in ihre Arme.

Der Therapeut schlug vor, das Spiel auszuweiten. »Versuchen Sie, drei Kommunikationskreise auf zehn zu erhöhen. Nachdem Andrew Sie umarmt hat, sagen Sie: ›Bein umarmen‹, und deuten auf Ihr Bein. Probieren Sie aus, ob er dazu bereit ist. Wenn er keine Probleme damit hat, möchte Ihr Arm vielleicht auch eine Umarmung. Probieren Sie aus, wie lange Sie die Kommunikation aufrechterhalten können. Vielleicht deutet Andrew auf sein eigenes Bein und fordert ebenfalls eine Umarmung, vielleicht lächelt er auch nur und sagt: ›Nein!‹ In jedem Fall werden Kreise geöffnet und geschlossen.«

Im Laufe der nächsten Monate erweiterten Andrew und seine Eltern das »Mehr umarmen«-Spiel auf Arme und Beine, Knie und Füße. Jedesmal schlossen sie acht, neun oder zehn Kommunikationskreise. Die ganze Zeit über bemühten sich Andrews Eltern um möglichst ausdrucksstarke und unmißverständliche Gesten und Formulierungen. Anstatt zu sagen: »Andrew, komm bitte zum Essen herunter«, sagten sie: »Andrew, Essen!« Anstatt zu fragen: »Möchtest du Käse auf dein Sandwich?«, wiesen sie auf den Käse und sagten: »Mensch, guck mal – Käse!« Sie versuchten auch, ihre Worte durch eine möglichst lebhafte Mimik und Gestik zu unterstützen.

Andrew reagierte bereitwillig auf das neue Vokabular seiner Eltern. Im Laufe der nächsten sechs Monate suchte er von sich aus häufiger den Kontakt mit ihnen, setzte sich für ruhige Umarmen-Spiele auf ihren Schoß und beantwortete ihre einfachen Gesten mit eigenen Gesten. Er schloß regelmäßig zehn bis zwölf Kommunikationskreise hintereinander, vertiefte dabei den Kontakt, entwickelte mehr und mehr Spaß daran und fügte immer mehr Gesten aneinander. Außerdem fing er an, die Laute seiner Eltern häufiger nachzuahmen und zu variieren. Er bewegte sich nicht nur auf eine komplexere Kommunikation zu, sondern entwickelte auch die Voraussetzungen für komplexe Sprachfähigkeiten.

Lucy war mit drei Jahren ein wesentlich schwierigeres Kind als Andrew. Sie war so wild und eigensinnig, daß ihre Eltern sie kaum bändigen konnten. Auch sie rannte ziellos von einem Gegenstand zum nächsten. Doch anstatt die Dinge still zu untersuchen, fiel sie regelrecht darüber her und hinterließ nicht selten eine Spur der Verwüstung. Sie hatte noch nicht angefangen zu sprechen, stieß beim Herumrennen laute Töne aus und ignorierte die Bitten ihrer Eltern, mit ihnen zu schmusen. Sie war zu einer eingeschränkten Kommunikation fähig: Wenn die Eltern ihr ein Spielzeug hinhielten, griff sie danach. Sie deutete auch auf Gegenstände, die sie gern haben wollte, und schlug gegen die Tür, den Fernseher oder Kühlschrank, um ihre Wünsche anzuzeigen. Doch sobald sie bekommen hatte, was sie wollte, wirbelte sie sofort wieder auf und davon.

Bei Lucy wurde eine Aufmerksamkeits- und Sprachstörung diagnostiziert. Ein Beschäftigungstherapeut, der sich auf ihre individuelle Förderbedürfnisse konzentrierte, erklärte den Eltern, der ständige Bewegungsdrang ihrer Tochter sei teilweise darauf zurückzuführen, daß sie sehr schwach auf sensorische Reize reagiere. Weil ihr Körper nach Reizen hungere, sei sie ständig auf der Suche danach. Laufen, Berühren, Drücken und Streicheln seien alles Methoden, mit denen sie ihr körperliches Bedürfnis nach taktiler und propriozeptiver Stimulation befriedige. Der Therapeut empfahl den Eltern, diese Sinnesempfindungen in die Interaktionen mit Lucy einzubinden und Spiele zu spielen, bei denen sie springen, laufen, Gegenstände berühren und sich durch den Raum bewegen konnte. Dieser Ansatz werde Lucy helfen, ein ausreichendes Maß an sensorischen Reizen zu erleben.

Außerdem erklärte der Therapeut den Eltern, wie sie versuchen konnten, die Kontakte mit ihrer Tochter auszudehnen. »Öffnen Sie nicht einfach die Tür, wenn Lucy dagegenhämmert, weil sie nach draußen möchte«, sagte er. »Tun Sie so, als würden Sie nicht verstehen, was sie will, damit sie deutlicher zeigen muß, was sie möchte. Versuchen Sie, die Kommunikation von drei auf zehn Kreise auszudehnen.«

Jedesmal wenn Lucy gegen die Tür schlug, um nach draußen gelassen zu werden, stellten ihre Eltern sich taub. Sie schauten sie an, als ob sie sagen wollten: »Häh?! Was willst du denn?« Lucy schlug erneut gegen die Tür, woraufhin die Eltern den Wunsch abermals »mißverstanden« und gegen die Tür drückten. Lucy hämmerte noch energischer. Ihre Eltern heuchelten weiter Unverständnis. Schließlich nahm Lucy die Hand ihres Vaters und legte sie auf den Türknauf. »Ach so«, sagten die Eltern dann, »du möchtest, daß ich die Tür öffne?« Lucy sprang auf und ab wie ein Hüpfball, doch ihre Eltern hielten sie immer noch hin, hantierten zum Beispiel eine Weile am Schnäpper herum, bis Lucy ihre Hände nochmals zum Türknauf führte und versuchte, ihn in die richtige Richtung zu drehen.

Zuerst waren diese Übungen überaus frustrierend für alle Beteiligten.

Lucy schien kurz davor, die Beherrschung zu verlieren, und ihre Eltern fanden es schrecklich, sie so unglücklich zu machen. Doch sie erkannten, daß die Strategie funktionierte: Jedesmal wenn sie auf diese Weise vorgingen, schloß Lucy acht bis zehn Kommunikationskreise hintereinander.

Mehrere Monate später kommunizierte Lucy regelmäßig mit ihren Eltern in Form dieser längeren Unterhaltungen. Die Eltern übertrugen die Strategie auch auf andere Interaktionen und verwickelten Lucy so oft wie möglich in Gespräche über die gerade anstehende Aktivität: »Du möchtest einen Bonbon? Okay. Ach, das war der falsche? Du willst einen anderen Bonbon? Welchen denn? Ach, den mit Schokolade ...« Gelegentlich ahmte Lucy die Laute nach, die sie von ihren Eltern hörte, und versuchte zum Beispiel mit einem »Oooh-ooh« den Klang von »Bonbon« zu imitieren. Indem die Eltern ihr möglichst viele interreaktive Kommunikationserfahrungen vermittelten, legten sie das Fundament für den Spracherwerb. Die Ausdauer, mit der sie die Kommunikationskreise erweiterten, half dem Kind, die vierte Wegmarke zu meistern, und förderte außerdem ihre Aufmerksamkeit und Konzentration.

Fünfte Wegmarke: Emotionale Vorstellungen

Die Fähigkeit des Kindes, Ideen und Vorstellungen zu entwickeln, bildet sich mit Hilfe des Spiels heraus. Das Kind benutzt Spielsachen, um Geschichten zu erfinden. Durch diese Geschichten experimentiert es mit dem ganzen Spektrum an Intentionen und Wünschen, die es empfindet. Babypuppen werden von Mamapuppen gefüttert. Personen im Innern eines Hauses werden von riesigen Bären bedroht. Autos krachen ineinander.

Zusammen mit diesem ideenreichen Spiel erweitert sich der Gebrauch von Worten. Zuerst benennt das Kind nur die wichtigsten Elemente seiner Umwelt – die Menschen, von denen es abhängig ist, seine Lieblingsspeisen und Lieblingsspielzeuge – oder befiehlt diktatorisch »Das da!«, um anzuzeigen, daß es einen bestimmten Gegenstand möchte. Mit der Zeit fügt es seinem Spiel Dialoge hinzu. Später benennt es dann mit Hilfe der Eltern seine Absichten, Wünsche und Gefühle.

Durch das ideenreiche Spiel und den erweiterten Sprachgebrauch lernt das Kind, daß Gegenstände durch Symbole ersetzt werden können. Die leere Schachtel, in der es seine Puppe badet, ist ein Symbol für eine Badewanne.

Das Wort *baden* ist ein Symbol für die Aktivität in der Wanne. Das Wort *böse* ist ein Symbol für den inneren Gefühlsausbruch. Jedes Symbol ist eine gedankliche Vorstellung, ein abstrakter Begriff für einen Gegenstand, ein Handeln oder ein Gefühl, mit dem das Kind beschäftigt ist. Während es immer mehr mit Phantasiespielen und Wörtern experimentiert, wird es immer erfahrener in der Welt der Ideen und Vorstellungen.

Schließlich ist es in der Lage, Ideen zu manipulieren, sie auf eine Art zu benutzen, die seinen Bedürfnissen entspricht. Es kann zum Beispiel die Mutter sehen oder hören und fühlen, wenn die Mutter nicht da ist. Wenn es jetzt mitten in der Nacht aufwacht, kann es nach ihr rufen, anstatt einfach zu weinen. Manchmal fühlt es sich schon getröstet, wenn es sich die Mutter nur vorstellt und an sie denkt. Wenn es Durst hat, kann es an Saft denken und sagen: »Mama, Saft«, anstatt zu hoffen, daß sie seine Wünsche errät. Mit dieser neuen Fähigkeit, eine Welt der Symbole zu manipulieren, hat es den Sprung zu einer wesentlich höheren Ebene der Kommunikation und Bewußtheit gemacht.

Nach zahlreichen Krankheiten und Operationen in der Säuglingszeit war Ryan mit zweieinhalb Jahren zwar wieder gesund, zeigte aber extensive Verhaltensstörungen. Er schlief nie länger als zwei, drei Stunden durchgehend; er wies fast jede Nahrung zurück, hatte starkes Untergewicht und war unruhig und reizbar.

Die Eingangsbewertung zeigte, daß Ryan die ersten Wegmarken gemeistert hatte. Er zeigte reges Interesse an den Spielsachen in der Praxis und war in der Lage, sich zu beruhigen. Doch er war nur zeitweilig zu vertrauensvoller Nähe zu einer wechselseitigen Kommunikation fähig. Häufig schloß er seine Eltern aus, weigerte sich zu interagieren und ignorierte ihre Worte und Gesten. Wenn er jedoch motiviert war, konnte er zahlreiche Gesten aneinanderfügen, um seine Wünsche auszudrücken. Er deutete zum Beispiel eifrig auf ein Puppenhaus auf dem Regal, bis es auf den Fußboden gesetzt wurde. Dann öffnete und schloß er methodisch alle Türen und Fenster; doch er zeigte wenig Neigung, das Puppenhaus zu nutzen, um Ideen und Vorstellungen auszudrücken. Als man ihm einige Puppen anbot, stellte er sie mechanisch in das Haus, aber er ließ sie keine Handlungen durchführen. Sein Sprachgebrauch war ebenfalls eingeschränkt. Er benutzte einige einzelne Worte wie *Tür*, aber verwendete sie nicht zur Interaktion mit anderen, außer um gelegentlich *nein* oder *raus* zu sagen. Es schien, daß Ryan die früheren emotionalen Entwicklungsstufen nicht vollständig gemeistert hatte und deshalb nur mit Mühe die sechste Wegmarke in Angriff nehmen konnte.

Beobachtungen des Spielverhaltens von Ryan brachten eine weiteres Problem ans Licht: Die Bandbreite seiner Emotionen war offenbar eingeschränkt. Wenn etwas schieflief, wurde er nicht wütend; wenn alles glatt lief, lächelte er nicht. Er war interessiert an den Spielsachen im Behandlungsraum, zeigte aber wenig Neugier. Und wenn seine Eltern versuchten, ihn zu umarmen oder zu ermutigen, zeigte er keinerlei Anzeichen von Zuneigung oder Freude. Seine Mutter hatte ihn als »immer negativ« beschrieben, was man gut verstehen konnte, wenn man diesen mürrischen kleinen Jungen sah.

Im Rahmen der Bewertung stellte ein Beschäftigungstherapeut fest, daß Ryan überempfindlich auf taktile Reize im inneren und äußeren Mundbereich reagierte, was eine der Ursachen für sein wählerisches Verhalten mit dem Essen war. Er war auch unsicher in bezug auf seine Körperhaltung, das heißt, es bereitete ihm Unbehagen, wenn sich sein Körper durch den Raum bewegte. Wenn er einen Fuß anhob, fühlte er sich unsicher und aus dem Gleichgewicht gebracht.

Beobachtungen des gemeinsamen Spielverhaltens von Ryan und seinen Eltern zeigten, daß Ryans sensorische Beeinträchtigungen nur teilweise für seine Probleme verantwortlich waren. Die Art, wie seine Eltern mit ihm spielten, trug ebenfalls dazu bei. Bei ihren Bemühungen, Ryans Interesse zu wecken, führten die Eltern häufig zu schnell neue Ideen ein. Die Folge war, daß sie ihn am Entwickeln eigener Ideen hinderten. Ryans Mutter gab ihm zum Beispiel eine Puppe und fragte: »Was ist das?« Wenn er nicht sofort antwortete, erklärte sie: »Das ist die Jungenpuppe. Und was ist das?« Wieder antwortete er nicht sofort. »Das ist die Mädchenpuppe«, soufflierte sie. »Was wollen die beiden zusammen machen?« fragte sie und lieferte abermals selbst die Antwort. Ryan reagierte, indem er sich abwandte. Daraufhin steckte sich die Mutter vielleicht eine Handpuppe auf und fragte: »Was möchtest du der Puppe sagen?« Wenn keine Antwort kam, bat sie: »Sag ›Hallo‹ zu der Puppe, Ryan. Sag ›Hallo‹.« Ryan drehte sich weg, nahm einen Bauklotz, setzte ihn auf einen anderen und stieß beide um. Ryans Vater verhielt sich ähnlich wie die Mutter. Der einzige Unterschied war vielleicht, daß er noch bestimmender vorging und Ryans Gesten und Reaktionen noch eingeschränkter waren.

Die Eltern gaben ihm so wenig Spielraum, daß Ryan keine andere Möglichkeit der Selbstbehauptung sah, als sich abzuwenden oder distanzierende Gesten zu machen! Diese emotionale Tendenz wurde durch seine sensorischen Muster noch weiter verstärkt. Seine körperliche Unsicherheit führte dazu, daß er zu einem passiv-aggressiven Verhalten neigte (er drehte sich eher weg, als zu schlagen und zu treten). Die Empfindlichkeit der Mundregion prädisponierte ihn zu negativen Reaktionen beim Essen. Vielleicht war auch seine Schlaflosigkeit einfach eine weitere Methode, mit der er versuchte, sich gegenüber seinen Eltern zu behaupten. Indem er seine Eltern ausschloß, erkämpfte er sich einen kleinen Freiraum für sich selbst, schränkte damit jedoch gleichzeitig seine Möglichkeiten zur Entwicklung eigener Ideen und Vorstellungen ein.

Der aufgestellte Behandlungsplan zielte sowohl auf Ryans orale Überempfindlichkeit als auch auf den Interaktionsstil der Eltern. Sie mußten lernen, ihm Zeit zum Reagieren zu lassen, bevor sie eine eigene Antwort anboten. Er brauchte genügend Freiraum, um das Spiel selbst zu initiieren und zu gestalten. Nach und nach lernten beide Elternteile, wie sie sehr engagiert, aber weniger aufdringlich mit ihrem Sohn spielen konnten. Als sie ihr Verhalten änderten, ließ sich Ryan stärker auf sie ein. Er fing auch an, gelegentlich die Führung zu übernehmen. Während einer Sitzung, die einige Monate später stattfand, steckte er sich eine Handpuppe mit einem Walgesicht auf und hielt das Maul offen. Anstatt die Handlung zu steuern, wie sie es früher getan hätte, steckte sich seine Mutter ebenfalls eine Handpuppe auf und ließ sie sagen: »Was wollen Sie, Herr Wal?« Dann wartete sie geduldig auf Ryans Antwort. Ryan sagte, der Wal sei hungrig. Anstatt den Wal selbst zu füttern, fragte die Mutter: »Was möchte er essen?« Ryan entwickelte ein hohes Maß an verbaler Initiative und zählte sehr viele Speisen auf, die der Wal wollte. So einfach diese kleine Interaktion war, bedeutete sie doch einen großen Fortschritt in der Familiendynamik. Anstatt dem Jungen bei jeder Gelegenheit zu sagen, was er tun sollte, überließ seine Mutter ihm die Führung und regte ihn dazu an, die Initiative zu ergreifen, indem sie an seiner Geschichte teilnahm. Sie übernahm eine Rolle in seinem Stück, er aber war der Regisseur.

Einige Wochen später spielten Ryan und seine Mutter abermals mit der Wal-Puppe. Diesmal spuckte der Wal sein Essen wieder aus. »Wie fühlt sich der Wal, wenn er sein Essen ausspuckt?« fragte Ryans Mutter. Ryan antwortete nicht. »Was möchte der Wal tun?« fragte sie. Daraufhin ließ Ryan seinen Wal nach allen möglichen Gegenständen im Raum beißen. Als der Wal damit fertig war, schmiß Ryan einige Spielsachen um. Die Mutter sah schweigend zu. Als er aufhörte, sagte sie: »Ist der Wal böse oder ist er glücklich?« »Böse«, sagte Ryan. Dann lächelte er. Es war das erste Mal, daß Ryan seine Wut symbolisch herausgelassen hatte.

Der Vater machte ähnliche Fortschritte. Etwa zur gleichen Zeit, während einer Sitzung mit seinem Vater, bemerkte Ryan eine Taschenlampe. »Was ist das?« fragte er. Anstatt danach zu greifen, sagte sein Vater: »Mal sehen, ob wir's rauskriegen.« Er wies auf den Schalter der Taschenlampe. Ryan fing an, auf den Schalter zu drücken, und nach einigen Versuchen ging das Licht an. Ryan gluckste vergnügt. Er richtete den Lichtstrahl auf seinen Vater, der Grimassen schnitt. Dann tauschten sie die Rollen – der Vater richtete den Strahl der Taschenlampe auf Ryan, diesmal schnitt Ryan Grimassen. Während dieses kleinen Austauschs lachten sie die ganze Zeit. Es war eine vertraute, liebevolle Interaktion. Ryan hatte zum ersten Mal offenkundig großen Spaß daran.

Plötzlich hatte Ryan eine Idee. Er sagte zu seinem Vater: »Ich« und deutete auf die Taschenlampe. Als sein Vater den Strahl auf ihn richtete, stellte sich Ryan in den Lichtkegel und tat so, als stünde er auf einer Bühne. Während alle zuschauten, warf er sich stolz in Pose. Als sein Publikum ihm applaudierte, bot er noch eine kleine Zugabe. Das war ein ungeheurer Fortschritt. Zum ersten Mal hatte Ryan ein komplexes Drama, in dem seine Eltern und Therapeuten wichtige Mitspieler waren, initiiert. Mit der Hilfe seiner Eltern hatte er sich für die Welt emotionaler Vorstellungen geöffnet, seine Fähigkeit zur vertrauensvollen Nähe und zur Kommunikation gestärkt. Er festigte die Fähigkeiten der früheren emotionalen Entwicklungsstufen und machte eindrucksvolle Fortschritte im Hinblick auf die fünfte Wegmarke.

Sechste Wegmarke: Emotionales Denken

In der eben beschriebenen Entwicklungsphase gleichen die Gefühlsäußerungen des Kindes kleinen, unverbundenen Inseln. Nachdem das Kind gerade noch einen fröhlichen Geburtstagskaffee veranstaltet hat, läßt es wütend zwei Autos zusammenkrachen und kämpft im nächsten Moment gegen ein riesiges Monster, das damit droht, ein Haus zu zerstören. Dieser sprunghafte Wechsel von Spielinhalten vollzieht sich innerhalb weniger Minuten, weil das Kind alles nutzt, was seine Aufmerksamkeit erregt, um seine emotionalen Themen darzustellen. Wenn das Kind die sechste Entwicklungsstufe erreicht, baut es Brücken zwischen diesen Inseln. Einzelne Vorstellungen werden zu logischen Spielabfolgen verbunden; auch Phantasien werden logischer miteinander verknüpft. Während das Kind in der fünften Entwicklungsstufe vielleicht eine Puppe anzieht, dann einen Stift sieht und im nächsten Moment in die Rolle eines Trommlers schlüpft, weil es eine Trommel entdeckt hat, beginnt ein Kind, das die Stufe des emotionalen Denkens erreicht, die einzelnen Teile miteinander zu verbinden. So läßt das kleine Mädchen dann vielleicht den Trommler für die festlich gekleidete kleine Puppe spielen und benutzt den Stift, um Einladungen für den Auftritt zu schreiben.

In dieser Phase kann das Kind ein breites Spektrum an Emotionen in seinem Spiel ausdrücken. Es experimentiert und erkennt dadurch immer besser, wer »ich« ist, und kann sogar einige seiner Gefühle antizipieren (wenn Mama weggeht, werde ich Angst bekommen). Ihm wird klar, daß seine Gefühle und Verhaltensweisen eine Wirkung auf andere haben: Wenn ich wütend werde und um mich schlage, wird Papa böse.

Es fängt auch an, Zeit- und Raumbegriffe in emotionaler Weise auf sich selbst zu beziehen und zu verstehen: Mama ist in einer anderen Stadt. Das ist etwas anderes, als wenn sie in einem anderen Zimmer wäre. Wenn ich Tommy heute haue, könnte es sein, daß er mich morgen zurückhaut. Die Fähigkeit, Vorstellungen von Raum und Zeit herauszubilden und Handlungen und Gefühle miteinander zu verbinden, führt zur Entwicklung eines Selbstgefühls, das logische Brücken zwischen unterschiedlichen Wahrnehmungen, Vorstellungen und Gefühlen umfaßt. Außerdem wächst die Fähigkeit, räumliche und verbale Probleme zu lösen, weil das Kind diesbezügliche Zusammenhänge erkennt. Anstatt zwei Bauklotztürme als getrennte Strukturen wahrzunehmen, kann es sie jetzt zu einem großen Haus verbinden. Es kann auf Was-, Wann- und Warum-Fragen antworten, Diskussionen genießen, logisch argumentieren und die lange Reise zu immer höheren Ebenen des abstrakten Denkens antreten. Sowohl verbale als auch räumliche Problemlösefähigkeiten beruhen auf emotionalen Problemlösefähigkeiten. Wie bei den früheren Stufen sind die emotionalen Interaktionen entscheidend; durch sie entstehen die Denkstrategien, die dann auf die äußere Welt übertragen werden.

Während dieser Entwicklungsstufe kann sich das Kind immer besser mit Worten ausdrücken. Es greift nach wie vor auf Gesten zurück, um seine Gefühle mitzuteilen – vor allem negative Gefühle wie Ärger und Aggressionen –, doch die Welt der Worte ist ihm jetzt so vertraut, daß es Vorstellungen und Gefühle, die verbal vermittelt werden, versteht.

Zuerst kann man beobachten, wie sich das Kind kleine Inseln des emotionalen Denkens erobert. Mit der Zeit verbinden sich diese Inseln zu Kontinenten; das Kind erkennt immer mehr Zusammenhänge und nimmt immer mehr Erfahrungen in sein Selbstgefühl und seine Problemlösefähigkeiten auf. Auf diesem Fundament bauen alle höheren Ebenen des Denkens auf.

Als Robbie ein Jahr alt war, diagnostizierte man eine Zerebrallähmung verbunden mit einem niedrigen Muskeltonus und einer rechtsseitigen Schwäche. Er machte allerdings gute Fortschritte. Mit viereinhalb war er ein liebenswürdiger kleiner Junge. Seine motorischen Probleme zeigten sich in einem ungleichmäßigen Gang und willkürlichen Armbewegungen, doch er hatte ein gewinnendes Lächeln und stellte intensiven Blickkontakt her – allerdings mit Unterbrechungen. Seine Mutter beschrieb ihn als »rätselhaft«, weil er oft schwer zu verstehen und wenig »realistisch« war. Seine Sprachentwicklung schien verzögert; er verstand einfache Worte, aber keine abstrakten Begriffe oder Ausdrücke, und gab häufig alberne, unlogische Antworten. Auf die Frage, was er zu Mittag gegessen habe, sagte er etwas wie: »Der Mond ist grün« oder murmelte irgendwelche unsinnigen Sätze in sich hinein. Doch manchmal, wenn man ihn zum Beispiel nach einem Spielzeug fragte, reagierte er logisch und mit klarem Realitätsbezug. Seine Eltern machten sich Sorgen, weil er nicht mit gleichaltrigen Kindern spielte und so häufig »in irgendwelchen Phantasiewelten verschwand«.

Robbie hatte die meisten der frühen emotionalen Entwicklungsstufen erreicht, schien aber keine davon vollständig gemeistert zu haben. Die entsprechenden Fähigkeiten kamen nicht zur Geltung, wenn er unter Streß stand. In der Praxis des Therapeuten war er ganz erpicht auf die Spielsachen und Gegenstände und blieb ruhig, während er sie untersuchte. Doch als seine Mutter ebenfalls einen Blick auf die Sachen werfen wollte, geriet er in Rage und schrie eine Viertelstunde lang. Manchmal kapselte er sich ab und plapperte vor sich hin, so als könne er nur in seiner inneren Welt Trost finden. Einen Großteil der Zeit stellte er jedoch durchaus innigen Kontakt mit seinen Eltern her. Er schaute ihnen in die Augen und antwortete auf ihre Fragen, auch wenn er selten lächelte. Doch dann wandte er sich plötzlich ab, scheinbar ohne jeden Anlaß, und schien sie absichtlich zu ignorieren. Er war eindeutig fähig zu einer wechselseitigen Kommunikation, sowohl mit Gesten als auch mit Worten. Sein Wortverständnis und sein Denken waren manchmal durchaus anspruchsvoll. Doch auch hier hörte er unvermittelt auf, Kommunikationskreise zu schließen, und reagierte statt dessen mit unsinnigen, unlogischen Sätzen. Sein Spiel wirkte mechanisch; er hatte mehr Spaß daran, Puppen auf der Rutsche des Puppenhauses hinuntergleiten zu lassen, als Geschichten zu inszenieren, und wenn er doch einmal eine kleine Szene durchspielte, handelte es sich eher um bruchstückhafte, unverbundene Handlungssequenzen und weniger um eine zusammenhängende Geschichte. Das Spektrum seiner Emotionen war eng begrenzt. Im allgemeinen schien Robbie nicht fähig, eine Vorstellung, ein Gespräch oder ein Gefühl länger als ein paar Sekunden aufrechtzuerhalten. Danach brauchte er offenbar den Trost seiner inneren Welt. Da er die früheren Entwicklungsstufen nicht vollständig gemeistert hatte, konnte er auch die sechste Wegmarke nicht erfolgreich passieren.

Weitere Untersuchungen ergaben, daß mehrere Faktoren zu Robbies Problemen beitrugen. Er hatte Schwierigkeiten mit der auditiven Verarbeitung und der Wortrückführung, das heißt, er konnte häufig nicht verstehen, was zu ihm gesagt wurde, und kam nicht auf die Worte, nach denen er suchte. Diese Beeinträchtigungen hielten ihn verständlicherweise davon ab, Kommunikationskreise zu schließen. Er hatte große Fortschritte in seiner Physiotherapie gemacht, litt aber immer noch unter signifikanten grob- und feinmotorischen Defiziten. Seine Körperhaltung und sein Gleichgewichtsgefühl waren unsicher, so daß es ihm schwer fiel, seine Bewegungen zu planen und auszuführen. Dieses Problem verursachte seinen ungleichmäßigen Gang, seine willkürlichen Armbewegungen und den allgemeinen Mangel an Koordination. Um diese Beeinträchtigungen in Angriff zu nehmen, entwickelten die Therapeuten einen Behandlungsplan, der neben einer Sprach- und Beschäftigungstherapie auch eine Physiotherapie umfaßte.

Genauso wichtig für die Behandlung war das Programm, das für Robins Eltern aufgestellt wurde. Die Beobachtung des gemeinsamen Spiels von Robbie und seinen Eltern hatte klar gezeigt, daß sie ihm helfen konnten, sein Verhalten besser zu koordinieren und ausgeglichener zu werden. Seine

Mutter verirrte sich häufig gemeinsam mit ihm im Labyrinth seiner selbstbezogenen Gedankengänge, anstatt das Gespräch wieder auf die Realität zu lenken. Sie bezeichnete Robbies bruchstückhafte Ideen als »seine Gedichte«, aber sie versuchte nicht, sie zu verstehen. »Es reicht, wenn *er* es versteht«, erklärte sie. Robbies Vater beschäftigte sich recht wenig mit seinem Sohn und mied Familienaktivitäten. Losgelöst von der Realität bewegte sich Robbie immer weiter in seine eigene Welt hinein. Wenn sich die Situation nicht änderte, würde er mit der Zeit immer weniger in der Lage sein, Beziehungen zu anderen Menschen herzustellen.

In der sogenannten »Bodenzeit«, die Teil des Behandlungsprogramms war, sollten Robbies Eltern ihn beim Spielen dazu ermutigen, Kommunikationskreise zu schließen. Ihr Ziel war es, Robbie daran zu hindern, sich in sich selbst zurückzuziehen und sie aus seiner Welt auszuschließen. Jedesmal wenn er beim gemeinsamen Spiel einen unsinnigen Kommentar abgab, sollten sie diese Äußerungen mit der Realität verbinden. Wenn sie Robbie halfen, verbale Kommunikationskreise zu schließen, konnte er seine Welt mit ihnen teilen *und* an *ihrer* Welt teilhaben, anstatt sich weiterhin in seiner eigenen abzukapseln. Wenn er etwa eine Figur auf der Rutsche des Puppenhauses heruntergleiten ließ und verkündete: »Die Puppe springt aus dem Mond«, fragten seine Eltern: »Wo ist der Mond?« Wenn er nicht antwortete, sagten sie etwas wie: »Ist die Rutsche der Mond?«, um seine Idee mit der Realität seines Handelns zu verknüpfen. Wenn wiederum keine Reaktion kam, versuchten sie, sich an seinem Spiel zu beteiligen, indem sie fragten: »Wie können wir der Puppe helfen, aus dem Mond zu springen?« oder »Wie kommen wir auf den Mond?« Die Rutsche verwandelte sich dann vielleicht in ein Raumschiff, mit dem alle gemeinsam abheben konnten.

Auch bei jeder anderen Gelegenheit versuchten die Eltern, ihren Sohn in realitätsbezogene Gespräche zu verwickeln. So fragten sie Robbie, was er am Vormittag im Kindergarten erlebt hatte. Wenn er etwas Unsinniges antwortete, etwa: »Im Schornstein ist Wasser«, lenkten sie die Aufmerksamkeit auf etwas Realistisches. Sie antworteten vielleicht: »Ist etwas mit dem Schornstein oder mit dem Wasser passiert?« und fragten geduldig nach, bis er ihnen eine logische Antwort gab. Auch seine Lehrer wurden ermutigt, ihm auf ähnliche Weise beim Schließen von verbalen Kommunikationskreisen zu helfen.

Mit Unterstützung der Therapeuten setzten die Eltern ihrem Sohn Grenzen, wenn er Tobsuchtsanfälle bekam. Früher hatten sie es zugelassen, daß er wild um sich schlug, oder hatten seinen Forderungen nachgegeben. Jetzt hielten sie ihn fest, damit er sich beruhigen konnte, und halfen ihm dann Stück für Stück, sein Problem in Worte zu fassen. Nach einigen Wochen setzten sie auch einige Übungen aus seiner Beschäftigungstherapie ein, durch die er sich leichter beruhigen konnte.

Mit der Zeit machte Robbie langsame, aber stetige Fortschritte. Nach einigen Monaten Therapie konnte er eine wechselseitige Kommunikation für längere Zeit aufrechterhalten und bekam zu Hause weniger Wutanfälle. Wenn seine Eltern ihm genügend Anknüpfungspunkte und Hinweise gaben, um sein Wortrückführungsproblem auszugleichen, gelang es ihm auch recht gut, seine Erlebnisse im Kindergarten zu schildern.

Einige Monate später erreichte sein Symbolspiel eine völlig neue emotionale Ebene. Er fing an, komplexe Geschichten zu spielen, in denen »die Guten« ständig von »den Bösen« angegriffen wurden und sich verteidigen mußten. Gelegentlich platzte er während eines solchen Spiels damit heraus, daß er wütend auf seine Schwester oder auf ein anderes Kind sei, weil sie »meine Sachen kaputtmachen«. Diese Äußerungen vermittelten einen ersten Eindruck von den Gefühlen, die ihn bewegten. Er fühlte sich offensichtlich häufig von anderen Menschen unterdrückt, war wütend auf sie, weil sie ihn kränkten, und malte sich Vergeltungsmaßnahmen aus. Er hatte angefangen, Brücken zwischen Vorstellungsinseln, zwischen der realen Welt und seinem Spiel zu bauen.

Eineinhalb Jahre später hatte Robbie gewaltige Fortschritte gemacht. Er führte mühelos logische Unterhaltungen von beliebiger Länge. Er bekam praktisch keine Wutanfälle mehr und war in der Lage, seine Stimmungen recht gut zu regulieren. Er konnte sowohl in seinem Spiel als auch in der Realität ein breites Spektrum an Gefühlen zum Ausdruck bringen – von Glück bis Trauer, von Abhängigkeit bis Aggressivität. Während er sich früher ausgeklinkt und in seine innere Welt zurückgezogen hatte, war er jetzt fest in der Realität verankert. Früher hatte er seine Kreativität und Klugheit benutzt, um sich in die Phantasie zu flüchten, was zum Teil damit zusammenhing, daß es ihm schwerfiel, andere Menschen zu verstehen und die richtigen Worte zu finden, und zum Teil auf emotionale Konflikte zurückzuführen war. Jetzt nutzte er seine Kreativität, um eine wechselseitige Kommunikation aufrechtzuerhalten, um logische Brücken zwischen einzelnen Ideen zu bauen und um seine Probleme mit der auditiven Verarbeitung und Wortrückführung zu bewältigen. Er leidet immer noch unter gewissen Beeinträchtigungen in diesen Bereichen, so daß seine Eltern weiterhin mit ihm an der Verbesserung dieser Probleme arbeiten müssen. Doch alles in allem hat er enorme Fortschritte gemacht. Er agiert jetzt in allen wichtigen Bereichen auf einer altersgerechten Ebene. Durch die geduldige Hilfe seiner Eltern hat er alle sechs emotionalen und intellektuellen Wegmarken gemeistert.

Kinder bewältigen diese Wegmarken in unterschiedlichem Alter – sogar bei Kindern, die keinen besonderen Förderbedarf haben, variiert die Entwicklung sehr stark. Das Entscheidende ist nicht so sehr das Alter, in dem ein Kind die einzelnen Fähigkeiten meistert, sondern vielmehr, *daß* es sie meistert, weil sie alle aufeinander aufbauen.

Wenn ein Kind einmal alle sechs Wegmarken erfolgreich passiert hat, dann hat es wichtige Grundwerkzeuge für die Kommunikation, das Denken und die Bewältigung von Emotionen erworben. Es liegt auf der Hand, daß nicht alle Kinder diese Aufgaben gleichermaßen erfolgreich bewältigen, doch ein Kind, das diese sechs Wegmarken gemeistert hat, verfügt über die grundlegenden Liebes- und Lernfähigkeiten.

5 *Die genaue Beobachtung des einzelnen Kindes: Die sechs Wegmarken*

In Kapitel 3 wurde erläutert, wie Sie durch eine sorgfältige Beobachtung Ihres Kindes genau feststellen können, wo seine besonderen physiologischen Stärken und Schwächen liegen und wie die Interaktion davon beeinflußt wird. Wenn dieser Prozeß abgeschlossen ist, sollten Sie durch weitere Beobachtungen den derzeitigen Entwicklungsstand Ihres Kindes bestimmen: Welche Wegmarken hat es bereits bewältigt, bei welchen braucht es besondere Förderung, und welche liegen noch vor ihm? Aus den Ergebnissen dieser beiden Beobachtungsansätze ergibt sich das individuelle Profil Ihres Kindes. Dieses Profil können Sie dann nutzen, um eine angemessene Therapie für seine speziellen Förderbedürfnisse zu entwickeln.

Um den Entwicklungsstand Ihres Kindes zu ermitteln, können Sie genauso vorgehen wie bei den Beobachtungen der Stärken und Schwächen: Beobachten Sie Ihr Kind beim Spiel, bei seinen Interaktionen mit Ihnen und anderen und bei seiner Herangehensweise an alltägliche Aktivitäten.

Checkliste für die Beobachtung

Benutzen Sie die folgende Checkliste, um zu bestimmen, welche Wegmarken Ihr Kind gemeistert hat und an welchen noch gearbeitet werden muß. Die Fähigkeiten, die anzeigen, ob das Kind die jeweilige Entwicklungsstufe gemeistert hat, sind auf der linken Seite aufgeführt. Auf der Bewertungsskala können Sie neben jeder beschriebenen Fähigkeit eintragen, wie Sie den derzeitigen Entwicklungsstand Ihres Kindes einschätzen. Wenn die Fähigkeit ständig vorhanden ist, schreiben Sie auf, in welchem Alter sie erworben wurde.

Bewertungsskala: N = Fähigkeit überhaupt nicht vorhanden
M = Fähigkeit manchmal vorhanden
I = Fähigkeit immer vorhanden
V = Kind verliert Fähigkeit unter Streß (Hunger, Ärger, Müdigkeit etc.)

Fähigkeit	Bewertung des derzeitigen Entwicklungsstandes	Alter, in dem die Fähigkeit erworben wurde

Erste Wegmarke: Selbstberuhigung und Interesse an der Welt

1. Zeigt Interesse an unterschiedlichen Sinneseindrücken für mehr als 3 Sekunden	________	________
2. Bleibt ruhig und konzentriert für mehr als 2 Minuten	________	________
3. Erholt sich mit Ihrer Hilfe innerhalb von 20 Minuten von Belastungen	________	________
4. Zeigt Interesse an Ihnen (d. h. nicht nur an unbelebten Objekten)	________	________

Zweite Wegmarke: Vertrauensvolle Nähe

1. Reagiert auf Ihre Annäherungsversuche (z. B. mit einem Lächeln, Stirnrunzeln, einer Handbewegung, Lautäußerung oder anderen zielgerichteten Verhaltensweisen)	________	________
2. Reagiert auf Ihre Annäherungsversuche mit offenkundiger Freude	________	________
3. Reagiert auf Ihre Annäherungsversuche mit Neugier und aktivem Interesse (indem es z. B. Ihr Gesicht erforscht)	________	________
4. Antizipiert einen Gegenstand, der ihm gezeigt und dann weggenommen wird (zeigt sein Interesse z. B. durch Lächeln oder Brabbeln)	________	________
5. Wird ungehalten, wenn Sie während des Spiels für 30 Sekunden oder länger nicht reagieren	________	________
6. Reagiert mit Protest und Wut auf Frustrationen	________	________
7. Erholt sich mit Ihrer Hilfe innerhalb von 15 Minuten von Kümmernissen	________	________

Dritte Wegmarke: Wechselseitige Kommunikation

1. Reagiert auf Ihre Gesten mit eigenen zielgerichteten Gesten (streckt z. B. die Arme nach Ihnen aus, wenn Sie die Arme ausstrecken, erwidert Lautäußerungen oder Blicke)	________	________

2. Initiiert Interaktionen mit Ihnen (greift z. B. nach Ihrer Nase, Ihrem Haar oder einem Spielzeug; hebt die Arme, um hochgehoben zu werden) ________ ________
3. Zeigt die folgenden Emotionen:
   - *Nähe* (erwidert z. B. eine Umarmung; streckt die Arme aus, um hochgenommen zu werden)
   - *Freude und Aufregung* (lächelt z. B. glücklich, während es den Finger in Ihren Mund steckt oder während es ein Spielzeug aus Ihrem Mund nimmt und es in den eigenen steckt)
   - *Neugier* (berührt und erforscht z. B. Ihr Haar)
   - *Protest oder Wut* (schleudert z. B. Essen vom Tisch oder schreit, wenn ein gewünschtes Spielzeug nicht gebracht wird)
   - *Angst* (wendet sich z. B. ab, schaut ängstlich oder weint, wenn sich ein Fremder zu schnell nähert) ________ ________
4. Erholt sich innerhalb von 10 Minuten von Kümmernissen, wenn es in soziale Interaktionen verwickelt wird ________ ________

Vierte Wegmarke: Komplexe Kommunikation

1. Schließt zehn oder mehr Kommunikationskreise hintereinander (nimmt Sie z. B. bei der Hand, führt Sie zum Kühlschrank, deutet darauf, brabbelt, antwortet auf Ihre Frage mit weiteren Lautäußerungen und Gesten und setzt gestischen Austausch fort, bis Sie die Tür öffnen und das Gewünschte herausholen) ________ ________
2. Ahmt Ihr Verhalten auf zielgerichtete Weise nach (setzt z. B. Papas Hut auf, stolziert damit durchs Haus und wartet auf Anerkennung) ________ ________
3. Schließt zehn oder mehr Kreise durch
   - Laute oder Worte
   - Mimik
   - wechselseitiges Berühren und Anfassen
   - Bewegung im Raum (z. B. Raufen)
   - grobmotorische Aktivitäten (z. B. Laufen und Fangen, Klettern)
   - raumübergreifende Kommunikation (kann z. B. von der anderen Seite des Zimmers zehn Kreise mit Ihnen schließen) ________ ________
4. Schließt drei oder mehr Kommunikationskreise hintereinander, während es folgendes empfindet: ________ ________

- *Nähe* (setzt z. B. mimische Ausdrücke, Gesten und Lautäußerungen ein, wenn es umarmt, geküßt oder geknuddelt werden möchte, oder ahmt Sie nach, indem es z. B. in ein Spielzeugtelefon spricht, während Sie ein echtes Telefonat führen) __________ __________
- *Freude und Aufregung* (setzt Blicke und Lautäußerungen ein, um eine andere Person aufzufordern, sich mit ihm gemeinsam an etwas zu erfreuen; nimmt Anteil an »Witzen« mit anderen Kindern oder Erwachsenen, indem es gemeinsam mit ihnen über dieselbe Sache lacht) __________ __________
- *Neugier* (erforscht z. B. Unbekanntes auf eigene Faust; setzt raumübergreifende Kommunikationsfähigkeit ein, um Nähe zu Ihnen herzustellen, während es eigenständig spielt oder Dinge erkundet) __________ __________
- *Wut* (demonstriert seinen Ärger, indem es vorsätzlich haut, kneift, brüllt, mit den Fäusten hämmert, schreit oder sich auf den Boden wirft. Nutzt alternativ gelegentlich kalte oder wütende Blicke) __________ __________
- *Grenzsetzungen* (versteht und reagiert auf Grenzen, die Sie ihm setzen, ob durch Worte – »Nein, laß das!« – oder Gesten – mahnender Zeigefinger, böses Gesicht) __________ __________

5. Setzt Nachahmung ein, um Kummer zu bewältigen und sich davon zu erholen (schlägt z. B. auf den Boden oder brüllt zurück, wenn es angebrüllt wird) __________ __________

Fünfte Wegmarke: Emotionale Vorstellungen

1. Inszeniert symbolische Dramen, die zwei oder mehr Vorstellungen umfassen (Spielzeuglaster krachen zusammen und laden anschließend Steine; Puppen umarmen sich und veranstalten einen Geburtstagskaffee; die Vorstellungen müssen nicht miteinander verknüpft sein) __________ __________
2. Setzt Worte, Bilder und Gesten ein, um zwei oder mehr Vorstellungen gleichzeitig zu vermitteln (z. B.: »Nicht schlafen. Spielen.«); die Vorstellungen müssen nicht miteinander verbunden sein __________ __________
3. Kommuniziert Wünsche, Absichten und Gefühle durch
   - Worte

- vielfältige, aufeinanderfolgende Gesten
- Berührungen (z. B. intensive Umarmungen oder Raufereien) ______ ______

4. Spielt einfache motorische Spiele und hält sich an die Regeln (kann z. B. den Ball abwechselnd werfen und fangen) ______ ______
5. Nutzt Symbolspiele oder Worte, um die folgenden Emotionen zu vermitteln, und bringt dabei zwei oder mehr Vorstellungen zum Ausdruck:
   - *Nähe* (läßt zum Beispiel eine Puppe sagen: »Nimm mich in den Arm«, antwortet dann: »Ich geb dir einen Kuß«)
   - *Freude und Aufregung* (sagt z. B. ein lustiges Wort und lacht darüber)
   - *Neugier* (läßt imaginiertes Flugzeug durch den Raum sausen, sagt dann, daß es zum Mond fliegt)
   - *Angst* (inszeniert z. B. Drama, in dem eine Puppe Angst vor lauten Geräuschen bekommt und nach seiner Mutter ruft)
   - *Wut* (läßt z. B. Soldaten mit Gewehren aufeinander schießen und umfallen)
   - *Grenzsetzungen* (läßt Puppe Anweisungen bei einem Geburtstagskaffee befolgen) ______ ______
6. Setzt Symbolspiele ein, um sich über Kummer hinwegzutrösten oder ihn zu bewältigen (spielt z. B. daß es den Keks ißt, den es in Wirklichkeit nicht bekommen hat) ______ ______

Sechste Wegmarke: Emotionales Denken

1. Verbindet beim Symbolspiel normalerweise zwei oder mehr Vorstellungen auf logische Weise miteinander, auch wenn die Vorstellungen selbst unrealistisch sind (Das Auto macht z. B. einen Abstecher auf dem Mond und kommt dorthin, indem es sehr schnell fliegt) ______ ______
2. Baut beim Symbolspiel auf der Idee eines Erwachsenen auf (das Kind kocht z. B. Suppe, der Erwachsene fragt, was drin ist, und das Kind antwortet: »Matsch und Steine«) ______ ______
3. Stellt beim Sprechen logische Verbindungen zwischen einzelnen Vorstellungen her; die Vorstellungen gründen in der Realität (»Nicht ins Bett gehen. Will fernsehen.«) ______ ______
4. Schließt zwei oder mehr verbale Kommunikationskreise (z. B. »Will nach draußen«; Erwachsener fragt: »Warum?« »Um zu spielen«) ______ ______

5. Verknüpft zwei oder mehr gedankliche Vorstellungen und kommuniziert logisch über Absichten, Wünsche, Bedürfnisse oder Gefühle durch
   - Worte
   - vielfältige aufeinanderfolgende Gesten (tut z. B. so, als wäre es ein wütender Hund)
   - Berührungen (z. B. zahlreiche Umarmungen als Teil eines symbolischen Dramas, bei dem das Kind die Rolle des Vaters spielt) __________ __________
6. Hält sich bei räumlichen und motorischen Spielen an die Regeln (wartet z. B. an der Rutsche, bis es an der Reihe ist) __________ __________
7. Setzt Symbolspiele oder Worte ein, um zwei oder mehr logisch verbundene Vorstellungen zu vermitteln, die mit folgenden Emotionen zusammenhängen:
   - *Nähe* (Puppe wird z. B. verletzt und wird von Mama verarztet und getröstet)
   - *Freude und Aufregung* (sagt z. B. Toilettenwörter wie »Kaka« und lacht)
   - *Neugier* (gute Soldaten machen sich auf die Suche nach vermißter Prinzessin)
   - *Angst* (Monster erschreckt Babypuppe)
   - *Wut* (gute Soldaten kämpfen gegen böse Soldaten)
   - *Grenzsetzungen* (Soldaten müssen sich an die Regel halten, daß nur die »Bösen« verletzt werden dürfen) __________ __________
8. Nutzt Symbolspiel, das eine logische Gedankenabfolge zum Ausdruck bringt, um sich über Kummer hinwegzutrösten, und deutet dabei häufig eine Form der Streßbewältigung an (das Kind übernimmt z. B. die Rolle des Lehrers und kommandiert die Schüler herum) __________ __________

6 Selbstbeobachtung

Wie wir in der Einleitung erläutert haben, beeinflussen mehrere, sich wechselseitig bedingende Elemente die Entwicklung Ihres Kindes. Das eine Element ist die Physiologie; das zweite ist die Art, wie das Kind mit Ihnen und anderen interagiert, um die sechs Entwicklungsstufen zu meistern; das dritte besteht aus den Gefühlen, Werten, Erwartungen, Verhaltensweisen sowie familiären und gesellschaftlichen Bedingungen, die Sie in diese Interaktionen einbringen. Wir alle neigen zu Gefühls- und Verhaltensweisen, die uns selbstverständlich erscheinen und Einfluß darauf nehmen, wie wir uns auf unsere Kinder beziehen. Wir lernen diese Verhaltensweisen in unseren Herkunftsfamilien, durch unsere Lebensumstände und durch die uns umgebende Kultur. Die meisten sind so fest verankert, daß sie uns überhaupt nicht mehr bewußt und praktisch unsichtbar geworden sind. Doch wenn wir nach den besten Erziehungsmethoden für unsere Kinder suchen, vor allem für Kinder mit besonderen Beeinträchtigungen, und wenn wir jeden Austausch nutzen wollen, um ihre Entwicklung zu fördern, ist es ratsam, das Unsichtbare sichtbar zu machen. Wir müssen diese automatischen Denk-, Gefühls- und Verhaltensmuster genau unter die Lupe nehmen, damit wir unsere Worte und Taten so gut wie möglich darauf ausrichten können, unseren Kindern zu helfen.

Manche Eltern haben zum Beispiel Ängste oder Phantasien in bezug auf ihre Kinder oder ihre Elternrolle, die aus ihrer eigenen Kindheit herrühren. Eine Mutter, die fürchtet, genauso viel Kontrolle auszuüben wie ihre eigene Mutter, möchte vielleicht unbedingt vermeiden, sich ihrem Kind allzu sehr aufzudrängen, und verhält sich deshalb übertrieben passiv oder distanziert.

Eltern haben auch bestimmte emotionale Neigungen und Verhaltenstendenzen. Einige Eltern sind eher extrovertiert und offen, während andere eher schüchtern und zurückhaltend sind. Allen Eltern sind bestimmte Gefühle angenehmer als andere, und ihr eigenes Unbehagen kann sie ungewollt dazu veranlassen, ihre Kinder am Ausdruck dieser Gefühle zu hindern. Wie Eltern die unterschiedlichen Wegmarken ihrer eigenen Entwicklung gemeistert haben, beeinflußt ihr Verhalten gegenüber ihren Kindern. Ein Vater, der die Stufe der emotionalen Vorstellungen und ihrer Umsetzung im Symbolspiel nie wirklich bewältigt hat, reagiert verständlicherweise verwirrt, wenn seine Tochter anfängt, ihre Puppe zu umarmen. Er wird wahrscheinlich versuchen, sie wieder zum Toben und Raufen zu verleiten, weil ihm diese Spiele vertrauter sind. Mit ein wenig Selbstreflexion und der Hilfe eines verständnisvollen Partners oder Therapeuten können Eltern gemeinsam mit ihren Kindern wachsen. Sie können die bislang nicht gemeisterten Stufen erklimmen und sich dabei vom Wachstum und Potential ihrer Kinder anregen und anspornen lassen.

Im Verhalten der Eltern zeigen sich die Werte und Erwartungen der Familie und Kultur, in der sie aufgewachsen sind. Für einen Vater, der aus einem Milieu stammt, in dem von Mädchen erwartet wurde, daß sie still und fügsam sind, kann es schwer sein, das Selbstbewußtsein seiner Tochter zu fördern.

Das Verhalten der Eltern wird manchmal schon dadurch beeinflußt, daß sie ein förderbedürftiges Kind haben. Viele Eltern fühlen sich am Boden zerstört, wenn sie erfahren, daß ihr Kind in seiner Entwicklung beeinträchtigt ist. Häufig braucht die Familie sehr lange, um sich von diesem Schlag zu erholen. In der Anfangsphase dieses Prozesses fühlen sich Eltern unter Umständen deprimiert und überfordert. Oft haben sie den Eindruck, daß sie mit ihren Problemen alleingelassen werden. Trauer und Schuldgefühle, Wut und Erschöpfung können eine lähmende Wirkung ausüben. Sie brauchen vielleicht ihre ganze Kraft, um die elementaren Bedürfnisse der Familie zu befriedigen, und haben keine Kraft übrig, um ein geliebtes, aber verwirrendes Kind zu umwerben und es behutsam an eine innige Beziehung und wechselseitige Kommunikation heranzuführen. Oder sie sind so besorgt, daß sie sich Hals über Kopf in einen wilden Aktionismus stürzen und ständig auf der Suche nach den besten Spezialisten sind, so daß sie kaum noch Zeit für die tägliche Zuwendung haben. All diese subtilen, häufig unbewußten Faktoren können beeinflussen, wie gut ein Kind in der Lage ist, die emotionalen Wegmarken zu meistern.

Wichtige Ereignisse in der Familie (sogar wenn sie nicht in direktem Zusammenhang mit dem Kind stehen) können die Entwicklung ebenfalls beeinträchtigen. Krankheit, Arbeitslosigkeit oder die Geburt eines Geschwisters ändern die Verhältnisse in der Familie und können die Aufmerksamkeit der Eltern ablenken. Kinder mit besonderem Förderbedarf reagieren besonders verletzlich auf Abweichungen vom Gewohnten, so daß familiäre Ereignisse, die die üblichen Verhältnisse verändern, sich nachteilig auf ihre Entwicklung auswirken können.

Mit Hilfe der folgenden Fragen können Sie untersuchen, ob Sie die Entwicklung Ihres Kindes durch bestimmte Gefühle und Gewohnheiten beeinflussen. Die Fragen sind entsprechend den Wegmarken geordnet, so daß

Sie überlegen können, ob Sie Ihr Kind durch Ihre Reaktionen behindern oder fördern, wenn es versucht, die jeweiligen Stufen der Entwicklungsleiter zu bewältigen. Wir alle versuchen, die Elternrolle so gut wie möglich auszufüllen. Unsere Gefühle machen unsere Menschlichkeit aus, auch wenn sie uns gleichzeitig unvollkommen machen. Ohne diese Gefühle wären wir unfähig zur Intimität und zu vielen Formen der Interaktion. Das Ideal, das wir anstreben, ist ein kontinuierlicher Lernprozeß. Wenn wir unsere Fehler im nachhinein erkennen, können wir es beim nächsten Mal besser machen. Nutzen Sie diese Selbsteinschätzung, um für die Zukunft zu lernen.

Unterstützende Fragen für die Selbstbeobachtung

Erste Wegmarke: Selbstberuhigung und Interesse an der Welt

Denken Sie daran zurück, wie Sie sich während der ersten Lebensmonate Ihres Kindes gefühlt haben. Das Leben mit dem Neugeborenen – vor allem mit einem Kind, das besonderer Förderung bedarf – ist äußerst schwierig. Alle Familien durchlaufen eine schwierige Übergangsphase. Wie haben Sie diese Zeit empfunden? Niedergeschlagenheit, Trauer, Wut und Sehnsucht nach dem früheren Leben sind verbreitete Gefühle, auf die man gefaßt sein sollte. Häufig gehen sie Hand in Hand mit zärtlicheren Gefühlen für das Kind. Die Ankunft des neuen Familienmitglieds kann zu Spannungen in der Partnerschaft führen. Wie sind Sie und Ihr Partner mit der Veränderung in ihrer Familie umgegangen? Wenn Sie ältere Kinder haben, haben diese zweifellos zu Ihren Sorgen beigetragen. Wie haben die Geschwister auf das Neugeborene reagiert?

Wie eine Familie mit diesen Veränderungen umgeht, hat großen Einfluß auf die Umgebung, in der das Baby heranwächst. Waren Sie in der Lage, sich auf die ganz besonderen, individuellen Probleme Ihres Kindes einzustellen, auf seine sensorischen Reaktionen, auf sein Bedürfnis nach Ruhe oder Stimulation? Oder hatten Sie eher den Wunsch, daß es Ihren Erwartungen entsprechen möge?

Wenn Eltern ihre Gefühle verstehen, können sie sich gegenseitig besser unterstützen und der ganzen Familie ein Gefühl von Sicherheit vermitteln. Das trägt wiederum dazu bei, die tröstende und doch zugleich anregende häusliche Umwelt zu schaffen, die jedes kleine Kind, vor allem ein Kind mit besonderem Förderbedarf, braucht, um sich optimal zu entwickeln.

Zweite Wegmarke: Vertrauensvolle Nähe

Zu den Mythen über die Elternschaft gehört, daß Eltern sich innerhalb der ersten Minuten oder Tage in ihr Kind verlieben. Das kann so sein, muß aber nicht. Alle möglichen Faktoren, wie etwa die Tatsache, daß es einfach ungeheuer anstrengend sein kann, plötzlich ein Kind zu haben, können dem entgegenwirken. Faktoren wie Spannungen oder Krankheiten in der Familie, Konkurrenz und Eifersucht unter Geschwistern oder äußere Belastungen wie ein Umzug oder Arbeitslosigkeit können die ambivalenten Gefühle von Eltern verstärken. Die enttäuschten Erwartungen, die mit der Erkenntnis einhergehen, daß ein Kind unter bestimmten Beeinträchtigungen leidet, führen mitunter dazu, daß sich die Bindung zwischen Eltern und Kind nur langsam entwickelt, obwohl manchmal auch das Gegenteil geschieht. Denken Sie daran zurück, was Sie während der ersten Lebensmonate Ihres Kindes empfunden haben und wie sich Ihre Gefühle seither entwickelt haben. Überlegen Sie, wie Sie reagiert haben, wenn Ihr Kind Sie angeschaut, geweint oder sein Interesse an Ihnen gezeigt hat.

Dritte Wegmarke: Wechselseitige Kommunikation

In dieser Phase entwickelt das Kind Initiative. Waren Sie in der Lage, seinen Unternehmungsgeist zu fördern? Nicht alle Eltern und Betreuungspersonen reagieren mit uneingeschränkter Begeisterung auf den erwachenden Unternehmungsgeist des Kindes. Einige wünschen sich ein besonders gefügiges Kind, andere ein besonders selbstbewußtes. Was denken Sie generell über Leute, die sehr selbstbewußt auftreten? Wenn Sie spielen, warten Sie dann manchmal ab, bis Ihr Kind das Spiel in Gang setzt, und lassen sich von ihm führen, oder geht die Initiative grundsätzlich von Ihnen aus? Wenn Ihr Sohn versucht, neue oder schwierige Dinge auszuprobieren – etwa nach einem Spielzeug greift, an das er nicht herankommt, oder versucht, selbst zu essen –, ermutigen Sie diese Versuche dann, auch wenn Sie wissen, daß sie wahrscheinlich mißlingen werden? Wenn Ihre Tochter ihre Umwelt erforscht – indem sie von Ihnen wegkrabbelt oder mit Haushaltsgegenständen hantiert –, können Sie ihr ein gewisses Maß an Freiheit einräumen, anstatt sofort einzugreifen, weil Sie Angst haben, daß etwas passiert? Wenn sich Ihr Kind Ihren Anregungen widersetzt – indem es das Essen vom Tisch fegt oder brüllt, weil Sie es von seinem Lieblingsplatz entfernen –, können Sie ihm gelegentlich die Führung überlassen, oder setzen Sie immer Ihren

Willen durch? Ziehen Sie sich zurück, wenn Ihr Kind die Initiative ergreift, weil Sie denken, daß man es eine Weile sich selbst überlassen kann, oder nutzen Sie die Gelegenheit, um Ihr Kind vor neue Herausforderungen zu stellen?

Es ist nicht leicht, den kindlichen Unternehmungsgeist zu fördern. Einige Eltern gewöhnen sich an die Abhängigkeit ihres Kindes und haben Schwierigkeiten, sich umzustellen, wenn es anfängt, die Welt auf eigene Faust zu erkunden. Doch die Förderung des kindlichen Unternehmungsgeistes ist sehr wichtig für seine spätere Entwicklung.

Vierte Wegmarke: Komplexe Kommunikation

Denken Sie über Ihr eigenes Verhalten nach und überlegen Sie, wie Sie auf die wachsende Unabhängigkeit und Selbstbehauptung Ihres Kindes reagieren. Viele Eltern haben Probleme mit diesen neuen Eigenschaften, weil sie die kuschelige Babyphase vermissen. Wenn Ihr Kind auf einen Gegenstand deutet, den es haben möchte, oder Sie von Ihrem Stuhl wegzieht, ermutigen Sie einen Dialog? Fragen Sie Ihr Kind, was oder warum es etwas will, damit es mit immer komplexeren Gesten reagieren kann? Oder möchten Sie die Sache lieber so schnell wie möglich hinter sich bringen, anstatt einen langen Dialog zu führen?

Die wachsenden Fähigkeiten eines Kindes können mitunter Spannungen in einer Ehe auslösen, wenn die Eltern unterschiedlich reagieren. Während die Mutter sich vielleicht nicht gern von ihrem Stuhl und ihrer Lektüre wegzerren läßt, gibt der Vater vielleicht jeder Anregung nach. Oder ein Elternteil ist eifersüchtig, wenn der andere an den neuen Interessen und Projekten des Kindes beteiligt wird. Diese Gefühle können zu Spannungen in einer Ehe führen, die sich auf das Kind auswirken. Wenn Sie über die Entwicklung Ihres Kindes in dieser Stufe nachdenken, untersuchen Sie auch Ihre eigenen Gefühle. Denken Sie über die Beziehung zu Ihrem Partner nach, und sprechen Sie mit ihm sowohl über die Bereiche, in denen Sie sich einig sind, als auch über Bereiche, in denen Sie unterschiedlicher Meinung sind oder Kompromisse schließen müssen. Denken Sie darüber nach, wie gut das Bedürfnis nach Intimität, Interaktion und Kommunikation in der Gesamtfamilie erfüllt wird.

Fünfte Wegmarke: Emotionale Vorstellungen

Wenn Kinder ihre eigenen Gedanken und Gefühle besser ausdrücken können, lösen diese Äußerungen häufig heftige Gegenreaktionen bei den Eltern aus. Viele Eltern fühlen sich zum Beispiel unbehaglich, wenn ihr Kind seine Wut mit Worten ausdrückt, und reagieren, indem sie selbst wütend werden oder das Kind bestrafen. Einige Eltern haben Schwierigkeiten, wenn ihr Kind seinen Wunsch nach Nähe formuliert und reagieren, indem sie das Kind wegstoßen. Manche Eltern freuen sich, andere ärgern sich, wenn ein Kind mit wachsender Begeisterung alle Gegenstände seiner Umwelt mit Namen belegt und anfängt, endlose Fragen zu stellen. Fast alle Eltern reagieren empfindlich auf einige neue Forderungen oder Gefühle, die das Kind zum Ausdruck bringt. Untersuchen Sie Ihr Verhalten. Stellen Sie fest, welche Forderungen oder Gefühlsäußerungen Ihres Kindes Sie als angenehm empfinden und bei welchen Sie »bissig« reagieren oder sich abwehrend verhalten. Denken Sie auch darüber nach, wie Sie in Ihrer Partnerschaft mit Gefühlen umgehen. Können Sie offen darüber sprechen? Oder neigen Sie dazu, Gefühle zu verbergen? Wer seine Gefühle am liebsten für sich behält, zieht es normalerweise vor, daß andere sich genauso verhalten, und reagiert deshalb häufig ablehnend, wenn das Kind starke Gefühle zum Ausdruck bringt.

Wichtig ist auch, daß Sie Ihrem Kind helfen, wenn es mit dem Ausdruck von Gefühlen experimentiert und sein Verständnis der Welt durch Symbolspiele erweitert. Einige Eltern finden diese Art des Spielens langweilig. Anderen ist es unangenehm, wenn ihr Kind bestimmte Themen im Spiel zum Ausdruck bringt, wenn es etwa den Körper seiner Puppe erforscht oder Figuren gegeneinander kämpfen läßt. Um ihr Unbehagen zu zerstreuen, ziehen sie sich zurück, geben dem Spiel eine andere Richtung oder brechen es ab. Wie gehen Sie mit dem Symbolspiel Ihres Kindes um, wenn es Themen darstellt, die Ihnen unbehaglich sind? Können Sie weiter mitmachen oder neigen Sie dazu, das Thema zu wechseln?

Ihr Kind steht vor der Herausforderung, die Welt der Gefühle und Vorstellungen durch unterschiedliche Mittel so umfassend wie möglich zu erforschen. Wenn Sie objektiv einschätzen können, wie Sie mit Ihren eigenen und den Gefühlen Ihres Kindes umgehen, haben Sie bereits viel dazu beigetragen, daß es die Fähigkeiten entwickeln kann, die es braucht, um seine Gefühle erfolgreich zu handhaben.

Sechste Wegmarke: Emotionales Denken

In dieser Phase steht Ihr Kind vor der Lernaufgabe, Brücken zwischen einzelnen Vorstellungen zu bauen und sich logisch mit der Welt auseinanderzusetzen. Helfen Sie ihm, indem Sie es jedesmal in die Realität zurückführen, wenn es etwas Unlogisches sagt, oder ermutigen Sie ein unlogisches Denken, indem Sie seine Äußerungen nie korrigieren? Haben Sie Spaß oder tolerieren zumindest eine längere Debatte über das Zubettgehen, die Notwendigkeit von Keksen oder das Aufräumen von Spielsachen? Brechen Sie die Debatte kurzerhand ab, um dafür zu sorgen, daß Ihr Kind Gehorsam lernt? Debatten sind die beste Übung für ein logisches Denken. Nach der Debatte können Sie jederzeit Grenzen setzen, doch wenn Sie Ihr Kind zunächst zum Gespräch ermutigen, können Sie nicht nur seine Disziplin, sondern auch seine Kreativität und sein logisches Denken fördern. Fragen Sie sich kritisch, ob Sie lieber Befehle geben und gern ein Kind hätten, das Ihnen fast immer gehorcht, oder ob Sie sich dafür interessieren, was in ihm vorgeht. Können Sie ein Phantasiespiel logisch und ruhig fortsetzen, ganz gleich, ob Ihr Kind die Figuren freundlich oder aggressiv agieren läßt? Brechen Sie eine Auseinandersetzung ab, wenn Ihr Kind wütend wird? Je besser Sie in der Lage sind, ruhig und logisch zu bleiben, unabhängig davon, welche Emotionen Ihr Kind zum Ausdruck bringt, desto mehr werden Sie ihm helfen, seine Gefühle zu verstehen und sich selbst zu beherrschen.

Erforschen Sie Ihre eigenen Gefühle, um besser zu begreifen, vor welchen Herausforderungen Ihr Kind steht. Decken Sie auf, welche Muster Sie selbst bevorzugen. Nutzen Sie diese Erkenntnisse, um das Wachstum Ihres Kindes zu fördern und um die Gefühle und Wegmarken erfolgreich zu meistern, die in Ihrer eigenen Kindheit vielleicht schwierig waren.

Die Entwicklung fördern: Allgemeine Richtlinien für Eltern

Wenn Sie Ihr Kind lieben, mit ihm leben und arbeiten, können Sie einige ganz elementare Mittel einsetzen, um seine Entwicklung zu fördern. Viele davon nutzen Sie wahrscheinlich schon ganz automatisch, ohne überhaupt darüber nachzudenken. Andere sind Ihnen vielleicht noch nicht so geläufig.

- *Trösten Sie Ihr Kind* (vor allem, wenn es Kummer hat), indem Sie es entspannt, zärtlich oder fest im Arm halten, einen rhythmischen sprachlichen oder visuellen Kontakt herstellen oder andere besänftigende Verhaltensweisen zeigen. Wenn Sie angespannt oder besorgt sind, gerät Ihr Kind unter Umständen noch mehr aus der Fassung. Können Sie sich selbst beruhigen oder Hilfe bei anderen suchen?

- *Bieten Sie Ihrem Kind die Art von Interaktion, die es zur Beteiligung ermutigt.* Sind Ihre Mimik, Ihre Worte, andere Töne, Berührungen, Spiele und Spielsachen auf das sensorische Profil Ihres Kindes ausgerichtet? Wenn Sie auf eine Weise spielen, die zu starke oder zu schwache sensorische Reize ausübt, ist es schwieriger für Ihr Kind, sich zu beteiligen.
- *Probieren Sie eine Vielzahl von Ansätzen aus, damit sich Ihr Kind auf eine Beziehung einläßt.* Erforschen Sie, welcher Ansatz ihm die meiste Freude bereitet.
- *Bemühen Sie sich, die meisten emotionalen Signale Ihres Kindes zu verstehen und darauf zu reagieren.* Können Sie auf den Wunsch nach Nähe genauso gut eingehen wie auf das Bedürfnis nach Selbstbehauptung und Unabhängigkeit?
- *Zeigen Sie Freude, Begeisterung und Eifer.* Ihre Lebhaftigkeit wird Ihr Kind anstecken und es für die Interaktion gewinnen.
- *Achten Sie auf die Signale, die Ihr Kind aussendet.* Wenn Sie Ihr Kind genau beobachten, wird es Ihnen mitteilen, was es will. Versuchen Sie, seinen Hinweisen zu folgen, anstatt nach Ihrem eigenen Plan vorzugehen.
- *Ermutigen Sie Ihr Kind zu neuen Entwicklungsschritten.* Zum Beispiel:
  - Ermutigen Sie es, die Initiative zu ergreifen und aus seinen Interaktionen mit Ihnen zu lernen. Versuchen Sie nicht, ihm so viel wie möglich abzunehmen.
  - Helfen Sie Ihrem Kind, sich mit der Realität auseinanderzusetzen und Verantwortung für sein Verhalten zu übernehmen.

7 *Emotion und Interaktion: Die Schlüssel zur Entwicklung von Intelligenz, Selbstgefühl und sozialen Kompetenzen*

Im zweiten Teil des Buches wird es darum gehen, wie Sie mit Ihrem Kind üben können, um ihm zu helfen, sich emotional, sozial und intellektuell zu entwickeln. Dabei werden Ihnen zwei Prinzipien immer wieder begegnen: *Lassen Sie das Kind den Lenker des Spielgeschehens sein* und *interagieren Sie.* Dem Kind die Führungsrolle im Spiel zu überlassen bedeutet, sich nach seinen Interessen und Motivationen zu richten und bei jeder Interaktion seine *Gefühle* anzusprechen. Interaktion heißt, jede Begegnung zu einem zweiseitigen Austausch zu machen, bei dem Sie und Ihr Kind im gegenseitigen Wechselspiel aufeinander reagieren, statt nebeneinander zu spielen oder Parallelgespräche zu führen. Diese beiden Prinzipien sind ausschlaggebend für einen Therapieerfolg. Aber bevor wir schildern, wie Sie diese Prinzipien in der Therapiearbeit einsetzen können, möchten wir Ihnen sagen, warum das so wichtig ist.

Wünsche und Emotionen mit dem Handeln verbinden

Bis vor kurzem hat sich die Entwicklungspsychologie hauptsächlich auf voneinander abgetrennte Fertigkeitsbereiche konzentriert. Bei der Beurteilung des Entwicklungsstandes eines Kindes wurden soziale Fertigkeiten erfaßt (Kooperation, soziales Spielverhalten; kann das Kind die Arme ausstrecken, um hochgenommen zu werden?), kognitive Fertigkeiten (kann es unter einer Decke nach einem versteckten Spielzeug suchen?), sprachliche Fertigkeiten (kann das Kind »baba« oder »dada« sagen?) oder motorische Fertigkeiten (kann es einen Kreis zeichnen?). Es wurde festgestellt, in welchem Alter Kinder diese Entwicklungsschritte im allgemeinen tun, und die Entwicklung eines Kindes wurde daran gemessen, ob es diesen altersgemäßen Erwartungen entsprach. Als das Forschungsinteresse an Säuglingen und Kleinkindern wuchs und der hohe Wert der sozialen und emotionalen Kompetenzen immer deutlicher wurde, wurden sie verstärkt in die Liste der erfaßten Fertigkeiten aufgenommen. Das erste Lächeln eines Babys, das erste Mal, daß es nicht bei einer fremden Person auf den Arm will, das erste Mal, daß es zum kooperativen Spiel mit anderen Kindern fähig ist – jetzt halten wir auch nach diesen Schritten auf dem Entwicklungsweg eines kleinen Kindes Ausschau.

Bis vor kurzem fehlte jedoch ein systematisches Verständnis dafür, wie all diese selbständigen Teilstücke in ein größeres Ganzes paßten. Wie koordinieren Kinder ihre wachsenden sensomotorischen, kognitiven und sozialen Fertigkeiten? Welcher Teil der sich herausbildenden Persönlichkeit trifft die Entscheidung, dieses Wort zu benutzen und nicht jenes, mit der linken statt mit der rechten Hand nach dem Ball zu greifen oder Mama anzulächeln, statt wegzulaufen und sich zu verstecken? Ein Kind ist eindeutig mehr als die Summe seiner Teile. Es muß ein koordinierendes »Ich« oder Selbstgefühl geben, das solche Entscheidungen trifft. Wenn man nur die einzelnen Fertigkeiten erfaßt, weiß man noch lange nicht, wie dieses Selbstgefühl sich entwickelt, denn es übersteigt die einzelnen Fertigkeiten. Bildlich ausgedrückt kann man die kognitiven, sensorischen, motorischen und sozialen Fertigkeiten eines Kindes mit den Mitgliedern eines Orchesters vergleichen und das Selbstgefühl mit dem Dirigenten, der alle diese separaten Teile koordiniert. Wenn das Kind sich entwickelt, entwickelt sich auch das Selbstgefühl. Es wird immer komplexer, je differenzierter das Orchester wird.

Bei Kindern mit erhöhtem Förderbedarf bedarf es jedoch besonderer Anstrengungen, diesen Dirigenten zu veranlassen, effektiv zu arbeiten. Kindern, die autistische Züge haben, scheint oft eine grundlegende Zielstrebigkeit zu fehlen. Es fällt ihnen schwer, organisiert und intentional zu handeln; oft zeigen sie ziellose, repetitive oder scheinbar willkürliche Verhaltensweisen. Die Fähigkeit, die Mutter bei der Hand zu nehmen, sie zum Kühlschrank zu führen und auf das Begehrte zu zeigen, taucht bei diesen Kindern nicht wie sonst im Alter von 16 bis 20 Monaten auf. Nach Berichten vieler Eltern zeigte sie sich zuerst im Alter von zwei, drei oder vier Jahren oder trat gar nicht auf.

Ältere Kinder, bei denen eine Störung aus dem autistischen Spektrum diagnostiziert wurde und die ein einigermaßen gut ausgebildetes Sprechvermögen haben, neigen zu mechanischen Wort- oder Satzwiederholungen, oft von Dingen, die sie im Fernsehen gehört haben. Sie scheinen sich in einer Welt freischwebender gedanklicher Vorstellungen verirrt zu haben und äußern ohne Sinn- oder Situationsbezug zusammenhanglos eine Vorstellung nach der anderen. Ein typisches Beispiel: Das Kind sagt »Schmetterling«, schlägt auf eine Trommel ein und gibt seltsame Geräusche von sich, hält eine Puppe hoch, kichert und sagt dann einen Satz aus *Pu der Bär*.

Es gebraucht Worte und wiederholt vielleicht echohaft die Äußerungen anderer, aber es kann die Worte nicht als Medium einer zielstrebigen, intentionalen Verständigung einsetzen. Ihm fehlt die Fähigkeit, seine Bedürfnisse zu äußern, auf die gedanklichen Vorstellungen anderer zu reagieren und ein zusammenhängendes, logisches Gespräch zu führen. Die grundlegende Zielbewußtheit, die das Verhalten des Kindes organisiert, scheint hier zu fehlen.

Dieses Problem mit der Koordination der verschiedenen Fertigkeiten kann bei Kindern, die unter massiven motorischen Beeinträchtigungen (wie sie bei einer Zerebrallähmung auftreten) oder der expressiven Form einer Sprachstörung leiden (nur die Sprachproduktion ist gestört), weniger gravierend sein. Bei diesen Kindern ist das Zielbewußtsein intakt, und eine Verknüpfung mit dem motorischen und sprachlichen Funktionssystem ist gegeben. Ihnen muß man ermöglichen, ihre Absichten, Wünsche und Ziele mitzuteilen, während gleichzeitig die motorische oder die sprachliche Funktion therapiert wird. Einem Kind mit motorischen Beeinträchtigungen kann man beispielsweise helfen, den Körperteil einzusetzen, über den es die meiste Kontrolle hat, um seine Bedürfnisse und Gefühle auszudrücken. Vielleicht kann es zustimmend mit dem Kopf nicken oder ihn ablehnend schütteln, vielleicht kann es die Zunge, Arme oder Beine bewegen. Einem Kind mit Sprachproblemen kann man beibringen, motorische Gebärden, Zeichen, Bilder und Lautäußerungen zur Mitteilung seiner Absichten einzusetzen.

Bei vielen Kindern mit schweren Entwicklungsbeeinträchtigungen (dazu gehören autistische Muster, Rückstände der kognitiven Entwicklung, Probleme bei der Anwendung oder beim Verstehen von Sprache und schwere Störungen der Bewegungsplanung) liegt das größte Problem in dieser Unfähigkeit zu einer sinnvollen Kommunikation, sei es durch Verhaltensweisen oder mit sprachlichen Mitteln. Das ist viel bedeutsamer als das kognitive oder sensomotorische Problem oder der Rückstand in der Sprachentwicklung. Bei der Arbeit mit diesen Kindern haben wir entdeckt, was das eigentliche Problem zu sein scheint: *Vielen Kindern fehlt die Fähigkeit, ihre Wünsche oder Emotionen mit Handlungen oder Wörtern zu verknüpfen, was ihnen ein Mitteilen ihrer Gedanken, Bedürfnisse und Gefühle ermöglichen würde.*

Dieses Defizit ist bei Kindern am gravierendsten, die unter einer Störung aus dem autistischen Spektrum oder multisystemischen Entwicklungsstörungen leiden, stellt uns aber auch bei Kindern mit motorischen, kognitiven oder Sprachstörungen vor eine Herausforderung. Aber der Grund ist ein anderer. Eine Verknüpfung des Zielbewußtseins mit dem Verhalten oder sprachlichen Strukturen ist hier zumindest teilweise gegeben, wenngleich es schwer ist, diese Verbindungen zu stärken und auszubauen, weil die eben aufgeführten Defizite es den Kindern sehr erschweren oder unmöglich machen, ihre Absichten, Wünsche oder Gefühle richtig auszudrücken. Wenn ein Kind aber die Verknüpfungen nicht nutzen kann, werden sie geschwächt, wie bei jeder Fähigkeit, die nicht ausgeübt wird. Wir müssen also möglichst schnell alternative Ausdrucksmöglichkeiten finden.

Bei den meisten Menschen werden Gefühle ganz automatisch mit Verhaltensweisen und Wörtern verknüpft. Unsere Strebungen, Wünsche und Neigungen bestimmen, welche Worte wir wählen, welche Mimik, welche Körperhaltung. Erwachsene, die von der Arbeit nach Hause kommen, zählen nicht einfach auf, was ihnen am Tag alles passiert ist, sondern berichten, was sie als positiv oder als negativ empfunden haben. Sie heben das hervor, was emotionale Bedeutung für sie hatte – was aufregend oder langweilig, herausfordernd oder beängstigend war. Auch bei der Arbeit werden sie von ihren Wünschen und Gefühlen geleitet. Bei fast allem, was wir sagen oder tun, sind unsere Emotionen das richtunggebende, leitende Motiv. Das gilt für die Freunde oder den Beruf, den wir uns aussuchen, für unsere politischen Ansichten, die Filme, die wir uns ansehen, die Bücher, die wir lesen, die Restaurants, die wir besuchen, unsere Vorstellungen über Kindererziehung.

Ob wir nun müßig plaudern, wichtige Dinge planen oder einen romantischen Abend verbringen – unsere Handlungen und Gedanken werden von unseren emotionalen Interessen motiviert und koordiniert. Ohne diese leitenden, richtunggebenden emotionalen Hinweise würden wir ziellos und willkürlicher handeln.

Wünsche mitteilen

Die Notwendigkeit emotionaler Hinweise, die früher so nicht erkannt worden ist, erweitert auch unser Verständnis von Kindern mit Entwicklungsstörungen. Oft besteht die größte Schwierigkeit dieser Kinder darin, daß es ihnen nicht gelingt, Verknüpfungen zwischen auftauchenden Emotionen und den komplexen Verhaltensweisen und verbalen Strukturen zu schaffen, mit denen sie ausgedrückt werden können (was anderen Kindern mühelos gelingt). Die Entwicklung und das Denken können keine großen Fortschritte machen, wenn ein Kind nicht auf präverbaler oder verbaler Ebene zu zielgerichteter, organisierter Interaktion fähig ist.

Gewöhnlich bildet sich die Fähigkeit, Gefühle mit Kommunikation zu verknüpfen, allmählich in den ersten Lebensmonaten heraus und ist in der Mitte des ersten Lebensjahres voll ausgeprägt. Ein sechs Monate altes Baby greift nach etwas, womit es den Wunsch ausdrückt, es haben zu wollen. Die Eltern reichen ihm das gewünschte Objekt, und das Baby nimmt es entgegen. Das ist der Beginn zielstrebiger Interaktion. Ein zehn Monate altes Baby und seine Eltern tauschen Spielgegenstände aus, spielen »Guck-Guck« und ahmen gegenseitig ihre Gesten nach. Wenn es 18 Monate alt ist, kommt es als Teil der zielgerichteten Interaktion zu immer komplexerem Nachahmungsverhalten und manchmal sogar zu verbalem Austausch. Die Fähigkeit des Kleinkindes, intentional mit seinen Eltern zu interagieren, bildet die Grundlage für seine weitere, immer differenziertere emotionale, soziale und kognitive Entwicklung. Mit 18 Monaten können Kinder ihre Mutter zum Küchenregal führen und auf die Kekse deuten; wenn Mama ein Rosinenplätzchen hochhält, können sie auf die Schokoladenkekse zeigen und damit der dialogischen Interaktion ein weiteres Element hinzufügen.

Wenn aber keine Interessen, Wünsche oder Handlungsziele gegeben sind oder nicht mitgeteilt werden können und die Interaktion daher wahllos und willkürlich bleibt, kann die Entwicklung des Denkens, die von zielgerichteten Interaktionen abhängt, nicht einsetzen. Die Fähigkeit, in logischen, komplexen Sätzen zu sprechen (»Ich will noch nicht ins Bett«) baut auf der einfacheren Logik auf, die das Kind dazu bringt, auf das Regal zu zeigen und »Keks!« zu sagen. Die noch komplexere Fähigkeit, logische Verbindungen zwischen gedanklichen Vorstellungen herzustellen (»Ich bin nicht müde, aber wenn ich noch ein Video sehen darf, bin ich es vielleicht«), kann ohne diese Grundlage nicht erworben worden. Ohne die Fähigkeit, zwischen unseren Gefühlen und unseren kommunikativen Verhaltensweisen (verbal oder nonverbal) Verknüpfungen herzustellen, sind die komplexeren Aufgaben der Kommunikation unmöglich zu erfüllen. Ohne diese grundlegende Fähigkeit fehlt dem Kind die Zielgerichtetheit, und dieses Zielbewußtsein ist der Schlüssel zu sämtlichen Entwicklungsfortschritten.

Kindern mit Entwicklungsstörungen kann geholfen werden, diese Verknüpfung herzustellen und auszubauen. Wenn Sie jedesmal wenn das Kind Interesse zeigt, was oft auf eine Emotion, ein intensives Gefühl oder einen starken Wunsch hinweist, darauf reagieren und eine Interaktion darauf aufbauen, helfen Sie dem Kind, allmählich intentionaler zu kommunizieren. Jedesmal wenn Sie dem Kind Gelegenheit geben, seine Wünsche oder Absichten auszudrücken, wird diese wichtige Verknüpfung gestärkt.

Manchmal wird eine Interaktion durch massive motorische Beeinträchtigungen oder Störungen der auditiven Wahrnehmung stark erschwert. Das zielgerichtete Ich kann in einem Wirbel ziellosen Verhaltens und sinnloser Wortäußerungen untergehen, oder die Bewegungsfähigkeit des Kindes ist massiv eingeschränkt. Aber sogar ein Kind, das intentional nur Hals und Kopf bewegen kann, kann in seinen Reaktionen Sinnbezug zeigen. Ein einziger Blick kann die Eröffnung eines Dialogs sein. Mutter oder Vater können ihm zwei Gerichte zur Auswahl anbieten, etwas, das es gern mag, und etwas, das es gar nicht mag. Sie können es dann auffordern, auf das Gericht zu blicken, das es gerne essen würde. Tut es das, hat es einen Wunsch mitgeteilt! Später, wenn das Kind einige intentionale Verhaltensweisen gemeistert hat, können die Eltern verwirrt tun – ihm etwas reichen, auf das es nicht geschaut hat, es herausfordern, mit Blicken klarer auszudrücken, was es wünscht, bevor sie endlich »verstehen«, und sich dann entschuldigen, daß sie es nicht früher kapiert haben.

Jedesmal, wenn wir vorgeben, nicht zu verstehen, was ein Kind will, ermuntern wir es, noch einmal zu fragen. Damit stärken wir seine Fähigkeit, intentional zu kommunizieren. Wir stärken sein zielgerichtetes Selbst und lassen es spüren, daß es etwas bewirken kann. Und mit diesem Selbstgefühl wird die Grundlage für komplexere kognitive, emotionale und soziale Fertigkeiten gelegt.

Wenn dieses Selbstgefühl nicht aktiv gefördert wird, sondern nur einzelne Fertigkeiten, können solche Kinder unnötig früh die Höchstgrenze ihrer Entwicklung erreichen. Aber wenn wir mit entwicklungsfördernder Absicht ihr Selbstgefühl stärken, während wir die motorischen, sprachlichen und kognitiven Fertigkeiten fördern, kommt es zu größeren Entwicklungsfortschritten. Arbeiten wir gleichzeitig an der Entwicklung des Dirigenten und der Orchestermitglieder, können die Fortschritte der Kinder herkömmliche Erwartungen oft bei weitem übersteigen.

Die Emotionen als Grundlage des Lernens

Die Vorstellung, daß Gefühle die Grundlage kognitiven Lernens sind, ist immer noch radikal neu. Seit Anbeginn der Geschichte waren wir überzeugt, daß die Gefühle dem Denken oder dem Verstand untergeordnet seien. Freud verglich die Emotionen mit einem eigenwilligen Pferd, das vom rationalen Ich gelenkt und gebändigt wird. Aber die Beobachtungen, die wir bei unserer klinischen Arbeit mit Säuglingen und Kleinkindern gemacht haben, sowie neuere Erkenntnisse der Entwicklungspsychologie und Neurobiologie legen nahe, daß diese Sichtweise unzutreffend ist. Die Emotionen scheinen nicht vom Denken getrennt und ihm untergeordnet zu sein, sondern sie sind die Grundlagen des Denkens. Da die Emotionen den leitenden, antreibenden Bestimmungsgrund unseres Handelns liefern und unseren Erfahrungen Bedeutung geben, befähigen sie uns, unser Verhalten zu steuern, unsere Erfahrungen zu speichern und zu organisieren, neue Erfahrungen zu konstruieren, Probleme zu lösen und zu denken.

Von Geburt an haben all unsere Erfahrungen eine physische und eine emotionale Komponente. Die physische Komponente ist der konkrete Teil der Erfahrung, die emotionale Komponente gibt der Erfahrung ihre Bedeutung. Nehmen wir eine der frühesten Erfahrungen des Neugeborenen: die Erfahrung Mutter. Für das Baby ist die Mutter eine Sammlung physischer Sinneseindrücke – eine Stimme, ein Lächeln, eine Berührung. Diese Sinneserfahrungen werden ihm wichtig, weil sie bestimmte Gefühle in ihm auslösen. Jedesmal wenn diese Kombination von Sinneseindrücken eintritt, löst sie ein Gefühl von Freude aus – von Wärme, Sicherheit, Glück. Bald antizipiert das Baby diese Gefühle, wenn es die Stimme seiner Mutter hört. Automatisch verbindet es die Sinneswahrnehmungen mit der Freude, die es in sich spürt. Seine Emotionen geben Anlaß zu einem inneren Bild: der Vorstellung *Mutter.*

Später wird der Begriff *Mutter* erweitert. Die Mutter ist die, die das Kind tröstet, wenn es sich verletzt hat, die ihm zu essen gibt, wenn es Hunger hat, die es schilt, wenn es unartig war. Wieder ist jede Erfahrung doppelt kodiert. Das Kind nimmt die physischen Sinneseindrücke wahr: das Gefühl der schützenden Hände der Mutter, den Geschmack des Essens, den Klang ihrer zornigen Stimme. Gleichzeitig nimmt es die Emotionen wahr, die dadurch in ihm hervorgerufen werden – Wärme und Trost oder Wut und Angst. Diese Gefühle geben der Erfahrung ihre Bedeutung und bleibende Resonanz. Und die Gefühle organisieren die Erfahrungen, indem sie diese in die ständig anwachsende »Datei Mutter« einordnen. Mittels dieser Datei lernt das Kind die Begriffsbildung, indem es auf viele verschiedene Arten an seine Mutter denkt und lernt, abstrakt über sie zu denken. Die Emotion ermöglicht das Speichern, Organisieren und Wiederaufrufen der gesammelten Erfahrungen. Was noch wichtiger ist, sie erlaubt dem Kind, abstrakte Begriffe zu bilden, indem es eine gedankliche Vorstellung (wie Mutter) mit vielen verschiedenen emotionalen Erfahrungen verbindet.

Diese emotionale Kodierung der Erfahrung steuert unser gesamtes Lernen. Ein Kind lernt die Begriffe *heiß* und *kalt* nicht, indem es die Worte auswendig lernt, sondern indem es diese Sinneseindrücke auf seiner Haut spürt. Sein Gehirn nimmt die physische Empfindung wahr und registriert gleichzeitig die *Emotionen*, die von diesen Sinneswahrnehmungen hervorgerufen werden. »Oh, ist das heiß!« oder »Uh, ist das kalt!« Durch diese emotionale Reaktion wird das Gelernte im Kopf gespeichert.

Das gilt ebenso für abstrakte Begriffe wie die Zeit. Wenn ein Kind gezwungen ist, 20 Minuten auf eine Überraschung zu warten, kommt ihm das wie eine Ewigkeit vor, während dieselbe Zeitspanne auf dem Spielplatz im Nu vergeht. Unser früher Zeit-, Mengen- und Raumbegriff ist emotional, denn das Gehirn nimmt nicht nur die physische Empfindung des Wartens oder Spielens auf, sondern auch die Gefühle, die dadurch hervorgerufen werden. Für eine Zweijährige ist »viel« mehr, als sie erwartet hat, »wenig« weniger, als sie haben möchte. Wenn wir älter werden, wenden wir die Regeln der Logik und der Maßsysteme an, um unsere Erfahrungen zu systematisieren: zehn ist viel, eins ist wenig. Aber das subjektive, *emotionale* Empfinden für Zeit und Menge verläßt uns nie, und es verleiht der formaleren Systematisierung Sinn und Bedeutung.

Räumliche Begriffe sind ebenso emotional besetzt. Einem Kleinkind, das durch das Schlafzimmer krabbelt, kommt es vor, als hätte es eine halbe Meile zurückgelegt. Wenn wir schwer beladen mit Einkaufstüten einen brütend heißen Supermarktparkplatz überqueren, kann uns das wie eine Wanderung von zehn Kilometern vorkommen, obwohl wir wissen, daß die tatsächlich zurückgelegte Entfernung viel kürzer ist. Wir erwerben ein Verständnis des Raumbegriffs immer zuerst durch die Emotionen, die in uns hervorgerufen werden, wenn wir den Raum durchqueren. Das emotionale Empfinden des Raums legt die Grundlage für das Verständnis formalerer Berechnungen.

Einem Kind, das kein Gefühl für *mehr* oder *weniger* hat (ob es nun um Zeit, Raum oder Kekse geht), wird es später schwerfallen, mit Hilfe von Zahlen Probleme zu lösen.

Unsere Fähigkeit, zu denken und Probleme zu lösen, basiert ebenso auf einer emotionalen Grundlage wie unser Verständnis abstrakter Vorstellungen und Ideen, denn Denken ist nichts weiter als das logische (das heißt folgerichtige, in sich schlüssige) Umgehen mit Denkinhalten. Nehmen wir an, wir fragen jemanden, wie denn die Reise war. Diese Frage scheint eine rationale, nicht-emotionale Reaktion zu erfordern. Der Befragte könnte einfach eine Liste von Sehenswürdigkeiten und Erlebnissen herunterrasseln, wie es ein Computer tun würde, der auf eine solche Frage programmiert wurde. Aber Menschen sind keine Computer. Wir sind nicht programmiert, wir *denken*, und so unterscheiden sich unsere Antworten meist sehr von denen eines Computers. Anstatt einfach aufzuzählen, was er alles unternommen hat, wird unser Reisender über seine Fahrt nachdenken und bestimmte Aspekte auswählen, die er erzählen wird. Er wird berichten, was emotional bedeutsam für ihn war, was ihm besonders gefallen oder gar nicht gefallen hat. Seine Gefühle sind ein Werkzeug, das ihm das Sortieren und Wiederaufrufen erleichtert und ihm so ermöglicht, über seine Reise nachzudenken.

Denselben Prozeß des emotionalen Sortierens und der Unterscheidung finden wir auch bei komplexeren Denkvorgängen. Als wir einmal mehrere Vorschul- und Schuljungen fragten, was sie von Leuten hielten, die sie herumkommandierten, antwortete einer der Jungen: »Meistens mag ich es nicht, herumkommandiert zu werden, besonders wenn meine Eltern mir vorschreiben wollen, wann ich fernsehen darf und wann ich ins Bett muß. Ich bin jetzt groß genug, um das selbst zu entscheiden. Aber wenn ich meine Schwester haue, müssen sie wohl was sagen. Es hängt also ganz davon ab.« Der Junge beantwortete die Frage, indem er über seine Erfahrungen mit dem Herumkommandiertwerden und dem, was er dabei empfunden hatte, nachdachte. Er legte einen emotionalen Rahmen fest, der auf erlebten emotionalen Erfahrungen beruhte. Mit der Aussage »Es hängt also ganz davon ab« (von den Umständen) wandte er dann die Regeln der Logik an, wie er sie verstand (»Ich bin groß genug, um das selbst zu entscheiden«). Das Ergebnis war eine nachdenkliche, kreative Argumentation.

Ein Junge mit Entwicklungsrückständen und einem sehr eingeschränkten Spektrum von Emotionen beantwortete die Frage vollkommen anders.

»Hm«, sagte er, »Eltern sind Leute, die einen herumkommandieren können, und Lehrer. Manchmal auch Babysitter.« Punkt. Eine viel einfachere Antwort, die jede Spur von kreativem Denken oder Reflexion vermissen ließ. Vergleicht man die Antwort dieses Jungen mit denen gleichaltriger Kinder, stellt man fest, daß ihr der emotionale Gehalt fehlt. Er lieferte einfach eine Liste der Personen, die in eine bestimmte Kategorie paßten, eine Liste, wie sie auch ein Computer erstellen könnte. Da der Junge unfähig war, gelebte emotionale Erfahrungen einzusetzen, war sein Denken gegenständlich und bizarr-verschroben, nicht kreativ, selektiv und logisch. Ob es bei den von uns gestellten Fragen um Leute, die einen herumkommandieren können, um den Begriff der Gerechtigkeit oder irgendeine andere abstrakte Vorstellung ging – wir haben festgestellt, daß zu einer intelligenten und abstrakten Antwort zweierlei gehört: erlebte emotionale Erfahrungen und das Nachdenken darüber. Wenn die Kinder keine gedanklichen Vorstellungen erzeugten, die mit ihrer emotionalen Erfahrung verknüpft waren, blieben ihre Antworten konkret und mechanisch. Das Denken scheint daher auch einen generativen, reflektiven Aspekt zu haben.

Weil Emotionen es uns ermöglichen, Erinnerungen zu organisieren, zu speichern und wiederaufzurufen, befähigen sie uns auch, das in einer Situation Gelernte auf eine andere Situation anzuwenden. Das ist das Wesentliche des Lernens. Betrachten wir etwa, wie ein Kind lernt, wie und wann es grüßen soll. Das Kind muß lernen, nicht unterschiedslos alle Leute, denen es begegnet, anzulächeln und Hallo zu ihnen zu sagen. Freunde, Verwandte und sogar bestimmte Fremde werden gegrüßt, aber bedrohliche Fremde nicht. Wie lernt das Kind also, diese Unterscheidung zu treffen und bewußt auszuwählen? Nicht durch Routineregeln, die seine Eltern ihm beibringen. Das Kind bringt es sich selbst bei, indem es die Gefühle, die es in einer Situation empfindet, mit seinen Gefühlen in einer ähnlichen Situation vergleicht. In zahllosen emotionalen Erfahrungen lernt es, daß ein Gruß angebracht ist, wenn es ein warmes, freundliches Gefühl verspürt, während ein Gefühl von Unbehagen oder Ängstlichkeit den Wunsch auslöst, sich hinter Mamas Bein zu verstecken. Seine Emotionen sind das Sortierwerkzeug, mit dem es das Gelernte von einer Situation auf eine andere überträgt.

Das Abstrahieren von der emotionalen Erfahrung macht kognitives Lernen möglich. Kognitive Fertigkeiten kommen von selbst, wenn die emotionale Grundlage gelegt ist. Ein Kind erfährt zuerst etwas über Ursache und

Wirkung, indem es lächelt und ein Lächeln von der Mama zurückbekommt. Auch frühe Erfahrungen mit der Mathematik werden durch persönliche emotionale Erfahrungen erworben. *Viel* ist mehr, als das Kind braucht; lange bevor es gut genug sprechen kann, um zählen oder addieren zu können, hat es Einsicht in erste Mengenbegriffe gewonnen. Später dann lernt es die verbalen Kürzel und setzt Zahlen für die Mengen ein, für die es bereits ein emotionales Gespür erworben hat. Noch später lernt es die mathematischen Formeln, die eine schnellere und bessere Handhabung von Mengen erlauben. Wenn ein Kind zahlreiche emotionale Erfahrungen mit Mengen gemacht hat (mehr als/weniger als, größer/kleiner), mit Sortieren und Klassifizieren, fällt ihm der Übergang zu den formalen kognitiven Operationen leicht. Nicht das mechanische Einprägen auswendiggelernter Formeln ermöglicht es Kindern also, ihre Leistungen in Rechnen oder Mathematik zu verbessern. Wichtig sind vielmehr möglichst viele praktische Erfahrungen, durch die der emotionale Sinnbezug grundlegender Begriffe gefestigt wird.

Im Gegensatz zu den Theorien Jean Piagets und seinen Anhängern sowie vielen modernen Kognitionstheoretikern lernt ein Kind zuerst durch seine emotionalen Erfahrungen, die Welt zu verstehen – ganz gleich, um was es geht, um Begriffsbildung oder Kausalität, Mengenbegriffe oder abstrakte Logik. Diese emotionalen Einsichten wendet es dann an, um die physische Welt zu begreifen, und natürlich auch auf andere intellektuelle Herausforderungen.

Auch die Sprachentwicklung hängt von der frühen emotionalen Entwicklung ab. Lange bevor ein Kind zu sprechen beginnt, lernt es zu kommunizieren. Es setzt Lautäußerungen, Gesten, Mimik und Körpersprache ein, um seinen Eltern mitzuteilen, was es will, und es lernt, die Gebärden zu interpretieren, mit denen sie ihm antworten. Wenn das Kind dann, anstatt in der Babysprache zu plappern und mit dem Zeigefinger zu zeigen, das Wort *Luftballon* sagt, setzt es nur ein Kürzel für etwas ein, das es emotional bereits kennt. Das Wissen kommt von der erlebten Erfahrung; der kognitive Prozeß des Benennens folgt später, und zwar relativ problemlos, wenn die Kinder viele wortlose Erfahrungen damit gemacht haben, ihre Absichten und Wünsche zu signalisieren und die anderer zu interpretieren.

Beim Lernen im Erwachsenenalter läuft ein vergleichbarer Prozeß ab. Jedesmal wenn wir uns in einer neuen Situation befinden – ob es sich um ein

Vorstellungsgespräch handelt oder die Begegnung mit einer neuen Idee –, kehren wir blitzartig zu vorher gewonnenen emotionalen Erfahrungen zurück und abstrahieren sie dann; das heißt, wir denken über sie nach. Wir transformieren sie in Denkgegenstände und -inhalte, die wir frei manipulieren können. Wir wenden die Regeln der Logik an und prüfen sie im Licht unserer Erfahrungen. Wir fügen unsere bisherigen Erfahrungen und die neuen Daten zusammen und entwerfen Handlungspläne oder überlegen uns weitere Erkundungsschritte. All das geschieht automatisch und binnen Sekunden; die emotionale Kodierung aller Erfahrungen macht ein sofortiges Wiederfinden, eine Deutung und Synthese, möglich. Dieser Prozeß ermöglicht es uns, kreativ zu denken und zu lernen.

Die Wurzeln der Intelligenz

Diese Sichtweise der Rolle, die die Emotion beim Lernen spielt, hat entscheidende Auswirkungen auf das, was wir als Intelligenz bezeichnen – und auf die Frage, wie Kinder mit Beeinträchtigungen lernen. Traditionell ist die Messung der Intelligenz auf recht begrenzte Weise erfolgt. Im IQ-Test, unserem Standard-Verhältnismaß für Intelligenz, sollen mehrere Gedächtnisaufgaben sowie kognitive, motorische, sensorische, sprachliche und räumlicher Aufgaben gelöst werden. Viele Testaufgaben sind von der Fähigkeit zur visuellen, auditiven oder taktilen Wahrnehmung abhängig. Wenn Kinder Schwierigkeiten mit der auditiven Wahrnehmung oder der motorischen Planung haben, bleibt eine latente Fähigkeit zum logischen Denken oft unerkannt. Auch wenn gute Psychologen beim Intelligenztest manchmal das wahre Potential eines Kindes ausmachen können, verrät der Test selbst nicht genug über die Fähigkeit der Kinder, kreativ zu denken oder draußen in der wirklichen Welt Probleme zu lösen. Auch werden nicht genug Informationen über die Fähigkeiten geliefert, die in zwischenmenschlichen Beziehungen, im Familienleben oder in Berufen gebraucht werden, in denen man mit Menschen oder Gefühlen zu tun hat oder innovative Lösungen gefunden werden müssen. Es ist weit sinnvoller und zutreffender, Intelligenz als die Fähigkeit zu definieren, aus erlebten emotionalen Erfahrungen Vorstellungen und Ideen zu entwickeln, über diese nachzudenken und sie sinnvoll anzuordnen. Kinder, die diese beiden Fähigkeiten besitzen, werden fähig sein, kreativ zu denken und innovative, logische

Problemlösungen zu finden. Und das wollen wir unseren Kindern beibringen.

Die Fähigkeit, auf der Grundlage emotionaler Erfahrungen Vorstellungen und Ideen zu entwickeln und von der gelebten Erfahrung zu abstrahieren, ist ein großer Teil von dem, was unser Menschsein ausmacht. Kinder, die diese Fähigkeiten besitzen, sind in der Lage, Ziele zu verfolgen, zielstrebig zu handeln, ein Moralempfinden zu entwickeln und sich selbst zu erkennen. Kinder, die diese kreative Intelligenz besitzen, haben die Erfahrungen gesammelt, die notwendig sind, um ein starkes Selbstgefühl aufzubauen.

Eine so definierte Intelligenz ist für viele Kinder mit Beeinträchtigungen erreichbar. Sie wird ganz allmählich entwickelt, wenn die Kinder lernen, emotionale und kognitive Fertigkeiten zu meistern. Wenn Sie täglich mit Ihrem Kind üben, stärken Sie mit zahllosen kleinen Interaktionen seine Fähigkeit, logisch, kreativ und spontan zu denken. Jedesmal wenn Sie beide beim Anziehen Strümpfe hin und her reichen oder sich im Badezimmer gegenseitig die Seife geben, wenn Sie ein Spielzeug entgegennehmen, das Ihr Kind Ihnen reicht, oder Sie mit Gesten darüber verhandeln, ob der Fernseher eingeschaltet werden darf, wird seinem Zielbewußtsein, seinem Bewußtsein, wer es ist, ein kleines Stück hinzugefügt. Zugleich wird die Fähigkeit zum echten, zweiseitigen Kommunizieren gestärkt. Durch diese täglichen Interaktionen helfen Sie Ihrem Kind, die sozialen, emotionalen, motorischen und kognitiven Fertigkeiten zu erwerben, die zusammen die Intelligenz ausmachen. Gleichzeitig wird das Selbstgefühl des Kindes entwickelt.

Wir haben bereits ausgeführt, wie wichtig die Emotionen, Absichten und Wünsche für die Entwicklung der Intelligenz sind. Die Emotionen spielen eine wichtige Rolle, wenn wir lernen wollen, uns zu konzentrieren, bezogen zu sein, kausal und intentional zu handeln, nonverbal Probleme zu lösen, Vorstellungen und Ideen zu entwickeln und diese zum Nachdenken einzusetzen. Unsere Emotionen ermöglichen es uns, Erfahrungen zu benennen, Erfahrungen zu unterscheiden, Muster oder Gruppen von Erfahrungen zu bilden (das heißt, sie zu ordnen), Erfahrungen einzusetzen, um herauszufinden, wie wir uns in neuen Situationen verhalten sollen, und Probleme zu lösen. Sie ermöglichen uns auch, unsere Handlungen durch Ziele oder Zielvorstellungen bestimmen zu lassen, unseren Worten eine Bedeutung zu geben und abstrakte Ideen und Begriffe zu bilden. Sie sind unerläßlich für

Grundfähigkeiten oder -fertigkeiten wie Lesen und Rechnen, denn die Emotionen ermöglichen es uns, zu begreifen, was wir lesen, und grundlegende Begriffe wie Menge, Zeit, räumliche Verhältnisse und Kausalität zu erfassen. Und, was am wichtigsten ist, die emotionale Erfahrung ermöglicht es uns, ein Selbstgefühl aufzubauen, Realität von Phantasie zu unterscheiden, Impulse zu kontrollieren, mit anderen Menschen umzugehen und die verschiedenen Phasen der emotionalen, sozialen und intellektuellen Entwicklung erfolgreich zu durchlaufen.[1]

Die Emotionen und die besonderen Herausforderungen, vor denen Kinder mit Beeinträchtigungen stehen

Das Wissen darum, wie Emotionen uns ermöglichen, intelligent zu sein und zu denken, beantwortet teilweise einige Fragen, über die wir uns seit langem den Kopf zerbrechen. Warum fällt es Kindern mit Beeinträchtigungen so schwer zu lernen, kreativ und abstrakt zu denken? Wie können wir ihnen am besten helfen, ihre Entwicklungsherausforderungen zu meistern?

Denken Sie sich das menschliche Gehirn und den menschlichen Geist aus vielen Einzelkomponenten zusammengesetzt, die zusammenwirken und auf ein Ziel hin richtig angeordnet werden müssen. Intentionen (Interessen), Emotionen oder Strebungen (Wünsche) liefern das entscheidende Zielbewußtsein, das die verschiedenen Teilleistungen unseres Gehirns zusammenführt. Bei den meisten Kindern mit Beeinträchtigungen ist die Verknüpfung zwischen den Emotionen und den Teilleistungen, einschließlich der Fähigkeit, Verhaltensweisen und Worte zu sequenzieren, zwar gegeben, aber unterentwickelt. Das hat seinen Grund. Diese Kinder haben oft Schwierigkeiten mit einer oder mehreren Teilleistungen – mit der Bewegungsplanung (der Sequenzierung von Handlungsketten), der Aufnahme und zentralen Verarbeitung akustischer Reize (wobei meist auch das Sprachverständnis und die Sequenzierung von Worten betroffen ist), mit dem Sprachausdruck, der visuellen oder der räumlichen Wahrnehmung. Wenn eins der Teile nicht richtig arbeitet, wird es meist weniger benutzt und damit weniger eingesetzt, um das Zielbewußtsein oder die Absicht auszudrücken, die durch die Emotionen übermittelt werden. Da Absicht (Interesse) oder emotionale Orientierung nicht ohne weiteres durch

Sprache oder Bewegungsabläufe ausgedrückt werden können, ist die Verknüpfung zwischen Emotion oder Interesse und den Teilleistungen oft nicht so stark, wie es wünschenswert wäre. Daher muß eine Intervention sich darauf konzentrieren, eine bessere Verknüpfung der Absicht mit den Teilleistungen herzustellen. Wie das geschehen kann, wird in Teil 2 erklärt.

Autismus: Ein besonderer Fall einer mangelnden Verknüpfung zwischen Emotion und der Fähigkeit zur Sequenzierung

Bei Störungen aus dem autistischen Spektrum, einschließlich der tiefgreifenden Entwicklungsstörungen, scheint eine Beeinträchtigung dieser grundlegenden Fähigkeit vorzuliegen, nämlich der Fähigkeit, Absicht oder Emotion mit den verschiedenen Teilleistungen zu verknüpfen. Die Fähigkeit, Bewegungsmuster, Verhaltensweisen, Worte und räumliche Formen zu sequenzieren, ist hier besonders beeinträchtigt. Bei autistischen Störungen sehen wir ein extremes Beispiel dafür, was passiert, wenn die Fähigkeit gestört ist, Absichten oder Emotionen mit den übrigen Fähigkeiten des menschlichen Gehirns und des menschlichen Geistes zu verknüpfen.

Wir haben eine klinische Studie mit 200 Kindern erstellt, bei denen Autismus diagnostiziert worden war. Obwohl eine Vielzahl von Ursachen diskutiert wurde, gibt es keinen Konsens darüber, welche der psychologischen und physiologischen Muster, die mit Störungen des autistischen Spektrums assoziiert werden, ursächlich dafür sind. Um weitere Erkenntnisse darüber zu gewinnen, welche Rolle diese zugrundeliegenden Perzeptionsstörungen spielen, verglichen wir die Wahrnehmungsstörungen bei Kindern, die gute Fortschritte machten, mit denen bei anderen Kindern, die weiterhin erhebliche Schwierigkeiten hatten.

Alle 200 Kinder hatten Schwierigkeiten mit der auditiven Wahrnehmung, der Bewegungsplanung und der sensorischen Modulation. Bei vielen Kindern war auch eine Störung der visuell-räumlichen Wahrnehmung festzustellen, wenngleich manche Kinder in diesem Bereich relative Stärken zeigten. Es ist postuliert worden, daß diese und andere psychologische und kognitive Mechanismen, etwa die Unfähigkeit zu verstehen, was in anderen Menschen vorgeht (das heißt, sich in andere hineinzuversetzen), ursächlich für die autistischen Symptome sind.

Bei einem Vergleich der Kinder, die gute bis herausragende Ergebnisse erzielten, mit denen, die weiterhin erhebliche Schwierigkeiten hatten, stellten wir fest, daß in der letztgenannten Gruppe die überwiegende Mehrzahl der Kinder einen niedrigen Muskeltonus und Schwierigkeiten mit der Bewegungsplanung hatte. Auffallend war auch eine erschwerte Auslösbarkeit einer Reaktion durch Sinneswahrnehmungen, eine Untererregbarkeit, die sich bei manchen durch heftiges Verlangen nach Sinneseindrücken und bei anderen durch in sich gekehrtes, von der Umgebung abgewandtes Verhalten äußerte. Übererregbarkeit durch Sinneseindrücke war in dieser Gruppe seltener festzustellen, und die Kinder zeigten einen eher gleichbleibenden Grad der Reaktivität auf verschiedene Sinneseindrücke.

Bei den Kindern, die sehr gute Ergebnisse erzielten, war häufiger Übererregbarkeit und ein unterschiedlicher Reaktivitätsgrad feststellbar, weniger schwere Störungen der Bewegungsplanung und ein etwas höherer Muskeltonus. Jedoch gab es erhebliche individuelle Unterschiede. Einige Kinder mit niedrigem Muskeltonus und schweren Störungen der Bewegungsplanung machten bemerkenswerte Fortschritte, während einige überempfindlich auf Sinnesreize reagierende Kinder mit weniger schweren Störungen der Bewegungsplanung weiterhin große Probleme hatten. Solche Muster legen nahe, daß Wahrnehmungsstörungen unterschiedlichen Ausmaßes und unterschiedlicher Form zu den autistischen Störungen beitragen. Die Natur dieser Wahrnehmungsstörungen und die resultierenden Defizite spielen möglicherweise eine Rolle bei der Art und der Schwere der Symptome sowie beim Therapieergebnis. Von besonderem Interesse war die Beobachtung, daß ungeachtet des Wahrnehmungsprofils bei Kindern, die danach gute Fortschritte machten, der entscheidende Wendepunkt die Entwicklung der Fähigkeit war, »Interesse« oder Emotion mit der Bewegungsplanung und der Fähigkeit zur Sequenzierung zu verknüpfen, was das Verhalten zielgerichtet und zweckmäßig werden ließ und ihm Bedeutung verlieh. Die Emotionen mußten auch mit der auditiven und der visuell-räumlichen Wahrnehmung verknüpft werden, um Vorstellungen und Ideen ihre Bedeutung zu geben.

Die Studie unterstrich im Detail die Schlüsselrolle der Emotion, die unser Verhalten zielstrebig und unsere Wortäußerungen sinnvoll werden läßt. Auch bei der Entwicklung des abstrakten Denkens spielt die Emotion eine entscheidende Rolle. Die mangelnde Fähigkeit, Emotion oder Interesse mit der Fähigkeit zur Planung, Sequenzierung und Wahrnehmung zu verknüpfen, dürfte daher das grundlegende psychologische Defizit bei autistischen Erkrankungen sein. Das könnte wichtige Hinweise darauf liefern, wo bei diesen Störungen nach zugrundeliegenden physiologischen Mechanismen gesucht werden kann.

Teil II
Emotionales und geistiges Wachstum fördern

8 Die Bodenzeit

Im ersten Teil dieses Buches haben wir erörtert, welche Faktoren zu den Problemen eines Kindes beitragen. Im zweiten Teil wird es darum gehen, wie man seine Entwicklung positiv beeinflussen kann. Im Zentrum unseres entwicklungsorientierten Therapieansatzes steht die »Bodenzeit« – systematisches Üben mit dem Kind. Dieses Üben hilft ihm, die Entwicklungsleiter zu erklimmen, so daß es zu den ersten emotionalen Wegmarken zurückgeführt wird, die es vielleicht nicht gemeistert hat. Es beginnt auf diese Weise den Entwicklungsprozeß noch einmal von vorn. Durch intensive Arbeit mit Eltern und Therapeuten kann das Kind die Leiter der Entwicklungsstufen erklimmen, eine Stufe nach der anderen, und so anfangen, die fehlenden Fähigkeiten zu erwerben.

Die meisten Kinder mit erhöhtem Förderbedarf sind bei Therapeuten und Heilpädagogen in Behandlung, die ihnen helfen, ihre Entwicklungsherausforderungen zu meistern. Aber damit ein Kind die Entwicklungsleiter erklimmen kann, ist intensive Einzelarbeit erforderlich. Selbst bei täglicher Sprach- oder Beschäftigungstherapie bekommen die Kinder oft nicht genug Übung. Schließlich ist ein Kind unter Umständen zwölf Stunden oder mehr wach, in denen es etwas lernt. Die Frage ist nur, was lernt es? Sitzt es vor dem Fernseher (einseitige Kommunikation)? Lernt es, aus dem Fenster zu starren, immer wieder eine Tür auf- und zuzumachen oder Spielsachen aufzureihen? Lernt es freudigen Umgang mit anderen und wie befriedigend es ist, die Initiative zu ergreifen, seine Wünsche und Bedürfnisse zu äußern und eine Reaktion darauf zu erhalten? Lernt es, lange Dialoge zu führen, zunächst ohne Worte und später verbal, und schließlich Vorstellungen und Ideen hervorzubringen und abstrakt zu denken? In der Bodenzeit erhält das Kind die Gelegenheit, diese entscheidenden Entwicklungslektionen zu lernen. Die Methode kann zu Hause, in der Schule und als Bestandteil der verschiedenen Therapien eines Kindes eingesetzt werden. Zunächst beschreiben wir die Bodenzeiten als intensive Erfahrung, die das Kind und eine Betreuungsperson miteinander machen. Danach geht es um das gesamte Team und die Anwendung der Methode für Heilpädagogen und Therapeuten.

Der entwicklungsorientierte Therapieansatz setzt sich aus drei Teilen zusammen.

1. *Die Eltern üben in der Bodenzeit mit ihrem Kind* und bieten ihm so jene Erfahrungen, die es ihm ermöglichen, die erwarteten emotionalen Aufgaben zu meistern.
2. *Sprach-, Ergo- und Bewegungstherapeuten, Heilpädagogen oder Psychotherapeuten arbeiten* unter Verwendung spezieller, von den Bodenzeit-Prinzipien geprägten Methoden mit dem Kind, um seine jeweiligen Beeinträchtigungen anzugehen und es in seiner Entwicklung zu fördern.
3. *Die Eltern arbeiten an ihren eigenen Reaktionen auf das Kind und an ihren erzieherischen Verhaltensweisen, jeweils im Hinblick auf die verschiedenen emotionalen Wegmarken.* Das Ziel ist, die Interaktionen mit dem Kind optimal zu gestalten und ein familiäres Verhaltensmuster zu schaffen, das zu emotionalem und geistigem Wachstum aller Familienmitglieder anregt.

Zwar sind alle drei Prozesse wichtig, aber die Bodenzeit ist die Nabe, um die sich alles andere dreht, denn das Kind wird in erster Linie durch die Bodenzeit lernen, auf eine Art und Weise zu interagieren, die seine Entwicklung fördert. In der Therapie wird den besonderen Bedürfnissen des Kindes Rechnung getragen, und es wird seine neuerworbenen Fähigkeiten in die spielerischen Interaktionen der Bodenzeit einbringen. Wenn Sie als Eltern lernen, wie Ihre eigenen Reaktionen das Kind beeinflussen, werden Sie das Gelernte in der Bodenzeit anwenden. Die sozialen Interaktionen und das freie Spiel der Bodenzeit können dem Kind helfen, interpersonelle, emotionale und intellektuelle Fertigkeiten zu erwerben.

Bodenzeit ist genau das, was das Wort besagt: ein Zeitraum von zwanzig bis dreißig Minuten, in dem Sie sich mit Ihrem Kind auf den Boden setzen, interagieren und spielen. Aber wie können spielerische Interaktionen dem Kind helfen, die Aufgaben zu bewältigen, die zu Denken und Fühlen führen? Die Antwort hängt mit der Art und Weise der Interaktionen zusammen. Bestimmte Interaktionsformen fördern das geistige Wachstum von Kindern. In den folgenden Kapiteln werden wir diese beschreiben. Zunächst jedoch wollen wir uns der Bedeutung menschlicher Beziehungen zuwenden.

Personale Bindungen sind entscheidend für die kindliche Entwicklung. Wir Menschen scheinen dafür geschaffen zu sein, im Bezogensein auf andere Menschen zu lernen und geistig zu wachsen. Gehirn und Geist entwickeln sich einfach nicht, wenn sie nicht im Kontakt zu anderen Menschen, in der beständigen Beziehung zu einer Betreuungsperson, gefördert werden. Das gilt auch für das Selbstwertgefühl, die Fähigkeit, die Initiative zu ergreifen, die Kreativität, ja sogar für die intellektuelleren Funktionen des Gehirns wie Logik, Urteilsvermögen und abstraktes Denken.

Ein Großteil unseres frühen Lernens geschieht im Kontakt zu anderen Menschen. Ein Kleinkind gewinnt erste Erkenntnisse über Zusammenhänge von Ursache- und Wirkmechanismen, indem es seinen Löffel fallenläßt und ihm nachschaut, wenn er zu Boden fällt. Aber es lernt weit mehr über Ursache und Wirkung, und weit früher und nachhaltiger, indem es lächelt und ein Lächeln zurückbekommt, indem es später die Arme nach der Mama ausstreckt und auf den Arm genommen wird. Die Freude, die aus diesem Lernen erwächst, ist weit intensiver, und die Feinheiten von Mamas Reaktion sind weit subtiler und abwechslungsreicher. Eine solche reiche und intensive Reaktion, die sich den Gefühlen des Kindes tief einprägt, ist nur in zwischenmenschlichen Interaktionen möglich. Das Kind wendet diese emotionale Lektion in Kausalität (»Ich kann etwas bewirken«) auf die physische Welt an. Die emotionale Lektion kommt zuerst und bildet die Grundlage für die kognitive Lektion. Diese Einsicht, die im Gegensatz zur traditionellen Sicht von Kognition und Lernen steht, ist von grundlegender Bedeutung gerade auch für die Stimulierung geistigen und emotionalen Wachstums von Kindern, die in ihrer Entwicklung beeinträchtigt sind.

Durch emotionale Interaktionen können Sie als Eltern die Gefühle Ihres Kindes im Dienst des Lernens mobilisieren. Wie im vorigen Kapitel ausgeführt, machen Emotionen alles Lernen erst möglich. Machen Sie sich in Ihren Interaktionen mit dem Kind seine Gefühle zunutze. Indem Sie seinen Interessen und Anregungen folgen, können Sie ihm helfen, die Entwicklungsleiter zu erklimmen. Sie können dazu beitragen, daß es lernen *will*, Ihnen seine Aufmerksamkeit zuzuwenden, daß es lernen *will*, einen Dialog zu führen. Sie können es inspirieren, initiativ zu werden, etwas über Kausalität und Logik zu lernen, Probleme zu lösen, noch bevor es des Sprechens mächtig ist, und sich in die Welt der abstrakten Vorstellungen und Ideen zu bewegen. Indem Sie gemeinsam viele Kommunikationskreise nacheinander öffnen und schließen, können Sie dem Kind helfen, seine Gefühle und Intentionen mit seinem Verhalten zu verknüpfen (etwa auf ein Spielzeug zu zeigen). Der nächste Schritt ist die Verknüpfung eines Gefühls oder eines Wunsches mit Wörtern und Vorstellungen (»Gib mir das!«). Wenn Sie Ihrem Kind helfen, emotionale Verbindungen herzustellen, so daß es eine

Gebärde oder einen Sprachbrocken angemessen und zweckmäßig einsetzt, anstatt etwas rein mechanisch nachzumachen, ermöglichen Sie ihm, eine sinnvollere, spontanere, flexiblere und wärmere Beziehung zu Ihnen und der Welt aufzubauen. Das Kind gewinnt eine festere Grundlage, auf der es fortgeschrittene kognitive Fertigkeiten aufbauen kann.

Entwicklungsbeeinträchtigte Kinder brauchen ungeheuer viel Übung, um ihre Interessen oder Gefühle mit ihrem Verhalten und später mit Wörtern zu verbinden. Wie ein Rechtshänder, der lernt, beim Baseball mit der linken Hand einen Effetball zu werfen, müssen sie es immer wieder üben, um es zu meistern. Die Bodenzeit ist die Übungszeit Ihres Kindes. Jedesmal, wenn Sie sich auf den Boden setzen und interagieren – spontan, voller Freude auf die Interessen und Anregungen des Kindes eingehend –, helfen Sie ihm, diese Verbindung zwischen Gefühl und Verhalten und schließlich der Sprache zu knüpfen und so, allen Widerständen zum Trotz, auf seiner Entwicklungsreise weiterzukommen.

Die praktischen Grundlagen der Bodenzeit

Die Bodenzeit ist spontan und macht Spaß, insofern ist sie wie die ganz gewöhnliche Interaktion im Spiel. Aber anders als beim gewöhnlichen Spielen haben Sie hier eine entwicklungsfördernde Rolle. Ihre Rolle besteht darin, der sehr aktive Spielpartner Ihres Kindes zu sein. Das Kind ist der Lenker des Spielgeschehens; Ihre Aufgabe ist es, *den Anregungen des Kindes zu folgen und mit allem zu spielen, was gerade sein Interesse erweckt,* aber auf eine Weise, die *das Kind verlockt, mit Ihnen zu interagieren.* Will Ihre Tochter etwa mit Blechautos spielen, schieben Sie ein Auto über den Boden, bieten ihr einen schnelleren Wagen an oder ein Autorennen. Wenn nötig, lassen Sie die Autos zusammenkrachen – tun Sie, was immer erforderlich ist, damit eine spielerische Interaktion zustande kommt. Wenn Ihr Sohn mit Bauklötzen spielen will, bauen Sie mit, setzen Sie neue Klötze auf seinen Turm, fegen vielleicht sogar mit einem »Hoppla!« einen Bauklotz herunter – tun Sie alles, damit ein gemeinsames Spiel zustande kommt. Ihre Rolle ist die eines konstruktiven Helfers und wenn nötig, Provokateurs. Tun Sie alles, was erforderlich ist, um das Tun des Kindes in ein Interaktionsspiel zu verwandeln.

Dem Kind die Führung im Spielgeschehens zu überlassen bedeutet, auf den natürlichen Neigungen und Interessen eines Kindes aufzubauen. Es bedeutet nicht notwendigerweise, alles mitzumachen, was das Kind machen möchte. Viele Eltern, Heilpädagogen und Therapeuten folgen passiv den Anregungen des Kindes, ohne damit das Öffnen und Schließen zahlreicher Kommunikationskreise zu bewirken. Wenn man aktiv den Anregungen eines Kindes folgt, baut man in einer Form auf dem auf, was das Kind gerade tut, die es förmlich zwingt, mehr Kommunikationskreise öffnen und schließen zu wollen. Manchmal wird das Kind bereitwillig auf Ihre Versuche eingehen, es zu mehr und reicheren Interaktionen zu bewegen. Bei anderen Gelegenheiten werden Sie es weit mehr nötigen müssen. Wichtig ist, immer in dem Bereich zu bleiben, dem gerade sein Interesse gilt. Ist das Kind beispielsweise vollkommen auf ein Stoffpferd konzentriert, weicht Ihren Angeboten aus, Ihr Hottehü mit seinem Hottehü reden zu lassen, und steuert auf die Tür zu, können Sie mit Ihrem Stoffpferd die Tür blockieren; auf die Weise fordern Sie es heraus, mit Gebärden oder Worten zu verhandeln und so eine Reihe von Kommunikationskreisen zu öffnen und zu schließen. Sie lassen das Kind auf aktive und herausfordernde Art den Lenker des Spielgeschehens sein, denn Sie gehen auf sein Interesse an dem Stoffpferd ein und auf sein Interesse, nach draußen zu kommen. Sie machen nicht einfach mit, sondern bauen auf dem auf, was das Kind gerade tut.

Anfangs wird das nicht leicht sein. Manche Kinder mit erhöhtem Förderbedarf kämpfen erbittert darum, in Ruhe gelassen zu werden. Sie werden sich unter Umständen spielerisch querlegen, sich dem Kind buchstäblich in den Weg stellen müssen, damit es überhaupt zum gemeinsamen Spiel kommt. Aber mit der Zeit wird das Kind Ihre spielerischen Vorstöße erwarten und vielleicht sogar Vergnügen daran finden. Sobald das geschehen ist, können Sie daran arbeiten, die Interaktionen auszubauen und das Kind durch das Spiel anspornen, vielfältige Kommunikationskreise zu schließen. Wenn seine Freude an einem gewinnenden, emotionalen Mienenspiel und einer Kommunikation durch Gesten wächst, können Sie es in die Welt der Vorstellungen und Ideen einführen. Mit Handpuppen oder indem Sie eine Figur in das Auto setzen, mit dem das Kind gerade spielt, kann es zu komplexen Nachahmungs- und Symbolspielen angeregt werden. Dadurch, daß Sie eine Rolle in seinem Rollenspiel übernehmen, können Sie weiter die soziale Interaktion einüben und gleichzeitig erste Wörter einführen. Werden seine Rollenspiele komplexer und wachsen seine sprachlichen Fähigkeiten, können Sie dem Kind helfen, seine Gefühle in Worte zu fassen, statt sie auszuagieren. Sie können es ermutigen, verbale Kommunikationskreise zu schließen, so wie es gestische und mimische Kommunikationskreise geschlossen hat. Auf diese Weise locken Sie es allmählich in die Welt der Vorstellungen und des logischen Denkens.

Vier Ziele der Bodenzeit

Oben haben wir die emotionalen Entwicklungsstufen als sechs verschiedene, voneinander getrennte Fähigkeiten beschrieben, die ein Kind meistern muß, um kommunizieren, denken und ein Selbstgefühl aufbauen zu können. Die Ziele der Bodenzeit entsprechen nicht genau den sechs Entwicklungsstufen, weil die Entwicklungsschritte sich auf ganz natürliche Weise überlappend vollziehen. In der Bodenzeit arbeiten Sie an vier Zielen.

Ziel 1: Aufmerksamkeit und Vertrautheit fördern. Wenn das Kind lernt, ruhig und gelassen zu bleiben, während es seine Welt erforscht, wird es auch ein Interesse an Ihnen entwickeln, weil Sie die wichtigste Person in seiner Welt sind. Sie werden beide daran arbeiten, sich gegenseitig ihre Aufmerksamkeit zu schenken und ihre Verbundenheit zu stärken. Ihr Ziel ist es, Ihrem Kind zu helfen, sich auf Sie einzulassen und freudig auf Ihre Gegenwart zu reagieren. (Dieses Ziel trägt zur Bewältigung der Entwicklungsstufen 1 und 2 bei.)

Ziel 2: Gegenseitiges Kommunizieren. Als nächstes helfen Sie Ihrem Kind zu lernen, Kommunikationskreise zu öffnen und schließen, anfangs mit subtilem Mienenspiel und einem humorvollen Funkeln in den Augen – einem wortlosen Dialog. Mit diesen gestischen Gesprächen werden soziale Interaktion, Logik und Problemlösungsverhalten gefördert. Ihre Aufgabe ist es, einen Dialog anzuregen, dem Kind zu helfen, seine Gefühle oder Emotionen, Hände, Mimik und Körperhaltungen einzusetzen, um seine Wünsche, Bedürfnisse und Absichten mitzuteilen. Sie versuchen, Ihrem Kind zu helfen, in einem komplexen, problemlösenden Dialog zahlreiche Kommunikationskreise zu öffnen und zu schließen. (Diese Leistung entspricht den Entwicklungsstufen 3 und 4.)

Ziel 3: Den Ausdruck von Gefühlen und Vorstellungen fördern. Jetzt kann Ihr Kind anfangen zu lernen, seine Gefühle und Intentionen mit Worten auszudrücken und im Symbolspiel darzustellen. Ihr Ziel ist es, Rollenspiele anzuregen, in denen das Kind seine Bedürfnisse, Wünsche und Gefühle ausdrücken kann, und ihm nach und nach zu helfen, diese in Worte zu fassen. (Dieses Ziel entspricht Entwicklungsstufe 5.)

Ziel 4: Logisches Denken. Schließlich können Sie Ihrem Kind helfen, Vorstellungen und Gefühle miteinander zu verknüpfen und so zu einem logischen Verständnis der Welt zu gelangen. Ihr Ziel ist es, das Kind zu ermutigen, logische Zusammenhänge zwischen seinen Gedanken herzustellen. (Diese Fähigkeit entspricht Entwicklungsstufe 6.)

Wo soll man anfangen?

Sinn und Zweck der Bodenzeit ist es, dem Kind zu helfen, die emotionalen Entwicklungsstufen erfolgreich zu durchlaufen, eine nach der anderen, der Reihe nach, angefangen mit der frühesten, die es nicht gemeistert hat. Bei vielen entwicklungsbeeinträchtigten Kindern bedeutet das, mit der Fähigkeit anzufangen, sich ruhig, konzentriert und in innigem Kontakt zu fühlen. Es fällt schwer, mit Zwei- oder Dreijährigen oder noch älteren Kindern eine so grundlegende Fähigkeit einzuüben. Man ist versucht, statt dessen an der Sprachentwicklung, dem Erkennen von Farben oder einer anderen, dem Alter angemessenen Kompetenz zu arbeiten. Aber ein solches Vorgehen ist nicht effektiv. Jede Entwicklungsstufe baut auf der vorhergehenden auf. Zeigt das Kind ernste Verhaltenstörungen – schlägt mit dem Kopf gegen die Wand oder an Gegenstände, gerät bei häufigen Wutausbrüchen völlig außer sich, macht immer wieder Türen auf und zu –, ist man ebenso versucht, daran zu arbeiten. Natürlich müssen Sie auf solche Verhaltensweisen reagieren, damit das Kind nicht zu Schaden kommt, aber es ist wichtig, das Hauptziel nicht aus den Augen zu verlieren. Wenn das Kind erst einmal die Grundfertigkeiten erworben hat, wird es leichter sein, an dem Problemverhalten zu arbeiten, weil man es dann mit einem interagierenden, kommunizierenden Kind zu tun hat. Oft läßt sich eine fortgeschrittenere Fähigkeit einsetzen, um an den Grundbedürfnissen des Kindes zu arbeiten. So kann man zum Beispiel mit Nachahmungsspielen ruhigen, freudigen, konzentrierten Kontakt fördern.

Eine Entwicklungsstufe gilt als vollständig gemeistert, wenn ein Kind diese Kompetenz selbst in emotional aufgewühltem Zustand zeigt. Es sollte fähig sein, *vertraut* mit einer Bezugsperson umzugehen, kurz nachdem es wütend auf sie war; es sollte eine *wechselseitige Kommunikation* aufrechterhalten, selbst wenn es aufgebracht ist; es sollte auch kurz nach einer Frustration *Gefühle in Worte fassen oder im Spiel darstellen* können und *Vorstellungen auch dann logisch verknüpfen* können, wenn es eine Enttäuschung erlebt hat. Die meisten Kinder lernen diese psychologischen Fähigkeiten in Zeiten emotionalen Gleichgewichts; es erfordert viel Übung, dieses Verhalten auch unter Streß oder bei starken Gefühlen zu zeigen. Aber wenn Kinder das gemeistert haben, haben sie eine starke Grundlage für alles künftige Lernen gewonnen.

Es ist ganz natürlich, daß Kinder die emotionalen Wegmarken nicht in geordneter Abfolge, fein säuberlich eine nach der anderen, bewältigen. Es ist durchaus üblich, daß Kinder bereits gut sprechen können, aber sich unter Streß von Bezugspersonen abwenden, oder gelegentlich schon Symbolspiele ausüben, aber noch keine durchgängige gestische Kommunikation führen. Daher werden Sie feststellen, daß Sie oft an mehreren Wegmarken zugleich arbeiten. Aber Ihre Hauptaufgabe ist es, die Fertigkeiten der frühesten Entwicklungsstufe, die Ihr Kind noch nicht voll gemeistert hat, auszubauen und zu stabilisieren.

Vielleicht haben Sie bereits intuitiv eine gewisse Vorstellung davon, wo Sie anfangen müssen. Um eine Bestätigung zu erhalten, stellen Sie sich die folgenden Fragen und überlegen Sie, wie Sie jeweils antworten würden, wenn Ihr Kind unter Streß steht und wenn es zufrieden ist.

- Kann es sich von selbst wieder beruhigen? Kann es warmes, liebevolles Verhalten zeigen?
- Zeigt es Mienenspiel und Gebärden, die ein gegenseitiges Kommunizieren darstellen, kann es subtile Emotionen ausdrücken und nacheinander viele Kommunikationskreise öffnen und schließen?
- Ist es zum Symbolspiel fähig oder kann es Worte zur Wunschäußerung einsetzen (»Ich will Saft«)?
- Kann es Gedanken logisch verbinden und über einen längeren Zeitraum hinweg ein Gespräch führen?

Auch alle Beobachtungen, die Sie in Kapitel 3 notiert haben, sollten eine Hilfe bei der Entscheidung sein, in welchen Bereichen Sie mit Ihrem Kind arbeiten müssen und in welchen Bereichen seine Stärken liegen.

Richtlinien für die Bodenzeit

In den nächsten Kapiteln wird es darum gehen, wie die Bodenzeit dem jeweiligen Ziel angepaßt werden kann. Aber die folgenden Richtlinien gelten in jedem Fall.

- Suchen Sie sich eine Zeit aus, in der Sie sich Ihrem Kind zwanzig oder dreißig Minuten ungestört widmen können. Ihr Kind braucht Ihre ungeteilte Aufmerksamkeit. Selbst vielbeschäftigte Eltern können zwanzig oder dreißig Minuten erübrigen, in denen sie sich ganz mit ihrem Kind beschäftigen. Viele Kinder werden zahlreiche solcher Sitzungen brauchen.
- *Versuchen Sie, ruhig und entspannt zu bleiben.* Wenn Sie unter Druck stehen, abgelenkt oder nervös sind, werden Sie Ihrem Kind nicht helfen können, sich auf Sie einzulassen und ruhig zu bleiben. Kinder, ob sie nun vier Monate oder vier Jahre alt sind, wissen, ob ein Erwachsener Zeit und Geduld für sie hat oder nicht.
- *Fühlen Sie sich in die emotionale Befindlichkeit des Kindes ein.* Wenn Ihr Kind unruhig oder müde ist, lassen Sie es wissen, daß Sie das sehen und verstehen. Kann das Kind schon sprechen oder Sie verstehen, könnten Sie in warmem, verständnisvollem Ton sagen: »Mensch, ich seh' ja, wie müde du heute bist.« Bei einem Kind, das noch nicht sprechen kann, können Sie Gesten einsetzen, vielleicht den Kopf neigen oder ein Kissen aus Ihren Händen machen, während Sie das Kind liebevoll ansehen. Dann fühlt es sich verstanden, und das hilft Ihnen, einen guten und unmittelbaren Kontakt aufzubauen. Wenn Sie mit Ihrem Kind interagieren, zeigen Sie ihm durch die Art, wie Sie die Bodenzeit gestalten, daß Sie verstehen, in welcher Stimmung es sich befindet. Ist das Kind überlastet und müde, könnten Sie sich in der Bodenzeit vielleicht zusammen auf den Boden legen, und das Kind zeigt Ihnen, ob es den Rücken, Arme, Finger oder Zehen gerieben haben will. Bei einem energiegeladenen Kind könnten Sie Rollenspiele spielen, bei denen viel getobt wird. Indem Sie sich in das Kind einfühlen, können Sie die Bodenzeit zu einer vergnüglichen, sinnvollen und entwicklungsfördernden Erfahrung machen, ganz gleich, in welcher Gemütsverfassung das Kind sich befindet.
- *Seien Sie sich Ihrer eigenen Gefühle bewußt, denn diese werden die Art beeinflussen, wie Sie mit dem Kind umgehen.* Wenn Sie sich auf einer an-

deren emotionalen Wellenlänge befinden, wird es schwerer für Sie sein, sich auf das Kind einzustellen. Machen Sie sich also bewußt, wie Sie sich fühlen, bevor Sie mit der Bodenzeit anfangen. Wenn Sie etwa gereizt oder zornig sind, kann Sie das barsch und fordernd machen. Achten Sie ganz besonders auf eine Depression. Wenn Eltern sich deprimiert fühlen, verlangsamen ihre Interaktionen sich manchmal um die Hälfte, es entstehen längere Pausen zwischen den Sätzen, und wenn ein Kind etwas tut, dauert es länger, bis die Eltern darauf reagieren. Unter Umständen sprechen und gestikulieren sie freudlos. Für ein Kind ist es sehr schwer, auf ein solches Verhalten zu reagieren, besonders für Kinder, die aus der Reserve gelockt werden müssen. Es ist ganz normal, daß Eltern von Kindern mit schweren Entwicklungsbeeinträchtigungen sich manchmal deprimiert fühlen. Machen Sie die Bodenzeit, wenn Sie sich fröhlicher fühlen, oder suchen Sie selbst Hilfe, wenn die mutlose, verzagte Stimmung über längere Zeit anhält.

- *Achten Sie auf Tonfall und Gestik.* Sie wollen liebevoll und verständnisvoll sein und klingen (nicht etwa ungeduldig, wütend oder fordernd), um das Kind zum gemeinsamen Spiel zu verlocken, selbst wenn es nicht so reagiert, wie Sie es gern hätten. Denken Sie daran, daß das Kind sein Bestes tut. Es will Sie nicht absichtlich ärgern. Es tut, was seine Fähigkeiten und sein Entwicklungstadium ihm erlauben. Ihr Ziel ist es, das Kind zum gemeinsamen Spiel zu ermutigen. Das werden Sie nur erreichen, wenn Sie sich anhören wie ein Spielgefährte, mit dem es gern spielen möchte. Würden Sie etwa gern mit jemandem spielen, der streng, vorwurfsvoll oder ungeduldig ist?
- *Lassen Sie das Kind den Lenker des Spielgeschehens sein und interagieren Sie!* Suchen Sie nach Möglichkeiten, alles Tun oder scheinbare Nicht-Tun Ihres Kindes in eine Interaktion zu verwandeln. Behandeln Sie jedes Verhalten als absichtlich und als Gelegenheit zum gegenseitigen Kommunizieren.
  - Wenn Ihre Tochter mit Autos spielt, schieben Sie ein Blechauto in ihre Nähe. Warten Sie ab, ob sie mit Ihnen interagieren wird; wenn nicht, bieten Sie ihr ein Autorennen an oder blockieren Sie spielerisch ihr Spielauto.
  - Wenn das Kind sich ein Bilderbuch anschauen möchte, tun Sie es gemeinsam. Fordern Sie das Kind auf, Ihnen die Bilder zu zeigen, und reden Sie über das, was Sie sehen oder lesen. Machen Sie das Lesen

zu einem Interaktionsspiel. Wenn das Kind noch nicht sprechen kann, halten Sie das Bilderbuch verkehrt herum oder blättern Sie rückwärts – fordern Sie es heraus, mit Ihnen zu interagieren, um das Problem zu lösen. Einfaches Vorlesen (bei dem das Kind nicht über die Bilder sprechen, die Geschichte selbst zu Ende erzählen oder Ihnen sein Lieblingsbild zeigen kann), ist zwar ansonsten wunderbar, aber für die Bodenzeit ungeeignet, weil dabei nicht genug Interaktionen stattfinden.

- Wenn Ihr Sohn einen Turm aus Bauklötzen errichten möchte und will, daß Sie die Bauklötze aufeinanderstapeln, achten Sie darauf, daß er die Regie führt. Wenn Sie sich nach seinen Anleitungen richten, interagieren Sie. Wenn Sie den Turm für ihn bauen, findet keine Interaktion statt.
- Wenn das Kind nur aus dem Fenster gucken möchte, schauen Sie mit ihm hinaus und geben Sie Kommentare über das ab, was Sie draußen sehen. Warten Sie ab, ob es Ihnen mit dem Finger oder durch eine Lautäußerung etwas zeigen will. Weisen Sie aufgeregt auf Vögel. Lachen Sie über vorbeitrottende Hunde. Machen Sie die Motorengeräusche der vorbeibrausenden Autos nach. Setzen Sie Gesten, Geräusche und Mimik ein, um das Aus-dem-Fenster-Sehen zu einer gemeinsamen Aktivität zu machen, bei der das Kind initiativ werden kann und nicht einfach zuhört oder Sie ignoriert. Wenn es schwierig ist, gemeinsam die Vorgänge draußen zu betrachten, bringen Sie Familienfotos oder bunte Sticker von Sesamstraßen- oder Disneyfiguren am Fenster an, die das Kind sich ansehen kann. Wenn es protestiert und sie abnimmt, ist das der Beginn einer Interaktion.
- Wenn Ihre Tochter Kontakte ablehnt und jedesmal, wenn Sie sich ihr nähern, auf die andere Zimmerseite rennt, machen Sie ihr rasches Ausweichen zu einem Spiel, indem Sie »Achtung, fertig, los!« sagen und selbst auf die andere Zimmerseite laufen. Spielen Sie das Spiel weiter, solange das Kind dabeibleibt.
- Wendet das Kind sich jedesmal ab, wenn Sie in seine Nähe kommen, machen Sie dieses Verhalten zu einer Interaktion. Sagen Sie spielerisch: »Ich bin zuerst da!« oder »Ich bin die Katze und du die Maus. Ich fang dich!« Selbst wenn das Kind die Worte nicht versteht, werden Ihre Handlungen dazu beitragen, einen interaktiven Dialog aufrechtzuerhalten. Versuchen Sie, sich nicht zurückgewiesen zu fühlen, sondern das Verhalten des Kindes als Gelegenheit zur Interaktion zu sehen.

- *Bei demselben Kind kann der Entwicklungsstand in den verschiedenen Bereichen auf unterschiedlichem Entwicklungsniveau sein. Stellen Sie sich darauf ein.* Fördern Sie gerichtete Aufmerksamkeit, Engagement, gestischen Austausch – wenn möglich, mit langen interaktiven Sequenzen – und, wenn das Kind soweit ist, die gemeinsame Verwendung von Vorstellungen und Ideen im Symbolspiel und in Gesprächen.
- *Kein Hauen, Kaputtmachen oder Verletzen.* Für das Kind ist das die einzige Bodenzeit-Regel. Es kann jedes Spiel gespielt werden, das es gerne spielen möchte, solange diese grundlegende Maxime respektiert wird. Wenn das Kind überdreht wird, beruhigen Sie es. Wenn es aggressiv wird, müssen Sie es unter Umständen festhalten und ihm helfen, sich selbst zu regulieren. Machen Sie ihm klar, daß ein derartiges Verhalten nicht erlaubt ist.

Wie oft?

Die in ihrer Entwicklung beeinträchtigten Kinder brauchen oft viele Bodenzeit-Sitzungen am Tag. Sie als Eltern können andere Familienmitglieder, Freunde, weitere Betreuungspersonen oder Studenten zu Mitgliedern Ihres Bodenzeit-Teams machen. Da man während der Bodenzeit ruhig, energiegeladen und fröhlich bleiben muß, wäre es unklug, die eigenen Grenzen zu überschreiten. Aber viele Eltern haben die Erfahrung gemacht, daß ihre Belastbarkeit wächst, je mehr Übung sie haben. Sie sollten versuchen, so viele Bodenzeit-Sitzungen wie möglich durchzuführen, was natürlich von der Zeit, die Ihnen zur Verfügung steht, der Zahl der Helfer und der Art der Beeinträchtigung des Kindes abhängt. Bei vielen Kindern, inbesondere solchen mit speziellem Förderbedarf, wären sechs bis zehn zwanzig- bis dreißigminütige Bodenzeit-Sitzungen pro Tag optimal. Zusätzlich sollte die Bodenzeit-Philosophie von früh bis spät beachtet werden. Ein bis zwei Sitzungen am Tag sind oft nicht ausreichend.

Versuchen Sie, feste Zeiten dafür zu finden, und machen Sie einen Stundenplan. Sonst könnten andere Pflichten oder Telefonanrufe dazwischenkommen oder schieres Vermeidungsverhalten die Oberhand gewinnen. Die Bodenzeit kann vor oder nach der Schule, dem Schulkindergarten oder der Arbeit, vor oder nach den Mahlzeiten und vor oder nach dem Baden stattfinden.

Gelegentlich kann die ganze Familie an der Bodenzeit teilnehmen. Wenn die übrigen Kinder einbezogen werden, fällt es ihnen leichter, konstruktiv und positiv auf ihr förderbedürftiges Geschwisterkind einzugehen. Zudem werden sie eher das Gefühl haben, ebenfalls genug Aufmerksamkeit und Zuwendung zu bekommen. Jedes Kind könnte eine Viertelstunde oder zwanzig Minuten die Führung übernehmen, während die anderen eine unterstützende Rolle spielen. Alle Kinder werden in das Interaktionsspiel einbezogen.

Versuchen Sie, sich einmal wöchentlich mit allen Leuten zusammenzusetzen, die mit Ihrem Kind interagieren, oder machen Sie eine Telefonkonferenz. Dann können Sie besprechen, was gut lief und was schwierig war, Tricks und Ideen austauschen, Enttäuschungen und Sorgen diskutieren und Ziele neu festsetzen. Diese Teambesprechungen werden alle Beteiligten in ihren Bemühungen um das Kind unterstützen.

Am wichtigsten ist vielleicht, daß Sie die Bodenzeit-Prinzipien anwenden können, auch wenn Sie gerade keine Bodenzeit machen. Jede Interaktion, ob nun beim Essen, beim Anziehen, beim Autofahren oder bei den Verhandlungen über das Zubettgehen, kann zu einer emotionalen, entwicklungsfördernden Interaktion ausgebaut werden. In den folgenden vier Kapiteln wird beschrieben, wie Sie die Entwicklung Ihres Kindes durch Ihre Interaktionen mit ihm fördern können.

Die Bodenzeit-Methode für Therapeuten und Heilpädagogen

Viele Therapeuten und Heilpädagogen setzen innovative Strategien ein, um das Interesse der Kinder zu wecken und sie zu motivieren. Viele beziehen bereits die Bodenzeit-Prinzipien oder vergleichbare eigene Methoden in ihre therapeutische Arbeit ein. Wenn das Wissen um die sechs Wegmarken in die Beschäftigungstherapie (Ergotherapie), die Bewegungstherapie und die Sprachtherapie einfließt, wird das Kind viel besser und leichter lernen.

- Eine Beschäftigungstherapeutin etwa, die einem Kind hilft zu lernen, auf etwas zu zeigen und nach etwas zu greifen, könnte es dazu verlocken, sie wahrzunehmen und Zeichen und Signale mit ihr auszutauschen, indem sie es einlädt, einen Gegenstand aus ihrer Hand oder ihrem Mund zu nehmen statt aus einer Kiste. Sie kann das Kind beim Einüben einer wechselseitigen Kommunikation unterstützen, indem sie ihm erst das gewünschte Spielzeug reicht, es dann spielerisch wegzieht, es ihm wieder anbietet und dann hinter dem Rücken versteckt. Dieses »Fort-Da«-Spiel ermöglicht es der Therapeutin und dem Kind, viele Kommunikationskreise zu öffnen und zu schließen.

- Eine Sprachtherapeutin, die mit einem Kind an bestimmten Lauten arbeitet, kann diese Laute mit einem Rollenspiel einüben. Damit wird nicht nur die Sprachentwicklung des Kindes gefördert, sondern auch das Bilden von Vorstellungen und Ideen. Sie kann eine Spielumgebung schaffen, in der Spielmaterialien zu finden sind, die mit den erwünschten Lauten anfangen – eine Küche mit Kochtöpfen, Kannen und Kandiszucker beispielsweise, wenn das Kind gerade am »k« arbeitet.
- Ein Heilpädogoge, der Begriffe wie »groß« und »klein«, »mehr« und »weniger«, »hoch« und »herunter« vermittelt, kann diese Begriffe in ein Rollenspiel einbauen oder Situationen schaffen, in denen das Kind vielleicht den Wunsch verspürt, »mehr« Sticker oder Kekse zu verlangen.

Wenn man die Perspektive der emotionalen Entwicklung in Therapie und schulischen Unterricht einbezieht, wird das Lernen des Kindes bereichert und auf eine solidere Grundlage gestellt, denn die erlernten Fertigkeiten werden mit den Gefühlen und Interaktionen verbunden und in das wachsende Selbstgefühl des Kind integriert. (In Kapitel 18 wird die integrierte Methode ausführlicher behandelt.)

9 *Bodenzeit I: Aufmerksamkeit, Engagement und Nähe*

Wie man einem Kind hilft, Interesse an der Umwelt zu finden und seine Bindungs- und Beziehungsfähigkeit zu entwickeln

Der zweieinhalbjährige John nahm selten Blickkontakt mit seinen Eltern auf. Wenn sie versuchten, mit ihm zu spielen, wandte er sich ab und reagierte kaum auf sie. Es war nicht einfach, seine Aufmerksamkeit zu fesseln. Aber Randy, Johns Papa, war dazu entschlossen. Der kleine Junge schob ausdauernd und immer wieder einen Kipplaster hin und her. Als sein Vater die Hand auf den Laster legte, begann John sofort zu brüllen und sein Spielauto fester zu umklammern. Unverzagt holte sich Randy einen zweiten Spiellaster und versuchte, ihn mit dem seines Sohnes zusammenkrachen zu lassen. John drehte ihm den Rücken zu und spielte weiter für sich. Mit diesen ziemlich aggressiven Annäherungsversuchen konnte es nicht klappen. Randy mußte einen Weg finden, mit Johns repetitiver Bewegung zu interagieren, ohne den Versuch zu machen, sie zu dominieren oder zu verändern. Nach kurzem Nachdenken legte er seine Hand, die Handfläche nach unten, in einem gewissen Abstand vor dem Kipplaster auf den Boden.

John schob sein Spielauto bis vor die Hand seines Vaters, hielt kurz inne, als überlege er, was er tun solle, und rollte dann mit dem Kipplaster direkt über die Hand. Er sah Randy dabei nicht an, aber er hatte den Kontakt nicht vermieden und damit stillschweigend interagiert. Randy ließ seine Hand liegen, wo sie war, und auf den Rückweg fuhr John rückwärts mit dem Laster über die Hand. Eine zweite Interaktion. Fünf- oder sechsmal behielten die beiden diese niedrige Interaktionsstufe bei, dann riskierte Randy etwas. Er bildete mit der Hand eine Barriere, die der Laster nicht überwinden konnte. Der kleine Junge schob den Spielzeuglaster bis direkt vor die Hand, ließ ihn dagegendonnern und lachte. Randy lächelte breit. Zum ersten Mal während dieser Sitzung hatte sein Sohn seine Anwesenheit zur Kenntnis genommen. In den folgenden Wochen dachten sich John und Randy neue Spiele mit dem Kipplaster aus. Randy fand die unterschiedlichsten Möglichkeiten, mit Johns Tun zu interagieren, statt es verändern zu wollen, und stellte seinen kleinen Sohn vor Probleme, die er lösen mußte. Oft lachten die beiden gemeinsam, und manchmal kam es sogar zu einem kurzen Blickkontakt. Mehrere Wochen später fing John an, mit dem Spielzeuglaster zu seinem Vater zu kommen und ihn so zum Spielen aufzufordern. Zum ersten Mal hatte Randy das Gefühl, daß sie dabei waren, eine Beziehung zueinander aufzubauen.

Finden Sie etwas, das Ihnen beiden Freude macht

Manche Kinder wandern ziellos im Raum herum, fassen alles an, greifen kurz nach einem Gegenstand, den sie dann wieder fallenlassen, weil sie ein neues Objekt gefunden haben, das ihnen interessanter erscheint, und so weiter. Wenn das auf Ihr Kind zutrifft, stellt sich die Frage, wie Sie es schaffen sollen, seine Aufmerksamkeit zu gewinnen und zu halten. Sie können es schaffen, indem Sie *mitmachen.* Es gibt unzählige kleine Dinge, die Ihrem Kind Freude bereiten. Bewundern Sie die Gegenstände, die es verlockend findet, und bieten Sie ihm neue Materialien an. Sammeln Sie die Sachen auf, die es fallengelassen hat, und legen Sie sie in einen Korb. Wenn es Ihnen gelingt, diese kleinen Freuden mit dem Kind zu teilen, legen Sie die Basis für eine Interaktion. Sie wollen ja keine Interaktion erzwingen, sondern zunächst bloß Kontakt zu dem Kind herstellen, etwas gemeinsam machen, sich zusammen freuen. Anfangs wird der Kontakt vielleicht nur zwei Sekunden anhalten, dann zehn Sekunden und mit der Zeit noch weit länger. Aber versuchen Sie zunächst, sich gemeinsam an etwas zu freuen.

Stellen Sie sich auf die Stimmung des Kindes ein

Das Kind soll Ihre Nähe und Zuwendung als angenehm empfinden und den Wunsch nach Aufrechterhaltung des Kontakts ausdrücken können. Bevor Sie nach Möglichkeiten suchen, das zu erreichen, stellen Sie fest, in was für einer Stimmung das Kind sich befindet. Ist es gereizt oder sehr erregt, schläfrig oder ganz in sich zurückgezogen, könnte es sehr schwierig werden, einen liebevollen Kontakt zu ihm herzustellen. Ihr erstes Ziel sollte sein, ihm zu helfen, in einen Zustand ruhiger Aufmerksamkeit zu gelangen. Wenn es erregt oder reizbar ist, beruhigen Sie es. Überlegen Sie, welche Sinneseindrücke das Kind in einen ausgeglichenen Zustand versetzen. Gefällt es ihm, auf eine bestimmte Art gehalten oder berührt zu werden, mag es ein bestimmtes Lied besonders gern, einen bestimmten Tonfall Ihrer Stimme, einen bestimmten Sprechrhythmus? Hat es Freude an bestimmten Bewegungen – sanftem Schaukeln oder Wiegen? Wird es ruhiger, wenn es halbdunkel ist, oder eher bei hellerem Licht?

Ist es schläfrig oder ganz in sich zurückgezogen, wird es nötig sein, das Kind ein bißchen zu stimulieren. Auch hierzu sollten Sie die Sinne ansprechen. Welche Sinneseindrücke gefallen ihm und regen es zur Aktivität an? Wird das Kind munterer, wenn Sie auf eine bestimmte lebhafte Weise mit ihm sprechen? Wenn Sie bestimmte Lieder singen? Wenn Sie albern herumgestikulieren? Wenn Sie Grimassen schneiden, Schals um den Kopf binden oder Hüte aufsetzen? Kommt es durch Bewegung in Schwung – durch Schaukeln, Herumwirbeln, Springen oder Purzelbäume-Schlagen?

Denken Sie an das sensorische und motorische Profil Ihres Kindes (Kapitel 3). Was findet es beruhigend oder anregend? Setzen Sie diese Reize ein, um es in einen Zustand ruhiger Aufmerksamkeit zu bringen.

Die Aufmerksamkeit des Kindes durch die Sinne halten

Haben Sie das Kind mit seinen bevorzugten Sinneseindrücken und Bewegungen beruhigt oder angeregt, setzen Sie diese ein, um eine engere Beziehung zu Ihrem Kind aufzubauen. Jeder sensorische Reiz wird hier getrennt beschrieben, aber denken Sie daran, daß Informationen gleichzeitig aufgenommen werden: Das Kind sieht, hört, riecht, schmeckt und bewegt sich zugleich.

Geräusche

Bieten Sie Ihrem Kind die auditiven Reize, die ihm am besten gefallen.

- Erfolgt die Aufmerksamkeitsreaktion am zuverlässigsten bei einer leicht angehobenen Stimmfrequenz? Sprechen Sie in einer etwas höheren Tonlage mit dem Kind, um seine Aufmerksamkeit zu gewinnen.
- Mag es tiefere, kehlige Laute? Sprechen Sie in einer tieferen Tonlage, wenn Sie das Kind umwerben. Reden Sie langsamer oder beschreiben Sie sein Tun mit Lautäußerungen.
- Zeigt das Kind eine positive Reaktion auf bestimmte Vibrationen wie die des Wäschetrockners? Setzen Sie das Kind auf oder neben das lau-

fende Gerät. Wenn das Geräusch es beruhigt, werden Sie seine Aufmerksamkeit leichter erringen können.

Setzen Sie Spielmaterialien ein, die Geräusche machen, welche das Kind als angenehm empfindet, um die Bezogenheit zu fördern. Wenn ihm eine bestimmte Spieldose besonders gut gefällt, stellen Sie sie so auf, daß der Blick des Kindes automatisch auf Sie fällt, wenn es die Spieldose anschaut. Warten Sie, bis das Kind Ihnen signalisiert, das es die Musik gerne hören würde, und ziehen Sie dann die Spieldose auf. So wird es die Freude an der Melodie mit Ihnen in Verbindung bringen. Suchen Sie nach weiteren Möglichkeiten, die Lieblingsgeräusche des Kindes in Ihre Interaktionen mit ihm einzubauen.

Setzen Sie zudem so viele vokale Äußerungen wie möglich ein – etwa »Oooh!« oder »Oh nein!« Das Übersteigerte wird seine Aufmerksamkeit aktivieren und gibt ihm Gelegenheit herauszufinden, wo das Problem liegt.

Berührung

Welche Materialien mag das Kind gerne anfassen oder auf der Haut spüren, welche Oberflächenbeschaffenheiten und Konsistenzen gefallen ihm? Nutzen Sie diese Materialien, um seine Aufmerksamkeit auf sich zu lenken.

- Mag es festen Druck auf seiner Haut? Legen Sie sich neben das Kind auf den Boden, so daß die Gesichter eng beieinander sind, und drücken Sie es fest an sich.
- Mag Ihre Tochter gern herummatschen? Geben Sie ihr Knetmasse, Ton oder Plastillin und helfen Sie ihr, das Material zu langen Spaghettis zu formen. Oder tun Sie Mehl und Wasser in eine große Schüssel, damit sie den Salzteig kneten und auseinanderziehen kann.
- Mag Ihr Sohn gern die Hände in einem Gefäß mit Bohnen oder Reis vergraben? Berühren Sie »unterirdisch« seine Finger oder verstecken Sie dort Murmeln, die er suchen kann.

Viele Kinder manschen gern mit den Händen im Essen herum – nicht um ihre Eltern zu provozieren, sondern weil diese taktile Wahrnehmung ihnen Vergnügen bereitet. Anstatt sich über die »Sauerei« aufzuregen, die bei dieser typischen Verhaltensweise entsteht, betrachten Sie es als Gelegenheit, eine emotionale Bindung zu Ihrem Kind aufzubauen. Fassen Sie ebenfalls in den Teller und manschen Sie mit. Wenn das Kind absichtlich Nahrungsmittel fallenläßt, fangen Sie sie in einer Schüssel auf. Seien Sie nicht überrascht, wenn es ihm gelingt, daneben zu zielen. Hat das Kind erst einmal eine liebevolle Beziehung zu Ihnen aufgebaut und kommuniziert mit Ihnen, besteht noch ausreichend Gelegenheit, ihm Ordnung und Sauberkeit beizubringen. Im Augenblick wollen Sie alles Menschenmögliche tun, damit es Freude an Ihrer Gegenwart empfindet.

Gesichtssinn

Welche visuellen Signale reizen Ihr Kind und bereiten ihm Vergnügen?

- Hat Ihr Sohn Freude an kräftigen Farben? Wenn Sie feststellen, daß er etwas Buntes fixiert, binden Sie sich einen bunten Schal um den Kopf und stellen sich zwischen ihn und den Gegenstand, den er betrachtet. Setzen Sie sein Interesse an Farben ein, um seine Aufmerksamkeit auf Sie zu lenken.
- Mag Ihre Tochter sich bewegende Objekte wie Mobiles, elektrische Spielzeugeisenbahnen und Windrädchen? Wenn sie ein Mobile betrachtet, spielen Sie Versteck, tauchen Sie dahinter auf, rufen ihren Namen und verschwinden wieder hinter dem Mobile. Oder halten Sie Ihr ein Windrädchen dicht vors Gesicht, pusten Sie und rufen dabei ihren Namen.
- Holen Sie zwei Taschenlampen und erkunden Sie im Dunkeln gemeinsam das Zimmer des Kindes.

Geruch und Geschmack

Wenn Sie wissen, daß Ihr Kind bestimmte Lieblingsspeisen hat, genießen Sie diese gemeinsam. Essen Sie mit den Händen aus der gleichen Schüssel. Warten Sie ab, ob Ihr Kind versucht, Sie daran zu hindern oder die Schüssel dichter zu sich heranzuziehen. Tischen Sie mehr auf, wenn es gerade anfängt zu argwöhnen, daß das Teilen nicht zu seinem Vorteil sein könnte. Während es ißt, halten Sie so lange wie möglich seine Aufmerksamkeit, indem Sie gurren, lachen und komische Grimassen schneiden.

Bewegung

Bei vielen Kindern finden sich häufig wiederholte, relativ gleichförmig ablaufende Bewegungen. Beispielsweise flattern sie mit den Armen wie mit Flügeln, hüpfen auf und ab, drehen sich im Kreis, wandern ziellos herum oder reiben sich an etwas. Dieses Verhalten mag Ihnen Sorgen bereiten, aber es ist wichtig, daß Sie es als eine weitere Gelegenheit betrachten, eine engere Beziehung zu dem Kind aufzubauen. Wenn bestimmte Bewegungen Ihrem Kind Freude bereiten, versuchen Sie mitzumachen. Dann wird es Ihnen eher gelingen, die repetitiven Handlungen in eine Interaktion zu verwandeln, indem Sie den Bewegungsmustern einen neuen Sinn geben.

- Flattert Ihr Sohn mit den Ellbogen, als seien es Flügel, schlagen Sie ebenfalls mit den Armen und tun so, als würden Sie fliegen. Nimmt er das nicht wahr, kommen Sie näher, berühren ihn vielleicht behutsam dabei. Falls nötig, verheddern Sie sich mit Ihrem Arm in seinem. Vielleicht wird er Ihre Einmischung ablehnen und weglaufen – oder er wird lächeln oder kichern. In beiden Fällen ist eine Interaktion zustande gekommen.
- Dreht er sich ausdauernd im Kreis, nehmen Sie seine Hände und singen »Ringel Rangel Rosen, schöne Aprikosen.« Variieren Sie das Tempo, bis Sie mit ihm zusammen zu Boden fallen. Bald wird er das Lied und das Spiel wiedererkennen und mitmachen.
- Schaukelt Ihre Tochter unablässig hin- und her, setzen Sie sich ihr gegenüber auf den Boden und schaukeln Sie mit. Wenn das Kind Sie nicht wahrnimmt, rücken Sie näher, so daß sich die Knie berühren. Schaukeln Sie in die entgegengesetzte Richtung, so daß eine Reibung entsteht, oder schaukeln Sie ein wenig heftiger, so daß sie nach rechts und nach links schwankt. Warten Sie ab, ob sie das Schaukeln in einem anderen Rhythmus zuläßt. Versuchen Sie behutsam, das Schaukeln in ein interaktives Spiel zu verwandeln. Sie könnten auch Ruderbewegungen machen und ein Lied singen, das den Rhythmus der Ruderbewegungen unterstützt.
- Liegt sie wie ein Stein auf dem Boden, sagen Sie: »Du bist müde. Ich bin deine Decke!« Legen Sie sich auf sie, natürlich ganz behutsam. Vielleicht wird sie Sie wegschieben, vielleicht wird sie lächeln und den festen Druck genießen. Sie könnten auch das Licht ausmachen, ihr eine Decke und ein Kissen geben und ein Schlaflied singen. Sie wird das Zubett-

gehritual erkennen und sich fragen, was das bedeuten soll. Wenn sie aufsteht, sagen Sie »Guten Morgen!« und schalten das Licht wieder an.

Nutzen Sie die Freude des Kindes an einer Bewegung aus, um gemeinsam Spaß zu haben. Unterbrechen Sie nie spielerische Interaktionen, die das Kind gern fortsetzen möchte, aber fügen Sie Elemente hinzu, damit das Spiel komplexer wird. So wird das Kind zu weiteren Reaktionen herausgefordert. Hat es beispielsweise Spaß an Schwertkämpfen, bringen Sie Ihr Schwert in eine unerwartete Position, halten Sie es verkehrt herum oder legen Sie es hin. Das könnte das Kind provozieren und zur Kommunikationsbereitschaft anregen. »Nein! Nicht! Mach es richtig!«, wird es vielleicht sagen und Ihnen das Schwert wieder in die Hand drücken.

Die Stärken des Kindes ausnutzen und seine Entwicklungsbeeinträchtigungen umgehen

Wenn Sie versuchen, die Aufmerksamkeit des Kindes zu fesseln, denken Sie daran, wo seine Stärken und Schwächen bei der Reizverarbeitung liegen. Kann es visuelle Informationen leicht verarbeiten, aber auditive weniger gut? Oder scheinen visuelle Hinweisreize einfach an ihm vorbeizugehen, während Wörter und Geräusche eine Reaktion hervorrufen? Passen Sie Ihr Werben den Stärken des Kindes an. Wenn es visuelle Signale gut aufnehmen kann, arbeiten Sie mit ausdrucksstarker Mimik und Körperhaltungen, vielleicht auch mit einfachen Gebärden, aber benutzen Sie möglichst einfache, ein- und zweisilbige Wörter. Kann das Kind gut zuhören, setzen Sie eine Fülle von Lautäußerungen, Geräuschen und Wörtern ein, wenn Sie um das Kind werben, aber überfordern Sie es nicht mit Mimik, Gestik und Körperbewegungen.

Störungen der auditiven Wahrnehmung

Störungen der auditiven Wahrnehmung können es Kindern besonders schwer machen, sich auf Bezugspersonen einzustellen, weil sie die Signale mißverstehen oder falsch interpretieren. Wenn Sie etwa mit beruhigender Stimme auf Ihr Kind einreden, wird es sich nicht getröstet fühlen, oder es wird nicht reagieren, wenn Sie seinen Namen rufen. Sie können dieses

Problem umgehen, indem Sie langsam, klar, deutlich und energisch sprechen und viele Gebärden sowie eine lebhafte Mimik einsetzen, um dem Kind zusätzliche Hinweise zu geben. Hat das Kind körperliche Berührung gern, können Sie es auch anfassen, um seine Aufmerksamkeit zu erregen und es zu beruhigen.

Wenn das Kind zudem überempfindlich auf Sinneswahrnehmungen reagiert, achten Sie darauf, daß Ihre Stimme und Ihre Gebärden beruhigend bleiben (aber trotzdem energisch, klar und deutlich), um eine sensorische Überladung zu vermeiden. Ändern Sie rasch Ihren Tonfall, wenn das Kind sich die Ohren zuhält. Ist es reaktionsschwach, peppen Sie Ihre Stimme und Ihre Gestik auf. Sprechen Sie langsam, damit es Ihre Worte besser verarbeiten kann, aber sprechen Sie besonders lebhaft und übersteigern Sie Ihre Gesten. Vergessen Sie nicht, daß es eine Verzögerung geben kann, bevor das Kind eine Reaktion auf das Gehörte organisieren kann. Bleiben Sie geduldig und warten Sie einen Augenblick.

Kinder, die Probleme mit der auditiven Wahrnehmung haben, lernen Worte und Lautmuster zu erkennen, die starke Gefühle zum Ausdruck bringen oder die eine ganz besondere Bedeutung für sie haben, beispielsweise »Achtung, fertig, los!« oder »Oh nein! Was ist mir denn da passiert!« Verwenden Sie diese Ausdrücke, wann immer es angemessen ist. Selbst wenn das Kind sie nicht wiederholt, wird es sie an dem emotionalen Tonfall erkennen. Sie sollten auch die Handlungen des Kindes benennen, und zwar mit einzelnen Wörtern: Sagen Sie »laufen«, »springen« oder »klettern«, wenn es läuft, springt oder klettert, und ahmen Sie dabei seine Bewegungen nach.

Schwierigkeiten mit der Bewegungsplanung

Wenn das Kind Probleme mit der zielgerichteten, zweckmäßigen Planung von Bewegungsabläufen hat, wird es ihm schwerfallen, eine Folge von Handlungen zu koordinieren. Wenn Sie ihm einen Ball zurollen, starrt es den Ball vielleicht an, schaut Sie an und guckt dann weg, anstatt ihn zurückzurollen. Wenn es eine Handpuppe entdeckt, greift es vielleicht danach und betastet sie, steckt sie aber nicht auf die Hand und bewegt sie. Diese scheinbare Fahrigkeit bringt Sie vielleicht auf den Gedanken, daß das Kind leicht abzulenken ist und daß seine Aufmerksamkeit gegenüber Reizen aufgebaut werden muß. Aber die Ursache dieser Fahrigkeit ist nicht Mangel an Interesse, sondern es fällt dem Kind schwer, eine Folge von Bewegungen aneinanderzureihen. Die scheinbar einfachen Bewegungen, die nötig sind, um die Hand nach einem Ball auszustrecken und ihn zurückzurollen, können für ein Kind, das Schwierigkeiten hat, seine Bewegungsplanung zweckmäßig auszurichten, zu schwer sein.

Sie können Ihrem Kind helfen, seine motorische Planung zu verbessern, indem Sie ihm helfen, jede einzelne Bewegung einer Bewegungsabfolge nacheinander zu meistern. Setzen Sie sich dem Kind gegenüber, etwa 60 cm von ihm entfernt, und rollen Sie ihm einen Ball zu. Wenn es anfängt wegzusehen, rücken Sie noch näher und sagen spielerisch, mit lebhafter Stimme und Mimik: »Ball! Ball! Gib ihn zurück! Gib ihn zurück!« Vielleicht dauert es fünf Minuten, aber wenn Sie geduldig und lebhaft bleiben, wird das Kind die Handlung wahrscheinlich ausführen. Es ist notwendig, daß die Aufmerksamkeit des Kindes ganz auf Sie gerichtet ist, während Sie die Grundlage für diese Bewegungsabfolge legen.

Wichtig ist, daß das Kind die Handlung selbst zu Ende bringt. Wenn Sie seine Hand führen und die Bewegung des Wegstoßens vollziehen, lernt es nichts. Aber wenn Sie mit einem lebhaften Tonfall das Interesse des Kindes erregen, bis es gar nicht anders kann, als den Ball zurückrollen zu *wollen*, interagiert es mit Ihnen, während es gleichzeitig das Bewegungsmuster erlernt. Damit ist die Erfahrung in eine sinnvolle Reizkonfiguration eingebettet. Entscheidend ist, daß die Gefühle des Kindes mobilisiert werden, denn die emotionale Belegung läßt eine motorische Handlung zweckmäßig und zielgerichtet werden. Je schwächer die Fähigkeit des Kindes zur Sequenzierung seiner Bewegungen ausgeprägt ist, desto stärker muß die Motivation sein.

Nur zu leicht kann es vorkommen, daß Eltern eines solchen Kindes seine scheinbare Zurückhaltung und Unaufmerksamkeit persönlich nehmen und glauben, daß das Kind sich absichtlich von ihnen abwendet. Wenn Sie mit Ihrem Kind leben und üben, rufen Sie sich in Erinnerung, daß das nicht der Fall ist, sondern daß seine Probleme mit der motorischen Planung es ihm erschweren, zielgerichtet zu handeln.

Richten Sie sich nach Ihrem Kind

Das Wichtigste bei allen beschriebenen Aktivitäten ist, daran zu denken, das Kind als Lenker des Spielgeschehens zu respektieren. Führen Sie keine Spielhandlung ein, nur weil Sie wissen, daß das Kind Freude daran hat. Vielleicht schaukelt es gern, aber das heißt nicht, daß es gerade in diesem Moment schaukeln möchte. Machen Sie statt dessen bei dem mit, was es gerade tut.

Das kann sehr schwierig sein. Es ist ganz natürlich, die Sache in die Hand nehmen zu wollen, und möglicherweise führen Sie ungewollt neue Elemente ins Spiel ein oder steuern die Aufmerksamkeit des Kindes. Sie müssen daran denken, gegen diese Tendenz anzugehen. Das Kind wird die größte Freude an Handlungen haben, die es selbst bestimmt. Wenn Sie wollen, daß das Kind Sie mit seinem Vergnügen daran in Verbindung bringt, müssen Sie sich nach ihm richten. Sie können auf dem aufbauen, was das Kind gerade tut, oder, wie im vorigen Kapitel erklärt, es spielerisch behindern. Aber vergessen Sie nicht: Das Interesse des Kindes ist der Ausgangspunkt. Am Anfang spielt es keine große Rolle, was das Kind genau tut; wichtig ist nur, daß Sie dabei mitmachen, daß Sie ihm helfen, das zu tun, was es tun möchte, und daß Sie interagieren.

Die Hinweise, die das Kind Ihnen gibt, können sehr subtil sein: ein Blinzeln, das Ihnen verrät, daß es Freude an etwas hat, ein langsames Drehen des Kopfes, wenn es mit den Augen ein interessantes Objekt verfolgt, ein ernstes Starren, das so wirken kann, als täte es gar nichts. Wenn Sie sich auf die sensorischen Vorlieben des Kindes einstellen, wird es Ihnen bald leichter fallen, diese Hinweise zu erkennen, und Sie werden weitere Dinge entdecken, die beiden Freude machen.

Selbst Kinder, die abgekapselt in ihrer Welt keinerlei Kontaktwünsche äußern, haben Freude an bestimmten Verhaltensweisen. Sie berühren gern eine bestimmte Stelle auf dem Teppichboden, reiben ein bestimmtes Kissen, schauen aus dem Fenster, wandern ziellos umher, hüpfen auf und nieder, flattern mit den Händen oder geben merkwürdige Geräusche von sich. Wahrscheinlich kennen Sie bereits viele Aktivitäten, die Ihrem Kind Wohlbehagen vermitteln. Wenn Sie es genau beobachten, werden Sie noch andere entdecken.

Ihr erstes Ziel ist es, mitzumachen, wenn das Kind mit einer dieser Verhaltensweisen anfängt. Versuchen Sie ganz langsam und allmählich, sich als unentbehrliches Element in diese Beschäftigungen einzugliedern. Auf diese Weise geben Sie scheinbar ziellosem Verhalten eine neue, interaktive Bedeutung.

- Hüpft Ihre Tochter unablässig auf und nieder, hüpfen Sie mit und singen »Häschen hüpf, Häschen hüpf, Häschen hüpf«. Wenn sie es zuläßt,

nehmen Sie ihre Hände, damit sie immer höher hüpfen kann, oder halten Sie sie fest, so daß sie »bis zum Himmel« springen kann.
- Wenn Ihre Tochter ihr Lieblingskuscheltier reibt, reiben Sie es ebenfalls. Wenn sie es gestattet, drehen Sie das Kuscheltier um und warten Sie ab, ob sie es in die ursprüngliche Position zurücklegt. Benennen Sie Gefühle, die mit dem Reiben des Kuscheltiers einhergehen; sagen Sie beispielsweise: »Armes Häschen« oder »Ich hab dich lieb.«
- Gibt Ihr Sohn merkwürdige Geräusche von sich, halten Sie ihm ein Mikrofon vor den Mund, so daß er seine Lautäußerungen verstärkt hört. Versuchen Sie, die Geräusche nachzumachen.
- Wenn Ihr Sohn unablässig ein Stück weichen Stoffs reibt, legen Sie Ihr Hemd daneben und warten Sie ab, ob er Ihr Hemd reiben wird. Wenn ja, versuchen Sie, ob er bereit ist, Ihre Haut oder Ihr Haar zu reiben.

Initiieren Sie keine dieser Aktivitäten. Warten Sie, bis Ihr Kind damit anfängt, und machen Sie dann mit. Fällt ihm das Einleiten sinnvoller Handlungen schwer, wird es diese Fähigkeit leichter erwerben, wenn nicht immer Sie die Initiative ergreifen.

Machen Sie sich zu einem Teil des Objekts, dem die Aufmerksamkeit des Kindes gilt

Ist das Kind bereits mit einem Spielzeug oder einem Gegenstand beschäftigt, konkurrieren Sie nicht damit, indem Sie versuchen, die Aufmerksamkeit des Kindes davon ab und auf sich zu lenken. Machen Sie sich zu einem Teil des Objekts, so daß die Freude des Kindes an dem Gegenstand auf Sie übertragen wird.

- Dreht das Kind den Kopf, um eine Lampe anzuschauen, legen Sie sich eine Taschenlampe auf den Kopf. Warten Sie ab, ob das Kind die Taschenlampe ansehen wird. Lächeln Sie das Kind an und reden Sie mit ihm, um seine Aufmerksamkeit auf Ihr Gesicht zu lenken.
- Wälzt es sich auf dem Boden, wälzen Sie sich mit und sorgen Sie dafür, daß Sie gelegentlich mit ihm zusammenprallen. Lächeln Sie bei diesen Zusammenstößen. Reden Sie beruhigend auf das Kind ein, damit es merkt, daß Sie ein gemeinsames Spiel mit ihm spielen.
- Spielt Ihre Tochter mit einem Ball, nehmen Sie den Ball in den Mund,

so daß sie ihn aus Ihrem Mund nehmen muß. Machen Sie ein lustiges Geräusch, wenn sie danach greift. Öffnen Sie dann den Mund und bedeuten ihr mit einer Geste, den Ball wieder hineinzulegen. Machen Sie ein anderes witziges Geräusch, wenn sie den Ball wieder in Ihren Mund legt. Machen Sie »Ball rein, Ball raus« zu einem lustigen, kooperativen Spiel.

- Wenn Ihr Sohn im Essen manscht und es sich in den Mund steckt, schmieren Sie sich einen Teil auf Ihr Gesicht. Lächeln und lachen Sie, rufen Sie ihn beim Namen und ermuntern Sie ihn, ebenso von Ihrem Gesicht zu essen wie vom Tisch.

Das Ziel dieser Aktivitäten ist nicht, das Kind zur Interaktion mit Ihnen zu zwingen, indem Sie ihm das begehrte Objekt vorenthalten. Sie wollen ihm zeigen, daß es Spaß machen kann, mit Ihnen zu spielen – sogar noch mehr Spaß, als allein zu spielen.

Bei den Spielen des Kindes mitmachen

- Reiht das Kind Spielautos aus Blech oder Duplo-Steinen auf? Machen Sie das Aufreihen zu einem Spiel, indem Sie ihm das nächste Spielauto in der Reihe reichen. Wenn es protestiert, lassen Sie ihm seinen Willen – es hat interagiert! Dann versuchen Sie es weiter. Schließlich (das kann Tage dauern) wird es sich an Ihre Anwesenheit gewöhnen und das Auto aus Ihrer Hand entgegennehmen. Gehen Sie dann dazu über, selbst das nächste Spielauto in die Reihe zu stellen. Oder fragen Sie das Kind mit einem Blick um Erlaubnis. Vielleicht schüttelt es den Kopf oder sieht verärgert aus. Das ist gut – es ist ein Kontakt entstanden.
- Sammelt das Kind beharrlich Gegenstände auf und läßt sie wieder fallen, oder fegt es alles von einem Regal? Verwandeln Sie dieses ziellose Verhalten in ein Interaktionsspiel, indem Sie mit einem Korb hinter ihm hergehen und die Sachen auffangen, die es fallenläßt. Vielleicht ist es verblüfft, vielleicht wird es wütend, weil Sie sich eingemischt haben, vielleicht gefällt ihm aber auch das dumpfe Geräusch, mit dem die Sachen in den Korb fallen. Wie auch immer seine Reaktion aussieht, das Kind ist aufmerksam geworden, und es ist ein Kontakt entstanden. Seien Sie nicht überrascht, wenn es den nächsten Gegenstand in eine andere Richtung wirft oder sich wütend den Korb schnappt und ihn zu Boden

schleudert. Falls nötig, kommen Sie ihm zuvor, indem Sie den Korb selbst fallenlassen. Bleiben Sie beharrlich. Allmählich wird das Kind Ihre Gegenwart akzeptieren. Nach ein paar Tagen oder Wochen wartet es vielleicht schon darauf, daß Sie ihm den Korb hinhalten, bevor es einen Gegenstand fallenläßt.

Denken Sie daran: Machen Sie keinen Versuch, sein Spiel zu verändern. Nehmen Sie die Sache nicht in die Hand. Lassen Sie das Kind den Lenker des Spielgeschehens sein, indem Sie behutsam bei einem Spiel mitmachen, das das Kind angefangen hat (oder es spielerisch behindern).

Bei einer Lieblingsbeschäftigung des Kindes mitmachen

Je mehr Sie die natürlichen Interessen des Kindes einspannen, desto leichter wird es sein, es zum gemeinsamen Spiel anzuregen. Das Kind läßt Sie wissen, was es anregend findet, und das ist mindestens die halbe Miete! Wenn das Kind gern malt, malen Sie mit. Setzen Sie sich daneben und reichen Sie ihm neue Stifte. Wenn es gern alles kontrolliert, müssen Sie Ihr Bild vielleicht auf einem anderen Bogen Papier malen. Rücken Sie allmählich näher heran, bis das Kind Sie auf seinem Blatt Papier mitmalen läßt. Versuchen Sie, ein Spiel anzufangen, indem Sie abwechselnd an demselben Bild malen oder nachmalen, was das Kind gemalt hat. Nach einer kleinen Weile wird dieses gemeinsame Tun wahrscheinlich zu Lächeln und Blickkontakt führen.

Kinder, die Probleme mit der Bewegungsplanung haben, haben oft Freude am Kritzeln, weil es eine leichte Bewegungsfolge ist, mit der sie sofort etwas bewirken können: Man sieht die Striche auf dem Papier. Wie das Spielen mit dem Telefon deutet diese Übung darauf hin, daß die Kinder sich einer wichtigen Beschäftigung der Erwachsenen bewußt sind und sie nachahmen möchten.

Wenn das Kind gern singt und einfache Musikinstrumente erklingen läßt, denken Sie sich gemeinsame Spiele aus, die auf diesem Interesse aufbauen. Singen Sie eins seiner Lieblingslieder und lassen Sie sich nicht entmutigen, wenn es sich abwendet. Zeigt es nach ein paar Minuten keine Reaktion, hören Sie auf, aber versuchen Sie es kurz darauf noch einmal. Oder lassen Sie es auf einem elektronischen Musikinstrument, das verschiedene Melodien spielt, ein Kinderlied auswählen. Wenn Sie ihm das Lied während mehrerer Spielsitzungen immer wieder vorsingen, wird das Kind vielleicht die Melodie stimmlich mitverfolgen. Versuchen Sie dann, im Duett zu singen. Können Sie abwechselnd die verschiedenen Verszeilen singen? Anfangs wird das Kind vielleicht nur die Endreime beisteuern können, aber es wird ihm gefallen, etwas Vertrautes zu hören. Basteln Sie sich eine Tafel, auf der seine Lieblingslieder bildlich dargestellt sind, und fragen Sie, welches Lied es gern singen möchte.

Beherrscht das Kind grobmotorische Aktivitäten wie Klettern, Springen und Purzelbäume gut, machen Sie daraus ein Interaktionspiel. Helfen Sie ihm, an Ihrem Körper hochzuklettern wie an einer Leiter, oder halten Sie seine Hände fest, damit es von ganz oben herunterspringen kann. Suchen Sie nach Möglichkeiten, die natürlichen Interessen und Begabungen des Kindes in gemeinsame Spiele zu verwandeln.

Bei einem älteren Kind, das bereits zählen oder Buchstaben oder Worte erkennen kann, können Sie dieses Interesse nutzen, um eine engere Beziehung zu ihm aufzubauen. Wenn das Kind zählt, springen Sie ein und sagen die nächsten Zahlen; warten Sie ab, ob es die Zahlenreihe fortführen wird. Falls ja, zählen Sie falsch. Vielleicht korrigiert es Sie. Versuchen Sie, jede Zahl in einem lustigen Tonfall zu wiederholen, in der Hoffnung, ein Kichern auszulösen. Sagt das Kind das Alphabet auf, schneiden Sie lustige Grimassen, für jeden Buchstaben eine andere, so daß *Sie* zu einem vergnüglichen Teil seiner Beschäftigung werden. Wiederholt es mechanisch Worte ohne Beachtung des Sinnbezuges, kitzeln Sie es nach jedem Wort, umarmen es oder bieten Sie ihm einen anderen sensorischen Reiz, der ihm sehr gefällt, damit es den Wunsch verspürt, diese Beschäftigung *mit Ihnen* fortzusetzen. Konzentrieren Sie sich nicht auf die Zahlen, Buchstaben oder Worte. In diesem Stadium sind sie unwichtig. Das Kind wird sie lernen, und zwar schnell, wenn es emotionales Engagement entwickelt hat und die wechselseitige Kommunikation beherrscht. Im Augenblick ist nur wichtig, daß es die Interaktion mit Ihnen genießt.

Unterhalten Sie das Kind nicht – interagieren Sie

Wenn Sie sich in die Aktivitäten des Kindes einschalten, denken Sie daran, daß Sie nicht versuchen dürfen, Ihr Kind zu unterhalten. Sie müssen mit ihm interagieren. Das Kind soll Ihnen nicht dabei zuschauen, wie Sie seinen Ball hochspringen lassen, sein Spielauto hin- und herschieben oder seinen

Brei rühren. Es soll voll dabei sein und eifrig darauf warten, an die Reihe zu kommen. Interaktion führt zu emotionalem Engagement, und je mehr Sie das Kind den Lenker des Spielgeschehens sein lassen, je mehr Sie es ermuntern, auf Sie zu reagieren, desto länger werden Sie seine Aufmerksamkeit halten können.

Den Augenblick genießen

Wenn Sie nach Möglichkeiten suchen, alle Spielaktivitäten des Kindes in Interaktionen zu verwandeln, vergessen Sie eins nicht: Es geht nicht um das spielerische Tun an sich, ob Sie nun malen, schaukeln oder mit dem Bein eine Brücke bilden, unter der das Kind seine Spielautos hindurchfahren lassen kann. Das Ziel ist, etwas *gemeinsam* zu tun. Die Spielaktivitiät ist lediglich ein Instrument zur Förderung von Nähe und vertrautem Kontakt. Nutzen Sie jedes freudige Grinsen und jedes Lächeln aus. Stellen Sie jedesmal, wenn etwas passiert, das Ihr Kind zum Lachen bringt, Blickkontakt her und lachen Sie mit. Geschieht etwas Unerwartetes – das Blechauto rollt unter das Sofa, der Löffel fällt zu Boden, einer von beiden rülpst –, stellen Sie Blickkontakt her und kichern Sie gemeinsam darüber. Wenn Sie und das Kind sich auf dem Boden wälzen oder beim Herumtoben plötzlich mit den Köpfen zusammenstoßen oder sich Auge in Auge wiederfinden, halten Sie einen Augenblick inne und lächeln das Kind an. Nehmen Sie nicht eilends das Spiel wieder auf. Versuchen Sie, den Augenblick der Nähe auszudehnen. Diese Nähe ist es schließlich, was Sie eigentlich zu erreichen suchen.

Vor allem: Seien Sie geduldig. Vielleicht wird es Wochen oder Monate dauern, bis Sie das Kind bewegen können, Ihnen in die Augen zu sehen und zu lächeln. Aber mit sanfter Beharrlichkeit können Sie ein Gefühl von Zusammengehörigkeit, Synchronismus und Vergnügen aufbauen, indem Sie gemeinsam mit dem Kind diesen einfachen Spielaktivitäten nachgehen.

Das schwer gewinnbare Kind

Selbst wenn Ihr Kind sich gegen jeden Kontakt sperrt und sein Vergnügen nur außerhalb der Welt der Menschen zu finden scheint, sind die oben beschriebenen Taktiken einsetzbar. Studieren Sie sein abkapselndes Verhalten gründlich und stellen Sie fest, ob es ihm sensorisches Vergnügen bereitet oder ihm hilft, unangenehme Reize zu vermeiden. Versuchen Sie dann, bei dieser Verhaltensweise mitzumachen, so daß *Sie* ihm diese angenehmen sensorischen Gefühle vermitteln. Allerdings muß bei hypersensitiven Kindern die Gefahr der sensorischen Überladung vermieden werden.

- Wenn Ihr Sohn auf dem Boden liegt, nehmen Sie nicht an, daß er damit den Kontakt zu Ihnen vermeiden will, sondern gehen Sie davon aus, daß er den Druck des Fußbodens an seinem Rücken genießt. Bei niedrigem Muskeltonus bietet der Boden eine Stütze und läßt das Kind seinen Körper im Raum deutlicher wahrnehmen, was das Problem kompensiert, daß es sich in bestimmten Situationen nicht halten, also gegen die Schwerkraft stellen kann. Das trägt dazu bei, daß es sich sicherer fühlt. Sagen Sie: »Ich werde dein Boden sein«, und versuchen Sie, sich unter das Kind zu legen, damit *Sie* ihm dieses angenehme Gefühl vermitteln können.
- Wenn Ihre Tochter unter einer Decke in der Ecke liegt, nehmen Sie nicht an, daß sie nicht bei Ihnen sein möchte, sondern gehen Sie davon aus, daß sie sich im Halbdunkel geschützt fühlt und den Druck der Decke auf ihrem Körper genießt. Sagen Sie: »Ich werde deine Decke sein!« und umhüllen Sie sie, damit *Sie* ihr dieses Gefühl von Dunkelheit und sanftem Druck vermitteln.

Sich von unten hocharbeiten

Kehren Sie noch einmal zu dem sensorischen und motorischen Profil aus Kapitel 3 zurück und überlegen Sie gründlich, welche Sinneserfahrungen Ihr Kind als angenehm empfindet. Studieren Sie seine bevorzugten Verhaltensweisen, um Hinweise zu finden, die Sie übersehen haben mögen. Machen Sie fast alle Interaktionen mit dem Kind zu einer Erfahrung, die ihm diese Reize bietet. Zögern Sie nicht, sensomotorische Spiele durchzuführen, die mit Säuglingen gespielt werden können. Was das Kind auch tun mag, machen Sie mit, indem Sie ihm die Geräusche, Berührungen, Bewegungen oder visuellen Reize bieten, die es gern mag. Langsam wird das Kind diese Interaktion mit diesen angenehmen Gefühlen in Verbindung bringen, und die Gelegenheit zur Interaktion wird sich häufiger ergeben.

»Aber mein Kind tut doch gar nichts!«

Oft sagen Eltern: »Aber mein Kind tut doch gar nichts. Wie soll ich denn bei dem mitmachen, was es tut?« Die Antwort lautet: Das Kind tut immer irgend etwas. Selbst die Vermeidung jeden Kontakts ist eine Aktivität, in der Regel eine durchaus zielstrebige.

- Wenn Ihre Tochter ins Leere starrt, stellen Sie sich direkt vor sie, so daß das Kind *Sie* sieht und nicht das, was es fixiert hat. Wendet sie sich ab, laufen Sie spielerisch zu der Stelle, die sie jetzt fixiert, und lächeln Sie sie an. Wendet Sie sich wieder ab, knien Sie sich neben ihr hin, lehnen sich an sie und starren Sie gleichfalls. Machen Sie das Starren zu einem Spiel mit einem Partner. Vielleicht wendet sie sich ab, weil sie nicht versteht, was Sie von ihr wollen, oder weil ihr diese unvorhersehbaren Handlungen ihr Angst einjagen.
- Wenn Ihr Sohn dauernd in Bewegung ist und ziellos durchs Zimmer wandert, seien Sie sein Schatten und wandern Sie mit, dicht an seiner Seite. Oder rennen Sie zu der Stelle, die er gleich erreichen wird, knien sich hin und begrüßen Sie ihn, wenn er dort ankommt. Behandeln Sie sein Tun als zielstrebig und absichtlich. Das wird ihn vielleicht überraschen, aber es wird auch sein Selbstbewußtsein stärken.

Vielleicht empfindet Ihr Kind es als schwierig, zielgerichtete, zweckmäßige Verhaltensweisen einzuleiten, weil es Probleme mit der Bewegungsplanung hat. Oder es meidet Sie, indem es die wenigen Handlungen ausführt, die ihm leichtfallen, oder indem es in sich selbst versunken für sich allein spielt. In allen diesen Fällen ist sein Meideverhalten eine Reaktion.

Kapselt das Kind sich ab und reagiert nicht und Ihnen fällt beim besten Willen keine Möglichkeit mehr ein, sich in seine Welt einzubringen, ist es ein gutes Prinzip, einfach das Kind nachzuahmen. Machen Sie alles nach, was es tut, und erringen Sie dadurch allmählich und behutsam seine Aufmerksamkeit. Oder bleiben Sie immer einen Schritt vor ihm und führen Sie einen Zusammenstoß herbei, so daß es sich mit Ihnen auseinandersetzen *muß*.

Nähe läßt sich nicht erzwingen

Die Arbeit mit einem Kind, das sich gegen jeden Kontakt sperrt, kann sehr frustrierend sein. Von Zeit zu Zeit kann sich der Gedanke aufdrängen, daß einen das Kind nie anlächeln wird. Dann ist die Versuchung groß, seinen Kopf festzuhalten und »Schau mich an!« zu sagen, einfach um den Kontakt herzustellen, nach dem Eltern sich sehnen. Aber das wird das Verhalten nicht fördern, das sie wirklich wollen – warmer, liebevoller Blickkontakt und Kuscheln –, denn diese Verhaltensweisen müssen von innen kommen. Sie lassen sich nicht erzwingen.

Also versuchen Sie, geduldig zu bleiben, auch wenn Sie noch so frustriert sind. Denken Sie daran, Ihr Ziel ist nicht, das Kind zum Kontakt mit Ihnen zu zwingen, sondern es dazu zu verlocken, indem Sie ihm die sensorischen Reize bieten, die es angenehm findet. Wenn Sie das immer wieder tun und beharrlich bei seinen Aktivitäten mitmachen, wird es allmählich immer öfter zu Blickkontakt und einem Gefühl von Zusammengehörigkeit kommen. Es erfordert weit mehr Findigkeit, einem Kind zu helfen, in Kontakt treten zu *wollen*, als Umstände zu schaffen, bei denen es dazu gezwungen ist. Aber im Ergebnis wird das Kind echte Freude am Kontakt mit Ihnen und anderen Menschen haben, anstatt sich mechanisch die Feinheiten sozialer Interaktion anzueignen.

Das Kind spielerisch behindern

Es wird Zeiten geben, in denen selbst ein noch so sorgfältig entwickeltes Angebot sensorischer Reize nicht wahrgenommen wird, weil das Kind Sie einfach nicht in seine Welt einlassen will, wie sehr Sie sich auch bemühen. Dann können Sie den Einsatz ein bißchen erhöhen, indem Sie das Kind spielerisch behindern und sich auf eine Weise in sein Tun einschalten, die es ihm schwermacht, Sie zu ignorieren.

- Wenn Ihre Tochter ziellos im Raum umherwandert und Sie bereits versucht haben, ihr Schatten zu sein und zuerst am nächsten Punkt anzukommen, spielen Sie einen Hund und geraten zwischen ihre Beine. Bellen Sie spielerisch dabei, damit sie weiß, daß es ein Spiel ist. Sie wollen das Kind ja nicht ängstigen oder ärgern, sondern nur für eine Interaktion sorgen.
- Wenn Ihr Sohn ins Leere starrt und Sie bereits versucht haben, sich neben ihn oder direkt vor ihn zu stellen, versuchen Sie, ihm die Hand über die Augen zu legen. Lächeln Sie dabei und sprechen ihm liebevoll zu; Sie wollen ihm ja keine Angst einjagen, sondern nur mit ihm interagieren.

- Flattert das Kind mit den Armen und Sie haben bereits versucht, ebenfalls mit den Ellbogen zu flattern wie mit Flügeln, versuchen Sie, sich mit Ihrem Arm in seinem zu verfangen.

Die Herausforderung dabei ist, das Kind auf spielerische, lustige Weise zu behindern, damit es nicht verängstigt reagiert oder von zu starken Reizen überfordert wird. Gehen Sie ganz langsam und behutsam vor, sprechen Sie mit leiser, sanfter Stimme und warnen Sie das Kind vor, damit es weiß, was es zu erwarten hat. Unvermittelte oder unvorhergesehene Handlungen könnten es erschrecken.

- Wenn das Kind mit Autos spielt, aber Sie nicht mitmachen läßt, kommen Sie langsam näher und kündigen Ihre Absicht an. »Hallo, da bin ich gleich«, könnten Sie sanft sagen. »Ich hol mir dein Auto.« Geben Sie dem Kind eine Chance, darauf zu reagieren, bevor Sie Ihre Absicht wahrmachen. Sieht es Sie an und macht eine ablehnende Geste, respektieren Sie seine Wünsche; Sie haben erfolgreich seine Aufmerksamkeit errungen.

Möglich, daß das Kind mit Ablehnung auf Ihre Angebote reagiert. Trotz der spielerischen Absicht hat es vielleicht Angst bekommen oder fühlt sich überfordert. Möglicherweise läuft es weg oder schiebt Sie weg. Das macht nichts, es ist schließlich eine *zielgerichtete* Reaktion. Das Kind antwortet damit auf Ihre Frage und sagt Ihnen, das Sie wegbleiben sollen. Das ist eine wichtige Rückmeldung, und es hat Ihre Anwesenheit bewußt zur Kenntnis genommen. Sie haben eine Interaktion herbeigeführt. Mit der Zeit, wenn Sie sanft und beruhigend bleiben und das Kind sich allmählich daran gewöhnt, daß Sie zum Spielen zur Verfügung stehen, werden seine Reaktionen auf Sie positiver ausfallen.

Reagiert das Kind mit Mißfallen, geben Sie ihm einen Moment Zeit und versuchen Sie es dann erneut. »Hier bin ich wieder«, könnten Sie singen. »Ich hol mir dein Auto.« Kommen Sie langsam und lächelnd näher. Wenn es nach Ihnen schlägt, lassen Sie es merken, daß Sie seine Reaktion verstanden haben. »Oh, du willst nicht, daß ich das mache? Gut. Oh-oh, da kommen meine Finger wieder angekrabbelt. Sie wollen das Auto haben!« Wenn Sie sanft und spielerisch bleiben, können Sie das wahrscheinlich drei- oder viermal wiederholen, ohne daß das Kind in Wut gerät. Versuchen Sie abzuschätzen, wann es genug hat, und gehen Sie zu etwas anderem über. Sie wollen das Kind ja nicht wütend machen, sondern es soll das Zusammensein mit Ihnen als angenehm und lustig empfinden.

Behalten Sie dabei die individuellen Eigenarten des Kindes im Auge. Wenn es überempfindlich auf Geräusche reagiert, sprechen Sie mit leiser, beruhigender Stimme. Reagiert es zu schwach auf akustische Reize, sprechen Sie laut und eifrig, um seine Aufmerksamkeit zu erlangen. Hat es Schwierigkeiten mit der auditiven Wahrnehmung, verwenden Sie möglichst einfache, kurze Sätze. Wenn seine Stärken bei der visuellen Wahrnehmung liegen, bleiben Sie immer in seiner Blickrichtung und sorgen Sie dafür, daß das Kind Ihre herankrabbelnden Finger sehen kann. Es ist auf visuelle Hinweise angewiesen, um Ihre Absichten einzuschätzen. Empfindet das Kind Berührungen als angenehm, legen Sie ihm freundlich die Hand auf den Arm, wenn Sie näherkommen. Versuchen Sie, sich dem Rhythmus des Kindes anzupassen, so gut es geht. Bewegt sich das Kind rasch, bewegen Sie sich ebenfalls rasch und reden Sie schnell, um seine Aufmerksamkeit zu erregen. Wenn seine Bewegungen langsamer werden, bewegen Sie sich ebenfalls langsamer. Je mehr Sie beide sich im Einklang befinden, desto leichter wird es dem Kind fallen, auf Sie zu reagieren.

Vermeiden Sie unbedingt, über den Körper des Kindes bestimmen zu wollen (es sei denn, es befindet sich in akuter Gefahr). Schieben Sie es nicht, packen Sie es nicht und versuchen Sie nicht, es dazu zu bringen, sich auf eine bestimmte Weise zu bewegen. Sie wollen ja, daß das Kind die Initiative ergreift, und dazu braucht es die Kontrolle über seinen Körper. Vielleicht reagiert das Kind nicht so, wie Sie es wünschten, aber jede seiner Reaktionen, selbst das Weglaufen, wird intentional sein, und das ist ein guter Anfang.

Perseveration

Viele Kinder mit schweren Entwicklungsbeeinträchtigungen perseverieren: Sie wiederholen immer wieder dieselbe Handlungs- oder Verhaltensweise, wie in einem endlosen Kreislauf gefangen. Ein möglicher Grund dafür ist, daß es den Kindern ein Gefühl von Sicherheit vermittelt. Ständig bombardiert von Dingen, über die sie keine Kontrolle haben, versuchen sie, die Kontrolle über kleine Dinge zu behalten, wenn es ihnen möglich ist. Ob sie nun immer wieder eine Tür auf- und zumachen, Spielautos aufreihen oder immer wieder den Kopf hin- und herdrehen – sie schaffen sich damit winzige Inseln beruhigender Wiederholung in einer ansonsten überwältigenden Welt. Oder Kinder perseverieren, weil sie nicht wissen, wie sie den nächsten Schritt in der Bewegungsabfolge vollziehen sollen. Daher wiederholen sie unablässig denselben Handlungschritt. Ein dritter möglicher Grund ist, daß die Kinder die Perseveration als angenehm und selbststimulierend empfinden. Viele Kinder lernen, sensorische Befriedigung aus Beziehungen und Interaktionen zu schöpfen. Kinder, die nicht in der Lage sind, voll in Beziehung zu anderen zu treten oder zu kommunizieren, sind mehr auf ihren eigenen Körper angewiesen.

Die Kinder mögen sich durch die Perseveration getröstet fühlen, aber Eltern empfinden dieses Verhalten gewöhnlich als extrem störend – mit gutem Grund. Perseveration ist ein nicht-interaktives Verhalten, das nicht ermutigt werden sollte. Aber anstatt zu versuchen, das Kind davon abzuhalten oder es abzulenken (was selten klappt), sollten Sie die Perseveration als Chance betrachten, als Geschenk Ihres Kindes, das Ihnen damit sagt, wo seine natürlichen Interessen liegen. Dieses Interesse können Sie als Basis für eine Interaktion nutzen. Streicht sich das Kind wieder und wieder über den Kopf? Gut. Legen *Sie* die Hand auf seinen Kopf, bevor seine Hand dort anlangt; helfen Sie ihm zu interagieren. Macht das Kind unablässig eine Tür auf und zu? Gut. Stellen Sie sich auf die andere Seite der Tür und drücken Sie dagegen; helfen Sie dem Kind zu interagieren. Manche Kinder finden sofort Gefallen daran. Ein kleines Mädchen, das sich beharrlich Mund und Nase mit der Hand rieb, strahlte richtig, als ihre Mutter ihre Nase für sie rieb. Als die Mutter aufhörte, packte das Kind ihre Hand und zog sie an sein Gesicht, um die Interaktion weitergehen zu lassen.

Andere Kinder sperren sich dagegen, weil sie es als Einmischung empfinden. Aber selbst der Widerstand des Kindes ist eine Interaktion, denn es nimmt mit dieser Rückmeldung Ihre Anwesenheit zur Kenntnis. Diese etwas unglückliche Ausgangslage gibt Ihnen die Chance, eine längere und positivere Interaktion aufzubauen.

Ellen fühlte sich sehr entfremdet von ihrer Tochter Krista, weil Krista einfach durch sie hindurchsah. Statt die Anwesenheit ihrer Mutter zur Kenntnis zu nehmen, zeigte Krista perseverierende Verhaltensweisen, beispielsweise kratzte sie unaufhörlich über den Teppichboden. Nachdem

Ellen monatelang versucht hatte, eine Interaktion zu erzwingen, beschloß sie, ihre Hand auf genau die Stelle zu legen, die ihre Tochter gerade kratzen wollte. Nun mußte das kleine Mädchen sich mit dieser ärgerlichen Hand auseinandersetzen. Sie hatte ein Problem zu lösen. Und sie löste es – sie schob die Hand zur Seite und grunzte verärgert. Ellen betrachtete das als Erfolg. Ihre Tochter hatte mit ihrer Hand interagiert und zudem eine Rückmeldung gegeben. Als Ellen ihre Interaktionen variierte – manchmal legte sie ihre Hand hin, manchmal nicht, und manchmal zog sie sie im letzten Augenblick weg –, fing Krista an, darauf zu reagieren wie auf ein Spiel. Sie grunzte vergnügt und blickte sogar auf, um festzustellen, was diese lustigen Unterbrechungen verursachte. Ihre Perseveration hatte sich in ein interaktives Katz- und Mausspiel verwandelt. Damit war es kein stereotypes Verhalten mehr.

Mehrere Monate vergingen, bevor Krista es als angenehm empfand, längeren Blickkontakt zu ihrer Mutter aufzunehmen, aber sobald sie dazu in der Lage war, fing sie an, Freude an den Begegnungen zu zeigen. Sie begann zu kichern, wenn ihre Hand die ihrer Mutter streifte, und manchmal berührte sie provokativ Ellens Hand, wie um sie zum Spielen aufzufordern.

Andere Kinder können sich von einem Wort, einer Redewendung, einem Liedvers oder einer Stelle aus einem Video nicht lösen und sprechen sie immer wieder vor sich hin. Dabei handelt es sich um sprachliche Perseverationen, die auf genau die gleiche Weise behandelt werden können. Wenn Ihr Kind immer wieder ein Wort aufsagt oder ein Geräusch wiederholt, tun Sie das ebenfalls, aber in einer anderen Tonlage oder einem anderen Rhythmus. Singt das Kind ein Lied oder zitiert beharrlich eine Stelle aus einem Video, machen Sie mit, aber verändern Sie den Wortlaut. Wendet es sich ab, stellen Sie sich vor das Kind, so daß Ihr lächelndes Gesicht auf gleicher Höhe ist, und setzen Sie Ihre kontrapunktierende Begleitung fort. Machen Sie das Aufsagen zu einem Spiel, bei dem auf jede Lautäußerung des Kindes eine Lautäußerung von Ihnen folgt. Vielleicht wird es protestieren, aber es schenkt Ihnen seine Aufmerksamkeit und interagiert. Schließlich wird es Ihre Teilnahme akzeptieren und zulassen, daß Sie sein perseveratives Aufsagen in eine gemeinsame Beschäftigung verwandeln. Vielleicht fällt Ihnen sogar auf, daß die Textstellen, die das Kind auswählt, sich auf die gegenwärtige Situation beziehen und daß möglicherweise eine kommunikative Absicht dahintersteckt. Meist geht es dabei um Gefühle.

Selbststimulation

Manche Kinder zeigen sogenannte selbststimulierende Verhaltensweisen, die ihnen ein sensorisches Vergnügen bereiten. Diese Verhaltensweisen sind oft ein Versuch, eine sensorische Reaktionsschwäche zu kompensieren; die Kinder suchen überstarke Sinneseindrücke, um überhaupt einen Reiz wahrzunehmen. Diese Kinder hüpfen auf und ab, drehen sich immer wieder um die eigene Achse, starren auf ein Licht oder bewegen den Kopf auf eine ganz bestimmte Weise, um zu steuern, was sie sehen. Weil ein solches Verhalten das Kind vollkommen in Anspruch nimmt, ist es oft ausgesprochen schwierig, sich einzuschalten. Aber Sie sollten diese Selbststimulation, statt sie als problematisch zu empfinden, als Hinweis darauf sehen, welche sensorischen Reize dem Kind gefallen. Dann gliedern Sie sich als unentbehrliches Element in die Beschäftigung ein und vermitteln Sie ihm selbst diese sensorischen Erfahrungen.

- Wenn Ihr Kind unablässig den Kopf dreht, während es ein Licht fixiert, stecken Sie sich eine kleine Taschenlampe in den Mund und stellen Sie sich zwischen das Kind und die Lichtquelle. Erweckt die Taschenlampe sein Interesse, wackeln Sie damit, schalten Sie sie an und aus, nehmen Sie sie aus dem Mund und lächeln das Kind an, bevor Sie sie wieder in den Mund stecken. Denken Sie sich Spiele mit der Taschenlampe aus, die es verlocken, seine Aufmerksamkeit *Ihnen* zuzuwenden.

Auch bei Wut, Aggression oder Traurigkeit Nähe bewahren

Wenn Sie intensiv jeden Tag mit Ihrem Kind üben, sollte das Gefühl liebevoller Nähe zunehmen, die Momente des Blickkontakts sollten länger werden; das Kind wird irgendwann von selbst zu Ihnen kommen. Sie haben Ihrem Kind die grundlegende Fähigkeit vermittelt, sich anderen Menschen zuzuwenden und Freude an der Beziehung zu anderen zu empfinden.

Aber in menschlichen Beziehungen gibt es nicht nur liebevolle Nähe. Es ist unvermeidlich, daß Ärger, Enttäuschung, Frustration, Eifersucht, Traurigkeit und andere negative Gefühle auftauchen. Sie stehen dann vor der Herausforderung, Ihrem Kind dazu zu verhelfen, diese Gefühle zu erleben, ohne die Bezogenheit zu Ihnen zu verlieren.

Starke Gefühle können Kindern angst machen. Unter Umständen fürchten sie, buchstäblich von der Flut der Emotionen mitgerissen zu werden. Was Kinder mehr als alles andere brauchen, ist das Wissen, daß Ihre Eltern für sie da sind, ein starker Anker, der sie im Sturm festhalten wird. Es ist nicht immer einfach, dieser Anker zu sein, weil die Gefühle des Kindes oft vergleichbare Emotionen in den Eltern auslösen. Wenn das Kind völlig außer sich gerät, können Sie ihm am besten helfen, indem Sie ruhig und gelassen bleiben. Ihr Ziel ist es, ihm zu helfen, das liebevolle Einvernehmen mit Ihnen wieder herzustellen.

Es folgen einige Vorschläge, wie Sie das Kind in die Bezogenheit zurücklocken können, wenn intensive Gefühle es überwältigen, und wie Sie ihm helfen können zu lernen, daß eine Beziehung viele unterschiedliche Gefühle aushalten kann, ohne daß die Nähe verlorengehen muß.

1. Wut und Aggression. Ein Baby kann sich in seiner Wut abwenden oder beißen; viele ältere Kinder mit Beeinträchtigungen ziehen sich auf sich selbst zurück und kapseln sich ab, wenn sie wütend werden. Sie müssen Ihrem Kind helfen, im Kontakt zu bleiben, selbst wenn es in maßlose Wut gerät. Das können Sie erreichen, indem Sie ihm Sicherheit und Geborgenheit vermitteln. Wenn Sie sehen, daß das Kind in Wut gerät, zeigen Sie Mitgefühl, Toleranz und Verständnis. Reden Sie mit ruhiger Stimme auf es ein – Ihre Gesten und Ihren Tonfall wird es vielleicht besser verstehen als die Worte –, aber bleiben Sie fest. Setzen Sie die Grenzen, die das Kind braucht. Ihre Stärke wird ihm helfen, sich trotz der starken Emotionen, die in seinem Inneren toben, sicher zu fühlen. Wenn Ihre ruhige Stimme nicht zu ihm durchdringt, versuchen Sie, seinen wütenden Ton nachzuahmen und dann in einem weicheren Tonfall fortzufahren. Vielleicht wird der intensivere Ton das Kind Ihr mitfühlendes Verständnis erkennen lassen, und es wird sich beruhigt fühlen, wenn Sie ruhiger werden. Versuchen Sie vor allem, die Situation entspannt zu halten. Wenn das Kind sich von Ihnen zurückzieht oder Sie sich von dem Kind zurückziehen, wird es nicht lernen, sich auch in seiner Wut sicher und eng verbunden zu fühlen. Mit einiger Übung sollte es anfangen, Ihnen zu vertrauen und nicht mehr die Notwendigkeit empfinden, sich von Ihnen abzuwenden.

Viele Kinder mit Beeinträchtigungen tun sich schwer mit Selbstbehauptung und Aggression. Es fällt ihnen nicht leicht, sich selbstbewußt und durchsetzungsfähig zu zeigen, weil sie nicht darauf vertrauen können, daß ihr Körper ihre Befehle ausführen wird. Verständlicherweise stehen die meisten Eltern Aggressionen mit gemischten Gefühlen gegenüber. Einerseits wollen sie, daß ihre Kinder sich durchsetzungsfähig zeigen, andererseits fürchten sie allzu aggressives Verhalten. Sie wollen nicht, daß ihre Kinder zu Opfern werden, aber sie fürchten um ihre Sicherheit. Aber da Kinder mit Beeinträchtigungen lernen müssen, sich in der Welt durchzusetzen, ist es wichtig, daß Eltern alle konstruktiven Versuche in dieser Richtung unterstützen. Wenn Ihr Kind einen Wutanfall bekommt, halten Sie es fest, damit es keinen Schaden anrichten kann, und zeigen Sie ihm durch Worte, Mimik und Tonfall, daß Sie seine Gefühle nachempfinden können. Beruhigen Sie das Kind durch die sensorischen Reize, die es als angenehm empfindet. Gehen Sie nicht weg, bis es sich von dem Wutanfall erholt hat. Zeigen Sie ihm, daß Sie zu seiner Erholung beitragen können.

Ist das Kind gar nicht zu beruhigen, lenken Sie sein aggressives motorisches Verhalten in nicht-destruktive Bahnen. Vielleicht haben Sie eine große, weiche Puppe, auf die Sie beide springen können, oder schlagen Sie auf ein Kissen ein. Lassen Sie das Kind nicht einfach in Ruhe – das würde nur seine Tendenz verstärken, sich zurückzuziehen. Lassen Sie es statt dessen auf Ihrem Schoß sitzen und ruhig werden, und verbieten Sie ihm die zerstörischen Handlungen. Das Ziel ist, dem Kind zu zeigen, daß die Bindung zu Ihnen fest und verläßlich bleibt, auch wenn es einen Wutanfall hat.

Später, wenn das Kind besser mit abstrakten Symbolen umgehen kann, können Sie ihm helfen, aggressive Gefühle in Worte zu fassen und im Spiel auszudrücken. Aber im Augenblick müssen Sie es nur wissen lassen, daß Sie verstehen, was es fühlt, daß Sie ihm helfen können, mit diesen heftigen Gefühlen fertigzuwerden, und daß Ärger und Wut einfach zum menschlichen Drama gehört. (Manchmal ist Aggression auch eine Verteidigungsreaktion des Kindes auf das unberechenbare oder mißverständliche Verhalten eines anderen. Versuchen Sie, das Kind zu beruhigen, indem Sie den Provokateur auffordern, damit aufzuhören oder wegzugehen.)

2. Abhängigkeit. Manche Kinder haben keinerlei Probleme damit, Aggressionen auszudrücken, sind aber unfähig, ihre Abhängigkeit zu zeigen. Babys schauen weg, wenn sie sich allzu bedürftig fühlen, und ältere Kinder spielen Kriegsszenen nach, aber nie Szenen liebevoller Nähe. Sie kuscheln nie und bitten nie um Hilfe. Wenn Ihrem Kind seine Abhängigkeit Unbehagen bereitet, zeigen Sie ihm geduldig, daß Sie für es da sind. Setzen Sie sich neben das Kind, wenn es frustriert ist. Füttert es im Spiel Tiere oder bringt die Puppen ins Bett, helfen Sie ihm liebevoll und akzeptierend, diese Szenen auszuschmücken. Zeigen Sie ihm sanft aber wiederholt, daß überhaupt nichts dagegen spricht, Hilfe anzunehmen. Ganz allmählich, wenn die Bezogenheit dem Kind weniger Unbehagen bereitet, wird das Spektrum seiner Emotionen vielfältiger, und es wird ihm leichterfallen, Hilfe zu erbitten.

Manche Kinder sind scheinbar allzu abhängig. Babys klammern, aber auch ältere Kinder klammern, jammern oder probieren ungern etwas alleine aus. Dieses Verhalten kann nervig für Eltern sein, die sich wünschten, daß ihre Kinder unabhängiger wären. Nur allzu leicht vergessen wir, wie überwältigend die Welt auf Kinder wirkt, und nehmen ihre Bedürftigkeit als Manipulation wahr. Wenn Ihr Kind nicht loslassen kann, denken Sie daran, daß es sein Bestes tut, daß es tut, was seine Fähigkeiten und sein Entwicklungsstadium ihm erlauben, und daß Ihre geduldige Ermutigung ihm helfen wird, diesem Stadium zu entwachsen und mehr Selbstvertrauen zu gewinnen. Statt seiner Bedürftigkeit innerlich ablehnend gegenüberzustehen, gehen Sie noch mehr auf das Kind ein. Wenn Situationen bevorstehen, die Ihr Kind ängstigen könnten, wie der Wechsel zu einem anderen Kindergarten oder ein neuer Babysitter, nehmen Sie sich besonders viel Zeit, um das Kind darauf vorzubereiten und es zu trösten. Wenn Worte sich als unzulänglich erweisen, zeigen Sie ihm Bilder des neuen Babysitters oder des neuen Kindergartens.

Kindergärten und Babysitter fordern die Eltern oft auf, möglichst schnell wegzugehen, weil sie der Ansicht sind, daß die Kinder so besser mit der Trennungssituation zurechtkommen werden. Bei einem bindungssicheren Kind mag das stimmen, aber wenn diese Bindungssicherheit fehlt, ist das ein ausgesprochen schlechter Ratschlag. Ihr Ziel ist ja, dem Kind zu zeigen, daß es sich auf Sie verlassen kann, daß Sie in Streßzeiten da sind und daß es nicht allein mit allem fertigwerden muß. Zeiten, in denen Ihr Kind sehr klammert, bieten die beste Gelegenheit, diese Botschaft zu vermitteln. Es wird genug andere Gelegenheiten geben, ihm Unabhängigkeit beizubringen, etwa, indem Sie das Kind bestärken, wenn es sich durchsetzt.

3. Traurigkeit und Eifersucht. Oft ängstigen diese negativen Gefühle die Kinder so sehr, daß sie einen Weg finden, sie zu verleugnen. Sie können so tief begraben sein, daß sie verschwunden zu sein scheinen, oder die Kinder verwandeln Gefühle, die ihnen angst machen, in scheinbar akzeptablere

Emotionen. Traurigkeit kann sich als Wut maskieren oder Eifersucht als Depression. Wenn Sie spüren, daß Ihr Kind eins dieser Gefühle selten ausdrückt, reden Sie mit ihm, wenn Sie glauben, daß es gerade traurig oder eifersüchtig ist. Zeigen Sie ihm durch Ihren Tonfall, daß Sie den Gefühlen des Kindes Verständnis entgegenbringen, weil es die Worte vielleicht nicht verstehen wird. Allmählich wird das Kind diese Gefühle als weniger beängstigend empfinden und eher bereit sein, sie offen zu zeigen.

4. **Aufgeregtheit.** Kindern fällt es oft schwer, sich zu kontrollieren, wenn sie sehr aufgeregt sind. Sie sind plötzlich wie wild oder werden scheinbar aggressiv. Ein normalerweise zurückgezogenes Kind springt dann plötzlich seiner Mutter auf den Schoß. Diese Phasen der Übererregtheit ängstigen Eltern manchmal. Ziehen Sie sich nach Möglichkeit nicht zurück, wenn Ihr Kind so reagiert. Versuchen Sie, seine Aufgeregtheit zu dämpfen, statt ihr einen Riegel vorzuschieben. Beruhigen Sie das Kind, indem Sie selbst eine mäßige Aufgeregtheit zeigen, und versuchen Sie dann, seine Wildheit zu mäßigen. »Ich faß dich ganz l-a-n-g-s-a-m an«, könnten Sie sagen und im Schneckentempo die Hand ausstrecken. »Ich rede ganz l-a-n-g-s-a-m mit dir«, könnten Sie lächelnd sagen, ganz gemächlich. Verlangsamen Sie spielerisch das Tempo Ihrer Interaktion. Teilen Sie die Aufregung des Kindes und helfen Sie ihm gleichzeitig, sie unter Kontrolle zu bekommen. Versuchen Sie herauszubekommen, warum das Kind so aufgeregt ist. Hat es Angst? Ist es glücklich? Erwartet es Vergnügen oder Streß? Setzt es Symbole ein, tut es beispielsweise so, als wäre es ein Löwe oder ein Gespenst, um seiner Aufgeregtheit eine Form zu geben und um wild sein zu dürfen? Wenn ja, machen Sie bei dem symbolischen Spiel mit und helfen Sie dem Kind, es langsam zu dämpfen.

5. **Abkapselung.** Vielleicht stellen Sie fest, daß das Kind sich nach einer Zeit vergnüglichen Kontakts im Spiel plötzlich verschließt. Aller Wahrscheinlichkeit nach hat das Kind dann irgend etwas in Ihrer Interaktion als sensorische Überfrachtung empfunden. Um ihm zu helfen, wieder in liebevollen Kontakt mit Ihnen zu treten, wechseln Sie zu einer beruhigenderen Version des Spiels, bei dem Sie gerade waren. Haben Sie sich gegenseitig einen Ball zugerollt, rollen Sie den Ball langsamer und singen vielleicht zusätzlich ein gurrendes Lied, das dem Kind besonders gefällt. Sind Sie zusammen auf dem Boden herumgerollt, legen Sie sich neben das Kind und

rollen Sie es sehr behutsam weiter – geben Sie ihm den taktilen Druck, den es als angenehm empfindet. Wenn Sie seine sensorischen Vorlieben mit einer sanfteren Version der Spielaktivität verbinden, wird das Kind sich Ihnen wahrscheinlich wieder zuwenden. Selbst ein einfaches Zurückreichen des Spielzeugs, mit dem Sie gerade gespielt haben, wird ihm helfen, die spielerischen Interaktionen mit Ihnen wieder aufzunehmen.

Zu lernen, seine Gefühle anzunehmen – und auszudrücken –, ist ein langwieriger Prozeß. Vielen Erwachsenen gelingt es nie. Also sollten Sie nicht erwarten, daß Ihr Kind es schnell meistert. Es wird durch alle Entwicklungsstufen hindurch daran arbeiten. Ein Kind ist nie im Unrecht, weil es fühlt, was es fühlt. Es mag bessere Wege geben, diese Gefühle auszudrücken (in Kapitel 11 geht es darum, Gefühle zu verbalisieren und angemessene Wege zu finden, sie auszudrücken). Aber was für ein Verhalten das Kind auch zeigen mag – wichtig ist, daß Sie aktuell erlebte Gefühle akzeptieren und Verständnis dafür aufbringen. Auf diese Weise wird das Kind lernen, seine eigenen Gefühle anzunehmen, was ihm wiederum helfen wird, eine vertrauensvolle Bindung zu Ihnen aufzubauen.

Die Bodenzeit den Bedürfnissen des Kindes anpassen

Das sensorische Profil des Kindes hat eine entscheidende Auswirkung auf seine Wahrnehmung der Welt und auf sein Verhalten. Obwohl kein Kind so ist wie das andere, fallen viele Kinder in eine von vier Verhaltenskategorien. Wenn Sie das sensorische und emotionale Muster Ihres Kindes kennen, wird es Ihnen leichter fallen, die Bodenzeit auf seine Bedürfnisse zuzuschneiden.

1. Kinder mit einer *niedrigen Reizschwelle*, bei denen es leicht zu einer Reizüberflutung kommt und die ein *leicht ablenkbares*, fragmentiertes Verhalten zeigen.
2. Kinder mit *niedriger Reizschwelle*, die Menschen und sensorische Erfahrungen *meiden*.
3. *In sich selbst zurückgezogene* Kinder mit *hoher Reizschwelle*.
4. Kinder mit einer *hohen Reizschwelle*, die nach starken Sinneseindrücken verlangen und *leicht abzulenken* sind.

Leicht ablenkbare Kinder mit niedriger Reizschwelle

Der dreijährige Max hatte dunkles, lockiges Haar und grüblerische dunkle Augen, die selten lächelten. Sie schossen fiebrig von einem Gegenstand zum nächsten, als hielte er nach etwas Ausschau, das ihm Trost bringen könnte. Auch seine Bewegungen waren fahrig und sprunghaft. Er wanderte herum und hantierte kurz mit Spielmaterialien. Nichts konnte seine Aufmerksamkeit länger als ein paar Sekunden fesseln, und nichts schien ihm Freude zu machen.

Besondere Verwirrung bereitete seinen Eltern seine gestörte Bezogenheit zu ihnen. Manchmal kam er zu ihnen, guckte neugierig, was sie so machten, nahm ein Spielzeug aus ihrer ausgestreckten Hand entgegen, lächelte sie flüchtig an und lehnte sich schwer an sie. Aber wenn sie versuchten, ihn in die Arme zu nehmen oder auf den Schoß zu ziehen, schrie er und riß sich los. Oft kauerte er in der entgegengesetzten Ecke des Zimmers und lag bewegungslos auf dem Boden, nur um kurz darauf wieder Kontakt zu suchen – das klassische Muster von Kontaktaufnahme und Vermeidung.

Max reagierte überempfindlich auf Sinneseindrücke, weswegen es bei ihm leicht zu einer Reizüberflutung kam. Sein scheinbar zielloses Wandern von einem Objekt zum nächsten diente teilweise dazu, eine Sinnesüberlastung zu vermeiden und sich zu beruhigen. Aber trotz seiner Tendenz zur sensorischen Überlastung wollte er den Kontakt zu seinen Eltern. Er kam zu ihnen, nur um wieder wegzulaufen, wenn es ihm zu viel wurde. Ging die Kontaktaufnahme nicht von ihm aus, fühlte er sich hilflos und ohnmächtig. Die Herausforderung für seine Eltern bestand also darin, Max den Kontakt mit ihnen als sicher erleben zu lassen.

Bei einem Kind wie Max ist es hilfreich, extrem besänftigend zu sein, sanft und behutsam um es zu werben, damit es sich sicher fühlt. Das bedeutet, mit sehr leiser Stimme zu sprechen, Mimik und Gestik aufeinander abzustimmen und bei Berührungen eher festen als leichten Druck auszuüben. Auch rhythmische Bewegung wie Schaukeln und grobmotorische Aktivitäten wie Springen wirken oft beruhigend. Wenn das Kind sich losreißt, nachdem es zu Ihnen gekommen war, locken Sie es behutsam zurück. Packen Sie das Kind nicht, greifen Sie nicht unvermittelt nach einem Spielzeug und erheben Sie nicht die Stimme. Sagen Sie statt dessen im beruhigenden Flüsterton: »Hallo, hier komm ich … ich nehme mir dieses Spielzeug … Kann ich es haben?« und greifen Sie im Schneckentempo danach. Geben Sie dem

Kind reichlich Zeit, den Spielgegenstand außer Reichweite zu bringen. Oder versuchen Sie, ihm ein anderes Spielzeug, das ihm gut gefällt, zum Tausch anzubieten. Wenn es Ihnen gelingt, Tonfall und Bewegungen ruhig und besänftigend zu halten, reduzieren Sie die Sinneseindrücke, die dem Kind Unbehagen bereiten könnten, und kündigen Sie gleichzeitig an, was Sie zu tun beabsichtigen. Allmählich wird das Kind Wohlbehagen bei Ihren Interaktionen verspüren, und es muß nicht mehr so wachsam oder auf der Hut vor unerwarteten oder unvorhersehbaren Bewegungen sein.

Kinder mit niedriger Reizschwelle, die Menschen und sensorische Erfahrungen meiden

Der vierjährige Stuart war gebaut wie ein Preisboxer. Er war stämmig und muskulös, hatte einen eigensinnigen Zug um das Kinn und einen entschlossenen Blick. Er hielt ständig eine Actionfigur fest in der Faust umklammert, als sei diese Figur seine Verbindung zur Macht. Er rannte, sprang und kletterte gern. Oft saß er stundenlang oben auf seinem Dschungel-Klettergerüst im Garten, imitierte repetitiv die Karateschläge der Actionfilm-Stars im Fernsehen oder fuchtelte mit den Armen und stieß wütende, gutturale Laute aus, als wolle er eine feindliche Invasionsarmee abwehren. Seine Eltern spürten, daß er ein reges Innenleben hatte – er schien sich ständig Geschichten auszudenken, sagten sie. Aber er erzählte ihnen nie etwas darüber. Er lief weg, wenn sie sich ihm näherten, und wandte sich eisern und trotzig ab. Ihn anzuziehen, zu baden oder ins Auto zu setzen war schwierig und frustrierend, weil er sich mit seiner ganzen erheblichen Körperkraft dagegen wehrte. Sein Wortschatz bestand aus drei oder vier Worten, aber meistens sagte er »Nein!«. Er verweigerte oft die Kooperation und nahm selten Blickkontakt zu seinen Eltern auf.

Stuart war ein störrisches Kind mit einem unsicher-vermeidenden Bindungsverhalten. Wie Max reagierte er überempfindlich auf Sinneseindrücke und neigte daher dazu, von der Reizvielfalt der Umwelt überflutet zu werden. Aber er besaß eine größere Körperkontrolle und konnte daher einer ungewollten Stimulation aus dem Weg gehen. Während Max ziellos herumwanderte und kurz mit Spielmaterialien hantierte, konnte Stuart weglaufen und Trost in seiner Gartenfestung sowie seinen negativistischen, repetitiven Verhaltensweisen finden. Wie Max empfand er den Kontakt zu seinen Eltern als Sinnesüberlastung, besonders wenn sie schnell sprachen, weil seine Spielhandlungen und sein Negativismus sie aufgeregt hatte. Aber im Gegensatz zu Max, der vorsichtig zurückkam, nachdem er sich wieder gefangen hatte, vermied Stuart jede Kontaktaufnahme zu seinen Eltern. Er konnte zwar Gehörtes nicht angemessen verarbeiten und sich nicht verbal ausdrücken, aber er war in der Lage, visuelle Reize gut genug aufzunehmen und zu verarbeiten, um Situationen vorauszusehen, die zu einer Reizüberflutung führen würden. Daher blieb er einfach ganz weg, statt sich abwechselnd anzunähern und seine Eltern zu meiden. Er sperrte sich eisern gegen jeden Kontakt, als sei er zu dem Schluß gekommen, daß jeder menschliche Kontakt zu aufwühlend sei und daher um jeden Preis vermieden werden müsse.

Die Situation wird zusätzlich dadurch kompliziert, daß manche sich abkapselnde Kinder zwar überempfindlich auf viele Sinneseindrücke reagieren, aber in einigen Bereichen eine hohe Reizschwelle haben. Sie reagieren beispielsweise überempfindlich auf Geräusche, aber zu schwach auf Berührungen. Als Folge davon verlangen sie nach taktiler Stimulation, fassen vielleicht alles an und hantieren fahrig damit herum. Sie sind ganz von der beruhigenden Welt der unbelebten Gegenstände gefesselt, was ihre Tendenz zur Abkapselung verstärkt und dazu führt, daß sie die stimulierendere Welt der Menschen ausschließen.

Gehen Sie mit einem solchen Kind besonders behutsam und besänftigend um, vermeiden Sie Machtkämpfe, und versuchen Sie festzustellen, welche Sinnesreize es als entspannend empfindet. Ermöglichen Sie dem Kind viele solcher Erfahrungen, damit es Sie in seine Welt einläßt. Möglicherweise werden Sie es spielerisch behindern müssen, so daß es Sie schwerlich ignorieren kann, aber tun Sie das ganz behutsam und besänftigend, um das Kind nicht zu überfordern. Greifen Sie nicht unvermittelt nach einem Spielzeug und sprechen Sie nicht mit lauter Stimme. Stellen Sie sich ihm behutsam in den Weg, so daß es sich mit Ihnen befassen *muß*, um an das gewünschte Spielzeug zu kommen. Sprechen Sie langsam, bewegen Sie sich im Schneckentempo und lächeln Sie spielerisch dabei. Gestalten Sie das Ganze so beruhigend wie möglich.

Vielleicht setzt das Kind häufig wiederholte, gleichförmige Bewegungsmuster ein, um Kontakt zu vermeiden. Die oben besprochenen Techniken für den Umgang mit Perseverationen (Mitmachen und die Beschäftigung in eine spielerische Interaktion verwandeln) – sollten auch hier helfen. Wichtig ist allerdings, das auf möglichst besänftigende Weise zu tun.

In sich selbst zurückgezogene Kinder mit hoher Reizschwelle

Jessicas Eltern nannten sie ihre ruhige Prinzessin, weil sie so auffallend schön und so still war. Sie hätten alles darum gegeben, ihre dreijährige Tochter öfters lachen und lächeln zu sehen, aber wie sehr sie auch baten, sie tat es selten. Das Kind wirkte nicht so sehr unglücklich als vielmehr vollkommen auf sich selbst zurückgezogen, als sei die Welt menschlichen Kontakts uninteressant für sie. Sie konnte stundenlang vor dem Fernseher ausgestreckt ihre Lieblingsvideos anschauen oder einfach nur aus dem Fenster starren. Wenn die Eltern ihren Namen riefen, reagierte sie selten. Das Einzige, was ihr Interesse zu erwecken schien, war das Spiel ihres Bruders und ihrer Schwester. Wenn die beiden miteinander rangen oder Fangen spielten, versteckte Jessica sich häufig hinter einem Stuhl und beobachtete sie vorsichtig, wobei sie meist unablässig über den Stuhl strich. Aber wenn ihre Geschwister sie aufforderten, doch mitzuspielen, wandte sie sich ab und verbarg den Kopf hinter der Stuhllehne.

Gelegentlich ließ sie es zu, daß ihre Eltern sie hielten. Aber selbst ihr Kuscheln wirkte passiv. Sie schmiegte sich nicht an oder umarmte ihre Eltern. Ihr Körper ruhte schlaff in den Armen ihrer Mutter oder ihres Vaters. »Es ist, als würde alles zuviel Energie erfordern«, sagte ihr Vater. »Kuscheln, Spielen, sogar Lächeln. Sie sitzt gern einfach da und sieht zu, wie die Welt an ihr vorüberzieht.«

Jessica reagierte nur schwach auf »sensorischen Input«, also mußte das Niveau der sensorischen Information sehr hoch sein, um ihre Aufmerksamkeit zu erregen. Stimmen in normaler Lautstärke, die sanften Bitten und Gesten ihrer Eltern und die Stille im Haus, wenn ihre älteren Geschwister in der Schule waren, machten wenig Eindruck auf ihr sensorisches System. Da intensive Stimuli von der äußeren Welt ausblieben, wandte Jessica sich nach innen. Aber wie alle reaktionsschwachen Kinder verlangte sie nach Sinneserfahrungen. Laute Geräusche, bunte Farben, lebhafte Bewegungen, fester Druck und Gegenstände mit rauher Oberflächenbeschaffenheit vermittelten ihr ein Gefühl größerer Verbundenheit. Das Herumtoben ihrer Geschwister sprach sie an, und der erhöhte sensorische Reiz verlieh ihr neue Energie.

Was Jessicas Probleme noch verstärkte, war ihr schwacher Muskeltonus. Es erforderte große Anstrengung, ihren Körper zu mobilisieren, und sie konnte sich nicht darauf verlassen, daß er so reagieren würde, wie sie es wünschte. Als Folge davon war sie vorsichtig und wagte nicht, mit ihren Geschwistern zu spielen oder neue Bewegungsabläufe auszuprobieren. Ihre perservierenden Bewegungsmuster, das unablässige Streichen über Möbelstücke, erforderten ein Minimum an Energie und motorischer Kontrolle.

Bei der Arbeit mit Jessica war es wichtig, ihr intensive sensorische Stimuli zu bieten. Es erforderte viel Energie, sie in die Interaktion zu locken. Aber als ihre Eltern mit lebhafter Mimik, vielen Berührungen, heftigen Bewegungen, interessanten Lauten, Liedern und Geräuschen auf sie eingingen und sie, wenn erforderlich, spielerisch behinderten, bahnte sich allmählich ein engerer Kontakt an. Durch ein Zurückgreifen auf kleinkindliche Bewegungsspiele wie Kitzeln, Tanzen, Hochwerfen und »Guck-Guck« konnten die Eltern dazu beitragen, daß Jessicas Toleranz für Interaktionen wuchs und daß sie immer mehr Vergnügen daran fand.

Wenn Ihr Kind untererregbar ist, sollten Sie sich bewußt sein, daß es nicht unbedingt in jedem Sinnesbereich eine hohe Reizschwelle haben muß. Sie müssen alle Sinnesbereiche untersuchen und Ihren Interaktionsstil entsprechend gestalten. Reagiert das Kind beispielsweise überempfindlich auf Geräusche und zu schwach auf Berührungen, müssen Sie mit beruhigender Stimme sprechen, sollten aber viel mit dem Kind herumtoben.

Es fördert die Initiative und das Selbstbewußtsein des Kindes, wenn Sie es den Lenker des Spielgeschehens sein lassen, sobald Sie es in die Interaktion gezogen haben. Interagieren Sie weiterhin, aber achten Sie darauf, seinen Anregungen zu folgen. Je mehr Raum Sie dem Kind geben, je mehr Gelegenheiten, die Initiative zu ergreifen, desto selbstsicherer und durchsetzungsfähiger wird es werden.

Kinder mit hoher Reizschwelle, die nach Sinneseindrücken verlangen und leicht abzulenken sind

Caley war ein Wirbelwind. »Nie sitzt sie still«, klagte ihre Mutter. »Man kann genau sehen, wo sie gerade war, weil alles auf dem Boden liegt, manchmal auch kaputt. Ich weiß ja, sie will nicht destruktiv sein, sie hat nur so furchtbar viel Energie. Ich wünschte nur, sie würde mir mal so viel Aufmerksamkeit schenken wie allem anderen im Haus.«

Eine bessere Beschreibung eines untererregbaren, aktiven, leicht ablenkbaren Kindes läßt sich kaum denken. Wie Jessica verlangte Caley nach intensiven sensorischen Stimuli, aber im Gegensatz zu Jessica erlaubte ihr normaler bis hoher Muskeltonus, diese aktiv herbeizuführen. Folglich rannte sie überall hin, faßte alles an, steckte alles in den Mund. Das einzige, was sie nicht interessierte, war der Kontakt zu anderen Menschen.

Um einem Kind wie Caley zu helfen, eine engere Beziehung zu Ihnen aufzubauen, nutzen Sie sein Interesse an sensorischen Stimuli. Lassen Sie Ihre Stimme und Ihre Bewegungen lebhafter und energischer werden. Bauen Sie sensorische Erfahrungen in Ihre Interaktionen ein, indem Sie viel herumtoben, sich balgen und ähnliches. Machen Sie Blickkontakt und Zielstrebigkeit zu einem wesentlichen Bestandteil der Spielaktivität. Kitzeln Sie das Kind beispielsweise und warten Sie dann auf weitere Instruktionen, bevor Sie weiterkitzeln. Reitet es auf Ihnen wie auf einem Pferd, warten Sie, bis es Sie tätschelt oder etwas sagt, bevor Sie anhalten oder sich wieder in Bewegung setzen.

Suchen Sie nach Möglichkeiten, bei den Aktivitäten des Kindes mitzumachen, um sie interaktiv zu gestalten. Achten Sie darauf, welche Sinneseindrücke es am angenehmsten findet, denn es könnte sein, daß es auf manche Reize überempfindlich reagiert. Es kann beispielsweise nach bunten Farben und lauten Geräuschen verlangen, aber bestimmte Formen der Berührung oder bestimmte Oberflächenstrukturen als unangenehm empfinden. Experimentieren Sie während des Spielens und versuchen Sie, die Sinneseindrücke zu vermeiden, die dem Kind mißfallen. Sensorische Reize können das Gehirn organisieren. Ein gutes Hilfsmittel ist auch Ursache-Wirkung-Spielzeug. Das Kind kann es in Bewegung setzen und braucht sich nicht selbst zu bewegen. Besorgen Sie sich solches Spielzeug. Wenn das Kind guckt, aber zögert, die Spielsachen zu berühren, spielen Sie damit und locken Sie das Kind mit aufgeregten Ausrufen wie »Na sowas! Sieh dir das mal an!« herbei. Seine Neugier wird es veranlassen näherzukommen, und Sie können zusammen damit spielen, verhandeln, wer an der Reihe ist, experimentieren, tauschen und das Spiel sogar zum Symbolspiel ausweiten.

10 Bodenzeit II: Wechselseitiges Kommunizieren

Wie man einem Kind hilft, mit Gesten und Lautäußerungen zu kommunizieren

Der dreijährige Sam saß auf dem Boden und spielte mit einem Blechauto. Sein Vater Paul versuchte mitzumachen. »Schönes Auto«, bemerkte er. »Guck mal, wie schnell du mit ihm fahren kannst. Oh, jetzt schiebst du es langsamer. Jetzt fährt es nach rechts. Jetzt nach links.« Da Sam die Kommentare seines Vaters ganz offensichtlich ignorierte, ging Paul dazu über, Fragen zu formulieren, um eine Interaktion zu erreichen. »Kannst du das Auto hierherfahren?« fragte er und formte mit den Händen eine Garage. Sam beachtete ihn nicht. »Guck, hier ist ein Tunnel«, sagte Paul und formte mit den Händen einen Tunnel. »Kannst du das Auto durch den Tunnel fahren?« Wieder ignorierte Sam ihn. Paul beschloß, es mit väterlicher Autorität zu versuchen. »Bring das Auto her«, befahl er. Sam reagierte nicht. Frustriert nahm Paul schließlich seinem Sohn das Blechauto weg und versteckte es hinter seinem Rücken. Wie zu erwarten bekam der Junge einen Wutanfall, schmollte danach und weigerte sich, das Spielauto noch einmal anzurühren.

Warum ist diese Begegnung zwischen Vater und Sohn schiefgelaufen? Pauls Versuche, eine Interaktion zu erreichen, waren dem Entwicklungsstand des Kindes nicht angepaßt. Aufgrund einer beeinträchtigten sprachlichen Verständnis- und Ausdrucksfähigkeit konnte Sam die Worte seines Vaters nicht verstehen oder darauf reagieren (obwohl er sie hörte), und die komplizierten Gesten begriff er ebenfalls nicht. Die plötzliche Bewegung, mit der sein frustrierter Vater sich das Auto schnappte, ängstigte ihn so, daß er einen Wutanfall bekam. Hätte Paul einen Weg gefunden, mittels sehr einfacher Gesten mit Sam zu interagieren, hätte die Szene sich ganz anders entwickeln können.

Als Sam das nächste Mal ein Blechauto auf dem Teppich herumschob, schlug die Therapeutin vor, Paul sollte im Spiel mit Gesten und nicht mit Worten mit seinem Sohn kommunizieren. Paul blickte verwirrt drein. »Nehmen Sie sich ebenfalls ein Auto und spielen Sie damit. Setzen Sie Spielhandlungen ein, die den Spielhandlungen des Kindes entsprechen.«

Paul dachte einen Augenblick nach und legte dann die gewölbten Hände vor Sams Spielauto, in der Hoffnung, daß Sam es in die »Garage« schieben würde. Aber wieder beachtete Sam die Geste nicht. Entweder ignorierte er seinen Vater absichtlich, oder er verstand nicht, was das bedeuten sollte; wahrscheinlich ein bißchen von beidem. Wie sollte er auch wissen, daß die zusammengelegten Hände »Garage« bedeuteten – ein Wort und einen Begriff, den er nicht kannte – und daß sein Vater damit andeuten wollte, Sam solle sein Spielauto hineinschieben? Paul mußte sich etwas Einfacheres ausdenken.

Als Sam wieder anfing, sein Auto auf dem Teppich hin- und herzuschieben, holte Paul sich ebenfalls ein Auto und ließ es auf den Wagen seines Sohnes zurollen. Sam sah es kommen und wich mit seinem Auto aus, womit er einen ersten Kommunikationskreis schloß. Paul wendete und verfolgte Sams Auto. Aber diesmal wich der Junge nicht aus; er hielt sein Auto ganz fest und ließ Pauls Wagen dagegenkrachen. Wieder war ein Kommunikationskreis geschlossen. In den nächsten Minuten wurde das Spiel immer lebhafter; Vater und Sohn veranstalteten Verfolgungsjagden, erst schnell, dann langsam, und ließen die Autos manchmal zusammenkrachen und manchmal nicht. Gegen Ende des Spiels legte Paul erneut die zusammengefalteten Hände vor Sams Spielauto – diesmal nicht als Garage, sondern als Hindernis. Ohne Zögern umrundete Sam mit seinem Auto die Hände seines Vaters. Er hatte die komplexere Geste verstanden und darauf reagiert. Das Spiel war zu einem richtigen, nonverbalen Dialog geworden.

In den nächsten Wochen machte Sam enorme Fortschritte in der Kommunikation. Zum ersten Mal hatten er und seine Eltern eine gemeinsame Sprache! Drei Wochen später schloß er zwanzig bis dreißig gestische Kommunikationskreise nacheinander.

Sobald Ihr Kind Nähe und Intimität als wohltuend empfindet, können Sie zur nächsten Phase übergehen, dem wechselseitigen Kommunizieren. Natürlich haben Sie auch schon miteinander kommuniziert, während Sie eine engere Beziehung zueinander aufgebaut haben; Nähe und Intimität ist ja selbst eine Form der Kommunikation. Nun muß der Schwerpunkt sich erweitern. Vorher war Ihr Ziel, eine innige, emotionale Beziehung zu dem Kind aufzubauen, sich gegenseitig wahrzunehmen und Freude an der Gesellschaft des anderen zu entwickeln. Jetzt wollen Sie eine *durchgängige* Interaktion fördern. In der ersten Phase wurde mindestens ein Kommunikationskreis geöffnet und geschlossen, jetzt streben Sie an, daraus zwei, dann drei, dann zwanzig Kommunikationskreise zu machen.

Es gibt zwei Ebenen der wechselseitigen Kommunikation, die in der Praxis zusammenfallen. Eine besteht aus einfachen Kommunikationskreisen, einem zweiseitigen Austausch mit Kopfnicken, Lächeln, Stirnrunzeln und Lautäußerungen. Auf der zweiten Ebene findet Kommunikation durch komplexes nonverbales Verhalten statt, wenn ein Kind etwa eine Betreuungsperson zum Videorecorder führt und auf ein Video deutet oder im Spielzimmer auf ein Lieblingsspielzeug zeigt. Auf dieser Ebene ist das Schließen zahlreicher Kommunikationskreise erforderlich, bis zu vierzig nacheinander.

Einfache Kommunikation durch lebhafte mimische Interaktion

Das Mienenspiel ist ein grundlegendes Element der Kommunikation, so grundlegend, daß wir es oft einfach als gegeben hinnehmen. Stellen Sie sich eine Unterhaltung mit einem Gesprächspartner vor, der keine Miene verzieht, nie die Augen weitet, eine Augenbraue hochzieht oder mit einem angedeuteten Lächeln Interesse, Erstaunen oder sein Nicht-Einverständnis demonstriert. Wahrscheinlich würde Sie das ziemlich verwirren. Die ganz normalen Hinweise darauf, ob unsere Worte zum anderen durchdringen oder nicht, würden fehlen. Es wäre ein Gefühl, als rede man gegen eine Wand. Manche entwicklungsbeeinträchtigten Kinder sind mimisch ähnlich ausdruckslos, was ihre Probleme mit der Kommunikation noch verstärkt. Aber selbst noch so ausdruckslose Kinder können durch Interaktion mit ihren Eltern ein ausdrucksvolleres Mienenspiel lernen.

Bevor Delaney mit 15 Monaten in Therapie kam, reagierte sie kaum auf Kontaktangebote. Sie zog es vor, in Zimmerecken, Schränken oder hinter dem Sofa zu hocken, und schien kein Bedürfnis nach menschlichem Kontakt zu verspüren. Ihre Beschäftigungstherapeutin stellte bald fest, daß sie überempfindlich auf akustische Reize reagierte. Selbst gemäßigt laute Geräusche wie den Fernseher und die Stimmen ihrer Eltern und Geschwister, die oft laut und schnell sprachen, empfand sie als unangenehm. Auch hatte sie Probleme mit der auditiven Wahrnehmung, was es für sie noch schwerer machte, die Informationen zu verarbeiten, die durch ihre Ohren hereinströmten. Als ihre Familie den Lärmpegel im Haus senkte und sich bemühte, in sanftem, beruhigendem Ton um Delaney zu werben, fing sie langsam an, auf sie zu reagieren. Nach mehreren Wochen Therapie versteckte sie sich seltener und reagierte öfter auf die Angebote ihrer Familie.

Sie blieb jedoch sehr steif. Selbst wenn sie mit ihrem Eltern spielte, signalisierte sie selten Wärme, Vergnügen oder freudige Aufgeregtheit. Wie sich heraustellte, waren beide Eltern in ihrer Mimik sehr zurückgenommen. Folglich lebten sie ihrem Kind eine Interaktion mit unbewegter Miene vor. Die Therapeutin erklärte ihnen, wie wichtig es sei, ein lebhafteres Mienenspiel zu zeigen, damit ihre Tochter inspiriert wurde, es ihnen gleichzutun. Zögernd versuchten die Eltern es. Es fiel ihnen nicht leicht; die Mutter sagte, sie käme sich vor wie eine Schmierenkomödiantin. Aber als es ihnen gelang, ihre mimischen Gebärden zu übertreiben, wurde Delaneys Gesicht schnell viel ausdrucksvoller. Die positive Veränderung ihrer Tochter motivierte die Eltern, und mit der Zeit kamen sie besser mit dem neuen Interaktionsstil zurecht. Je lebhafter ihre Eltern wurden, desto lebhafter wurde Delaney. Bald konnten sie lange, wortlose Gespräche miteinander führen – Lächeln, breites Grinsen, Gekicher und Kopfnicken bildeten ein reiches mimisches Vokabular.

Auch Sie können anfangen, solche nonverbalen Gespräche mit Ihrem Kind anzubahnen.

- Wenden Sie Ihrem Kind beim Spiel immer das Gesicht zu. Es sollte Ihr Gesicht sehen und Ihren Gesichtsausdruck deuten können. Wenn das Kind trotzdem eine Möglichkeit findet, Ihnen den Rücken zuzukehren, indem es sich auf Ihren Schoß setzt oder sich immer wieder abwendet, stellen Sie einen großen Plastikspiegel vor sich hin, damit Sie sich gegenseitig im Spiegel sehen können. Sie können Ihrem Kind auch helfen, sich mit dem Aufnehmen von Blickkontakt wohler zu fühlen, indem Sie ihm zusätzliche sensorische Reize anbieten. Setzen Sie das Kind auf eine Schaukel und geben Sie von vorn Anschwung. Halten Sie die Schaukel fest und lassen Sie sie erst los, nachdem Blickkontakt hergestellt wurde. Oder hören Sie mitten im Kitzeln auf und machen Sie erst weiter, wenn das Kind Blickkontakt aufgenommen und gehalten hat.
- Seien Sie so lebhaft wie möglich – sogar übertrieben lebhaft –, um das Kind zu größerer Lebhaftigkeit anzuregen. Variieren Sie Rhythmus und Stimmlage und setzen Sie viele verbale Signale wie »Ohs« und »Ahs« ein.

Wenn Sie Ihre Ausdrucksmöglichkeiten erweitern, achten Sie darauf, daß das wie bei einem Ping-Pong-Spiel im gegenseitigen Wechsel geschieht. Sie sollen keineswegs die ganze Arbeit machen. Ihre Aufgabe ist nicht, den Clown zu spielen und das Kind zu unterhalten, sondern mit ihm zu interagieren. Sie wollen einen Dialog mit ihm führen, mit einem Lächeln auf sein Lächeln antworten, mit einem Kichern auf sein Kichern, mit einem Lachen auf sein Lachen. Ihre Äußerung sollte immer eine Reaktion auf etwas sein, das Ihr Kind getan hat – auf ein Lächeln, eine Lautäußerung, ein Nicken. Sein nächster nonverbaler Ausdruck sollte dann eine Reaktion auf Ihr Verhalten sein.

Gelegentlich kann es so aussehen, als würde das Kind gar nichts tun, so daß es nichts gibt, auf das Sie reagieren könnten. Aber wie wir schon im letzten Kapitel sagten: Das Kind tut immer irgend etwas. Ihre Aufgabe ist es, das Kind genau zu beobachten und bereits auf minimale Signale zu reagieren. Vielleicht bewegt es auf wenig zielstrebig wirkende Weise den Arm. Das ist vollkommen ausreichend. Lassen Sie Ihren Arm mit dem des Kindes zusammenprallen und schneiden Sie eine lustige Grimasse. Vielleicht starrt es einfach ins Leere. Fein. Stellen Sie sich direkt vor das Kind und wackeln mit der Zunge, oder bedecken Sie Ihr Gesicht und spielen »Guck-Guck«. Dann legen Sie die Hand vor seine Augen, nehmen sie wieder weg und sagen: »Ich seh dich!« Was das Kind auch tun mag, Sie können sich spielerisch, mit angeregtem Gesichtsausdruck und liebevollem Tonfall in die Beschäftigung eingliedern. Das kann der Beginn eines lebhaften mimischen und gestischen Dialogs sein. Führen Sie dann einfache Wörter ein. Verändern Sie oft Rhythmus und Stimmlage, damit das Kind lernt, Gestik und Wort miteinander in Beziehung zu setzen.

Komplexe Kommunikation über Mimik und Gestik: die Anzahl der Kreise erhöhen, die das Kind schließen kann

Sobald eine einfache mimische und gestische Kommunikation in Gang gekommen ist, steht Ihnen die nächste Herausforderung bevor: eine Verlängerung dieser Dialoge von einfachen Interaktionen aus zwei bis drei Kommunikationssequenzen bis hin zu zehn oder zwanzig an einem Stück.

Wenn das Kind beispielsweise sein Haar berührt, hat es einen Kommunikationskreis geöffnet. Sagen Sie jetzt mit warmer Stimme: »Darf ich dein Haar anfassen?«, bauen Sie auf dieser Geste auf. Reagiert das Kind darauf –

indem es Sie ansieht, lächelt, sogar wenn es sich abwendet –, hat es diesen Kommunikationskreis geschlossen; es hat auf Ihr Angebot reagiert. Aber im Schließen dieses Kreises hat es einen zweiten Kommunikationskreis geöffnet, und es ist an Ihnen, auf seiner Reaktion aufzubauen. Nehmen wir einmal an, Ihr Kind hat sich abgewendet. Sie könnten dann auf seine andere Seite hechten, so daß Sie ihm wiederum das Gesicht zuwenden. Wendet es sich erneut ab, hat es einen zweiten Kommunikationskreis geschlossen. Dann könnten Sie an die Stelle springen, auf die es jetzt schaut, und damit auf seiner Reaktion aufbauen. Vielleicht kichert es diesmal, statt sich abzuwenden, und schließt damit einen dritten Kreis. Wenn das Kind Ihr Haar anschaut, könnten Sie ihm mit warmer Stimme anbieten, es zu berühren. Streckt es die Hand danach aus, hat es einen vierten Kreis geschlossen. Darauf aufbauend bieten Sie ihm erneut an, Ihr Haar zu berühren. Streckt das Kind wieder die Hand danach aus, ist ein fünfter Kommunikationskreis geschlossen. Wenn alle Reaktionen Ihres Kindes vollkommen ausdruckslos sind, könnten Sie anfangen, jedesmal, wenn es Ihr Haar berührt, lustige Geräusche zu machen. Wenn das ein Kichern auslöst, schließen Sie gleichzeitig stimmliche und motorische Kreise. Sie ermutigen das Kind zum Weiterspielen, indem Sie es spüren lassen, daß sein Tun eine lustige Reaktion bei Ihnen auslöst. Wenn Sie die Geräusche variieren oder bei bestimmten Berührungen ein ganz bestimmtes Geräusch von sich geben, können Sie das Kind noch länger in der Interaktion halten. Auf diese Weise können Sie den ersten Kommunikationskreis auf fünf bis zehn ausdehnen.

Es gelten dieselben Leitlinien wie beim Aufbau von Nähe und Intimität.

- Sprechen Sie das Kind über seine sensorischen Vorlieben an.
- Machen Sie mit bei dem, was das Kind tut, anstatt neue Spielaktivitäten einzuführen.
- Lassen Sie das Kind den Lenker des Spielgeschehens sein.
- Wenn nötig, behindern Sie es spielerisch, um eine Interaktion herbeizuführen.

Auf den natürlichen Interessen und Absichten des Kindes aufbauen

Anstatt eine neue Spielaktivität einzuführen, um mit Ihrem Kind zu interagieren, machen Sie mit bei dem, was es gerade tut.

- Versteckt sich Ihre Tochter? Fordern Sie sie nicht auf, herauszukommen. Decken Sie sie statt dessen teilweise oder ganz mit einer Decke oder einem Kissen zu. Rufen Sie: »Maria, wo bist du? Wo bist du denn bloß?« Sie wird die Decke abwerfen, und Sie können sie begeistert begrüßen. Dann verstecken Sie sich ebenfalls. Aller Wahrscheinlichkeit nach wird sie das so neugierig machen, daß sie aus ihrem Versteck hervorkommen und damit einen Kommunikationskreis schließen wird. Wenn sie aus ihrem Versteck auftaucht, laufen Sie zu einem neuen Versteck, damit sie Sie wieder suchen kann. Sucht sie Sie nicht, laufen Sie von einem Versteck zum anderen oder tauchen Sie auf, legen einen kurzen Tanz hin und verschwinden wieder in Ihrem Versteck. Mit einiger Übung können Sie diese Interaktion zu einem längeren Katz- und Mausspiel ausbauen.
- Wischt Ihr Sohn ziellos am Fenster? Versuchen Sie es mal mit dieser Methode: »Kitzelst du das Fenster? Wenn du das Fenster kitzelst, kitzel ich dich! Ich komme!« sagen Sie und kommen lächelnd näher, aber im Schneckentempo, damit er reichlich Zeit hat, Ihnen auszuweichen, wenn er das möchte. Wenn er die Hand hebt, um Sie aufzuhalten, bleiben Sie stehen oder lassen Sie sich wegschieben. Ihr Sohn hat einen Kommunikationskreis geschlossen. Dann versuchen Sie es noch einmal. »Wenn du das Fenster kitzelst, kitzel ich dich. Ich komme!« Vielleicht wird er Sie wieder wegschieben und damit einen zweiten Kommunikationskreis schließen. In diesem Fall stellen Sie sich zwischen ihn und das Fenster und sagen spielerisch: »Wenn du das Fenster kitzelt, willst du vielleicht auch mich kitzeln!« Wenn er darauf reagiert, indem er Ihre rechte Hand wegschiebt, lassen Sie langsam die linke Hand näherkommen. Wenn er die auch wegschiebt, versetzen Sie ihm behutsam einen spielerischen Kopfstoß. Jede Abweisung ist eine Reaktion, das heißt, es wird ein Kommunikationskreis geöffnet und geschlossen. Geben Sie dem Kind reichlich Gelegenheit, sie abzuweisen. Betrachten Sie jede Reaktion des Kindes als das Öffnen eines weiteren Kommunikationskreises. Wenn Sie sich langsam bewegen und ihm Gelegenheit geben, Ihnen zu zeigen, was es als akzeptabel empfindet, können Sie es in eine durchgängige Interaktion locken. Bald wird es schon auf Ihren nächsten Spielzug warten.
- Spielt Ihr Kind mit einem Lieblingsspielzeug? Versuchen Sie, es in ein Wegziehspiel zu locken. Sagen Sie ihm, daß Sie gern mitspielen wollen. Halten Sie ihm das Spielzeug hin, aber bevor es danach greifen kann,

> verstecken Sie es schnell hinter dem Rücken. Lassen Sie es langsam wieder zum Vorschein kommen, geben Sie dem Kind einen Moment Zeit, es genau zu betrachten, und lassen Sie das Spielzeug schnell wieder verschwinden. Wenn das Kind nach ein paar Versuchen nicht reagiert, lassen Sie das Spielzeug langsam auf das Kind zuwandern. Lassen Sie es über sein Knie springen oder durch die Luft fliegen, wobei Sie melodramatisch »Dum de-dum dum« singen. Durch diese dramatische Komponente können Sie das Kind wahrscheinlich ermutigen, das Spielzeug zu nehmen und damit einen Kommunikationskreis zu schließen. Hat das Kind sich das Spielzeug geholt, unternehmen Sie vergebliche Versuche, es zurückzuholen – schlagen Sie mit der Hand danach oder lassen Sie Ihre Finger auf dem Boden darauf zumarschieren. Das sollte eine Reaktion hervorrufen, und damit hat das Kind einen weiteren Kommunikationskreis geschlossen.

Es ist hilfreich, in einem Raum zu spielen, in dem es ein großes Spielzeugangebot gibt, so daß Sie schnell neue Spielmaterialien einsetzen können, um die Interaktion in Gang zu halten. Besorgen Sie sich einen Vorrat an kleinen, reizvollen Spielsachen wie Murmeln, Glöckchen, Flummies, Zauberstäbe und Aufziehspielzeug. Aufziehbares Spielzeug findet immer viel Anklang bei Kindern und bietet sich für eine Interaktion an. Es ist wichtig, eine reiche Auswahl an Spielmaterialien vorrätig zu haben. Dann können Sie dem Kind beispielsweise eine neue Murmel anbieten, wenn Murmeln sein Interesse geweckt haben. Sie können Tauschspiele machen und auf diese Weise viele Kommunikationskreise öffnen und schließen. Später wird eine reiche Auswahl an Spielsachen es Ihnen erleichtern, Ihr Kind zum Spielen mit anderen Kindern zu bewegen.

Auf den natürlichen Interessen des Kindes aufzubauen ist entscheidend, denn wenn Sie ständig neues Spielmaterial oder neue Spielideen einbringen, werden Ihnen die Ideen bald ausgehen, und Sie werden sich demoralisiert fühlen. Die Spielsachen sind da, damit das Kind sich aussuchen kann, womit es spielen will. Wenn Sie sich von den Interessen des Kindes leiten lassen, wird zudem eine Verbindung zwischen seinem Verhalten und seinen Gefühlen geknüpft. Damit ermöglichen Sie ihm, sein Verhalten als zielstrebig zu empfinden und sein Selbstgefühl aufzubauen.

Sicher können Sie gelegentlich in die Trickkiste greifen und ein paar Lieblingsspielsachen oder Spielaktivitäten hervorziehen. Aber sobald das

Kind Interesse an etwas zeigt – an einem Spielzeug, an einem Gesichtsausdruck, an einem Geräusch, das die Handpuppe von sich gegeben hat, an etwas, das auf dem Regal liegt –, ist es wichtig, darauf einzugehen. Reagieren Sie auf das Interesse des Kindes, indem Sie das Geräusch wiederholen, den Gegenstand aus dem Regal holen oder das Spielzeug in den Mund stecken, um eine weitere Reaktion auszulösen. Auf diese Weise kann Ihre gesamte mimische und gestische Kommunikation auf den Interessen des Kindes aufbauen.

Auf der bevorzugten Verhaltensweise des Kindes aufbauen

Auch scheinbar ziel- und richtungslose Verhaltensweisen des Kindes können eine Basis für die Interaktion bilden. Behandeln Sie alle Verhaltensweisen des Kindes als zielgerichtet und absichtsvoll. Eben weil Ihr Kind so sehr an diesem Verhalten hängt, ist das Potential groß.

Die extrem unkommunikative kleine Cleo gab gern Geräusche von sich, die sich für ihre Eltern wie Knurren anhörten. Sie hatten Cleos exzentrisches Verhalten lange ignoriert, aber ihr Therapeut schlug vor, daß sie versuchen sollten, das Knurren des Kindes in ein Spiel zu verwandeln. Warum nicht so tun, als würde das Knurren sie erschrecken, anstatt es zu ignorieren? Als die Eltern zum ersten Mal vorgaben, furchtbar erschrocken zu sein, starrte Cleo sie an. Dann gewann sie die Fassung wieder und knurrte wieder, diesmal eindeutig ganz bewußt. Vater und Mutter zuckten heftig zusammen, und Cleo lächelte schwach. In den nächsten Wochen entwickelte sich das zu einem Spiel. Dann änderten die Eltern das Spiel ganz allmählich leicht ab. Manchmal knurrten sie zurück oder machten ein anderes Geräusch, anstatt überrascht zu tun. Nach einer Weile fing Cleo an, diese Geräusche nachzumachen, und schließlich entwickelte sich ein richtiger, aus Geräuschen bestehender Dialog daraus. Dann nahmen die Eltern Körperhaltungen und Gebärden dazu, flatterten beispielsweise mit den Armen wie mit Flügeln, während sie wie Vögel zwitscherten, oder tänzelten im Raum herum und wieherten wie Pferde. Nach mehreren Monaten war Cleos scheinbar zielloses Verhalten überhaupt nicht mehr ziellos, sondern Basis einer sehr bewußten und vergnüglichen Interaktion. Sie reagierte jetzt auch auf Hinweise wie »Achtung, fertig, los!«, »lauter«, »leiser«, »schnell« und »langsam«.

Cleos Eltern hatten eine bestehende Verhaltensweise in eine Interaktion verwandelt. Aber damit ließen sie es nicht bewenden. Sobald Cleo reagierte, veränderten sie das Spiel leicht und gaben ihr etwas Neues, auf das sie reagieren konnte. Selbst Kinder, die Schwierigkeiten mit der Bewegungsplanung haben, können zu problemlösendem Verhalten angeregt werden, indem man kleine Barrieren einbaut. Das ist sehr wichtig. Es hilft den Kindern, komplexere Bewegungsabläufe zu meistern, und es hilft ihnen, spontaner und flexibler zu werden.

Manche Kinder mit Beeinträchtigungen wollen mehr als alles andere, daß ihre Welt so bleibt wie sie ist. Da sie so vieles als beunruhigend empfinden und sich auf ihre körperlichen Kräfte, Koordinationsmöglichkeiten und ihre Geschicklichkeit nicht verlassen können, schaffen sie sich winzige Inseln, die ihnen Sicherheit bieten – vertrautes Spielzeug, mit dem sie immer wieder spielen, immer wiederkehrende Verhaltensrituale, von denen tagein, tagaus nicht abgewichen wird, vertraute Bewegungsmuster, die unablässig wiederholt werden. Kinder, die akustische und verbale Informationen nicht gut verarbeiten können, brauchen diese Rituale, um zu wissen, was als nächstes geschehen wird. Da es ihnen schwerfällt, die Bewegungsabläufe komplexerer Handlungen und Spiele zu planen, zu speichern und abzurufen, wiederholen sie unablässig dieselbe Bewegung. Fällt es ihnen schwer, mit Spielmaterialen zu hantieren, bewegen sie eigene Körperteile. Jede Abweichung von diesen gleichförmigen Mustern ruft Protest hervor, verständlicherweise, denn jede Veränderung ist eine Bedrohung des Sicherheitsnetzes, von dem die Kinder abhängig sind. Aber sie müssen lernen, in einer Welt zu leben, die sich ständig verändert, und dabei brauchen sie Hilfe.

Als Eltern müssen Sie Ihrem Kind helfen, Veränderungen zu tolerieren, indem Sie sehr langsam und geduldig leichte Variationen in Ihr Spiel einbauen, immer in der Sicherheit, die die Beziehung zu Ihnen bietet. Sobald also eine Interaktion gut läuft, versuchen Sie, sie leicht zu verändern. Nehmen Sie ein anderes Spielzeug für das Wegziehspiel, führen Sie eine neue Geste in Nachahmungsspiele ein oder eine neue Route beim Fangen. Wenn das Kind sich aktiv am Spiel beteiligt, wird es wahrscheinlich das neue Element übernehmen, ohne besonders darauf zu achten. Scheut es davor zurück, spielen Sie das Spiel noch ein-, zweimal wie bisher und versuchen Sie es dann noch einmal. Ihr Erfindungsreichtum beim Spielen wird das Kind anregen, ebenfalls flexibel zu reagieren.

Die Komplexität des Verhaltens steigern

Kann Ihr Kind immer mehr Kommunikationskreise nacheinander schließen, sollte Ihr nächstes Ziel sein, die Komplexität dieser Sequenzen zu erhöhen. Wenn das Kind einen Löffel von Ihnen entgegennimmt und in den Mund steckt, hat es einen Kommunikationskreis geschlossen. Aber wenn es vorher zuschaut, wie Sie den Löffel umdrehen, bevor Sie ihn in den Mund stecken, und das dann nachahmt, ist die Kommunikationssequenz komplexer geworden. Wenn Sie einen Ball zwischen sich hin- und herrollen, werden viele Kreise geschlossen, aber die Sequenz wird komplexer, wenn das Kind sich Ihre Hände anschaut und rät, in welcher der Ball versteckt ist. Bei den differenzierteren Beispielen verbindet das Kind motorische und kognitive Fertigkeiten mit räumlicher Orientierung. Das ist so wichtig, weil es zu dem komplexen Nachahmungsverhalten führt, das Kinder im Rollen- oder Symbolspiel zeigen – mit dem Spielzeugtelefon telefonieren, eine Puppe füttern oder in den Puppenwagen legen. Indem Sie jetzt anfangen, dieses Verhalten einzuüben, erleichtern Sie Ihrem Kind das Fortschreiten zur nächsten Entwicklungsstufe, der Ausbildung von Vorstellungen und Ideen durch das Symbolspiel.

Sie können diesen Entwicklungsschritt fördern, indem Sie die Interaktion mit dem Kind komplexer gestalten. Wenn Sie beispielsweise mit Autos spielen, könnten Sie das Blechauto des Kindes nicht mit der Hand, sondern mit einem anderen Blechauto blockieren, womit Sie auf rudimentärer Ebene das Symbolspiel einführen. Sie sollten das aber nicht notwendigerweise ansprechen oder eine richtige Spielszene ausarbeiten. Wenn Sie mit Duplo-Autos ein Rennen veranstalten, setzen Sie ein Püppchen in Ihr Duplo-Auto und sagen: »Püppchen fährt ganz schnell.« Arbeiten Sie kein Szenario eines Autorennens aus; das Einführen der Figur und die einfachen Worte reichen vollkommen. Allmählich wird Ihr Kind vielleicht anfangen, das Spiel selbst komplexer zu gestalten.

Einbeziehung aller Sinne und Wahrnehmungsmodalitäten

Wenn Sie die natürlichen Interessen des Kindes nutzen, um möglichst viele Kommunikationskreise zu öffnen und zu schließen, versuchen Sie, ihm etwas fürs Auge zu bieten, eine Vielzahl von Geräuschen, Bewegungen, Gegenständen mit unterschiedlichster Oberflächenbeschaffenheit – Herausforderungen für die Aufnahme und Verarbeitung akustischer und optischer Reize. Auf diese Weise werden Sie entdecken, was dem Kind Freude bereitet, und können gleichzeitig seine Fähigkeiten in schwächeren Bereichen stärken.

- Setzen Sie im Spiel akustische und optische Hinweise wie unterschiedliche Stimmlagen, Geräusche, Mimik und Körperhaltungen ein, damit das Kind die Gelegenheit erhält, vielfältige sensorische Stimuli aufzunehmen und zu verarbeiten.
- Stellen Sie Rasierschaum, Knete, nassen und trockenen Sand, Bohnen, Reis und Fingerfarben zur Verfügung, damit auch der taktile Sinn angesprochen wird.
- Spielen Sie komplizierte Fang- oder Nachahmungsspiele, lassen Sie das Kind Kästen oder Schraubgläser öffnen, um an begehrte Gegenstände heranzukommen, oder sagen Sie Kinderreime auf, begleitet von Handgebärden, damit das Kind die Bewegungsplanung üben kann.

Zeiten hoher Motivation ausnutzen

Kommunikationssequenzen lassen sich am besten verlängern, wenn Kinder unbedingt etwas haben wollen. Dann sind sie hochmotiviert und daher willens und bereit, viele Kommunikationskreise zu schließen. Wenn man sich von ihren Wünschen und Interessen leiten läßt, hilft man ihnen zudem, ihre Gefühle mit ihrem Verhalten zu verknüpfen, was dem Verhalten Bedeutung verleiht und Selbstgefühl sowie Zielgerichtetheit stärkt.

Die dreijährige Jocelyn kann noch nicht sprechen, aber sie will unbedingt Saft haben.

Jocelyn: *schlägt gegen die Kühlschranktür.*
Die Mutter *(die weiß, daß Jocelyn Saft haben will, aber bestrebt ist, die Sache in die Länge zu ziehen, um das Kommunizieren zu üben)*: Hast du Durst?
Jocelyn: *sieht ihre Mutter an und schlägt weiter gegen die Kühlschranktür.*
Mutter: Willst du was zu trinken haben? (*tut so, als würde sie ein Glas an den Mund heben*)
Jocelyn: *stampft mit den Füßen auf und hämmert weiter auf den Kühlschrank ein, jetzt noch frenetischer. Sie hat die Frage ihrer Mutter auf ihre Art beantwortet und damit einen Kommunikationskreis geschlossen.*

Mutter: Willst du Milch haben?
Jocelyn: *Brüllt, ganz klar ein Zeichen von Wut und Ablehnung. Wieder hat sie ihrer Mutter auf ihre Art geantwortet und damit einen zweiten Kommunikationskreis geschlossen.*
Mutter: Keine Milch?
Jocelyn: *Schlägt, ganz klar frustriert, erneut gegen die Kühlschranktür und fängt an zu weinen. Mit diesem Ausdruck ihres Mißfallens hat sie einen weiteren Kommunikationskreis geschlossen.*
Mutter: Kannst du mir zeigen, was du trinken möchtest?
Jocelyn: *Nickt mit dem Kopf und grunzt. Ein vierter Kommunikationskreis ist geschlossen.*
Mutter: *(öffnet die Kühlschranktür)* Zeig mir, was du trinken möchtest.
Jocelyn: *zeigt auf den Saft und schließt damit einen fünften Kreis.*
Mutter: Oh, du willst Saft?
Jocelyn: *Hüpft auf und nieder. Mit diesem Zeichen ihrer Zustimmung wurde ein sechster Kommunikationskreis geschlossen.*
Mutter: Gut, ich geb dir welchen. *(Sie nimmt den Saft aus dem Kühlschrank und zeigt ihn Jocelyn)*
Joceyln: Wa-wa. *(zustimmend; ein siebter Kreis ist geschlossen)*
Mutter: Saft. Saft für Jocelyn.
Jocelyn: Sa. *(Achter Kreis geschlossen)*

Entscheidend ist, den Austausch so lange wie möglich auszudehnen. Das ist nicht leicht, wenn ein wütendes, forderndes Kind vor einem steht, aber wenn Sie der Versuchung widerstehen können, das Problem rasch zu lösen, läßt sich wertvolle Kommunikationspraxis gewinnen. Und das so Gelernte bleibt erhalten. Man könnte annehmen, daß Übung bei einem Kind in einem derartigen emotionalen Zustand verschwendet wäre, aber das Gegenteil ist der Fall. Menschen lernen am besten, wenn sie hochmotiviert sind, und nichts ist motivierender als das dringende Bedürfnis, etwas haben zu wollen.

Ziehen Sie die Kommunikation jedesmal auf diese Weise in die Länge, wenn das Kind etwas will – oder nicht will.

- Wenn Ihre Tochter nach dem Essen aufstehen will, gestatten Sie es ihr nicht sofort. Fragen Sie sie, begleitet von Gesten: »Noch Obst? Noch etwas Milch?« Nachdem sie alle Angebote abgelehnt hat, halten Sie ihren

Stuhl fest und ermuntern Sie sie, »aufstehen« oder »hinsetzen« zu sagen. Demonstrieren Sie das mit Gebärden. Oder teilen Sie ihr mit, daß Sie noch nicht fertig sind: »Warte auf Mama.« Auch wenn Sie nur drei Minuten über »mehr«, »hinsetzen« und »warten« verhandeln, lassen sich zehn bis zwanzig Kommunikationskreise schließen.

- Wenn Ihr Sohn Ihre Hand nimmt und sie auf die Türklinke legt, um anzudeuten, daß er den Raum verlassen will, drücken Sie nicht einfach die Klinke herunter und lassen ihn hinaus. Drücken Sie die Klinke nach oben, oder sehen Sie ihn verwirrt an. Oder ziehen Sie an der Klinke, anstatt sie herunterzudrücken. Klopfen Sie an die Tür, als solle jemand anders sie öffnen. Oder geben Sie Ihrem Sohn einen Schlüssel und bedeuten Sie ihm, die Tür könne nur mit einem Schlüssel geöffnet werden. Er wird frustriert sein, aber das ist positiv. In seiner Frustration wird er zehn, fünfzehn oder sogar zwanzig Kommunikationskreise schließen, um Ihnen zu verdeutlichen, was er will. Er wird außerdem lernen, symbolische Lösungen für anstehende Probleme zu finden.
- Wenn Ihre Tochter ein Spielzeug möchte, das hoch oben auf dem Regal liegt, geben Sie es ihr nicht sofort. Spielen Sie Trittleiter und heben Sie sie hoch. Lassen Sie sich zeigen, was das Kind haben möchte, indem Sie es spielerisch mißverstehen. »Du willst das Bilderbuch da?« könnten Sie fragen und mit ihr auf ein anderes Regel zustapfen. Wenn Ihre Tochter Ihnen das richtige Regal zeigt, heben Sie sie nicht hoch genug; lassen Sie sich durch eine Geste bedeuten, daß Sie sie höher halten sollen. Hat sie das erwünschte Spielzeug, »vergessen« Sie, sie wieder herunterzulassen. Bringen Sie das Kind dazu, Ihnen mitzuteilen, was es will.

Anziehen, Zähne putzen, Zubettgehen, die Mahlzeiten – all das bietet sich für derartige Verhandlungen an. Natürlich können Sie sich nicht immer die Zeit nehmen, diese täglichen Verrichtungen in die Länge zu ziehen, indem Sie das Kind absichtlich mißverstehen. Aber wenn Sie jeden Tag ein oder zwei Gelegenheiten dafür einplanen, vermitteln Sie Ihrem Kind wertvolle Lernerfahrungen.

Was ist, wenn das Kind während der Verhandlungen in hilflose Wut gerät und gar nicht mehr zu beruhigen ist? Das macht nichts. Wenn man es übertreibt, passiert das manchmal. Hören Sie auf, und trösten Sie das Kind. Später am Tag versuchen Sie es dann noch einmal, mit einer anderen Sache. Die wiederkehrenden Kämpfe werden Ihrer Beziehung keinen Schaden zufügen, aber die Interaktionsfähigkeit des Kindes wird sich verbessern. Das Kind soll ja warmherzig und spontan, flexibel und kreativ werden. Es soll den Umgang mit anderen Menschen souverän meistern. Die meisten Kinder mit Beeinträchtigungen sind dazu fähig, aber nur, wenn sie lernen, dreißig bis vierzig Kommunikationskreise nacheinander zu schließen. Deshalb ist es so wichtig, bei Verhandlungen, ob das Kind nach draußen darf, zehn oder zwanzig Kommunikationskreise zu schließen, weitere zehn oder fünfzehn beim Verhandeln über ein Glas Saft und wieder fünfzehn oder zwanzig beim Fangenspielen. Mit so viel Übung wird das Kind den Dreh schließlich rauskriegen. Langsam, zunehmend, wird es die wechselseitige Kommunikation meistern.

Es ist schwer, dem Kind seinen Wunsch zunächst zu versagen und zuzusehen, wie es immer wütender wird. Aber Wut und Enttäuschung werden verschwinden, sobald es hat, was es wollte, und wenn Sie es nach den Verhandlungen liebevoll in den Arm nehmen, wird es mit der Befriedigung, seinen Wunsch erfüllt bekommen zu haben, aus der Begegnung hervorgehen. Und zudem wird es sich Ihrer Liebe gewiß sein und sich geborgen fühlen.

Seien Sie lebhaft!

Eine ausdrucksvolle, lebhafte Gebärdensprache ist wichtig, wenn Sie die Kommunikation mit Ihrem Kind in die Länge ziehen wollen. Das erfordert einige Übung.

Der vierjährige Will war intelligent, konnte bereits sprechen und hatte meistens eine innige Beziehung zu seinen Eltern. Aber wie die zu Beginn des Kapitels vorgestellte Delaney zeigte er beim Spielen kaum Emotionen. Körperhaltung und Gesichtsausdruck waren hölzern, die Stimme monoton. Seine Eltern waren liebevoll und aufmerksam, aber in der Interaktion mit ihrem Sohn verhielten sie sich ebenfalls ziemlich steif. Beide sprachen mit ruhiger Stimme, die sich nur selten hob oder senkte, um Aufgeregtheit oder Enttäuschung auszudrücken, und gestikulierten selten. Es steckte kein Drama in ihrem Spiel. »Versuchen Sie, lebhafter zu sein. Lachen Sie, schmollen Sie, springen Sie auf, lassen Sie sich wieder auf den Stuhl fallen. Je lebhafter Sie sind, desto lebhafter wird das Kind werden«, regte die Therapeutin an. Da die Eltern ein solches Verhalten als unnatürlich empfanden, versuchten sie es mit Handpuppen. Beide setzten sich eine Handpuppe auf, und die Mutter sprach mit hoher, piepsiger Stimme, der Vater mit tiefer, grollender Stimme. Der Junge sah sie zunächst erstaunt an, aber schnell faszinierten ihn die beiden neuen Personen im Raum. Als er sich aufgeregt mit den beiden Handpuppen unterhielt, wurde auch sein Tonfall lebendiger. Nach kurzer Zeit standen die Eltern vom Boden auf, ließen die Handpuppen den Raum erkunden und sich über das unterhalten, was sie sahen. Prompt folgte Will ihnen. Seine Eltern kommentierten ihre Entdeckungen mit piepsigen und grollenden Lauten, und Will ahmte sie nach. Bald stolzierte die ganze Familie durchs Zimmer und stieß seltsame Geräusche aus. In den nächsten Wochen arbeiteten die Eltern daran, das Spiel zu Hause lebendiger zu gestalten. Anfangs ließen sie die Handpuppen wieder mit der piepsigen bzw. tief-grollenden Stimme sprechen, aber nach einer Weile experimentierten sie mit ganz unterschiedlichen Stimmlagen. Allmählich fühlten sie sich wohler dabei, auch ohne die Handpuppen überzogene Stimmlagen auszuprobieren. Als seine Eltern experimentierfreudiger wurden, wurde Will es ebenfalls. Nach einigen Monaten hatte sich sein emotionales Spektrum stark erweitert.

Unglücklicherweise ist eine lebhafte Gestik vielen Erwachsenen fremd. Gewöhnlich werden wir im gesetzteren Alter Eltern. Es fällt uns schwer, große Gesten zu machen, ohne uns albern vorzukommen. Aber diese überdeutlichen Verhaltensweisen sind von entscheidender Wichtigkeit, denn wenn die Eltern beim Kommunizieren befangen sind, hat das Kind weniger, auf das es reagieren kann. Das heißt nicht, daß Ihr Gebahren unecht und aufgesetzt wirken sollte. Ganz im Gegenteil, Gestik und Mimik sollten ganz natürlich und spontan sein, denn Sie sind das Rollenmodell Ihres Kindes. Aber Sie müssen eine Anstrengung unternehmen und sich lebhafter zeigen, als Sie es vielleicht von Natur aus sind. Halten Sie sich an die folgenden Richtlinien.

- *Gestikulieren Sie nicht nur mit Armen und Händen.* Setzen Sie die Mimik ein, die Augen, die Stimme. Zeigen Sie Ihre Gefühle. Lächeln Sie stolz, wenn Ihr Kind Ihnen einen Ball zurollt, seufzen Sie mitfühlend, wenn der Turm aus Bauklötzen einstürzt, und reißen Sie die Augen weit auf, wenn Sie eine gute Stelle zum Kitzeln suchen. Ihre Mimik zeigt dem Kind, daß Sie innerlich beteiligt sind, und es wird dadurch angeregt, ebenfalls Gesichter zu schneiden.

- *Verbinden Sie die Tätigkeit des Kindes stets mit Worten*, ob nun das Kind Ihren Worten schon folgen kann oder nicht. Kommentieren Sie, was vorgeht, aber machen Sie auch Geräusche, um das Kind zu fesseln: Ahmen Sie Autos und Züge nach, erzeugen Sie mit einem »dum de-dum dum« Spannung, glucksen Sie, quietschen Sie, stoßen Sie grollende Laute aus, um die Dramatik zu steigern. Wenn Sie bestimmte gefühlsbeladene Redensarten oder idiomatische Ausdrücke immer wieder verwenden, wird das Kind sie wiedererkennen, so wie es Kinderlieder wiedererkennt.
- *Setzen Sie den ganzen Körper ein.* Rennen Sie, springen Sie, winden Sie sich wie eine Schlange, hüpfen Sie wie ein Häschen, zeichnen und kritzeln Sie, tanzen und singen Sie. Machen Sie mit, wenn Ihr Kind all das tut, und verwandeln Sie diese Aktivitäten in eine spielerische Interaktion.
- *Spielen Sie Fangen oder Verstecken.* Kinder, die sich gegen Kontakt sperren, lassen sich oft durch solche Spiele zur Interaktion verleiten und lieben sie dann heiß und innig. Die grobmotorische Aktivität verlockt das Kind zum Mitmachen, und zudem wird die visuelle Wahrnehmung, das Erkennen der Lage im Raum und das Erfassen räumlicher Beziehungen verbessert.
- *Es sollte Ihnen nicht unangenehm sein, Gestik, Mimik und Körpersprache leicht zu übertreiben.* Was Ihnen peinlich und auffällig vorkommt, erscheint anderen wahrscheinlich ziemlich gemäßigt. Ihr Kind wird Ihr Verhalten als lebhaft und einladend empfinden.

Es wird Ihnen unter Umständen nicht leichtfallen, das Spiel auf der gestischen Ebene zu halten. Wir sind es gewohnt, beim Interagieren zu sprechen, und empfinden es als ungewohnt, den Körper dazu einzusetzen. Aber lassen Sie sich von Ihrem Kind leiten. Wenn Sie wirklich dem Kind die Führungsrolle im Spiel überlassen, wird es dafür sorgen, daß Sie auf der Ebene von Mimik, Gestik und Lautäußerungen bleiben. Mit ein wenig Übung wird Ihnen das bald vertrauter werden, und wenn das Kind zu reagieren beginnt, werden Ihre nonverbalen Dialoge erfreulich und bereichernd sein.

Das widerstrebende, unkommunikative Kind

Manchen Kinder scheint das wechselseitige Kommunizieren besonders zu widerstreben, und sie sperren sich hartnäckig gegen jedes Verlängern der Kommunikationssequenzen. Wenn das auf Ihr Kind zutrifft, könnten die folgenden Prinzipien hilfreich sein.

Behindern Sie das Kind spielerisch

Es ist ganz natürlich, nett mit dem Kind spielen zu wollen – ihm das Spielzeug zu reichen, das es gern haben will, Ihr Duplo-Auto friedlich neben seinem herzuschieben, sich an die Regeln zu halten, die das Kind festlegt. Aber nicht immer wird ihm das helfen, Kommunikationskreise zu schließen. Ihr Ziel als Spielpartner ist es, das Kind ständig herauszufordern, auf Sie zu reagieren. Das kann bedeuten:

- absichtlich seine Regeln mißzuverstehen, um die Interaktion in Gang zu halten
- sich zwischen das Kind und die Sache zu stellen, die es haben will
- spielerisch Situationen zu schaffen, in denen es sich mit Ihnen auseinandersetzen *muß*, um zu bekommen, was es haben will.

Die folgenden Strategien funktionieren selbst bei Kindern, denen sehr daran gelegen ist, in Ruhe gelassen zu werden.

- *Landen Sie immer wieder vor seiner Nase.* Drängen Sie sich so in das Spiel des Kindes ein, daß ihm gar nichts anderes übrigbleibt, als auf Sie zu reagieren. Seien Sie aufdringlich. Nehmen wir an, das Kind spielt mit einem Spielzeuglaster. Sie sagen warm und liebevoll: »Kann ich mal deinen Spielzeuglaster sehen?« Das Kind wendet sich ab und schließt damit einen Kommunikationskreis. Sie hechten um es herum, so daß sie wieder in seinem Blickfeld stehen; es wendet sich ab und schließt einen weiteren Kreis. Sie springen wieder um es herum. Das Kind geht weg. Und so weiter. Nachdem Sie dieses Spiel mehrmals wiederholt haben, fängt das Kind vielleicht an zu lächeln oder zu kichern. Jetzt können Sie mehr Emotionen ins Spiel bringen. Machen Sie jedesmal, wenn Sie wieder vor seiner Nase landen, ein lustiges Geräusch oder sagen Sie: »Ich hab dich!« Oder brummen Sie wie ein Flugzeug, und wenn Sie neben ihm »landen«, kitzeln Sie das Kind und lächeln oder sagen: »Das Flugzeug ist gelandet!« Vielleicht wird es binnen kurzem bei diesem Als-ob-Spiel mitmachen.

- *Blockieren Sie behutsam seine Fluchtwege.* Wenn das Kind sich gegen den Kontakt mit Ihnen sperrt, indem es sich abwendet oder wegläuft, treiben Sie es allmählich in eine Ecke. Wenn Sie nahe genug sind, stemmen Sie beide Arme gegen die Wand. Das Kind muß jetzt unter Ihren Armen oder Beinen durchkrabbeln oder Ihren Arm wegschieben, um aus der Ecke herauszukommen. Solange Sie sanft und spielerisch bleiben, breit lächeln und zwinkern, wenn Sie die magischen Worte: »Ich krieg dich!« sagen, wird das Kind dieses Spiel vielleicht unwiderstehlich finden. Selbst Kinder, die sich sehr abkapseln, reagieren oft mit Kichern und zwängen sich hinaus. Nachdem das Kind mehrmals versucht hat, sich hinauszuschlängeln oder Sie wegzuschieben, sollten Sie sich natürlich umwerfen lassen. Stöhnen Sie: »Du hast gewonnen! Du hast gewonnen!« Das Kind soll den Eindruck gewinnen, diesen albernen Erwachsenen überwältigt zu haben.
- *Der Schleier oder das Tuch.* Das ist eine großartige Methode, selbst Kinder, die sich gegen jeden Kontakt sperren, zur Interaktion zu bewegen. Nehmen Sie ein langes, buntes Tuch und decken Sie damit das Fenster ab, durch das Ihr Kind hinausstarrt. Oder bedecken Sie Ihr lächelndes Gesicht oder das Spielzeug damit, das Ihr Kind gerade anschaut. Malen Sie bunte Muster in die Luft, indem Sie das Tuch vor den Augen des Kindes vorbeischweben oder über sein Gesicht gleiten lassen. Setzen Sie das Tuch als vielseitigen Aufmerksamkeitserreger ein, um das Kind in die Interaktion zu locken.
- *Die Badewanne.* Wenn Ihr Kind sich gegen jeden Kontakt sperrt und Sie meidet, schlagen Sie einen Besuch im Schwimmbad vor. Ziehen Sie einen Badeanzug an, wenn Sie das bei einem Besuch im öffentlichen Schwimmbad für gewöhnlich tun. Das warme Wasser und der Schaum in der Badewanne sorgen für angenehme sensorische Reize und vergnügtes Wohlbehagen. Das Kind wird nicht das Bedürfnis verspüren, sich zu entfernen. Holen Sie das Badespielzeug und verhandeln Sie darüber, wer was kriegt. Dann spritzen, planschen und spielen Sie. Halten Sie die Interaktion aufrecht, solange es geht.

»Angerichteten Schaden wiedergutmachen«

Manche Kinder haben so große Schwierigkeiten damit, Bewegungsabläufe zu planen, daß sie unfähig sind, Handlungen einzuleiten. Sie neigen dazu, ziellos herumzuwandern oder passiv irgendwo zu liegen, oder aber sie sind ständig auf der Suche nach sensomotorischer Stimulation, laufen, hüpfen und werfen alles herunter, was ihnen im Weg steht. Aber selbst wenn es für das Kind schwierig ist, motorisch zielgerichtet zu handeln, kann es auf etwas reagieren, das Sie tun, ja, es wird eifrig bestrebt sein, »den Schaden wiedergutzumachen«, wenn Ihr Tun nicht seinen Erwartungen entspricht oder ihm mißfällt. Das Bedürfnis, auf diese Weise die Kontrolle zurückzugewinnen, ist eine starke Motivation, selbst wenn es nur darum geht, einen Zustand passiver Vermeidung wiederherzustellen. Ein »nein« ist hier nicht zwangsläufig endgültig und kann »ja« in dem Sinn bedeuten, daß das Kind weitermacht, gegen viele Ihrer Spielhandlungen protestiert und damit interagiert.

Kinder mit schweren Störungen in der motorischen Planung, die zudem Probleme mit der auditiven Wahrnehmung haben, profitieren am meisten von diesem Ansatz. In vielen Fällen wird das Kind rückgängig machen, was Sie angerichtet haben: Einfach weil es an etwas herankommen will, das Sie blockieren, oder weil ein Spielzeug wieder da hinsoll, wo es vorher war.

Sammy lag auf dem Boden und rollte sein Spielauto hin und her. Seine Mutter stellte ihr Spielauto hinter das von Sammy, sagte: »Bitte weiterfahren!« und schob es außerhalb seiner Reichweite. Gewöhnlich stand er dann auf, holte sein Auto zurück und setzte sein Spiel fort. Nachdem sie das einige Male wiederholt hatte, warf er ihr wütende Blicke zu und stieß knurrende Geräusche aus, woraufhin sie ihr Auto zurückfuhr. Bald wurde das Hin- und Herschieben der Autos zu einem Interaktionsspiel.

Susie lag auf dem Sofa, und ihr Vater beschloß, sie zuzudecken. Er warf ihr eine Decke über den Kopf. Susie warf sie ab, und er deckte ihren Oberkörper zu, aber nicht Beine und Füße. Wieder schleuderte sie die Decke weg und sah ihn an, während er laut überlegte: »Oh, ich hab's schon wieder falsch gemacht.« Er legte ihr die Decke unter die Beine und fragte: »Ist das jetzt richtig?« Als Susie nicht reagierte, setzte er seine Bemühungen fort und fand einen weiteren Fehler, den er machen konnte. Susie begann ihn zu beobachten, bereit, wieder rückgängig zu machen, was er noch anstellen würde. Ein paar Minuten später beschloß Susie, sich aufzusetzen. Ihr Vater setzte sich dicht neben sie und forderte sie auf, doch ein wenig zu rücken. Er drängte sie an die Sofakante. Susie war verwirrt, aber es gefiel ihr, ein bißchen gedrückt zu werden. Ihr Vater behauptete, immer noch nicht genug Platz zu haben, und schubste sie noch ein bißchen weiter. Diesmal schubste Susie ihn zurück. Nachdem sie sich eine Weile hin- und hergeschubst hatten, wurde dem Vater klar, daß die große Puppe genau da sitzen wollte, wo Susie saß. Ihr gefiel das gar nicht, und sie warf die Puppe vom Sofa. Es dauerte eine Weile, bis alle den richtigen Platz zum Sitzen gefunden hatten!

Ihr Kind hat wahrscheinlich nicht nur viele Verhaltensrituale und Vorlieben entwickelt, sondern Sie wahrscheinlich auch dazu gebracht, in ganz bestimmten Situationen das Ritual in immer gleicher Weise auszuführen, ohne das überhaupt noch zu bemerken. Anfangs machten die Rituale alles überschaubarer und erleichterten die Orientierung. Jetzt können sie benutzt werden, um das Kind vor kleine Probleme zu stellen, die es lösen muß. Ist das Kind beispielsweise daran gewöhnt, in Ihrer Tasche nach einer Packung Kräcker zu suchen, legen Sie statt dessen Spielkräcker hinein. Das Kind wird vielleicht erst einmal hineinbeißen, bevor es protestiert. Sie könnten auch einfach die Packung Kräcker in eine Papiertüte legen und das Kind ermuntern, danach zu suchen. Wenn Sie gelegentlich eine Überraschung in die Papiertüte legen, zahlt sich das Suchen auf mehrfache Weise aus.

Überlegen Sie, was Sie noch immer auf die gleiche Weise tun, und lassen Sie sich Alternativen einfallen. Was wäre, wenn Sie dem Kind beim Anziehen die Socken über die Hände stülpen statt über die Füße? Was wäre, wenn Sie anfingen, seine Lieblingsbücher falsch herum zu halten oder von hinten vorzulesen? Was wäre, wenn die Spielzeugeisenbahn nicht in der blauen Kiste ist, sondern in der rosa Kiste? Was wäre, wenn der Schuhkarton, in dem die Murmeln sind, plötzlich mit sechs Gummibändern umwickelt ist?

Sehr wahrscheinlich wird das Kind sich nicht nur schnell daranmachen, diese kleinen Probleme zu lösen, indem es ungeschehen macht, was Sie getan haben, sondern auch anfangen, Sie zu beobachten und auf so etwas zu warten. Und schließlich wird es ihm Spaß machen, aktiver zu werden und zu interagieren. Die Lösung solcher kniffliger Aufgaben erfordert größere Aufmerksamkeit, den Gebrauch beider Hände, mehr Beschäftigung mit unbelebten Gegenständen und mehr Kommunikation. Bei den obigen Beispielen ist das Ritual der »Aufmacher«, der den Kommunikationskreis öffnet. Das von Ihnen geschaffene Problem ist Ihre erste Reaktion, und die Reaktion des Kindes schließt den Kreis. Mit anderen Worten, das abgeänderte Ritual ist Schritt eins und die Reaktion des Kindes Schritt zwei, ob es das kleine Problem nun selbständig löst oder Sie um Hilfe bittet. Die erweckten Emotionen, ob positive oder negative, geben zu weiteren Interaktionen Anlaß und regen das Kind an, zu erkunden, zu experimentieren, zu fühlen und umzudenken. Wenn das Kind nichts bemerkt oder nicht reagiert, versuchen Sie einfach etwas anderes. Was heute nicht geklappt hat, klappt vielleicht morgen. Es gibt kein Richtig oder Falsch. Konzentrieren Sie sich darauf, möglichst viel mit Ihrem Kind zu interagieren und es Spaß daran finden zu lassen.

Das ganze Spektrum der Gefühle vermitteln

Wenn das Kind die Kommunikation durch Gestik, Mimik und Lautäußerungen besser meistert, sollte es anfangen, das ganze Spektrum der Emotionen und Stimmungen durch Gebärden und Lautäußerungen auszudrücken.

- Das Kind drückt beispielsweise den Wunsch nach Nähe aus, indem es die Arme ausstreckt, wenn es hochgenommen werden will.
- Es wirft sein Essen herunter oder wirft mit Spielsachen, um seinem Ärger Ausdruck zu verleihen.
- Es lächelt, lacht und fuchtelt mit Armen oder Beinen, um Freude auszudrücken.
- Das Kind schiebt die Puppe weg, die Sie gerade füttern, um zu zeigen, daß es eifersüchtig ist.
- Es schiebt Sie weg und unternimmt Erkundungszüge durch den Raum, um seine Unabhängigkeit zu beweisen.

Halten Sie nach diesen Anzeichen Ausschau. Wenn Sie spüren, daß bestimmte Empfindungen fehlen, ermutigen Sie das Kind, sie auszudrücken.

- Um seine Verspieltheit zu fördern, kitzeln Sie das Kind, legen den Kopf auf seinen Bauch, schneiden lustige Gesichter und hampeln herum. Dann lachen Sie gemeinsam mit ihm.

- Um es in seinem Erkundungsdrang zu ermutigen, verstecken Sie Spielsachen an Stellen, die Ihrer Meinung nach leicht zu finden sind, und krabbeln Sie dann gemeinsam herum, um danach zu suchen.
- Um das Kind zu ermuntern, Ärger und Frustration auszudrücken, geben Sie nicht sofort nach, wenn es etwas will. Halten Sie es hin, tun Sie verwirrt. Bewegen Sie es dazu, zusätzliche Kommunikationskreise zu öffnen und zu schließen, noch während es verärgert und frustriert ist.
- Um ihm Mut zu machen, seine Traurigkeit zu zeigen, setzen Sie sich still neben das Kind, wenn es traurig ist. Bemühen Sie sich nicht, die Tränen schnell zu trocknen oder es aufzumuntern. Trösten Sie das Kind, aber haben Sie nicht vorschnell Lösungen an der Hand.

Gebärden als Grundlage von Kommunikation und Sprache

Wenn Ihr Kind schon sprechen kann, bezweifeln Sie vielleicht, daß es notwendig ist, die gestische Kommunikation einzuüben. Aber gerade sie ist außerordentlich wichtig. Mit Gesten, Mimik und Lautäußerungen drückt das Kind seine Wünsche aus. Das Kind will etwas haben: Es zeigt darauf und grunzt. Es will zu Mama: Es streckt die Arme aus und weint. Die Gebärden übersetzen seine Wünsche, sein Verlangen nach etwas und seine Gefühle in Mitteilung. Das tun Worte auch, aber abstrakter. Statt das Verlangen direkt mitzuteilen, stehen sie symbolisch für den Wunsch oder das Gefühl. Wenn Ihr Kind nicht in der Lage ist, flüssig in der Gebärdensprache zu kommunizieren, ist es noch nicht bereit, sich in der schwierigeren, abstrakten Sprache der Symbole zu verständigen.

Das Kind setzt Gesten und Verhaltensweisen ein, um herauszufinden, wer es ist, was es will und fühlt, und um dies seiner Umgebung mitzuteilen. Worte leisten dasselbe in Kurzschrift. Fast bei jedem verbalen Austausch wird ein emotionaler Sinngehalt mitgeteilt: »Das gefällt mir«; »Das mag ich gar nicht«; »Der Film war toll«; »Es wäre mir wirklich lieber, er würde das lassen.« Kinder, die nicht in der Lage sind, diesen emotionalen Gehalt mit Gesten, Mimik und Lautäußerungen in einem fortlaufenden, fließenden Dialog auszudrücken, werden das gleiche Problem mit der Sprache haben. Sie werden dazu neigen, Worte auf fragmentierte, isolierte Weise einzusetzen. Wenn wir ihnen helfen wollen, müssen wir ihre Fähigkeit zur durchgängigen gestischen Kommunikation fördern. Gewöhnlich sind Kinder bereit zum Spracherwerb, wenn sie regelmäßig dreißig bis vierzig gestische Kommunikationskreise nacheinander schließen können.

Während Sie das einüben, sollten Sie mit dem Kind sprechen. Für Sie ist das ganz natürlich, und es wird Ihre Lebensgeister hoch- und Ihr Interesse wachhalten. Achten Sie darauf, nicht in Schweigen zu verfallen, nur weil das Kind nicht verbal antwortet. Wenn Sie Ihre Gebärden benennen, hilft das dem Kind, Worte mit ihrem Sinngehalt zu verbinden. Das wird den Übergang zur Versprachlichung beschleunigen, wenn es soweit ist. Wenn Sie ihm Saft eingießen, reden Sie darüber, was Sie gerade tun. Wenn Sie ihm beim Anziehen helfen, fragen Sie: »Welcher Fuß zuerst?« oder »Erst der Kopf oder erst die Arme?«

Bewahren Sie dabei immer den Bezug zu dem, was Sie gerade tun. Sobald die gestische Kommunikation gemeistert ist, sind Sie und Ihr Kind bereit für die Versprachlichung von Interaktionen und Empfindungen.

Spielen mit anderen Kindern

Die Interaktionen der Bodenzeit sind die effektivste Methode, das Kind in die Welt menschlicher Wärme, Spontaneität und Interaktion zu locken, aber das reicht nicht aus. Ihr Kind braucht den Kontakt zu anderen Kindern, denn durch das Zusammenspiel mit Gleichaltrigen oder Kindern, die sich auf demselben Entwicklungsstand befinden, kann es soziale Kompetenzen einüben. Kinder sind von Natur aus sehr interaktional. Sie geben intuitiv gute Bodenzeit-Partner ab und können Sie in Ihren Bemühungen bestens unterstützen.

Für viele Kinder mit Beeinträchtigungen ist es anfangs schwierig, mit anderen Kindern zu spielen. Menschliche Wärme und Nähe ist ihnen noch unvertraut, und so ist jede neue Beziehung zu einem anderen Menschen angstbesetzt. Und die Eltern, die intuitiv spüren, wie schwierig es sein kann, zwischen ihrem Kind und einem gleichaltrigen Spielgefährten zu vermitteln, schrecken ebenfalls davor zurück. Aber dieser Kontakt ist von entscheidender Bedeutung. Ohne ihn werden die Kinder nicht lernen, ihre neuerworbenen Fähigkeiten in der Gesellschaft anderer Kinder anzuwenden.

Sobald Ihr Kind ohne Schwierigkeiten zehn oder mehr Kommunikationskreise öffnen und schließen kann, sollten Sie Spieltreffen mit anderen Kindern arrangieren. Laden Sie am Anfang einmal in der Woche ein gleichaltriges oder jüngeres Kind, das sehr kommunikativ ist, zu sich nach Hause ein. Sie sollten damit rechnen, daß die ersten Sitzungen sich ziemlich schwierig gestalten werden. Das Besucherkind wird wahrscheinlich in den Spielsachen Ihres Kindes herumwühlen, was Protestgeheul oder mürrischen Rückzug auslösen wird. Aber wenn Sie beharrlich bleiben, wird Ihr Kind sich an den Besuch gewöhnen. Sie können dazu beitragen, indem Sie als Mediator tätig werden. Setzen Sie alle bisher erlernten Strategien ein, um Ihr Kind ins Spiel zu ziehen. Sprechen Sie seine stärksten Sinne an, um seine Aufmerksamkeit zu erregen. Spielt es mit Ihnen, ziehen Sie es in einen gestischen Dialog. Dann beziehen Sie allmählich das Besucherkind in Ihr Spiel ein. Wenn eins der Kinder sich zurückzieht, warten Sie einen Moment und versuchen es dann noch einmal. Sie können auch dem Besucherkind Tips geben und ihm sagen, womit Ihr Kind gern spielt und was es nicht so gern mag. Aber machen Sie sich nicht die Mühe, seine kleinen Spielgefährten allzu ausführlich zu instruieren. Die meisten Kinder wissen intuitiv, wie man den Kontakt zu einem verschlossenen, scheuen Kind herstellt. Beobachten Sie die Kinder einmal, Sie könnten vielleicht noch etwas lernen!

Sorgen Sie dafür, daß die Kinder aufeinander aufmerksam werden. Ausrufe wie »Oh, sieh mal!«, »Toll!«, »Was machst du denn da?«, »Komm, guck mal!« werden dazu beitragen, daß Ihr Kind das andere Kind stärker wahrnimmt, und auch das Besucherkind wird schnell auf solche verbalen Gesten reagieren.

Ist Ihr Kind scheu und in sich gekehrt, könnten Sie dem Besucherkind zeigen, wie man es spielerisch behindert, wie es beobachten kann, was Ihr Kind gerade tut, um sich dann spielerisch einzumischen. Kinder haben eine natürliche Begabung dafür und finden spontan spielerische Möglichkeiten, schüchterne Kinder in ihr Spiel einzubeziehen.

Reagiert Ihr Kind zu schwach auf sensorische Reize und ist verschlossen, könnte es positiv auf energische Initiativen des anderen Kindes reagieren. Ein Spiel, bei dem alle durch den Raum rennen und versuchen, sich gegenseitig vor die Füße zu laufen, sollte für alle interessant sein. Bewegungsspiele mit viel körperlichem Kontakt, die auch gut im Freien stattfinden können, sind ein guter Anfang. Hauptsache, es geht lebhaft und lustig zu. Bälle, Seifenblasen und Luftballons können großen Spaß machen, auch Tauziehen oder Spiele mit Wasser und Sand.

Reagiert Ihr Kind überempfindlich auf Sinneseindrücke, mag es beispielsweise keine lauten Geräusche oder reagiert panisch auf Berührungen, lassen Sie die Kinder Interaktionsspiele machen, an denen alle Spaß haben. Schlagen Sie beispielsweise vor, daß die Kinder im Flüsterton spielen.

Sobald Ihr Kind problemlos mit einem anderen Kind spielt, holen Sie ein zweites Kind dazu, damit es üben kann, mit zwei Freunden zu spielen. Fühlt es sich damit wohl, vergrößern Sie die Spielgruppe auf drei oder sogar vier. Jedesmal wenn die Gruppengröße zunimmt, wird Ihr Kind Ihre Unterstützung brauchen. Es ist doch nicht so wichtig, ob ein Kind mehr oder weniger anwesend ist, denken Sie vielleicht, aber wenig flexible Kinder können das als bedeutsame Veränderung erleben. Seien Sie auf Entwicklungsrückschritte gefaßt, und helfen Sie Ihrem Kind, die Entwicklungsleiter wieder hinaufzusteigen. Nach einigen Monaten Übung wird es sich beim Spielen mit einer Gruppe von Kindern wohler fühlen.

Wenn Ihr Kind zum Symbolspiel mit Spielsachen übergegangen ist, könnte es ratsam sein, wieder nur ein Kind einzuladen und bei den Rollenspielen zwischen den beiden Kindern zu vermitteln. Sobald Ihr Kind verbal Vorstellungen mitteilen und verbal verhandeln kann, können Sie ein weiteres Kind dazuholen.

Vielleicht wird es nicht einfach sein, die Besucherkinder zu bewegen, häufiger zu kommen, weil Kinder dazu neigen, sich gegen geplante und strukturierte Besuche zu sträuben. Versuchen Sie, eine Gruppe von Kindern zu gründen, die Sie für regelmäßige Spieltreffen rekrutieren können. Wenden Sie sich an Freunde, Nachbarn und Verwandte. Fühlt Ihr Kind sich in Gesellschaft anderer Kinder wohl, veranstalten Sie die Spieltreffen häufiger, nicht nur einmal in der Woche. Fünfmal pro Woche ist nicht zuviel (jedenfalls nicht für das Kind), aber da es mühsam sein kann, solche Spieltreffen zu vereinbaren und zu beaufsichtigen, sind so viele Termine vielleicht nicht realisierbar. Übung, Übung, Übung ist der Schlüssel. Jedes Treffen mit anderen Kindern wird dazu beitragen, daß Ihr Kind lernt, freudig und spontan mit anderen Kindern umzugehen. (In Kapitel 19 werden wir ausführlicher darauf eingehen.)

Die Bodenzeit den Bedürfnissen des Kindes anpassen

Wenn Sie mit Ihrem Kind die wechselseitige Kommunikation einüben, müssen Sie seine physiologischen Beeinträchtigungen im Auge behalten.

Störungen der auditiven Wahrnehmung

Für Kinder, die unter Störungen der auditiven Wahrnehmung leiden, wird es in dieser Phase schwierig, weil Lautäußerungen eine wichtige Rolle bei der gestischen Kommunikation spielen. Nehmen wir das Kleinkind, das die Arme ausstreckt, um hochgenommen zu werden. Seine Mutter nimmt es auf den Arm, drückt es an sich und murmelt etwas Beruhigendes. Für das Kind sind diese beruhigenden Laute ebenso ein Teil der Reaktion der Mutter wie das Umarmen und Festhalten, und bald verläßt es sich auf ihre Stimme, die ihm Sicherheit gibt. Selbst wenn die Mutter sich im Nebenzimmer aufhält, vermittelt ihre Stimme ihm das beruhigende Gefühl, daß sie in der Nähe ist. Oder nehmen wir ein Kleinkind, das nach einer Steckdose greift. Noch bevor der Papa aus dem Sessel springt, schreit er: »Nicht anfassen!« Das Kleinkind versteht die Worte nicht, aber der Tonfall spricht für sich. Es hält inne und sieht seinen Vater an. Der Tonfall der Stimme, die es hört, sagt dem Kind ebensoviel wie die Geste, die es sieht.

Die Laute, die das Kind hört (akustische Informationen), vermitteln ihm wichtige Informationen über die Welt und über sich selbst. Glücklicherweise lassen sich solche Störungen der auditiven Wahrnehmung kompensieren. Sie können sich bemühen, das Kind durch motorische Gesten anzusprechen – mit Berührungen, Körpersprache, Mimik. Ein sechzehn Monate altes Kind, das unter einer Störung der auditiven Wahrnehmung leidet und anfängt, den hinteren Teil des Zimmers zu erkunden, muß alle paar Minuten zur Mutter zurückkehren und ihr Bein umfassen, weil ihre Stimme ihm keine Sicherheit geben kann. Seine Fähigkeit, initiativ zu werden und die Welt zu erkunden, wird beeinträchtigt. Aber wenn seine Eltern lächeln und klatschen oder winken, sobald es zu ihnen hinübersieht, können sie ihm ihre Unterstützung *visuell* vermitteln. Das gilt auch für ein Kind, das nach der Steckdose langt. Der Ruf: »Nicht anfassen!« wird es nicht aufhalten, aber wenn die Eltern sich mit strengem Gesicht zwischen das Kind und die Steckdose stellen und ihm mit dem Zeigefinger drohen, wird es auf das Verbot reagieren. Bevor sie das Kind wegziehen, können sie ihm durch Gebärden bedeuten, daß es sich von der Steckdose fernhalten sollte. Wenn diese Gebärden mit einfachen Lautäußerungen und Sprachmustern verbunden werden, wird das Kind auch den Tonfall allmählich besser verstehen lernen.

Das gleiche Prinzip gilt für etwas ältere Kinder. Nehmen wir an, Sie bitten Ihr Kind, sein Spielzeug wegzuräumen. Da es Schwierigkeiten mit der auditiven Wahrnehmung hat, fällt es ihm schwer, Ihre Anweisungen zu verstehen. Sie sollten das kompensieren, indem Sie Ihre Instruktionen mit visuellen Zeichen begleiten. Singen Sie ein Aufräum-Lied, um das Kind aufmerksam zu machen. Zeigen Sie auf das Spielzeug und auf den Ort, an den es hingehört. Setzen Sie Mimik und Gebärden ein, um dem Kind zu zeigen, was Sie von ihm wollen. Legen Sie beispielsweise einen Bauklotz in die Spielkiste zurück und drücken Sie ihm einen zweiten Bauklotz in die Hand, den es zurücklegen soll. Begleiten Sie Ihre Gebärden mit langsamen, klaren Worten. Benennen Sie jedes Spielzeug und sagen sie ihm »Gute Nacht«, vielleicht mit einem Lied. Wenn das Kind Ihrer Aufforderung nicht folgt, nehmen Sie nicht gleich an, daß es die Kooperation verweigert. Es könnte sein, daß es verzögert reagiert, weil es länger braucht, um Ihre Worte zu verarbeiten.

Fotos sind eine gute Kommunikationshilfe, besonders wenn es um Orte, Personen oder Gegenstände geht, die nicht in Sichtweite sind. Wenn Sie das Kind wissen lassen wollen, wo Sie gleich hinfahren, zeigen Sie ihm ein Foto des Hauses oder der betreffenden Personen. An Tagen, an denen viel geplant ist, kann ein bebilderter Stundenplan dem Kind helfen, die Reihenfolge seiner Termine zu verstehen.

Sie können Fotos auch einsetzen, um dem Kind zu helfen, Entscheidungen zu treffen und Wünsche auszudrücken. Machen Sie sechsunddreißig Bilder, auf denen Personen, Orte, Spielmaterialien, Lieblingsspeisen, Bilderbücher, Kleidungsstücke und Zimmer, die im Leben Ihres Kindes eine wichtige Rolle spielen, deutlich zu erkennen sind. Überziehen Sie die entwickelten Fotos mit Folie und kleben Sie sie auf Karton. Lassen Sie sich von dem Kind anhand dieser Bilder zeigen, was es wünscht oder braucht, wenn das durch seine Gesten nicht klar wird.

Konzentrieren Sie sich darauf, visuell mit Ihrem Kind zu kommunizieren, aber setzen Sie weiterhin Sprache ein. Nur so wird sich seine auditive Wahrnehmung verbessern. Aber benutzen Sie einfache Wörter und setzen Sie sie strategisch zur Unterstützung Ihrer Gesten ein. Wenn Sie das Kind aus einigem Abstand durch Lächeln und Klatschen ermutigen, sagen Sie gleichzeitig: »Toll!« Wenn Sie die Stirn runzeln und den Kopf schütteln, um das Kleinkind vor einer Gefahr zu warnen, sagen Sie mit fester, aber nicht wütender Stimme: »Nein! Nein!« Durch ständige Wiederholung wird das Kind diese verbalen Ausdrücke lernen, und mit der Zeit werden Sie vielleicht die Worte auch ohne visuelle Gesten gebrauchen können.

Auch der begrenzte Einsatz von Gebärdensprache kann hilfreich sein. Ein paar Handzeichen für alltägliche Verrichtungen können viel dazu beitragen, daß Sie einander besser verstehen und eine wechselseitige Kommunikation führen können. Sinnvoll ist beispielsweise das Erlernen der Handzeichen für »wollen«, »mehr«, »helfen«, »stehenbleiben«, »losgehen« und »spielen«. Selbst wenn das Kind aufgrund motorischer Hürden die Handzeichen nicht nachahmen kann, sieht es doch, wie Sie sie ausführen, und wenn Sie sie ständig einsetzen, wird es lernen, was sie bedeuten. Hier dienen die Handzeichen als visuelle Verstärkung der verbalen Signale, bis die akustische Verbindung hergestellt ist. Wenn das Kind die Vokalsprache erlernt, können die Handzeichen dazu dienen, ihm Worte wieder in Erinnerung zu rufen, auf die es nicht gleich kommt. Und wenn es die Handzeichen nachahmen kann, beherrscht es eine Interimssprache, die ihm eine Verständigung ermöglicht. Die Verwendung von Gebärdensprache in dieser Weise wird nicht zu einer Verzögerung des verbalen Spracherwerbs führen.

Wenn Sie mit Ihrem Kind an der Entwicklung seiner Kommunikationsfähigkeit und Initiative arbeiten, behalten Sie diese Richtlinen im Kopf:

- *Erraten Sie die Absichten des Kindes.* Die Signale des Kindes können unklar sein. Deshalb sollten Sie auf subtile Hinweise achten, die anzeigen, was es meint – auf ein Lächeln, Gebärden, seinen Gesichtsausdruck.
- *Nehmen Sie jede Gelegenheit wahr, seine Initiative zu fördern.* Überlassen Sie dem Kind die Führungsrolle im Spiel, fördern Sie seinen Erkundungsdrang, lassen Sie es Dinge selbständig erledigen.
- *Kommunizieren Sie durch Gesten mit Ihrem Kind, nicht nur durch Worte.* Wenn Sie wollen, daß es herkommt, rufen Sie es beispielsweise mit einem Handzeichen.
- *Fassen Sie Sprache als Unterstützung Ihrer Gesten auf.* Wenn Sie Worte als unterstützende Begleitung Ihrer Gebärden einsetzen, wird das Kind die Worte allmählich auch ohne die klärenden Gesten erkennen lernen.
- *Bauen Sie ein gemeinsames gestisches Vokabular auf.* Helfen Sie dem Kind, einen Wortschatz aus Gebärden aufzubauen, mit denen es seine Bedürfnisse mitteilen kann, so daß es sich trotz der Sprachverzögerung verständigen kann.
- *Setzen Sie Fotos und Handzeichen als Kommunikationsmittel ein.* Diese Instrumente können Ihnen und Ihrem Kind helfen, einander alle Wünsche und Absichten mitzuteilen.

- *Setzen Sie Körperkontakt als Mittel der Kommunikation ein.* Variieren Sie Ihre Berührungen; Berührungen können ebenso vielfältig sein wie die Stimmgebung.
- *Betonen Sie die Wärme Ihrer Rückmeldung ganz besonders.* Oft vermitteln wir Wärme durch den Tonfall. Wenn Ihr Kind diese Rückmeldung nicht mitbekommt, können Sie das kompensieren, indem Sie besonders viel Wärme in Ihre Gebärden, Ihre Mimik und Berührungen legen.
- *Öffnen und schließen Sie unzählige Kommunikationskreise.* Was Ihr Kind vor allem braucht, ist Übung. Je mehr Kommunikationskreise Sie öffnen und schließen, desto besser wird es ihm gelingen, Sprache und Gesten zur Kommunikation einzusetzen.

Störungen der visuell-räumlichen Wahrnehmung

Kindern, die Probleme mit der visuellen Wahrnehmung und der Raumwahrnehmung haben, kann die gestische Kommunikation schwerfallen, weil sie kein klares Bild von der Umwelt haben. Ihr Raumgefühl kann fragmentiert sein. Es fällt ihnen schwer, ein integriertes Bild von ihrer Umgebung zu formen. Um nachzuvollziehen, wie das ist, stellen Sie sich vor, Sie würden ein Labyrinth erforschen, hätten sich verirrt und könnten nicht sehen, wohin Sie gehen. Sie fühlen sich allein, isoliert und haben Angst. Was würde Ihnen in dieser Situation neue Sicherheit geben? Wahrscheinlich der Klang der Stimme eines vertrauten Menschen. Vielleicht wird diese Stimme Ihnen nicht sagen, wo genau Sie sich befinden, aber sie würde Ihnen einen Halt geben, eine Verbindung zu Sicherheit und Trost.

Kinder, denen es schwerfällt zu verstehen, was sie sehen und wie die Teile ins Ganze passen, können Mimik, Körperhaltung oder Gebärden ihrer Eltern leicht fehlinterpretieren. Sie klammern und sind ängstlich darauf bedacht, daß die Eltern in ihrer Nähe bleiben. Sie können Ihrem Kind helfen, seine Wahrnehmungsstörungen zu kompensieren, indem Sie mit Ihrer Stimme arbeiten. Versorgen Sie das Kind beim Spielen mit einem ständigen Fluß akustischer Informationen; reden Sie unablässig und lebhaft, damit das Kind sich immer darauf verlassen kann, daß Sie mit Ihrer Stimme den Kontakt halten. Versorgen Sie es auch mit klaren visuellen Informationen, indem sie einfache, eindeutige Gesten einsetzen. Seien Sie nicht ungeduldig wegen seiner Trennungsangst.

Sie können dem Kind helfen, mit Trennungen besser fertigzuwerden, indem Sie die Fähigkeit zur Loslösung einüben. Wenn ein inniger Kontakt hergestellt ist, entfernen Sie sich allmählich etwas von dem Kind, halten aber immer mit Ihrer Stimme den Kontakt. Bewegen Sie sich langsam; wenn das Kind Sie nicht mehr wahrnimmt und sich ausklinkt oder ängstlich wird, kehren Sie in sein Blickfeld zurück und versuchen Sie es dann langsam noch einmal. Lassen Sie ein Familienmitglied oder eine Bekannte dem Kind helfen, Sie zu finden, indem es Ihrer Stimme nachgeht. Versuchen Sie allmählich den Abstand zu vergrößern, den Sie zwischen sich legen können, ohne daß das Kind Unbehagen empfindet. Diese Übung wird dem Kind auch helfen, eine innere Landkarte zu entwickeln. Allmählich wird es seine Lage im Raum erkennen und den räumlichen Aufbau des Hauses erfassen. Und ihm wird klarwerden, daß Sie noch da sind, auch wenn Sie sich nicht in seinem Blickfeld befinden.

Störungen der auditiven und der visuellen Wahrnehmung

Bei Kindern, die sowohl Schwierigkeiten mit der auditiven als auch mit der visuellen Wahrnehmung haben, müssen Sie geduldig, klar und deutlich mit Stimme und Gestik arbeiten, um den Kontakt aufrechtzuerhalten. Ein solches Kind wirkt häufig sehr auf sich selbst zurückgezogen und abgekapselt – nicht weil es Kontakt vermeiden möchte, sondern weil es nur wahrnimmt, was sich in seinem unmittelbaren Blickfeld und in unmittelbarer Hörweite befindet.

Nehmen Sie es nicht persönlich, wenn das Kind »abschaltet.« Machen Sie sich klar, daß Sie ihm helfen müssen, in Kontakt zu bleiben, indem Sie Sprache und Gesten bewußt einsetzen. Reden und bewegen Sie sich langsam, aber lebhaft. Die Langsamkeit erleichtert es dem Kind, die von Ihnen gesendeten Botschaften zu verarbeiten. Die Lebhaftigkeit gibt ihm mehr zum Anschauen und Zuhören und erleichtert es ihm, Sie ausfindig zu machen und wahrzunehmen.

Die visuell-räumlichen Probleme, die es dem Kind schwermachen, Sie in einer Gruppe von Leuten zu entdecken, kann es ihm auch erschweren, ein Spielzeug aus einem vollgestopften Regel herauszusuchen, an einem Puzzle Spaß zu haben oder einen Turm aus Bauklötzen zu bauen. Damit es einzelne Spielsachen besser wahrnimmt, stellen Sie sie auf einen Tisch, auf eine umgedrehte Kiste oder eine freie Bodenfläche. Wenn Sie ein Viereck mit Klebeband oder buntem Papier besonders hervorheben, tritt das Spielzeug sehr deutlich hervor. Das Kind wird bald anfangen nachzuschauen, was denn heute dort liegt.

Auch durch andere Spielaktivitäten können Sie die visuell-räumliche Wahrnehmung fördern. Rollen Sie einen großen Ball auf das Kind zu und zeigen Sie ihm, wie es den Ball wegstoßen und dann zur Seite springen kann. Beleuchten Sie in einem abgedunkelten Raum verschiedene Gegenstände mit der Taschenlampe. Geben Sie dem Kind eine Taschenlampe, damit es sehen kann, was es findet. Versuchen Sie dann, mit der Taschenlampe die Umrisse der Fenster, der Decke und der Möbel nachzuzeichnen. Fällt es dem Kind schwer, sich auf ein Bilderbuch zu konzentrieren, verdunkeln Sie den Raum und lassen Sie mit der Taschenlampe die Bilder deutlicher hervortreten. Steigern Sie die Spannung, indem Sie ausrufen: »Guck mal! Krümelmonster!« Geben Sie dem Kind eine kleine Taschenlampe und lassen Sie es ebenfalls die Bilder beleuchten. Heften Sie selbstklebende Zettelchen auf bestimmte Teile der Bilder. Ihrem Kind wird es Spaß machen, sie abzuziehen und zu entdecken, was sich darunter befindet.

Selbst wenn Ihr Kind keinen Turm aus Bauklötzen errichten kann, kann es einen Turm umschmeißen. Errichten Sie am Anfang mitten im Raum hohe Bauwerke aus großen Pappklötzen. Früher oder später wird Ihr Kind den Turm entdecken und ihn wahrscheinlich umwerfen. Schaut es wieder hin, bauen Sie einen neuen Turm. Das Kind wird ihn wahrscheinlich umwerfen. Haben Sie so sein Interesse erregt, reichen Sie ihm einen Bauklotz. Wenn es ihn hinstellt, stellen Sie einen Klotz daneben und reichen dem Kind einen weiteren Bauklotz, und so weiter. Bald werden Sie gemeinsam etwas bauen. Stellen Sie ein paar seiner Lieblingsfiguren in das »Haus«, auf das »Dach«, auf die »Straße« oder in das »Bett«. Das Benennen des Gebauten verleiht Ihrer Interaktion eine symbolische Dimension (erste Ansätze des Rollenspiels.)

Bei all diesen Spielaktivitäten wird nicht nur die visuell-räumliche Wahrnehmung gefordert, denn das Kind hört Ihre Stimme, spürt Ihre Berührungen und bewegt sich. Auf diese Weise sprechen Sie die Wahrnehmungsbereiche an, in denen die Stärken des Kindes liegen, und unterstützen gleichzeitig die Entwicklung der zurückgebliebenen Bereiche. Wenn Sie bunte Bauklötze aufeinanderstapeln, damit das Kind sie umwirft, kommen Sie ihm auf halbem Wege entgegen, und weil es ihm Spaß macht, wird es das häufiger tun wollen. Das Spielen mit der Taschenlampe macht Spaß, die Frustration ist minimal, und das Kind lernt, seine Augen zu gebrauchen.

Auch Kinder, deren Stärken im visuell-räumlichen Bereich liegen, haben Spaß an diesen Spielaktivitäten, die noch weit anspruchsvoller gestaltet werden können.

Motorische Störungen

Motorische Störungen können es dem Kind erschweren, eine innere Karte der Umwelt zu entwerfen. Um eine solche Karte herzustellen, müssen Kinder Bewegungen mit visueller Wahrnehmung koppeln. Um sich ein Bild von ihrem Zimmer zu machen, folgen sie beispielsweise ihrer Mutter mit den Augen, wenn sie sich im Kinderzimmer umherbewegt, und erinnern sich, wie die Mutter und das Zimmer dabei aussahen. Nachdem sie das mehrmals wiederholt haben, ist das dreidimensionale Bild des Kinderzimmers in ihrem Kopf verankert. Aber wenn ein Kind den Kopf nicht drehen oder den Blick nicht auf etwas richten kann, ist seine Fähigkeit beeinträchtigt, dieses innere Bild zu formen. Nicht nur wird es sich nicht erinnern, was es gesehen hat, es ist unfähig, die Daten zu sammeln, aus denen sich das Bild zusammensetzt.

Um nachzuvollziehen, wie das ist, stellen Sie sich vor, einen Anzug zu tragen, der Ihre Bewegungen steuert. Jedesmal wenn Sie versuchen, sich in eine bestimmte Richtung zu bewegen, zieht der Anzug Sie willkürlich in eine andere Richtung. Sie versuchen angestrengt, zu Ihrer Mutter zu gelangen, aber Sie schaffen es nicht, in ihre Nähe zu kommen. Und wenn es Ihnen gelungen ist, Ihre Bewegungen zu koordinieren, den Muskeltonus zu erhöhen, und Sie entschieden haben, in welche Richtung Sie gehen wollen, ist die Mutter längst woanders.

Wenn Ihr Kind mit diesen Herausforderungen zu kämpfen hat, üben Sie aus nächster Nähe mit ihm, indem Sie ganz einfache Bewegungen ausführen, die es immer wieder wiederholen kann. Üben Sie in Positionen, in denen es sich wohlfühlt. Liegt das Kind gern auf dem Boden oder lehnt sich gegen das Sofa, lassen Sie es gewähren. Setzen Sie sich ihm gegenüber, und wenn es sich an die Nase faßt, kommen Sie mit dem Gesicht ganz nahe, damit es Sie sehen kann, und sagen lebhaft: »Meine Nase! Faß meine Nase an!« Greift es nach Ihrer Nase, machen Sie ein lustiges, tutendes Geräusch, damit es das Geräusch, das Bild, seine Bewegung und die Berührung miteinander in Beziehung setzen kann. Das Geräusch wird es vielleicht veranlassen, nochmal nach Ihrer Nase zu greifen, und damit ist ein weiterer Kommunikationskreis geschlossen. Wenn Sie diese Sequenz vier- oder fünfmal (oder noch öfter) wiederholen, wird das Kind eine Kommunikation über eine Minute aufrechterhalten und eine Karte dieser Interaktion entwickelt haben. Je öfter Sie in solch innigem Kontakt üben, desto besser wird Ihr Kind eine durchgängige Kommunikation meistern, und desto mehr Karten von seiner Umwelt wird es formen. Ganz allmählich wird es ein inneres Bild davon aufbauen.

Kinder, denen die motorische Planung schwerfällt, haben auch Schwierigkeiten mit der gestischen Kommunikation. Es ist nicht einfach für sie zu lernen, daß sie signalisieren können, was sie haben wollen, weil sie die Bewegungsabläufe nicht richtig koordinieren können und ihre Gesten daher oft mißverstanden werden. Ein Kind, das die Arme nicht ausstrecken kann, um seinen Eltern mitzuteilen, daß es auf den Arm möchte, muß warten, bis die Eltern selbst auf die Idee kommen, es hochzunehmen. Anstatt zu lernen, daß es sein Bedürfnis nach Nähe mitteilen kann, lernt es also, daß Nähe willkürlich von jemand anderem herbeigeführt wird. Haut ein Kind irrtümlich seinem Vater auf die Nase, wenn es ihn streicheln wollte, kann der Vater die Geste als Akt der Aggression mißverstehen. Er wird wahrscheinlich verärgert reagieren und damit unbeabsichtigt sein Kind lehren, daß es riskant ist, aus sich herauszugehen und Gefühle zu zeigen.

Um das zu vermeiden, müssen Sie besonders hart daran arbeiten, die *Absicht* hinter den Gesten des Kindes zu erkennen, und Sie müssen Situationen herbeiführen, in denen das Kind Initiative zeigen kann.

- *Entwickeln Sie ein gestisches Vokabular.* Da das Kind möglicherweise nicht in der Lage ist, die komplexen Bewegungsabläufe zu koordinieren, die erforderlich sind, um Ihnen mit einer Geste zu zeigen, was es will, helfen Sie ihm, alternative Ausdrucksmöglichkeiten zu finden. Wenn Sie ihm etwas zeigen oder etwas tun, was ihm Spaß macht, achten Sie darauf, ob es irgendeine spontane Bewegung macht. Behandeln Sie diese Bewegung als absichtsvoll, indem Sie sie nachahmen und damit betonen. Vielleicht können Sie sogar das nächste Mal seine Hände oder Füße führen, um die Bedeutung der Bewegung noch zu verstärken. Dann wiederholen Sie die Sache, die dem Kind Vergnügen bereitet hat. Aber warten Sie, bis das Kind mit einer klaren Geste nach »mehr« verlangt. Das könnte ein Augenzwinkern sein, ein Herausstrecken der Zunge, ein Geräusch, ein Krausziehen der Nase. Wenn es nicht die Arme ausstrecken kann, um hochgenommen zu werden, bringen Sie ihm bei, gegen den Stuhl zu treten, wenn es auf den Arm möchte. Wenn das Kind nicht krabbelnd oder laufend zu seinen Spielsachen gelangen kann, bringen Sie ihm bei, mit einem Armwedeln auf die Spielsachen zu zeigen, die es haben möchte, damit Sie sie holen können. Benutzen Sie jedesmal das Handzeichen für »mehr«, wenn Sie dem Kind mehr von dem geben, was es haben möchte. (Heben Sie die Hände und bewegen Sie die Fingerspitzen erst aufeinander zu und dann wieder auseinander.) Wenn das Kind die Geste nach einer Weile nicht spontan nachmacht, führen Sie seine Hände und zeigen Sie ihm, wie es geht. Die meisten Kinder können diese Geste annähernd ausführen. Auf diese Weise kann es seine Bedürfnisse ausdrücken und wird eher das Gefühl haben, eine gewisse Kontrolle über seine Welt auszuüben.

- *Lassen Sie das Kind wählen.* Sobald Sie ein Vokabular entwickelt haben, mit dem das Kind seine Wünsche und Absichten mitteilen kann, führen Sie Gelegenheiten herbei, bei denen das Kind es einsetzen kann. Geben Sie ihm zum Frühstück nicht einfach Getreideflocken, sondern bieten Sie ihm verschiedene Speisen zur Auswahl an. Gehen Sie nicht davon aus, daß das Kind Ihre Hilfe will, wenn es nicht mehr weiterweiß; warten Sie, bis es um Hilfe bittet. Geben Sie ihm nicht sofort den Ball zurück, der ihm aus den Händen gerollt ist; lassen Sie das Kind erst mitteilen, ob es das will. Auf diese Weise können Sie es ermutigen, Inititave zu zeigen, anstatt passiv zu bleiben. Versuchen Sie, Bilder oder leere Verpackungen einzusetzen. Selbst wenn das Kind noch nicht auf das zeigen kann, was es haben möchte, wird es in der Lage sein, nach der Verpackung oder dem Bild zu greifen und es Ihnen zu geben.
- *Reagieren Sie unverzüglich auf die Gesten des Kindes.* Am besten können Sie die Initiative des Kindes fördern, indem Sie ihm zeigen, daß seine Kommunikationsversuche Erfolg haben. Nehmen Sie das Kind hoch, sobald es Ihnen mitteilt, daß es auf den Arm möchte. Sobald es den Wunsch nach Nähe erkennen läßt, sagen Sie: »Ich hab dich auch lieb« und knuddeln es. Sobald es erkennen läßt, daß es beispielsweise einen Löffel haben möchte, sagen Sie: »Du willst diesen Löffel haben?« Sie brauchen ihm den Löffel nicht sofort zu geben, aber Sie sollten dem Kind signalisieren, daß Sie seinen Wunsch verstanden haben. Damit vermitteln Sie ihm, daß es nicht hilf- und machtlos ist, sondern etwas bewirken kann. Sobald es die Geste gut beherrscht, können Sie es herausfordern oder sich dumm stellen.

- *Achten Sie besonders auf die Gefühle und Stimmungen des Kindes.* Da das Kind möglicherweise nicht in der Lage ist, seine emotionalen Bedürfnisse durch Mimik oder Gestik zu zeigen, müssen Sie auch auf subtilste Signale achten. Vielleicht wirkt das Kind ungewöhnlich angestrengt oder in sich gekehrt. Mit der Zeit werden Sie diese Signale erkennen lernen. Bevor Sie dann handeln, fragen Sie das Kind nach seinen Wünschen. Lassen Sie sich mittels des entwickelten gestischen Vokabulars mitteilen, was es braucht.
- *Berücksichtigen Sie die Absicht des Kindes.* Schützen Sie sich vor einer Fehlinterpretion des kindlichen Verhaltens, indem Sie den Kontext mit einbeziehen. Wenn Sie gerade liebevoll miteinander spielen und das Kind Ihnen einen Nasenstüber versetzt, ist die Wahrscheinlichkeit groß, daß dies unabsichtlich geschah. Wenn es hingegen gegen seinen Willen ins Bett gebracht werden soll, könnte es mit dem Nasenstüber durchaus Aggression ausdrücken wollen. Die Herausforderung für Sie besteht darin, mit einer Reaktion zu warten, bis Sie die Absicht des Kindes eingeschätzt haben. Beziehen Sie dann diese Absicht in Ihre Reaktion ein.

11 Bodenzeit III: Gefühle und Vorstellungen

Wie man einem Kind hilft, Gefühle und Vorstellungen zu bilden und auszudrücken

Tammy war ein wunderschönes Kind. Mit ihren roten Locken und leuchtend blauen Augen hätte sie auf die Titelseite einer Zeitschrift gepaßt. Es war eine Störung aus dem autistischen Spektrum bei ihr diagnostiert worden. Als die Eltern sie zur Untersuchung brachten, war sie 24 Monate alt und stellte kaum Blickkontakt zu ihnen oder der Therapeutin her. Sie saß still in ihrer eigenen Welt und wedelte gleichförmig mit einer Schnur. Gelegentlich guckte sie und reagierte mit wenigen Gesten, aber sie war unfähig zu einer durchgängigen Interaktion. Im folgenden Jahr machte Tammy erhebliche Fortschritte. Dank der intensiven Bemühungen ihrer Eltern (sowie Sprach- und Beschäftigungstherapeuten, einer Psychologin, die ihre Eltern beriet, und Studenten, die Interaktionsspiele mit ihr machten) begann Tammy, eine warme und liebevolle Beziehung zu ihrer Familie aufzubauen. Sie war in der Lage, gestisch zu interagieren und 20 bis 30 Kommunikationskreise nacheinander zu öffnen und zu schließen.

In vielerlei Hinsicht blieb ihr Verhalten jedoch ziemlich starr und stereotyp. Sie wiederholte unablässig dieselben Tätigkeiten und sperrte sich gegen jeden Änderungsversuch. Ihr Sprachverhalten (sie konnte ungefähr 15 Worte sprechen) war mechanisch. Oft wiederholte sie das letzte Wort, das sie gehört hatte, oder sprach immer wieder dieselbe Wendung vor sich hin, als würde ihr der Klang Trost vermitteln. Aber ihre erheblichen Fortschritte im Bindungsverhalten und in der Kommunikation ermöglichten es ihr, die nächste Phase anzugehen, den flexiblen und kreativen Ausdruck von Gefühlen und Vorstellungen.

Die Herausforderung bestand darin, Tammy zum So-tun-als-ob-Spiel zu veranlassen, ein schwieriges Unterfangen, weil ihr Spiel so mechanisch war. Als Schlüssel zum Erfolg erwies sich schließlich ihr bevorzugtes Bewältigungsverhalten: Bei einer sensorischen Überlastung rannte sie auf die andere Seite des Zimmers und warf sich auf den Boden. Dort blieb sie drei bis dreißig Minuten liegen, bis ein inneres Signal sie veranlaßte, wieder aufzustehen. Dann wanderte sie ziellos umher, bis es ihrer Mutter gelang, wieder Kontakt zu ihr herzustellen. Auf diesem Verhalten sollten die ersten Ansätze des Symbolspiels aufgebaut werden. Wenn Tammy sich auf den Boden legte, sollten alle so tun, als wolle sie ein Nickerchen halten. Vielleicht würde sie sich dadurch, daß ihrem Verhalten ein Sinn zugeschrieben wurde, zum Symbolspiel verlocken lassen.

Nachdem sie ein paar Minuten in der Praxis der Therapeutin gespielt hatte, riß sie sich los, rannte auf die andere Seite des Raums und warf sich zu Boden. Statt ihr gut zuzureden, sagte ihre Mutter: »Tammy macht ein Nickerchen. Seid ganz leise.« Der Vater legte Tammys Teddybären dicht neben sie. Sofort sprang sie auf, rannte ein Stück weiter und legte sich wieder hin. Ganz offensichtlich hatte sie die Gesten ihrer Eltern als unerwünschte Einmischung empfunden. Sie waren beunruhigt, versuchten es aber noch einmal. Tapfer sagte die Mutter: »Tammy ist noch müde.« Sie schob den Teddybären näher an Tammy heran. »Mein Bär soll auch schlafen«, verkündete sie. Tammy warf den Teddybären nach ihrer Mutter, die noch einen Versuch startete. »Vielleicht könnte ich auch ein Nickerchen machen«, meinte sie vorsichtig, griff sich einen Plüschlöwen und legte sich in einigem Abstand von ihrer Tochter hin. Tammy beäugte sie mißtrauisch, als wolle sie sagen: Komm mir ja nicht zu nahe! Aber ihre Mutter ließ sich nicht beirren und sah Tammy nur weiter liebevoll an. Nach einer Minute stand Tammy auf, näherte sich vorsichtig ihrer Mutter, packte den Löwen und legte ihn zu den anderen Puppen und Stofftieren zurück. Die Mutter erkannte ihre Chance, sagte: »Kann ich ein Löwe sein?« und ging in den Vierfüßlerstand. Tammy sah sie lange an, und dann kletterte sie auf ihren Rücken und ritt auf dem Mamalöwen.

In den folgenden Tagen griffen die Eltern jedesmal, wenn Tammy sich auf den Boden warf, nach einem Stofftier und legten sich in ihrer Nähe hin – ein Versuch, sich von dem Interesse des Kindes leiten zu lassen und mitzumachen. Jedesmal wechselten sie dann einen Blick und boten ihrer Tochter einen Ritt auf ihrem Rücken an. Zwei Wochen später lief Tammy los, holte ihren Teddybären, sah ihre Mutter an und sagte: »Schlafen.« Sie hatte beschlossen, bei dem So-tun-als-ob-Spiel mitzumachen.

Die begeisterten Eltern begannen langsam, neue Elemente in das Spiel einzuführen. Erst boten sie ihr eine Decke an, dann machten sie das Licht aus und sangen ihr ein Gutenachtlied. Wenn Tammy aufstand, sagten sie: »Tammy ist aufgewacht! Guten Morgen!« und machten das Licht wieder an. Jeder dieser Zusätze traf erst auf Protest, wurde aber nach mehreren Wiederholungen akzeptiert.

Bald führte Tammys Mutter ein neues Element ein. Nachdem Tammy ihre

Puppe zu Bett gebracht hatte, holte die Mutter eine andere Puppe, deckte sie zu und flüsterte: »Schscht, Püppi schläft.« Zu ihrer Überraschung ging Tammy sofort darauf ein. Sie schien sich mit der Puppe zu identifizieren, denn sie steuerte eigene Einfälle bei, gab der Puppe ihren Teddybären und weckte sie eifrig mit den Worten: »Wach auf!«

Die Eltern erfanden neue Spielszenen. Sie ließen die Puppe den Tisch decken oder Tammy das Frühstück servieren, und nach einer Weile begann das Kind, eigene Einfälle beizusteuern.

Angeregt durch diese Tätigkeiten, die sie so gut aus ihrer sozialen Wirklichkeit kannte, begann Tammy mit dem Symbolspiel zu experimentieren. Ganz allmählich erweiterte sich ihr Repertoire, und damit wuchs auch ihre Fähigkeit, sich in der Welt der Symbole und Vorstellungen zurechtzufinden.

Die Bedeutung des Symbolspiels

Der Übergang zum Symbolspiel ist einer der wichtigsten Entwicklungssprünge, die Ihr Kind machen wird. Indem es so tut, als sei die Kiste ein Herd und der Schrank ein Kaufladen, wird es von der wirklichen Wahrnehmung der konkreten Welt unabhängig. Es fängt an, sich etwas *vorzustellen.* Es benutzt Spielgegenstände, um die Realgegenstände symbolisch zu ersetzen. Als nächstes macht es vielleicht eine Geste, die mimisch signalisieren soll, daß es einen Topf auf den Herd stellt. Damit beginnt das Kind, abstrakt zu denken. Das ist ein großer Schritt. Abstraktes Denken ist der Schlüssel zu den meisten Dingen, die wir tun. Es ermöglicht uns, in unserem Kopf mit Ideen zu experimentieren, ohne die Handlungen tatsächlich ausführen zu müssen. Abstraktes Denken versetzt uns in die Lage, uns etwas vorzustellen, andere zu verstehen, Dinge, die sich nicht direkt vor unserer Nase befinden, begrifflich zu erfassen, Zeit, Raum, Geschwindigkeit und das Tempo von Veränderungen zu berechnen sowie die Folgen unserer Handlungen vorherzusehen. Ohne die Fähigkeit zum abstrakten Denken sind wir auf das Hier und Jetzt beschränkt. Wir könnten nicht planvoll handeln, nur reagieren.

Bei den meisten Kindern geschieht der Wechsel zum Als-ob-Spiel ganz automatisch. Sie müssen nicht von ihren Eltern dazu angespornt werden. Um komplexe Phantasien um ihre Erfahrungen von Nähe und Bindung, von wechselseitigem Kommunizieren und um ganz gewöhnliche Gegenstände herum zu spinnen, brauchen die Kinder nur engagierte Eltern oder andere Bezugspersonen. Aber bei vielen entwicklungsbeeinträchtigten Kindern muß die Befähigung zum aktiven Symbolspiel eingeübt werden. Es fällt diesen Kindern leichter, konkret zu spielen, Dinge so zu sehen, wie sie sind, anstatt sich auszumalen, was sie sein könnten.

Als-ob-Spiele gründen in der Symbolfunktion, und vielen Kindern mit erhöhtem Förderanspruch fällt das Benutzen von Symbolen schwer. Wenn ein Kind so tut, als sei ein Eimer voller Steine eine Schüssel mit Bonbons, symbolisieren die Steine für es Bonbons. Es greift auf die Erfahrungen zurück, die es mit Bonbons gemacht hat – wie sie aussehen, wie sie schmecken, wie sie riechen, wie sie sich in der Hand und im Mund anfühlen –, um in seinem Kopf ein multisensorisches geistiges Bild, eine *gedankliche Vorstellung* von Bonbons zu bilden. Kinder, die eine Vielzahl von Erfahrungen gesammelt haben, sind in der Lage, eine multisensorische Vorstellung von Bonbons und einer Million anderer Dinge zu bilden und diese Vorstellungsfähigkeit im Spiel gewandt und flüssig einzusetzen.

Aber Kinder, die unter einem Rückstand der perzeptiven Entwicklung leiden oder bei denen die Motorik beeinträchtigt ist, haben nicht Millionen unbelasteter Erfahrungen gemacht, die diese breite Palette gedanklicher Vorstellungen entstehen lassen. Ihre Erfahrungen sind aufgrund ihrer Probleme eingeschränkt. Möglicherweise fehlen Informationen von bestimmten Sinneskanälen; Informationen, die sie von anderen Sinnen erhalten, sind vielleicht verzerrt oder fragmentiert; motorische Probleme können die Erfahrungen mit vielen Dingen begrenzt haben. Kinder, die Schwierigkeiten mit der visuellen Wahrnehmung haben, sind möglicherweise unfähig, einen Gegenstand, der sich nicht in ihrem unmittelbaren Blickfeld befindet, als Vorstellungsbild im Kopf festzuhalten. Als Folge davon fällt es ihnen schwer, sich ein inneres Bild von der Welt zu machen, was für das Symbolspiel notwendig ist. Sie können mit den Steinen spielen, die vor ihnen liegen, aber es fällt ihnen schwer, so zu tun, als seien die Steine Bonbons, weil ihre Vorstellungsfähigkeit eingeschränkt ist.

Kindern, die Probleme mit der auditiven Wahrnehmung haben, fällt es vielleicht schwer, Geräusche und Wörter als gedankliche Vorstellung festzuhalten. Sie haben Schwierigkeiten, das Wort, das für eine Sache steht, mit dem visuellen Bild, der taktilen Erfahrung und der motorischen Erkundung zu verknüpfen, die damit einhergehen. Unsere Vorstellungsbilder erwachsen aus den Erfahrungen, die wir mit allen unseren Sinnen und mit unserem motorischen System gemacht haben. Beim Erzeugen der Vorstellungsbilder integrieren wir die Gesamtheit dieser Informationen. Kinder, die Probleme mit der Aufnahme und zentralen Verarbeitung von Reizen haben, fällt es schwer, die Erfahrungselemente zu interpretieren, mit denen sie in Berührung kommen. Sinnesgeschädigte Kinder, die schlecht hören oder sehen können, aber in der Lage sind, diese Erfahrungen zu verarbeiten, können sie hingegen in ein größeres Ganzes integrieren.

Ebenfalls erschwerend wirkt, daß die Kinder sich ihre eigenen Wünsche vorstellen und sie dann mit Handlungen und Symbolen verknüpfen müssen – das ist eine Voraussetzung für das Symbolspiel. Wie wir in Kapitel 10 ausgeführt haben, führen Verarbeitungsprobleme oft dazu, daß es förderbedürftigen Kindern schwerfällt, eine Verbindung zwischen einem Gefühl und ihrem Verhalten und letztlich auch zwischen Emotionen und Symbolen herzustellen. Das Grundelement der Kommunikation – die Koppelung von Gefühlen, Verhalten und Symbolen – fehlt.

Um den Kindern zu helfen, diese entscheidende Verbindung herzustellen, ist es wichtig, alles Gelernte mit ihren Wünschen, Absichten und Interessen zu verknüpfen. Wenn Sie jedesmal, wenn Ihr Kind nach einer Puppe greift, sagen: »Püppi. Will die Püppi«, wird es allmählich die Vorstellung »will die Püppi« und die Worte dafür mit dem assozieren, was es innerlich fühlt. Dieses Lernen wird eine tiefe emotionale Bedeutung haben. Ein kleiner Teil des Kindes selbst wird dadurch definiert, der Teil, der die Puppe haben will. Wenn Sie jedesmal, wenn das Kind gegen Ihr Bein schlägt, weil Sie ihm keinen Keks gegeben haben, sagen: »Du bist wütend. Kein Keks. Will einen Keks«, wird es allmählich die Vorstellungen »wütend« und »will einen Keks« und die Worte dafür mit den Gefühlen in Verbindung bringen, die es bedrängen. Und damit wird wieder ein bedeutungsvoller Teil seiner selbst definiert.

Wenn Sie mit Ihrem Kind üben, gedankliche Vorstellungen und Worte einzusetzen, sollten Sie daher immer, *immer*, Ihre Worte und Vorstellungen mit den Wünschen, Absichten und Interessen des Kindes verknüpfen. Solange Sie mit ihm an Dingen arbeiten, an denen es interessiert ist und für die es etwas empfindet, werden Sie ihm damit helfen, in die Welt der Vorstellungen und Ideen vorzudringen. Diese Fähigkeit kann einmal durch das Symbolspiel und zum anderen in Ihren alltäglichen Gesprächen, seien sie gestisch oder verbal, eingeübt werden.

Wie Sie Ihrem Kind helfen können, so zu tun als ob

Wenn Ihr Kind viele Kommunikationskreise nacheinander schließen kann, können Sie das Symbolspiel einführen. Die beste Methode dafür ist, ein Element des Als-ob in bevorzugte Spielaktivitäten einzubauen.

- Spielt das Kind mit einer Puppe, holen Sie sich ebenfalls eine Puppe und lassen Ihre Puppe mit dem Kind reden, oder setzen Sie sich eine Handpuppe auf und sprechen mit verstellter Stimme.
- Schiebt das Kind mechanisch ein Spielauto über den Boden, fragen Sie nach dem Fahrer oder setzen Sie ein Püppchen in oder auf das Auto und sagen: »Ich will mitfahren!«
- Klettert das Kind die Rutsche hinauf, nennen Sie die Rutsche einen Berg. Wenn Sie dem Kind beim Schaukeln Anschwung geben, halten Sie die Schaukel ganz hoch, machen Sie einen Countdown (5,4,3,2,1) und lassen das Raumschiff starten, oder rudern Sie mit einem Boot über die stürmische See.
- Bekommt das Kind beim Spielen Hunger oder Durst, bieten Sie ihm zunächst imaginäre Kekse und Getränke in einem Spielzeugservice an. Nehmen Sie einen imaginären Schluck, machen »Mmmhh« und bieten dann dem Kind etwas an.
- Fügen Sie eine Berufsbezeichnung oder einen Titel hinzu, wenn Sie Ihr Kind beim Namen rufen: Kapitän Juan, Astronautin Sarah, Küchenchef Darryl, Doktor Selina. Das wird ihm helfen, sich vorzustellen, es sei jemand anders.

Fangen Sie an, alle Spielaktivitäten so phantasievoll zugestalten. Versuchen Sie, sich zu erinnern, wie Sie als Kind phantasievoll gespielt haben und sich auf imaginäre Abenteuer einließen.

Übernehmen Sie eine Rolle in dem Drama

Die effektivste Methode, Ihr Kind ins Rollenspiel zu ziehen, ist Ihre aktive Beteiligung. Sie müssen eine Rolle in dem Theaterstück übernehmen.

- Wenn Ihre Tochter mit ihrer Puppe spielt, geben Sie der Puppe oder einer anderen Puppe, die Sie dazugeholt haben, Ihre Stimme. Sagen Sie:

»Ich hab Hunger! Ich will was zu essen! Ich will Apfelmus! Und Milch!« Kommentieren Sie nicht als Zuschauer das, was das Kind tut. Übernehmen Sie eine Rolle, die Sie auch einhalten. Und sprechen Sie direkt mit der Puppe. Statt das Kind zu fragen, fragen Sie die Puppe: »Willst du Milch? Oder Apfelsaft?«

- Wenn Ihr Sohn mit Autos spielt, setzen Sie eine kleine Puppe hinein und geben Sie ihr Ihre Stimme. Sie könnten etwa sagen: »Ich will in den Zoo! Wollen wir in den Zoo fahren?« Wenn er sich gegen Ihre Einmischung sperrt, stellen Sie ein Haus vor das Auto und sagen: »Das Auto ist jetzt zu Hause.« Wenn er auch darauf nicht eingeht, holen Sie sich ebenfalls ein Spielauto und sagen: »Komm, wir machen ein Wettrennen. Ich bin schneller!« Probieren Sie die verschiedensten Szenen aus – die alle mit dem Thema Auto zu tun haben sollten –, bis Sie sein Interesse geweckt haben.
- Schlägt das Kind Töpfe aneinander, machen Sie mit und sagen Sie: »Ich bin auch in der Band!« Führen Sie neue Instrumente ein und warten Sie ab, ob das Kind sie akzeptiert. Machen Sie das konkrete Verhalten zu einem Als-ob-Spiel, indem Sie sich zu einem Hauptdarsteller in der Geschichte machen.

Bis das Kind die Bandbreite seiner symbolischen Vorstellungen erweitert, will es vielleicht das Auto selbst steuern, den imaginären Einkaufswagen selbst schieben oder das imaginäre Apfelmus selbst essen. Wenn es Figuren oder Puppen einsetzen kann, die es selbst repräsentieren – wenn es aufhört, sich gegen Figuren in seinem Spielauto zu sträuben –, werden Sie wissen, daß Ihr Kind einen weiteren Schritt auf seinem Entwicklungsweg getan hat.

Ideen zum Symbolspiel finden sich überall

Wenn Sie ein fiktives Element in das Spiel des Kindes einführen, lassen Sie es den Lenker des Spielgeschehens sein. Bauen Sie lieber Phantasie und Als-ob in bestehende Spielaktivitäten ein, statt neue Spielaktivitäten einzuführen. Das wird Ihnen leichter fallen, wenn Sie für ausreichend Requisiten sorgen. Geschirr, Töpfe und Pfannen, leere Lebensmittelverpackungen und andere alltägliche Utensilien können viele Anregungen für ein Symbolspiel bieten, wie auch Spielzeugautos und -laster, Garagen und Häuser, Bauklötze und Züge, Stofftiere und Puppen. Diese Spielmaterialien aus lebensnahen

Umfeldern, die zum aktiven Handeln anregen, erlauben es dem Kind, seine Geschichten nach Wunsch auszubauen. Sie stehen für Aspekte seiner sozialen Wirklichkeit, die es wiedererkennen wird; auf diese Weise wird es angeregt, Szenen aus dem wirklichen Leben nachzugestalten.

Wenn das Kind mit seinen Lieblingspuppen und Stofftieren spielt, halten Sie nach Gelegenheiten Ausschau, alltägliche Handlungen nachzugestalten. Puppen können kochen, den Tisch decken und einkaufen gehen, Stofftiere können zu Bett gebracht werden. Diese Handlungen, die dem Kind so vertraut und so wichtig sind, werden meistens als erstes im Symbolspiel nachgestaltet.

Da Kinder ihr Symbolspiel auf wirklichen Erfahrungen aufbauen, sorgen Sie dafür, daß Ihr Kind eine breite Basis an Erfahrungen bekommt. Gehen Sie mit ihm zum Flughafen, zur Feuerwache, in den Zoo, fahren Sie mit dem Bus, mit dem Karussell, mit der Bahn. Das Kind kann sich dann diese Erfahrungen durch das Spiel aneignen. Gestalten Sie das Karussellerlebnis nach, indem Sie mit dem Kind im Kreis herumlaufen und auf und nieder wippen oder auf Steckenpferden im Kreis herumgaloppieren. Wenn Sie ein Flugzeug am Himmel entdecken, tun Sie so, als würden Sie ganz weit wegfliegen. Lassen Sie die neuen Erfahrungen die Phantasietätigkeit des Kindes anregen.

Haben Sie keine Bedenken, das Bewältigungsverhalten Ihres Kindes den Anreiz bilden zu lassen. Tammys Eltern erklärten das Weglaufen und Hinwerfen des Kindes zu einem Nickerchen, und so können auch Sie den speziellen Verhaltensweisen Ihres Kindes einen Sinn geben. Flattert das Kind oft mit den Ellbogen, schauen Sie, ob es ihm Spaß macht, ein Flugzeug zu sein. Macht es unablässig eine Tür auf und zu, sehen Sie demonstrativ nach, ob jemand geklopft hat, lassen den Teddybären in der Tür festklemmen oder geben dem Kind den Schlüssel, damit es die Tür auf- und zuschließen kann. Kinder, die Schwierigkeiten mit der motorischen Planung haben, neigen manchmal dazu, sehr einfache Bewegungsmuster unablässig zu wiederholen. Wenn man solchen Handlungen eine symbolische Absicht beimißt, ändert sich ihre Bedeutung, und das hilft ihnen, über sie hinauszuwachsen.

Machen Sie das Rollenspiel interessanter

Eine der häufigsten Klagen von Eltern lautet: »Das Spiel meines Kindes ist so eintönig! Es spielt wirklich immer dasselbe.« Es ist wahr, ohne zusätzliche Anregungen spielen die meisten entwicklungsbeeinträchtigten Kinder immer wieder dieselben Szenen durch; sie empfinden die Vertrautheit als tröstlich. Kinder mit multiplen Entwicklungsbeeinträchtigungen brauchen Bewährtes und Gewohntes, weil es ihnen ein Gefühl von Sicherheit vermittelt. Die Herausforderung, vor der Sie nun stehen, liegt darin, das Symbolspiel in eine neue Richtung zu lenken, indem Sie bei dem von dem Kind gesetzten Thema bleiben, aber Elemente einführen, an die es vielleicht nicht gedacht hat.

- Wenn das Kind wiederholt mit dem Feuerwehrauto einen Brand bekämpft, spielen Sie eine Katze, die auf einem Baum festsitzt. Sie können auch eine Stoffkatze in den Baum setzen und für sie sprechen. Dann rufen Sie die Feuerwehr.
- Kauft das Kind immer dasselbe, wenn es zum Kaufladen geht, spielen Sie die Verkäuferin, die sagt: »Milch ist alle. Wollen Sie vielleicht Brot?« Oder schließen Sie den Laden, wenn das Kind ihn gerade betreten will.

Wenn das Kind wiederholt bekannte Texte nachspielt – eine Strophe aus einem Lied, eine Szene aus einem Bilderbuch oder Video –, setzen Sie das Symbolspiel ein, um auf diesen Szenen aufzubauen. Führen Sie allmählich neue Elemente ein; spielen Sie die Szene ein wenig anders oder setzen Sie ein neues Requisit ein. Schmücken Sie den vertrauten Text allmählich aus, verändern Sie die vertraute Zeichentrickfigur Stück für Stück, bis eine neue Figur entstanden ist. Je mehr sich das Kind am Text orientiert, desto kreativer müssen Sie sein. Regen Sie das Kind mit Spielhandlungen und Worten an, sich in eine neue Richtung zu bewegen. Genieren Sie sich nicht, physisch in seine Lieblingsspielhandlung einzugreifen. Wenn »Thomas der Zug« nur im Kreis fährt, blockieren Sie die Schienen mit einem anderen Zug und sagen: »Gesperrt!« Oder stellen Sie eine Puppe auf die Schienen, die sagt: »Ich will mitfahren!« Indem Sie eine Rolle im Symbolspiel übernehmen und es in eine leicht veränderte Richtung lenken, können Sie das Repertoire Ihres Kindes langsam erweitern. Wenn Ihr Spiel nicht repetitiv ist, wird das Spiel des Kindes es auch nicht sein. Betrachten Sie die unzähligen Wiederholungen als Herausforderung an Sie, kreativer zu werden. Mit Geduld und Beharrlichkeit können Sie die Flexibilität des Kindes erweitern und ihm gleichzeitig helfen, in die Welt der Vorstellungen und Ideen vorzustoßen.

Die gedanklichen Vorstellungen und Ideen des Kindes sollten nicht wegen einer Körperbehinderung eingeschränkt werden. Kinder, die differenzierte Bewegungsmuster noch nicht realisieren können, brauchen das Symbolspiel besonders, um Handlungen einzuüben, die sie selbst noch nicht vollziehen können. Diese Übung ermutigt sie, sich als ein Kind zu sehen, das tun kann, was andere Kinder auch können. Trotz der Rückstände in seiner motorischen Entwicklung kann es gedankliche Vorstellungen ausbilden. Das Kind kann eine Puppe die Leiter der Rutsche hinaufklettern und sie herunterrutschen lassen, sie ins Wasser springen oder auf einem Pferd reiten lassen, obwohl es selbst ohne Unterstützung noch nicht sitzen kann. (Nehmen Sie Gummibänder, Knete oder Klebeband zur Hilfe, damit das Kind die Figuren leicht bewegen kann.)

Führen Sie Konflikte oder Herausforderungen ins Symbolspiel ein
Anstatt einfach bei der Spielhandlung mitzumachen, die das Kind iniitiert hat, werden Sie eine Figur mit einem eigenen Willen. Protestieren Sie gegen die Entscheidungen des Kindes und bieten Sie ihm Alternativen an.

- Wenn die Puppe des Kindes Ihrer Puppe befiehlt, die Kartoffeln aufzuessen, weigern Sie sich. Sagen Sie: »Nein!« oder: »Ich will ein Eis! Ich will ein Eis!«
- Braust das Auto des Kindes die Straße herunter, lassen Sie Ihr Auto nicht einfach nebenherfahren. Lassen Sie Ihr Auto Protest erheben: »Das ist meine Straße! Fahr zur Seite!«

Indem Sie das Kind vor Probleme stellen, die es lösen muß, anstatt einfach laut zu beschreiben oder nachzumachen, was es tut, spornen Sie es an, den nächsten Schritt zu tun oder sich etwas Neues auszudenken. Um es dazu zu ermuntern, flüstern Sie: »Oh, oh, was willst du nun machen? Der ist ja so gemein!« Wenn das Kind nicht mehr weiterweiß, flüstern Sie ihm zwei Vorschläge zu, zwischen denen es auswählen kann.

Haben Sie ein neues Element eingeführt, geben Sie dem Kind Gelegenheit, darauf zu reagieren. Wenn Sie ihm Zeit lassen, wird es vielleicht Ihren Einfall übernehmen oder das von Ihnen gestellte Problem lösen. Wenn es nicht reagiert, versuchen Sie es noch einmal mit demselben Einfall, oder versuchen Sie etwas Neues. Schließlich wird das Kind flexibler werden.

Wie oft sollten Sie etwas Neues einführen? Tun Sie es so oft, wie es notwendig ist, damit das Spielgeschehen spontan bleibt – immer wenn das Kind stockt, wenn das Spiel repetitiv und monoton wird, wenn das Kind Sie aus dem Spielgeschehen ausblendet. Sie müssen es nicht alle paar Sekunden tun, und es darf auf keinen Fall soweit kommen, daß Sie die Lenkung des Spielgeschehens übernehmen. Das Ziel ist, das Kind anzuspornen, in eine neue Richtung zu gehen, und ihm dann zu folgen. Sie könnten sogar sein Herumkommandieren oder seine Unflexibilität überzeichnen, damit ihm bewußt wird, was es da tut. Dann kann es sein Verhalten mit größerem Abstand betrachten. Sie könnten etwa seinen Figuren sagen, sie dürften sich nicht rühren, weil der Chef es so befohlen hat.

Zu diesem Zeitpunkt sollten sie sich keine Gedanken darüber machen, daß diese Widerborstigkeit negativ erscheinen oder ein schlechtes Beispiel für das Kind setzen könnte. Sie werden später noch Gelegenheit haben, ihm gute Manieren, Regeln und andere Feinheiten der Etikette beizubringen. Im Augenblick ist es am wichtigsten, dem Kind zu helfen, möglichst phantasievoll zu spielen, und jedesmal wenn Sie sich aufsässig zeigen und einen Konflikt heraufbeschwören, fordern Sie Ihr Kind heraus, kreativ zu werden und neue Ideen zu entwickeln und auszudrücken.

Einbeziehung der Sinne, von Motorik und Verarbeitung

Versuchen Sie, diejenigen Sinneserfahrungen, motorischen und perzeptiven Fertigkeiten, die Ihrem Kind Schwierigkeiten bereiten, in das Rollenspiel einzubeziehen. Wenn es Probleme mit dem taktilen Sinn hat und viele Oberflächenstrukturen nicht gern anfaßt, versuchen Sie, möglichst verschiedenartige Materialien in das Spiel einzubeziehen. Puppen können mit Knete, Sand oder in Wasser angerührter Stärke ein Essen kochen. Sie können in Wasser, kleinen Styroporkugeln oder Rasiercreme schwimmen. Spielautos können über Sandpapier oder Aluminiumfolie rasen, durch die Sandkiste fahren und Pappberge hinuntersausen.

Vergessen Sie Geräusche und Klänge nicht. Züge und Autos können alle möglichen Hup- und Pfeiftöne ausstoßen. Puppen können Musikinstrumente spielen und nach der unterschiedlichsten Musik tanzen (nicht nur nach Kinderkassetten). Nehmen Sie ein einfaches Mikrophon oder schlagen Sie die Trommel (ein Schlegel und ein Tablett reichen vollkommen aus).

Wenn das Kind sich in bestimmten Körperstellungen nicht wohlfühlt und sich oft hinlegt, um die Stütze von Boden oder Sofa zu spüren, wird es vielleicht nur zögernd ungewohnte Bewegungen durch den Raum in Angriff nehmen. Sie müssen das Kind irgendwie veranlassen, sich bewegen zu *wollen.* Wenn sein Zug in kurzen, geraden Linien vor- und zurückfährt, schlagen Sie vor, die Züge über den Berg (einen Wohnzimmerstuhl) fahren zu lassen. Lassen Sie Ihren Zug vorwärts rasen (»Oh nein! Der Zug ist schneller geworden!«). Das Kind wird aufstehen, um den Zug zurückzuholen oder ihm zu folgen. Wenn seine Puppe nur in einem kleinen, begrenzten Bereich spielt, verwandeln Sie sich in den kleinen Hund der Puppe, der von zu Hause wegläuft und gerettet werden muß. Probleme mit der Sequenzierung von Bewegungsabläufen lassen Kinder oft dieselbe Bewegung immer wiederholen. Ihre Spielanregungen zeigen dem Kind, wie der nächste Schritt aussehen könnte.

Leidet das Kind unter Störungen der auditiven Wahrnehmung, halten Sie die Dialoge Ihrer Rollenspiele möglichst kurz und einfach. Setzen Sie bekannte Hinweise ein. Aber führen Sie allmählich längere, komplexere Sätze ins Spiel ein, die immer eng mit dem Tun des Kindes verknüpft sein sollten. So wird seine Fähigkeit, Wörter zu begreifen, langsam anwachsen.

Gehen Sie behutsam vor. Jede Neuheit kann dem Kind Unbehagen bereiten und Widerstand auslösen. Erzwingen Sie nichts. Wenn das Kind heute, morgen oder übermorgen nicht mit Ton kochen möchte, ist es vielleicht nächste Woche oder nächsten Monat dazu bereit. Wenn Sie neue Erfahrungen auf nichtbedrohliche Weise im Rahmen eines Rollenspiels anbieten, wird sein Mißbehagen vielleicht langsam abnehmen. Vielleicht wird es sich an Ihren Vorschlag erinnern und es irgendwann selbst versuchen. Aber das Kind könnte die Neuheit auch als reizvoll empfinden. Rechnen Sie damit, daß es eine Verzögerung gibt, bevor es ihm gelingt, eine Reaktion zu organisieren. Lassen Sie ihm Zeit, bevor Sie weitermachen.

Begleiten Sie das Spiel mit Worten

Auch wenn Ihr Kind noch nicht sprechen kann, reden Sie während des gemeinsamen Spiels mit ihm. Sie sollten keine längeren Monologe halten, sondern einzelne Wörter und kurze Sätze sagen, die in direktem Bezug zum Tun oder den Empfindungen des Kindes stehen. Durch die Verknüpfung der Wörter mit den Emotionen des Kindes unterstützen Sie es beim Spracherwerb.

Sam und sein Vater Paul schoben Spielzeuglaster über den Boden. Jedesmal wenn Paul seinen Laster schneller fahren ließ, leuchteten Sams Augen auf. Ließ er den Laster langsamer fahren, schien Sam weniger fasziniert. Paul fing an, jedesmal wenn er seinen Laster schnell fahren ließ, »schnell« zu sagen und »langsam«, wenn er das Tempo verlangsamte. Nach einigen Minuten sah er Sam an und fragte: »Schnell oder langsam?« Sam antwortete nicht, also wiederholte Paul seine Aktion und stellte die Frage dann noch einmal. Nach mehreren Versuchen wedelte Sam als Antwort rasch mit der Hand, aber Paul blickte verwirrt drein und stellte erneut die Frage: »Schnell oder langsam?« Sam wedelte mit der Hand, aber wieder blickte sein Vater verwirrt drein. Nachdem Paul die Frage ein viertes Mal gestellt hatte, sagte Sam: »Langsam.« Paul schob den Laster langsam über den Boden. »Schnell, schnell, schnell«, schrie Sam, was er eben schon hatte sagen wollen. Als sein Vater den Laster über den Boden rasen ließ, lächelte Sam breit. Das Spiel hatte eine halbe Stunde gedauert, und Sam hatte zum ersten Mal verbal kommuniziert.

Paul bemerkte später, er habe nicht damit gerechnet, daß Sam die Wörter so schnell lernen würde. Wörter können durchaus sehr schnell gelernt werden, wenn sie im Bezug zu den Gesten, der Motivation und heftigen Gefühlen des Kindes stehen.

Wenn Kinder ganz von einem Spielzeug gefesselt sind, ganz ins Gesicht ihrer Mutter vertieft oder ganz von dem Wunsch beseelt, *jetzt sofort* nach draußen zu gehen, sind sie motiviert und können lernen. Ihr Interesse an ihrem jeweiligen Tun wird zu einem wirklichen Lernen: Die Kinder werden das Wort nicht nur nachplappern, sondern sie werden den sprachlichen Begriff verstehen, und das Wort wird sich fest in ihr Gedächtnis einprägen.

Ein solches Lernen unterscheidet sich grundlegend vom Auswendiglernen. Sie haben das wahrscheinlich schon erlebt. Kinder lernen die Wochentage oder andere einfache Wörter auswendig, und wenn sie danach gefragt werden, können sie diese Wörter flüssig hersagen. Aber versetzt man sie in eine neue Situation, ist plötzlich alles weg. Auch mit noch so viel Nachhelfen können sie sich nicht mehr erinnern, was sie denn sagen sollten. Sie haben die Sinnzuweisung der Wörter nicht voll erfaßt, sondern nur die Lautfolgen auswendiggelernt, weil die Wörter isoliert gelehrt wurden.

Sie können Ihrem Kind helfen, die Bedeutung von Wörtern zu lernen, indem Sie neue Wörter immer – *immer* – eingebettet in eine Aktivität einführen, die das Kind gefühlsmäßig ganz in Anspruch nimmt. Denn dann werden die Wörter mit diesen Gefühlen und dem zugrundeliegenden Zielbewußtsein des Kindes verknüpft.

- Wenn Ihr Kind gerade losrennen, losspringen oder die Rutsche herunterrutschen will, rufen Sie: »Achtung, fertig, los!« Sie können auch einen Countdown machen: »1, 2, 3, Los!« oder »5, 4, 3, 2, 1, Start!«
- Wenn Sie »Pferd« spielen und das Kind Ihnen mit Gesten signalisiert, nach rechts oder links zu gehen, benennen Sie die von ihm gewählte Richtung.
- Wenn es den Hund der Nachbarn streichelt, sagen Sie »Hund«.

Wenn neue Wörter stets mit Empfindungen und Gesten des Kindes verknüpft werden, sollte sich sein aktiver Wortschatz langsam erweitern, und es wird sich viele Begriffe aneignen. Sprechen Sie immer mit angeregter Stimme und verändern Sie Ihren Tonfall. Übertreiben Sie ruhig und benennen Sie die Gefühle, die das Kind in der gegenwärtig erfahrbaren Situation empfindet.

Überraschenderweise sprechen manche Kinder, die mit der Sprachentwicklung im Rückstand sind, Wendungen nach, die starke Emotionen ausdrücken, beispielsweise: »Oh nein! Wie konnte denn das passieren!« Diese Wendungen beziehen sich auf etwas, das schiefging, und spiegeln Enttäuschung, Überraschung, Wut oder Verzweiflung des Kindes wider. Die starke Emotionalität des Ausrufs läßt die Wörter zu den Kindern durchdringen, und sie wiederholen ihn. Diese Wendungen machen auch deshalb solchen Eindruck, weil sie gewöhnlich Problemlösungen und mitfühlendes Verständnis nach sich ziehen.

Wie Sie Ihrem Kind helfen können, im Gespräch Vorstellungen und Symbole einzusetzen

Wenn Sie anfangen, während des gemeinsamen Spiels die Gefühle und Gesten des Kindes zu benennen, tun Sie das auch im Alltag.

- Zeigt das Kind auf das Eis am Stiel in der Gefriertruhe, sagen Sie: »Eis am Stiel. Willst du ein Eis am Stiel?«
- Weint das Kind, wenn es ins Bett soll, sagen Sie: »Traurig? Wütend? Nicht Bettchen?«

Indem Sie die Worte mit den Empfindungen des Kindes in Beziehung setzen, helfen Sie ihm, die Bedeutung der Worte mit seinem Ich zu verknüpfen. Mit der Zeit wird es die Worte ebenfalls bilden.

Wenn Sie können, zögern Sie es hinaus, den Wunsch des Kindes zu erfüllen, bis Sie irgendeine Reaktion von ihm erhalten haben – einen Blick, ein Ausstrecken der Hand, eine Lautäußerung, ein Wort. Halten Sie aus, bis das Kind Ihrer Einschätzung nach kurz davor steht, einen Wutanfall zu bekommen oder aufzugeben.

Verbale Kommunikationssequenzen verlängern

Sie haben mit Ihrem Kind geübt, gestische Kommunikationssequenzen zu verlängern. Jetzt geht es darum, möglichst viele verbale Kommunikationskreise zu schließen – das Kind soll in die Lage versetzt werden, einen durchgängigen verbalen Dialog zu führen. Das läßt sich am besten erreichen, indem Sie seinen Forderungen nicht gleich nachgeben oder verhandeln.

- Wenn das Kind die Hand auf die Türklinke legt und sagt: »Will raus!«, lassen Sie es nicht gleich in den Garten, sondern zögern Sie es hinaus. Sagen Sie: »Zu kalt« oder »Erst Stiefel anziehen.« Wahrscheinlich wird es Einspruch erheben: »Jetzt! Jetzt raus!« »Nein«, könnten Sie kopfschüttelnd sagen, »zu kalt.« »Nicht zu kalt!« werden Sie wahrscheinlich zu hören bekommen. »Zu kalt«, wiederholen Sie. »Erst Stiefel anziehen.« »Nein!« wird das Kind schreien. An diesem Punkt können Sie nachgeben und es hinauslassen. Das Kind hat zahlreiche verbale Kommunikationskreise geschlossen und nicht nur einen.

Versteht das Kind die Abfolge von Ereignissen, die zum Hinausgehen führen, ist es vielleicht besser, nicht sofort nein zu sagen. Die Ablehnung könnte eine so starke Frustration und Wut auslösen, daß das Kind unfähig ist, den Dialog fortzusetzen. Gehen Sie statt dessen auf seinen Wunsch ein und versuchen Sie, die Interaktion auszudehnen. »Oh, du willst nach draußen gehen«, könnten Sie sagen. Steuert das Kind auf die geschlossene Tür zu, fragen Sie, ob es den Schlüssel hat. Das mag das Kind überraschen, aber es wird wahrscheinlich einsehen, daß es einen Schlüssel braucht. Sie könnten nach dem Schlüssel suchen (halten Sie zu diesem Zweck einen alten Schlüsselbund bereit), einen der Schlüssel ausprobieren, feststellen, daß er nicht paßt, an die Tür klopfen, einen anderen Schlüssel ausprobieren und so weiter, um die Interaktion in Gang zu halten. Das Kind wird dabei nicht nur viele Kommunikationskreise schließen, sondern vielleicht mit Freude auf das Schlüsselspiel eingehen. Diese Interaktion kann sich zu einer Diskussion darüber ausweiten, was mitgenommen werden sollte, wo es hingehen soll, wer mitkommen sollte und so weiter.

Sie können sich auch dumm stellen.

- Sagt das Kind: »Saft!«, tun Sie so, als würden Sie es nicht verstehen. »Milch?« könnten Sie fragen. »Nein, Saft!« wird es rufen. »Wasser?« »Kein Wasser! Saft!« wird es entgegnen. Wenn es um Wasser bittet, könnten Sie verwirrt zurückfragen: »Du willst baden?« »Nicht baden! Trinken!« wird es schreien. Das Kind wird sich frustriert fühlen, aber es hat einen einzigen einfachen Kommunikationskreis in ein Gespräch verwandelt, das sich aus vielen Kommunikationskreisen zusammensetzt.

Verhandeln ist ungeheuer wichtig

Kann das Kind sich sprachlich besser ausdrücken, ist es an der Zeit, mit einer zweiten Variante des Verhandelns zu beginnen. Anstatt das Kind einfach hinzuhalten, sollten Sie jetzt seine Absicht in Frage stellen. Warum will es nach draußen gehen? Was will es draußen anfangen? Warum muß es unbedingt jetzt sofort sein? Diese Art des Verhandelns ist ungeheuer wichtig. Das Kind wird dadurch nicht nur befähigt, mehr verbale Kommunikationskreise hintereinander zu schließen – es hilft ihm auch, den Sprung zum abstrakten Denken zu tun.

Schlägt das Kind gegen die Tür und verlangt, hinausgelassen zu werden, ist es ganz und gar auf der Ebene des konkret Wahrnehmbaren. Es ist auf die Tür konzentriert, die zwischen ihm und seinem heftigen Wunsch steht. Wenn Sie das Kind hinhalten und es fragen: »Was willst du denn draußen machen?«, helfen Sie ihm, sich im Geist vorzustellen, was es draußen spielen will. Und in diesem Augenblick – wenn es im Geist das Fahrrad vor sich sieht, mit dem es gleich fahren will – vollzieht es den Sprung zum abstrakten oder symbolischen Denken.

Indem Sie dem Kind Fragen zu seinen Wünschen stellen, helfen Sie ihm, über das nachzudenken, was es tut. Diese Verlagerung von der *Reaktion* auf eine Situation zum *Nachdenken* darüber ist entscheidend für die Entwicklung des Kindes. Sie ermöglicht es ihm, über seine Gefühle zu sprechen, anstatt sie einfach auszuagieren. Bei diesem Prozeß ist Ihre allgemeine Haltung ebenso wichtig wie das, was Sie sagen. Wenn Sie das gegen die Tür schlagende Kind einfach nur mit einem Gesichtsausdruck ansehen, der besagt: »Wozu die Eile?«, wird es vielleicht innehalten und nachdenken. Das ist der Schlüssel zum Symbolisieren oder der Repräsentation von Wünschen oder Handlungen, der Schlüssel für die Verlagerung vom Tun zum Denken.

Sie werden ebenfalls erheblich davon profitieren, weil diese Art der Interaktion vorübergehend die Aufmerksamkeit von dem Machtkampf und der Frage, wer seinen Willen durchsetzen wird, ablenkt. Vielleicht wird das Kind sich nicht lange ablenken lassen, aber selbst eine kurze Pause reicht oft aus, um über die Forderung des Kindes nachzudenken, einen Kompromiß vorzuschlagen oder sich andere Fragen auszudenken, die die Verhandlungen in die Länge ziehen können.

Zwar sind solche Verhandlungen für alle Kinder wichtig, aber für entwicklungsbeeinträchtigte Kinder sind sie es ganz besonders. Die meisten Kinder bewältigen mit ungefähr zwei Jahren den Übergang von reinem Reagieren zum Denken. Förderbedürftigen Kindern, besonders Kindern mit multiplen Wahrnehmungs- und Bewegungsstörungen und kognitiven Rückständen, fällt dieser Wechsel oft sehr schwer, und häufig wird angenommen, daß sie dazu nicht fähig sind. Ohne Hilfestellung von Eltern, Lehrern und Therapeuten erlernen sie zwar häufig neue geistige Fertigkeiten, entwickeln aber nicht die emotionale Fähigkeit, Handlungen zu durchdenken. Die Folge sind Kinder mit den Interessen und dem Wortschatz von Vierjährigen, die aber wie sechzehn Monate alte Kleinkinder handeln, unfähig, ihr Verhalten zu kontrollieren.

Bei vielen förderbedürftigen Kindern sind konzentrierte Anstrengungen seitens ihrer Betreuungspersonen notwendig, damit die Kinder lernen, ihre Handlungen vorher zu durchdenken. Vielleicht zögern Sie, in Verhandlungen mit Ihrem Kind einzusteigen, weil Sie befürchten, einen Streit heraufzubeschwören. Und das werden Sie. Aber kurzfristig wird dadurch die Kommunikationsfähigkeit des Kindes verbessert, und langfristig werden Sie ihm damit helfen, ein flexiblerer, reflektierender Mensch zu werden.

- Weigert sich Ihre Tochter, ins Bett zu gehen, packen Sie sie nicht und tragen sie in ihr Zimmer, sondern verhandeln Sie. Fragen Sie: »Warum nicht Bettchen? Warum nicht jetzt?« Ziehen Sie die Verhandlungen in die Länge. Setzen Sie *nach* den Verhandlungen Grenzen, wenn Sie wissen, was das Kind empfindet und was es möchte. Dann können Sie mitfühlendes Verständnis zeigen. Schlagen Sie einen anderen Zeitpunkt für das vor, was es noch tun wollte, und bleiben Sie fest: Schicken Sie es ins Bett.

- Weigert sich Ihr Sohn, seinen Brokkoli aufzuessen, fragen Sie: »Warum willst du keinen Brokkoli? Magst du ihn nicht? Was möchtest du lieber essen? Guck mal, das ist kein Brokkoli, das ist ein Baum! Möchtest du lieber einen kleinen Baum oder einen großen?«

Ziehen Sie diese Verhandlungen über fünf bis sieben Minuten hin – wenn Sie können, sogar noch länger. Haben Sie keine Angst davor, das Kind wütend zu machen. Je mehr Kommunikationskreise es schließt, desto eher wird es lernen, über seine Gefühle und sein Verhalten nachzudenken.

Für solche Verhandlungen muß das Kind nicht unbedingt schon sprechen oder Ihre Worte verstehen können. Sie können sein Verhalten ebensogut mit Gesten in Frage stellen wie mit Worten. Wenn das Kind gegen die Tür schlägt, um Ihnen mitzuteilen, daß es nach draußen will, öffnen Sie nicht einfach die Tür. Heben Sie Arme und Schultern und blicken Sie verwirrt drein, als wollten Sie fragen: »Warum denn?« Gehen Sie zum Fenster und zeigen Sie auf Spielgegenstände, als wollten Sie fragen, womit das Kind draußen spielen will. Versuchen Sie, es nicht hinauszulassen, bevor es Ihre Frage beantwortet hat, indem es auf das Gewünschte zeigt. Sie können auch Fotos von Spielaktivitäten im Freien an der Tür anbringen. Das Kind kann dann auf das Foto zeigen, auf dem das abgebildet ist, was es draußen tun möchte. Je öfter Sie dem Kind Fragen nach seinen Gefühlen und dem Grund seines Verhaltens stellen, desto öfter wird es bei sich erkennen, was es tun möchte, und sich damit im abstrakten Denken üben.

Die drei Phasen der Sprachentwicklung

Wenn Ihr Kind sprechen lernt, werden Sie beobachten, daß es dabei drei Phasen durchläuft. In der ersten Phase werden das Lallen oder Wörter für Dinge des täglichen Gebrauchs oder Essen wie »Milch« oder »Saft« willkürlich eingesetzt, nicht um ein Bedürfnis erfüllt zu bekommen, sondern einfach um des Vergnügens willen, die Laute zu bilden. In der zweiten Phase setzt das Kind Wörter intentional ein, um mitzuteilen, was es haben möchte (»Ich will Saft!«). Obwohl die Fortschritte gegenüber der früheren Phase enorm sind (das Kind versteht jetzt, daß Wörter Bedeutungen haben), ist das Sprechen immer noch einseitig; das Kind antwortet nicht, wenn Sie mit ihm sprechen. Die dritte Phase ist dadurch gekennzeichnet, daß das Kind fähig wird, Wörter *intentional und im Zusammenspiel mit anderen* einzusetzen, daß es fähig wird, ein Gespräch zu führen.

Die drei Phasen vollziehen sich überlappend. Das Kind plappert gelegentlich noch vor sich hin, setzt Wörter aber auch schon intentional ein. Es sagt »Saft«, wenn es Saft haben will, murmelt aber auch ohne Sinnbezug oder wegen irgendeiner Assoziation »Auto« oder »Käse« vor sich hin. Oder es beteiligt sich mal an einem reziproken Gespräch, und dann wieder ignoriert es Sie, während es vor sich hinmurmelt. Dieses Verhalten ist ein natürlicher Bestandteil des Sprechenlernens. Solange die Tendenz dahin geht, daß das Kind immer öfter einem anderen etwas Bestimmtes mitteilen will, ist es auf dem richtigen Weg.

Sie können den Prozeß unterstützen, indem Sie alle Worte, die Ihr Kind bildet, mit seinem Verhalten verknüpfen. Sobald es anfängt, Wörter auszusprechen, geben Sie ihm den Gegenstand, den es benannt hat. Plappert es »Milch«, geben Sie ihm ein Glas Milch oder zeigen Sie auf die Milch im Kühlschrank. Plappert es »Josh«, bringen Sie es zu seinem Bruder oder zeigen ihm ein Bild von Josh, wenn der nicht da sein sollte. Je mehr Sie die von dem Kind geäußerten Wörter mit den Gegenständen, die sie repräsentieren, in Verbindung bringen, desto mehr Sinn wird seine Sprache bekommen.

Manchmal erweitert sich der aktive Wortschatz der Kinder, aber sie setzen die Wörter wahllos und eigenwillig ein. Diese Kinder reden viel, aber ihre Worte bleiben sinnlos, und sie scheinen sich nicht mit anderen verständigen oder ihnen etwas mitteilen zu wollen. Ist das bei Ihrem Kind der Fall, achten Sie auf sein Verhalten. Sind seine Gesten intentional? Kann es Sie bei der Hand nehmen und zum Kühlschrank führen? Kann es auf die Tür zeigen, um zu signalisieren, daß es nach draußen möchte? Hat das Kind die gestischen Grundbausteine des Sprechens gemeistert, achten Sie darauf, alle Interaktionen mit ihm sprachlich zu begleiten. Sagen Sie: »Kann ich den Ball haben?«, wenn Sie die Hand ausstrecken, damit das Kind Ihnen den Ball gibt, oder »Möchtest du Brot?«, wenn Sie ihm das Brot reichen. Wenn Sie das tun, wird das Kind wahrscheinlich anfangen, seine Wortäußerungen mit zielgerichtetem Verhalten zu verbinden.

Ist das Verhalten des Kindes so ziellos wie sein Sprachverhalten, helfen Sie ihm, das grundlegende Geben und Nehmen der Interaktion zu meistern. Öffnen und schließen Sie möglichst viele Kommunikationskreise (siehe Kapitel 10). Setzen Sie als Teil dieser Interaktionen Wörter ein. Benutzen Sie keine »Babysprache«, versuchen Sie, dem Kind Wörter beizubringen und Gegenstände zu benennen. Lassen Sie das Kind Sätze wiederholen. Interagieren und reden Sie. Aber erwarten Sie keine intentionalen sprachlichen Äußerungen, bevor das Kind intentionale Gesten gemeistert hat.

Die Sprechversuche des Kindes korrigieren

Wenn Kinder sprechen lernen, scheinen sie sich oft an bestimmten Fehlern festzubeißen. Sie vertauschen die Promonina »er« und »sie«, »ich« und »du« oder verunstalten in ihrer Aussprache bestimmte Wörter. Manchmal machen sie diese Fehler so lange, daß die Eltern sich besorgt fragen, ob ihre Kinder sie wohl je überwinden werden. Es ist ganz natürlich, daß Sie als Eltern diese Fehler korrigieren wollen, aber versuchen Sie, es nicht zu tun. Weit wichtiger als diese Details ist die Ausbildung von Vorstellungen und Ideen. Das Kind wird seine Fehler sehr wahrscheinlich selbst verbessern, wenn es flüssiger spricht und stärker begrifflich denkt. Wenn Sie das Gefühl haben, dieses Problem angehen zu müssen, tun Sie es nicht, indem Sie das Kind korrigieren. Das führt nur zu einer autoritären, unspontanen Diskussion, in der Sie dem Kind sagen, was es tun soll. Eine weit bessere Möglichkeit ist, eine offene Diskussion anzuzetteln, die die Vorstellungskraft des Kindes fördert. Sagt das Kind ständig »du«, wenn es sich selbst meint, sagen Sie: »Wart mal. Ich bin ganz verwirrt. Meinst du dich oder mich?« Bleiben Sie beharrlich – immer ganz spielerisch –, bis das Kind sich selbst berichtigt. Auf diese Weise können Sie ihm helfen, seinen Fehler zu erkennen und dennoch spontan zu interagieren.

Wie man dem Kind hilft, Gefühle auszudrücken

Wenn die sprachliche Kompetenz des Kindes wächst und sein Symbolspiel differenzierter wird, wird es beide Fähigkeiten nutzen, um seine Gefühle auszudrücken. Folglich steht Ihnen eine Vielzahl von Möglichkeiten zur Verfügung, dem Kind zu helfen, mit verwirrenden oder unangenehmen

Gefühlen fertigzuwerden und die Bandbreite seiner Emotionen zu erweitern.

Auf den ersten Blick mag es nicht so aussehen, als ginge es bei dem Spiel des Kindes um Gefühle. Es kann so aussehen, als spiele es Mutter und Kind, Kaufladen oder Schule – und oberflächlich betrachtet tut es das natürlich auch. Aber die Impulse, die es bewegen, so zu spielen und nicht anders, machen das spielerische Tun zum Ausdruck seiner Gefühle. Man kann lernen, hinter den konkreten Fakten (welche Puppe hat das blaue Kleid an und welche das weiße?) den emotionalen Gehalt des Spiels zu erkennen.

Vielleicht fragen Sie sich, wie Sie es schaffen sollen, diesen verborgenen Hintergrund und seine Motive zu erkennen. Es ist nicht so schwer wie es klingt, weil die Anzahl der emotionalen Themen, die dem Spiel des Kindes zugrunde liegen, relativ klein ist. Einige Motive tauchen immer wieder auf. Mit ein wenig Übung werden Sie bald Experte darin sein, sie in den Symbolspielen des Kindes zu erkennen. Die Themen stammen meist aus Alltagserfahrungen des Kindes oder aus wohlvertrauten Büchern oder Videos.

- Thema 1: *Liebevolle Fürsorge und Abhängigkeit.* Kinder beschäftigen sich viel mit diesen Themen, weil sie stark abhängig von ihren Eltern sind. Es ist kaum überraschend, daß diese Gefühle in ihrem Spiel auftauchen. Wie sieht das aus? Genauso wie man es erwarten würde: Puppen nehmen sich in den Arm oder kümmern sich um Babys, kleine Tiere klammern sich an ihre Mütter oder wollen von ihnen gefüttert werden. Auf diese Weise gestalten die Kinder ihr Wissen darum, daß sie von ihren Eltern abhängig sind.
- Thema 2: *Freude und Aufgeregtheit.* Sie wissen, wie es aussieht, wenn Ihr Kind aufgeregt ist: Es lacht und springt in die Luft, es fuchtelt mit den Armen oder trampelt mit den Füßen. Manchmal werden die Kinder dann so aufgeregt, daß sie ihre Bewegungen nicht mehr kontrollieren können. Fangen Sie jetzt an, im Spiel nach diesen Anzeichen Ausschau zu halten. Puppen, die aufgeregt umherspringen, tanzen oder wild herumrennen, können ein Zeichen von Freude und Aufgeregtheit sein.
- Thema 3: *Neugier.* Die meisten Kinder sind von Natur aus neugierig. In ihrer Entwicklung beeinträchtigte Kinder sind da keine Ausnahme. Wenn Ihr Kind sich mehr und mehr auf die Außenwelt einläßt, wird es öfter Spiele spielen, bei denen es um die Suche nach bestimmten Gegenständen geht, nach verborgenen Schätzen und die Erforschung neuer

Welten. Das Kind wird phantasievolle Spiele entwickeln, die zeigen, daß es neugierig auf Dinge und Orte ist, die nicht zu seinem unmittelbaren Lebensumfeld gehören, die es nicht täglich berühren und sehen kann.

- Thema 4: *Macht und Selbstbehauptung.* Alle Kinder merken – und entwicklungsbeeinträchtigte Kinder ganz besonders –, wie hilflos sie selbst sind und wie mächtig die anderen. Es gibt so vieles, was sie nicht tun können! Die Darstellung dieses Themas im Symbolspiel (was die Kinder im Laufe der Zeit und mit viel Unterstützung lernen können) ermöglicht es ihnen, dieses Gefühl von Macht- und Hilflosigkeit zu bekämpfen und Vertrauen in die eigene Kraft und Stärke zu gewinnen. Das kann unterschiedlichste Formen annehmen. Manchmal wird einem Spielzeug ganz ungewöhnliche Leistungsstärke zugeschrieben, beispielsweise werden Autos schnell wie eine Rakete. Manchmal schlüpfen die Kinder in die Rolle eines mächtigen Wesens, etwa eines Riesen, der alles unter seinen Füßen zerquetschen kann. Oder sie spielen ein Rollenspiel, bei dem ein Dinosaurier viel stärker und mächtiger ist als die anderen und alle herumschubst. Oder das Spiel dreht sich um Baukräne und Schwerlaster, Fahrzeuge, die so mächtig sind, wie das Kind es gerne sein würde. Wenn Ihr Kind mehr Anteil an der Welt um es herum nimmt, kann es auch ein Interesse an den gerade modernen Superhelden entwickeln. Vielleicht will es sich dann als Superman oder einer der X-Men verkleiden oder wünscht sich Spielfiguren dieser Superhelden. Anfangs wird Ihr Kind Spaß an dem Bild und den Gesten dieser Superhelden haben, aber keine Geschichte über sie erzählen oder Ihnen sagen können, warum sie so mächtig (= gut) sind und immer siegen. Später werden sich Motive herausschälen; das Kind wird anfangen, zwischen den Guten und den Bösen zu unterscheiden (»Wir nehmen die Piraten gefangen. Sie sind böse, weil sie Silber und Gold stehlen.«) Schließlich wird Ihr Kind in der Lage sein, Ihnen mitzuteilen, warum eine Seite im Recht und die andere im Unrecht ist, obwohl beide vielleicht mit den gleichen Mitteln kämpfen.
- Thema 5: *Wut und Aggression.* Wohl die meisten Eltern finden, daß sie von diesem Thema viel zu viel zu sehen bekommen! Es ist leicht zu erkennen. Das Kind läßt Soldaten Krieg führen, Tiere miteinander kämpfen, Puppen einander umbringen oder Autos zusammenstoßen. Die Variationen sind endlos, aber die Motive im Hintergrund bleiben dieselben. Das Kind drückt im Spiel seine Aggressionen aus. Vergessen

Sie nicht, daß das eine sichere (und die einzig akzeptable) Möglichkeit ist, diesen Impuls auszuleben.

- Thema 6: *Grenzen setzen.* Beim grenzensetzenden Spiel geht es darum, Gefühle im Zaum zu halten – Aggression, Aufregung, tiefe Sehnsüchte. Starke Gefühle können Kindern Angst einjagen, also kontrollieren sie sie, indem sie Grenzen setzen. Sie stecken die bösen Buben ins Gefängnis. Sie schicken Puppen früher ins Bett. Sie geben Ihrer Lieblingspuppe keinen Nachtisch, weil sie unartig war. Wenn Sie Zeuge werden, wie Ihr Kind im Symbolspiel Figuren Strafen auferlegt, ist die Wahrscheinlichkeit groß, daß es versucht, seine eigenen Wünsche und Gefühle zu zügeln. Auch identifiziert es sich mit den Grenzen, die Sie ihm setzen, und wenn es anderen Grenzen setzt, fühlt es sich weniger hilflos.
- Thema 7: *Ängste.* Zu den häufigsten Ängsten, die Kinder empfinden, gehören die Angst vor Trennungen (»meine Eltern werden mich verlassen«), Angst vor Verletzungen (»ich werde mir wehtun und nie wieder gesund werden«) und vor Katastrophen (das Haus wird abbrennen). Selbst Kinder, die gut sprechen und sich erklären können, haben meistens Angst, diese Gefühle offen auszudrücken. Aber im Symbolspiel tauchen sie fast immer auf. Muttertiere setzen ihre Babys aus. Große Bären setzen sich auf Häuser und zerquetschen sie. Puppen haben einen Autounfall und verlieren Arme oder Beine. Die Spielszenen sind nicht allzu subtil, und wenn Sie einmal angefangen haben, darauf zu achten, werden Sie dieses Thema leicht erkennen. Um das Thema Ängste geht es auch, wenn Kinder bestimmte Geschichten wie »Die drei kleinen Schweinchen« oder »Hänsel und Gretel« immer wieder vorgelesen haben wollen.
- Thema 8: *Liebe, mitfühlendes Verständnis und Sorge für andere.* Wenn Ihr Kind sich wohler dabei fühlt, Kontakt zu anderen Menschen aufzunehmen, wird auch seine Fähigkeit, Liebe, Mitgefühl und Verständnis zu empfinden, wachsen. Das wird sich in seinem Spiel widerspiegeln. Puppen werden anfangen, einander zu helfen. Tiere füttern einander. Puppen haben sich lieb und heiraten. Kinder stellen diese Themen auch in Rollenspiele wie »Mutter, Vater, Kind« dar. Ihr Kind könnte in die Elternrolle schlüpfen und Sie zu seinem Kind machen. Seien Sie nicht überrascht, wenn es sich als recht autoritär erweist!
- Thema 9: *»Es wird so gemacht, wie ich es will!«* Ob Ihr Kind das sagt oder es durch Quengeln, Brüllen oder Wutanfälle versucht – sicher haben Sie

sein Bestreben, seinen Willen durchzusetzen, schon erfahren. Eben weil Kinder so wenig bestimmen können, ist das ein wichtiges Thema. Was sie im wirklichen Leben nicht tun können, machen sie im Symbolspiel wett. Als Sheriff erteilen sie den Hilfssheriffs Befehle, der kleine Hund sagt dem großen Hund, was er tun soll, und bei der Teegesellschaft muß jeder Löffel am richtigen Platz liegen. Es könnte gut sein, daß Ihr Kind es genießt, Sie zu seinem Kind zu machen und Ihnen Befehle zuzubellen!

Im Spiel und direkt ausgedrückte Gefühle

Das Thema, das Ihr Kind im Spiel darstellt, kann ein anderes sein als das emotionale Thema, über das es gerade mit Ihnen agiert. Nehmen wir an, das Kind ist in ein Spiel vertieft, bei dem die Mitglieder einer glücklichen Familie (Mama Bär, Papa Bär und die Bärenkinder) sich umarmen und drücken, bevor sie sich an den reichgedeckten Abendbrottisch setzen. Das ist einfach, werden Sie vielleicht denken, das Thema ist Liebe und Abhängigkeit. Aber sobald Sie Anstalten machen, ihm zu helfen, schubst das Kind Sie beiseite, weil es alles allein tun möchte. Kein Anzeichen von Abhängigkeit! Seien Sie nicht überrascht. Kinder sind komplex und ihre Emotionen ebenfalls. Sie empfinden selten nur eine Emotion zur selben Zeit. Ihr Kind ist sich seiner Abhängigkeit von Ihnen bewußt, und es ist froh, daß Sie da sind, um es zu unterstützen. Aber es ist auch eifrig bestrebt, erwachsen und unabhängiger zu werden. Beide Gefühle tauchen in seinem Spiel auf, eins im Inhalt des Rollenspiels, das andere im Verhalten des Kindes Ihnen gegenüber. Im Rollenspiel geht es um Nähe und Abhängigkeit, bei seinem Verhalten Ihnen gegenüber darum, wer der »Chef« ist.

Ein weiteres Beispiel. Ein Junge und sein Vater bauen einen riesigen Turm aus Bauklötzen. Den Anweisungen des Kindes folgend, legt der Vater vorsichtig Bauklotz auf Bauklotz. Als der Turm so hoch ist, wie es nur geht, weist der Junge den Vater an, einen Soldaten auf die Spitze zu stellen. Der Soldat blickt furchtlos von seinem hohen Ausguck auf die Welt herab. Sie nehmen jetzt wahrscheinlich an, daß es hierbei um Macht und Kontrolle geht. Und damit haben Sie absolut recht. Der Junge fühlt sich größer und mächtiger, indem er sich mit dem Turm und dem Soldaten identifiziert. Aber plötzlich, anstatt seine Macht auszuüben und seinem Vater zu sagen, was er tun soll, wird das Kind verzagt und unsicher. Es verliert das Interesse an den Bauklötzen und klettert auf den Schoß seines Vaters. Was ist passiert? Ein zweites, rivalisierendes emotionales Thema ist aufgetaucht. Wie die meisten Kinder sehnt der Junge sich nach Macht. Aber das löst auch Angst aus. Vielleicht fürchtet er, den Vater zu verlieren, wenn er zu mächtig wird. Um sich zu schützen, wird er wieder abhängig und sucht bei seinem Vater Trost und Rückhalt.

Ein vergleichbarer emotionaler Konflikt könnte sich auch auf andere Art ausdrücken. Statt mit Papa zu kuscheln, könnte ein Kind mit stärker fragmentiertem Verhalten plötzlich den Turm umstürzen und die Bauklötze quer durchs Zimmer werfen. Es ist wichtig, dann nicht zornig zu reagieren, sondern Verständnis für den tieferen Konflikt zu zeigen, der hinter diesem Verhalten steht. Wenn das Kind bereits gut sprechen kann, könnte der Vater sagen: »Oh, der Soldat stand zu hoch oben. Der Turm wurde zu hoch, du mußtest ihn umstürzen.« Bei einem präverbalen Kind könnte der Vater mit den Händen etwas Großes andeuten, einfach sagen: »Zu groß« und so tun, als würde er etwas umwerfen. Der Vater kann wie ein großer Teddybär sein, der seinem wildgewordenen Sohn hilft, sich langsam wieder zu beruhigen, wenn notwendig, indem er ihn festhält. Dadurch, daß er hinter dem vordergründigen Tun das emotionale Drama erkennt, kann er dem Kind das nötige Gefühl von Sicherheit vermitteln.

Wie sollten Sie sich verhalten, wenn Sie sehen, daß das Kind solche Gefühle im Spiel zum Ausdruck bringt? Erkennen Sie seine Gefühle an. Sie müssen nicht alles in Ordnung bringen, Sie müssen nicht einmal darüber reden. Zeigen Sie dem Kind nur, mit Worten und Gesten, daß Sie Verständnis dafür haben, und versuchen Sie, den Dialog fortzusetzen. Wenn das Thema Macht und Ohnmacht ist, bieten Sie dem Kind ein Wettfliegen Ihrer Raketenschiffe an und unterhalten Sie sich darüber, welche Maschine stärker ist. Gehen Sie auf das jeweilige Thema ein. Ein verbales Kind wird Ihre Worte verstehen, ein präverbales Ihre Gesten, Mimik und Körpersprache.

Es ist sinnvoll, sich mit den Puppen zu unterhalten, mit denen das Kind spielt, und deren Gebärden in Worte zu übersetzen. Sprechen Sie mit überdeutlichem Tonfall, der zu dem Kind durchdringen wird, selbst wenn es den genauen Wortlaut nicht versteht. Sie können mit Worten oder Gesten eine Interaktion einleiten und dann sein Rollenspiel ausbauen.

- Wenn Puppen miteinander kuscheln, lächeln Sie Ihr Kind warm und verständnisvoll an. Deuten Sie mimisch eine Umarmung an, um dem

Kind zu zeigen, daß Sie seine emotionale Verfassung verstehen. »Susie hat dich ganz doll lieb!« könnten Sie sagen und ihm eine Kußhand zuwerfen.

- Wenn ein Monster ein Haus umwirft, sagen Sie: »Oh nein! Ein großes Monster hat das Haus kaputtgemacht. Wie gruselig. Geh weg, Monster! Geh weg!« oder: »Ich krieg dich, Monster! Du wirst meiner Sarah nichts tun.«

Benennen Sie auch die Gefühle, die das Kind *Ihnen gegenüber* ausdrückt.

- Beharrt Ihre Tochter darauf, daß etwas so getan wird, wie sie es will, erkennen Sie ihr Bedürfnis nach Kontrolle an, indem Sie sagen: »Gut, du bist der Chef«, und sie demonstrativ das Spielgeschehen bestimmen lassen.
- Wenn Ihr Sohn klammert, kuscheln Sie mit ihm, bis er bereit ist, das Spiel fortzusetzen.
- Schiebt Ihr Kind Sie weg und läßt Sie nicht mitspielen, zeigen Sie ihm, daß Sie es verstehen, indem Sie sagen: »Ich versteh schon, du möchtest das allein machen.« Rücken Sie ein bißchen von ihm ab, damit es Ihrer Körpersprache entnehmen kann, daß Sie ihm mehr Raum geben.

Es ist nicht Ihre Aufgabe, die Emotionen Ihres Kindes zu verändern. Sie sollen es nur wissen lassen, daß Sie seine Gefühle wahrgenommen haben und sie verstehen, daß Sie sie akzeptieren und das Kind mit Ihnen darüber reden kann.

Wie man einem präverbalen Kind hilft, durch symbolisches Spiel seine Gefühle zu erkennen

Der dreijährige Jeremy ließ gern seine mit Tier- und Menschenfiguren vollgestopfte Eisenbahn über die Schienen rasen. Oft brach zwischen den Figuren ein wütender Streit darüber aus, wer im Zug bleiben durfte und wer nicht. Das Spiel schien ein angemessenes Ventil für Jeremys Gefühle zu sein. Seine Eltern standen jetzt vor der Herausforderung, ihm zu helfen, seine Gefühle besser zu verstehen und weiterzuentwickeln. Mary, Jeremys Mutter, fiel das manchmal nicht leicht; statt mit ihrem Sohn zu spielen, kommentierte sie das, was er gerade tat.

Eines Tages schubsten Jeremys Menschenfiguren die Tiere aus dem Zug. »Oh, wie gemein«, sagte Mary. »Sie haben die Tiere aus dem Zug geschubst.«

Jeremy ignorierte sie und brachte Stofflöwen als Verstärkung herbei, die die Puppen anbrüllten. »Du liebe Zeit, die brüllen wirklich laut«, bemerkte Mary. Jeremy beachtete sie nicht.

Mary mußte eine Rolle in dem Drama übernehmen. Sie dachte kurz nach, griff sich eine Giraffe und ließ sie zum Schaffner marschieren. »Böser Mensch!« schimpfte sie mit zorniger Stimme. »Mich nicht in den Zug zu lassen. Ich muß doch in den Zoo.«

Jeremy hielt den Zug an und schaute zu.

»Sie dürfen unseren Zug nie wieder fahren!« fuhr die Giraffe fort. Dann griff Mary nach dem Schaffner, und der sagte mit kläglicher Stimme zu der Giraffe: »Es tut mir leid, daß ich euch aus dem Zug gedrängt habe. Kann ich nicht bitte den Zug wieder fahren?« Mary schob den Schaffner näher an die Giraffe heran, als wolle er um Vergebung bitten. Sie bekam die verschiedenen Stimmen gut hin und setzte übertriebene Gesten ein, um die Worte zu unterstreichen, die Jeremy, wie sie wußte, nicht verstand.

Jeremy verfolgte gefesselt das Drama. Da Mary ihn einbeziehen wollte, beschloß sie, die Frage an ihn zu richten. Sie ließ den Schaffner zu Jeremy hinübermarschieren und in kläglichem Ton fragen: »Bitte, darf ich den Zug wieder fahren?«

Jeremy starrte die Figur einen Augenblick lang an. »Nein«, verkündete er dann mit der Entschiedenheit eines kleinen Diktators.

Mary in der Rolle des Schaffners begann zu weinen. »Buh-huh. Ich möchte aber den Zug fahren«, sagte sie schluchzend. »Ich werde auch ganz brav sein, das verspreche ich.«

Aber Jeremy ließ sich nicht umstimmen. »Nein«, wiederholte er und schob den Schaffner weg.

Die beiden spielten weiter, und Jeremy schien die Umkehrung der Rollen zu genießen – seine Mutter bat ihn um einen Gefallen, aber er lehnte entschieden ab. Indem sie eine Rolle in seinem Spiel übernahm, half sie ihrem Sohn auf liebevolle, nicht-bedrohliche Weise, Vorstellungen und die Intentionen dahinter auszudrücken.

Den Ausdruck von Gefühlen vertiefen und ausweiten

Wenn Sie Ihr Kind beim Spielen beobachten, stellen Sie vielleicht fest, daß es mit manchen Gefühlen besser zurechtkommt als mit anderen. Vielleicht spüren Sie, daß manche Gefühle ihm angst machen, so daß es sie nur zaghaft ausdrückt. In dem Fall sollten Sie ihm helfen, mit diesen Emotionen zu experimentieren. Indem Sie sie behutsam in das Spiel einführen, können Sie dazu beitragen, daß das Kind mit einem breiten Spektrum an Gefühlen gut umgehen kann.

Selbst bei einem Kind, das noch nicht besonders gut sprechen kann, können Sie die im Symbolspiel dargestellten Gefühle vertiefen, indem Sie sein Spielrepertoire erweitern. Wenn die Puppen des Kindes sich vielleicht nur liebevoll drücken, können Sie Ihre Puppe um einen Kuß oder um Milch bitten lassen. Diese Bitten und Wünsche machen das Rollenspiel vielschichtiger, bleiben aber bei dem Thema, das das Kind gesetzt hat.

Das Rollenspiel kann auch vielschichtiger werden, indem Sie mehr Handlung in das Spielgeschehen einführen, vielleicht sogar durch den Gebrauch von Ein-Wort-Sätzen. Eine Puppe etwa, die »Nein!« oder »Mehr!« sagt, kann Konflikte heraufbeschwören und zur Vertiefung eines Rollenspiels dienen, bei dem es um Kontrolle oder Selbstbehauptung geht. Neue Themen oder Emotionen lassen sich am besten durch Erfahrungen aus der sozialen Wirklichkeit des Kindes in das Spiel einführen. Nehmen wir an, Ihr Kind drückt seine Aggression aus, indem es Puppen gegeneinander kämpfen läßt, nachdem Sie mit dem Kind gekuschelt haben. Wenn eine Puppe zu Boden geht, schauen Sie nach, ob sie verletzt ist, und bieten ihr ein Pflaster an. Auf diese Weise bleiben Sie beim Thema Aggression, das Ihr Kind durchspielt, bringen aber auch den Aspekt liebevoller Fürsorge mit ein.

Bei fortgeschrittener sprachlicher Kompetenz des Kindes wird das sogar noch wichtiger. Die Eltern stehen vor der Herausforderung, das Rollenspiel des Kindes zu vertiefen und zu erweitern. Selbst wenn es pausenlos vor sich hinspricht und sich etwas vorstellt, können eine Überempfindlichkeit gegenüber bestimmten Sinneseindrücken und Schwierigkeiten mit der Bewegungsplanung Bandbreite und Tiefe seiner Rollenspiele einschränken.

Jill spielte ein Rollenspiel, während ihre Mutter zusah. Ein Bär und ein Affe saßen zufrieden am Tisch und aßen Kekse, als plötzlich der Bär einen Keks vom Teller des Affen stibitzte. Der Affe wurde wütend und warf den Teller des Bären zu Boden. Eine Sekunde lang strahlte Jill entzückt über ihren Kraftakt, aber dann wurde sie plötzlich verzagt und unsicher. Sie starrte den Teller auf dem Boden an, als hätte jemand anders ihn dort hingeworfen, und arrangierte ganz schnell eine Versöhnungsszene zwischen den Tieren. Ganz offensichtlich hatte es sie erschreckt, daß sie ihre Wut so offen gezeigt hatte.

Jills Mutter griff nach dem Affen und sagte mit zornigem Gesicht: »Ich will meinen Keks zurück!« Dann tat sie so, als wolle sie sich den Keks schnappen.

Jill schaute zu, sagte aber nichts.

Als die Mutter sah, daß ihr Eingreifen das Kind nicht störte, machte sie weiter. Sie gab dem Affen den Keks, der auf dem Boden lag. »Mmmmh! Ich will diesen Keks!« sagte der Affe trotzig. »Ich bin wütend, weil du ihn mir weggenommen hast.«

Jill sah weiterhin schweigend zu.

Die Mutter in der Rolle des Affen mampfte lautstark den Keks und sagte dann: »Mehr Kekse!«

Jill regte sich nicht.

»Ich will mehr Kekse!«

Jill rührte sich nicht.

Jetzt ließ ihre Mutter den Affen wirklich wütend werden. Er sprang auf und ab und forderte: »Mehr Kekse, mehr Kekse!« Als Jill sich immer noch nicht rührte, ließ ihre Mutter den Affen sämtliche Teller vom Tisch fegen. Sie landeten krachend auf dem Boden.

Jill lachte.

Die Mutter und der Affe schmollten. »Ich bin wütend. Ich will mehr Kekse!«

»Nein!« sagte Jill trotzig und lächelte. Sie genoß die Wut des Affen ebenso wie ihre eigene Macht.

Der Affe warf seinen Stuhl um.

Eine Sekunde lang blickte Jill ängstlich drein, dann lachte sie. »Keine Kekse mehr!« sagte sie.

Der Affe warf einen weiteren Stuhl um.

»Hör sofort auf!« rief Jill ausgelassen. Je wütender der Affe wurde, desto lebhafter und alberner wurde Jill.

Ihre Mutter, die sah, daß Jill wieder mitspielte und sich dabei wohlfühlte, wußte, daß sie weitermachen konnte. »Ich bin traurig, weil du mir keine Kekse geben willst«, sagte sie wehmütig mit einem überzogenen Schmollen. »Bitte gib mir einen Keks.«

Jill dachte einen Augenblick nach, dann sagte sie: »Gut«, und reichte dem Affen einen Keks.

»Schön, schön!« sagte der Affe und sprang freudig herum. Jills Mutter lächelte breit. »Willst du die Hälfte von meinem Keks?«

Jill nickte. Dann fütterte sie den Bären damit.

In den nächsten Wochen achtete die Mutter besonders auf Gelegenheiten, das Thema Aggression in Jills Rollenspiele einzuführen. Manchmal lieferte Jill den Anlaß, wie bei der Geschichte mit dem Affen und dem Bären. Manchmal ließ die Mutter ihre Figur wütend werden, meistens nach einer Frustration oder als Reaktion auf eine Grenze, die Jill gesetzt hatte. Anfangs war es hauptsächlich die Mutter, die ihre Wut ausdrückte, aber allmählich fing auch Jill an, damit zu experimentieren. Sie wurde fähig, immer länger bei dem Thema Aggression zu bleiben. Puppen stritten sich, prügelten sich und versöhnten sich wieder. Stofftiere bissen sich oder stibitzten sich gegenseitig Leckerbissen, versöhnten sich und wurden dann wieder wütend aufeinander. Nach dem zweiten Übungsmonat war Jill in der Lage, sich wütenden Konfrontationen zu stellen und sie zu bewältigen, als hätte sie ihr Leben lang nichts anderes getan.

Todd konnte mit Aggression und Wut nicht umgehen und mied diese Gefühle sorgsam. Eines Tages setzte er sich in der Therapie eine Wal-Handpuppe auf und biß seinem Vater damit in den Finger. Aber schon nach ein paar Sekunden warf er die Handpuppe hin und fing an, ziellos im Raum herumzuhüpfen. Sein Vater war verwirrt.

»Gehen Sie zu ihm«, schlug der Therapeut vor. »Es hat ihm Angst gemacht, daß er seine Wut gezeigt hat, also hat er vorübergehend die Bezogenheit zu Ihnen verloren. Versuchen Sie, ihn in den Kontakt zurückzuholen, wie Sie es getan haben, als Sie an seinem Bindungsverhalten gearbeitet haben.«

Todds Vater dachte einen Augenblick nach, stand dann auf und fing an, gemeinsam mit seinem Sohn zu hüpfen. Dabei sprach er mit beruhigender Stimme auf ihn ein: »Hallo, Todd. Papa hüpft auch. Papa hüpft mit Todd zusammen.«

Nach ein paar Minuten nahm Todd Blickkontakt mit seinem Vater auf und kicherte ein bißchen.

»Versuchen Sie jetzt, ihn zum Spiel mit den Handpuppen zurückzubringen«, schlug der Therapeut vor.

Todds Vater setzte sich den Wal auf die eine Hand und den Bären auf die andere Hand. »Guck mal, Todd«, rief er. »Der Wal und der Bär hüpfen auch.«

Todd beobachtete seinen Vater, machte aber keine Anstalten, nach den Handpuppen zu greifen oder etwas zu sagen.

»Der Bär beißt dich gleich in den Finger«, sagte der Vater sanft und ließ den Bären auf Todds Hand zuwandern.

Todd zog seine Hand zurück, lachte aber.

»Der Bär beißt dich gleich in den Finger«, wiederholte der Vater spielerisch und ließ die Puppe wieder auf Todds Hand zuwandern.

Diesmal zog Todd die Hand nicht zurück, sondern ließ sich von dem Bären in den Finger beißen.

»Mmmm, lecker«, sagte sein Vater in der Rolle des Bären. »Ich hab immer noch Hunger. Ich will den Wal fressen.« Der Bär an seiner linken Hand wandte sich gegen den Wal an seiner rechten.

»Können Sie Todd in das Rollenspiel einbeziehen?« fragte der Therapeut.

Todds Vater dachte einen Augenblick nach und legte dann die Wal-Handpuppe auf den Boden. »Oh! Oh!«, sagte er. »Der Bär wird den Wal fressen.« Der Bär bewegte sich langsam auf den Wal zu. »Hilfe! Todd! Der Wal braucht Hilfe! Kannst du dem Wal helfen?«

Todd schätzte die Situation ab, und kurz bevor der Bär den Wal erreicht hatte, packte er die Walpuppe und setzte sie sich auf die Hand. Kichernd entfernte er sie aus der Reichweite des Bären.

»Oh! Du hast mir mein Mittagessen weggenommen!« sagte der Bär.

Todd gluckste vor Vergnügen.

»Ich will mein Mittagessen!«

»Wal weg!« rief Todd und versteckte den Wal hinter seinem Rücken.

Sein Vater machte ein grimmiges Gesicht. »Ich bin wütend. Du hast mir mein Mittagessen weggenommen«, sagte er mit sanfter, aber fester Stimme.

Todd lachte. »Wal weg!« sagte er bestimmt.

»Nein!« versetzte sein Vater streng. »Ich will mein Mittagessen! Jetzt sofort!«

»Nein!« rief Todd grinsend. Er genoß sein bestimmtes Auftreten, und er genoß es, daß er den Spieß umdrehen und seinem Vater etwas abschlagen konnte.

Das Spiel ging noch ein paar Minuten weiter. Der Vater in der Rolle des Bären verlangte wiederholt sein Mittagessen, und Todd schlug es ihm wiederholt ab. Todd war erfolgreich ins Spiel zurückgeholt worden, und er hatte angefangen, ein wenig mit Aggression und Wut zu experimentieren. Sein Vater hatte dem Beißen einen Sinn gegeben (der Bär wollte essen, weil er Hunger hatte), was es für Todd leichter machte, damit umzugehen. Jetzt gab es Ursache und Wirkung, auf die er sich beziehen konnte.

»Aber machen wir Todd nicht aggressiv, wenn wir ihm helfen, seine Wut auszudrücken?« fragte seine Mutter.

»Nein«, entgegnete der Therapeut. »Aggressivität ist ein natürlicher menschlicher Impuls. Todd wird Wut und Ärger empfinden, ob Sie es nun wollen oder nicht. Ihr Ziel ist es, seine Aggression auf die symbolische Ebene zu heben. Er soll aggressive Gefühle in Worte fassen und im Spiel ausdrücken lernen, statt sie auszuagieren.«

Todds Mutter nickte, schien aber noch nicht überzeugt.

»Todd muß gedankliche Vorstellungen einsetzen und mit sämtlichen Gefühlen umgehen können«, fuhr der Therapeut fort. »Sie haben ja gesehen, was heute passiert ist. Er ist wütend geworden, nur ein kleines bißchen, und augenblicklich ist er von differenziertem Spielverhalten in sein zielloses Hüpfen zurückgefallen.«

Todds Mutter nickte wieder.

»Sie führen Aggression ja nicht als Thema ein. Sie nehmen Ärger und Wut nur als Teil seines Verhaltensrepertoires wahr und helfen ihm, diese Gefühle auf einer höheren Ebene auszudrücken.«

In den nächsten Wochen achteten Todds Eltern im Spiel ihres Sohnes besonders auf Anzeichen von Wut oder Aggressivität. Wenn er zornig unartige Stofftiere oder Action-Figuren durchs Zimmer schleuderte oder eine Figur eine andere hauen ließ, übergingen sie die Vorfälle nicht stillschweigend, sondern versuchten, sie ins Spiel einzubeziehen. Manchmal hoben sie eine der weggeschleuderten Figuren auf und ließen sie sagen: »Wirf mich nicht weg!« Damit bekam Todd Gelegenheit, das Rollenspiel weiterzuführen. Manchmal ließen sie eine Figur, die gehauen worden war, sagen: »Du kannst mich nicht hauen. Ich hau zurück!« Sie sprachen immer mit fester, aber nicht lauter Stimme, um Todd nicht zu erschrecken, und begleiteten ihre Worte mit einem wütenden Mienenspiel.

Anfangs lief Todd dann weg und fing wie in der Praxis des Therapeuten wieder an, ziellos zu hüpfen. Dann fing er an, Puppen gegeneinander kämpfen zu lassen. Seine Eltern fühlten sich ermutigt, sein Rollenspiel differenzierter zu gestalten und aus einfachem Hauen und Kämpfen eine Geschichte mit größerer Tiefe, Dialogen und einer Handlung mit Ursachen und Folgen aufzubauen. Sie arbeiteten mehrere Monate daran, und bald gelang es Todd besser, spielerische Ausdrucksformen für seine Aggressivität zu finden. Schließlich wurde er fähig, im Rollenspiel zu bleiben, seine Handlungen anzupassen und dabei in innigem Kontakt mit seinen Eltern zu bleiben. Er hatte gelernt, daß er im Spiel gefahrlos geschehen lassen konnte, was immer er wollte.

Das Spektrum der emotionalen Themen erweitern

Sie sollten Ihrem Kind auch helfen, das Spektrum seiner Emotionen zu erweitern. Viele Kinder sind mit einem sehr schmalen Spektrum an Gefühlen zufrieden. In ihrem Spiel zeigen sich nur die Themen Nettigkeit oder Nachgeben, Aggressivität oder Abhängigkeit. Als Eltern stehen Sie dann vor der Herausforderung, Ihrem Kind zu helfen, sich mit der ganzen Bandbreite seiner Emotionen wohlzufühlen, indem Sie ihm langsam und behutsam helfen, alle Gefühle in sein Symbolspiel einzuführen.

Chris' Lieblingsspiel bestand darin, Dörfer aus Legosteinen aufzubauen und sie dann mit Dinosauriern anzugreifen. Er lachte fröhlich, wenn die Dinosaurier das Dorf plattmachten. Seine Eltern und sein Therapeut, die beobachteten, wie er diese Episode immer wieder durchspielte, begrüßten beifällig seine Fähigkeit, Macht und Selbstbehauptung auszudrücken. Aber was sie nicht zu sehen bekamen, war auch nur das kleinste Anzeichen von liebevoller Fürsorge. Kein Dorfbewohner half dem anderen. Keine Mutter tröstete ein verängstigtes Kind. Dieser Mangel an liebevoller Nähe war auch im Verhalten des Jungen außerhalb des Spiels erkennbar. Er kuschelte nur mit seinen Eltern, wenn sie ihn dazu drängten, und kam nur selten trostsuchend zu ihnen. Sie schienen ihn mehr als mechanische Spielpartner denn als warmherzige, liebende Menschen zu interessieren. Seine Eltern wollten das Thema Nähe und Abhängigkeit in Chris' Spiel einführen.

Also hielten sie in seinen Katastrophenszenarien nach passenden Gelegenheiten Ausschau. Als der Dinosaurier gerade wieder ein Haus zermalmen wollte, griff Chris' Mutter nach einer der Puppen in dem Haus und rief: »Hilf mir, Mama!« Dann zog sie eine zweite Figur hervor. »Ich helfe dir«, sagte diese, und eng aneinandergeschmiegt flohen die beiden Personen aus dem Haus.

Chris sah sich das kurz an und ließ dann den Dinosaurier das nächste Haus attackieren.

Seine Mutter versuchte es noch einmal. Sie langte in das bedrohte Legohaus, holte zwei neue Puppen hervor und sagte mit hoher Babystimme: »Mama, Mama, der Dinosaurier kommt! Hilf mir!« Die Mamapuppe entgegnete beruhigend: »Hab keine Angst, mein Schatz. Ich beschütze dich.« Dann ließ Chris' Mutter die beiden Figuren dicht beieinander das Haus verlassen. Sobald sie draußen waren, ließ Chris den Dinosaurier durch das Dach brechen.

Chris ließ seinen Saurier das nächste Haus angreifen. Diesmal versuchte seine Mutter es anders. Sie zog zwei Puppen aus dem Haus hervor und sagte trotzig zu dem Dinosaurier: »Du kannst meinem Baby nichts tun, denn ich bin seine Mama und werde dich daran hindern!« Zum ersten Mal zeigte Chris Interesse. Er ließ den Saurier stehen und starrte die beiden Puppen an. Seine Mutter schlüpfte in die Rolle des Kindes und sagte: »Du bist groß und stark, aber du kannst mir nichts tun, weil meine Mama mich beschützen wird.« Das brachte Chris zum Nachdenken. Er war ganz offensichtlich verwirrt. Noch nie war sein Dinosaurier auf Widerstand gestoßen, und der Junge wußte nicht, was er tun sollte.

Plötzlich hatte seine Mutter eine Idee. In der Rolle des Kindes fragte sie den Saurier: »Hast du eine Mama?«

Chris antwortete nicht. Doch kurz darauf hob er den Dinosaurier und setzte den Angriff fort.

Außerhalb des Rollenspiels versuchte seine Mutter, besonders fürsorglich zu sein – sie drückte ihn besonders lange, wirkte während eines Wutanfalls beruhigend auf ihn ein, kuschelte abends länger mit ihm. Während einer anderen Spielzeit fand sie eine neue Möglichkeit, das Thema Abhängigkeit in Chris' Symbolspiel einzuführen. Sie griff nach einem zweiten, kleineren Dinosaurier. Dann, auf dem Höhepunkt des Zerstörungsfeldzugs, ließ sie ihn kläglich zu Chris' Saurier sagen: »Ich habe Angst. Kannst du mir helfen?«

Wieder war Chris völlig überrascht von dieser plötzlichen Wendung der Geschehnisse. Immer hatte er die Dinosaurier kontrolliert, und sie waren immer mächtige Wesen gewesen, keine bedürftigen. Seine Mutter wiederholte ihre Bitte. »Ich habe Angst«, sagte sie. »Bitte hilf mir.«

»Nein!« rief Chris energisch und rammte seinen Dinosaurier in ein Legohaus.

Seine Eltern begannen sich zu fragen, ob sie es je schaffen würden, im Symbolspiel ihres Sohnes ein Gleichgewicht zwischen den verschiedenen Emotionen zu erreichen. Der Therapeut riet ihnen zur Geduld. Chris würde Fürsorge und liebevolles Verständnis nicht nur aus der Wärme lernen, die seine Eltern ihm außerhalb des Spiels zeigten, sondern auch aus ihrem mitfühlenden Verständnis für sein aggressives Symbolspiel. Sie sollten weiterhin sowohl Bewunderung für die Macht des Angreifers als auch Mitgefühl und Verständnis für die Ängste der Opfer zeigen, riet der Therapeut, und Chris langsam selbst neue Themen entdecken lassen.

Nach zwei Monaten ließen sich in Chris' Symbolspiel bemerkenswerte Veränderungen feststellen. Er teilte seine Aufmerksamkeit zwischen dem Dinosaurier und den menschlichen Dramen in den Legohäusern auf. Gelegentlich beschützte er eine Puppe oder reparierte nach einem Angriff ein »kaputtes« Tier. Außerhalb des Spiels begann er sich vorsichtig seinen Eltern zu nähern und auf ihren Schoß zu klettern. Nähe und Intimität hatten eine Bedeutung für ihn erlangt.

Bei Kindern wie Chris, deren Spiel sehr repetitiv ist, kann die Bodenzeit dazu genutzt werden, behutsam neue Elemente einzuführen. Machen Sie nicht den Versuch, auf einmal eine grundlegende Veränderung herbeizuführen. Führen Sie eine überraschende Wendung in einem bestehenden Rollenspiel herbei. Wenn Ihr Kind ausschließlich Flugzeuge fliegt, versuchen Sie, sich als Passagier ins Cockpit zu drängen. Wenn es ausschließlich Monster gegeneinander kämpfen läßt, versuchen Sie, einen Arzt zu spielen, der verletzte Monster heilt. Wenn das Kind nur als Schoßhund in ihrem Schoß sitzen will, versuchen Sie, ein zweiter Hund zu sein, der mit dem ersten spielen möchte.

Der Übergang zur Versprachlichung von Empfindungen

Der Übergang von unkontrollierten Gefühlsausbrüchen zur Versprachlichung von Empfindungen ist dramatisch. Bevor das Kind in diese Phase eintritt, schreit es jedesmal, wenn es eine Frustration erlebt, und schlägt mit den Fäusten auf Sie ein, wenn es wütend ist. Am Ende dieser Phase ist es fähig, vorher innezuhalten und Ihnen statt dessen zu sagen, was es empfindet. Dieser Übergang ist bedeutsam für das Kind und für Sie. Es ist ein großer Sprung vorwärts in die Welt der Vorstellungen und Ideen.

Solange Kinder ihre Gefühle nicht in Worte fassen können, haben sie keine Vorstellung, kein geistiges Bild von ihnen. Das ist für Erwachsene schwer nachvollziehbar, da wir mit Gefühlen so vertraut sind, aber solange Kinder diese Phase nicht durchlaufen haben, leben sie in einem handlungs- und körperorientierten Zustand. Sie erfahren ihre Gefühle als körperliche Impulse – ein plötzliches Verlangen zuzuschlagen etwa oder eine Verengung der Brust, die sie bewegt, sich in Tränen aufgelöst auf den Boden zu werfen. Es sind konkrete körperliche Empfindungen, ebenso konkret wie alle anderen Erfahrungen. Bevor Kinder in die Welt der Vorstellungen und Symbole hineinwachsen, fehlt ihnen die Fähigkeit, die sehr abstrakte Vorstellung von Gefühlen zu begreifen.

Durch das Symbolspiel und das Benennen ihrer Erfahrungen werden Kinder fähig, diese körperlichen Empfindungen auf abstraktere Weise zu begreifen. Wenn Ihr Kind Gefühle zeigt, können Sie ihm helfen, diesen Übergang zu bewältigen, indem Sie es fragen, was es empfindet, einen Dialog über Gefühle ins Symbolspiel einbringen oder ihm Fragen stellen, bei denen es unter mehreren Möglichkeiten auswählen kann (»Freust du dich oder bist du traurig?«). Helfen Sie ihm, seine Gefühle zu benennen. Möglicherweise wird das Kind Ihre Fragen und Kommentare ignorieren, besonders wenn es gerade einen heftigen Wutanfall hat, aber bleiben Sie hartnäckig. Ihre Frage gibt ihm die Chance, innezuhalten und diesen bestimmten Zustand aus größerem Abstand zu betrachten. Das Kind ist gezwungen, einen Schritt zurückzutreten und nachzudenken. Allmählich wird es begreifen, daß diese körperliche Empfindung ein Gefühl ist, das erkannt und toleriert werden kann, und daß sofortiges Handeln nicht unbedingt notwendig ist.

Nehmen wir einen Mann, der ständig in Kneipen in Schlägereien verwickelt wird. Ein anderer Gast mustert ihn verächtlich, und bevor er darüber nachdenkt, was er da tut, hebt der Mann die Faust und schlägt zu. Später nach seinen Gefühlen befragt, würde der Mann vielleicht sagen: »Nee, ich war nicht wütend. Der hat mich dumm angeguckt, also hab ich ihm eins auf die Nase gegeben.« Wie ein vorsymbolisches Kind verspürt er einen Drang zum Handeln, ohne seine Gefühle zu erkennen. Er beschreibt sein

Verhalten, nicht seine Empfindungen. Aber nehmen wir einmal an, jemand würde ihn am Arm packen, wenn er die Faust hebt, und sagen: »Einen Augenblick. Was empfinden Sie?« Der Impuls ist abgeblockt, der Mann hat eine kurze Spanne Zeit, sich selbst wahrzunehmen, und in diesen Sekunden kann er sagen: »Mein Arm will ausholen, meine Muskeln sind angespannt. Ich explodiere gleich.« Er wird zunächst seine physischen Empfindungen beschreiben, und schließlich wird er an den Punkt kommen, wo er in der Lage ist, ein Gefühl zu benennen: »Ich bin sauer!« Dann kann er sich entscheiden, wie er mit diesem Gefühl umgehen will.

Genauso ist es bei Ihrem Kind. Fragen Sie: »Wie geht es dir? Was empfindest du?«, ermöglichen Sie ihm, Abstand zwischen sich und einen Impuls zu legen (etwa den Impuls zuzuschlagen, zu treten oder zu weinen) und diesen physischen Impuls in eine gedankliche Vorstellung zu übersetzen. Das wird dem Kind zunächst nicht leichtfallen, aber wenn Sie geduldig und beharrlich bleiben, wird es allmählich Ihre Fragen erwarten und anfangen, sie zu beantworten. Geben Sie ihm mehrere Möglichkeiten zur Auswahl vor, das trägt dazu bei, den Prozeß in Gang zu setzen. Auch die Einführung von Gefühlen ins Symbolspiel ist hilfreich.

Als Mitspieler im Rollenspiel Ihres Kindes können Sie die Empfindungen Ihrer Figur in Worte fassen und sich nach den Gefühlen des Kindes erkundigen. Wenn Ihre Puppe nach irgendeinem Ereignis häufig sagt: »Ich freu mich« oder »ich bin ja so wütend«, werden Sie schließlich vielleicht zu hören bekommen, wie auch die Puppe des Kindes ein Gefühl benennt. Fragt Ihre Puppe öfters die Puppe des Kindes, wenn es viele Kekse oder keine Kekse bekommen hat: »Freust du dich oder bist du traurig?«, wird das Kind allmählich in der Lage sein, eine verbale Antwort zu geben. Haben Sie Geduld. Gehen Sie von einer konkreten Begründung der Gefühle zu einer abstrakteren über. Fragen Sie das Kind, ob es traurig ist, weil es seine Mama vermißt, oder ob es froh ist, daß Papa bald nach Hause kommt. Oft dauert es Jahre, bis ein Kind seine Gefühle ohne weiteres erkennen und in Worte fassen kann.

Sie könnten auch folgendes versuchen:

- Schnappt die Puppe Ihres Kindes sich den Kuchen Ihrer Puppe, toben Sie vor Wut und sagen: »Nein! Nein! Nein! Wütend, wütend, wütend!« Machen Sie klar, daß Sie mit Ärger und Wut umgehen können, damit Ihr Kind weiß, daß es seine Wut ebenfalls ruhig zeigen darf.

- Wenn die Puppe Ihres Kindes Ihre Puppe vom Spielgeschehen ausschließt, zeigen Sie, wie traurig Sie darüber sind. Haben Sie keine Bedenken, zu dick aufzutragen: schluchzen Sie, vergießen Sie Tränen und wiederholen Sie immer wieder, wie traurig Sie sind. Machen Sie klar, daß man Traurigkeit nicht verstecken muß.

Gelegentlich können Sie auch über die Gefühle seiner Rollenspielfiguren sprechen. »Er sieht ziemlich wütend aus«, könnten Sie sagen, wenn Ihr Fahrer beim Autorennen den Fahrer des Kindes schneidet. Oder: »Sie hat bestimmt Angst«, wenn eine Sturmflut das Haus seiner Figur zerstört. Wenn Sie diese Fragen oder Kommentare über die Figur des Kindes flüsternd abgeben, wird Ihnen seine Aufmerksamkeit sicher sein. Kehren Sie dann in Ihre Rolle zurück.

Achten Sie auf Ihre eigenen Gefühle

Ein sehr direkter Umgang mit den Gefühlen des Kindes ist nicht einfach. Es bereitet oft Unbehagen, mit intensiven Gefühlen konfrontiert zu werden, besonders wenn diese Gefühle gegen einen selbst gerichtet sind. Wenn das Kind schreit: »Ich hasse dich!« oder »Geh weg!«, ist man versucht, das Kind abzukanzeln, sich von ihm abzuwenden oder das Thema zu wechseln, statt Toleranz, Mitgefühl und Verständnis zu zeigen. Aber das Kind experimentiert im Spiel mit seinen Gefühlen, und diese müssen von jemandem mitgefühlt und ausgehalten werden.

- *Machen Sie sich Ihre eigenen Gefühle bewußt.* Wenn das Kind Sie verletzt hat oder wütend macht, ist das einfach. In diesem Fall sollten Sie den Reflex zügeln, verbal zurückzuschlagen, sich von dem Kind abzuwenden oder autoritär zu werden, und ihm statt dessen weiterhin liebevolle Unterstützung geben. Aber es gibt andere, subtilere Reaktionen auf das Kind, die nicht so leicht zu identifizieren sind. Vielleicht experimentiert es mit sexuellen Gefühlen oder agiert Aggressionen aus, und das bereitet Ihnen Unbehagen. Es ist manchmal nicht so leicht zu durchschauen, daß der plötzliche Wunsch, das Spiel zu beenden, das Thema zu wechseln oder das Interesse des Kindes auf etwas anderes zu lenken, darauf zurückzuführen ist. Selbst Langeweile oder Mangel an Interesse kann ein Anzeichen dafür sein, daß die Vorstellungen des Kindes Ihnen Unbehagen bereiten. Alle Erwachsenen haben eine Achillesferse, die sich manchmal auf unerwartete Weise zeigt. Wenn Sie also gelangweilt sind oder unruhig werden, gereizt reagieren oder sich unbehaglich fühlen, fragen Sie sich, ob etwas im Spiel des Kindes diese Emotionen bei Ihnen ausgelöst hat. Sie sollten Ihr eigenes Unbehagen so weit wie möglich beiseite schieben, um dem Kind Raum zu geben, seine Empfindungen auszudrücken.

- *Versuchen Sie nicht, die Gefühle des Kindes zu verändern.* Wenn die Gefühle des Kindes den Eltern Unbehagen bereiten, neigen sie unter Umständen dazu, alles »wieder in Ordnung bringen« zu wollen, indem sie den Forderungen des Kindes nachgeben, es durch gutes Zureden oder Leckerbissen in eine bessere Stimmung versetzen möchten oder sonstwie bestrebt sind, die Gefühle des Kindes in Gefühle umzuwandeln, die eher akzeptabel für sie sind. Wenn Sie das tun, geben Sie dem Kind zu verstehen, daß es diese Gefühle eigentlich nicht haben dürfte. Sie müssen seine augenblicklichen Empfindungen respektieren, wie sie sich auch zeigen mögen, indem Sie ihm zuhören und es auf jede Weise unterstützen, die es zulassen will – nehmen Sie das Kind in den Arm, berühren Sie es mit festem Druck oder reden Sie von der anderen Seite des Zimmers aus beruhigend auf es ein.
- *Tolerieren Sie seine Gefühle nicht nur, machen Sie dem Kind Mut, sie zu zeigen.* Lassen Sie das Kind nicht einfach toben oder weinen, sondern helfen Sie ihm, ausführlicher auf seine Gefühle einzugehen – zeigen Sie mit einem Blick Ihr Verständnis oder sprechen Sie in einem Rollenspiel darüber. Wenn die sprachliche Kompetenz des Kindes sehr hoch ist, können Sie ihm auch direkt eine Frage stellen.
- *Trennen Sie die Gefühle vom Verhalten.* Das Verhalten des Kindes mag ungezogen sein, aber die Gefühle, die ihm zugrunde liegen, sollten auf Toleranz und Verständnis stoßen. Das heißt nicht, daß Sie Fehlverhalten tolerieren sollten (in Kapitel 14 werden wir näher darauf eingehen). Aber wenn das Kind sich ungezogen verhält, müssen Sie ihm helfen, über die Gefühle zu sprechen, die es zu diesem Verhalten veranlaßt haben. Sie können Verständnis für die Gefühle zeigen und dem Kind gleichzeitig beibringen, daß es bessere Wege gibt, damit umzugehen.
- *Vergessen Sie nicht, wie riskant es sein kann, intensive (und damit angstmachende) Gefühle direkt verbal mitzuteilen.* Es gibt Gründe für die Ge-

fühle des Kindes. Ihre Aufgabe ist es, sie sich anzuhören. Bitten Sie es, Ihnen alle Gründe aufzuzählen, warum es Sie haßt, wieso Sie unfair waren und warum es wünscht, es hätte eine andere Mutter. Wenn Sie dem mit Vertrauen, Mitgefühl und Verständnis begegnen können, haben Sie ein unglaublich starkes Band der Nähe und des Vertrauens aufgebaut.

- *Vergessen Sie nicht, daß Stimmungen rasch wechseln.* Gefühle halten nicht lange an, besonders wenn sie frei ausgedrückt werden können. Wenn Ihr Kind also vor Wut tobt, aus Traurigkeit oder Frust weint oder sich jammernd an Ihnen festklammert, weil Sie weggehen wollen, hören Sie ihm zu. Zeigen Sie liebevolles Verständnis. Aber nehmen Sie diese Gefühle nicht allzu ernst, denn später wird das Kind in einer ganz anderen Stimmung sein. Die negativen Leidenschaften des Augenblicks sind verflogen, ersetzt durch andere Gefühle aus der breiten Palette der Emotionen. Je besser Sie mit diesen emotionalen Ausbrüchen umgehen können (auch wenn die positive Haltung nur gespielt ist), desto breiter und gesünder wird die Gefühlspalette des Kindes sein.
- *Brechen Sie das Rollenspiel nicht ab.* Wenn das Kind im Symbolspiel eine empfindliche Stelle berührt, vergessen Sie nicht, daß es nur ein Spiel ist. Reagieren Sie so, wie Ihre Rollenspielfigur reagieren würde. Bleiben Sie ruhig, freundlich und liebevoll. Wenn Sie die Aggressivität oder die Ängste seiner Rollenspielfigur als real behandeln, verlassen Sie den Schutzraum des Spiels, so daß das Kind den Eindruck bekommt, daß es genauso gefährlich ist, Gefühle im Symbolspiel auszudrücken wie sie auszuagieren.

So könnte das im täglichen Leben aussehen:

Der zweieinhalbjährige Darryl und seine Mutter unterhalten sich per Spielzeugtelefon, als Darryl plötzlich wütend wird und anfängt, seine Mutter anzuschreien. Sie fühlt sich zurückgewiesen und erwidert: »Ich will auch nicht mehr mit dir reden!« Sie knallt den Hörer auf die Gabel. Darryl sieht seine Mutter verwirrt an und beginnt zu weinen.

Dieses unerfreuliche Ergebnis hätte vermieden werden können, wenn Darryls Mutter sich klargemacht hätte, daß Wut nur eines von Darryls Gefühlen war (bald würde er seine Mutter wieder lieben und ihr vertrauen) und daß er im Symbolspiel einübte, Wut und Aggression auszudrücken.

Anstatt das Spiel abzubrechen und sich von dem Kind abzuwenden, hätte sie es mit Hilfe des Symbolspiels seine Gefühle erforschen lassen können.

Darryl: *schreit gellend.*
Mutter: (*macht ein trauriges Gesicht, zeigt auf das Telefon und schüttelt den Kopf*) Brüllst du mich an?
Darryl: *blickt wütend drein.*
Mutter: (*zieht eine übertriebene Schnute*) Du siehst sehr wütend aus. Bist du böse auf mich?
Darryl: *macht Anstalten, sie zu schlagen.*
Mutter: (mit *ruhiger, fester, aber nicht strafender Stimme*) Es wird nicht geschlagen! Es tut mir weh, wenn du mich haust. Aber ich sehe, daß du sehr wütend bist. (*Sieht ihn eindringlich, aber liebevoll an, läßt sich von seinem Verhalten nicht einschüchtern.*)
Darryl: *schaut sie an, rührt sich aber nicht.*
Mutter: (*sieht besorgt und mitfühlend aus. Spricht mit beruhigender Stimme*) Ich muß irgend etwas getan haben, das dich wütend macht.
Darryl: *sieht, daß er verstanden wird, nickt, greift nach dem Telefon und plappert munter weiter.*

Der Junge hat gelernt, daß es in Ordnung ist, im Symbolspiel Wut zu empfinden und auszudrücken. Anstatt ihn für seine Gefühle zu bestrafen, hat seine Mutter ihn akzeptiert und eine stützende Begleitung geboten, aber gleichzeitig notwendige Grenzen gesetzt.

Was Sie beim Symbolspiel vermeiden sollten

Wenn Sie Ihr Kind von mechanischem, reaktivem Verhalten abbringen und den spontanen, kreativen Einsatz von Ideen und Vorstellungen fördern wollen, sollten Sie einige Grundregeln im Kopf behalten.

- *Spielen Sie nicht den Regisseur; überlassen Sie dem Kind die Führungsrolle im Spiel.* Sie wollen das Rollenspiel interessanter gestalten, indem Sie neue Elemente einführen, aber dabei müssen Sie darauf achten, daß diese zum Thema des Kindes passen. Ihre Änderungen sollen der Handlung eine neue Richtung geben, aber keine neue Handlung einführen.

– Wenn das Kind für Sie beide Essen kocht und anfängt, das Interesse zu verlieren oder es immer wieder dieselbe Mahlzeit kocht, sagen Sie nicht plötzlich: »Komm, wir füttern die Wüstenspringmaus!« Das hat zwar auch etwas mit Nahrungsaufnahme zu tun, aber damit führen Sie eine neue Handlung ein. Versuchen Sie es statt dessen mit dem schmollenden Hinweis: »Ich will aber mal was anderes essen!«

- *Achten Sie darauf, daß Sie und das Kind nicht nebeneinander spielen statt miteinander. Sie sollten auch keinen Kommentar zum laufenden Spielgeschehen abgeben. Übernehmen Sie vielmehr eine Rolle im Rollenspiel des Kindes.* Es passiert leicht, daß Eltern, die nicht ans Rollenspiel gewohnt sind, aus ihrer Rolle herausfallen. Sie beginnen mit den besten Absichten, aber urplötzlich, ohne es recht zu bemerken, sitzen sie im Zuschauerraum, beobachten das Spiel ihres Kindes und kommentieren die Handlung. Aber Ihr Kind braucht die Interaktion, es muß sich an Ihren Reaktionen stoßen und Gegenmaßnahmen ergreifen. Das kann es nur, wenn Sie eine Rolle in seinem Stück übernehmen.
  – Wenn das Kind eine Puppe füttert, geben Sie nicht einfach Kommentare darüber ab, was die Puppe ißt. Werden Sie zu der Puppe. Geben Sie ihr Ihre Stimme. Sagen Sie: »Mehr Erbsen! Mehr Erbsen!«, »Will keine Erbsen mehr!« oder »Keinen Hunger mehr! Ich muß schlafen!« Indem Sie in die Rolle der Puppe schlüpfen, helfen Sie dem Kind, spielerisch mit Ihnen zu interagieren.
  – Füttern Sie nicht die Puppe, wenn Ihr Kind das bereits tut. Oft wechseln Eltern und Kinder sich bei einer Spielaktivität ab. Das erweckt den Anschein einer Interaktion, denn sie füttern ja gemeinsam die Puppe, aber das Kind interagiert dabei nicht mit der Mutter oder dem Vater. Sie sollten lieber in die Rolle der Puppe schlüpfen, so daß die Gesten und Worte des Kindes eine Reaktion auf das sind, was Sie (in der Rolle der Puppe) tun und sagen.
- *Seien Sie offen und unverkrampft.* Manchen Eltern fällt es schwer, beim Rollenspiel mitzumachen, weil sie sich dann albern oder phantasielos vorkommen. Wir haben ja über die Wichtigkeit des Symbolspiels gesprochen, albern ist es also keineswegs. Und was die Phantasie angeht – überlassen Sie das dem Kind. Sie müssen nur mitspielen und manchmal nach Gelegenheiten Ausschau halten, etwas Neues vorzuschlagen. Wenn Sie das Gefühl haben, das nicht zu können, üben Sie! Das Kind braucht Ihre Unterstützung, damit es lernt, mit seinen Gefühlen zu

experimentieren und seinen Ansichten über die Welt Ausdruck zu verleihen. Im Symbolspiel können Sie auch am besten erkennen, wie es in Ihrem Kind aussieht.

- *Vermeiden Sie Wiederholungen.* In ihrer Entwicklung beeinträchtigten Kindern gefällt oft nichts besser als die ewige Wiederholung derselben Spielhandlung. Ein begrenztes Maß an Wiederholung ist gut, aber wenn es zuviel wird, setzen Sie ein Überraschungsmoment ein, um die vertraute Spielhandlung in eine andere Richtung zu lenken. Das gilt auch, wenn das Kind gern Geschichten aus Büchern oder Videos nachspielt. Behalten Sie die Figuren bei, aber weichen Sie von der vertrauten Handlung ab, damit das Kind inspiriert wird, auch mal etwas Neues auszuprobieren.
- *Sprechen Sie nicht mechanisch oder zu langsam.* Bei Kindern mit schweren Störungen ist man versucht, langsam zu sprechen, damit sie die Worte besser verstehen. Aber in Wirklichkeit ist es sogar schwerer, einen langsam und mechanisch gesprochenen Satz zu verstehen als einen Satz, der in normalem Rhythmus und normal moduliert gesprochen wird. Eine mechanische Sprechweise der Eltern bringt das Kind dazu, ebenfalls mechanisch zu sprechen. Ihr eigentliches Ziel ist es ja, dem Kind zu helfen, zuzuhören und spontan, mit emotionalem Ausdruck in der Stimme, zu antworten. Das können Sie am besten erreichen, indem Sie auf diese Weise mit ihm sprechen. Verwenden Sie aber eine möglichst einfache Sprache.
- *Auswendiglernen sollte nicht ermutigt werden.* Manche Kinder mit Entwicklungsstörungen entwickeln, kurz nachdem sie sprechen gelernt haben, eine bemerkenswerte Fähigkeit zum Auswendiglernen. Sie können das Alphabet, Zahlen, U-Bahn-Stationen, Automarken oder zahllose andere Listen mit Informationen herunterrasseln. Die Eltern ermutigen sie oft, ihr Wissen zur Schau zu stellen. Aber weil es sich bei diesem Lernen um reines Auswendiglernen handelt, verstärkt es die Neigung des Kindes zur mechanischen Wiederholung. Wenn es noch gefördert wird, kann dieses Listenerstellen die sensible neuerworbene Fähigkeit des Kindes zum spontanen Sprechen und zur Interaktion ersticken. Also widerstehen Sie der Versuchung, Ihr Kind darin zu bestärken. Hält das Kind Zahlen oder Buchstaben aus Pappe oder Holz in der Hand und sagt wiederholt Zahlenreihen oder das Alphabet her, bitten Sie es, Ihnen einen der Buchstaben zu geben. Lassen Sie eine Handpuppe sagen: »Mir

gefällt das M. Welcher Buchstabe gefällt dir am besten?« Versuchen Sie, das Hersagen in ein zweiseitiges Gespräch zu verwandeln.

Vermeiden Sie es auch, Ihr Kind aufzufordern, Ihnen seine schulischen Fortschritte vorzuführen, selbst wenn es Freude daran hat. Vielleicht sind Sie stolz darauf, daß es jetzt zählen oder lesen kann. Aber halten Sie sich nicht zu lange damit auf. Äußern Sie sich anerkennend über die Fortschritte des Kindes und ziehen Sie es dann in ein interaktives Gespräch. Das Ziel ist es, spontane Dialoge zu fördern, nicht mechanisches Aufsagen.

Die Bodenzeit auf die individuellen Bedürfnisse des Kindes zuschneiden

Ebenso wichtig wie bei den in Kapitel 9 und 10 besprochenen Entwicklungsstufen ist eine Berücksichtigung der Reizschwelle des Kindes, seiner Art der Reizverarbeitung und seiner Bewegungsmuster.

Störungen der auditiven Wahrnehmung

Bei Kindern, deren auditive Wahrnehmung beeinträchtigt ist, müssen alle Worte klar und eindeutig sein und von visuellen Reizen begleitet werden. Die Rollenspielfiguren sollten sich extrem lebhaft und munter verhalten. Anstatt herumzusitzen und zu reden, müssen sie ihre Absichten deutlich zeigen. Lassen Sie Ihre Puppe sagen: »Arm! Arm!« und die Arme nach der Puppe Ihres Kindes ausstrecken. Oder fragen Sie: »Hast du Hunger?« und führen die Hand der Puppe an ihren Mund. Eine gestische Reaktion wird dem Kind mehr sagen als viele Worte. Längere Monologe werden es kaltlassen.

Vielleicht wiederholt Ihr Kind wörtlich und im gleichen Tonfall das, was Sie sagen. Durch dieses echohafte Wiederholen zeigt es, daß Ihre Worte bei ihm ankommen, obwohl es nicht darauf eingeht. Versuchen Sie, jetzt nicht ebenfalls das Gehörte echohaft zu wiederholen, sondern setzen Sie das Gespräch fort.

Manchmal wird das Kind einen spontanen Kommentar über ein Spielzeug abgeben (»Eisenbahn schnell!«), ist aber unfähig, auf Fragen zu antworten (»Wohin fährt denn die schnelle Eisenbahn?«). Vielleicht ist es in dem Stadium, in dem es ihm leichter fällt, bestimmte Wörter oder Textstellen auszusprechen, als offene Kommentare oder Fragen, die nicht mit Ja oder Nein zu beantworten sind, zu verstehen. Ohne visuelle Hinweise wird es ihm besonders schwerfallen, auf solche Fragen zu reagieren. Kehren Sie zu der konkreten Spielsituation zurück, damit Ihr Kommentar nicht losgelöst davon erscheint. Beschleunigen Sie Ihre Eisenbahn und sagen Sie: »Mein Zug ist schneller. Du holst mich nicht ein!«

Kinder, deren audititve Wahrnehmung beeinträchtigt ist, lernen oft Bruchstücke aus Videos oder Büchern auswendig, die sie mit oder ohne kommunikative Absicht äußern. Gewöhnlich entdecken sie ein Spielzeug oder eine Figur, die sie an das Video oder das Buch erinnert, und bringen sie mit irgendeinem Teil der Handlung in Verbindung. Wenn Sie die Geschichte erkennen, versuchen Sie mitzumachen und darüber zu sprechen, weil das Kind das sehr wahrscheinlich verstehen wird. Sie sollten die Figuren aus den Lieblingsgeschichten des Kindes kennen, denn das wird es Ihnen erleichtern, sie mit leichten Änderungen nachzuspielen. Klären Sie, wer welche Figur spielen wird, und setzen Sie die Figuren ein, um die Handlung zu verändern.

Störungen der visuell-räumlichen Wahrnehmung

Ist die visuell-räumliche Wahrnehmung des Kindes beeinträchtigt, springt es vielleicht fahrig von einem Spielthema zum nächsten – weil Spielgegenstände buchstäblich aus seiner Sicht und damit aus dem Sinn verschwinden. Ihre Aufgabe ist es, ihm bei der Integration des visuellen und thematischen Bereichs zu helfen, indem Sie die vergessenen Spielgegenstände wieder ins Spiel einführen.

- Spielt das Kind mit einem Stofflöwen und konzentriert sich dann plötzlich ganz auf ein Stoffschwein, stellen Sie den Löwen neben das Schwein und sagen: »Hallo! Darf ich mitspielen?« Damit rufen Sie dem Kind den Löwen und die Dinge, die es kurz vorher sah und dachte, ins Gedächtnis zurück. Wenn es nicht reagiert, fragen Sie, ob es mit dem Löwen fertig ist oder ob es will, daß der Löwe nach Hause geht. Ein »Auf Wiedersehen!« wird vielleicht eine Reaktion auslösen.

Das Kind wird vielleicht nicht besonders gut zwischen den Gegenständen vor sich unterscheiden können. Wenn seine Regale oder Spielkisten vollgestopft mit Spielsachen sind, erforscht es sie unter Umständen nicht und sucht sich nichts heraus. Manchmal hilft es, einzelne Spielsachen auf eine Plattform (eine Kiste) oder auf bunte Papierbögen zu stellen. Sie können jede Spielkiste oder jeden Papierbogen zu einem symbolischen Bühnenbild machen (das Haus, der Zoo, der Bahnhof, der Supermarkt), auf dem die dazugehörigen Spielgegenstände stehen. Indem man Spielbereiche und Spielsachen herausstellt, so daß sie besser ins Auge fallen, erleichtert man es dem Kind, Vorstellungen mit ihnen zu initiieren oder sogar schon Verbindungen zwischen den Vorstellungen herzustellen.

Wenn dem Kind geholfen wird, die verschiedenen Aspekte seines Gesichtsfeldes zu integrieren, wird seine Fähigkeit zur Aufnahme und Differenzierung visueller Reize und zur räumlichen Orientierung wachsen. Auf dem Fußboden lassen sich mit Kreppband Straßen und Schienen markieren, auf denen Spielautos und Eisenbahnen zu einem bestimmten Ziel fahren und wieder zurückkehren können. Spielaktivitäten, die die visuo-motorische Koordination fördern, sind beispielsweise: Stofftiere während einer Geburtstagsfeier um einen Tisch anordnen, einen Ball kicken, Schwertkämpfe, in einem Beutel versteckte Gegenstände durch Fühlen identifizieren. Je mehr Übung das Kind bekommt, desto mehr wird sich seine Handlungsfähigkeit verbessern.

Motorische Störungen

Ist die Bewegungsplanung des Kindes beeinträchtigt, wird es ihm ebenso schwerfallen, gedankliche Vorstellungen zu sequenzieren wie seine Bewegungsabläufe. Sie können ihm im Symbolspiel helfen, diese Fähigkeit einzuüben. Lassen Sie es zunächst entscheiden, was es tun möchte, indem Sie ihm mehrere Alternativen zur Auswahl stellen (»Gehst du in den Zoo oder in die Garage«?) Hat das Kind sich entschieden, bauen Sie physische Herausforderungen ins Spiel ein, indem Sie Probleme schaffen, die es durch eine Folge von Bewegungsabläufen lösen muß.

- Stürzt die Puppe Ihres Sohnes, fragen Sie, ob die Puppe verletzt ist und zum Arzt gehen muß. Reichen Sie Ihrem Sohn einen Arztkoffer, damit er das Baby untersuchen und behandeln kann. Halten Sie Kreppband bereit, das als Pflaster und Gipsverband dienen kann. Wenn es der Puppe besser geht, kann das ursprüngliche Spiel fortgesetzt werden.

- Wenn das Stofftier Ihrer Tochter den Dschungel erforscht, bauen Sie mit Ihrem Körper, mit Büchern, Stühlen oder anderen Gegenständen Hindernisse im Dschungel auf, die sie und ihr Stofftier bewältigen müssen.
- Wenn die Spielfiguren Ihres Kindes einkaufen gehen, schreiben Sie eine Einkaufsliste und stellen dann Milch, Frühstücksflocken und Brot in verschiedene Gänge und an schwer zu erreichende Stellen, damit das Kind danach suchen und sich ein bißchen strecken muß, um an die Lebensmittel heranzukommen.

Drückt das Kind bereits symbolische Vorstellungen aus und werden seine Ideen komplexer, können Sie differenziertere Bewegungsabläufe ins Spiel einbauen. Es wird sich an diese Bewegungsabläufe erinnern und sie immer wieder einsetzen, was Ihnen Gelegenheit gibt, sie weiter auszubauen.

Respektieren Sie die sensorischen Vorlieben des Kindes

Wenn Sie mit Ihrem Kind interagieren, behalten Sie stets seine sensorischen Vorlieben im Kopf. Versuchen Sie, eine Reizüberflutung zu vermeiden, indem sie es nicht zu vielen oder unerwünschten Reizen aussetzen. Versuchen Sie, seinen Lieblingssinn besonders anzusprechen. Bieten Sie dem Kind zahlreiche Sinneseindrücke, die ihm gefallen. Wird es während des Spiels entmutigt oder ängstlich, setzen Sie diese sensorischen Vorlieben ein, um es zu beruhigen.

Im Spiel läßt sich auch die Toleranzschwelle des Kindes für bestimmte Sinnesreize erhöhen.

- Wenn das Kind klebrige Oberflächen nicht mag, halten Sie einen – nur einen – klebrigen Gegenstand bereit (vielleicht Klebeband oder Knete), den das Kind freiwillig erforschen kann, wenn es dazu bereit ist. Wenn es Sie mehrmals das Klebeband benutzen sieht, wird es vielleicht neugierig werden. Dann lassen Sie es langsam das Klebeband erforschen, in seinem eigenen Tempo. Die Knete läßt sich beispielsweise ins Spiel einbeziehen, indem Sie damit der Papapuppe einen Schnurrbart ankleben. Nach einer Weile will das Kind das vielleicht auch einmal ausprobieren.

In sich selbst zurückgezogene Kinder mit hoher Reizschwelle

Reagiert Ihr Kind zu schwach auf Reize und ist völlig in sich zurückgezogen, müssen Sie wirklich etwas auf die Beine stellen, um es ins Spiel zu ziehen. Seien Sie so übertrieben theatralisch, wie Sie nur können, um die Interaktion so lebendig wie möglich zu gestalten.

- Setzt das Kind gerade eine Puppe ins Puppenhaus, gehen Sie in den Vierfüßlerstand, pusten in seinen Nacken und sagen spielerisch mit kräftiger Stimme: »Ich bin der große böse Wolf! Ich puste dein Haus weg!« Wenn das Kind Sie ignoriert, versuchen Sie es noch einmal mit lauterer Stimme. Beachtet es Sie immer noch nicht, klopfen Sie ihm auf die Schulter. Blecken Sie die Zähne, knurren Sie ihm ins Ohr, schnaufen Sie lautstark. Auch Handpuppen kann man hier gut einsetzen. Sie können dem Kind Ihren Beistand zeigen, indem Sie es flüsternd fragen: »Was wirst du zu dem Wolf sagen?«

Kinder mit hoher Reizschwelle, die nach starken Sinneseindrücken verlangen und leicht abzulenken sind

Wenn Ihr Kind zu schwach auf Reize reagiert und leicht abzulenken ist, verlangt es nach »sensorischem Input« und ist ständig in Bewegung, um diesen zu finden. Ihr Symbolspiel sollte am besten im Freien oder in einem großen Raum stattfinden, in dem man lebhafte Bewegungsspiele als Teil des Rollenspiels ausführen kann. Spielen Sie vor der Bodenzeit mit einem Medizinball, springen Sie auf dem Trampolin, oder lassen Sie das Kind schaukeln, rennen, klettern und springen, um seinen Bedürfnissen möglichst gut gerecht zu werden. Die motorische Aktivität hilft dem Kind, organisierter und aufmerksamer zu sein, so daß es im Symbolspiel nicht so viel Energie zum Austoben aufwenden muß.

Elemente des Symbolspiels können in bereits bestehende grobmotorische Aktivitäten des Kindes eingebaut werden.

- Wenn Ihre Tochter gern rutscht, stellen Sie einen Stoffhasen auf die Rutsche und sagen: »Häschen will auch rutschen.« Wenn sie uninteressiert scheint, lassen Sie das Häschen mit ihr zusammenstoßen oder in den Weg geraten. Wenn sie protestiert, sagen Sie traurig: »Häschen ist traurig. Es will mit dir spielen.«

- Rollt Ihr Sohn sich im Gras oder im Schnee, machen Sie mit und sagen: »Ich bin ein Wal im Ozean!« oder »Laß uns Autos sein und zusammenstoßen!« Führen Sie ein fiktives Element in die Spielaktivität des Kindes ein.

Wenn das Kind dann komplexere Vorstellungen verwendet, können Sie das Symbolspiel ausbauen.

- Spielen Sie »Pferd« und lassen Sie das Kind auf Ihnen reiten, aber fordern Sie es auf, Ihnen zu sagen, wo es hingehen soll. Lassen Sie sich um Hindernisse herumsteuern, über Berge, durch Flüsse und andere imaginäre Landschaften. Denken Sie sich eine aufregende Mission aus; jagen Sie beispielsweise die Räuber, bringen Sie das Ihnen gestohlene Geld zurück und stecken Sie sie ins Gefängnis.
- Besorgen Sie eine große Puppe, die Ihr Kind als anderes Kind erkennen kann. Es sollte eine Puppe sein, auf der das Kind liegen und sitzen kann, die es schlagen, mit der es tanzen und die es mit ins Bett nehmen kann. Fügen Sie dann Elemente des Symbolspiels in das ein, was das Kind gerade tut. Sagen Sie: »Ich hau zurück«, wenn es die Puppe schlägt, oder »Ich hab dich lieb«, wenn es die Puppe in den Arm nimmt. Lassen Sie die Puppe das Kind nachahmen oder mitmachen, wenn Sie selbst das nicht tun können. Geben Sie der Puppe einen Namen, damit Sie mit beiden »Kindern« reden können. Die Puppe kann beispielsweise das Sofa oder die Rutsche besetzen, auf die Ihr Kind gerade klettern wollte, was Eifersucht oder Rivalitätsgefühle auslösen kann. Dann können Sie Ihrem Kind helfen, mit diesen Gefühlen umzugehen.

Sich abkapselnde Kinder mit niedriger Reizschwelle

Wenn Ihr Kind überempfindlich auf Reize reagiert und den Kontakt mit Ihnen meidet, müssen Sie Ihre Rollenspielfiguren das Kind spielerisch behindern lassen, um es in die Interaktion zu ziehen.

- Lassen Sie durch Ihre Puppen den Weg seiner Puppen ins Puppenhaus versperren.
- Lassen Sie Ihre Pferde zuerst am Wasserloch ankommen, damit seine Pferde Ihre eigenen aus dem Weg schubsen müssen.

Stellen Sie das Kind immer wieder vor Probleme, die es lösen muß. Tun Sie das lächelnd und spielerisch. Vergessen Sie nicht, daß Ihr Kind defensiv ist und sie es nicht erschrecken wollen – Sie wollen es nur zur Interaktion bewegen. Sie könnten dem Kind sogar mitteilen, was Sie als nächstes tun werden. Verbale Hinweise (»Paß auf! Sie kommen!«) sorgen dafür, daß es gewarnt ist und sich umdreht, um zu sehen, was denn da los ist.

Kinder mit niedriger Reizschwelle, bei denen es leicht zu einer sensorischen Überlastung kommt

Zu einem Kind, das überempfindlich auf Reize reagiert und bei dem es leicht zu einer sensorischen Überlastung kommt, muß man mit beruhigender Stimme sprechen, und Bewegungen sollten fast in Zeitlupe erfolgen. Erschrecken Sie das Kind nicht. Ihre Stimme muß sowohl beruhigend als auch faszinierend sein, um es in die Interaktion zu ziehen.

- Wenn das Kind eine Puppe hält, nähern Sie sich langsam mit einer anderen Puppe, wobei Sie leise singen: »Hallo, hier komm ich«. Lassen Sie dem Kind ausreichend Zeit, Ihnen aus dem Weg zu gehen, wenn es das wünscht.
- Umklammert es ein Stofftier, halten Sie ihm eine Tasse hin und fragen besänftigend: »Möchte das Kätzchen was trinken?«

Nähern Sie sich dem Kind immer ganz langsam. Stellen Sie sicher, daß es Sie sieht. Wenn es sich abwendet oder wegläuft, geben Sie ihm eine Minute Zeit und versuchen es dann noch einmal. Im Laufe der Zeit wird seine Toleranzschwelle sich erhöhen.

12 Bodenzeit IV: Logisches Denken

Wie man einem Kind hilft, Vorstellungen zu verknüpfen und ein logisches Verständnis der Umwelt zu entwickeln

Die vierjährige Lindy hatte mehrere Puppen zum Geburtstagskaffee um einen Tisch versammelt. Unvermittelt deutete sie auf einen Schrank am anderen Ende des Raums. »Was da drin?« wollte sie wissen und lief hin. Wie die meisten Kinder mit multiplen Entwicklungsbeeinträchtigungen, die mehrere präsymbolische und frühe symbolische Wegmarken gemeistert haben, operierte Lindy mit einzelnen, untereinander kaum verbundenen Inseln des Denkens. Sie bewegte sich schnell von einem Gedanken zum nächsten, ohne logische Verbindung zwischen ihnen. Ihre Mutter stand vor der Herausforderung, ihr zu helfen, logische Brücken zwischen ihren gedanklichen Vorstellungen zu schlagen.

»Was ist mit dem Geburtstagskaffee?« fragte die Mutter und versuchte damit, Lindy zum vorigen Spielthema zurückzubringen. Lindy ignorierte sie. Die Mutter schlüpfte in die Rolle einer der am Tisch sitzenden Puppen. »Aber ich habe Hunger«, sagte sie. »Ich will Kaffee und Kekse.« Lindy hatte jedoch die Geburtstagsfeier völlig vergessen und war ganz auf den Schrank konzentriert. Da kam der Mutter ein hervorragender Einfall. Anstatt ihre Tochter nur mit Worten zum Geburtstagskaffee zurückzulocken, setzte sie auch Gesten ein. Sie folgte ihrer Tochter zum Schrank, öffnete eine imaginäre Tür, rief aus: »Guck mal! Kekse!« und holte eine imaginäre Keksschachtel hervor. Lindy war sofort ganz aufgeregt über die Entdeckung ihrer Mutter, die die hungrige Puppe hochhob und jammerte: »Ich habe Hunger!« »Hier, iß«, sagte Lindy. Dann pendelten Mutter und Tochter mehrmals zwischen Schrank und Tisch hin und her und holten neue Kekse für die hungrigen Geburtstagsgäste aus dem Schrank.

Wenn Kinder einmal angefangen haben, ihre Gefühle und gedanklichen Vorstellungen auszudrücken, tun sie das oft mit wahrer Begeisterung. Ihre freudige Erregung über ihre neuen Fähigkeiten ist so groß, daß sie diese pausenlos zu Übungszwecken einsetzen. Man kann hören, wie sie im Haus herumwandern und ihr Spiel ständig sprechend begleiten. Statt logischen, folgerichtigen Vorstellungen bekommt man jedoch oft nur willkürliche, zusammenhanglose Gedanken zu hören, die ihnen gerade durch den Kopf schießen. Die Kinder sehen aus dem Fenster und machen eine Bemerkung über die Blätter eines Baums, fordern Saft und fangen dann, ohne auf Antwort zu warten, ein Rollenspiel mit ihren Stofftieren an – alles binnen 90 Sekunden.

Anfangs wird es Sie vielleicht entmutigen, dieses zusammenhanglose Geplapper zu hören. Das sollte es nicht; es ist ein Zeichen, daß die Kinder Fortschritte machen. Das Kind verleiht den unzähligen Gedanken und Gefühlen Ausdruck, die es vorher nicht ausdrücken konnte. Sie stehen nun vor der Aufgabe, die neue freudige Erregtheit und Spontaneität des Kindes zu respektieren und es herauszufordern, logisch zu denken. Ihr Ziel ist es, die Anzahl der verbalen Kommunikationskreise, die das Kind schließen kann, auf 40, 50 oder mehr zu erhöhen und es zu befähigen, flexibel und spontan ein logisches zwanzigminütiges Gespräch zu führen – über ein Rollenspiel, den Kindergarten, seine Freunde oder die Frage, was es zum Mittagessen geben soll.

Symbolische Kommunikationskreise schließen

Wenn Ihr Kind einen symbolischen Kommunikationskreis schließt – indem es im Rollenspiel auf einem Ihrer Einfälle aufbaut oder verbal logisch auf eine Bemerkung von Ihnen antwortet –, schlägt es eine Brücke zwischen seinen gedanklichen Vorstellungen und Ihren, zwischen seiner inneren Welt und Ihrer. Durch Millionen von Brücken, Millionen von geschlossenen Kommunikationskreisen, lernt es zu unterscheiden zwischen dem, was innerhalb seiner selbst ist, und dem, was außerhalb seiner selbst ist. Es lernt, sich selbst und die Umwelt besser zu verstehen.

In der vorigen Entwicklungsphase wollten Sie Ihrem Kind helfen, möglichst viele Gefühle und Vorstellungen ins Rollenspiel einzubringen und es so vielfältig wie möglich zu gestalten. Wenn Sie eine Puppe ins Spielauto des Kindes setzten und sagten: »Ich will mitfahren«, waren Sie froh, wenn es auf dieses Thema einging und in den nächsten fünf Minuten eigene Einfälle beisteuerte. Jetzt streben Sie an, daß im Symbolspiel jede Spielhandlung und jede Idee des Kindes logisch mit einer Ihrer Ideen verknüpft wird. Keine zwanzig Sekunden sollten ohne eine Interaktion verstreichen.

Wenn Ihr Kind in der letzten Entwicklungsphase Spielautos zusammenkrachen ließ und Sie »Auto« sagten, waren Sie froh, wenn das Kind das Wort wiederholte und es dann jedesmal richtig anwandte. Es lernte, Bilder und Vorstellungen mit Worten auszudrücken. Jetzt wollen Sie einen fortlaufenden Dialog anregen.

In Ihrem Gespräch können Sie die Beweggründe oder Konsequenzen der Spielhandlungen ansprechen. Wenn jetzt Spielautos zusammenstoßen, könnten Sie kommentieren: »Oh, ist jemand verletzt? Ich rufe einen Krankenwagen!« Oder Sie könnten eine Polizeisirene nachahmen und einen Polizisten auftauchen lassen, der untersucht, wer da so rücksichtslos gefahren ist (»Wo haben *Sie* denn Ihren Führerschein gemacht?!«). Reagieren Sie auf den emotionalen Gehalt der Spielhandlung, der sich an der Intensität des Zusammenstoßes zeigen kann. Das Kind kann seine Spielautos ganz bewußt und energisch zusammenkrachen lassen oder zaghafter und eher auf Sinneseindrücke gezielt (weil das einen so schönen Lärm macht oder weil es einen Bauklotzturm umstoßen wollte). Sollte das der Fall sein, kommentieren Sie es (»Na, das war aber laut!«). Das Kind wird das Spiel wahrscheinlich mehrmals wiederholen. Sprechen Sie dann die Folgen seiner Handlungen an: »Ob das Auto jetzt schrottreif ist?« Indem Sie auf die Folgen seiner Handlungen eingehen, helfen Sie dem Kind, logisch zu denken.

Im vorigen Entwicklungsstadium haben Sie sich am Symbolspiel beteiligt, um den Aufbau von Vorstellungen anzuregen. Jetzt wollen Sie, daß in der spielerischen Interaktion jede der gedanklichen Vorstellungen des Kindes mit einem von Ihnen eingeführten Gedanken verknüpft wird. Sie wollen, daß es mindestens 80 Prozent seiner symbolischen Kommunikationskreise schließt, indem es auf logische Weise auf Ihre Spielhandlungen eingeht.

Um dieses Ziel zu erreichen, sollten Sie Ihre Bemühungen um eine Interaktion noch verstärken: Machen Sie mit, reden Sie über das, was das Kind tut und sagt, stellen Sie es in Frage, fordern Sie es heraus. Versuchen Sie, alles zu einem gemeinsamen Spiel zu machen, aber lassen Sie in jedem Fall das Kind das Spielgeschehen bestimmen.

- Wenn das Kind Puppen in einem Spielauto spazierenfährt, holen Sie eine andere Puppe und fragen: »Kann ich mitfahren?« Wiederholen Sie die Frage, bis das Kind antwortet. Wenn es dreimal nicht reagiert hat, erkundigen Sie sich, mit echter Neugier, nicht ärgerlich: »Warum antwortest du nicht?« Bleiben Sie auf spielerische Art beharrlich, bis das Kind den symbolischen Kommunikationskreis schließt.
- Wenn das Kind eine Burg baut, fragen Sie: »Kann ich mitbauen?« Wenn

es entgegnet: »Siehst du mein großes Schwert?« antworten Sie: »Ja, aber sag mir erst, ob ich mitbauen kann.« Wenn das Kind dann weiter über das Schwert redet, gehen Sie darauf ein. Fragen Sie, ob es Ihr Schwert oder ein anderes Schwert sehen möchte; fragen Sie, ob sein Schwert scharf ist. Versuchen Sie, den Kommunikationskreis zu schließen. Manchmal wird es Ihnen gelingen, den ursprünglichen Kreis zu schließen, manchmal werden Sie bei der nächsten Gelegenheit Erfolg haben.

Reagieren Sie auf die Emotion, die den Bemerkungen des Kindes zugrunde liegt. Das wird die Bedeutsamkeit der Worte und Symbole erhöhen und das Kind ermutigen, das Gespräch fortzusetzen. Die Frage: »Ist das Schwert sehr scharf?« oder »Kann man damit jemanden verletzen?« hilft dem Kind vielleicht, in Kontakt mit seinen Gefühlen zu kommen – Eigenmachtstreben, Furcht vor Verletzungen oder mit dem Wunsch, sich zu schützen. Sie können dann diese Gefühle im Rollenspiel genauer erforschen.

In Alltagssituationen Gespräche in die Länge ziehen

Öffnen Sie jedesmal, wenn Ihr Kind einen Kommunikationskreis schließt, einen neuen Kreis, indem Sie das Gespräch fortsetzen. Denn das eigentliche Ziel ist nicht, vereinzelte Inseln des Gesprächs zu erreichen, sondern einen fortlaufenden Dialog zu führen. Um sich unterhalten zu können, müssen Kinder üben, zehn, zwanzig oder fünfzig symbolische Kommunikationskreise hintereinander zu schließen.

Beschränken Sie das Schließen der Kreise nicht auf das Symbolspiel. Tun Sie es ständig. Betrachten Sie alles, was das Kind tut, als Gelegenheit, ein Gespräch anzuknüpfen, und nutzen Sie sie.

- Liest das Kind ein Bilderbuch, fragen Sie: »Kann ich mitlesen?« Wenn es geantwortet hat, versuchen Sie es mit der Frage: »Erzähl mir von dem Buch. Welche Bilder gefallen dir am besten?« Halten Sie das Gespräch so lange wie möglich in Gang und achten Sie darauf, daß das Kind jeden Kommunikationskreis schließt, bevor Sie zum nächsten übergehen.
- Wenn es nach draußen möchte, fragen Sie: »Was willst du spielen? Wo willst du spielen? Was willst du zuerst machen?« Die magischen Worte lauten: »Was noch?« (»Was willst du noch essen?«, »Wo wollen wir noch hingehen?« »Wer sollte noch kommen?«)

- Wenn das Kind sagt: »Ich will Saft!« fragen Sie: »Welchen Saft?« Hat es die Frage nach mehreren Wiederholungen noch nicht beantwortet, vereinfachen Sie die Frage, indem Sie mehrere Alternativen zur Auswahl stellen: »Orangensaft oder Apfelsaft?« Bleiben Sie beharrlich, bis das Kind den symbolischen Kommunikationskreis schließt.

Jeden Tag gibt es unzählige Gelegenheiten, symbolische Kommunikationskreise zu schließen, und je öfter das Kind das tut, desto besser wird es ein logisches Gespräch führen können. Bestehen Sie auf lustige Weise darauf, eine logische Antwort zu bekommen, denn jedesmal lernt das Kind dabei, eine Brücke zu schlagen.

Stellen Sie Fragen, die nicht mit Ja oder Nein beantwortet werden können

Wenn Sie sich mit Ihrem Kind unterhalten – als Rollenspielfigur oder als Sie selbst –, sollten Sie Fragen stellen, die viele Möglichkeiten offenlassen. Stellen Sie hingegen Fragen, die mit Ja oder Nein beantwortet werden können, schränken Sie die Reaktion des Kindes ein. Sagen Sie beispielsweise: »Das Pferd hat aber eine schöne lockige Mähne. Willst du sie kämmen?«, kann das Kind nur ja oder nein sagen. Wenn Sie aber fragen: »Wo hat das Pferd denn die schöne lockige Mähne her?«, sind viele verschiedene Antworten möglich. Eine weitere nützliche Technik ist es, bisher Geschehenes zusammenzufassen. Solche Kommentare führen dazu, daß das Kind sich verstanden fühlt und ermutigt wird, das Gespräch fortzusetzen.

Handlungen mit Worten verbinden

Ist das Kind erst einmal vertraut damit, verbale Kommunikationskreise zu öffnen und zu schließen, führen Sie vielleicht viele Gespräche, die nichts mit dem Spiel oder dem, was Sie gerade machen, zu tun haben – Sie unterhalten sich darüber, was es zum Mittagessen geben soll, was Sie gemeinsam mit dem Kind am Nachmittag unternehmen wollen, oder über Fernsehsendungen. Wenn es Ihrem Kind nicht gelingt, ein längeres Gespräch zu führen und es nach ein, zwei Kommunikationskreisen das Interesse verliert, üben Sie wieder in einer konkreten, für das Kind bedeutsamen Situation. Wenn Sie Ihre Worte direkt mit Ihrem Tun und auch mit dem verbinden, was das Kind gerade fühlt, wird es ihm viel leichter fallen, die verbale Interaktion aufrechtzuerhalten.

- Wenn Sie darüber reden, was es zum Mittagessen geben soll, und Ihre Tochter nicht reagiert, gehen Sie zum Kühlschrank und nehmen Sie etwas heraus, von dem Sie wissen, daß sie es nicht mag. Halten Sie es hoch und sagen: »Vielleicht sollten wir heute Blumenkohl essen.« Sehr wahrscheinlich wird ihr das eine Reaktion entlocken, zumindest ein »Nein!« Darauf können Sie aufbauen. »Nein? Wie wär's denn damit?« fragen Sie und halten etwas anderes hoch. Fragen Sie: »Wie wär's mit Walroß?« oder »Was würdest du denn gern essen? Zeig es mir.« Wenn Sie mit dem Kind gemeinsam Gefriertruhe und Kühlschrank durchstöbern, entwickelt sich wahrscheinlich ein angeregtes Gespräch übers Essen.

Vermeiden Sie Parallelgespräche

Wenn Sie Ihrem Kind helfen, symbolische Kommunikationskreise zu schließen, müssen Sie hauptsächlich darauf achten, Parallelgespräche zu vermeiden. Obwohl das aussehen kann wie ein echter Dialog, redet das Kind in Wirklichkeit mit sich selbst, während Mutter oder Vater die Worte und Handlungen des Kindes kommentieren.

William war damit beschäftigt, ein Spielauto in die Garage des Puppenhauses zu manövrieren. »Auto in Haus, Auto in Haus«, murmelte er mehrmals vor sich hin. »Ja«, sagte seine Mutter, »du stellst das Auto in die Garage.« Nachdem es William nach mehreren Versuchen nicht gelungen war, das Spielauto in die enge Garage zu zwängen, ließ er es frustriert fallen. »Paßt das Auto nicht rein?« fragte seine Mutter. »Tisch in Haus!« verkündete William fröhlich und griff nach einem Puppentisch. »Oh, jetzt willst du den Tisch ins Haus stellen«, sagte seine Mutter und sah zu, wie ihr Sohn den Tisch durch die Tür des Puppenhauses bugsierte. Er beugte sich hinunter und spähte durch die Tür, als wollte er sein Werk bewundern, und hielt dann nach etwas anderem Ausschau, das er ins Puppenhaus stellen konnte. »Mann in Haus«, verkündete er und fing an, eine kleine Figur durch die Tür zu schieben. »William stellt den Mann ins Haus«, sagte seine Mutter.

Williams Mutter hatte sich wunderbar einfühlsam und unterstützend gezeigt, und sie stand unter dem irrigen Eindruck, sich mit ihrem Sohn unterhalten zu haben; seine Worte und Gesten schienen eine Reaktion auf ihre zu sein. Aber als sie das Spielgeschehen noch einmal durchging, wurde ihr klar, daß William keinen einzigen Kommunikationskreis geschlossen hatte. Er hatte gesagt und getan, was immer ihm in den Sinn kam. Sie hatte seine Handlungen kommentiert, ihn aber nicht herausgefordert, seine Gedanken und Vorstellungen logisch mit den ihren zu verknüpfen.

Sie überließ William weiter die Führungsrolle im Spiel, versuchte aber gleichzeitig, ihn zu veranlassen, auf ihre Worte und gedanklichen Vorstellungen einzugehen.

»William, stellst du das Auto in die Garage?« fragte sie, als er wieder versuchte, das zu große Spielauto in die Puppengarage zu zwängen.

Der Junge antwortete nicht.

»William, Auto in Garage?« wiederholte sie.

Da er sie weiterhin ignorierte, versuchte sie, größere Nähe zum Spielgeschehen herzustellen.

»William, soll das Auto in die Garage?« fragte sie wieder, berührte das Spielauto und legte dann die Hand in die Puppengarage, wie um ihre Worte in Gebärden zu übersetzen.

Diesmal blickte William sie kurz an, um zu sehen, wer sich da ins Spiel drängte. »Ja!« sagte er. Er hatte den Kommunikationskreis geschlossen. Seine Mutter öffnete einen neuen Kreis.

»Auto zu groß?« erkundigte sie sich eindringlich.

»Auto groß«, sagte William. Er hatte einen zweiten Kreis geschlossen.

»Auto zu groß?« fragte seine Mutter. »Paßt nicht?«

»Auto groß«, wiederholte William und schloß damit den dritten Kommunikationskreis.

»Vielleicht paßt dieses Auto«, schlug seine Mutter vor und reichte ihm ein kleineres Spielauto.

William nahm es und rammte es in die Garage.

»Paßt dieses Auto rein?« fragte seine Mutter.

William war damit beschäftigt, das kleinere Auto in der Garage hin- und herzufahren.

»Paßt dieses Auto rein?« wiederholte sie.

William, ganz mit dem Auto beschäftigt, ignorierte sie.

»William, paßt das kleine Auto rein?« Seine Mutter legte ihre Hand in die Garage.

Der Junge sah sie an, als hätte er ganz vergessen, daß sie da war.

»Paßt das kleine Auto rein?« fragte sie ein viertes Mal, immer noch ganz geduldig.

»Kleines Auto«, sagte William.

»Das kleine Auto paßt in die Garage?«

»Kleines Auto in Garage«, bestätigte der Junge.

Indem sie ihre Fragen geduldig wiederholte und Gesten einsetzte, um Williams Aufmerksamkeit zu erlangen und die Bedeutung ihrer Worte zu unterstreichen, hatte seine Mutter ihn ermuntert, vier Kommunikationskreise nacheinander zu schließen.

Wie oft sollten Sie versuchen, Ihr Kind zu bewegen, einen Kommunikationskreis zu schließen? Machen Sie weiter, bis Sie den Eindruck haben, daß das Kind jetzt wirklich das Interesse verloren hat. William spielte immer noch mit dem Auto und der Garage, so daß seine Mutter recht hatte, ihn beharrlich weiter zu fragen, ob es hineinpaßte. Hätte er das Auto fallenlassen und sein Interesse etwas anderem zugewandt, hätte sie lieber versuchen sollen, ihn dazu zu bringen, einen Kommunikationskreis zu schließen, der mit dem neuen Interesse zu tun hatte. Wenn Sie anfangen, das Schließen symbolischer Kommunikationskreise zu üben, sollten Sie darauf hinarbeiten, daß das Kind 30 Prozent der Kreise schließt. Hat Ihr Kind dieses Ziel erreicht, streben Sie 50 Prozent an und schließlich 80 Prozent. Kann das Kind 80 Prozent der Kommunikationskreise schließen, wird es die meiste Zeit logisch denken können.

Durch Heraufbeschwören von Konflikten das Schließen logischer Kreise fördern

Eine andere Möglichkeit, dem Kind zu helfen, im Symbolspiel logische Brücken zu bauen, ist das Heraufbeschwören von Konflikten. Fordern Sie das Kind heraus. Nichts beschwört schneller eine gefühlsmäßige Reaktion herauf als Konflikte, und Gefühle können zu abstrakteren, logischen Dialogen und logisch verknüpftem Spiel anregen.

Die vierjährige Crystal konnte schon gut sprechen und sich erklären, aber ihr Spiel war fahrig und unkonzentriert. Selten blieb sie mehr als 30 Sekunden bei einem Spielthema. Ihre Mutter Sylvia versuchte, sie zu bewegen, mehrere Minuten lang bei einer Sache zu bleiben. Bei einer Therapiesitzung half sie ihrer Tochter, zwei Puppen für das abendliche Bad vorzubereiten.

»Kleider aus«, sagte Crystal.

»Können sie jetzt ihr Bad nehmen?« fragte Sylvia.

Crystals Blick fiel auf einen Laster. »Lastwagen fährt zum Kaufladen«, verkündete sie begeistert und ließ die Puppe fallen.

Sylvia reagierte schnell und setzte ihre Puppe in den Kipplaster. »Mein Laster!« erklärte sie herausfordernd.

»Nein, meiner!« schrie Crystal wütend.

Sylvia schlüpfte in die Rolle der Puppe und sagte trotzig: »Ich hatte ihn zuerst. Ich fahre ihn nach Hause, damit ich ein Bad nehmen kann.« Sie schob den Kipplaster über den Boden.

»Nein! Mein Laster! Bringt mich zum Kindergarten!« brüllte Crystal wütend.

»Du kannst mit ihm zum Kindergarten fahren, aber erst fahre ich ihn nach Hause, damit ich ein Bad nehmen kann«, sagte Sylvias Puppe.

»Ich will nicht, daß du das machst«, schrie Crystal und griff nach dem Laster.

»Brumm-brumm!« rief Sylvia und schob das Fahrzeug schnell außer Reichweite.

Crystal sah ihm ein paar Sekunden nach und blickte dann in die andere Richtung.

Sylvia merkte, daß sie dabei war, das Interesse ihrer Tochter zu verlieren. »Willst du meinen Laster fahren?« fragte sie nachgiebig, nahm ihre Puppe heraus und schob den Lastwagen auf Crystal zu.

Ihre Tochter starrte ausdruckslos auf den Kipplaster.

»Willst du meinen Laster fahren?« wiederholte Sylvia ihr Angebot. »Er fährt wirklich schnell.«

Crystal schmollte. »Nein!«

»Dann nehm ich ihn«, sagte Sylvia und setzte ihre Puppe wieder hinein.

»Nein! Ich bin dran!« schrie Crystal, schleuderte die Puppe ihrer Mutter heraus und setzte grimmig ihre eigene hinein.

In den nächsten Minuten spielten Mutter und Tochter weiter mit dem Kipplaster und den Puppen. Jedesmal wenn Crystals Interesse von etwas anderem eingefangen wurde, sprach Sylvia ihre Gefühle an. Schließlich nahm sie eine kooperative, weniger herausfordernde Haltung ein. »Du bist der Chef«, sagte sie, und Crystal lächelte und entspannte sich. Mittlerweile war sie fast vier Minuten bei einem Spielthema geblieben und hatte sich die ganze Zeit klar und logisch geäußert.

Als Sylvia geschickt die Gefühle ihrer Tochter ins Spiel brachte, gelang es ihr, vier Minuten logisch verknüpften Dialogs herauszuschlagen. Wie war das möglich? Emotionen motivieren uns. Sie geben unseren Handlungen Sinn und Bedeutung. Sie stellen eine Verbindung her zwischen dem, was wir denken, was wir sagen und was wir tun. Man kann Aufmerksamkeit als Fortbestehen eines Wunsches oder einer Emotion definieren; je anhaltender das Gefühl, desto aufmerksamer sind wir. Wenn Ihr Kind also unaufmerksam wird, kann ein Erwecken seiner Emotionen seine Worte und Handlungen steuern und ihm helfen, konzentriert bei der Sache zu bleiben.

Wenn es mit einem Konflikt konfrontiert wird, wird das Kind zudem gedrängt, auf eine höhere Stufe des Denkens zu gelangen, um eine Lösung zu finden. Der Versuch, zwei konkurrierende Bedürfnisse unter einen Hut zu bringen, kann zu abstrakterem Denken anregen.

Nutzen Sie die Motivation des Kindes aus

Es ist jedoch nicht immer notwendig, Konflikte heraufzubeschwören, um Emotionen hervorzurufen. Ebenso effektiv ist es, auf die bereits vorhandenen Gefühle des Kindes einzugehen.

Ein Vater las seinem sechsjährigen Sohn *Pinocchio* vor und stellte ihm dabei Fragen über das Buch. Zum Ärger seines Vater alberte der Junge jedoch lieber herum. Anstatt ruhig dazusitzen und Fragen zu beantworten, sprang er immer wieder plötzlich auf, um Teile der Geschichte nachzuspielen. Der auf die Palme gebrachte Vater nahm endlich eine Neueinschätzung der Situation vor. Schließlich ging es darum, ein logisches Gespräch zu führen, nicht etwa darum, das Wissen des Jungen über *Pinocchio* zu testen. So war es vielleicht besser, dem natürlichen Interesse seines Sohnes zu folgen – was in diesem Fall die Darstellung vor Publikum zu sein schien. Der Vater fing an, sich mit dem Jungen über die Szenen zu unterhalten, die er nachspielte. Das führte bald zu einem Gespräch darüber, welche Teile des Buches ihm am besten gefielen, welche Rollen er und welche sein Vater übernehmen sollte und welchen Spaß das Theaterspielen machte. Fünfzehn Minuten später führte dieser leicht ablenkbare, unkonzentrierte Junge immer noch ein angeregtes, logisches Gespräch mit seinem Vater.

Indem er sich die Emotionen zunutze machte, die der Junge mitbrachte, war der Vater in der Lage, ihn über eine längere Zeitspanne hinweg in eine logische Interaktion zu ziehen. Der Trick dabei ist natürlich das Erkennen dieser Emotionen. Nicht immer lassen sie sich aus den Worten des Kindes erschließen; oft bietet sein Verhalten mehr Hinweise. Um herauszufinden, wo seine wirklichen Interessen und Motivationen liegen, müssen Sie auf das achten, was das Kind tut.

Das gleiche Prinzip gilt für Gespräche außerhalb des Spiels. Wenn Sie mit Ihrem Kind über Themen sprechen, die es wirklich interessieren, wird es sich eher beteiligen und logisch antworten.

- Wenn Ihr Sohn Pferde liebt, fragen Sie ihn nach seinen Lieblingspferden. Fragen Sie, wo er ein Pferd halten würde, wenn er eins hätte, wie er sein Pferd nennen und wo er am liebsten ausreiten würde.
- Wenn Ihre Tochter gern Eis ißt, fragen Sie sie, welche Sorte sie am liebsten mag, wie viele Kugeln auf einmal sie schon gegessen hat und was sie tun würde, wenn sie eine Eisdiele besäße.

Eltern machen sich oft Sorgen, daß das Interessenspektrum ihres Kindes sehr eingeschränkt sein könnte. Ein Vater beschwerte sich, daß sein Sohn nur über Fußballergebnisse mit ihm reden wollte. Das Geheimnis ist, die Interessen des Kindes auszunutzen, sie aber zu erweitern. Nehmen Sie seine Interessen als Anknüpfungspunkt für ein Gespräch.

Wie oben schon vorgeschlagen, können Sie auch die kindliche Orientierung auf Ziele hin ausnutzen, indem Sie das Kind hinhalten und über seine Forderungen verhandeln.

- Wenn das Kind fünf Kekse verlangt, *jetzt sofort*, sagen Sie nicht sofort ja oder nein. Fragen Sie: »Warum fünf?« »Warum jetzt sofort?« »Warum nicht vier Kekse? Oder sechs?« »Warum nicht in fünf Minuten?«

Das Kind muß argumentieren, um zu bekommen, was es will, und wird so motiviert sein, viele logische Kommunikationskreise zu schließen.

Brücken zwischen Gedanken und Vorstellungen bilden

Auch wenn Kinder besser sprechen und symbolische Kommunikationskreise schließen können, springen sie oft immer noch unvermittelt von einem Thema zum nächsten. Vielleicht fängt Ihr Kind an, Ihnen vom Kindergarten zu erzählen, und schließt dann urplötzlich ein Rollenspiel an. Oder es fragt mitten in einem Symbolspiel über einen Tiger unvermittelt nach seinen Lieblingskeksen. Wir alle wechseln gelegentlich unvermittelt das Thema, wenn uns ein neuer Gedanke kommt, aber wenn wir keine Kommunikationsstörungen haben, erkennen wir den Themenwechsel als solchen und schließen den ersten Gedanken, bevor wir den nächsten öffnen. »Oh, mir ist da gerade was eingefallen«, sagen wir dann vielleicht, oder »Ich muß das Thema wechseln.« Mit solchen Sätzen bauen wir eine logische Brücke zwischen der neuen Idee und der alten und machen die Zuhörer auf den Umstand aufmerksam, daß eine neue Idee eingeführt wird.

Kinder mit Kommunikationsstörungen erkennen oft nicht, daß sie gedanklich einen Sprung gemacht haben, weil ihnen die Brücke zwischen ihren verschiedenen gedanklichen Vorstellungen fehlt. Keine innere Stimme warnt sie: »Augenblick, du hast das Thema gewechselt.« Keine innere Logik sagt: »Warte, das gibt so keinen Sinn. Das paßt nicht zusammen.« Wenn Ihr Kind Kommunikationsstörungen hat, müssen Sie ihm helfen, diese abrupten Themenwechsel zu erkennen. Sie müssen es auf seine gedanklichen Sprünge aufmerksam machen und es dann zumindest so lange zum ersten Gedanken zurückführen, bis eine Brücke zum nächsten Gedanken geschlagen ist.

- Wenn Ihr Kind vom Kindergarten erzählt und plötzlich versucht, Sie in ein Rollenspiel zu ziehen, sagen Sie: »Wart mal, ich bin ganz verwirrt.« Das Kind wird vielleicht erklärend sagen: »Kindergarten fertig, jetzt spielen«, woraufhin sie erwidern können: »Oh, jetzt verstehe ich.« Sie haben ihm geholfen, einen logischen Übergang zu schaffen. Ignoriert es Sie, könnten Sie sagen: »Eben hast du noch vom Kindergarten erzählt, und jetzt bist du ein Löwe. Was machen wir, reden wir über den Kindergarten und sind wir Löwen?« Entgegnet das Kind: »Wir sind Löwen«, fragen Sie: »Wieso? Was ist mit dem Kindergarten?« Wenn es dann antwortet: »Will nicht mehr über den Kindergarten reden«, hat es eine logische Brücke geschlagen. Ihr Ziel ist, das Kind erkennen zu lassen, daß es das Thema gewechselt hat, und es dazu zu bringen, den ersten Kommunikationskreis, das Gespräch über den Kindergarten, zu schließen, bevor es zu den Löwen übergeht. Später, wenn das Kind ein wenig besser darin geworden ist, Kommunikationskreise zu schließen, könnten Sie sagen: »Ich weiß, du hast keine Lust mehr dazu, aber erzähl mir noch ein bißchen über den Kindergarten. Dann spielen wir Löwen.«

Es geht nicht darum, das Kind beim ersten Thema zu halten, es soll nur ermutigt werden, seine Gedanken auf logische Weise zu verknüpfen.

Auch im Symbolspiel sollten solche Brücken geschlagen werden. Obwohl das Symbolspiel imaginär ist, sollte das Kind logische Verbindungen zwischen den imaginären Vorstellungsbildern herstellen können.

- Wenn Ihre Tochter Ihnen Tee anbietet und dann unvermittelt anfängt, mit ihren Stoffpferden zu spielen, verlangen Sie Ihren Tee. Sagen Sie: »Warte! Ich will meinen Tee!« Bleiben Sie beharrlich, bis das Kind Ihnen entweder den Tee bringt oder den Kommunikationskreis schließt, indem es sagt: »Jetzt kein Tee. Erst Pferde.«
- Wenn das Spielzeugboot Ihres Sohnes ein Piratenschiff auf Schatzsuche ist und dann plötzlich ein Raumschiff wird, das zum Mond unterwegs ist, sagen Sie: »Warte mal, das habe ich nicht ganz kapiert. Eben waren wir doch noch auf einem Piratenschiff, und jetzt sind wir auf einem Raumschiff?«

Die genauen Einzelheiten des Übergangs sind nicht wichtig. Wichtig ist nur, daß das Symbolspiel von Episode zu Episode durch eine Reihe logischer Verknüpfungen fortschreitet, statt daß unversehens jedesmal zu einer neuen Handlung umgeschaltet wird, wenn dem Kind eine neue Idee in den Kopf kommt. Wenn das Kind immer mehr symbolische Kommunikationskreise schließt, wird es ihm leichter fallen, diese Brücken zwischen seinen gedanklichen Vorstellungen zu schlagen. Sie sollten damit rechnen, daß es im Denken des Kindes zunächst nur vereinzelte Vorstellungsinseln gibt, aber allmählich wird es die Inseln zu Kontinenten verknüpfen.

Im Spiel vielschichtige Charaktere darstellen

Sie können Ihrem Kind auch helfen, Brücken zwischen seinen gedanklichen Vorstellungen zu bauen, indem Sie komplexe Rollenspielcharaktere darstellen, die nicht nur gut oder nur böse sind. Fordert das Kind Sie auf, einen der Bösewichte zu spielen, muß die Figur nicht durch und durch schlecht sein, sondern kann durchaus auch positive Züge tragen. Ein Räuber, der gerade auf die Guten geschossen und die Bank ausgeraubt hat, kann plötzlich sagen: »Oh, der Hund hat seine Pfote verletzt. Ich muß ihm helfen«, und sich besorgt über den Stoffhund beugen. Anfangs wird das Ihr Kind vielleicht verwirren, aber allmählich, nachdem es in der Interaktion viele Erfahrungen mit solchen vielschichtigen Charakteren gesammelt hat, wird es lernen, Brücken zwischen den verschiedenen Aspekten ihrer Persönlichkeit zu schlagen. Schließlich wird es vielleicht ebenfalls anfangen, seine Rollenspielfiguren vielschichtiger zu gestalten.

Ebenso hilfreich ist es, Rollenspielfiguren mit Marotten auszustatten: Eine Figur hat immer Hunger, eine ist nie zufrieden, eine verliert ständig ihre Schuhe. In der Interaktion mit diesen Figuren wird das Kind lernen, Brücken zwischen diesen stets gleichbleibenden Aspekten ihrer Persönlichkeit und ihren übrigen Charaktereigenschaften zu schlagen.

Sie können dem Kind helfen, komplexe Beziehungen zwischen Ideen zu erfassen, indem Sie mit zwei Stimmen sprechen, einer für die Rollenspielfigur und einer für sich selbst. Mit Ihrer eigenen Stimme können Sie die Handlungen der Rollenspielfigur mit dem Kind diskutieren (»David, der Löwe hat gesagt, er will dich fressen!«). Diese Technik ist besonders hilfreich, wenn das Kind sonst auf Ihre Kommentare nicht reagiert oder nicht auf Ihre Einfälle eingeht. So können Sie gleichzeitig als Rollenspielfigur das Spiel spannungsreicher gestalten (»Brüll! Ich komme! Ich bin hungrig!«) und dem Kind helfen, eine Lösung für das Problem zu finden (»David«, im Flüsterton, »der Löwe kommt näher! Was willst du machen?«). Machen Sie die beiden Stimmen klar unterscheidbar, damit das Kind sie gut auseinanderhalten kann. Reagieren Sie als Rollenspielfigur stets auf die Aktionen des Kindes. Wenn das Kind sein Spielauto mit dem Ihrer Figur zusammenkrachen läßt, könnten Sie etwa sagen: »Hilfe! Ich bin verletzt!«, oder Sie lassen die Figur aussteigen und sagen: »He, was sollte das denn? Sie haben mich fast umgebracht!« Ihre Reaktion sollte dem emotionalen Ton der spielerischen Gestaltung und dem jeweiligen Zusammenhang entsprechen. Hat das Kind sein Auto in das der fliehenden Bankräuber krachen lassen, können Sie es anspornen und seine Tapferkeit loben.

Wenn Sie auf die Gefühle reagieren, die in den Spielhandlungen des Kindes zum Ausdruck kommen, helfen Sie ihm, seine symbolischen Vorstellungen zu erweitern. Selbst wenn das Kind einfach nur Spielautos zusammenkrachen läßt, kann es damit entweder Kraft und Stärke ausdrücken oder Verletzbarkeit und Furcht. Das Kind kann es als aufregend empfinden oder als angstmachend. Ein Eingehen auf diese Gefühle wird dem Kind helfen, seine persönlichen Erfahrungen zu bewerten und die Gefühle zu benennen, die es empfindet. Sie können den Ausdruck dieser Empfindungen ruhig etwas übertreiben.

Versuchen Sie nicht, die Sache schnell zu bereinigen, das Kind zu trösten oder zu beruhigen. Je länger es das Gefühl empfindet, desto klarer wird das Kind es erkennen können. Es kann die Erfahrung machen, daß es möglich ist, intensive Gefühle auszuhalten, daß seine Gefühle akzeptiert und verstanden werden. »Ach du Schreck, der ist aber wütend!«, »Oh, das muß ja scheußlich wehtun« – derartige Kommentare werfen ein Schlaglicht auf die Gefühle des Kindes. Wenn es seine Empfindungen eine Zeitlang ungefährdet ausdrücken konnte, wird es eher in der Lage sein, eine Lösung für das anstehende Problem zu finden.

Häufige Ausweichmethoden

Albernheit oder Phantasieideen: Es kommt häufig vor, daß Kinder einem für Sie schwierigen Thema auszuweichen versuchen, indem sie herumalbern oder Unsinn machen. Mitten in einem schwierigen Gespräch über den Kindergarten greift das Kind beispielsweise nach zwei Puppen und haut sie gegeneinander. Sie können damit umgehen, indem Sie dieses Verhalten auf unterstützende, spielerische Weise zur Kenntnis nehmen und ansprechen. »He, wir haben gerade über den Kindergarten geredet, und jetzt haust du die Puppen gegeneinander. Warum?« Wahrscheinlich wird das Kind Sie ignorieren, aber bleiben Sie beharrlich. »Redest du nicht gern über den Kindergarten? Warum nicht?« Nach einigen solcher Fragen werden Sie vielleicht zur Antwort bekommen: »Ich will nicht.« »Willst du lieber spielen?« könnten Sie dann fragen. »Warum? Macht das Spielen mehr Spaß?« Antwortet das Kind darauf, versuchen Sie es mit: »Macht ihr im Kindergarten irgendwas, das Spaß macht?« Versuchen Sie, ein Gespräch darüber anzuzetteln, warum Spielen mehr Spaß macht. Nachdem Sie ungefähr dreißig Kreise geschlossen haben, spielen Sie mit dem Kind.

Zersplitterung: Es kommt auch häufig vor, daß Kinder so schnell von Einfall zu Einfall rasen, daß man gar nicht mehr mitkommt. Was Sie da zu hören bekommen, klingt unter Umständen wie ein kunterbuntes Durcheinander unzusammenhängender Gedanken, die im Kopf des Kindes herumschwirren. Wenn Sie auf eine solche Zersplitterung des Denkens treffen, können Sie auf zweierlei Weise reagieren. Sie können mit beruhigender, liebevoller Stimme sagen: »Ich verstehe nicht. Kannst du mir das nochmal erzählen, aber ganz langsam?« Versuchen Sie, das Kind zu bewegen, ausführlicher über nur einen Gedanken auf einmal zu sprechen, und bitten Sie es aufzuhören, wenn es zu einer neuen Idee springt. Wiederholen Sie jeden Gedanken, um zu zeigen, daß Sie ihn verstanden haben, und damit das Kind die Grenzen der einzelnen Vorstellungen deutlicher erkennen kann. Gehen Sie nicht davon aus, daß ein verborgener Sinn in dem scheinbaren Unsinn steckt. Möglich ist es, aber wenn dem so sein sollte, können Sie später darüber reden. Im Augenblick arbeiten Sie daran, ihm eine bessere innere Organisation seiner Gedanken zu ermöglichen.

Die zweite Möglichkeit ist, den emotionalen Ton des fragmentierten Geplappers zu erspüren – Aufgeregtheit, Angst, Wut, Angeberei. Gehen Sie dann verständnisvoll darauf ein.

- Wenn Sie hinter dem Geplapper den Wunsch zum Angeben spüren, zeigen Sie mit Blick und Tonfall, wie beeindruckt Sie sind. »*Du* kennst aber viele schöne Wörter! Aber du mußt ein bißchen langsamer sprechen, damit ich dich auch verstehen kann.«

Bleiben die Gedanken des Kindes weiterhin unzusammenhängend, versuchen Sie, einige seiner Ideen zu wiederholen. »Wie es scheint, redest du über Räuber und Polizisten, über den Zirkus und über Raumschiffe. Ich bin ganz verwirrt.« Warten Sie ab, ob das Kind entweder einen Gedanken herausgreift und ausführlicher darauf eingeht oder Ihnen erklärt, wie diese verschiedenen Ideen zusammenhängen. Wenn nicht, stellen Sie ihm mehrere Alternativen zur Auswahl: »Also, worüber möchtest du reden – über Räuber und Polizisten, den Zirkus oder über Raumschiffe?« Drängen Sie das Kind, sich ein Thema auszusuchen, und unterhalten Sie sich dann mit ihm darüber. Es geht nicht darum, daß Sie raten oder herausfinden, worüber das Kind reden möchte, sondern darum, daß es anfängt, seine Vorstellungen logisch miteinander zu verknüpfen, anstatt von einer gedanklichen Insel zur nächsten zu springen.

Wenn Sie die Aufmerksamkeit des Kindes nicht halten können, setzen Sie visuelle Hilfen ein. Schreiben Sie je eine Idee auf eine Karteikarte – mit ein paar einfachen Worten oder Zeichnungen. Dann bitten Sie das Kind, sich die Karteikarten anzusehen und sich ein Thema herauszusuchen, über das es reden will, oder aber zu entscheiden, in welcher Reihenfolge es die Themen abhandeln will. Das Kind kann auch die Karten sortieren, um zu zeigen, welche Ideen jeweils zusammengehören.

Abstraktes Denken

Die meisten Menschen nehmen das abstrakte Denken einfach als gegeben an. Wir denken abstrakt, ständig und automatisch, ohne zu überlegen, was dazugehört oder welche Fertigkeiten dazu notwendig sind. Aber wenn Sie Ihre gedanklichen Prozesse einmal genauer analysieren, werden Sie feststellen, daß bestimmte Fähigkeiten immer wieder gebraucht werden:

- Die Fähigkeit, auf Fragen zu antworten, die mit was, wo, wann, wie und warum beginnen.
- Die Fähigkeit, gedankliche Vorstellungen und Ideen miteinander zu vergleichen, voneinander abzugrenzen und in Kategorien einzuordnen.
- Kausalitätsbewußtsein: Wenn ich A tue, wird B geschehen; wegen A fühle ich B.
- Die Fähigkeit, sowohl die Einzelheiten oder Teilinhalte zu sehen wie das Ganze, das Allgemeine und Gemeinsame, ebenso den Wald wie die Bäume.
- Die Fähigkeit, mit den Begriffen Menge, Zeit und Raum umzugehen und Ordnungskriterien wie mehr als/weniger als und größer/kleiner zu erfassen.
- Die Fähigkeit, Gefühle zu verstehen und über sie zu sprechen.

Kinder, die nicht unter Kommunikationsstörungen leiden, entwickeln diese Fähigkeiten oft ohne Hilfe von ihren Eltern, aber bei Kindern mit Entwicklungsbeeinträchtigungen müssen sie gewöhnlich bewußt eingeübt werden. Wenn Ihr Kind 80 Prozent seiner symbolischen Kommunikationskreise schließen kann und anfängt, Brücken zwischen Symbolen zu bauen, sollten Sie anfangen, diese zusätzlichen Fertigkeiten einzuüben.

Das kann einfach geschehen, indem Sie bei der spielerischen Interaktion mit dem Kind reden. Es handelt sich nicht um formale Übungsstunden; die oben aufgeführten Fertigkeiten werden wie von selbst eingeübt, wenn Sie Ihr Ziel im Hinterkopf behalten und immer wieder Übungsmöglichkeiten in Ihre Gespräche mit dem Kind einbauen.

Was-, Wann-, Wo-, Wie- und Warum-Fragen

Interessanterweise fühlen sich Eltern oft frustriert, wenn ihre Kinder symbolische Kommunikationskreise besser öffnen und schließen können. Einerseits kann das Kind sich besser unterhalten, aber andererseits lösen scheinbar einfache Fragen immer noch das alte Abwendungs- und Vermeidungsverhalten aus. »Was habt ihr heute im Kindergarten gemacht?« oder »Warum willst du nach draußen gehen?« – mehr braucht es oft nicht, um ein Sich-Abwenden, Ignorieren oder Ausblenden auszulösen. Warum ist das so?

Solche scheinbar einfachen Fragen sind schwer zu beantworten. Fragen, die mit »was«, »wo«, »wie« und »warum« beginnen, sind abstrakt. Bevor Kinder in der Lage sind, sie zu beantworten, müssen sie fähig sein, zahlreiche abstrakte Vorstellungen gedanklich zu bewältigen. Um auf die Frage: »Was habt ihr heute im Kindergarten gemacht?« antworten zu können, muß das Kind sich selbst an einem anderen Ort und zu einem früheren Zeitpunkt vorstellen können. Die Antwort auf die Frage »Wo ist deine Mütze?« erfordert, daß es sich die Mütze und die Stellen, an denen sie liegen könnte, bildlich vorstellt. »Wann willst du deinen Saft trinken?« ist eine Frage, zu deren Beantwortung es sich einen zukünftigen Zeitpunkt bildlich vorstellen und mit einem Wunsch in Verbindung bringen muß. Warum-Fragen sind die komplexesten, weil sie kausales Nachdenken über die eigenen Wünsche, Strebungen oder Gefühle voraussetzen. Um auf die Frage: »Warum willst du rausgehen?« »Ich will spielen« entgegnen zu können, muß das Kind ein »Ich«-Empfinden haben, ein Gefühl inneren Wünschens oder »Wollens«, und es muß sich ein Tun vorstellen können, das diesen Wunsch befriedigen wird. Für ein Kind, das dieses abstrakte Denken gerade neu gelernt hat, sind das schwierige, anspruchsvolle Aufgaben.

Gewöhnlich lernen Kinder zuerst, Was- und Wo-Fragen zu beantworten, weil diese Fragen sich meist auf reale Gegenstände oder Orte beziehen und die Kinder viel Übung darin bekommen, indem man ihnen Alternativen anbietet. Als nächstes lernen Kinder oft die Wie-Fragen, weil diese sich auf

Aufgaben, Zwecke und Tätigkeiten beziehen, die mit dem kindlichen Erleben verbunden sind. »Wie kommen wir dorthin?« »Wie wollen wir das heilmachen?« »Wie funktioniert das?« »Wie geht das?« Es erfordert ein gewisses Zeitgefühl, auf Wann-Fragen zu antworten. Das kann durch das Nennen von Alternativen (»Jetzt oder später? Um eins oder um drei?«) gefördert werden. Da Warum-Fragen die schwierigsten sind, sollten Sie mit den leichteren Fragen anfangen.

Beziehen Sie Was-, Wann-, Wo-, Wie- und Warum-Fragen in das gemeinsame Spiel und Ihre täglichen Gespräche ein. Fragen Sie bei allem und jedem nach der Meinung des Kindes. Je emotionaler der Kontext ist, desto eher wird das Kind seine Denkfähigkeiten einsetzen (sofern es sich nicht um ganz extreme Emotionen handelt). Kinder brauchen jede Menge Übung im abstrakten Denken.

- Wenn die Puppe des Kindes den Jeep Ihrer Puppe haben will, fordern Sie das Kind mit den Fragen: »Was willst du damit?« oder »Wann kriege ich ihn zurück?« heraus.
- Galoppieren Sie auf Ihren Pferden über die Prärie, fragen Sie: »Wo wollen wir hin?« und »Was liegt in der anderen Richtung?«
- Wenn Sie im Auto sitzen, um die Oma zu besuchen, fragen Sie: »Was würdest du gern machen, wenn wir dort sind?«

Warum-Fragen sind am schwierigsten zu beantworten, weil sie den höchsten Grad an abstraktem Denken erfordern. Kinder eignen sich diese Fähigkeit stufenweise an. Die frühesten Antworten sind einfach und konkret. »Warum willst du nach draußen?« »Darum.« Oder »Weil ich es will.« Oder »Weil ich es sage.«

Kinder wollen nicht dickköpfig sein, wenn sie so antworten. Sie beantworten die Frage, so gut sie können. Mit der Zeit werden ihre Antworten ein wenig anspruchsvoller ausfallen. »Weil es Spaß macht«, sagen sie vielleicht, wenn sie die Abstraktion ein bißchen besser gemeistert haben, oder: »Weil meine Puppe draußen ist.«

Sind Kinder erst einmal in der Lage, drei Gründe dafür anzuführen, warum sie nach draußen gehen wollen – »Weil es ein schöner Tag ist und ich den ganzen Vormittag drinnen war und ich herumrennen will« –, haben sie nicht nur die Warum-Fragen gemeistert, sondern können uns noch etwas über kausales Denken beibringen.

Um Ihrem Kind zu helfen, diese abstrakten Fragen zu meistern, können Sie Ihre Fragen einfacher fassen. Warum-Fragen etwa lassen sich vereinfachen, indem man Was-Fragen aus ihnen macht.

- Anstatt zu fragen: »Warum willst du nach draußen gehen?« versuchen Sie es mit: »Was willst du draußen machen?« oder »Wann willst du rausgehen?«
- Fällt dem Kind die Beantwortung der Was-Frage schwer, bieten Sie ihm verschiedene Alternativen an. »Willst du schaukeln oder radfahren?« Solche Fragen sind konkreter und damit leichter zu beantworten.
- Fällt dem Kind auch die Beantwortung dieser Frage schwer, machen Sie eine der Alternativen vollkommen absurd. »Willst du schaukeln oder Gorillas suchen?«
- Hat das Kind geantwortet, formulieren Sie seine Antwort in eine Darum-Antwort um. »Oh, du willst schaukeln. Darum wolltest du rausgehen!« Das wird ihm helfen, Warum-Fragen in Zukunft besser zu beantworten.

Dem Kind hilft es auch, wenn Sie ihm einen Fingerzeig geben. Fragen, die mit was, wo, wann, wie und warum anfangen, können besonders schwer zu beantworten sein, wenn sie sich auf die tägliche Lebenswirklichkeit des Kindes beziehen. Wenn Sie spüren, daß Ihr Kind weiß, was es sagen will, aber nicht in der Lage ist, die richtigen Wörter abzurufen, geben Sie ihm einen Fingerzeig. Wird das Kind beispielsweise mürrisch, nachdem Sie gefragt haben, wie es im Kindergarten war, findet aber die passenden Worte nicht, fragen Sie: »Hat dieses rothaarige Mädchen dir wieder deinen Teddy weggenommen?« Mehr braucht es vielleicht gar nicht, um das Kind zum Reden zu bringen.

Nach einer Weile kann es für das Kind zu einfach werden, wenn Sie ihm weiter verschiedene Alternativen oder Fingerzeige anbieten. Nehmen wir an, Sie fragen, was Ihr Sohn im Kindergarten gemacht hat, und er antwortet nicht. Sie versuchen es mit der Frage: »Hast du mit dem rothaarigen Mädchen oder dem blauäugigen Jungen gespielt?«, und er antwortet nur: »Mit dem rothaarigen Mädchen.« Aber das reicht Ihnen nicht, also versuchen Sie es noch einmal. »Erzähl mir doch, was du heute gemacht hast.« Das Kind antwortet nicht. Anstatt wieder mehrere Alternativen anzubieten, versuchen Sie es mit der Frage: »Willst du nicht darüber reden?« »Nein«, werden Sie wahrscheinlich zu hören bekommen. Bleiben Sie beharrlich, formulieren Sie die Frage um. »Ach, komm schon, kannst du mir denn gar nichts erzählen?« »Nein.« An diesem Punkt können Sie eine absurde Alternative anbieten: »Na, hast du heute mit einem Elefanten gespielt?« Mit großer Wahrscheinlichkeit wird das Kind lachen und sagen: »Nein! Bobby hat lustige Gesichter geschnitten.« Wenn Sie eine vollkommen offene Frage stellen wie »Wie war es denn heute im Kindergarten?« hat das Kind zu viele Alternativen, unter denen es wählen kann. Es kann sehr schwer sein, auf eine solche Frage zu antworten. Wenn Sie etwas völlig Absurdes, Lustiges ins Spiel bringen, engen Sie das Feld ein, und das erleichtert es dem Kind, sich an ein oder zwei Erlebnisse zu erinnern und sie zu erzählen. Geben Sie sich nicht mit einem Nein als Antwort zufrieden. Sogar die Verweigerung einer Antwort kann dem Kind bei der Wortfindung und dem Entwurf dessen, was es mitteilen will, helfen. Das Problem liegt meist nicht beim Erinnern, sondern darin, daß die Kinder die passenden Worte nicht wiederaufrufen oder die richtige Wortbedeutung nicht finden können.

Fragen, die die Gefühle ansprechen

Viele Eltern machen den Fehler, ihren Kindern Fragen zu stellen, deren Antwort mechanisch aus dem Gedächtnis abgerufen werden kann. »Was hast du nach dem Mittagessen gemacht?« »Welche Farbe haben deine Bauklötze?« »Mit wem hast du heute gespielt?« Aber in ihrer Entwicklung beeinträchtigt Kinder neigen oft sowieso schon zu einer mechanischen Denkweise und einer ritualisierten Reaktion auf Reize, und durch diesen Ansatz wird das Problem eher noch verstärkt. Zudem wird das Denken durch emotionale Hinweise organisiert (siehe Kapitel 11). Bei Unterhaltungen zwischen Erwachsenen wird also selten gefragt: »Was hast du nach dem Mittagessen gemacht?« sondern eher »Was gibt's Neues?« oder »Was hast du denn heute Aufregendes erlebt?« Solche Fragen nehmen Bezug auf die Emotionen des Gefragten, was ihm hilft, eine Bewertung vorzunehmen und die relevantesten Erinnerungen des Tages herauszusortieren. Wenn Sie es schaffen, Ihrem Kind solche Fragen zu stellen, werden Sie ihm helfen, echtes abstraktes Denken zu entwickeln, das Relevanz und Kontext wahrnimmt.

- Statt zu fragen: »Was habt ihr heute in der Schule gemacht?« erkundigen Sie sich: »Was hat denn heute in der Schule besonderen Spaß gemacht?« oder »Hat dich heute in der Schule ein Kind wütend gemacht?«

- Lassen Sie im Symbolspiel die Puppe darüber reden, wie sehr sie sich freut, oder das Krokodil erklären, wie wütend es ist. Lassen Sie Ihre Rollenspielfigur die des Kindes fragen, wie sie sich fühlt.

Mit Hilfe von Emotionen Vorstellungen in Kategorien einordnen

Emotionen helfen uns auch, Vorstellungen in Kategorien einzuordnen – Dinge sind ähnlich oder unterschiedlich, gut oder schlecht, gehören zusammen oder nicht. Dieses Einordnen ist ein weiterer wichtiger Bestandteil des abstrakten Denkens. Es ermöglicht es uns, Muster und einen tieferen Sinn in der Welt zu finden und aus unserer Umgebung klug zu werden. Sie können Ihrem Kind bei der Entwicklung dieser Fähigkeit helfen, indem Sie in Ihren täglichen Gesprächen und im Symbolspiel seine Gefühle ansprechen.

- Wenn die Puppen gerade Kleider anprobieren, kann Ihre Puppe die Puppe des Kindes fragen: »Welche Kleider findest du am besten?« Das Kind wird so ermuntert, die Puppenkleider in Lieblingssachen und weniger Geschätztes einzuteilen. »Warum findest du diese Kleider am besten?« kann Ihre Puppe dann fragen und das Kind so ermuntern, die Gründe für seine Wahl darzulegen. »Aber ich finde dieses Kleid viel hübscher«, könnte Ihre Puppe dann widersprechen. Eine solche Debatte wird das Kind herausfordern, sein Denken zu erweitern oder sich zu rechtfertigen. Jedesmal wenn das Kind auf Ihre Herausforderung eingeht, wird es Ideen auf abstrakte Weise kategorisieren.
- Lassen Sie das Kind entscheiden, mit welchen Attributen es Gegenstände vergleichen will. Sie könnten, anstatt zu fragen: »Das Rote oder das Blaue?« erklären: »Sag mir welches« und das Kind entscheiden lassen, ob es nach Größe, Gewicht, Farbe, Rauheit der Oberfläche usw. unterscheiden will.

Ein kleiner Junge war ganz fasziniert von den Markennamen seines Spielzeugs. Er bezeichnete alle Spielsachen mit dem Namen des Herstellers (»das Fisher Price-Haus«) anstatt sie zu beschreiben (»das gelbe Haus«). Seine Eltern machten sich diese Fixierung zunutze, um ihm zu helfen, in die Welt des Abstrakten vorzustoßen. Sie verwickelten ihn in Gespräche darüber, welche Spielsachen er lieber mochte, die von Fisher Price oder die von Mattel, und warum. Sie vergaßen nicht, daß es die Emotion war (»Welches magst du am liebsten?«), die ihm helfen würde, vom mechanischen oder konkreten Denken zum abstrakten Denken überzugehen.

Es ist nicht so wichtig, was das Kind genau antwortet, solange seine Antworten sinnvoll sind. Wichtig ist, daß das Kind in der Lage ist, seine Emotionen logisch einzusetzen, um die verschiedensten gedanklichen Vorstellungen zu vergleichen und voneinander abzugrenzen sowie in größere Gruppen einzuordnen. Weiter unten wird es darum gehen, wie höhere Abstraktionen wie Liebe oder Gerechtigkeit aus einem Erfahren der Umwelt in vielfältigen emotionalen Zusammenhängen hervorgehen. Wir verstehen den Begriff Liebe, wenn wir gefühlsmäßig begreifen (weil wir es am eigenen Leibe empfunden und erfahren haben), daß Liebe bedeutet, sich zu umarmen, zu geben, sich von einem Wutanfall zu erholen, den anderen an die erste Stelle zu setzen, und so weiter.

Den Wald sehen und die einzelnen Bäume

Eine weitere wichtige Komponente des abstrakten Denkens ist die Fähigkeit, das allgemeine Thema ebenso zu verstehen wie die Einzelheiten, denn nur diese beiden Aspekte zusammengenommen beschreiben eine Situation vollständig. Nehmen wir an, Sie gehen zum Arzt und klagen, daß Sie sich nicht wohlfühlen, aber wenn der Arzt Sie fragt, was Ihnen denn fehlt, sind Sie unfähig, die Symptome aufzuzählen. Oder stellen Sie sich das Gegenteil vor: Eine Freundin fragt Sie, wie denn Ihr Tag war, und Sie rasseln eine Liste von zwanzig Dingen herunter, die Sie getan haben – wohlgemerkt nur die Einzelheiten, keine Zusammenfassung. War es ein guter Tag? Oder ein schlechter? Ohne die Fähigkeit, die Einzelheiten einem Leitgedanken unterzuordnen, werden sowohl Sie als auch Ihre Freundin ratlos bleiben, unfähig, die Situation ganz zu durchschauen. Jede Argumentation – von der kindlichen Forderung, zu Hause bleiben zu dürfen, bis zu einer wissenschaftlichen Hausarbeit – setzt ein solches Denken voraus. »Ich will nicht in den Kindergarten« ist das allgemeine Thema, die Gründe dafür die Einzelheiten; der Niedergang der Zivilisation ist das allgemeine Thema, die Gründe dafür die Einzelheiten.

Sie können Ihrem Kind helfen, diese Fähigkeit zu entwickeln, indem Sie es innerhalb und außerhalb des Spiels zum Denken herausfordern.

- Wenn die Tiere aus dem Pferch springen, halten Sie inne und sagen: »Warte! Warum lauft ihr weg?« Das Kind wird Ihnen das allgemeine Thema der Spielhandlung erklären müssen. Vielleicht wird es sagen: »Wir hassen den Bauern, und wir wollen hier nicht mehr leben.« Großartig! Jetzt können Sie nach den Details fragen: »Warum haßt ihr den Bauern? Womit hat er euch so wütend gemacht? Was kann er tun, um es wiedergutzumachen?«
- Wenn das Kind länger aufbleiben will, mehr Bonbons fordert oder unbedingt ein bestimmtes Paar Schuhe anziehen will, fragen Sie es, warum es das möchte. Drängen Sie es, Ihnen so viele Gründe wie möglich für seinen Wunsch zu nennen. Jeder Grund ist eine Einzelheit, die sein allgemeines Thema stützt.

Themen und Einzelheiten tauchen auch in den Rollenspielen der Kinder auf. Wer welches Pferd reitet und welche Armee die Schlacht gewinnt – das sind die Details der Handlung. Die dahinterstehenden Gefühle – Rivalität, Aggression, Verlust – sind die emotionalen Themen. Wenn Sie mit Ihrem Kind über das reden, was es tut, ist es nützlich, im Gespräch immer wieder zwischen diesen beiden Ebenen zu wechseln. Wenn Ihr Kind im Spiel beispielsweise eindringlich das Aussehen von Pferden beschreibt (blaue Augen, gelbe Mähne, große Zähne usw.), spüren Sie vielleicht, daß es mit all diesen Einzelheiten ausdrücken will, daß ein bestimmtes Pferd etwas ganz Besonderes ist. Dann sagen Sie verständnisvoll: »Das ist aber ein großartiges Pferd«, oder fragen Sie: »Warum gefällt dir denn dieses Pferd so gut?« Indem Sie nach den Einzelheiten fragen, lassen Sie das Kind merken, daß Sie an seiner Geschichte interessiert sind. Indem Sie das emotionale Thema ansprechen, helfen Sie ihm zu erkennen, was für Gefühle seinen Handlungen zugrunde liegen.

Nicht alle Kinder fühlen sich gleichermaßen auf beiden Ebenen wohl. Manchmal konzentrieren sie sich ganz auf die Gefühle, die das Rollenspiel auslöst, und ignorieren die Einzelheiten. In diesem Fall sollten Sie nach den genauen Umständen fragen: »Warum ist das Pferd traurig? Was ist passiert?« Ist das Kind ausschließlich mit den Einzelheiten der Handlung beschäftigt, helfen Sie ihm, das dahinterstehende Gefühl anzusprechen. »Wie hat das Pferd sich gefühlt, als sein Freund weggelaufen ist?«

Wenn Sie Ihr Kind ermutigen, über die Einzelheiten ebenso nachzudenken wie über das allgemeine Thema, wird sein Denken immer flexibler werden. Natürlich wäre es nicht ratsam, das Kind zu oft auszufragen oder herauszufordern, denn damit könnten Sie den Spaß am Spiel oder Ihren Gesprächen untergraben. Lassen Sie diese klärenden Fragen nur dann und wann einfließen. Und denken Sie daran, daß viele der allgemeinen Themen des Kindes ihren Ursprung in seinen Emotionen und gefühlsmäßigen Urteilen haben werden.

Ursache und Wirkung

Wir denken selten darüber nach, aber ein großer Teil unserer gedanklichen Prozesse hat mit Ursache und Wirkung zu tun. »Der Wecker hat geklingelt, also bin ich aufgewacht« oder »Ich hatte Hunger, also habe ich was gegessen.« Weil Sie Hunger haben, beschließen Sie, etwas dagegen zu tun.

Um wirklich flüssig denken zu können, muß Ihr Kind die Logik von Ursache und Wirkung lernen. Sie können ihm dabei helfen, indem Sie für viel Übung sorgen. Solche Übungsgelegenheiten lassen sich in fast jede Alltagssituation einbauen. Jedesmal wenn Sie Ihr Kind fragen, warum es etwas machen will, warum ihm etwas gefällt oder mißfällt oder warum es etwas so und nicht anders getan hat, muß es in den Kategorien Ursache und Wirkung denken.

- Wenn Ihr Kind erklärt, daß es seine Spielsachen nicht weggeräumt hat, und Sie fragen: »Warum nicht?«, muß es mit einer kausalen Aussage antworten: »*Weil* ich es nicht wollte«, »*Weil* es mir zu schwer war« oder »*Weil* ich müde war.«

Jedesmal wenn Sie mit dem Kind über seine Bedürfnisse verhandeln (es will noch nicht ins Bett, es will mehr Bonbons, oder es will nicht aufessen), wird es automatisch das kausale Denken einüben.

Begriffe, mit denen man Dinge zueinander in Beziehung setzt

Begriffe, mit denen man Dinge zueinander in Beziehung setzt – größer/kleiner, mehr als/weniger als, früher/später, näher dran/weiter weg – verwenden wir so selbstverständlich, daß wir gar nicht mehr darüber nachdenken. Aber Kinder müssen sich diese Begriffe erst durch Übung aneignen. Auch hierfür gibt es im Symbolspiel und in alltäglichen Situationen Tausende von Übungsmöglichkeiten.

- Wenn Puppen einander das Haar bürsten, können Sie darüber reden, wessen Haar länger, schöner oder dunkler ist.
- Wenn der große Bär auf die Jagd gegangen ist und den kleinen Bären zurückläßt, können Sie sich darüber unterhalten, ob der große Bär weit weggegangen ist oder nur ein kleines Stück und ob er bald zurückkommen wird, nicht so bald oder erst viel später.
- Wenn Sie so tun, als seien Sie und Ihr Kind Frösche, und durch den Raum hüpfen, können beide entscheiden, ob sie viel oder wenig, sehr hoch oder nicht so hoch springen wollen.

Anfangsgründe des Lesens, Schreibens und Rechnens

Vielleicht kann Ihr Kind schon Buchstaben und Ziffern erkennen oder zeigt Einsicht in erste Mengenbegriffe. Wenn Sie lesen, schreiben oder rechnen einüben, tun Sie das immer mit greifbaren Gegenständen und in alltäglichen Situationen (nicht in gestellten »Förderstunden«). Dadurch wird ein emotionsbezogenes Lernen sichergestellt. Auch wenn das Kind aufgrund einer guten visuellen Wahrnehmung bereits Buchstaben, Ziffern oder Logos erkennen kann, ist ihm vielleicht nicht klar, daß die Ziffern für Mengen stehen, und die Buchstaben hat es nicht mit Lauten verknüpft. Sie können diesem Verständnis im alltäglichen Lebensumfeld des Kindes nachhelfen.

- Wenn Sie Ihrem Kind Kekse geben, fragen Sie es, ob es zwei oder drei Kekse möchte. Zählen Sie laut, wenn Sie ihm die Kekse geben. Was passiert, wenn Sie einen wieder wegnehmen? Sind zwei Kekse mehr als ein Keks oder weniger? Versuchen Sie nicht, all diese Lerninhalte in einer einzigen Sitzung unterzubringen, sondern führen Sie diese einfachen mathematischen Grundbegriffe ein, wenn das Kind ißt, spielt oder etwas haben will. Konzentrieren Sie sich auf den Mengenbegriff, nicht auf auswendiggelernte Ziffernreihen. Selbst wenn das Kind noch nicht sprechen kann, wird es wissen, in welcher Hand mehr Kekse sind, wenn Sie in eine Hand zwei Kekse legen und in die andere drei!

- Sobald das Kind einige Buchstaben wie H, U, N und D erkennen kann, lassen Sie es das Wort Hund lesen und holen Sie dann das Bild eines Hundes, oder besser noch, lassen Sie es einen echten Hund streicheln.

Wird das Gelernte mit einer realen, emotional aufgeladenen Erfahrung verbunden, bekommt es eine solide begriffliche Grundlage.

Mehr über dieses Thema erfahren Sie in Kapitel 19.

Gelegenheiten zum Einüben abstrakten Denkens finden sich überall

Das war eine lange Liste mit Fertigkeiten, die sie mit Ihrem Kind einüben sollen. Wenn Sie aktiv an jedem Punkt arbeiten müßten, stünden Sie vor einer ziemlich überwältigenden Aufgabe. Aber das müssen Sie gar nicht. Solange Sie dynamisch mit Ihrem Kind spielen, solange Sie eine Rolle in seinem Symbolspiel übernehmen, statt im Zuschauerraum zu sitzen, werden diese Fertigkeiten ganz selbstverständlich eingeübt. Wie Sie gleich sehen werden, tauchen sie selbst im einfachsten Rollenspiel auf.

Dustin baute mit Bauklötzen ein Haus.

»Ich bin der große böse Wolf!« zischte sein Vater, der sich auf allen vieren näherte. »Ich puste dein Haus weg!«

Dustin fuhr wild herum. »Das kannst du nicht, weil ich dich vorher erschieße!« rief er und demonstrierte damit seine Fähigkeit zum kausalen Denken. (Und drückte gleichzeitig eine zeitliche Beziehung aus: »Ich werde dich erschießen, *bevor* du mein Haus wegpusten kannst.«)

»Du kannst mich nicht erschießen. Ich freß dich vorher!« drohte sein Papa.

»Ich freß dich vorher!« schrie Dustin aufgeregt. »Ich freß deinen Kopf.«

»Das kannst du nicht. Deine Zähne sind nicht groß genug!«

»Meine Zähne sind größer als deine«, erwiderte Dustin und bewies damit, daß er zwei Gegenstände hinsichtlich einer Teilkomponente (hier der Größe) vergleichen konnte.

»Woher willst du wissen, daß deine Zähne größer sind als meine?«

»Meine Zähne sind die größten auf der ganzen Welt!« verkündete Dustin und beantwortete damit ohne Zögern eine Woher-Frage. »Sie können dich in ganz kleine Stücke kauen!«

»Ja? In wie viele Stücke?«

»Fünf!«

»Na warte. Meine Zähne können dich in zehn Stücke zerkauen!«

»Meine Zähne können dich in hundert Stücke kauen!« krähte Dustin und übte damit den Mengenbegriff ein.

Indem Dustins Vater eine Rolle in dem Spiel übernahm (als der große böse Wolf), ergab es sich vollkommen selbstverständlich, daß er seinen Sohn herausforderte und ihm Fragen stellte. Er mußte nicht darüber nachdenken, wie er kausales Denken oder den Mengenbegriff einführen könnte; das ergab sich ganz natürlich aus dem Spielverlauf. Und sein Sohn behauptete sich ganz selbstverständlich, getrieben von dem Wunsch, der Stärkere zu sein. Folglich sprudelten die Antworten nur so aus ihm heraus.

Das gilt ebenso für Alltagssituationen.

»Ich will noch ein Stück Schokolade!« verkündete Elizabeth.

»Warum?« fragte ihre Mutter.

»Darum«, gab Elizabeth die Warum-Frage zurück. »Ich will eins.«

»Aber du hattest schon zwei Stücke.«

»Nein, nur eins«, argumentierte das Kind und übte damit Mengenbegriffe ein.

»Ich habe dich aber zwei essen sehen.«

»Ich will noch eins.«

»Es gibt aber bald Essen.«

»Ich eß trotzdem meinen Teller leer, das verspreche ich. Die Schokolade macht mich nicht vorher schon satt.« Intuitiv setzte Elizabeth eine Einzelheit ein, um das allgemeine Thema ihrer Argumentation (daß sie trotzdem noch etwas zu Mittag essen würde) zu stützen.

»Was war denn, als du letztes Mal vor dem Essen Süßigkeiten gegessen hast?«

»Ich hab trotzdem was gegessen.« Elizabeth beantwortete damit eine Was-Frage.

»Aber wieviel?« fragte ihre Mutter lächelnd zurück.

Elizabeth schob die Unterlippe vor. »Eine ganze Menge«, sagte sie verdrießlich (und beantwortete damit eine Frage zum Mengenbegriff). Eine Sekunde später erhellte sich ihr Gesicht. »Aber wenn ich jetzt ein Stück Schokolade esse, esse ich noch viel mehr Abendbrot!« Sie überlegte sich im voraus, was sie tun würde, und dachte sich ein Ursache-Wirkung-Argument aus, um ihrer Bitte Nachdruck zu verleihen.

Vermeiden Sie die Versuchung, sich in solchen von hoher Motivation geprägten Situationen auf Regeln zu berufen. Nutzen Sie das starke Interesse des Kindes, um über Richtig und Falsch mit ihm zu sprechen und darüber zu diskutieren, ob es eine Ausnahme von den sonst geltenden Regeln geben könnte. Wenn Sie beides tun, über die *Forderungen des Kindes verhandeln* und *dynamisch spielen*, wird das Kind in all Ihren Gesprächen ganz von selbst das abstrakte Denken einüben.

Das gilt auch für Kinder, die in ihrer Sprachentwicklung noch nicht so weit fortgeschritten sind und gerade das kausale Denken lernen.

Amanda wollte mehr Süßigkeiten.

»Kannst du nicht bis nach dem Essen warten?« fragte ihre Mutter.

»Nein!« schmollte Amanda. »Jetzt Bonbons.«

»Warum nicht warten?«

Amanda wies auf ihr Bäuchlein. »Bäuchlein will jetzt Bonbons.«

»Willst du einen Bonbon oder zwei?«

Ziehen Sie den Dialog in solchen von hoher Motiviation geprägten Situationen möglichst in die Länge.

Gefühle ausdrücken

Da Ihr Kind jetzt in der Lage ist, Gefühle zu erkennen und in Worte zu fassen, müssen Sie ihm helfen, über seine Gefühle nachzudenken. Es sollte verstehen, was die Gefühle auslöst, erkennen, ob ein Gefühl intensiv oder weniger intensiv ist, und verschiedene Gefühle voneinander unterscheiden lernen. Das ist eine der höchsten Formen des abstrakten Denkens. Erlangt werden kann diese Fähigkeit wie die übrigen Fertigkeiten, die zum abstrakten Denken gehören – durch sehr viel Übung. Und Sie können sie auch ebenso einüben, indem Sie nämlich im täglichen Umgang mit dem Kind über das reden, was es tut. Sie können dazu beitragen, daß es lernt, über die Gefühle nachzudenken, die es gerade zum Ausdruck bringt, indem Sie das Kind einfach fragen, was denn los ist. Zeigen Sie durch Wortwahl, Tonfall und Körpersprache Verständnis und Mitgefühl. Ganz allmählich wird es diese Fertigkeit erwerben.

- Wenn das Kind weint, knien Sie sich vor es hin, nehmen Sie es in die Arme und fragen warm und liebevoll: »Was ist denn los, meine Maus? Warum weinst du?« Antwortet es darauf, fragen Sie voller Verständnis nach: »Das hat sie gesagt? Da hast du dich wohl mies gefühlt, was? Was hast du geantwortet?« Machen Sie dem Kind durch geduldiges Nachfragen Mut, ausführlicher über das Vorgefallene zu sprechen. Sie könnten es dann an einen Vorfall erinnern, der ähnliche Gefühle bei ihm ausgelöst hat (er sollte noch nicht allzu lange zurückliegen), um die Konstanz seiner Reaktion aufzuzeigen. Sie könnten kurz erzählen, daß Ihnen auch schon mal so etwas passiert ist. Verlängern Sie das Gespräch nicht über den Punkt hinaus, wo es anfängt, dem Kind auf die Nerven zu fallen, aber sprechen Sie über das Thema, solange das Kind emotional beteiligt zu sein scheint. Wenn es darüber redet, wird es in die Lage versetzt, seine eigenen Gefühle zu verstehen und zu begreifen, wodurch sie ausgelöst werden.

- Tun Sie das stets, wenn das Kind eine intensive Gefühlsreaktion zeigt, und sei es Wut, Eifersucht oder Frustration. Es kann schwierig sein, diese Gefühle auszuhalten, da sie bei Eltern ebenfalls eine starke Reaktion auslösen können. Aber wenn es Ihnen gelingt, geduldig zu bleiben, Toleranz, Mitgefühl und Verständnis zu zeigen, wenn Sie Ihrem Kind helfen, das Gefühl zu beschreiben, und darüber reden, wodurch es ausgelöst wurde, tragen Sie dazu bei, daß das Kind stärker über seine Gefühle reflektiert. Sie müssen die Sache nicht wieder in Ordnung bringen; zeigen Sie dem Kind nur, daß auch intensive Gefühle erlaubt sind und daß es möglich ist, über diese Gefühle nachzudenken. Wenn es seine Gefühle gedanklich bewältigen kann, wird es sie nicht unkontrolliert ausdrücken müssen.
- Wenn nötig, helfen Sie Ihrem Kind, seine Gefühle zu benennen, indem Sie ihm verschiedene Alternativen zur Auswahl vorgeben. Wenn irgend etwas Tränen und Fußgestampfe ausgelöst hat, beugen Sie sich zu dem Kind hinunter und fragen sanft: »Bist du wütend? Traurig? Enttäuscht?« Tun Sie das auch im Symbolspiel, wenn die Spielfiguren des Kindes starke Gefühle zeigen.
- Regen Sie das Kind an, den Unterschied zwischen verschiedenen Gefühlen zu erkennen und über ihre Intensität nachzudenken. »Bist du traurig oder wütend? Bist du ein bißchen traurig oder sehr traurig?« Versuchen Sie, verschiedene Gefühle durch eine Änderung der Stimmgebung auszudrücken. Wenn Sie mit einem traurigen oder ärgerlichen Tonfall sprechen, erleichtern Sie es dem Kind, Ihre Worte zu verarbeiten. Das klingt ziemlich gestellt und gekünstelt, aber wenn Sie mit ech-

ter Wärme und verständnisvoll fragen und dem Kind dabei liebevoll den Rücken reiben, ist es alles andere als das. Und dem Kind wird dadurch geholfen, die verschiedenen Gefühle voneinander zu unterscheiden. Förderbedürftigen Kindern fällt es schwer, die eigenen emotionalen Signale zu verarbeiten. Solche Fragen helfen ihnen, ihre Gefühle richtig einzuordnen.

- Zeigt das Kind in einer bestimmten Situation keine Gefühle, sprechen Sie das an. Wenn Sie wissen, daß Ihr Kind über irgend etwas enttäuscht ist, fragen Sie, wie es sich fühlt und was denn los ist. Antwortet es: »Nichts«, versuchen Sie es noch einmal: »Bist du nicht ein kleines bißchen traurig?« Leugnet es immer noch, etwas zu empfinden, versuchen Sie es mit einem anderen Ansatz. »Mich würde das traurig machen«, könnten Sie sagen. »Ich würde vielleicht sogar weinen.« Sie könnten auch eine Puppe nehmen und sie fragen, wie es ihr geht. Bedrängen Sie das Kind aber nicht allzusehr. Widerstrebt es ihm trotz Ihrer liebevollen Bemühungen immer noch, über seine Gefühle zu sprechen, zeigen Sie Verständnis dafür. »Manchmal ist es schwer zu wissen, wie man sich fühlt«, könnten Sie sagen. Oder: »Manchmal ist es schwer, über solche Dinge zu reden.«
- Sprechen Sie in möglichst vielen Unterhaltungen mit dem Kind über seine Gefühle. Wenn es über Freunde oder die Schule redet, fragen Sie: »Wie hat dir das gefallen?« »Wie hast du dich da gefühlt?« »Hat dich das traurig gemacht oder hast du dich gefreut?« Werden Gefühle mit Erlebnissen verbunden, ist es leichter, über sie zu reden, und das Kind kann einüben, seine Gefühle sprachlich auszudrücken.

Gefühle durch das Spiel ausdrücken

Das Spiel des Kindes bietet zahllose Gelegenheiten, das Thema Gefühle anzusprechen. Wenn seine Rollenspielfiguren durch Handlungen wie Umarmen oder Prügeln starke Gefühle ausdrücken, versuchen Sie, diese in Worte zu fassen. Ihre Puppe könnte sagen: »Ich hab dich lieb«, »Ich freu mich so« oder »Das macht mich wütend!« Warten Sie ab, was das Kind antwortet. Wenn es gar nicht reagiert, kann Ihre Puppe fragen: »Wie gehst es dir? Freust du dich oder bist du traurig?« Sie können es auch kommentieren, wenn Sie bestimmte Gefühle nie zu sehen bekommen. Sind die Bären des Kindes immer nett und nie wütend, können Sie eine Gelegenheit schaffen, den Ärger hochkommen zu lassen. Lassen Sie »zufällig« einen Teller fallen, wenn die Bären den Tisch decken, und entschuldigen Sie sich für Ihre Tolpatschigkeit: »Oh, mir ist ein Teller kaputtgegangen. Ist dein Bär jetzt wütend auf mich?« Mit der Zeit wird das Kind vielleicht antworten, besonders wenn Sie ihm auch in anderen Situationen zeigen, daß aggressive Gefühle nicht negativ bewertet werden.

Wenn Sie im Spiel des Kindes einen Zusammenhang zwischen zwei Themen entdecken, sind Sie vielleicht versucht, das anzusprechen. Werden die Bären von Wölfen angegriffen, während sie ruhig am Lagerfeuer sitzen und lesen, sind Sie vielleicht versucht zu sagen: »Warum wollen die Wölfe die netten Bären angreifen? Hast du Angst, daß jedesmal etwas Gefährliches passiert, wenn Menschen sich nahe sind?« Aller Wahrscheinlichkeit nach stimmt das – aber sprechen Sie es nicht aus. Selbst wenn Sie recht haben, wäre es möglicherweise wenig hilfreich. Wenn das Kind dazu bereit ist, wird es darüber reden. Bis dahin wird es wahrscheinlich Ihre Interpretation weit von sich weisen.

Sie könnten jedoch einfach Ihre Beobachtung vorbringen und sehen, wie das Kind darauf reagiert. »Die Wölfe haben die Bären gerade angegriffen, als sie so glücklich miteinander waren«, könnten Sie sagen und abwarten, ob das Kind darauf eingehen wird. Auf diese Weise kann das Kind den Zusammenhang zugeben, wenn es bereit dazu ist, oder die Bemerkung ignorieren, wenn ihm damit wohler ist. Solange Sie dafür sorgen, daß das Kind ungestraft seine Gefühle ausdrücken kann und sie nicht verleugnen muß, wird es den Zusammenhang schließlich selbst herstellen. Merken Sie, daß das Kind nachdenklich wird, unterstützen Sie den Prozeß mit der Frage: »Werden sie es wieder tun?« Haben Sie keine Angst davor, das Kind im Spiel so tun zu lassen, »als ob« es aggressiv ist. Durch die symbolische Darstellung der Aggression im Spiel kann es sicher und gefahrlos die Motive hinter seinen Impulsen ergründen.

Die Entwicklungsabfolge beim Ausdrücken von Gefühlen

Wenn Kinder lernen, ihre Gefühle in Sprache zu übersetzen, durchlaufen sie verschiedene Phasen. Zuerst kommt natürlich das unreflektierte Ausdrücken der Gefühle. Das Kind wird wütend und schlägt um sich, es verspürt ein liebesvolles Gefühl und kuschelt. Die Kinder erkennen die Empfindung nicht als Emotion; sie verspüren den Impuls, sich auf eine bestimmte Weise zu verhalten. Als nächstes beginnen sie, ihre Gefühle durch die Handlungen ihrer Puppen und Stofftiere auszudrücken: Die hauen einander oder nehmen sich in den Arm, je nachdem, welche Gefühle im Spiel gerade hochkommen. In der nächsten Phase fangen die Kinder an, ihre Gefühle als körperliche Handlungen zu beschreiben; statt zuzuschlagen, sagen sie vielleicht: »Mein Arm will hauen!« Wenn sie traurig sind, sagen sie: »Ich weine.« Das ist ein wichtiger Schritt nach vorn, obwohl es sich noch nicht um eine volle symbolische Repräsentation handelt. In der folgenden Phase beschreiben die Kinder, wie sich ihr Körper innen drin anfühlt. Wenn etwas sie wütend macht, sagen sie: »Ich will ihn schubsen«, »Mein Kopf tut weh« oder »Ich bin ganz zappelig.« Dieses Wahrnehmen körperlicher Prozesse ist ein weiterer wichtiger Schritt hin zur symbolischen Repräsentation. Machen die Kinder den Sprung und beschreiben emotionale, nicht mehr physische Zustände, sind diese Beschreibungen meist sehr allgemein gehalten: »Ich fühle mich gut«, sagen sie oder: »Ich fühle mich schlecht.« Schließlich können sie dann ihre Gefühle in präziseren Begriffen beschreiben: »Ich bin wütend«, »ich bin traurig« oder »ich bin aufgeregt.«

Es kann durchaus sein, daß ein und dasselbe Kind nicht beim Ausdruck aller Gefühle gleich weit ist. Es ist vielleicht schon fähig, Liebe und Zuneigung verbal auszudrücken, drückt Aggression und Wut aber immer noch unkontrolliert aus oder beschreibt sie als körperliche Empfindungen. Zu lernen, Gefühle durch Sprache auszudrücken, ist ein langer und langsamer Prozeß. Ihr Ziel ist es, Ihrem Kind zu helfen, die oben beschriebene Entwicklungsabfolge beim Ausdruck *aller* Gefühle zu durchlaufen.

Negativismus, Verhandeln und Machtgefühle: Aggression als Zeichen von Entwicklungsfortschritt

Wenn Ihr Kind logischer denkt, werden Sie wahrscheinlich verstärkt Aggression und Eigenmachtstreben erleben. Manche Kinder mit erhöhtem Förderbedarf sind vorsichtig oder passiv, weil es ihnen schwerfällt, ihren Körper zu kontrollieren und zu verstehen, was sie hören und sehen. Manche sind sehr bestimmend und geraten in wilde Wut, wenn man beim Spielen ohne ihre Zustimmung auch nur einen Schritt tut. Andere sind impulsiv und desorganisiert. Aber wenn ihre Fähigkeiten wachsen, wächst auch ihr Selbstvertrauen. Die Kinder fangen an, ein organisierteres Selbstbehauptungsverhalten zu zeigen, sind vielleicht sogar bewußt aggressiv. Diese Tendenz zu aggressiver Durchsetzung kommt häufig im Spiel zum Ausdruck. Seien Sie also nicht überrascht, wenn der Soldat droht, alle in die Luft zu sprengen, die ihm in den Weg kommen, oder der wilde Hengst seinen bösen Besitzer zertrampelt, wobei das Kind wütende Worte hervorsprudelt. In organisierter Form ist das ein natürlicher und gesunder Ausdruck von Aggression. Wenn aggressive Gefühle im symbolischen Spiel dargestellt werden, brauchen sie nicht in Handeln umgesetzt zu werden. Wie schon erwähnt, können Gefühle ausagiert oder aber im Symbolspiel ausgedrückt und in Worte gefaßt werden. Das letztere ist eine höhere Ausdrucksstufe, die das logische Denken unterstützt.

In den frühesten Entwicklungsstadien hauen, schubsen und beißen Kinder häufig, wenn sie wütend sind, Angst haben oder sich verteidigen wollen. Wenn ein anderes Kind ihnen ein Spielzeug wegnimmt, ihnen zu nahe kommt oder sie durch eine unerwartete Spielhandlung verschreckt, kann es durchaus passieren, daß sie schreien, toben und wüten. Sie setzen ihren ganzen Körper ein, weil sie nicht anders ausdrücken können, was sie empfinden. Wenn sie merken, wie andere auf ihr aggressives Verhalten reagieren, machen sie manchmal weiter, weil sie die Wirkung genießen, die sie damit auslösen (nicht etwa, weil sie wirklich jemandem Schaden zufügen wollen). Allmählich lernen sie, daß das kein sozial erwünschtes Verhalten ist. Sie lernen, ihre Gefühle nicht gleich unkontrolliert auszudrücken, zu warten, zu teilen, »bitte« zu sagen und andere an die Reihe kommen zu lassen.

Wenn die Kinder größer werden, wird ihre Aggression organisierter, intentionaler und auch befriedigender, weil Aggression etwas mit Macht zu tun hat. Die Kinder stellen fest, daß sie fähig sind, Macht über andere zu erlangen und ihnen Angst einzujagen. Ein solches Verhalten ist nur im symbolischen Rollenspiel akzeptabel, etwa wenn die Kinder – als die Guten – Feinde bekämpfen.

Sie werden merken, daß Ihr Kind in dieses Entwicklungsstadium kommt, wenn es Angst vor Gespenstern, Ungeheuern, Außerirdischen und ähnlichen Kreaturen bekommt. Diese Angst spiegelt in abstrakterer Form ein Bewußtsein von Gefahr und Aggression wider, weil diese Gestalten nicht real sind. (Frühere Ausprägungen sind Tiergestalten wie der große böse Wolf.) Kinder bewältigen diese Ängste durch Phantasien über mächtige Gestalten, die noch größer, stärker und schneller sind als die Geschöpfe, die sie am meisten fürchten. Sie tun so, als seien sie Superman, Peter Pan oder ein Power Ranger, und stellen sich vor, wirklich magische und allmächtige Zauberkräfte zu besitzen. Das Spiel kann so intensiv werden, daß sie nicht mehr wissen, was konkrete Realität und was Fiktion ist.

Entwicklungsbeeinträchtigte Kinder kommen unter Umständen später in diese Phase als andere Kinder, bleiben länger darin und müssen härter daran arbeiten, zwischen Wirklichkeit und Phantasie zu unterscheiden. Eine unzureichende sensorische und motorische Verarbeitung kann die Unterscheidung zwischen konkreter Realität und Fiktion und die Entwicklung des logischen Denkens erschweren. Förderbedürftigen Kindern fällt es unter Umständen auch schwerer, genug Selbstbewußtsein zu entwickeln, um ihr Machtstreben und ihre Aggression durch dramatisierte Spielszenen auszudrücken. Es kommt vor, daß die Auseinandersetzung mit der Angst vor Phantasiegeschöpfen oder das symbolische Spiel anderer Kinder erhebliche Ängste bei ihnen auslöst. Das versuchen sie zu bewältigen, indem sie andere angreifen (wie früher, als sie noch kleiner waren). Oder aber sie vermeiden aggressive Themen im Spiel ganz und schränken so die Palette ihres Symbolspiels ein.

Bei vielen Kindern ist der Übergang zu einem verstärkten Realitätssinn und dem Zeigen der eigenen Aggression angstbesetzt. Diese Angst kann sich durch verstärkte aggressive Impulse und übermäßiges Beschäftigen mit dem Thema zeigen, durch eine Überreaktion auf das aggressive Spiel anderer, Vermeidung oder Rückzug oder aber dem Beharren auf sicheren, vertrauten (oft obsessiv behandelten) Spielthemen.

Wenn ein Kind merkt, daß es nur ein Kind ist – daß es nur so tun kann, als hätte es Macht, und nur symbolisch aggressiv sein kann, weil sonst alle über es herfallen –, ist der Schritt zur nächsthöheren Phase des logischen Denkens und der Repräsentation getan. Das Kind wird jetzt flexibel genug sein, um im Symbolspiel entweder die Guten oder die Bösen darzustellen. In diesem Übergangsstadium wird Ihr Kind wahrscheinlich erneut anfangen, die Grenzen von Macht und Logik zu klären, indem es sie austestet. Sie werden wahrscheinlich verstärkten Negativismus erleben. »Nein, ich will nicht ins Bett!«, »Nein, ich will mich nicht anziehen!«, »Nein, die Bären folgen ihrer Mama nicht in den Park!« Das Kind hat lange darauf gewartet, sich mächtig zu fühlen; jetzt ist es eifrig bestrebt, diese Macht auszuüben. Versuchen Sie also, Ihre Irritation im Zaum zu halten, wenn das Kind sich besonders unkooperativ zeigt, und nutzen Sie sein Verhalten, um Unterhaltungen und Streitgespräche anzukurbeln und logisches Denken einzuüben. Vergessen Sie nicht, es gibt einen Grund dafür, daß das Kind »Nein!« sagt und unbedingt der Chef sein muß.

Nutzen Sie diese Motivation des Kindes für Verhandlungen. Wenn das

Kind sein Gemüse nicht aufessen will, fragen Sie: »Warum nicht? Warum magst du das nicht?«, »Gibt es ein Gemüse, das du gern magst?« oder »Wie wäre es, wenn du noch zwei Gabeln Karotten ißt?« Ob nun das Kind gewinnt oder Sie, ob es seine Karotten ißt oder nicht, ist zweitrangig. Es geht um die Verbesserung seiner Kommunikationsfähigkeit. Wenn das Kind seine logische Argumentation vorbringt, werden leicht dreißig bis vierzig verbale Kommunikationskreise geschlossen.

Es ist noch aus anderen Gründen wichtig, mit dem Kind über seinen Negativismus zu reden. Manchmal gibt es einen guten (und behebbaren) Grund für seine Wutausbrüche oder seine Aggression.

Ein fünfjähriger Junge mit schwerer zerebraler Bewegungsstörung hatte vor kurzem angefangen, seine Erzieherin zu schlagen, wenn sie mit ihm zur Toilette ging. Als seine Eltern behutsam und geduldig nachfragten, stellte sich heraus, daß es ihm peinlich war, von einer Frau auf die Jungentoilette begleitet zu werden. Er wollte lieber von einem männlichen Erzieher begleitet werden. Weiteres Nachfragen enthüllte einen zweiten Grund für seine Feindseligkeit: Die Erzieherin brachte ihn zur Toilette, wenn es am besten in den Plan paßte, nicht wenn er mal mußte. Nach diesem Gespräch sorgte der Schulkindergarten dafür, daß ein Erzieher den Jungen zur Toilette brachte (zu vorher festgesetzten Zeiten, was ihm aber erklärt wurde), und sofort hörte das Draufloshauen auf.

Wenn die Fähigkeit Ihres Kindes beeinträchtigt ist, seine Bedürfnisse zu artikulieren, oder wenn es Hilfe beim Essen oder auf der Toilette braucht, wird es besondere Hilfen bei der Bewältigung dieser Herausforderungen brauchen. Sie können ihm diese Hilfe geben, indem Sie

- geduldig nach einer behebbaren Ursache für negatives Verhalten suchen;
- vorher überlegen, was Unmut heraufbeschwören könnte, und mit dem Kind darüber reden;
- Ihr Kind ermutigen, seine Bedürfnisse so weit wie möglich verbal auszudrücken.

Solche Gespräche werden das Kind fähiger machen, sich auf konstruktive Weise durchzusetzen. Und zudem wird ihm damit geholfen, sich besser in der Welt des abstrakten Denkens zurechtzufinden.

Die Abfolge von Entwicklungsschritten beim abstrakten Denken

Manche Kinder mit multiplen Beeinträchtigungen lernen, kurze, logische Unterhaltungen über alltägliche Gegenstände zu führen und einfachen Anweisungen zu folgen, kommen aber nie sehr weit darüber hinaus. Ihnen fehlt die Fähigkeit, Bedeutungsnuancen zu erkennen, einander widersprechende Ansichten gegeneinander abzuwägen oder zwischen den Zeilen zu lesen. Es fällt ihnen schwer, über tiefe Gefühle wie Wut und Traurigkeit zu sprechen oder komplexe abstrakte Begriffe wie Liebe oder Gerechtigkeit zu erfassen. Sie lernen gut lesen und sind fähig, lange Wörter zu entziffern, aber wenn sie in die dritte oder vierte Klasse kommen, begreifen sie nur eingeschränkt, was sie lesen, weil sie die abstrakten Begriffe oder Motive nicht erfassen, um die herum die Geschichten aufgebaut sind.

Es ist oft vergeblich versucht worden, einen Weg zu finden, Kinder mit Beeinträchtigungen zum abstrakten Denken und Begriffsvermögen zu führen. Es gelingt oft, den Kindern das Sprechen und Lesen beizubringen, aber nicht das Verständnis abstrakter Begriffe. Vor kurzem haben wir jedoch im Verlauf unserer Forschungen erkannt, daß die Entwicklung zum abstrakten Denken sich in einer Abfolge von vier Entwicklungsschritten vollzieht. Die von uns entwickelte Theorie kann Kindern mit Entwicklungsrückständen helfen, diese Phasen erfolgreich zu durchlaufen.

Die erste Phase des abstrakten Denkens ist der Aufbau kausaler Brücken zwischen zwei gedanklichen Vorstellungen: »Du warst gemein zu mir, also bin ich dir böse.« In dieser Phase sind die Kinder noch ganz in der Unmittelbarkeit ihrer Gefühle befangen (auch wenn sie sie in Worte fassen können). Die Mutter ist gemein, das Kind ist wütend, und es verlangt sofortige Genugtuung, weil es sich eine spätere Lösung nicht vorstellen kann.

In der nächsten Phase kann das Kind ein wenig Abstand von der Unmittelbarkeit seines Gefühls gewinnen. Jetzt fängt es an, sich eine spätere Rache auszumalen. »Du bist gemein, und ich bin wütend. Ich sage es dem Papa.« Seine Fähigkeit, abstrakt zu denken, erlaubt es ihm, vorauszuschauen und sich eine Lösung vorzustellen, bei der Personen oder Gegenstände eine Rolle spielen, die es nicht direkt vor Augen hat.

Bis dahin war das Kind noch ganz im Schwarz-Weiß-Denken befangen: Ich bin gut, du bist böse, und ein Dazwischen gibt es nicht. In der folgenden Phase fängt es jedoch an, Abstufungen zu erkennen, Grauzonen, verschiedenste Möglichkeiten. »Du bist gemein – aber nicht sehr; ich bin wütend – aber nicht sehr«, könnte es jetzt sagen und damit seine Wut eingestehen, aber auch andeuten, daß es noch andere Gefühle der Mutter gegenüber hegt. Es ist nicht länger in einer konkreten Alles oder Nichts-Sichtweise befangen, und sein Blickwinkel ist nicht mehr auf die aktuell erlebten Gefühle und die unmittelbare Situation beschränkt. Das Kind kann Abstand von den eigenen Gefühlen gewinnen und überlegen (allein oder mit Hilfe), ob etwas nun ungeheuer wichtig ist oder gar nicht so entscheidend.

Das Kind wächst dann in eine Phase hinein, in der es noch differenzierter zwischen dem unterscheiden kann, was gerade im Augenblick gilt und was zu anderen Zeiten. Es begreift, daß es zwei Wirklichkeiten in seinem eigenen Innern gibt; einerseits empfindet es jetzt, in diesem Augenblick, auf eine bestimmte Weise (»Du bist gemein! Ich bin wütend auf dich!«), während es andererseits über diese Gefühle nachdenken kann. Der Bezugspunkt ist dabei ein stabileres Bewußtsein des eigenen Ich und von der Mutter (»Du warst gemein, und ich bin wütend, aber ich bin ein netter Mensch, also werde ich mich nicht rächen, und meistens bist du ja auch nett zu mir, also werde ich dir wohl verzeihen«). In dieser Phase wird echte Selbstreflexion möglich, weil das Kind zum ersten Mal ein durchgängiges Bewußtsein des eigenen Ich besitzt, ein Selbstempfinden, aus dem es Meinungen, Wertvorstellungen und Ideale formen kann und auf das es zurückgreifen kann, um sein eigenes Verhalten zu werten. Es wird jetzt fähig, seine Impulse zügeln, nicht weil es Strafe fürchtet oder beliebt sein möchte, sondern weil es eine innere Moral entwickelt, die mit diesem neuen stabilen Selbstgefühl verbunden ist. Normalerweise erreichen Kinder diese Phase zwischen dem elften und dem dreizehnten Lebensjahr. Viele entwicklungsbeeinträchtigte Kinder bleiben in einer der früheren Phasen stecken. Sie bleiben gefangen in der Unmittelbarkeit des Hier und Jetzt und reagieren nur auf die unmittelbare Erfahrung, weil ihnen dieses übergeordnete Selbstgefühl fehlt. Viele dieser Kinder können jedoch auch die vierte Phase erreichen, wenn ihnen ein breites Spektrum an emotionalen Erfahrungen geboten wird, die dazu beitragen, ihre abstrakte Denkfähigkeit zu fördern. Manchmal können entwicklungsbeeinträchtigte Kinder, nachdem sie viele Herausforderungen bewältigt haben, besser abstrakt denken als andere Kinder gleichen Alters.

Ein fortgeschritteneres Stadium abstrakten Denkens wird erreicht, wenn Kinder die Adoleszenz durchleben und ins Erwachsenenalter kommen. Beide Realitätsebenen – die alltägliche Erfahrungswelt und das stabile Selbstgefühl – erweitern sich. Das Individuum erlebt biologisches, neurologisches und kognitives Wachstum, und das Spektrum an Erfahrungen wird breiter. Neue Beschäftigungen, neue Beziehungen, neue Verantwortungen, sexuelle Reifung und die weitere Entwicklung des Nervensystems – all diese Faktoren tragen zur Definition des Selbstbildes bei. Das Individuum wird jetzt fähig, ein komplexeres, abstrakteres Bild von sich und der Welt zu formen. Wenn es sich von den Eltern löst, studiert oder eine Berufsausbildung macht, intensive Beziehungen und Freundschaften eingeht, selbst eine Familie gründet und schließlich mit dem Älterwerden ringt, entwickelt sich seine Fähigkeit zur Symbolbildung und zur Manipulation der Symbole weiter. Es kann abstrakte Bilder von sich selbst und der Welt begreifen und steuern. Das Individuum kann nicht nur sich selbst in der Zukunft vorstellen, sondern diese Bilder beeinflussen, verschiedene hypothetische Szenarien in Erwägung ziehen und danach beurteilen, wie es sich verhalten soll. Ein zum hypothetischen Denken fähiger Mensch kann beispielsweise die Folgen verschiedener sexueller Verhaltensweisen erwägen und ein reifes Urteil darüber fällen, welche Praktiken gleichzeitig ungefährlich und befriedigend sind.

Werden jedoch die Erfahrungen in der Adoleszenz zu schnell zu komplex, kann es zu einer Überlastung dieses stabileren Selbstgefühls kommen, das sie verarbeiten und begreifen muß. Das Denken wird desorganisiert und nicht abstrakt. Wenn Kindern andererseits keine ausreichend großen Erfahrungsspielräume geboten werden, die sie vor immer größere Herausforderungen stellen, kann ihr intellektuelles und emotionales Wachstum unnötig eingeschränkt werden. Oft wird angenommen, daß entwicklungsbeeinträchtigte Kinder solche Erfahrungen nicht bewältigen können. Aber in unserer Arbeit mit förderbedürftigen Kindern hat sich gezeigt, daß sie oft einfach mehr Zeit brauchen, um neue Erfahrungen zu verarbeiten. Es ist wichtig, zwischen einer verzögerten Reaktion und der Fähigkeit (oder Unfähigkeit) zum abstrakten Denken zu unterscheiden. Zu der verzögerten Reaktion kann es kommen, weil ein Kind länger braucht, bis ihm das richtige Wort einfällt oder bis es seine Reaktion organisiert hat, oder weil es Probleme mit der Sequenzierung seiner Bewegungen hat. Jedes Kind ist einmalig und unverwechselbar, aber nur wenn Kindern bestimmte Erfahrungen geboten werden, die die beschriebene Entwicklungsabfolge fördern, läßt sich ihr Potential richtig einschätzen, und nur dann kann man ihnen helfen, ihr ganzes Potential auszuschöpfen.

Damit das Kind solche Erfahrungen machen kann, braucht es Ihre Unterstützung und viel Zeit. Stellen Sie sicher, daß die Erfahrungen des Kindes gefestigt sind, bevor Sie neue einführen. Bevor ein Kind an einem stabilen Wertekanon als Basis für sein Selbstbild festhalten und ihn einsetzen kann, um wechselnde Alltagserfahrungen zu bewerten, wird es nicht zu hypothetischem Denken fähig sein. Ihr Kind muß die Fähigkeit demonstrieren, zwei innere Welten zu schaffen – eine konkrete Erfahrungswelt und eine vorgestellte Welt, in der es fühlt, erwartet, abstrahiert, Entscheidungen trifft und Probleme löst.

Ein breiter Erfahrungsschatz fördert das abstrakte Denken

Bei unseren Forschungen zum Erwerb des abstrakten Denkens im Kindesalter haben wir festgestellt, daß nicht Fakten oder didaktische Unterweisungen zu einem Verständnis abstrakter Begriffe führen, sondern möglichst reichhaltige und vielfältige emotionale Erfahrungen. Je größer die Erfahrungsspielräume Ihres Kind sind – je mehr seine Emotionen im täglichen Leben ins Spiel gebracht werden –, desto besser wird es den Umgang mit abstrakten Begriffen meistern. Alle abstrakten Ideen beruhen auf gelebter Erfahrung; unsere vielfältigen emotionalen Erfahrungen mit einem Begriff oder Wort sind es, die ihm seine abstrakte Bedeutung geben.

Nehmen wir etwa den von dem Wort *Liebe* repräsentierten abstrakten Begriff. Ein zweijähriges Kind versteht den Begriff Liebe auf eng begrenzte, konkrete Weise. Liebe ist, wenn seine Mama es in den Arm nimmt und ihm einen Kuß gibt. Die böse Mama, die es anschreit oder ihm einen Wunsch abschlägt, ist in dieses Konzept der liebenden Mutter nicht integriert. Wenn das Kind älter wird, erweitert sich der Begriff. Fünfjährige Kinder wissen, daß sie ihre Mama liebhaben und ihre Mama sie liebhat, obwohl sie manchmal böse aufeinander sind. Ihr Liebesbegriff schließt jetzt auch gelegentliche Wutausbrüche ein. Für zwölfjährige Kinder hat sich der Begriff noch mehr erweitert. Sie wissen um die Hingabe und Verläßlichkeit, die ein Teil der mütterlichen Liebe ist, und sie begreifen, daß sie wütend auf ihre Mutter sein können, verärgert und verletzt, ohne daß das ihre Liebe zu ihr beeinträchtigt. Ihr abstrakter Begriff von Liebe ist komplexer geworden und schließt scheinbar widersprüchliche Vorstellungen ein. Außerdem wissen sie, daß die Liebe, die sie für ihre Geschwister empfinden, anders ist als die Liebe, die sie ihren Eltern entgegenbringen, obwohl es gemeinsame Züge gibt. Wenn aus den Zwölfjährigen Erwachsene geworden sind, die innige Freundschaften und Beziehungen eingehen, erweitert sich ihre Vorstellung von Liebe abermals. Alle durchlebten Erfahrungen tragen zu ihrem breiten, abstrakten Verständnis dessen, was Liebe ist, bei.

Das gilt auch für alle anderen abstrakten Begriffe, von scheinbar einfachen Begriffen wie nah und fern bis zu komplizierten Ideen wie Verständnis, Rivalität und Gerechtigkeit. Je mehr Erfahrungen wir damit gemacht haben, desto besser verstehen wir diese Begriffe, sowohl intellektuell als auch emotional.

Die Auswirkungen dieser Erkenntnis für die Arbeit mit entwicklungsbeeinträchtigten Kindern sind beträchtlich. Dadurch wird nahegelegt, daß zumindest teilweise lediglich ein Mangel an Erfahrung sie davon abhält, abstrakte Begriffe zu verstehen. Wir enthalten ihnen unwissentlich diese wichtigen Erfahrungen vor – weil wir uns ihrer Bedeutung nicht bewußt sind, weil wir glauben, daß die Kinder sie nicht bewältigen können, oder weil wir glauben, sie müßten sich auf strukturiertere Aufgaben konzentrieren, um bestimmte lebenspraktische Fähigkeiten zu erlangen. Aber was auch immer der Grund sein mag, viele entwicklungsbeeinträchtigte Kinder erhalten nicht die Chance, an dem reichen Spektrum emotionaler Erfahrungen teilzuhaben, die dazu beitragen würden, daß sie das abstrakte, logische Denken lernen.

Neuere Forschungen im klinischen Bereich legen nahe, daß einige in ihrer Entwicklung beeinträchtigte Kinder zum abstrakten Denken fähig werden, wenn ihnen ein reichhaltiges Menü an Erfahrungen geboten wird. Leah, ein neunjähriges Mädchen, bei der Autismus diagnostiziert wurde, hat in den letzten sieben Jahren ungeheure Fortschritte gemacht. Gerade schlägt sie sich mit dem Gedanken herum, daß ihre Familie umziehen könnte. Auf die Frage, ob sie glaube, daß sie bald umziehen würde, antwortete sie nicht mit einem simplen, konkreten Ja oder Nein, sondern sagte: »Ja, Papa hat eine Stelle bekommen. Wenn das Haus verkauft wird, wird Papa vorgehen, und Mama und ich kommen nach.« Sie fügte hinzu, daß es ihr leid tun würde, ihr jetziges Zuhause zu verlassen, »aber ich werde nicht so traurig sein wie damals, als sie mir meine Hühner weggenommen haben.« Das waren geistig anspruchsvolle, abstrakte Antworten. Sie erforderten ein Verständnis von Zukunft, von Eventualitäten und Vorausplanung. Und Leah hat nicht nur ihre Gefühle erkannt und über sie gesprochen, sondern früher und jetzt erlebte Gefühle miteinander verglichen. Leahs Eltern hatten ihr nicht einfach mitgeteilt, daß sie umziehen würden, sondern alles mit ihr durchgesprochen:

die Argumente dafür und dagegen, wovon es abhing, wann sie umziehen würden und wohin und auch ihre eigenen Gefühle dabei. Sie boten ihrer Tochter vielfältige, reichhaltige emotionale Erfahrungen in Form von Reisen, Ausflügen, Einladungen und Gesprächen. Und sie übertrugen Leah Verantwortung, unter anderem die Verantwortung für ihre Haustiere, an denen sie sehr hängt.

Ganz anders lief es bei zwei jungen Erwachsenen, die mit der Diagnose tiefgreifende Entwicklungsstörung in einer beschützenden Einrichtung lebten. Beide hatten bestimmte konkrete Fähigkeiten entwickelt, sie konnten einfache Unterhaltungen führen, einfache Anordnungen befolgen und einer Arbeit nachgehen, die einfache, mechanische Tätigkeiten erforderte. Kurz nachdem sie sich in der Einrichtung kennengelernt hatten, verliebten sie sich und baten um die Erlaubnis, zusammenzuziehen. Sie waren entzückt, als die Bewilligung erteilt wurde, und bewohnten zwei Monate lang ein gemeinsames Zimmer. Nur: Die beiden kamen jetzt häufig zu spät zur Arbeit. Offenbar wurde einer immer zu spät fertig, und der Partner wartete auf ihn, damit sie zusammen weggehen konnten. Die Gruppenleitung fand eine einfache Lösung: Die beiden mußten wieder ein Einzelzimmer beziehen. Obwohl der Zweck erfüllt war – die wütenden, unglücklichen Jugendlichen kamen wieder rechtzeitig zur Arbeit –, lernte das Paar nichts daraus. Schlimmer noch, ihnen wurde eine Chance verweigert, das Problem selbst zu lösen. Wenn die beiden genug Intelligenz und Verstand besaßen, um Selbständigkeit in lebenspraktischen Dingen zu erlangen, einer geregelten Arbeit nachzugehen, sich zu verlieben und eine Beziehung zu leben, hätten sie da nicht auch die Fähigkeit besessen, eine Lösung für dieses Problem zu finden? Nehmen wir an, einer der Betreuer hätte, anstatt die beiden gleich zu trennen, gesagt: »Ihr müßt es schaffen, wieder rechtzeitig zur Arbeit kommen. Wir können die Sache gern mit euch durchsprechen, wenn ihr wollt. Wenn ihr keine Lösung findet, werden wir euch trennen müssen.« Vielleicht hätten die beiden das Problem dann selbst gelöst und dabei eine herausfordernde Erfahrung gemacht, die das abstrakte Denken gefördert hätte. Aber das Heim hat ihnen diese wertvolle Erfahrung verwehrt, teilweise aus Sorge um ihr Wohlergehen (die Betreuer wollten nicht, daß die beiden ihre Arbeit verloren), teilweise aus Gewohnheit (der Gewohnheit, Menschen mit Beeinträchtigungen keine Chance zu geben, nachzudenken und Probleme selbst zu lösen, wodurch sie unabsichtlich zu einem mechanisch erlernten Verhalten ermutigt werden).

Sie können Ihrem Kind helfen zu lernen, abstrakt zu denken und Probleme zu lösen:

- *Sagen Sie ihm nicht einfach, was es tun soll, sondern sprechen Sie die Sache mit ihm durch.* Sagen Sie ihm, *warum* Sie wollen, daß es etwas tut. Helfen Sie ihm, die Auswirkungen seiner Handlungen, für sich selbst und für andere, vorauszusehen. Diskutieren Sie das Für und Wider. Sprechen Sie die indirekten Folgen seines Tuns oder Lassens durch. Geben Sie dem Kind reichlich Zeit, seinen Standpunkt zu vertreten, und achten Sie darauf, daß das Kind sich zu 50 Prozent an dem Gespräch beteiligen kann. Geben Sie ihm die Chance, komplexes, abstraktes Argumentieren einzuüben.
- *Sprechen Sie darüber, welche Gefühle es zu seinem Standpunkt bewegen.* Seien Sie geduldig. Wenn nötig, geben Sie dem Kind verschiedene Alternativen zur Auswahl vor, etwa: »Willst du das aus diesem oder jenem Grund tun?«
- *Beharren Sie nicht auf Fragen, auf die Sie die Antwort schon kennen.* Sie wollen ja, daß Ihr Kind eine Meinung äußert, nicht einfach eine auswendiggelernte Antwort nachbetet. Sie wollen es zu selbständigem Denken ermutigen.
- *Lösen Sie keine Probleme für Ihr Kind; lassen Sie es die Probleme selbst lösen; wenn nötig, mit Ihrer Hilfe.* Wenn es in der Schule gepiesackt wird, fragen Sie das Kind, ob es eine Idee hat, wie mit dieser Situation umzugehen ist. Lassen Sie es den Umgang mit Ideen einüben, indem Sie verschiedene Lösungsstrategien durchsprechen und vergleichen. Steuern Sie Beispiele aus der eigenen Erfahrung bei.
- *Bringen Sie dem Kind andere Menschen, Orte und Ideen nahe.* Überfordern Sie das Kind nicht, aber schränken Sie seinen Erfahrungshorizont auch nicht unnötig ein. Überlassen Sie ihm die Verantwortung für seine Haustiere. Laden Sie Freunde zum Essen ein, die es ins Gespräch einbeziehen. Bieten Sie ihm vielfältige, reichhaltige Erfahrungen, denn jede Erfahrung wird seine Fähigkeit zum abstrakten Denken steigern.
- *Bieten Sie dem Kind Erfahrungen, die seinem höchsten Entwicklungsstand angemessen sind.* Reden Sie nicht herablassend mit ihm und vereinfachen Sie nicht, weil manchmal Entwicklungsrückschritte auftreten. Das Kind entwickelt sich weiter, und Sie sollten Ihre Erwartungen entsprechend steigern.

- *Bieten Sie dem Kind ein breites Spektrum an Aktivitäten an und fördern Sie seine natürlichen Interessen und Begabungen.* Machen Sie es mit Musik, Sport, Theater und Kunst bekannt. Wenn Sie sehen, daß das Kind mit freudiger Erregung reagiert, ermöglichen Sie es ihm, diesem Interesse nachzugehen.

Wie man dem Kind hilft, Selbstbewußtheit zu erlangen

Das abstrakte Denken kann auch gefördert werden, indem man das Kind ermutigt, sich seiner selbst bewußt zu werden. Wenn Sie ihm Fragen zu seinen Gefühlen oder seinem Verhalten stellen, können Sie dazu beitragen, daß das Kind sich selbst beobachtet und damit ein stabiles, kontinuierliches Selbstgefühl aufbaut.

- Wenn das Kind etwas Gemeines zu seinem Bruder sagt, bemerken Sie: »Du bist heute aber gemein! Wie kommt das?«
- Will es immer wieder das gleiche Spiel spielen, das gleiche Buch lesen oder das gleiche Video sehen, kommentieren Sie: »Das gefällt dir aber wirklich sehr. Was findest du denn so gut daran?« Damit tragen Sie dazu bei, daß das Kind auf sein eigenes Verhalten und die Gefühle, die dadurch bei ihm ausgelöst werden, aufmerksam wird. Wenn das Kind defensiv reagiert und sein gleichförmiges Verhalten beibehält, fragen Sie es: »Wie oft würdest du dieses Video gern noch sehen?« Das gibt ihm Gelegenheit, über Begrenzungen nachzudenken. Haben die Kinder ein realistisches Gefühl für Zahlen, werden sie sich für eine vernünftige Zahl entscheiden und sich daran halten. Andere sagen vielleicht »eine Million mal.« In dem Fall sollten Sie jedes Anschauen des Videos als hunderttausend Mal werten!

Jedesmal wenn wir innehalten, um über unser Verhalten nachzudenken und unsere Motive zu verstehen, lernen wir etwas über uns selbst. Jedesmal wenn einem Kind etwas an sich auffällt – sei es »Ich mag gern Schokoladeneis« oder »Ich sehe dieses Video so gern, weil es erst so schön grauslich ist und ich dann keine Angst mehr habe« –, lernt es etwas darüber, wer es ist. Ein weiteres Teilstück eines kontinuierlichen stabilen Selbstgefühls wird aufgebaut.

Diesen Ansatz kann man auch verwenden, um Kindern zu helfen, mit bestimmten Verhaltensweisen oder Phantasien umzugehen.

Nachdem sie den Film *Aladdin* gesehen hatte, nahm die sechsjährige Jackie Prinzessin Jasmine als ihr Alter ego an. Den größten Teil des Tages spielte sie Jasmine, reagierte nur, wenn sie mit diesem Namen angesprochen wurde, und weigerte sich, irgendeine von Jackies Aufgaben zu erledigen. Wenn ihre Eltern sie aufforderten, damit aufzuhören, oder erklärten, es sei doch nur ein Spiel, verschanzte sich das Mädchen noch mehr hinter seiner Rolle und ignorierte die Eltern vollständig.

»Versuchen Sie doch mal herauszubekommen, was ihr an Jasmine so gefällt, statt zu versuchen, sie davon abzubringen«, schlug der Therapeut vor.

»Maus, warum magst du Jasmine so sehr?« fragte Lorraine, Jackies Mutter.

Jackie, die gerade Jasmine war, blickte sie verächtlich an und wandte sich ab.

»Jasmine«, sagte ihre Mutter, der klar wurde, daß sie mitspielen mußte, um zu ihrer Tochter vorzudringen. »Jasmine, was ist an dir so Besonderes?«

Sofort drehte Jackie sich zu ihrer Mutter um. »Ich bin etwas ganz Besonderes, weil ich schön bin und weil ich fliegen kann.«

»Toll«, sagte ihre Mutter. »Das muß Spaß machen. Ich würde auch gern fliegen können.«

»Ja, und ich kann richtig hoch fliegen und runtergucken und alle am Boden sehen.« Jackie rannte im Zimmer umher und flatterte mit den Armen, um ihrer Mutter zu zeigen, wie gut sie fliegen konnte.

»Jetzt wissen Sie, was ihr an Jasmine so gefällt«, sagte der Therapeut. »Versuchen Sie spielerisch darauf einzugehen. Ziehen Sie sie ein bißchen auf, aber ganz spielerisch.«

»Ich wünschte, ich könnte fliegen,« sagte Lorraine. »Kann Jasmine mir das Fliegen beibringen?«

»Nein«, versetzte Jackie. »Nur Jasmine kann fliegen. Du mußt auf dem Boden bleiben.«

»Na, vielleicht kann dann ich mal Jasmine sein«, schlug die Mutter vor.

»Nein!« bellte Jackie schnell. »Nur ich. Nur ich kann Jasmine sein.«

»Kannst du nicht mal Aladdin sein und mich Jasmine sein lassen?«

»Nein!« schrie Jackie. »Ich bin Jasmine. Du bist Aladdin.«

»Vielleicht kann ich ja Jasmine sein«, warf der Therapeut spitzbübisch lächelnd ein.

Jackie guckte ihn erstaunt an. Als sie sein Lächeln sah, begann sie zu grinsen. »Nein«, sagte sie kichernd. »Du kannst nicht Jasmine sein. Du bist ein Mann.«

»Warum kann deine Mama dann nicht Jasmine sein? Sie ist eine Frau.«

Dieses logische Argument verwirrte Jackie einen Augenblick. Dann sah sie ihre Mutter an und erklärte entschieden: »Sie ist zu alt.«

Die Mutter und der Therapeut lachten.

»Schön, ich werde Aladdin sein, aber dann tauschen wir. Ist das nicht ein faires Angebot?«

»Nein. Ich bestimme, wer wir sind«, erklärte Jackie. »Und ich bin Jasmine und du bist Aladdin, und er kann auch Aladdin sein!« Sie hielt kurz inne und sah die beiden Erwachsenen an, um sicherzugehen, daß sie verstanden hatten. Als beide nickten, fügte sie hinzu: »Wenn du es gut machst, kannst du später Jasmine sein.«

Indem sie spielerisch auf Jackies Themenfixiertheit eingingen, konnten ihre Mutter und der Therapeut ihr helfen, etwas klarer zu sehen. Mit ihrer Hilfe konnte sie in Worte fassen, warum sie so gern Jasmine war – es gefiel ihr, fliegen zu können. Gegen Ende der Interaktion konnte Jackie zugeben, daß sie nur so tat, als sei sie Jasmine, und sogar Verhandlungen über die Rollenverteilung führen. Aus einer mechanischen Obsession wurde eine kreative Interaktion, wozu sie zu Beginn der Therapiesitzung noch nicht fähig gewesen war. In den nächsten Tagen stellten die Eltern ihr weitere Fragen über Jasmine und zogen sie ein bißchen auf, aber immer respektvoll und niemals ungeduldig. Eine Woche später hatte Jackies Obsession mit der Figur nachgelassen. Sie spielte immer noch Jasmine, kam aber schnell aus dem Rollenspiel heraus und ließ sogar andere die Rolle übernehmen.

Mit diesem Therapieansatz können Sie einen Großteil des repetitiven Verhaltens des Kindes angehen. Wenn es bespielsweise mit den Armen flattert oder seltsame Geräusche von sich gibt, machen Sie mit. Führen Sie eine Interaktion herbei, indem Sie ein Spiel daraus machen, und wenn Sie können, finden Sie heraus, warum dem Kind diese Beschäftigung so gefällt. Was bereitet ihm so viel Vergnügen daran? Gibt es vielleicht andere Bewegungen, die genausoviel Spaß machen? Wann zeigt sich dieses Verhalten? In bestimmten Situationen oder zu bestimmten Tageszeiten? Fragen Sie geduldig nach, nie kritisch. Solche Fragen sind nicht leicht zu beantworten. Sie sollten über viele Tage oder sogar Wochen hinweg erkundet werden, ganz allmählich und behutsam. Wenn das Kind verlegen wird oder Frustration erkennen läßt, verschieben Sie das Thema und warten Sie auf eine andere Gelegenheit. Das Reden über die (stereotype) Beschäftigung wird sie nicht zum Verschwinden bringen, aber es hilft dem Kind, sich seines Verhaltens und seiner Motive dafür bewußter zu werden. Diese Selbstbewußtheit gehört zum abstrakten Denken und ist ein erster Schritt, mit dem die Beschäftigung in sozial erwünschte Verhaltensweisen gelenkt werden kann. In Kapitel 14 werden wir ausführlicher darauf eingehen.

Wie man dem Kind hilft, sich der eigenen Beeinträchtigungen bewußt zu werden und damit umzugehen

Als Doug zwei war, war bei ihm eine frühkindliche autistische Störung festgestellt worden. Mit achteinhalb, nach sechs Jahren intensiver Therapie, war ein durch und durch bezogener und einnehmender kleiner Junge aus ihm geworden. Er war intelligent und redselig, hatte viele Freunde und besuchte eine Regel-Grundschule. Er hatte eine Beschäftigungstherapie abgeschlossen, die wegen seines Rückstands der motorischen Entwicklung und seines eingegrenzten Wahrnehmungsfeldes verordnet worden war, hatte aber immer noch Schwierigkeiten mit der Bewegungsplanung. Seine Interaktionstherapeutin arbeitete mit ihm an der Erweiterung seines begrenzten emotionalen Spektrums. Seine Eltern begannen schon zu hoffen, daß die Schlacht endlich siegreich geschlagen war.

Doch dann tauchte ein scheinbar neues Problem auf. Doug wurde sehr emotional. Er schwankte zwischen intensiver Freude und Verzweiflung, zwischen rebellischem Handeln und mürrischem, unkooperativem Rückzug hin und her. In der Schule verfiel er immer wieder in heftige Wutausbrüche, manchmal rannte er vollkommen aufgelöst aus dem Klassenzimmer. Das liebevolle und relativ stabile Kind, an das seine Eltern sich gewöhnt hatten, schien verschwunden zu sein.

Begleitet wurde das launische Verhalten von einer Phantasievorstellung, die er in Worte zu fassen begann. Er sei ein Außerirdischer, verkündete er, und andere Außerirdische hätten Implantate in sein Gehirn verpflanzt, die ihn zwangen, Dinge zu tun und zu sagen, ohne das er es wollte. Die Eltern versuchten abwechselnd, diese Phantasievorstellung zu ignorieren und ihn damit aufzuziehen, aber Doug hielt eisern daran fest. »Nein!« schrie er. »Das ist keine Phantasievorstellung! Das ist echt!« Und dann rannte er wütend weg oder stürzte in Tränen aufgelöst zu Boden. Seine Eltern empfanden sein Verhalten als beängstigenden Entwicklungsrückschritt.

Obwohl Doug behauptete, an seine Phantasievorstellung zu glauben, handelte er nicht danach, außer bei seinen emotionalen Ausbrüchen. Er erledigte nach wie vor seine Hausaufgaben, erfüllte seine Pflichten im Haushalt, spielte mit seinen Freunden. Mit Ausnahme eines Teils, das in dem unrealistischen Denken befangen war, war seine Persönlichkeit weiter organisiert, realistisch und logisch.

Dougs Therapeutin tröstete die Eltern. »Es ist kein Entwicklungsrückschritt«, erklärte sie. »Ganz im Gegenteil. Doug ist sich jetzt viel stärker seiner eigenen Gefühle bewußt, und dazu gehört, wie er seinen Körper empfindet. In gewisser Weise ist ihm gerade bewußtgeworden, daß seine ›Ausrüstung‹ ihm vieles erschwert, und das ruft heftige Gefühle hervor. Bedenken Sie, wie Sie sich in seiner Lage fühlen würden. Er ist wütend und frustriert, er ist traurig, und es ist ihm peinlich. Manchmal haßt er seinen Körper und mißtraut ihm. Er hat diese Gefühle in geringerem Maße vorher schon empfunden, besaß aber nicht die Fähigkeit, sie auszudrücken. Seine Bandbreite an Gefühlen war vorher nicht groß genug, und er verfügte nicht über die nötige gedankliche Vorstellungskraft. Seine neuen Fähigkeiten ermöglichen es ihm, Selbstbewußtheit zu erlangen und die ganze Bandbreite seiner Gefühle auszudrücken.«

Sie fuhr fort: »Seine Phantasievorstellung ist eine perfekte Metapher dafür, wie er sich fühlt. Er muß sich wirklich wie ein Fremder, wie ein Außerirdischer vorkommen, als würde irgendein fremdes Implantat ihn zwingen, sich so zu verhalten, wie er es tut. Zum ersten Mal ist er intellektuell und emotional fähig, seine Gefühle in Worte zu fassen.«

Dougs Eltern waren erleichtert, als sie hörten, daß ihr Sohn Fortschritte machte, aber die Ursache tat ihnen weh. Doug hatte wegen seiner »Ausrüstung« genug gelitten, und jetzt ließ die zunehmende Selbstbewußtheit ihn das zusätzlich noch als Kränkung erleben.

»Ja, es ist schwierig«, bestätigte die Therapeutin. »Und es ist unvermeidlich. Aber es gibt durchaus Hoffnung. Wenn Sie Doug helfen, seine Trauer und Wut zu verarbeiten, kann er entdecken, daß sein Körper, der ihm so viel Kummer bereitet hat, auch ein Grund zum Stolz ist. Denn er stand weit größeren Herausforderungen gegenüber als andere Kinder und hat viele davon bereits bewältigt.«

Dougs Eltern waren teilweise getröstet, und in den nächsten zwei Jahren bemühten sie sich, Doug bei der Erkundung und Bewältigung seiner Gefühle beizustehen. Sie halfen ihm, über seine Gefühle zu sprechen, anstatt ängstlich oder wütend zu werden oder sich in sich selbst zurückzuziehen. Sie halfen ihm, es verbal auszudrücken, wenn der Außerirdische ihn sich einsam, traurig, wütend oder verwirrt vorkommen ließ. Sie versuchten, nicht ängstlich oder wütend zu werden, wenn er sich abkapselte oder reizbar war, sondern geduldig zu bleiben und den innigen Kontakt aufrechtzuerhalten. Wenn ihm etwas besonders gut gelang, riefen sie ihm all seine Fortschritte in Erinnerung. Sie nahmen sich besonders viel Zeit für die Bodenzeit, damit Doug möglichst viel Gelegenheit hatte, seine Phantasien und das ganze Spektrum seiner Gefühle im Spiel darzustellen.

Als er zehn wurde, baute er in seinem Zimmer aus Legosteinen und anderen, selbstgebastelten Elementen eine Raumstation. Eines Abends, als er seinem Vater die Raumstation vorführte, stellte er den Anführer der Kolonie vor, den Raumkommandanten. »Weißt du, Papa«, sagte Doug, nachdem er ihm die zahlreichen Aufgaben und Verpflichtungen des Kommandanten erklärt hatte, »früher war er ein kleiner Junge, der kaum etwas tun konnte.«

Noch eine vollkommen treffende Metapher.

Doug ist ein typisches Beispiel für manche Kinder mit Beeinträchtigungen, die diese Entwicklungsphasen durchlaufen. Mit der Fähigkeit, Gefühle und Vorstellungen auszudrücken, kommt die Selbstbewußtheit – das Wissen darum, was sie gut können und was ihnen schwerfällt. Und dieses Bewußtsein wird von einem Heer unerfreulicher Gefühle begleitet. Verlegenheit, Demütigung, Wut, Frustration, Traurigkeit, Enttäuschung, Machtstreben – all das stürmt auf die Kinder ein, oft scheinbar innerhalb eines einzigen Tages. Da ihre Körperbeherrschung immer noch unsicher ist, schwankt ihre Fähigkeit, diese Gefühle zu bewältigen. Manchmal sind sie in der Lage, ihre Gefühle auf reife Weise in Worte zu fassen, manchmal leben sie ihre Emotionen wieder unkontrolliert aus. Manchmal sind die Gefühle so stark, daß sie teilweise den Realitätssinn des Kindes trüben, wie es bei Doug der Fall war.

In dieser Zeit braucht Ihr Kind mehr als alles andere Geduld und Verständnis. Ihre Fähigkeit, ruhig zu bleiben und sich in das Kind einzufühlen, wird sein hilfreichstes Werkzeug beim Umgang mit seinen Gefühlen sein. Schließlich wird das Kind mit Ihrer Hilfe lernen, sich trotz seiner Beeinträchtigungen selbst zu lieben. Es wird sogar stolz auf die Herausforderungen sein, die es bewältigt hat, weil sie ihm die Chance gegeben haben, sich zu beweisen, zu glänzen, eine ganz besondere Art Erfolg zu erringen. Aber am wichtigsten ist: Wenn das Kind alle Puzzleteile seines Selbstbildes akzeptiert, wird das seinen Realitätssinn stärken, und es kann besser zwischen konkreter Realität und Fiktion unterscheiden.

Folgendes sollten Sie im Gedächtnis behalten, wenn Ihr Kind anfängt, diese schwierigen Gefühle auszudrücken.

- *Verständnisvoll zuhören.* Es ist manchmal schwer zu ertragen, sich das alles anzuhören, und diese Gefühle können von unerfreulichen Verhaltensweisen begleitet werden. Aber es ist wichtig für Ihr Kind, daß Sie geduldig und verständnisvoll reagieren. Versuchen Sie nicht, alles zu bereinigen. Versuchen Sie nicht, seine Gefühle zu interpretieren. Geben Sie dem Kind nur Gelegenheit zum Reden.
- *Respektieren Sie seine Phantasievorstellungen.* Kinder mit Entwicklungsstörungen entwickeln oft Phantasien, die ihnen sehr real vorkommen. Setzen Sie diese Phantasievorstellungen ein, um dem Kind zu helfen, seine Gefühle zu verstehen und auszudrücken. Streiten Sie sich nicht mit ihm darüber, was wirklich ist und was nicht. Wenn Sie ruhig und gelassen über die Phantasien des Kindes sprechen können, wird es allmählich fähig werden, die Dinge weniger verzerrt zu sehen. Die unwirklichen Aspekte werden allmählich deutlicher werden, wie es geschieht, wenn wir einen Traum erzählen. Indem Sie verständnisvoll zuhören und Fragen stellen, können Sie dazu beitragen, daß dem Kind bewußt wird, daß es sich um eine Phantasievorstellung handelt. Das muß nicht unbedingt direkt ausgesprochen werden.
- *Lassen Sie das Kind seine grundlegenden Persönlichkeitskonflikte im Symbolspiel bewältigen.* Lassen Sie zu, daß Enttäuschung und Frustration im Spiel zutage treten. Lassen Sie das Kind die verschiedenen Seiten seines Ichs im Spiel ausleben.
- *Wenn Sie mit Ihrem Kind über seine Gefühle und Phantasien sprechen, können Sie wertvolle Einsichten in das gewinnen, was ihm auf der Seele liegt.* Diese Einsichten können sich als sehr hilfreich erweisen. Nehmen wir beispielsweise an, Ihr Sohn erzählt Ihnen, er sei ein Außerirdischer

und hätte Angst, daß er jemandem wehtun könnte. Tage später ist er wütend auf seine Schwester, und Sie merken, daß ihn etwas beunruhigt. Sie könnten fragen: »Machst du dir manchmal Sorgen, du könntest *zu* wütend auf deine Schwester werden? Hast du Angst, du könntest die Kontrolle über dich verlieren?«

- *Überlegen Sie, ob Sie nicht einen Therapeuten hinzuziehen wollen, um dem Kind bei der Verarbeitung seiner Gefühle zu helfen.* Wenn Sie den Eindruck haben, daß die Emotionen oder Phantasien des Kindes ihm angst machen oder daß sie das Kind über Gebühr beunruhigen, überlegen Sie, ob Sie nicht zu einem Kindertherapeuten gehen wollen. Das Kind könnte davon profitieren, über seine Gefühle zu sprechen und sie besser zu verstehen. Ein guter, verständnisvoller Therapeut kann dem Kind helfen, seine Gefühle zu ergründen. Und er kann Ihnen helfen, Ihr Kind besser zu verstehen.

Wie Sie Ihrem Kind helfen, sein Fähigkeitenpotential voll auszuschöpfen

Wenn Kinder die Abstraktionsleiter erklimmen, zeigen sich gewöhnlich Schwankungen. In einem Augenblick können sie in hohem Maße abstrakt denken und sprechen und durchaus imstande sein, über ein zukünftiges Ereignis Hypothesen aufzustellen; im nächsten Augenblick sind sie dagegen gänzlich konkret, unfähig, über irgend etwas anderes als das Spielzeug zu sprechen, das vor ihnen liegt. Mit diesen Schwankungen muß man rechnen, sie gehören zum Lernprozeß dazu; aber Sie können Ihrem Kind helfen, sie zu überwinden und höhere Abstraktionsgrade zu erreichen, indem Sie es immer wieder dazu anspornen, sein höchstes Niveau anzustreben.

Seit man bei Leah (dem bereits zuvor erwähnten neunjährigen Mädchen) in einem sehr frühen Alter Autismus diagnostiziert hatte, hatte sie enorme Fortschritte gemacht. Sie war warmherzig und beziehungsfähig, und wenn man von ihr forderte, Wörter in logischer Weise zu verwenden und ebenso darauf zu antworten, war sie dazu imstande. Doch ihre Fähigkeit, über ihre Gefühle zu sprechen und Zusammenhänge zwischen den einzelnen Gedanken herzustellen, war noch unzureichend entwickelt. Wurde dies nicht eigens von ihr verlangt, sprach sie oft so, als assoziiere sie frei, und äußerte

Gedanken, ohne sie miteinander zu verknüpfen; außerdem beantwortete sie abstrakte Fragen oft konkret. Ein Lehrer oder außenstehender Beobachter hätte meinen können, Leah bewege sich auf dem Niveau eines sechs- oder siebenjährigen Kindes, doch ihre Eltern und ihr Therapeut wußten, daß sie in der Lage war, wie ein acht- bis zehnjähriges Kind zu denken und zu sprechen. Dazu bedurfte sie aber noch der gezielten Förderung.

Eines Tages wurde sie von ihrem Therapeuten gefragt, was sie glücklich mache.

»Meine Tiere«, antwortete sie, und begann daraufhin, frei über die vielen Haustiere zu assoziieren, die sie besaß. »Meine Hasen mögen Haferflocken so gern«, sagte sie. »Ich füttere sie mit Müsli.«

»Aber warum machen sie dich glücklich?«

»Cotton ist mein Lieblingshase.«

»Macht er dich glücklich?«

»Es macht mir Spaß, ihn aus seinem Käfig herauszulassen. Einmal ist er in die Badewanne gehoppelt.«

Immer noch sagte sie nur das, was ihr gerade in den Sinn kam, ohne ihre Gedanken mit denen des Therapeuten zu verbinden. Über die Frage, die er gestellt hatte, dachte sie nicht nach.

»Würdest du mir bitte jetzt einmal sagen, wie Cotton dich glücklich macht?« fragte der Therapeut mit einem Augenzwinkern und einer sehr motivierenden Körperhaltung, wodurch er ihre volle Aufmerksamkeit zu erlangen suchte.

Diesmal gab Leah ihm eine subtile, abstrakte Antwort. »Es macht mich glücklich, daß ich mich um ihn kümmern kann«, sagte sie und bewältigte so die Aufgabe mit einer durchaus ihrem Alter entsprechenden, ja sogar frühreifen Antwort.

Ein wenig später, in derselben Sitzung, sagte sie aus heiterem Himmel, mit einem besorgten Unterton in der Stimme: »Papa hat das Auto nicht abgeschlossen!«

»Warum ist das so wichtig?«, fragte der Therapeut.

»Eine unserer Gänse ist verschwunden«, antwortete sie.

»Was hat das mit dem Auto zu tun?«

»In Tennessee ist etwas gestohlen worden.«

Der Therapeut schaute sie verwirrt an und fragte noch einmal: »Aber was hat das mit dem Auto zu tun?«

»In Tennessee sind einige Sachen aus unserem Auto gestohlen worden.«

»Und jetzt hast du auch hier Angst?«

»Na ja, ich glaube, hier würde so etwas nicht passieren. Aber wenn Sie in einer größeren Stadt wohnen würden, müßten Sie Ihr Auto wahrscheinlich abschließen.«

Durch Leahs subtile Antwort wurden ihre vorigen Aussagen verständlicher. Sie hatte sich Sorgen gemacht, weil einige Dinge gestohlen worden waren, das heißt, sie befürchtete, daß auch hier etwas gestohlen werden könnte – ihre Gans, Dinge aus dem Auto in Tennessee, Dinge aus dem Auto hier –, aber weder in ihrem Kopf noch in ihren Worten hatte sie zwischen diesen Gedanken einen Zusammenhang hergestellt; ihre Äußerungen hatten sich wie das frei assoziierte Geplapper eines kleinen Kindes angehört. Doch als man sie dann ganz explizit dazu aufforderte, hatte sie ihre Aussagen in einer klaren, abstrakten Antwort miteinander verbunden.

Im weiteren Verlauf des Gesprächs plauderte Leah über ihre Katze Wobbly und darüber, daß Wobbly vier Wochen, nachdem sie Junge bekommen hatte, verschwunden war. »Ich weiß nicht, wo sie jetzt ist«, sagte sie, »aber ich habe die Verantwortung für die Jungen. Wobbly hat sie mir überlassen.«

»Woher weißt du, dass Wobbly dir die Jungen überlassen hat?«

»Nun, sie weiß, daß ich behutsam bin und mich gut um sie kümmern werde.« Diese Antwort klang logisch, obwohl sie keine direkte Antwort auf die Frage war. Leah hatte vielmehr erklärt, warum Wobbly ihr die Verantwortung für die Jungen überlassen hatte. Viele Kinder mit Verarbeitungsproblemen beantworten die gestellten Fragen eher indirekt. Der Therapeut versuchte, eine genauere Erläuterung zu erhalten.

»Woher *wußtest* du, daß Wobbly wollte, daß du dich um ihre Jungen kümmerst?« fragte er noch einmal sehr sanft.

»Sie wußte, daß sie keine gute Mutter sein würde«, erwiderte Leah. Wieder hatte ihre Antwort einen Bezug zu der Frage, war jedoch keine direkte Antwort darauf.

Der Therapeut nahm einen neuen Anlauf: »Aber wie konntest du tatsächlich wissen, daß Wobbly dachte, du wärst eine gute Mutter?«

»Sie wußte, daß ich behutsam bin«, antwortete Leah, womit sie den Kreis noch immer nicht schloß.

Daraufhin stellte der Therapeut die Frage anders. »Wie hast du herausgefunden, daß Wobbly dachte, du würdest eine gute Mutter sein? Bist du selbst zu der Ansicht gekommen?«

»Nein, meine Mama sagte, ich würde mich sicherlich gut um die Jungen kümmern.«

»Aha«, sagte er, »deine Mama hat dir also zu verstehen gegeben, daß Wobbly dachte, du würdest das gut machen.«

»Ja«, sagte Leah mit Nachdruck und nickte dabei. »Meine Mama hat mit mir über Wobbly gesprochen und darüber, wie gut ich es machen würde.«

Forderte man Leah nicht dazu auf, den symbolischen Kreis vollkommen zu schließen, war sie nicht dazu in der Lage. Wenn man es aber von ihr verlangte und wenn man die Frage umformulierte, konnte sie eine genauere Aussage machen.

»Leah ist imstande, sich ständig auf diesem hohen Niveau zu bewegen«, berichtete der Therapeut den Eltern. »Und sobald ihr das gelingt, kann sie ein noch höheres Niveau erreichen. Aber Sie müssen sie dazu anhalten. Vergewissern Sie sich, daß Sie sie immer wirklich verstehen. Sie sollten niemals voreilig zustimmend nicken und sich dann anderen Dingen zuwenden. Bleiben Sie bei ihr und helfen Sie ihr liebevoll und geduldig, ihre Gedanken zu klären und sie mit Ihren eigenen Gedanken in Zusammenhang zu bringen. Es mag im Einzelfall fünfzehn Minuten dauern, bis sie eine Frage beantwortet, aber jedesmal wird sie ein etwas höheres Denkniveau ereichen.«

Wie schon erläutert, benötigen viele Kinder zusätzliche Übung, um eine bestimmte Fertigkeit zu erlangen. Wenn Sie glauben, Ihr Kind könne irgend etwas nicht, was es in Wirklichkeit jedoch kann, dann bieten Sie ihm vielleicht nicht die nötige Übung. Wenn Sie nur nicken und »aha« sagen, anstatt es zu einer Antwort zu animieren, dann halten Sie es auf diesem Niveau. Viele förderbedürftige Kinder kommen nicht über ein konkretes und fragmentiertes Denkniveau hinaus, obwohl sie im Grunde die Fähigkeit zum organisierteren und abstrakteren Denken besitzen.

Entwicklungsfortschritte erhalten

Lernen, logisch und abstrakt zu denken, ist – wie fast jedes Lernen – ein Prozeß, bei dem man zwei Schritte vor und einen zurück macht. An einem Tag wird Ihr Kind 80 Prozent der Kommunikationskreise schließen, seine Gedanken miteinander verknüpfen und dabei einen warmherzigen Kontakt mit Ihnen halten, und etwas später (möglicherweise am selben Tag) vermeidet es vielleicht jeden Augenkontakt, versteckt sich unter dem Tisch, ignoriert Ihre Äußerungen oder bekommt einen Wutanfall, wenn Sie versuchen, es zu irgend etwas zu motivieren. Solche Verhaltensveränderungen können natürlich leicht verwirren; daher muß man sich klarzumachen, daß bei einem Kind, das Entwicklungsprobleme hat, mit diesem breiten Verhaltensspektrum gerechnet werden muß. Es ist hilfreich, wenn Sie sich die Fähigkeiten Ihres Kindes als eine Skala vorstellen. Manchmal agiert es auf dem höchsten Niveau seiner Fähigkeiten – sie liegen dann auf dem höchsten Niveau der Skala; zu anderen Zeiten agiert es in der Mitte oder eher am unteren Ende. Das Ziel soll nicht darin bestehen, es dazu zu drängen, immer auf seinem höchsten Niveau zu agieren, sondern vielmehr, die ganze Skala auf der Entwicklungsleiter langsam nach oben zu steigen. Sie wollen, daß sich nach und nach sowohl die herausragendsten als auch die am wenigsten entwickelten Fähigkeiten des Kindes verbessern.

Selbst wenn die Schwierigkeiten Ihres Kindes in der Mitte oder am Ende seiner Skala liegen, wird es Ihnen nicht an Gelegenheiten mangeln, ihm in seiner Entwicklung zu helfen. Jedesmal wenn sich seine Fähigkeiten verschlechtern, können Sie ihm helfen, wieder auf seiner Entwicklungsleiter hinaufzuklettern; das wird ihm helfen, sich auf seinem fortgeschrittensten Niveau zu stabilisieren.

Die sechsjährige Amy und ihr Vater Jim waren damit beschäftigt, ein Schloß aus Legosteinen zu bauen. Amy wies Jim an, ihr bestimmte Steine zu geben, und setzte sie dann mit großer Sorgfalt und Genauigkeit an die betreffenden Stellen. Sie war stolz auf ihr Werk. Während sie es schuf, plauderten sie und Jim entspannt und mit logischen Gedankengängen über das Schloß, den Prinzen und die Prinzessin, die darin wohnen sollten. Als Amy einen Legostein an eine bestimmte Stelle setzte, stürzte plötzlich die ganze Schloßwand ein. Frustriert und ärgerlich packte Amy eine Handvoll Steine und fing an, sie schluchzend durchs Zimmer zu werfen.

»Amy, Amy, das kriegen wir doch wieder hin«, sagte Jim besänftigend und versuchte, sie zum Spiel zurückzulocken. Aber Amy brüllte und warf wild mit den Legosteinen um sich. Sie war auf das Niveau des Entladens regrediert – auf das des präsymbolischen Spiels (vor dem Rollenspiel) und der Kommunikation, in der es noch keinen Dialog gibt.

»Was können Sie tun, um sie wieder zum Spiel zurückzubringen?« fragte der Therapeut. »Versuchen Sie es mit den Techniken, die Sie anwendeten, als Sie mit ihr auf ihrem ersten Niveau arbeiteten. Damals schlossen Sie sich ihrem Spiel an, damit sie Ihnen Beachtung schenkte.«

Jim sah seiner Tochter einen Augenblick lang zu, wie sie einen Legostein quer durchs Zimmer schleuderte. Als sie den nächsten warf, streckte er blitzschnell seine Hand aus und fing ihn auf.

Amy schaute ihn verblüfft an.

»Ich habe ihn«, sagte er lächelnd und hob die Hand, bereit, auch ihren nächsten Stein aufzufangen.

Sie warf ihn, und er fing auch diesen auf, dann drängte er sie, noch einen weiteren zu werfen. Während der folgenden ein, zwei Minuten waren sie in ein Wurfspiel vertieft, bei dem Amy lächelte und kicherte.

»Jetzt ist sie integriert und interaktiv. Versuchen Sie, sie auf das nächste Niveau zu bringen«, schlug der Therapeut vor. »Können Sie das Ganze etwas komplexer gestalten?«

Jim sah sich im Zimmer nach einem Anhaltspunkt um. »Ich weiß was«, sagte er dann. »Ich wette, wir können mit diesen Legosteinen Basketball spielen. Kannst du den Basketball in den Korb werfen?« und er formte seine Arme zu einem Korb.

Sofort warf Amy einen Legostein hinein.

»Wao!« rief er. »Du bist ja besser als Michael Jordan! Da trete ich lieber etwas zurück!« Und er ging ein paar Schritte nach hinten.

Amy warf erneut einen Stein und traf daneben.

»Ein Punkt für meine Mannschaft!« jubelte Jim. »Versuch es noch einmal.«

Er beugte sich vor, als Amy warf und fing den Legostein in seinen Armen auf.

Amy strahlte.

»Ein Punkt für Amy!« rief Jim. »Probier's noch einmal.«

In den folgenden Minuten spielten sie mit den Legosteinen Basketball, wobei Amy sich mit jedem Wurf Punkte holte. Nach ihrem fünften oder sechsten Wurf ging sie zu ihrem Papa hinüber, schaute ihm verschmitzt in die Augen und ließ den Legostein in den Korb fallen. »Ich gewinne«, sagte sie und bedachte ihn mit einem wissenden Lächeln.

»Meine Güte«, antwortete er, »du bist einfach zu clever für mich!« Und er umarmte sie.

»Das war ausgezeichnet«, bemerkte der Therapeut. »Wollen wir doch mal sehen, ob der Stoffhase einen Treffer erzielt.«

Jim hielt also den Hasen hoch, und fast sofort darauf sagte Amy: »Der Hase soll in den Korb springen.« Damit erreichte sie ein noch kreativeres Niveau des Als-ob-Spiels.

»Versuchen Sie jetzt, einen Dialog zu führen«, sagte der Therapeut.

Jim nickte und dachte einen Augenblick nach. »Wer ist dein Lieblings-Basketballspieler?« fragte er. Jim war ein großer Basketballfan, und zusammen mit Amy sah er sich oft Spiele im Fernsehen an.

»Shaquille O'Neal«, antwortete sie, ohne zu zögern.

»Shaquille O'Neal!« rief Jim und machte ein abschätziges Gesicht. »Der bringt den Ball ja niemals in den Korb.«

»Doch, tut er«, entgegnete Amy heftig. »Er ist größer als du.«

Jim und der Therapeut lachten. Amy war wieder auf ihrem logischen Niveau angelangt. »Und nun«, sagte der Therapeut, »schauen Sie, ob Ihre Tochter wieder Lust hat, etwas mit den Legosteinen zu bauen, oder ob sie mit dem Basketballspiel weitermachen möchte.«

Jim schaute sich um. »Hey, Shaquille«, sagte er zu Amy, »nachdem wir nun diese Basketbälle im ganzen Raum herumgeworfen haben, möchtest du jetzt etwas mit ihnen bauen?«

Amy folgte seinem Blick, der im Raum herumwanderte, und kicherte, als sie die überall verstreuten Legosteine betrachtete.

»Ich dachte, wir könnten vielleicht einen Korb aus den Legosteinen bauen.«

»Das ist blöd, Papa«, sagte Amy lachend. »Ich will ein Schloß bauen.«

Und gemeinsam sammelten sie die Legosteine ein und fingen an, ein neues Schloß zu bauen.

Indem Jim seine Tochter auf dem Niveau akzeptiert hatte, auf das sie regrediert war, und ihr dann langsam half, von diesem Niveau zum nächsthöheren überzugehen, war er imstande, Amy wieder auf der Entwicklungsleiter hinauf zum logischen Denken zu führen.

Amy regredierte aus Frustration. Kinder regredieren auch, wenn sie mit Emotionen konfrontiert werden, die ihnen unangenehm sind. Doch regredieren sie nicht immer so stark, daß sie die ganze Leiter wieder herunterfallen. Manchmal fallen sie nur um eine Stufe zurück und verlieren zeitweilig die Fähigkeit, einen logischen Dialog zu führen, während sie mit einem phantasievollen Spiel beschäftigt sind. Sie können auch zwei Stufen zurückfallen, auf die wechselseitige Kommunikation, und dabei die Fähigkeit zum Als-ob-Spiel verlieren, durch seine Gebärden hingegen weiterhin mit Ihnen in Kontakt sein. Sie können auch drei Stufen zurückfallen und dabei die Fähigkeit verlieren, Gebärdenkreise zu schließen, Ihnen dabei aber weiterhin herzlich zugetan sein. Ganz gleich, um wie viele Stufen Ihr Kind regrediert, Ihre Methode sollte immer dieselbe sein: Setzen Sie an der Stelle an, wo das Kind sich gerade befindet. Wenn es engagiert und präsent ist, aber keine Gebärdenkreise schließt, dann nehmen Sie an seiner momentanen Beschäftigung teil, um ihm das Interagieren mit Ihnen zu erleichtern. Wenn es symbolische Kreise schließt, aber keine Als-ob-Spiele spielt, dann sollten Sie interagieren und versuchen, einige phantasievolle Gedanken bei ihm in Gang zu setzen. Wenn es Rollenspiele erfindet, aber keine symbolischen Kreise schließt, so beteiligen Sie sich an den Rollenspielen und versuchen Sie, symbolische Kreise zu schließen. Sobald es auf dem richtigen Weg ist, sollten Sie es langsam wieder auf der Leiter nach oben bringen, bis zu dem Punkt, an dem es war, bevor es regredierte. Dieser ganze Prozeß kann eine halbe Stunde dauern, er kann aber auch nur wenige Minuten an Anspruch nehmen. Je öfter Sie dies praktizieren, desto leichter wird es Ihrem Kind fallen, die Entwicklungsleiter wieder hinaufzuklettern. Jedesmal wenn es regrediert und es ihm gelingt, sich wieder hochzuarbeiten, wird dies besser und schneller gehen.

Helfen Sie Ihrem Kind, an seinem Entwicklungsfortschritt festzuhalten. Sie sollten sich an das Leitprinzip erinnern: Emotionen steuern das Verhalten, und Emotionen und Verhalten steuern die Sprache. Wenn Sie sich auf die Emotion Ihres Kindes stützen, indem Sie sich seiner Aktivität anschließen oder über ein von ihm bevorzugtes Thema mit ihm sprechen, erleichtern Sie Ihrem Kind zu reagieren. Immer wenn Ihr Kind zerstreut ist oder nicht reagiert, immer wenn Sie nicht wissen, was Sie tun sollen, ist es ratsam, sich an das folgende Prinzip zu halten: *Lassen Sie sich von seinen Emotionen leiten und beteiligen Sie sich an seiner Aktivität, um eine Interaktion zu ermöglichen.*

Es ist verständlich, daß Sie entmutigt oder sogar deprimiert sind, wenn Ihr Kind regrediert. Sie meinen, Sie hätten etwas falsch gemacht oder auch, das Kind habe sein höchstes Entwicklungsniveau verloren. Denken Sie in diesem Fall daran, daß Kinder die Fertigkeiten, die sie verloren haben, normalerweise wiedererlangen können; aus diesem Prozeß gehen sie im allgemeinen gestärkt hervor. Jedesmal, wenn Sie Ihrem Kind helfen, die Entwicklungsleiter wieder hinaufzuklettern, tragen Sie zur Stabilisierung seiner Fertigkeiten bei.

Sie sollten sich nicht vor einer Regression fürchten. Oft stellt sie sich im nachhinein als etwas durchaus Positives heraus. Sie gibt Ihrem Kind die Gelegenheit, sein Gleichgewicht wiederzugewinnen, nachdem es zeitweilig aus dem Konzept gebracht wurde – eine Fähigkeit, die es sein ganzes Leben lang benötigen wird.

Frühere Stufen stärken

Bislang haben wir in diesem Buch nacheinander die verschiedenen Entwicklungsstufen erörtert, so, als würden Kinder sich jede einzelne gemäß einer bestimmten Reihenfolge aneignen. Aber das Leben ist selten so systematisch. Oft erreichen Kinder höhere Niveaus, ehe sie die niedrigeren vollkommen beherrschen. Meistens verursacht das keinerlei Probleme. Ein Kind, das sich zu 50 bis 80 Prozent der Zeit auf einem bestimmten Niveau bewegt, besitzt gewöhnlich das Rüstzeug, um zum nächsthöheren Niveau aufzusteigen; die Arbeit auf dem neuen Niveau stärkt seine früher erworbenen Fähigkeiten. Ein Kind etwa, das gerade die wechselseitige Kommunikation lernt, muß imstande sein, sich bei seinen Eltern engagiert zu verhalten. Während sie ihm helfen, Gebärdenkreise zu schließen, unterstützen sie die Arbeit, die sie - leisteten, als sie sein Engagement bei ihm förderten; sie lassen sich von ihm leiten und setzen ihre Stimmen, Mimik und Körpersprache ein, um seine Aufmerksamkeit zu erringen und festzuhalten. Auch ein Kind, das lernt, Gedanken zu entwickeln und auszudrücken, muß in der Lage sein, bei seinen Eltern emotionales Engagement an den Tag zu legen und in eine wechselseitige nonverbale Kommunikation mit ihnen zu treten. Indem seine Eltern ihm helfen, zur Welt des Als-ob-Spiels Zugang zu finden, stärken sie seine Beziehung zu ihnen und verwenden zudem seine Gebärden, um es zu Gedanken anzuregen und sein Kommunikationsvermögen zu erweitern. Während die Eltern sich auf die neue Stufe konzentrieren, arbeiten sie gleichzeitig unbewußt auch an allen früheren Stufen. Dadurch bekommt das Kind viele Gelegenheiten, auch seine geringer entwickelten Fertigkeiten zu verbessern.

Doch trotz dieser kontinuierlichen Arbeit kann es gelegentlich vorkommen, daß Kinder ein niedrigeres Niveau nicht vollkommen beherrschen. Sie steigen zwar weiterhin auf der Leiter nach oben und arbeiten an jeder höheren Stufe; doch auf irgendeiner früheren Ebene haben sie Schwachstellen. Diese nicht gemeisterten Niveaus sind dann instabile Bindeglieder in der

Entwicklungskette. Die darüber liegenden Niveaus scheinen größtenteils den normalen Anforderungen gerecht zu werden, aber sie fallen unter großen Belastungen auseinander – so als wäre das Fundament zu schwach, um Belastungen standzuhalten, oder als bildeten die fehlenden Fertigkeiten »Löcher« in den Fähigkeiten des Kindes.

Wie viele andere Kinder war der fünfjährige Beau auf dem ersten Niveau, bei dem es um emotionales Engagement und Vertrautheit im Kontakt mit anderen geht, schwach. Obwohl er sich sprachlich gut ausdrücken konnte und imstande war, lange und logische Gespräche zu führen, war er irgendwie unnahbar. Er schaute selten jemandem in die Augen und wirkte oft gleichgültig gegenüber anderen. Seine Eltern spürten bei ihm nur selten eine herzliche Regung.

Da man bei ihm eine tiefgreifende Entwicklungsstörung diagnostiziert hatte und er in zweieinhalb Jahren Bodenzeit und Therapie enorme Forschritte gemacht hatte, übersah man diese geringfügige Unnahbarkeit leicht. Aber sie hemmte ein wenig die Entwicklung seiner Fähigkeiten. Während er sich des langen und breiten über die Schule, über Dinsoaurier oder über Baugeräte auslassen konnte, war er nicht in der Lage, beim Sprechen oder Spielen wirklich kreativ zu sein. Er neigte dazu, Fakten zu beschreiben. Zudem konnte er nicht über sich selbst oder seine Gefühle reden. Wenn er sich gestreßt fühlte, brach er in Tränen aus oder bekam Wutanfälle, anstatt über das zu sprechen, was ihn bekümmerte. Selbst angenehme Gefühle bereiteten ihm Schwierigkeiten. Auf eine subtile Art und Weise war er von seinem Inneren abgeschnitten. Er hatte keine Verbindung zu wichtigen Aspekten seiner selbst.

Um ihm zu helfen, mit diesem Hemmnis fertig zu werden, bemühten sich seine Eltern und sein Therapeut, eine bessere Beziehung zu ihm herzustellen. Jede Aktivität wurde zu einer Gelegenheit, emotional mit ihm in Kontakt zu treten. Wenn er und sein Vater Mike mit dem Ball spielten, warf Mike seinem Sohn den Ball immer so zu, daß Beau das Vergnügen hatte, ihn mühelos aufzufangen. Zuweilen versuchte er auch, Beau auszutricksen, und warf den Ball erst hoch, dann niedrig, dann wieder hoch und änderte dann plötzlich das Spielmuster. Nach einigen solchen Manövern versuchte dann Beau seinerseits, seinen Vater auszutricksen. Bald lachten beide zusammen, hatten Augenkontakt und waren sowohl emotional als auch körperlich miteinander verbunden.

Wenn sie auf dem Fußboden mit Rittern und Soldaten spielten, bemühte sich Mike, nach und nach mehr Emotion in das Spiel zu bringen. Bis dahin war ihr Soldatenspiel ziemlich mechanisch gewesen und hatte sich mehr auf die Logistik der Schlachten und weniger auf ihre eigenen emotionalen Hochs und Tiefs konzentriert. Zuerst versuchte Mike, den Spaß dadurch zu erhöhen, daß er seinen Sohn nicht einfach gewinnen ließ, sondern in die Anerkennung seines Sieges mehr Emotion legte: »Du warst wirklich stärker als ich!« Später steigerte Mike den emotionalen Einsatz noch auf andere Weise: Anstatt daß er Beau seine Soldaten in ordentlichen Kolonnen aufstellen ließ, die sich für die Schlacht vorbereiteten, machte Mike Überraschungsangriffe und attackierte die Bataillone seines Sohnes, bevor sie kampfbereit waren. Anstatt Beau also über Tempo, Aktion und den Ausgang des Krieges entscheiden zu lassen, begann er, über dessen Streitkräfte herzufallen, oder opferte all seine eigenen oder rückte in letzter Minute mit Verstärkung an und gab der Schlacht damit eine andere Wendung. Alle diese Techniken sollten Beaus Emotionen anregen. Und das taten sie auch.

Manchmal schimpfte Beau über die Initiativen seines Vaters. Ab und zu warf er seine Soldaten weg und regredierte auf niedrigere Niveaus. Wenn Mike ihm half, auf das Niveau der Logik zurückzukehren, versuchte er, mit ihm über seine Gefühle zu sprechen. Oft verhielt Beau sich dann abweisend und schweigsam und weigerte sich, auf die Fragen seines Vaters zu antworten, anstatt seine Soldaten zu nehmen und das Spiel erneut zu beginnen. Aber zusätzliche Beruhigung und Warmherzigkeit hatten immer eine positive Wirkung. Mike brachte allmählich mehr Konflikt in ihr Spiel ein, und innerhalb der nächsten Monate lernte Beau, den neuen Kampfstrategien seines Vaters die Stirn zu bieten. Nach einer Weile fing er an, sie zu übernehmen, und überraschte nun seinerseits den Vater mit Überraschungsangriffen und Truppenverstärkungen, die mit einem Schlag eine ganze Armee zunichte machen konnten. Als Beau mit den Gefühlen der Selbstbehauptung, der Aggression und der gefühlsmäßigen Wärme besser zurechtkam, wurde er auch flexibler. Fünf Monate später war die Emotionalität der Schlachten komplexer geworden – und damit auch Beaus Fähigkeit, seine Gefühle zu erleben, zu zeigen und auch (ein wenig) darüber zu sprechen.

Unterdessen legte die Mutter viel Wert darauf, Beaus Gefühle möglichst oft in die mit ihm geführten Gespräche einzubringen. Statt ihren Sohn zu fragen, was er im Kindergarten getan habe, fragte sie ihn, was ihn im Laufe des Tages froh, wütend oder traurig gemacht habe. Sie erlaubte ihm, ihr beim Zubereiten des Abendessens zu helfen. So konnten sie über das reden, was er gern aß und was nicht. Wenn er sich darüber beschwerte, daß er ins Bett gehen mußte, dann schickte sie ihn nicht einfach in sein Zimmer, sondern ermöglichte ihm, sich – indem sie mit ihm sprach – über seine Wünsche und Gefühle klarzuwerden, auch wenn er danach nicht immer bekam, was er wollte. Zuerst lehnte Beau diese Gespräche ab und versuchte, sie von den Gefühlen abzubringen und auf »handfestere« Dinge zu lenken. Aber nach einigen Monaten tat er sich zunehmend leichter damit. Sechs Monate später konnte er nicht nur mit erkennbarer Mühelosigkeit über seine Gefühle sprechen, er konnte auch zu den wichtigen Menschen in seinem Leben eine herzlichere Beziehung herstellen. Indem die Eltern seiner Schwachstelle Beachtung schenkten und daran arbeiteten, halfen sie ihrem Sohn, die Defizite in seinen Fertigkeiten aufzuholen. Ihre Anstrengungen trugen dazu bei, daß er in seiner gesamten Entwicklung gestärkt wurde.

Wie Sie Ihrem Kind helfen, Frustrationen hinzunehmen

Eine der größten Herausforderungen für die stabile Entwicklung des Kindes ist die Frustration. Auch ein Kind, das ein sehr ausgeprägtes logisches Denken besitzt, kann plötzlich zu einem quengelnden, wutschnaubenden Monster werden, wenn die Dinge nicht so laufen, wie es will. Frustration ist ein realer Bestandteil des Lebens, und ihr Kind muß – wie alle Kinder – lernen, damit umzugehen. Es muß lernen zu warten, bis es an der Reihe ist, muß lernen, Dinge mit anderen zu teilen, und es muß lernen, daß die Vorschläge anderer Menschen manchmal Vorrang vor seinen eigenen haben. Diese Lektionen sind für jedes Kind schwer! Aber sobald Ihr Kind logisch zu denken gelernt hat, ist es auch imstande, sich in diese Richtung zu bewegen. Sie können ihm mit einer aus drei Schritten bestehenden Methode dabei helfen:

1. *Helfen Sie Ihrem Kind, die Gedanken anderer Menschen aufzunehmen und zu verarbeiten.* Sie wollen, daß Ihr Kind sich daran gewöhnt, die Gedanken anderer Menschen anzuhören und darauf zu reagieren; dies lernt es am besten durch möglichst viel Übung. Anstatt Kommentare abzugeben und das Kind zu befragen, sollten Sie ihm durch Symbolspiele Übung verschaffen,

und zwar, indem Sie selbst zu einem Mitspieler werden, der seine eigenen Ideen und Wünsche einbringt. Wenn Sie spielen, sollten Sie innerhalb des Rollenspielkontexts Ihres Kindes neue, eigene Ideen einbringen. Jedesmal wenn Sie das tun – jedesmal wenn Ihr Elefant in seinen Zirkus marschiert, jedesmal wenn Ihre Puppe bei einem »Geburtstagskaffee« nach Saft fragt –, verlangen Sie von Ihrem Kind, daß es Ihre Idee aufnimmt und sie verarbeitet. Immer wenn Sie den Dialog fördern, anstatt Ihrem Kind einfach nur zuzuhören, helfen Sie ihm, Ihre Ideen aufzunehmen und zu verarbeiten. Einer der ersten Schritte beim Lernen, wie man Frustration erträgt, besteht darin, sich bewußtzumachen, daß auch andere Menschen Wünsche und Ziele haben.

2. *Helfen Sie Ihrem Kind, sich mit Ihren Gedanken auseinanderzusetzen.* Es genügt nicht, daß Ihr Kind Ihre Ideen hört; es muß ihnen auch Beachtung schenken und darauf reagieren. Sie können ihm dabei durch sanftes, aber beharrliches Drängen helfen: »Warte eine Augenblick! Du hast noch nicht auf meine Frage geantwortet!« »Ober! Ich habe gesagt, ich möchte Milch zu meinem Essen!« »Schau! Mr. Elefant hat sich dem Zirkus angeschlossen. Er will wissen, was er jetzt tun soll!« Indem Sie am Spiel festhalten und Ihr Kind erinnern, daß Sie eine Antwort erwarten, helfen Sie ihm, sich daran zu gewöhnen, daß es auf die Bedürfnisse anderer Menschen eingeht.

3. *Helfen Sie Ihrem Kind, sowohl Ihre als auch seine eigenen Ideen zu akzeptieren.* Nachdem es lange Zeit nur seinen Willen durchgesetzt hat, fällt es ihm möglicherweise schwer zu lernen, wie man Kompromisse schließt; aber Kompromisse schließen zu können ist sehr wichtig. Erinnern Sie Ihr Kind häufig daran, daß auch die Ideen anderer Menschen zählen. Wenn es in einem Symbolspiel Löwen vorführt, dann kann sich Ihr Löwe zum Beispiel gegen die geforderten Befehle sträuben. »Ich will nicht durch diesen Reifen springen. Ich will auf dem Trampolin springen!« ruft er. Bleiben Sie im Symbolspiel, seien Sie jedoch beharrlich. Fragen Sie das Kind, warum die Dinge immer nach seinem Willen gehen sollen. Tun Sie so, als wären Sie auch ein Kind, das keine Kompromisse schließen möchte. Nach und nach wird Ihr Kind lockerer werden.

Sie können diese Fertigkeit auch in Ihren täglichen Interaktionen fördern. Wenn Ihr Kind immer zuerst seinen linken Schuh anziehen will, dann sagen Sie zu ihm: »Kannst du nicht auch einmal zuerst deinen rechten Schuh anziehen?« Wenn es etwas trinken will, dann fragen Sie es: »Warum willst du immer das große Glas haben? Kannst du heute nicht einmal aus dem kleinen Glas trinken?« Sagen Sie das spielerisch, mit einem breiten Lächeln, damit es weiß, daß sie es nicht böse meinen. Unter Umständen sträubt es sich trotzdem dagegen. Vielleicht bekommt es sogar einen Wutanfall; dann sollten Sie ihm helfen, sich zu beruhigen. Aber je mehr Sie bei solchen kleinen Zusammenstößen mit ihm verhandeln, desto flexibler wird es werden. Müssen Sie immer verhandeln? Ja. Denn Ihr Kind muß lernen, daß es nicht bei jeder Auseinandersetzung die Oberhand behält, und dies ist die Phase, in der es das lernen kann.

Während Sie mit Ihrem Kind an diesen Schritten arbeiten, sollten Sie ihm auch ermöglichen, mit Gleichaltrigen zu interagieren. Halten Sie sich in der Nähe auf, wenn die Kinder zusammen spielen. Wenn Sie hören, daß sie sich darum streiten, wer zuerst drankommt, wer mit dem Feuerwehrauto spielen darf, oder darum, wie der Turm gebaut werden soll, und Ihr Kind unbedingt seinen Willen durchsetzen will, dann sollten Sie eingreifen und es daran erinnern, daß dies nicht immer möglich ist. »Du bist John gegenüber nicht gerecht«, können Sie etwa sagen. »Wie wäre es, wenn ihr euch das Feuerwehrauto teilen würdet? Ihr könntet euch doch abwechseln!« Wahrscheinlich wird Ihr Kind nicht einverstanden sein. Dann werden Sie es beruhigen müssen, ehe es weiterspielen kann. Aber Sie bringen ihm eine nützliche Fähigkeit für sein Leben bei, die es benötigt, damit es in der Umwelt etwas erreichen kann.

Um dieses Lernen erträglich zu machen, sollten Sie zunächst nicht allzuoft eingreifen und nur allmählich etwas häufiger. »Proben« Sie mit Ihrem Kind bestimmte Situationen, ehe sein Freund es besuchen kommt: »John kommt gleich her. Vielleicht will er nicht immer genau so spielen, wie du es willst. Wie, glaubst du, wirst du dich fühlen, wenn das passiert?« Helfen Sie Ihrem Kind, zu antizipieren, wie es sich fühlen wird und wie es normalerweise reagiert. Sprechen Sie dann andere Reaktionsmöglichkeiten durch, die vielleicht besser passen. Planen Sie Strategien, mit deren Hilfe es einen Konflikt regeln kann. So könnte es zu seinem Freund sagen: »Spielen wir doch zuerst so, wie du es willst, und danach, wie ich es will«; »Gehen wir doch jetzt nach draußen, und spielen wir danach hier drinnen«; »Wenn wir jetzt tun, was du willst, dann sollten wir später das tun, was ich will«. Zeigen Sie Ihrem Kind, daß man Entscheidungen fällen kann, indem man eine Münze wirft oder einen Abzählreim aufsagt. Mit solchen Praktiken bereiten Sie Ihr Kind darauf vor, daß es auch einmal verliert. Sie können eine solche

Szene im voraus durchspielen. Ein Elternteil spielt den Gast, der andere kann Ihr Kind beraten. Gemeinsam können Sie einige Gelegenheiten proben, die zeigen, wie man eine solche Situation meistern kann. Ist der Freund dann eingetroffen, sollte ein Elternteil zugegen sein, um dem Kind bei allen auftretenden Schwierigkeiten zu helfen.

Sobald Sie begonnen haben, Ihrem Kind zu helfen, im Zusammensein mit Gleichaltrigen Frustrationen zu ertragen, können Sie ihm auch beibringen, mit schwierigen Aufgaben umzugehen: Das Zubinden der Schuhe, das Lesen, das Ball werfen – jede Aktivität, die Ihr Kind als schwierig empfindet, kann in dieser Weise angegangen werden. Sprechen Sie zuvor über die Aktivität. Helfen Sie ihm, vorauszusehen, wie es sich dabei fühlen wird und wie es normalerweise reagiert. Danach sollten Sie alternative Reaktionen durchsprechen, die konstruktiver sein können. Versuchen Sie, die Aufgabe nach Möglichkeit lustvoll zu gestalten. Wenn Ihr Kind etwas nicht gerne tut, dann vielleicht deshalb, weil es sich dabei nicht gut fühlt – so wie Sie sich linkisch und ungeschickt vorkommen, wenn Sie einen Ball mit Ihrer »schwächeren« Hand werfen und deshalb schnell wieder aufhören wollen. Damit Sie mit dieser Hand weiterwerfen, bedarf es eines äußeren Anreizes, der das Werfen zu einem Vergnügen macht. Das kann ein Ziel sein, das Sie erreichen wollen, oder ein Kuß, den Sie nach jedem Wurf bekommen. In ähnlicher Weise können Sie Ihr Kind motivieren, sich einer schwierigen Aufgabe zu widmen.

Je mehr Sie Ihrem Kind helfen, mit Schwierigkeiten und Frustrationen umzugehen, desto flexibler wird es werden. Das ist ein langsamer Prozeß – er erstreckt sich über mehrere Jahre –, in dessen Verlauf Sie selbst flexibel sein müssen. Sie sollten besonders beruhigend und fürsorglich sein, falls Ihr Kind häufig mit Frustrationen zu kämpfen hat. Wenn Sie mehr von ihm erwarten, dann sollten Sie sowohl mehr Geduld aufbringen als ihm auch mehr Bodenzeit gewähren.

Wie Sie mit Ihrem Kind neue Fähigkeiten einüben

Im Laufe der Entwicklung Ihres Kindes werden Sie – insbesondere wenn es die frühen Stufen beherrscht – vor neuen, schwierigen Aufgaben stehen. Da Ihr Kind Fortschritte macht, erklimmt es höhere Sprossen der Entwicklungsleiter. Doch falls es noch Sequenzierungs- oder Verarbeitungsprobleme hat, wird es zusätzliche Übung in einigen seiner neuen, fortgeschritteneren Fertigkeiten benötigen. Und da es vielleicht noch nicht imstande ist, sie aus eigener Kraft zur Anwendung zu bringen, müssen Sie ihm Gelegenheiten geben, sie zu praktizieren. Ihr Leitprinzip sollte hierbei sein, stets die grundlegenden Fertigkeiten zusätzlich zu üben – nicht so sehr die spezifische Aufgabe.

Stellen Sie sich beispielsweise folgendes vor: Ihr Kind will immer, wenn es mit Gleichaltrigen spielt, seinen Willen durchsetzen und reagiert, falls es ihn nicht bekommt, anmaßend und impulsiv. Die spezifische Aufgabe besteht nun darin, ihm beizubringen, mit seinen Spielkameraden Dinge (Spielzeug etc.) zu teilen. Sie können, wenn es mit anderen zusammen ist, etwa darauf beharren, daß es sich mit ihnen abwechselt. Noch hilfreicher ist es, eine fundamentale Fertigkeit zu fördern, die über das Teilen von Dingen hinausgeht: Sie sollten ihm beibringen, auch die Bedürfnisse anderer Menschen in Betracht zu ziehen, anstatt ichbezogen nur an sich selbst zu denken. Dies ist eine weiterreichende Verhaltenskategorie, zu der auch das Teilen von Dingen gehört. Jeder Tag bietet hundertfache Gelegenheit, diese Fertigkeit zu üben. Zu Hause kann dies dadurch geschehen, daß das Kind während des Abendessens anderen Familienmitgliedern das Brot reicht, einen Keks teilt oder jemanden zuerst ins Badezimmer gehen läßt. In Ihrem Alltag werden häufig Situationen auftreten, anhand derer Sie Ihrem Kind beibringen können, das Bedürfnis eines anderen genauso zu achten wie sein eigenes und beide miteinander in Einklang zu bringen.

Ein weiteres Beispiel: Eine Mutter führt gerade ein Telefongespräch, ihr Kind möchte jedoch sofort mit ihr reden. Ein Jahr zuvor, als das Kind noch im Begriff war, seine Sprechfähigkeit zu verbessern, hätten seine Eltern alles stehen und liegen lassen, um die wunderbaren Worte zu hören, die es da von sich gab. Doch nun ist aus dem Kind ein wahres Plappermaul geworden; es beherrscht nicht nur eine Menge Worte, sondern bringt sie auch unablässig zur Anwendung. Jetzt geht es darum, den Gebrauch der Sprache richtig zu dosieren und – was noch wichtiger ist – mehr Verständnis für andere Menschen aufzubringen. Die Mutter des Kindes sagt daher: »Du mußt ein wenig warten. Ich spreche gerade mit deiner Großmutter. Glaubst du nicht, daß sie das Gespräch zuerst beenden möchte?« »Mami, bitte komm jetzt, damit du mir den Keks geben kannst«, wird es daraufhin antworten.

»Warte ein wenig, Liebes.«

»Nein, Mami, jetzt!«

»Nein, warte. Wie wird sich deine Oma fühlen, wenn ich nicht erst mein Gespräch mit ihr beende?«

»Das ist mir egal.«

»Ich denke, du solltest mit ihr sprechen und sie fragen, ob sie mir erlaubt, kurz zu unterbrechen und dir einen Keks zu holen, oder ob sie mir erst etwas zu Ende erzählen muß.«

»Ich will nicht mit Oma sprechen. Gib mir meinen Keks jetzt gleich.«

»Liebes, du mußt dich ein wenig gedulden, dann bringe ich dir den Keks. Ich muß noch ein paar Minuten mit Großmama reden. Sie erzählt mir gerade etwas Wichtiges.«

Und so weiter. Obwohl dieser kleine Wortwechsel das Gespräch der Mutter natürlich unterbrochen hat, erteilt die Mutter ihrem Kind eine nützliche Lektion, indem sie seinem Wunsch, den Keks sofort zu erhalten, nicht nachgibt und ihm klarmacht, daß es sich gedulden und warten muß, weil seine Großmutter Bedürfnisse hat, die im Augenblick vielleicht wichtiger als seine eigenen sind. Es mag enttäuscht sein, ja sogar wütend werden, aber ihm wird dadurch eine fundamentale Fähigkeit vermittelt: Es lernt zu warten und sich zu gedulden, wenn seine Bedürfnisse nicht sofort befriedigt werden. Obwohl es seine Mutter bei dem, was sie eben tat, unterbrach, gab diese nicht sofort nach, sondern führte einen Dialog und eine Diskussion mit ihm.

Manche Kinder mit Förderbedarf respektieren die Bedürfnisse anderer Menschen nach einer persönlichen Sphäre nicht und treten ihnen zu nahe, oder fallen ihnen einfach ins Wort. Kindern, die mit der auditiven oder visuell-räumlichen Verarbeitung oder mit der motorischen Planung Probleme haben, fällt es schwer, räumliche Beziehungen, wie Distanz, richtig einzuschätzen und ihre eigenen Bedürfnisse den Umständen anzupassen. Besonders wenn sie dann sprechen können und ihre Cleverness zum Tragen kommt, neigen sie dazu, sehr fordernd zu sein, und sind oft nicht in der Lage, soziale Situationen richtig einzuschätzen. Auch hierbei ist es wichtig, dem Kind nicht einfach die jeweilige Aufgabe zu erklären (»Gehe nie zu nahe an andere Menschen heran, halte mindestens einen Meter Abstand«), sondern vielmehr die weiter reichende Kategorie – das Erfassen von Nuancen im sozialen Umgang – zu vermitteln. Und es gibt nur eine Methode, sie zu lernen: Kinder benötigen eine Vielzahl interaktiver Erfahrungen mit unterschiedlichen Menschen – vor allem mit Gleichaltrigen –, und sie brauchen viel Rückmeldung. Mit der Zeit nehmen Kinder wahr, wie Menschen einen Schritt zurückweichen, wenn sie ihnen zu nahe kommen, wie sie ihnen durch Gesten zu verstehen geben, daß sie mehr Abstand halten sollen, wie sie ihre Stimme erheben, um jemanden, der zu laut spricht, ein Stück wegzudrängen. Bei Kindern, denen es schwerfällt, ihr Verhalten und ihr Handeln zu modulieren, und die starren Handlungsmustern folgen, können sich strukturierte Modulationsübungen als nützlich erweisen: Dabei werden sie aufgefordert, ganz bewußt zuerst mit lauter, dann mit leiser Stimme zu sprechen und danach eine Mittellage zu finden; sie sollen zuerst schnell, dann langsam gehen und »Anklatschspiele« spielen, wobei sie sich gegenseitig zuerst mit harten, dann mit mittelharten, dann mit weichen und zuletzt mit sehr weichen Berührungen anfassen. Auf diese Weise lernen sie, ihre Emotionen, ihre Stimme und ihr Verhalten zu modulieren, anstatt im »Hauruck-Verfahren« vorzugehen.

Es ist nur allzu verständlich, daß Sie den Mut verlieren, wenn Ihr Kind, obwohl es mit Ihrer engagierten Hilfe gelernt hat zu sprechen und eine warmherzige Beziehung zu anderen zu finden, obwohl es Anteil nimmt, liebevoll, vertraut und zudem sehr kreativ, intelligent und eloquent ist und in dieser Hinsicht wie jedes andere Kind zu sein scheint, noch immer Probleme mit seiner Stimme und seinem Verhalten hat oder weiterhin ichbezogen ist (oder sonst irgendwelche anhaltenden Schwierigkeiten hat). Es ist gut möglich, daß Sie dann Ihren Stolz verlieren, den Sie berechtigterweise hatten, weil Sie soviel dazu beitrugen, daß Ihr Kind so weit kam. Doch anstatt zu sehen, daß »das Glas schon halbvoll« ist, sollten Sie sich auf die relativ unbedeutenden Aufgaben konzentrieren, die noch verbleiben. Anstatt entmutigt zu sein, sollten Sie dieselben Prinzipien anwenden, die Ihnen zuerst ermöglichten, Ihrem Kind zu helfen, das heißt: Schaffen Sie Gelegenheiten, bei denen es neue Fertigkeiten lernen kann.

Eine anderes Problem soll hier durch den geschilderten Meinungsaustausch zwischen einem Therapeuten und der Mutter eines förderbedürftigen Kindes veranschaulicht werden. Das Kind hatte sich sehr gut entwickelt und war kreativ, sehr intelligent und warmherzig, hatte jedoch Probleme, wie wir sie oben erläutert haben, die seine Mutter frustrierend und ärgerlich fand. Um diese Probleme ins richtige Licht zu rücken, bat der Therapeut die Mutter, das Kind mit sich selbst und mit ihrem Ehemann in den Punkten zu vergleichen, in denen es um das Respektieren der Bedürfnisse anderer Menschen, seine fordernde Haltung und das Verstehen subtiler sozialer Signale ging. Obwohl die Mutter nicht zugab, daß sie selbst auf diesem

Gebiet einige Probleme hatte, räumte sie sofort ein: »So schlimm wie mein Mann ist er nicht.« Danach war sie imstande, darüber zu lachen und die Dinge aus einem anderen Blickwinkel heraus zu betrachten. Noch immer wollte sie ihrem Kind helfen, seine Fähigkeiten zu verfeinern. Aber durch ihr Eingeständnis, daß das Verhalten des Kindes nicht schlimmer war als das ihres Ehemannes, fühlte sie sich weniger frustriert. Sie begriff, daß es zuweilen recht schwer ist, einem Kind subtile Fähigkeiten beizubringen, wenn es an einigen dieser Fertigkeiten in der Familie mangelt. Es kommt gar nicht so selten vor, daß ein Elternteil sein besonderes Augenmerk auf einen defizitären Aspekt im Verhalten seines Kindes lenkt, wenn er selbst ähnliche Schwierigkeiten hat, sie aber nicht wirklich eingesteht.

Eine Vielzahl von Schwierigkeiten, die in zahlreichen Familien vorkommen, sind im Grunde ein Beweis dafür, daß das Kind die früheren Niveaus erfolgreich beherrscht. Die Entwicklungsleiter führt durch die Adoleszenz und ins Erwachsenenalter, durch die mittleren Jahre und bis ins Alter. Ganz sicher werden Sie wollen, daß Ihr Kind – wenn das Ende der Leiter in den späteren Phasen des Altersprozesses erreicht ist – auf ein erfülltes und reiches Leben zurückblickt. Daher sollten Sie die Schwierigkeiten, die auftreten, wenn es die Entwicklungsleiter noch oben klettert, gern auf sich nehmen. Diese Schwierigkeiten gehören zur normalen Entwicklung dazu, und wenn Ihr Kind in manchen Bereichen zusätzliche Übung benötigt, dann gehört auch das zum lebenslangen Lernprozeß dazu.

Logisches Denken fördern

Wenn Sie Ihrem Kind helfen, sein logisches Verständnis für die Welt zu verbessern, dann sollten Sie folgendes beachten:

Stellen Sie nicht zu viele Fragen hintereinander.

Wenn Ihr Kind anfängt, logisch zu sprechen, dann können Sie leicht versucht sein, zu viele Fragen hintereinander zu stellen, etwa: »Welche Farbe hat das Auto?«; »Wohin fährt es?«; »Wie schnell kann es fahren?« An diesen Fragen ist an sich nichts verkehrt – jede kann einen Dialog einleiten; aber wenn sie unaufhörlich gestellt werden und aus nur einem oder zwei Worten bestehende Antworten hervorrufen, bekommt das Gespräch einen mechanischen, eintönigen Charakter, der nur wenig dazu beiträgt, Ihrem Kind beizubringen, zwischen den einzelnen Gedanken Verbindungen herzustellen. Versuchen Sie ein Thema zu wählen, das für Ihr Kind eine emotionale Bedeutung hat (wie seine Vorlieben und Abneigungen oder Dinge, die es besonders gern hat). Führen Sie es aus, indem Sie jeden Diskussionspunkt so ausführlich wie möglich gemeinsam erörtern. Dadurch übt sich Ihr Kind im praktischen Denken und gibt nicht nur Antworten.

»Planen« Sie den Dialog Ihres Kindes nicht im voraus.
Wenn Ihr Kind Schwierigkeiten mit abstrakten Fragen hat, sind Sie vielleicht versucht, ihm seine Aufgabe zu erleichtern, indem Sie ihm die jeweiligen Antworten suggerieren: indem Sie Ja- oder Nein-Fragen stellen oder solche, auf die man nur mit ein, zwei Worten antwortet, oder indem Sie vertraute, routinemäßige Dialogabläufe schaffen, die stets dieselben Antworten hervorrufen. Eine gute Faustregel ist: Wenn die Antworten Ihres Kindes Sie häufig nicht überraschen oder wenn Sie immer schon im voraus eine »richtige« Antwort im Kopf haben, dann »planen« Sie vermutlich zu viel. Gestalten Sie Ihren Dialog flexibler. Bringen Sie neue Themen ein. Nur auf diese Weise wird das Kind wirklich lernen, zu denken.

Strukturieren Sie Ihre Interaktionen nicht zu stark.
Sie wollen Spontaneität und Kreativität bei Ihrem Kind fördern. Aber das wird Ihnen nur gelingen, wenn Sie ihm genügend Raum geben, um auf eine nicht vorhergesehene Weise zu reagieren. Vermeiden Sie gänzlich durchorganisierte Spiele (Spiele, die immer auf dieselbe Weise gespielt werden). Nutzen Sie den Rahmen des Spiels, um spontane Interaktionen zu fördern.

Die Bodenzeit auf die individuellen Eigenarten Ihres Kindes abstimmen

Wenn Sie mit Ihrem Kind arbeiten, damit es im Denken logischer und abstrakter wird, dann sollten Sie seiner sensorischen Reaktivität, seiner Art, Empfindungen zu verarbeiten und seinen motorischen Mustern Rechnung tragen.

Störungen der auditiven Wahrnehmung

Wenn Ihr Kind mit der auditiven Verarbeitung Probleme hat, dann wird Ihre größte Herausforderung darin bestehen, es dazu zu bringen, daß es symbolische Kreise schließt. Da es nun eine reichere innere Gedankenwelt besitzt, ist es möglicherweise ganz darin verfangen und »blendet« Sie »aus«. Dieser Tendenz können Sie mit folgenden Schritten entgegentreten:

Untermauern Sie Ihre Worte mit viel Lebhaftigkeit und Gestik. Ihre motivierende Ausdrucksweise wird dazu beitragen, seine Aufmerksamkeit zu fesseln.

Lassen Sie sich nicht zu einem Parallel-Gespräch hinreißen. Fühlen Sie sich nicht nur mit Hilfe seiner Worte und Handlungen in die Situation ein. Interagieren Sie auf eine Weise, die zu Antworten anregt.

Bestehen Sie darauf, daß 80 Prozent der Kreise geschlossen werden. Wenn Ihr Kind auf Ihre Frage keine Antwort gibt, dann machen Sie einen zweiten Versuch. Wenn es auch dann noch nicht antwortet, dann geben Sie ihm – wie beim Multiple-choice-Verfahren – mehrere Antworten zur Auswahl. Beharren Sie geduldig darauf, daß es den Kreis schließt.

Bieten Sie dem Kind viele Erlebnisse, die es visuell verarbeiten muß.

Jimmy begrüßte andere Menschen stets mit den Worten: »Sag' ›hallo Jimmy‹« und suggerierte damit seinem jeweiligen Gesprächspartner, wie er ihn ansprechen sollte. Daraufhin teilte er dem anderen immer mit, wie der seine Fragen zu beantworten habe. Jimmy verstand recht gut, aber wenn er auf dem Hörweg mit Informationen konfrontiert wurde, benötigte er »Skripte« (determinierte Abläufe) oder eine visuelle Unterstützung, um sicher sein zu können, daß er die gehörten Worte richtig begriff. Er hatte sich Skripte für den Umgang mit anderen Menschen zurechtgelegt, und damit er sicher sein konnte, daß er verstand, was sie ihm antworteten, befahl er ihnen, denselben Skripten zu folgen. Dadurch wirkten Jimmys Fähigkeiten begrenzt, und er konnte immer weniger und nur noch sehr determinierte Lernerfahrungen machen.

Daher war seine Reaktion auf eine nonverbale Aufgabe, die abstraktes Denken erforderte und bei der er ein abgebildetes Bauklötzchen nachzubauen hatte, erstaunlich. Er schaute sich das Abbild eine Weile an, analysierte die verschiedenen Teile, nahm dann ein paar Bauklötzchen und setzte sie schnell und überlegt zusammen. Man legte ihm noch weitere Abbildungen vor, und er bewies auch jetzt starke analytische und Kombinationsfähigkeiten, wenn er seine visuell-räumlichen Stärken nutzen konnte. Die Entdeckung von Jimmys Fähigkeiten hatte wichtige Auswirkungen auf sein Erziehungs- und Förderprogramm.

Je öfter Sie von Ihrem Kind fordern, die Kommunikationskreise zu schließen, desto mehr wird es sich daran gewöhnen, symbolische wechselseitige Dialoge zu führen, und desto besser wird seine Hörverarbeitung werden. Und je mehr Sie Ihrem Kind die Möglichkeit geben, Informationen zu visualisieren und sich Probleme bildlich vorzustellen, desto weniger Schwierigkeiten werden ihm seine auditiven Probleme bereiten.

Störungen der visuell-räumlichen Wahrnehung

Wenn Ihr Kind Probleme mit der visuell-räumlichen Verarbeitung hat, ist seine Welt – und damit seine Gedanken – möglicherweise fragmentiert, weil die visuell-räumlichen Fähigkeiten Kindern helfen, ein Gesamtbild zu sehen und die Teile ihrer Welt zusammenzusetzen. Ihr Kind neigt dann mehr als andere Kinder dazu, abrupt von einem Gedanken zum nächsten zu springen, ohne zwischen ihnen logische Verbindungen herzustellen. Ihre Aufgabe ist es, dazu beizutragen, daß es sieht, wo es einen solchen Gedankensprung gemacht hat, und es dann anzuregen, die beiden miteinander zu verknüpfen, etwa: »Wir haben doch eben über das Auto gesprochen, und jetzt sprichst du über den Himmel. Worüber willst du also reden?«

Es fällt Kindern mit Problemen der visuell-räumlichen Verarbeitungsproblemen zudem auch schwer, visuelle Probleme zu lösen. Ein Puzzle zusammensetzen, verlorene und versteckte Gegenstände wiederfinden, in einem fremden Haus zum Badezimmer gelangen – all das können beängstigende Herausforderungen sein. Sie können Ihrem Kind bei diesen Schwierigkeiten dadurch helfen, daß Sie ihm viel Übung verschaffen. Suchen Sie gemeinsam nach der roten Socke in der Schublade oder nach dem Buch mit dem blauen Umschlag auf dem Regal oder nach dem Feuerwehrauto in der Spielkiste. Machen Sie es sich zur Gewohnheit, jedesmal wenn Sie das Haus eines Freundes betreten, gemeinsam die verschiedenen Zimmer zu suchen.

Spielen Sie Verstecken, oder verstecken Sie den Stoffhasen, oder lassen Sie seine Puppe Ihre Puppen verstecken. Während Sie diese Dinge zusammen mit dem Kind tun, sollten Sie darüber sprechen. Fragen Sie zum Beispiel: »Gehen wir nach vorn oder nach hinten? Nach links oder nach rechts? Nach oben oder nach unten?«; »Glaubst du, daß wir das Badezimmer schnell finden? Ich denke schon!«; »Wann haben wir das Feuerwehrauto zum letzten Mal in der Hand gehabt? Kannst du dich daran erinnern?« Benutzen Sie alle Ihre visuellen Nachforschungen als Auftakt zu Gesprächen; so können Sie, während Sie visuell-räumliche Fertigkeiten üben, einen Dialog in Gang halten.

Motorische Störungen

Wenn Ihr Kind Schwierigkeiten mit der motorischen Planung hat, tut es sich vermutlich nicht leicht damit, Dinge zu sequenzieren, das heißt, sie in der richtigen Reihenfolge zu tun. Dadurch bleiben viele seiner Handlungen – im Spiel und im Leben – fragmentiert. Vielleicht stellt es jetzt gerade einen Gegenstand in sein Puppenhaus; im nächsten Augenblick – und ohne Übergang – füttert es seine Puppe mit Milch. Ihre Aufgabe besteht nun darin, das Kind zu seiner ersten Handlung zurückzuführen und ihm kreativ zu helfen, sie zu beenden.

Wenn Ihr Kind Probleme mit der motorischen Planung oder der visuell-räumlichen Verarbeitung hat, fällt es ihm möglicherweise auch schwer, Spiele zu spielen, da hierbei die Fähigkeit zum Sequenzieren eine wichtige Rolle spielt. Spiele, die den ganzen Körper einbeziehen (wie die »Reise nach Jerusalem«), die das gegenseitige Abwechseln verlangen und aus drei oder vier Schritten bestehen, bereiten besondere Schwierigkeiten. Aber eben weil sie schwierig sind, sind sie von Nutzen, da sie Ihrem Kind eine Menge Übung in Bereichen vermitteln, in denen es Schwachstellen hat. Sie können ihm dadurch helfen, daß Sie Worte und Gebärden verwenden, mit deren Hilfe Sie ihm Dinge erklären. Spielen Sie langsam, beschreiben Sie mit Worten alles, was das Kind tun soll, und veranschaulichen Sie die gewünschten Bewegungen mit Handzeichen und Körpersprache.

Verfahren Sie ebenso in Symbolspielsituationen, in denen Ihr Kind Sequenzierungsprobleme hat. Wenn etwa seine Puppe nach Ihrer Puppe sucht, dann hat es möglicherweise Mühe, die gewünschten Suchbewegungen zu koordinieren, insbesondere wenn es an mehr als einer Stelle zu suchen hat (wie bei Versteckspielen).

Hat ein Kind Schwierigkeiten bei der Sequenzierung, so ist auch seine Fähigkeit, soziale Funktionen zu erfüllen und komplexe Situationen im gesellschaftlichen Umgang mühelos zu meistern, beschränkt. Das Begrüßen eines anderen Menschen kann dann große Mühe machen, denn sie erfordert das Herstellen eines Augenkontakts, das Ausstrecken einer Hand, ein Lächeln und das »Guten Tag«-Sagen – eine komplexe Reihe von Handlungen. Ganz besonders schwierig ist es für das betreffende Kind, mit einer ganzen Ansammlung von Menschen bei einer Party (mit erwachsenen Gästen) zurechtzukommen, denn hier sind viele schnelle, selbstverständliche, soziale Sequenzen verlangt. Geben Sie Ihrem Kind viel Praxis in sozialen Fertigkeiten, und gehen Sie dabei nach und nach von einfachen zu komplizierteren Übungen über.

In sich selbst zurückgezogene Kinder mit hoher Reizschwelle

Wenn Ihr Kind verschlossen ist und zu wenig auf Reize reagiert, dann müssen Sie viel Energie aufbringen, um einen Dialog in Gang zu setzen. Mit großem sensorischem Einsatz und körperlichen Bewegungen werden Sie es dazu bringen, sich darauf einzulassen und symbolische Kreise zu schließen. Bauen Sie viel Bewegung in Ihr Spiel ein. Fangenspiele, Spiele, in denen die Kinder nachmachen müssen, was der »Anführer« vormacht, das Bauen von »Festungen« und Hügeln – all diese Aktivitäten bieten eine Menge Gelegenheiten zum Dialog und fesseln seine Aufmerksamkeit. Antwortet das Kind nicht auf etwas, das Sie sagen, dann sollten Sie es nachdrücklich dazu auffordern (»Du hast meine Frage nicht beantwortet!«). Heben Sie dabei die Stimme (spielerisch, nicht ärgerlich), schwenken Sie die Arme, gehen Sie mit Ihrem Gesicht ganz nah an das Kind heran. Setzen Sie Ihren ganzen Körper sowie Ihre Stimme ein, um seine Aufmerksamkeit auf sich zu ziehen und zu erreichen, daß die Kreise geschlossen werden.

Vergessen Sie dabei nicht, daß Ihr Kind in einigen Bereichen möglicherweise übermäßig empfindlich ist. Vielleicht sind ihm starke Lichteinwirkung, grelle Farben oder bestimmte Geräusche unangenehm, insbesondere, wenn sie unerwartet kommen. Versuchen Sie daher, Wahrnehmungen auszuschalten, die das Kind als störend empfindet, und kündigen Sie sie ihm immer im voraus durch Hinweise oder Signale an.

Prägen Sie sich folgende Prinzipien ein:

- Legen Sie viel Lebendigkeit in Ihre Stimme und Ihre Gesten.
- Bauen Sie viel körperliche Aktion und sensorischen Einsatz in Ihr Spiel ein.
- Drücken Sie sich in Ihren Fragen und Kommentaren sehr deutlich aus.
- Bereiten Sie Ihr Kind auf das vor, was Sie im nächsten Augenblick tun werden.

Leicht ablenkbare Kinder mit hoher Reizschwelle

Wenn Ihr Kind zu wenig auf Reize reagiert, sehr aktiv und zudem leicht ablenkbar ist, dann hungert es nach sensorischen Erlebnissen. Wenn Sie viel sensorisches Engagement in Ihr Spiel einbringen, fesseln Sie seine Aufmerksamkeit und helfen ihm, symbolische Kreise zu schließen. Aber da es sich nach Stimulation sehnt, neigt es leicht dazu, zu übertreiben und die Beherrschung zu verlieren. Sie können Ihrem Kind Selbstbeherrschung beibringen, indem Sie Modulationen in Ihre Spiele einbauen. Wenn Sie Fangen spielen, dann sagen Sie: »Ich laufe wirklich viel zu schnell hinter dir her. Jetzt werd' ich's mal ein bißchen langsamer tun«, damit es lernt, sich in verschiedenen Geschwindigkeiten zu bewegen. Wenn Sie spielerisch miteinander ringen, dann sagen Sie: »Laß uns zuerst fest ringen«, und ein wenig später: »Jetzt wollen wir sanft ringen«, damit es lernt, sich mit seinem Körper auf verschiedene Arten bewegen. Wenn Sie einen Sprungwettkampf veranstalten, dann sagen Sie zu ihm: »Laß uns zuerst hoch springen und dann niedrig«, damit es lernt, daß es die Art, wie sein Körper springt, kontrollieren kann. Wenn Sie zusammen mit dem Kind singen, sagen Sie: »Wir wollen dieses Lied laut singen, aber das nächste singen wir dann ganz leise«, damit es lernt, daß es den Klang seiner Stimme modulieren kann. Mit der Zeit sollten Sie immer nuanciertere Vorgehensweisen einüben.

Kann Ihr Kind schon recht gut mit Symbolen umgehen, dann denken Sie sich Symbole aus, die es daran erinnern, daß es langsamer sein oder leiser sprechen oder aufhören soll zu rennen. Das könnten Handzeichen, mimische Signale oder Laute sein. Bauen Sie diese Zeichen in Ihr Spiel ein.

Wenn Sie diese Spiele spielen, dann sollten Sie dabei ständig darüber sprechen. Führen Sie einen kontinuierlichen Dialog über Ihre Aktivitäten. Was hat Ihr Kind lieber: festes Ringen oder sanftes Ringen? Wessen Puppe springt höher? Was ist sein Lieblingslied? Welches Lied hat es am wenigsten gern? Wenn seine Bedürfnisse nach sensorischen Erfahrungen befriedigt sind, ist es am besten in der Lage, symbolische Kreise zu schließen. Daher sollten Sie jedes grobmotorische Spiel als Gelegenheit für ein Gespräch nutzen.

Sich abkapselnde Kinder mit niedriger Reizschwelle

Wenn Ihr Kind übertrieben stark auf Reize reagiert und unsicher-vermeidend ist, ist es schnell überlastet, und wenn es überlastet ist, wird es Ihnen aus dem Weg gehen. Ihre Aufgabe besteht darin, sein Engagement zu wecken und dafür zu sorgen, daß es auch so bleibt. Zu einem früheren Zeitpunkt war es Ihr Wunsch, es zu einer wechselseitigen Kommunikation und zu Symbolspielen zu motivieren. Jetzt liegt Ihr Hauptziel in fortdauernden, logischen Gesprächen. Ihr wichtigstes Mittel ist noch immer die spielerische Obstruktion, bei der Sie sich zwischen Ihr Kind und sein Interesse schieben, um es zum Engagement zu bewegen. Doch jetzt, wo es sich engagiert, sollten Sie es mit Worten behindern. Sie sollten sich verbal einschalten, um das Kind dazu zu bewegen, so viele symbolische Kreise wie möglich zu schließen.

- Wenn Ihr Kind sich von Ihnen abwendet und beginnt, allein mit seinem Auto zu spielen, dann stellen Sie Ihr eigenes Auto vor seines und sagen Sie: »Straße gesperrt!« Wenn es protestiert, dann fragen Sie: »Warum soll ich die Straße freimachen? Weil du es so willst? Aber ich will es nicht!« – »Willst du immer noch, daß ich es tue? Nun, was gibst du mir, wenn ich sie freimache?« Fordern Sie es immer wieder zu Antworten heraus, damit die Kreise nicht aufhören. Frustrieren Sie das Kind nicht allzulange; nach einigen Kreisen sollten Sie die Straße freigeben. Suchen Sie sich danach eine andere Möglichkeit, um es verbal herauszufordern. Sagen Sie: »He, dein Auto fährt zu schnell für diese Straße!« oder: »Diese Straße führt nicht zu Omas Haus. Du bist auf dem falschen Weg.« Machen Sie daraufhin aus jeder seiner Antworten eine Gelegenheit, weitere Kreise zu öffnen und zu schließen.

Solange Sie am Interesse Ihres Kindes Anteil nehmen, sollten Sie in der Lage sein, es zu einem Dialog zu bewegen.

Leicht ablenkbare Kinder mit niedriger Reizschwelle

Wenn Ihr Kind überempfindlich auf Reize reagiert und ablenkbar ist, dann ist es ebenfalls schnell überlastet. Es schützt sich, indem es von einer Sache – sei es ein Gedanke oder ein Verhalten – zur nächsten springt. Hier haben Sie eine zweifache Aufgabe: Sie sollten Ihrem Kind helfen, an seinen Ideen festzuhalten, indem es so viele Kreise wie möglich schließt, ehe es zu einer neuen Idee übergeht; und Sie sollten ihm helfen, logische Verbindungen zwischen seinen Ideen herzustellen. Verhalten Sie sich ruhig und besänftigend, sprechen Sie mit Wärme über das, was es interessiert.

- Halten Sie das Gespräch in Gang.
- Bitten Sie Ihr Kind, die Dinge, die es gesagt hat, genau zu erklären, damit Sie wirklich wissen, was es meint.
- Wenn Ihr Kind zum nächsten Gedanken springt, dann holen Sie es zurück, indem Sie sagen: »Warte, ich bin ein bißchen verwirrt. Wir haben gerade über A gesprochen und jetzt sind wir mit einem Mal bei B.«
- Nehmen Sie eine beruhigende Haltung ein, wenn Sie Ihr Kind herausfordern.
- Helfen Sie Ihrem Kind, zu erkennen, wann es erregt ist, und was es dann tut.

Vermeiden Sie möglichst alle Empfindungen, die Ihr Kind überlasten könnten: laute Geräusche, eine sehr lebhafte Mimik, schnelle Bewegungen, starke Lichteinwirkung. Richten Sie sich nach seinen sensorischen Vorlieben, um ihm zu helfen, organisiert zu bleiben.

Da Ihr Kind sehr sensibel auf sensorische Einwirkungen reagiert, ist es vermutlich sehr vorsichtig und vermeidet bestimmte Erlebnisse, da es fürchtet, sie könnten es überlasten. Sie können ihm helfen, etwas unternehmungslustiger zu werden, indem Sie es ermutigen, seine eigenen Ideen umzusetzen. Greifen Sie die Themen auf, die das Kind vorschlägt, und nicht so sehr Ihre eigenen. Geben Sie ihm viel Raum zum Experimentieren – mit neuen Ideen und neuen Verhaltensweisen –, und unterstützen Sie seine Anstrengungen, neue Wege zu gehen. Wenn Sie darauf achten, daß Ihre Stimme und Ihr Verhalten immer freundlich und unterstützend sind, wird es immer mehr auf seine Fähigkeit, neue Dinge auszuprobieren, vertrauen. Seien Sie besonders stolz, wenn es Selbstbewußtsein zeigt, und geben Sie ihm Gelegenheiten, in denen es als selbstbewußter »Anführer« auftreten kann.

Faustregeln für die alle Entwicklungsstufen begleitende Bodenzeit

- Stellen Sie sich auf das gegenwärtige Entwicklungsniveau Ihres Kindes ein, und helfen Sie ihm, allmählich sein höchstes Niveau zu erreichen.
- Finden Sie die individuellen Vorlieben Ihres Kindes heraus und stimmen Sie Ihre Interaktionen darauf ab.
- Lassen Sie sich vom Unternehmungsgeist Ihres Kindes leiten; versuchen Sie im Rahmen der Aktivität, die es bereits ausführt, mit ihm zu interagieren. Geben Sie ihm häufig die Möglichkeit, die Initiative zu ergreifen.
- Arbeiten Sie daran, die Anzahl und die Komplexität Ihrer Kommunikationskreise zu erhöhen.
- Arbeiten Sie daran, die Tiefe und Bandbreite der Emotionen Ihres Kind zu steigern.
- Machen Sie sich die natürlichen Interessen und Motivationen Ihres Kindes zunutze, um ihm zu helfen, Kreise zu schließen.
- Wenn es notwendig ist, verhalten Sie sich in spielerischer Weise obstruktiv, um Interaktionen in Gang zu bringen.

Verlauf der Phasen: Eine Zusammenfassung

Niemand kann genau vorhersehen, welche Fortschritte ein Kind machen wird, denn jedes Kind ist einzigartig. Aber bei manchen Kindern, für deren Behandlung ein Entwicklungsansatz angezeigt ist, kommt ein bestimmtes Muster immer wieder vor. Obwohl dieses Muster zumeist bei Kindern zu beobachten ist, bei denen man autistische Störungen diagnostiziert hat, stellt man es auch bei vielen anderen Entwicklungsproblemen fest.

Oft ist das Kind zu Beginn verschlossen, unsicher-vermeidend und ziellos. Aber wenn Eltern, Betreuer, Erzieher und Therapeuten es zu Engagement, Zielbewußtsein und Konzentration bewegen, fängt es an, minimale Gebärden zu verwenden. Nach und nach werden einfache Kommunikationskreise geöffnet und geschlossen. Anfangs werden die Kreise nur auf eine reaktive Art und Weise geöffnet und geschlossen, das heißt, eher reagiert das Kind auf eine Gebärde des Erwachsenen, als daß es aus eigenem Antrieb eine Interaktion in Angriff nimmt. Doch mit der Zeit entwickelt es eigene

Initiativen, insbesondere wenn seine Eltern sich von ihm leiten lassen; und an die Stelle von einfachen treten nun komplexere Gebärden.

Sobald ihm interaktive Gebärden zur Gewohnheit geworden sind, beginnt es häufig, in seiner Gesichtsmimik mehr Nuanciertheit und Subtilität herauszubilden. Oft verwendet es zum ersten Mal die Mimik seiner Eltern! Dies ist ein bedeutender Schritt in der Entwicklung seines Selbstgefühls.

Wenn das Kind von komplexen Gebärden zur symbolischen Darstellung übergeht, fängt es an, sich Gedanken, ja vielleicht sogar Worte zunutze zu machen, die für konkrete Gegenstände stehen. Anstatt mit dem Finger auf das Essen zu deuten, ist es nun in der Lage, sich den Bauch zu reiben und zu sagen: »Essen.« Anstatt seine Puppe auf den Boden zu werfen, nimmt es sie vielleicht in den Arm. Diese Fähigkeit, Symbole zu verwenden, ist zuerst nur bruchstückhaft vorhanden – sie kann an einem Tag da sein, am nächsten jedoch schon nicht mehr –, weil das Kind nur langsam mit Symbolen vertraut wird.

Doch allmählich wird ihm die Fähigkeit, Dinge symbolisch darzustellen, zur Gewohnheit. Danach kommt die Phase, die manchmal sehr viele Überraschungen mit sich bringt. Das Kind scheint sich an seinen neuen Fähigkeiten so zu berauschen, daß es beginnt, ohne Unterlaß zu reden. Es kann immerwährend Bedürfnisse äußern oder sich ständig an seinen Bezugspersonen festhalten wollen, als habe es nun entdeckt, daß die menschliche Umgebung ein wundervoller Ort ist, den es nie mehr verlieren will. Es kann ununterbrochen plappern – doch mangelt es dem Geplapper an Logik. Es besteht aus Bruchstücken unzusammenhängender Gedanken und nicht aus vollständigen und gut strukturierten Gedanken. Es fehlen Verbindungen zwischen den eigenen Gedanken des Kindes sowie zwischen seinen und Ihren Gedanken.

Nachdem das Kind diese Phase durchlaufen hat, wird es in seinem Wesen oft ausgeglichener. Seine Gebärden und Emotionen wie auch der Gebrauch seiner Worte werden ruhiger und anpassungsfähiger, und es ist nach und nach besser imstande, strukturiert zu denken. Doch selbst dann noch beruhen seine Gedankengänge mehr auf seiner eigenen Phantasie; es fällt ihm noch immer schwerer, von anderen Menschen Informationen aufzunehmen, als seinen eigenen Gedanken zu folgen. Während dieser Phase ist es wichtig für Eltern, Betreuer, Erzieher und Therapeuten, dem Kind zu helfen, symbolische Kreise zu öffnen und zu schließen, damit es sich auf die Informationen anderer Menschen stützen kann, anstatt eine mehr und mehr idiosynkratische Denkweise zu entwickeln. Je mehr man ihm hilft, auf die Gedanken und Gefühle anderer Menschen zu reagieren, desto flexibler wird es.

Wenn Ihr Kind nur einige dieser frühen Stufen erreicht hat, zu einem warmherzigen Engagement fähig und in seiner Gestik interaktiv ist, wenn es ihm aber noch schwerfällt, mit Symbolen um zugehen, dann können Sie andere Methoden verwenden, um ihm zu weiteren Fortschritten zu verhelfen. Diese werden im 18. Kapitel erläutert.

13 Die physiologischen Verarbeitungsfähigkeiten stärken

In den vorangegangenen Kapiteln haben wir erklärt, wie man Interaktionen nutzen kann, um Aufmerksamkeit und Regulierung, Engagement, nonverbale Kommunikation und die Anwendung der eigenen Ideen, außerdem die Fähigkeit des emotionalen Denkens zu verbessern. In diesem Kapitel stellen wir zusätzliche Übungen vor, mit deren Hilfe die Selbstregulierung, die auditive Verarbeitung, die visuell-räumliche Verarbeitung, die motorische Planung sowie die Sequenzierung gefördert werden können. Dank dieser Fähigkeiten ist es Kindern möglich, Informationen aufzunehmen, zu verarbeiten und zu verstehen und Handlungen und Gedankenprozesse zu planen und in die Tat umzusetzen. Sie liefern wichtige Bausteine, die – zusammen mit den Interaktionsweisen, die wir erläutert haben – das Kind befähigen, die Entwicklungsleiter hinaufzuklettern und die sechs Wegmarken nach und nach zu passieren.

Auch Sprachtherapeuten, Beschäftigungstherapeuten, Physiotherapeuten und Sonderpädagogen arbeiten an diesen wichtigen Aspekten des kindlichen Nervensystems.

Selbstregulierung

Um Ihr Kind besser zu befähigen, sensorische Einwirkungen zu modulieren, Zustände der Ruhe zu erreichen und seine Aufmerksamkeit in eine bestimmte Richtung zu lenken, sollten Sie ihm im Laufe des Tages mehrmals die Möglichkeit geben, zu springen, zu rennen, zu schaukeln oder herumzuwirbeln. Auch taktiler Druck ist empfehlenswert (z. B. eine Tiefenmassage) sowie perzeptiv-motorische Übungen, die das Anschauen und anschließende Greifen von einem Gegenstand (bzw. das Hören von einem Gegenstand und das anschließende Greifen) einschließen (wenn möglich, soll es dabei stets hinter die Mittellinie seines Körpers greifen). Für solche Übungen eignen sich eine Matratze, ein kleines Trampolin, das sich ein paar Zentimeter über dem Fußboden befindet, und Schaukeln (sowohl im Haus als auch draußen). Sie können Ihr Kind auch an den Händen fassen und es herumwirbeln.

Perzeptiv-motorische Spiele können Ihrem Kind vor allem dann großen

Spaß bereiten, wenn ein bestimmter Gegenstand dabei zum Einsatz kommt–, wie ein Ball, eine Puppe oder eine Spielfigur –, für die es sich ganz besonders interessiert. (Lassen Sie es dabei zuerst rechts, dann links und dann über die Mittellinie greifen.) Sie können auch einen Ball an eine Schnur binden und ihn vor- und zurückschwingen, während Ihr Kind versucht, ihn erst links, dann rechts und dann in der Mitte zu erhaschen. Verfügt Ihr Kind bereits über fortgeschrittene motorische Fähigkeiten, dann lassen Sie es den Ball auffangen, während er nach links, dann nach rechts, dann in die Mitte geworfen wird. Es kann auch mit einem Tennisschläger oder einem Schlagholz auf den Ball schlagen.

Fast alle körperlichen Aktivitäten, die Ihr Kind dazu bringen, sich mit sensorischen Erfahrungen auseinanderzusetzen und motorische Aktionen zu planen, werden die Entwicklung seines Nervensystems unterstützen. Versuchen Sie, diese Übungen auf das Entwicklungsniveau abzustimmen, in dem Ihr Kind sich gerade befindet. Wenn es bereits seine eigene Phantasie entwickelt hat und sprechen kann, dann erfinden Sie Phantasiespiele, in denen Sie zum Beispiel in einem Flugzeug fliegen oder Meeresforscher oder Astronauten sind, die neue Welten erkunden, oder Seefahrer, die gegen böse Piraten kämpfen. Wenn Ihr Kind noch keine Phantasie an den Tag legt und auch noch keine Worte verwendet, sondern erst lernt, intentional und zielbewußt zu handeln, dann sollten Sie ihm beibringen, auf nonverbalem Wege mittels Gebärden zu kommunizieren, damit es anzeigen kann, ob es schneller oder langsamer agieren oder weitermachen oder aufhören möchte. Ermuntern Sie Ihr Kind, die jeweilige Übung selbst zu steuern. Die meisten Kinder lieben es, herumgewirbelt und hochgehalten zu werden, und sind bereit, durch Gesten und sogar durch einige Lautäußerungen kundzutun, welche Bewegungsmuster sie am liebsten haben.

Sie können Ihrem Kind auch helfen, seine sensorischen und motorischen Muster zu regulieren, indem Sie zusammen Spiele spielen, die auf die Modulation der Übung und des Erlebnisses abzielen. Fordern Sie Ihr Kind auf, zuerst zu springen, so schnell es kann, danach in einem mittleren Tempo und dann sehr, sehr langsam, fast im Zeitlupentempo. Ihr Kind kann auch Sie bitten, es in schnellem, langsamem oder mittlerem Tempo herumzuwirbeln.

Wenn Ihr Kind sein motorisches und sein sensorisches System in unterschiedlichen Übungsniveaus erprobt, erkennt es, daß es für seine eigenen sensorischen und motorischen Erfahrungen verantwortlich ist; außerdem lernt es die Selbstregulierung. Wenn es seine Beine dazu bringen kann, schnell oder langsam zu laufen, lernt es, sowohl seinen Körper zu beherrschen als auch, welche Wirkung die verschiedene Übungsarten bei ihm auslösen. Diese beiden Dinge zusammen werden es befähigen, langsamer und zielgerichteter zu handeln und sich zu konzentrieren, aber auch das Tempo zu steigern und sich daran zu berauschen. Durch die Übungen lernt Ihr Kind, sich selbst zu regulieren und zu einem mittleren oder sogar langsamen Tempo überzugehen, wenn es sich allzu sehr aufgeregt hat. Diese Erfahrungen sind besonders wichtig für aktive oder leicht ablenkbare Kinder, weil sie dazu beitragen, Aufmerksamkeit und Aktivität zu regulieren.

Die meisten Menschen halten diese Fähigkeiten für selbstverständlich, weil ihr Nervensystem mühelos funktioniert. Aber viele Erwachsene und Kinder benötigen zusätzliche Übung in Selbstregulierung und Modulation. Sie werden ängstlich, wenn sie das Gefühl haben, keine Kontrolle zu besitzen, und ihre Angst bewirkt zuweilen, daß sie noch aktiver werden; manchmal werden sie dadurch aber auch sehr passiv und schalten ab; weder das eine noch das andere trägt zu einem Zustand der Ruhe und der konzentrierten Aufmerksamkeit bei, der mit einem optimalen Maß an Selbstregulierung einhergeht.

Kinder kommen nur sehr schwer mit ihren jeweiligen Neigungen zurecht, zu stark oder oder aber zu schwach auf Empfindungen in einer bestimmten Modalität zu reagieren. Wie wir bereits erläutert haben, müssen Sie, wenn Ihr Kind zu schwach reagiert, durch verschiedene Sinnesmodalitäten möglichst viel Emotion in Ihrem Kind wachrufen, um es zur Interaktion zu bewegen, und dem Kind daraufhin helfen, auch »bei der Stange« zu bleiben. Reagiert Ihr Kind übermäßig stark, müssen Sie beruhigende Aktivitäten mit allmählich erfolgenden sensorischen Einwirkungen kombinieren. Dabei sollten Sie zuerst dafür sorgen, daß Ihr Kind entspannt ist und sich wohlfühlt (etwa, indem Sie eher in einem langsamen, leisen Tonfall sprechen statt in einem hohen, schnellen). Wenn Sie Ihrem Kind dazu verhelfen, sich durch eine Reihe beruhigender Aktivitäten – wie durch Hin- und Herschaukeln, durch tiefen, taktilen Druck und durch seine eigene Fähigkeit, sein motorisches System wirksamer zu koordinieren – selbst zu beruhigen, können Sie es nach und nach intensiveren auditiven und visuellen Einwirkungen aussetzen, immer in Kombination mit beruhigenden Aktivitäten, die ihm helfen, sich wiederaufzubauen und das momentane Erlebnis zu verarbeiten. Am besten sollte Ihr Kind diese Erlebnisse selbst steuern, zum

Beispiel indem es das Radio auf laute, leise oder mittlere Lautstärke einstellt. Sie können auch ein Spiel spielen, in dem Ihr Kind die Intensität des Lichts mit Hilfe eines Dimmers regulieren oder an einem Gerät die Lautstärke oder die Höhen verändern kann. Wahrscheinlich müssen Sie Ihrem Kind anfangs helfen, insbesondere wenn es beim Regulieren noch ungeschickt ist und durch das Einstellen eines allzulauten Tons erschrickt.

Wenn die Fähigkeit Ihres Kindes zur Selbstregulierung und sein Gefühl für Körperbeherrschung zunimmt, dann nimmt seine Angst, die Kontrolle zu verlieren, oft ganz erheblich ab.

Die auditive und visuelle Verarbeitung

Eine Vielzahl von Spielen – einfachen wie komplizierteren – zielt auf das Verarbeiten und Verstehen visueller und auditiver Informationen ab, ferner darauf, die jeweilige Information mit der Fähigkeit zu verbinden, etwas zu planen und Handlungen zu sequenzieren. Ihr Kind wird nach und nach besser Töne aufnehmen, wenn Sie mit einem lebhaften und erwartungsvollen Tonfall sprechen, um seine Aufmerksamkeit zuerst für vier Sekunden, dann für sechs Sekunden zu fesseln. Auch indem Sie Ihrer Stimme einen besonderen Rhythmus verleihen, können Sie die Aufmerksamkeit Ihres Kindes steigern, insbesondere wenn Sie ihn auf die Vorlieben Ihres Kindes abstimmen (beispielsweise lauter, leiser, langsamer oder schneller). Legen Sie viel Spannung in den Rhythmus, damit die Aufmerksamkeit Ihres Kindes gefesselt wird, so wie ein guter Redner, der seine Zuhörerschaft in Atem zu halten versteht.

In ganz ähnlicher Weise kann auch die visuelle Lebhaftigkeit die visuelle Konzentration und Aufmerksamkeit Ihres Kindes erhöhen. Auch hier sollten Sie die Reize – bezüglich Lichteinwirkung, Farben, schnelle Veränderungen usw. – auf das Nervensystem Ihres Kindes abstimmen. Sie sollten herausfinden, welche visuellen Erlebnisse die visuelle Aufmerksamkeit Ihres Kindes erregen und aufrechthalten.

Sowohl die auditive als auch die visuelle Aufmerksamkeit werden am besten geübt, wenn sie mit Handlungen oder motorischen Mustern verbunden werden, die Ihrem Kind Vergnügen bereiten. Erhält Ihr Kind beispielsweise sein Lieblingsspielzeug oder einen Keks aus einer Schachtel, nachdem es sich einige Geräusche angehört hat, die ihm signalisiert haben, wo diese ist, oder nachdem es bestimmten visuellen Hinweisen gefolgt ist, so steigert dies vermutlich sein Interesse. Sie können damit beginnen, daß Sie einen Keks in eine Spieldose legen. Ein visueller Hinweis könnte ein Blitzlicht sein, das in Richtung der Dose aufleuchtet, oder ein Signal, das auf den Keks hinweist, oder auch ein Bild des Kekses auf der Schachtel (die neben anderen Schachteln steht, auf denen keine Bilder oder andere Bilder sind).

In diesen Spielen sollten sowohl die auditiven als auch die visuellen Hinweise allmählich immer komplexer werden, wie in dem alten Topfschlagen-Spiel, bei dem man zum Kind sagt: »Es wird wärmer und wärmer«, wenn es sich dem versteckten Gegenstand nähert, und »kälter, kälter, kälter«, wenn es sich davon entfernt. Falls Ihr Kind noch präverbal ist, aber sehr gern versuchen möchte, einen ersehnten Gegenstand zu finden, dann können Sie mit natürlichen Geräuschen arbeiten, in denen Worte vorkommen, die damit assoziiert werden. Vielleicht versteht Ihr Kind das Ganze zuerst nicht, aber schließlich wird es den Rhythmus Ihrer Stimme deuten lernen. Sie können ein »Du kommst näher und näher und näher« mit dem Rhythmus Ihrer Stimme ausdrücken und Ihrem Kind damit vermitteln, daß es auf der richtigen Spur ist. Ein »Nein, nein, nein, nein« in einem langsameren Rhythmus drückt aus, daß es sich in die falsche Richtung bewegt. Nachdem Ihr Kind einige Male schnellere Klangsequenzen mit dem Sich-Nähern an einen Gegenstand und langsamere mit dem Sich-davon-Entfernen assoziiert hat, wird es vermutlich das allgemeine Prinzip verstanden haben und beginnen, Ihre Stimme als eine Art Leitsystem zu benutzen, mit dessen Hilfe es sich auf die auditive Verarbeitung konzentrieren kann. Wenn Ihr Kind bereits sprechen kann, können Sie ihm verbale Hinweise geben, wobei Sie mit einfachen beginnen und dann langsam zu komplizierteren übergehen und daraus eine Art »Schatzsuche«-Spiel machen.

Um visuelle Hinweise zu üben, können Sie Ihrem Kind zwei oder drei Bilder vorlegen, die nicht in einer Reihenfolge stehen. Sobald Ihr Kind die Bilder so zusammengefügt hat, daß sie einen Sinn ergeben, weisen Sie es darauf hin, wo der versteckte Gegenstand zu finden ist.

Wenn Ihr Kind leistungsfähiger wird, können Sie verbale Anweisungen geben, die zwei oder drei Schritte umfassen. Das Befolgen solcher Anweisungen, mit denen das Kind versteckte Gegenstände findet, wird seine motorische Planung und seine Fähigkeit zur Sequenzierung fördern. In ähnlicher Weise können Sie auch visuelle Sequenzen von zwei oder drei Schritten entwickeln, wobei Sie Bilder oder andere visuelle Hinweise und –

für früh Lesekundige – auch Wörter verwenden. Bei all diesen Übungen ist entscheidend, daß man das Kind durch eine motivierende Belohnung zum Mitmachen anregt.

Motorische Planung und Sequenzierung

Noch schwieriger als das Arbeiten an der sensorischen Modulation und der sensorischen Verarbeitung ist es, einem Kind bei seiner motorischen Planung und beim Sequenzieren zu helfen. Wie bereits an früherer Stelle erläutert, fällt es vielen Kindern schwer, ihre Handlungen zu planen und ihre Gedanken in die richtige Reihenfolge zu bringen. Für ein Kind, das selbst einfache Handlungen nicht sequenzieren kann, stellt es schon eine echte Herausforderung dar, seine Hand an den Mund zu führen, um etwas zu sich zu nehmen, und eine noch größere Herausforderung ist es, herauszufinden, wie man zur Tür geht, um sie zu öffnen. Wenn es einem Kind sogar schwerfällt, Handlungsmuster auszuführen, die nur ein oder zwei Schritte erfordern, dann hat es Mühe, auch nur seine Grundbedürfnisse (nach Zuneigung, Nahrung oder Sicherheit) zu befriedigen. Schwierigkeiten mit der motorischen Planung sind großenteils der Grund für die repetitiven und ziellosen Verhaltensweisen, die wir an manchen förderbedürftigen Kindern beobachten.

Einige Übungen, die Sie zu Hause machen können, um diese Fähigkeit zu fördern, zielen darauf ab, den Muskeltonus zu stärken. Sie spielen dabei Spiele, bei denen Ihr Kind seine Streckmuskeln beanspruchen muß. Wenn es herumläuft und beispielsweise plötzlich die Richtung ändert, stößt Ihr Kind sich ab und benutzt mehr seinen Streckmuskel als seinen Beugemuskel (der dann zur Anwendung kommt, wenn es sich etwa in einer fötalen Position befindet). Sie können auch »Flugzeug« spielen; Ihr Kind wickelt dabei seine Beine um Ihre Taille, mit dem Gesicht zum Boden. Es streckt seine Arme aus, während Sie es um die Taille fassen und es herumdrehen wie ein Flugzeug. Wenn Ihr Kind seinen Körper ausstreckt und aufrichtet, beansprucht es in hohem Maße seinen Strecktonus. Es kann sich auch mit dem Bauch auf den Fußboden legen, den Rücken durchgebogen, und hin- und herschaukeln wie ein Boot; oder Sie spielen »Schubkarre«.

Als nächstes sollten Sie sehr einfache motorische Muster ausprobieren, die aus ein und zwei Schritten bestehen und in denen Ihr Kind ein Problem zu lösen hat. Auch hier ist das Entscheidende die Motivation. Nehmen Sie beispielsweise einen Gegenstand, den Ihr Kind gerne haben möchte, und legen Sie ihn ans Ende einer Hindernisstrecke. Zuerst bedeutet der Hindernislauf vielleicht nicht mehr als das bloße Öffnen einer Tür. (Diese aus einem Schritt bestehende motorische Planung kann das Kind mit seinem Fähigkeitsniveau unter Umständen schon mühelos meistern, aber auch sie erfordert Übung.) Beim nächsten Schritt soll Ihr Kind dann vielleicht über eine Barriere aus Couchkissen krabbeln und danach die Türe öffnen, um den ersehnten Gegenstand zu erhalten. Am Schluß besteht die Hindernisstrecke aus vier oder fünf Schritten, die das Krabbeln (durch, über und um Dinge herum), das Öffnen und Schließen von Türen und das Nach-oben-oder-nach-unten-Greifen einschließen. Das folgende Beispiel zeigt, wie man einem Kind helfen kann, vom Lösen eines die motorische Planung betreffenden Problems, das aus einem einzigen Schritt besteht, dazu überzugehen, ein Problem zu lösen, das aus zwei Schritten besteht:

Susan konnte unter dem Teppich nach ihrer Nuckelflasche suchen, aber sobald ihre Mutter die Flasche in einem kleinen Spielzeughaus versteckte und dieses Haus unter dem Teppich verstaute, wurde Susan unsicher und suchte woanders. Ihre Mutter zeigte ihr immer wieder, daß sich die Flasche in dem Haus befand, und versteckte das Haus dann erneut; schließlich gelang es Susan, das Zwei-Schritte-Problem zu lösen. Ein wenig später, als Susan die Worte übte, mit denen sie um ein Auto bat, sagte ihre Mutter: »Auto fährt in die Garage, und dann wird Garage unter dem Teppich versteckt.« Bald fragte Susan nach »Auto« und suchte nach dem Auto in der Garage unter dem Teppich.

Sie können Ihrem Kind helfen, vom Lösen eines Ein-Schritt-Problems zu dem eines Zwei- oder Drei-Schritte-Problems überzugehen, indem Sie

- seine Emotion oder sein Verlangen wecken, indem Sie etwa einen Keks, ein Bonbon oder ein Spielzeug verstecken, das es besonders gern hat, oder indem Sie seine momentane Begeisterung entfachen, und
- ihm motorische und räumliche Aufgaben stellen, die es zu lösen vermag, und ihm allmählich schwierigere Aufgaben vorgeben (z. B. einen Gegenstand zuerst in Ihrer Hand und dann unter dem Teppich verstecken und dann Ihr Kind so lange darauf hinweisen, bis es den Gegenstand sucht).

In diesem Buch haben wir mehrfach hervorgehoben, wie wichtig Emotionen oder Wünsche für die Planung von Handlungen sind, selbst dann, wenn es darum geht, Wörtern und Begriffen eine Bedeutung zu geben. Dieses Grundprinzip ist besonders dann wichtig, wenn Ihr Kind motorisches Planen und Sequenzieren übt. Von ihrem Wesen her ist die motorische Planung keine repetitive Handlung, sondern eine Handlung, die ein Kind befähigen soll, sich ein Bedürfnis zu befriedigen oder einen Wunsch zu erfüllen und sich an sein Umfeld anzupassen. Kinder, die dazu nicht in der Lage sind, weil sie die Emotion oder die Absicht nicht mit ihrem Sequenzierungsvermögen verbinden können, neigen dazu, ziellose, repetitive Muster oder Handlungssequenzen auszuführen. Daher ist es wichtig, daß die Handlung eine Absicht oder ein Ziel hat, wenn Sie mit Ihrem Kind Handlungssequenzen üben. Selbst wenn Ihr Kind eine Handlung nur nachahmt, ist damit ein Ziel verbunden: Ihrem Kind bereitet der Akt des Nachahmens Vergnügen.

Da es uns darum geht, die Sequenzierungsfähigkeiten zu verbessern, sollten sowohl grobmotorische Übungen (wie krabbeln, rennen, springen, laufen, greifen, öffnen usw.) als auch feinmotorische Übungen (das Nachmachen von Kreisen und Vierecken oder das Bilden von Worten aus Buchstaben) durchgeführt werden. Bei der motorischen Planung und beim Sequenzieren ist es zudem wichtig, alle Sinne in die motorischen Muster einzubeziehen – Tastsinn, Geruchssinn, Bewegung im Raum usw. Nützlich sind auch Spiele, in denen drei oder vier Sinne (Geruchssinn, Tastsinn, Gehör und Sehvermögen) gemeinsam Signale geben, weil sie Ihrem Kind helfen, zu lernen, wie man motorische Muster und die Sinne einbezieht.

Die Forschung weist darauf hin, daß rhythmische Übungen, insbesondere Musik, Tanz oder Sport, bei der motorischen Planung und beim Abstimmen der Sinne auf das Sequenzierungsvermögen hilfreich sind. Es heißt, daß bereits dann, wenn klassische Musik im Hintergrund gespielt wird, die sprachliche Entwicklung bei Kindern gefördert wird. Kinder profitieren offenbar davon, daß sie zu Musik Trommeln schlagen und sich auf dem Klavier, dem Keyboard oder dem Xylophon versuchen, und auch daß sie rhythmische Bewegungen machen – solange diese nicht zur mechanischen Routine werden und nicht ziel- oder absichtslos sind.

Auch wenn Ihr Kind Fortschritte macht und sich seine auditive Verarbeitung verbessert, können seine motorische Planung und seine Sequenzierungsfähigkeit ein großes Problem bleiben. Eine Methode, diese Fähigkeit zu verbessern, ist noch nicht in Sicht. Viele der erwähnten Spiele, die die auditive oder visuelle Verarbeitung verbessern sollen, können auch dazu verwendet werden, die Bewegungsplanung zu verbessern, insbesondere wenn man darauf achtet, die motorischen Aufgaben nach und nach komplexer zu gestalten. Nehmen wir ein Beispiel: Ihr Kind hat eine große Lieblingspuppe, die Sie verstecken. Geben Sie Ihrem Kind, das nun schon ein wenig sprechen kann, ein paar Hinweise, wo die Puppe liegt, indem Sie ihm sagen, sie sei in einer großen Schachtel und diese große Schachtel sei an einer Stelle, die rot ist. Das Kind muß dann eine Reihe von Handlungen sequenzieren und in seinem Kopf eine Art »Straßenkarte« zusammenstellen. Fangen Sie mit einem einfachen Problem an; machen Sie es dann komplizierter, und veranstalten Sie am Ende eine richtiggehende Schatzsuche.

Immer wenn es etwas gibt, das Ihr Kind wirklich will, sollten Sie sich diesen Wunsch zunutze machen. Es gibt keinen Grund, warum Sie Ihrem Kind einen ersehnten Keks einfach so geben. Bittet Ihr Kind um einen Keks, dann sagen Sie: »Das sind ausgezeichnete Kekse, die wirst du gerne essen. Ich habe sie eben gebacken, aber du mußt mir helfen, sie herzuholen.« Ihr Kind wird nur allzu erfreut sein, Ihnen dabei helfen zu können. Wenn Sie sagen: »Ich glaube, die Keskdose steht auf dem Regal«, wird es vermutlich einen Stuhl nehmen, daraufsteigen und auf das Regal hinauflangen. Das erfordert vier oder fünf motorische Handlungen.

Oft klagen Eltern darüber, daß die Kinder ihre Anweisungen nicht befolgen. Viele dieser Kinder haben Sequenzierungsprobleme. Am besten bringt man Kindern bei, Anweisungen zu befolgen und das Sequenzieren zu verbessern, indem man genau solche Gelegenheiten zum Üben nutzt.

Denken Sie daran, daß Ihr Kind, wenn es das Sequenzieren übt, verschiedene Entwicklungsphasen hinsichtlich der Aufmerksamkeit durchlaufen muß: Es muß sich auf das Lösen von einfachen, gestischen »Ein-Schritt-Problemen« einlassen und dann zum Lösen von räumlichen, motorischen, gestischen »Mehr-Schritt-Problemen« übergehen. Das Lösen von Problemen, die mehrere Schritte erfordern und komplexes Sequenzieren umfassen, ist für manche Kinder sehr schwer; es ist aber wichtig, sie zu üben, denn sie bilden die Grundlage für das Imitieren und für das Einbringen eigener Ideen beim Sprechen und beim Symbolspiel.

Viele Therapeuten arbeiten systematisch an Problembereichen, die wir erörtert haben, aber auch die Eltern entwickeln oft sehr interessante und originelle Methoden, um ihren Kindern zusätzliche Übung zu verschaffen.

Obwohl der Inhalt dieses Kapitels darauf abzielt, kreative Initiativen bei Eltern, Erziehern und Therapeuten zu fördern, wollen wir hier noch einige wichtige Prinzipien auflisten.

1. Geben Sie Aufgaben, die stark motivierend sind (starke Intention oder Emotion, verbunden mit einem klaren Ziel oder einer Belohnung). Dadurch binden Sie die sensorische Verarbeitung und die motorische Planung Ihres Kindes an sein Gefühls- oder Intentionssystem. Dieser Bereich ist für viele förderbedürftige Kinder sehr schwierig, vor allem für Kinder mit autistischen Problemen.
2. Beginnen Sie bei jeder sensorischen Übung, bei der motorischen Planung und beim Sequenzieren mit einfachen Aufgaben und gehen Sie dann zu komplizierteren Mustern über.
3. Erfinden Sie Spiele und Übungen, die Ihrem Kind ermöglichen, zunehmend mehr Initiative zu ergreifen und viel Spaß und Freude beim Lösen von Problemen zu erleben. Ihr Kind wird dann gern weitere ähnliche Übungen machen wollen; gleichzeitig wird es einen Sinn für Körperbeherrschung bekommen und außerdem Vertrauen in seinen Körper setzen.
4. Richten Sie es möglichst so ein, daß die Erfahrungen, die Ihr Kind macht, Teil der Beziehungen und Interaktionen sind. Wenn eine Erfahrung anfänglich nur wenig Interaktion zuläßt, dann sollten Sie den Kern der Erfahrung in einen neuen Kontext einbringen, in dem mehr Interaktion herrscht. Nachdem Sie mit dem Kind zum Beispiel geübt haben, einen Kreis zu zeichnen, könnten Sie zusammen ein Spiel spielen, in dem Sie beide lustige Gesichter malen und Augen, Nasen und Gesichtsumrisse als Kreise zeichnen.
5. Wenn Sie diese verschiedenen Übungen machen, sollten Sie bei Ihrem Kind so viele Entwicklungsfähigkeiten wie möglich mobilisieren. Mit anderen Worten, wecken Sie seine Aufmerksamkeit und Konzentration, sein Engagement, seine nonverbale Gebärdeninteraktion, und verwenden Sie Symbole, Wörter und Dialoge, die Phantasien und phantasievolle Szenarien einschließen.

14 *Schlafengehen, Erziehung zur Sauberkeit und andere schwierige Aufgaben*

Lernen, allein einzuschlafen, die Toilette zu benutzen, dem Impuls, zu beißen oder zu schlagen, nicht nachzugeben – all das sind schwierige Aufgaben für jedes Kind. Für förderbedürftige Kinder wird das noch durch ihre begrenzte Kontrolle über ihren Körper, durch ihre Probleme mit der Kommunikation und Selbstregulierung sowie durch ihr Unbehagen mit starken Emotionen erschwert. Trotzdem können auch die meisten Kinder mit Förderbedarf lernen, diese Aufgaben zu meistern, wenn man ihnen viel Geduld, Zeit, Übung und Unterstützung zugesteht. In diesem Kapitel stellen wir ein Sechs-Schritte-Verfahren vor, mit dem Sie Ihrem Kind helfen können, diese und andere Herausforderungen zu meistern. Die sechs Schritte sind: (1) kleine Schritte, (2) Bodenzeit, (3) symbolisches Problemlösen, (4) Sich in die Lage des Kindes versetzen, (5) Erwartungen formulieren und Grenzen setzen und (6) die goldene Regel.

Zuerst wollen wir kurz jeden einzelnen Schritt erläutern. Dann zeigen wir, wie diese Schritte in schwierigen Situationen anzuwenden sind.

1. Schritt: Kleine Schritte

Alle Aufgaben sind leichter zu bewältigen, wenn sie in kleine Schritte unterteilt werden, und diese Methode ist bei einem förderbedürftigen Kind sehr zu empfehlen. Allein der Gedanke, etwas Neues zu versuchen – ob es sich um ein neues Nahrungsmittel oder eine neue Routine, schlafen zu gehen, handelt – löst bei dem Kind Panik aus, doch Sie können diese neue Verhaltensweise erträglich gestalten, wenn Sie sie in Abschnitte einteilen, die so klein sind, daß jeder neue Schritt sich kaum von dem vorangegangenen unterscheidet. Wenn Sie Ihr Kind bitten, ein neues Nahrungsmittel zu probieren, dann geben Sie ihm zuerst eine winzige Portion davon, und zwar zusammen mit einem Nahrungsmittel, das es bereits gerne ißt. Nimmt es diese winzige »Dosis« gut auf, dann geben Sie ihm als nächstes eine nur geringfügig größere Portion. Machen Sie langsam, ganz langsam so weiter, bis Sie bei einer normalen Portion angelangt sind. Es kann einen Monat dauern, bis Sie Ihr Kind dazu gebracht haben, eine viertel Kartoffel zu essen, aber das spielt letztlich keine Rolle, denn es ist belanglos, ob das Kind in diesem Monat oder erst im nächsten Kartoffeln ißt. Wichtig ist, daß es lernt, neue Nahrung anzunehmen, weil sie ihm auf angenehme Weise dargeboten worden ist.

»Langsam« und »stetig« sind die Grundbegriffe, wenn es darum geht, eine neue Verhaltensweise einzuführen. Der Fortschritt wird langsamer dauern, aber je langsamer das Lernen vonstatten geht, desto fundierter wird es sein. Widerstehen Sie dem Drang, diesen Prozeß voranzutreiben. Anstatt sich auf den großen Sieg – das perfekte Beherrschen der Aufgabe – zu konzentrieren, sollten Sie die hundert kleinen Siege feiern, die mit den winzigen Schritten einhergehen.

Sie können Ihrem Kind das Meistern der Aufgaben dadurch erleichtern, daß Sie sich seine Vorliebe für alles Vorhersehbare zunutze machen. Ritualisieren Sie Ihre neuen Anforderungen so weit wie möglich, damit Ihr Kind stets weiß, was auf es zukommt. Wenn Sie mit der Sauberkeitserziehung beschäftigt sind, dann verlangen Sie von ihm, daß es *immer* auf die Toilette geht, bevor Sie mit ihm aus dem Haus gehen. Wenn Sie am Allein-Einschlafen arbeiten, dann sagen Sie ihm *immer*, es solle jetzt im Bett bleiben, doch Sie würden in einigen Minuten wiederkommen, um nach ihm zu sehen. Gestalten Sie die neue Verhaltensweise, die Sie fördern wollen, so vorhersagbar wie möglich, um das Kind zu beruhigen.

Machen Sie auch Übergänge vorhersehbar. Wenn Sie daran arbeiten, daß das Kind allein ins Bett geht, dann erleichtern Sie ihm den Übergang, indem Sie ihm im voraus ankündigen: »In fünf Minuten mußt du ins Bett«, ehe Sie dann sagen: »Jetzt ist Schlafenszeit.« Wenn Sie Ihr Kind an neue Nahrungsmittel gewöhnen wollen, dann erinnern Sie es vor dem Abendessen: »Heute abend sollst du drei Löffel Erbsen essen«, anstatt die Erbsen einfach ohne Vorwarnung auf seinen Teller zu legen. Je mehr Sie Ihr Kind auf diese Weise auf neue Herausforderungen vorbereiten, desto leichter wird es ihm fallen, sie zu akzeptieren.

Wann immer Sie Ihr Kind vor neue Aufgaben stellen, sollten Sie ihm auch zusätzliche Unterstützung und Belohnung zuteil werden lassen. Seien Sie sehr zärtlich zu ihm, und loben Sie es mehr als sonst. Erkennen Sie seine Leistungen mit kleinen Belohnungen an.

2. Schritt: Bodenzeit

Wenn Sie von Ihrem Kind fordern, die Toilette zu benutzen, alleine einzuschlafen oder seinen Impuls, zu treten oder zu beißen, zu beherrschen, dann verlangen Sie von ihm, ein Verhalten aufzugeben, das ihm bisher vertraut und angenehm war, und es durch ein Verhalten zu ersetzen, das ihm neu und fremd ist. Selbst Menschen, die keine Verhaltensauffälligkeiten haben, schätzen es nicht gerade, wenn sie das Vertraute für etwas Neues opfern müssen, denn das erzeugt starke Gefühle des Unbehagens. Für Kinder mit gravierenden Störungen, denen das Vertraute über alles geht, sind solche Veränderungen noch beunruhigender. Geben sie eine angenehme Verhaltensweise auf, so bringt dies ihre ganze Welt ins Wanken. Damit Ihr Kind mit dieser Belastung gut umgehen kann, muß es sich besonders sicher und aufgehoben fühlen, und es braucht genügend Raum, um die Gefühle abzureagieren, die dadurch hervorgerufen wurden. Hier kann die Bodenzeit helfen.

Wenn Sie mit Ihrem Kind an einer speziellen Aufgabe arbeiten, dann sollten Sie ihm mehr Bodenzeit als üblich zugestehen und dabei die gewöhnlichen Bodenzeit-Regeln einhalten. Versuchen Sie nicht, das Spiel in Richtung der gegenwärtigen Aufgabe zu lenken. Überlassen Sie es Ihrem Kind, das Spiel zu steuern. Wenn es das Bedürfnis dazu hat, wird es das Spiel in Richtung der Aufgabe lenken. Wenn Sie ihm zusätzliche Zeit einräumen, in der es seine Gefühle ausdrücken kann, wird es sich zunehmend sicherer fühlen und einen Weg finden, um Ihnen mitzuteilen, was Sie wissen müssen.

Welche Gefühle wird Ihr Kind wohl zum Ausdruck bringen? Vermutlich Gefühle der Trauer und des Ärgers, weil es ihm nicht länger erlaubt ist, die alten, vertrauten Dinge zu tun (z. B. in die Windel urinieren oder in Ihrem Bett schlafen). Sie beobachten an ihm vielleicht Gefühle der Wut und der Frustration, weil sein Körper nicht mitmacht, wenn es versucht, das neue Verhalten zu beherrschen (z. B. den Drang, zu beißen, zu unterdrücken oder sich ein idiosynkratisches motorisches Verhalten abzugewöhnen). Vielleicht zeigt es auch Gefühle der Angst oder Unsicherheit, weil es nicht weiß, ob es überhaupt in der Lage ist, das neue Verhalten zu beherrschen (möglicherweise fürchtet es, in die Toilette zu fallen, oder hat Angst, unter seinem Bett könnten Ungeheuer lauern). Diese Gefühle können in Symbolspiel-Sequenzen zutage treten, die sich direkt auf die vorliegende Aufgabe beziehen (seine Puppe kann zum Beispiel »auf die Toilette gehen« spielen); aber noch wahrscheinlicher ist, daß sie sich in anderen Zusammenhängen bemerkbar machen. Wenn Ihr Kind Angst davor hat, die Toilette zu benutzen, kann es vorkommen, daß – in seiner Phantasie – die kleinen Stofftiere, die es bei sich hat, plötzlich auf eine große Zahl hungriger Bären stoßen, oder daß sein Raketenschiff jedesmal, wenn es gerade zum Mond abheben will, explodiert. Kommen solche Gefühle hoch, dann sollten Sie nicht versuchen, sie mit der gegenwärtigen Aufgabe in Zusammenhang zu bringen. Reagieren Sie einfach, indem Sie auf die Äußerungen des Kindes eingehen: »Deine Rakete erlebt wirklich eine stürmische Zeit!« Ihr Kind muß wissen, daß Sie für seine Gefühle Empathie aufbringen, aber es ist nicht notwendig, daß Sie sie für Ihr Kind ordnen und klären.

Während Ihr Kind versucht, seiner neuen Aufgabe gerecht zu werden, wird es vermutlich ärgerlich auf Sie sein und Ihnen gegenüber Ängste entwickeln. Schließlich sind Sie der Mensch, der es zu diesem neuen Verhalten zwingt; wenn Sie nicht wären, könnte es mit seiner alten, vertrauten Routine fortfahren. Es ist ganz natürlich, daß es eine gewisse Feindseligkeit Ihnen gegenüber empfindet. Auch ist es möglicherweise furchtsam. Was ist, wenn es Sie nicht zufriedenstellen kann? Zusätzliche Bodenzeit-Sitzungen geben dem Kind besondere Sicherheit und ermöglichen ihm gleichzeitig, diese ängstlichen und negativen Gefühle zum Ausdruck zu bringen. Doch werden diese Gefühle vermutlich nicht in ihrem ursprünglichen Kontext zutage treten. Die Puppe Ihres Kindes wird nicht sagen: »Ich habe Angst, daß meine Mutter mich nicht liebt, wenn ich nicht lerne, alleine zu schlafen.« Aber vielleicht schlägt seine Puppe auf Ihre ein oder stiehlt ihr das Essen oder begeht andere aggressive Handlungen. Oder aber ein Stofftier weigert sich, gegen ein anderes zu kämpfen, als sei es sich nicht sicher, es bezwingen zu können. Oder Ihr Kind weigert sich, im Spiel mit Ihnen zu kooperieren – in einer allerletzten Anstrengung, die Kontrolle zu behalten. Wie schon an früherer Stelle gesagt, sollten Sie sich nicht genötigt fühlen, sein Verhalten zu kommentieren. Lassen Sie einfach Ihre Figur innerhalb des Spielkontextes verständnisvoll reagieren.

Auch wenn Ihr Kind noch nicht sprechen kann oder unfähig ist, Rollenspiele zu erfinden, vermittelt die Bodenzeit die Sicherheit und das Vertrauen, das es für eine neue Herausforderung braucht. Die Gefühle, die durch die Aufgabe wachgerufen werden, sind unangenehm – und halten gewöhnlich an, bis diese Aufgabe gemeistert ist – und können als überwältigend empfunden werden, wenn sie kein Ventil finden. Können sie durch die Bodenzeit zum Ausdruck gebracht werden, bleiben sie erträglich.

3. Schritt: Das Problem symbolisch lösen

Wenn Erwachsene sich einer schwierigen Herausforderung gegenübersehen – sei es, daß sie das Rauchen aufgeben wollen oder bei einer wichtigen Versammlung eine Präsentation durchzuführen haben –, dann bereiten sie sich darauf vor. Sie können sich körperlich darauf vorbereiten – indem sie Kaugummi bei sich haben, falls sie heftige Lust auf eine Zigarette verspüren – oder geistig – indem Sie die Präsentation in ihrem Kopf »proben«. Diese Vorbereitung erleichtert es, die bestehende Aufgabe zu meistern, und erhöht die Erfolgschancen. Kinder mit schweren Entwicklungsbeeinträchtigungen benötigen dieselbe Art der Vorbereitung, wenn sie sich schwierigen Aufgaben gegenübersehen. Sie können diese Vorbereitung auf symbolischem Wege durch Rollenspiele und Gespräche erreichen.

In den täglichen Sitzungen, in denen sie nach einem Spielplan Spiele üben, können Sie Puppen oder Stofftiere verwenden, um die Aufgabe darzustellen, vor die Ihr Kind gestellt ist. Eine Puppenmutter kann der Puppe zum Beispiel gesagt haben, sie solle aufhören zu beißen, doch die Puppe hat vielleicht gerade Spaß daran zu beißen. »Was kann die Puppe tun?« kann Ihre Puppe fragen, und Sie und Ihr Kind können verschiedene Möglichkeiten durchspielen. Vielleicht rennt die Puppe weg; vielleicht kann es seine eigene Puppe umarmen; vielleicht wird es trotzden beißen! Stellen Sie verschiedene Szenarien dar, um Ihrem Kind eine ganze Reihe von Möglichkeiten vorzuführen. Wenn Sie sich zusammen auf die beste geeinigt haben, dann spielen Sie sie mehrmals durch, damit Ihr Kind sie sich gut einprägen kann.

Wenn Ihr Kind schon sprechen kann, können Sie diese Szenen mit oder ohne Puppen durchsprechen.

- Fordern Sie das Kind auf, sich selbst in der schwierigen Situation vorzustellen. Sagen Sie: »Stell dir vor, daß Min-Yee eben deine Puppe gepackt hat.«
- Fordern Sie es auf, sich vorzustellen, wie es sich dabei fühlt: »Wie fühlst du dich, wenn Min-Yee deine Puppe packt?«
- Fordern Sie es auf, sich vorzustellen, wie es gewöhnlich reagiert: »Was tust du normalerweise, wenn Min-Yee deine Puppe packt?«
- Fordern Sie es auf, sich Alternativen vorzustellen: »Was sonst kannst du tun – außer Min-Yee zu beißen –, wenn sie deine Puppe packt?«

- Sie können die Situation auch so proben, daß Sie die Rolle einer Freundin einnehmen.

Solche Diskussionen, die auf das Problemlösen und das Proben von Problemlösungen abzielen und 20 bis 30 Minuten dauern sollten, werden Ihrem Kind helfen, Schwierigkeiten vorherzusehen, bevor sie entstehen, und Reaktionen vorzubereiten, die sich positiv von seinen bisherigen unterscheiden.

4. Schritt: Sich in die Lage des Kindes versetzen

Wie wir bereits an früherer Stelle erläutert haben, löst das In-Angriff-Nehmen einer Aufgabe – der Versuch, ein neues Verhalten zu probieren – ein breites Spektrum von Emotionen aus: von Wut und Frustration bis hin zu Angst und Unsicherheit. Ihr Kind muß vor allem wissen, daß Sie seine Gefühle verstehen und sich in sie hineinversetzen können. Das Wissen, daß es verstanden wird, wird viel dazu beitragen, sein Sicherheitsgefühl zu erhöhen. Scheuen Sie keine Mühe, Ihre Empathie zu zeigen. Sehen Sie, daß Ihr Kind davor zurückschreckt, ein neues Nahrungsmittel zu probieren, dann sollten Sie sein Unbehagen anerkennen. Sagen Sie zu ihm: »Ich weiß, du magst keine neuen Speisen, deshalb habe ich dir ja auch nur ein winziges Stück auf den Teller gelegt.« Wenn Sie spüren, daß es zunehmend Angst davor hat, auf die Toilette zu gehen, dann sprechen Sie es darauf an: »Du wirkst ein bißchen beunruhigt. Was kann ich tun, um dir zu helfen?« Fühlen Sie, daß es sich verkrampft, wenn Sie ihm ein neues Hemd überstreifen, dann fassen Sie Ihre Beobachtung in Worte: »Ist es dir unangenehm, dieses Kleidungsstück anzuziehen? Wie können wir es leichter machen?« Wenn Sie die negativen Gefühle Ihres Kindes in Worte fassen, verschwinden sie zwar nicht, verlieren jedoch eine gewisse Schärfe. Sie schaffen damit Vertrauen zwischen sich und Ihrem Kind, weil Ihr Kind dann weiß, daß Sie es verstehen.

Auch für Sie selbst ist es hilfreich, sich in Ihr Kind hineinzuversetzen. Allzuoft arten die Anstrengungen, ein Kind zu einem neuen Verhalten zu bewegen, in einen Machtkampf aus. Falls Ihr Kind erschreckt, ärgerlich, unsicher und darum aggressiv ist, löst seine Widerspenstigkeit vermutlich Wut in Ihnen aus. Erkennen Sie seine Gefühle jedoch an, so entschärft das diesen

Kampf. Allein daß das Kind hört, wie seine Gefühle ernst genommen werden, kann ihm das Nachgeben erleichtern; und Sie wird es daran erinnern, daß Ihr Kind kein Tyrann ist, sondern eben ein kleines Kind, das von mächtigen Emotionen überwältigt wird. Selbst wenn es noch nicht sprechen kann, wird es auf Ihren geduldigen und ermutigenden Tonfall positiv reagieren.

5. Schritt: Erwartungen formulieren und Grenzen setzen

Wenn Sie wollen, daß sich Ihr Kind einer bestimmten Aufgabe stellt, dann *erwarten* Sie von ihm, daß es sich anders verhält als in der Vergangenheit. Sie verlangen von ihm, daß es ein winziges Stück von einer neuen Speise ißt, anstatt sie auf den Fußboden zu werfen, oder allein zu schlafen, nachdem es zuvor bei Ihnen schlafen durfte. Damit Ihr Kind diese Erwartungen erfüllen kann, müssen Sie sie klar umreißen.

Der erste Schritt besteht darin, realistische Erwartungen zu hegen. Unterteilen Sie die Aufgabe in kleine Schritte; jeder Schritt bedeutet eine neue Erwartung, die Sie in Ihr Kind setzen. Der zweite Schritt ist, daß Sie ihm Ihre Erwartungen klar und deutlich vermitteln. Das können Sie etwa durch ein Spiel tun, in dem es um das Lösen dieses Problems geht. (Eine Puppe kann vor denselben kleinen Schritt gestellt sein, vor dem Ihr Kind momentan steht.) Danach können Sie mit Ihrem Kind über die tatsächliche Situation sprechen und ihm helfen, seine neue Aufgabe zu verstehen.

Doch auch nachdem Sie Ihrem Kind Ihre Erwartungen eingehend erklärt haben, kann es vorkommen, daß es ihm schwerfällt, sie zu erfüllen. Wenn dies der Fall ist, dann liegt das Problem wohl eher in den Erwartungen als bei Ihrem Kind. Sie sind wahrscheinlich zu hoch gesteckt. Unterteilen Sie die Aufgabe in noch kleinere Schritte (geben Sie ihm zum Beispiel eine noch kleinere Portion der neuen Speise zu essen). Im allgemeinen haben Kinder den Wunsch, ihre Eltern zufriedenstellen. Ihr Kind möchte Ihren Erwartungen entsprechen; Ihre Aufgabe ist es, ihm zu helfen, einen Weg dafür zu finden.

Manchmal müssen Sie Grenzen setzen. Wenn Ihr Kind sich beispielsweise häufig impulsiv beträgt, dann sollten Sie ihm unmißverständlich zeigen, daß dies sofortige Sanktionen zur Folge hat (z. B. Fernsehverbot).

6. Schritt: Die goldene Regel

Die goldene Regel ist einfach, aber unantastbar: *Immer wenn Sie Ihre Erwartungen an Ihr Kind erhöhen, sollten Sie ihm auch mehr Bodenzeit zugestehen.*

Sich von einer alten Verhaltensweise zu lösen und dafür eine neue anzunehmen ist schwierig und frustrierend; gelingt es Ihrem Kind jedoch, so ist das ein sehr aufregendes Erlebnis. Es benötigt genügend Raum, um sein inneres Sträuben zum Ausdruck zu bringen. Zudem will es seine Bindung an Sie bestätigen. Eine seiner Sorgen, die mit einer neuen Herausforderung einhergehen, ist, daß es Sie enttäuschen könnte. Die Bodenzeit ist Ihre Gelegenheit, dem Kind zu zeigen, daß Sie es unterstützen und lieben, ganz gleich, welche Leistung es erbringt. Wenn Sie Grenzen setzen müssen, dann verhindert die zusätzliche Bodenzeit, daß der Alltag in einen Machtkampf ausartet. Sie erwarten mehr, geben aber auch mehr dafür.

Schauen wir uns an, wie Ihrem Kind mit dieser Sechs-Schritte-Methode geholfen werden kann, einige der geläufigsten Probleme zu meistern.

Schlafprobleme

Vieles kann es einem Kind erschweren, allein einzuschlafen oder wieder einzuschlafen. Reagiert es übermäßig stark auf Empfindungen, so hat dies manchmal zur Folge daß es Geräusche in seinem Umfeld als beunruhigend wahrnimmt; auch Probleme der Selbstregulierung können es daran hindern, sich zu entspannen, was zum Einschlafen unerläßlich ist; motorische Probleme erschweren es ihm vielleicht, eine bequeme Liegeposition zu finden. Ist das Kind gerade dabei, zu lernen, wie man seine eigenen Ideen zur Anwendung bringt, dann stellt es sich möglicherweise unheimliche Gestalten in seinem Zimmer vor, oder es hat Alpträume. Wenn es ein neues Geschwisterchen bekommen hat, steigen nachts möglicherweise beängstigende, aggressive Bilder in ihm auf. Vielleicht war es auch bisher gewohnt, ab und zu in Ihrem Bett zu schlafen. Es mag zartfühlend sein, Ihr Kind zu sich ins Bett zu nehmen, aber es wird Sie letztlich beim Schlafen stören, und zudem lernt das Kind damit nicht, wie es allein wieder einschläft. Mit dem Sechs-Schritte-Verfahren können Sie ihm helfen, sich diese Fertigkeit anzueignen.

1. Schritt: Kleine Schritte

Wenn Ihr Kind von Ihnen viel Hilfe benötigt, um einzuschlafen – wenn Sie sich dazu neben es ins Bett legen, ihm viele Geschichten vorlesen oder sehr lange mit ihm schmusen müssen –, wird Ihr Ziel darin bestehen, diese Hilfe auf ein vernünftiges Maß zu reduzieren (etwa zwei oder drei Geschichten, gefolgt von einer kurzen Zeit des Schmusens). Aber das wird Ihnen nicht auf einmal gelingen. Sie müssen diese große Ziel in mehrere winzige Schritte unterteilen.

- Beginnen Sie damit, daß Sie die Anzahl der vorgelesenen Geschichten allmählich verringern.
- Sobald Ihr Kind sich daran gewöhnt hat, sollten Sie nach und nach die gemeinsam verbrachte Zeit verkürzen – jedesmal um etwa fünf Minuten.
- Gleichzeitig sollten Sie versuchen, ihm, anstatt sich zu ihm zu legen, den Rücken zu massieren (oder etwas anderes zu tun, was das Kind ebenfalls als beruhigend empfindet).
- Nimmt Ihr Kind dies gut auf, dann sollten Sie das Rückenmassieren durch einen festen, bewegungslosen Druck ersetzen. Reduzieren Sie danach allmählich die Dauer des Drucks. Sprechen Sie während der ganzen Zeit beruhigend mit Ihrem Kind.
- Kommt Ihr Kind mit dem kurzzeitigen festen Druck und dem beruhigenden Sprechen gut zurecht, so lassen Sie den Druck weg und setzen Sie nur noch Ihre Stimme ein.
- Wenn Sie sich zuvor immer auf sein Bett gesetzt haben, dann setzen Sie sich jetzt auf den Fußboden, dann auf einen Stuhl, der ein Stück weit entfernt steht, dann in der Nähe der Tür und schließlich auf der anderen Seite der Tür, außerhalb des Zimmers. Zu diesem Zeitpunkt werden Sie die Schlafenszeit-Routine auf zwei oder drei Geschichten und eine kurze Zeit beruhigenden Sprechens verringert haben.
- Ehe Sie hinausgehen, sollten Sie dem Kind sagen, daß Sie wiederkommen werden, um nach ihm zu sehen; tun Sie es nach 20 Sekunden; als nächstes nach 40 Sekunden, dann nach einer Minute. Verlängern Sie die Zeitabstände weiter, bis es einschläft.

Wenn Ihr Kind mitten in der Nacht aufwacht und nicht wieder einschlafen kann, ohne in Ihr Bett zu kommen, dann sollten Sie ein ähnliches »Kleine-Schritte-Programm« anwenden.

- Beginnen Sie damit, daß Sie das Kind wieder ins Bett bringen und seine tägliche Routine des Schlafengehens mit ihm durchlaufen. Bleiben Sie bei ihm, wie Sie es zuvor getan haben.
- Will das Kind unbedingt in Ihr Bett kommen, dann soll es statt dessen auf einer eigenen Matratze auf dem Boden schlafen (mit seinem eigenen kleinen Kissen und seiner Decke). Geben Sie ihm seine Stofftiere, falls es dies wünscht. Durchlaufen Sie nun die tägliche Routine des Schlafengehens, damit es auf der Matratze einschläft.
- Sobald das Kind auf der Matratze eingeschlafen ist, sollten Sie es in sein Zimmer tragen. Vielleicht ist es imstande, die Fähigkeit, allein einzuschlafen, auf sein eigenes Bett zu übertragen. Wenn nicht, dann erleichtern Sie es ihm wieder mit Ihrer Schlafengehens-Routine.

Ist Ihr Kind sehr ängstlich, kann es mehrere Monate dauern, bis Sie diese Schritte erfolgreich mit ihm durchgegangen sind; aber nach und nach werden Sie ihm dadurch eine wertvolle Sammlung von Fertigkeiten vermitteln. Es wird nicht nur lernen, von allein einzuschlafen, sondern auch, an seine Fähigkeit, sich selbst zu beruhigen, glauben; es wird lernen, seinem Körper zuzutrauen, daß er das tut, was es von ihm verlangt, und aus eigener Kraft Ängste und Schwierigkeiten zu überwinden.

2. Schritt: Bodenzeit

Vergewissern Sie sich, daß Ihr Kind ausreichend Gelegenheit hat, sich sicher und geborgen zu fühlen, und seine Gefühle durch die täglichen Bodenzeit-Sitzungen ausdrücken kann. Wenn Sie die Schlafprobleme in Angriff nehmen, werden manche Dinge, die das Kind nachts als beängstigend empfindet, wahrscheinlich in seinem Spiel zutage treten. Vermag das Kind sie auf diese Weise zu äußern, wird es sich nachts weniger von ihnen überwältigt fühlen.

3. Schritt: Das Problem symbolisch lösen

An den Schlafproblemen können Sie mit Ihrem Kind zur Schlafenszeit, aber auch anhand von flexibel strukturierten Spielen arbeiten. Zur Schlafenszeit helfen Rituale Ihrem Kind, allein einzuschlafen. Vergewissern Sie sich zuerst, daß es genug gegessen und getrunken hat. Halten Sie anschließend eine

Bodenzeit-Sitzung ab, bei der Sie ihm die Führung überlassen sollten – dadurch wird das Kind empfänglicher für Ihre Anforderungen werden. Spielen Sie in aller Ruhe und behandeln Sie dabei Punkte, die ihm möglicherweise Probleme bereiten. Wenn Ihr Kind noch klein ist, dann spielen Sie mit ihm Verstecken, erkunden Sie das Zimmer mit zwei Taschenlampen, singen Sie und spielen Sie auf Musikinstrumenten. Mit einem schon älteren Kind können Sie wilde Tiere jagen oder Monster aus dem Zimmer vertreiben. Als nächstes sollten Sie das Kind baden, wenn dies gewöhnlich eine beruhigende Wirkung hat. Lesen Sie ihm danach Geschichten vor und singen Sie Schlaflieder.

Schlagen Sie Ihrem Kind vor, einen Teddybären oder ein anderes »Übergangsobjekt« zu holen, und beziehen Sie es in Ihr Ritual mit ein. Sprechen Sie mit dem Gegenstand, als wäre er der Freund und Verbündete Ihres Kindes. Während Sie ihm vorlesen, sollte Ihr Kind ihn im Arm halten. Falls Ihr Kind es zuläßt, sollten Sie das Stofftier daraufhin zu ihm ins Bett legen und allen Spielsachen, Puppen und anderen geliebten Dingen im Zimmer gute Nacht sagen. Sagen Sie schließlich Ihrem Kind gute Nacht, und versichern Sie ihm, daß Sie nach ihm schauen werden. Verhindern Sie, daß es immer wieder aufsteht, indem Sie häufig nach ihm sehen. Nach und nach sollten Sie die Dauer zwischen diesen »Blitzbesuchen« verlängern.

Vielleicht ist es ratsam, daß Ihr Kind eine Zeitlang mit einem Geschwister das Zimmer teilt oder – falls es schon älter ist – daß ein Freund bei ihm schläft.

Sie können mit Hilfe der Dinge, die Sie für die Bodenzeit verwenden, Spielsituationen erfinden, in denen Sie Ihrem Kind helfen, das Problem zu antizipieren, und nach Möglichkeiten suchen, um es zu lösen. Spielen Sie zum Beispiel mit Puppen, so könnte die eine Puppe mitten in der Nacht aufwachen. Wenn die Mutter der Puppe versucht, sie wieder zum Schlafen zu bewegen, könnte die Puppe sagen: »Ich habe Angst. Ich will in Mamis Bett.« Die Puppen können dann verschiedene Szenarien durchspielen: Die Puppenmutter tröstet ihr Kind einige Minuten lang und legt es dann zurück ins Bett; die Puppenmutter läßt ihr Kind in ihrem Schlafzimmer neben ihrem Bett schlafen; die Puppenmutter kommt herein und massiert ihrem Kind den Rücken, dann beschließt das Puppenkind, daß es allein im Bett bleiben kann; die Puppenmutter legt neben das Bett ihres Kindes ein Foto von sich, so daß das Puppenkind seine Mutter sehen kann, während es einschläft. Fragen Sie Ihr Kind, was die Puppenmutter seiner Meinung nach tun sollte und wie das Kind wohl reagieren wird. Wenn Ihr Kind noch nicht sprechen kann, kann es durch Gebärden oder Nicken sein Einverständnis zeigen oder eigene Elemente hinzufügen.

Seien Sie nicht überrascht, wenn Ihr Kind dieses Spiel zuerst ablehnt. Es wird ahnen, was Sie im Sinn haben! Vielleicht ist es ihm lieber, wenn Sie Tierfiguren oder Figuren aus Geschichten verwenden, die eine gewisse Distanz halten, so daß es ihm leichter fällt, das Problem zu lösen.

4. Schritt: Sich in die Lage des Kindes versetzen

Wenn Sie mit Ihrem Kind Verhandlungen führen, die das Lösen von Problemen zum Ziel haben, dann machen Sie ihm deutlich, wie gut Sie verstehen können, daß es sich davor fürchtet, allein im Bett zu sein. Tun Sie dies durch Ihre Mimik, Ihren Tonfall, Ihre Körpersprache und durch Worte. Zeigen Sie Mitgefühl, wenn Ihr Kind sich im Dunkel der Nacht der tatsächlichen Herausforderung gegenübersieht. Je besser es sich verstanden fühlt, desto leichter wird es ihm dann fallen, die Erwartungen zu erfüllen.

5. Schritt: Erwartungen formulieren und Grenzen setzen

Wenn es nötig ist, setzen Sie Grenzen – zum Beispiel, daß Ihr Kind nicht in Ihr Bett kommen darf – und verstärken Sie sie durch Sanktionen und Belohnungen, um ihm eine Motivation zu geben. Erinnern Sie es an seine bisherigen Erfolge, heben Sie diese mit einer Sternchentabelle oder durch symbolische Belohnungen hervor. Nach einigen Wochen wird das dann nicht mehr nötig sein.

Wenn das Zu-Bett-Gehen ganz plötzlich zu einem Problem geworden ist, dann beruhigen Sie Ihr Kind und versuchen Sie durch Bodenzeit-Spiele und durch Gespräche den Grund dafür herauszufinden – vielleicht hat jemand in Ihrem Haushalt eine neue Arbeit angenommen, oder Sie sind umgezogen, oder das Kind hat ein Geschwisterchen bekommen. Jede Veränderung kann die Schlafroutine stören. Aber wenn Sie sich beruhigend verhalten und auf der Wiedereinsetzung der vorherigen Verhaltensmuster bestehen, wird Ihr Kind seine Fähigkeit, allein einzuschlafen, wiedererlangen.

6. Schritt: Die goldene Regel

Immer wenn Sie einen neuen Schritt in Angriff nehmen, sollten Sie Ihrem Kind mehr Bodenzeit gewähren. Sind Sie während des Tages häufiger verfügbar, werden Sie seine nächtlichen Ängste zerstreuen.

Eßprobleme

Förderbedürftige Kinder können aus zahlreichen Gründen wählerisch beim Essen sein. Die bei ihnen manchmal zu beobachtende übermäßige Empfindlichkeit gegen Beschaffenheit des Essens (püriert oder fest), Geschmack oder Geruch intensivieren die Eindrücke, die mit den Speisen verbunden sind, so daß Speisen, die für andere Kinder keinerlei Besonderheiten haben, für Kinder mit dieser Überempfindlichkeit äußerst unangenehm sein können. Eine zu geringe Sensibilität für Essensgerüche und bestimmte Geschmacksrichtungen nimmt dem Essen hingegen einige seiner angenehmen Seiten. Motorische Probleme und ein verringerter Muskeltonus können das Kauen und Schlucken erschweren. Wenn Sie für Ihr Kind ein Eßprogramm zusammenstellen, sollten Sie daher seine individuellen Eigenheiten berücksichtigen. (Falls Ihr Kind anfängt, Speisen abzulehnen, die es zuvor aß, und von den Speisen, die es gewöhnlich gern ißt, weniger nimmt, dann sollten Sie unbedingt Ihren Kinderarzt und einen Ernährungswissenschaftler zu Rate ziehen, der mit solchen kindlichen Verhaltensmustern vertraut ist. Diese Fachleute können Ihnen Veränderungen in seiner Ernährung und Nahrungsergänzungen vorschlagen.

Ist Ihr Kind ein schlechter Esser, dann sollten Sie zuerst seine Eßgewohnheiten überdenken. Nascht das Kind ständig? Will es zu unvorhersehbaren Zeiten essen? Nehmen Sie – oder jemand anderes, vielleicht ein Babysitter – häufig Essen als Hilfsmittel, um das Kind damit zu besänftigen? Hat Ihr Kind das Recht, überall im Haus zu essen? Darf es bei den Mahlzeiten das Hauptgericht auslassen und dennoch seinen Nachtisch essen? Änderungen in diesen Verhaltensweisen können viel dazu beitragen, das Eßproblem zu regeln.

- Setzen Sie regelmäßige Zeiten fest, an denen – am Tisch – gegessen wird, wobei Sie sich danach richten sollten, wann das Kind hungrig ist.
- Setzen Sie Zeiten fest, an denen – ebenfalls am Tisch – ein Imbiß eingenommen wird.

- Steht Ihr Kind vom Tisch auf, dann entfernen Sie sein Essen; wenn es mehr will, verlangen Sie, daß es sich wieder hinsetzt.
- Lassen Sie nicht zu, daß Ihr Kind vor dem Fernseher ißt oder von anderen Dingen abgelenkt wird.
- Sorgen Sie dafür, daß Ihr Kind während des Essens »bei der Stange bleibt«, indem Sie sich mit ihm unterhalten.
- Geben Sie ihm anfangs nur kleine Portionen, damit es Sie aufißt und um mehr bittet.
- Sprechen Sie mit ihm über das Essen. Wenn es bereits sprechen kann, dann sollten Sie gemeinsam über das Thema diskutieren (vielleicht sehen nur Sie ein Problem darin). Kann das Kind noch nicht sprechen, dann nehmen Sie Zeichen, Gebärden und Abbildungen oder Nahrungsmittel aus Plastik zu Hilfe (wie es manchmal zur Dekoration hergestellt wird) sowie Puppen und Stofftiere, um es dazu zu bringen, sich irgendwie dazu zu äußern und die Nahrungsmittel in verschiedene Gruppen einzuteilen. Normalerweise ist Essen etwas, worüber man sich gern ausläßt; daher sollten Sie auf einer Antwort beharren.
- Lassen Sie das Kind die Speisen auswählen, die es mag. Mischen Sie danach ein wenig von der Nahrung darunter, von der Sie meinen, das Kind benötige sie. Wenn es nur pürierte Babynahrung ißt, dann sollten Sie kleine Mengen anderer Lebensmittel dazugeben (wie Äpfel, Bananen oder Erbsen).
- Wenn es auf bestimmte Nahrungsmittel überempfindlich reagiert, dann sollten Sie eine Rotationsdiät in Betracht ziehen, bei der die Zutaten stets voraussehbar sind.

1. Schritt: Kleine Schritte

Fügen Sie nach und nach neue Speisen hinzu; berücksichtigen Sie dabei die sensorischen und motorischen Vorlieben Ihres Kindes. Wenn es ihm schwerfällt, zu kauen, und es daher am liebsten pürierte Nahrung zu sich nimmt, dann pürieren Sie das neue Nahrungsmittel. Reagiert es übermäßig stark auf bestimmte Konsistenzen und zieht es fade Speisen vor, dann legen Sie seine Portion beiseite, ehe Sie das Essen für die anderen würzen. Reagiert es nur schwach und zieht es intensive Geschmacksnoten vor, dann würzen Sie seine Portion zusätzlich. Führen Sie dann das neue Nahrungsmittel ein, wobei Sie es einer Speise beigeben, an die das Kind bereits gewöhnt ist.

- Wenn Sie beispielsweise Brokkoli einführen, dann zerkleinern Sie eine ganz kleine Menge davon – bis das Gemüse ganz fein ist – und streuen Sie es dann über den Kartoffelbrei.
- Falls das ohne Protest vonstatten geht, dann fügen Sie jeden Tag noch ein wenig mehr hinzu, bis Ihr Kind eine normale Portion zu sich nimmt.
- Wenn Ihr Kind protestiert, sollten Sie die Portion noch kleiner machen. Erhebt es selbst gegen den geringsten grünen Tupfer auf seinen Kartoffeln Einspruch, dann versuchen Sie es mit einem anderen Gemüse.
- Wenden Sie dieselbe Strategie an, wenn Sie das Spektrum der Temperaturen und Nahrungskonsistenzen erweitern, die Ihr Kind erträgt. Falls es keine kalten Speisen mag, dann wärmen Sie sie – jedoch bei jedem Mal etwas weniger. Wenn Sie diese Veränderungen nur sehr langsam einführen und jeden kleinen Schritt als einen Sieg betrachten, werden Sie allmählich die Speisekarte Ihres Kindes erweitern.

2. Schritt: Bodenzeit

Während Sie diese Strategien umsetzen, sollten Sie weiterhin mit Ihrem Kind in der Bodenzeit daran arbeiten. Wenn Sie das Eßproblem in Angriff nehmen, dann sollten Sie darauf achten, daß Sie Ihrem Kind genügend Raum geben, damit es sich angenommen und geborgen fühlt und seinen Gefühlen im Spiel Ausdruck verleihen kann. Geben Sie ihm jetzt die Möglichkeit, das Spielgeschehen zu bestimmen. Später können Sie es dazu auffordern, eine neue Speise zu versuchen.

3. Schritt: Das Problem symbolisch lösen

Sobald Ihr Kind sich auf symbolische Spiele versteht, können Sie flexibel strukturierte Spiele nutzen, um sein Eßverhalten zu beeinflussen. Essen kommt im Spiel von Kindern recht häufig vor, ob es nun darum geht, Babys zu füttern, oder darum, hungrigen, bösen Kerlen Nahrung vorzuenthalten. Daher sollte es nicht allzu schwierig sein, Szenarien zu erfinden, in denen die Figuren essen.

Spielen Sie ein Spiel, in dem Sie und Ihr Kind für die Puppen einkaufen und kochen und sie anschließend füttern. Was geschieht, wenn die Puppe vom Kauen so müde ist, daß sie vom Tisch aufstehen möchte? Bekommen Sie das Problem dadurch in den Griff, daß Sie die Speise in kleinere Teile schneiden oder der Puppe insgesamt kleinere Mengen zum Essen geben? Was geschieht, wenn eine Speise für das Empfinden der Puppe zu stark riecht oder wenn sie die Speise vom Tisch fegen möchte? Können Sie das Problem aus der Welt schaffen, indem Sie verschiedene Speisen wählen oder indem Sie der Puppe eine kleinere Menge von der stark riechenden Speise geben? Was ist, wenn die Puppe das neue Nahrungsmittel nicht probieren will? Kann Ihr Kind ihr helfen, ihre Meinung zu ändern? Wenn Ihr Kind bereits sprechen kann, dann schlagen Sie ihm vor, sich selbst am Abendbrottisch vorzustellen, während Sie gerade eine neue Speise einführen.

Vielleicht möchte Ihr Kind in einem Symbolspiel darstellen, was es gern essen will, etwa eine große Menge Hamburger. Nehmen Sie seine Wünsche zur Kenntnis und machen Sie gemeinsam darüber Scherze: »Wäre es wirklich so toll, wenn wir nur so etwas zu essen hätten?« Möglicherweise überrascht es Sie, wie sehr Ihr Kind sich mit dem »Spielzeugessen« (Essen aus Plastik) beschäftigt, obwohl es die richtige Nahrung ablehnt. Spielen Sie mit, und weisen Sie von Zeit zu Zeit die Speise zurück, die das Kind Ihnen anbietet, damit Sie sehen können, wie es mit dieser Herausforderung umgeht.

4. Schritt: Sich in die Lage des Kindes versetzen

Wenn Sie Verhandlungen führen, in denen es darum geht, die Probleme zu lösen, dann zeigen Sie Ihrem Kind, wie sehr Sie sich in seine Gefühle und die der Puppe hineinversetzen können. Lassen Sie Ihr Kind wissen, daß es verstanden wird. Erkennen Sie an, wie schwierig es ist, eine neue Speise zu probieren.

5. Schritt: Erwartungen formulieren und Grenzen setzen

Sprechen Sie deutlich über jede Erwartung und jeden Erfolg. Versuchen Sie, Machtkämpfe zu vermeiden, und setzen Sie nur für ganze bestimmte Verhaltensweisen Grenzen, etwa für das Herumwerfen von Lebensmitteln.

6. Schritt: Die goldene Regel

Wenn Sie erhöhte Erwartungen an Ihr Kind stellen, dann sollten Sie ihm während des Tages mehr Zeit schenken, in der es seine Gefühle zum Ausdruck bringen kann. Das wird seinen Wunsch nach Kooperation steigern und sein Bedürfnis, negative Gefühle auszudrücken, verringern.

Disziplin

Disziplin lernen Kinder durch nonverbale Kommunikation. Im Alter von 12 und 24 Monaten lernt Ihr Kind, was es bedeutet, wenn Sie die Stimme heben, wenn Sie eine strenge Miene aufsetzen, wenn Sie tadelnd mit dem Finger drohen. Es lernt dies durch das Öffnen und Schließen Hunderter Gebärdenkreise, die sich ergeben, wenn Sie es zum Beispiel immer wieder davor warnen, nicht zu nahe an Steckdosen heranzugehen, es dafür tadeln, wenn es einen anderen Menschen beißt, oder ihm anderweitig Grenzen setzen. Nachdem so viele Gebärdenkreise geschlossen wurden, genügt dann ein einziger Blick, um Ihr Kind davon abzuhalten, etwas Unerlaubtes zu tun. Nach weiteren Hunderten solcher Situationen vergegenwärtigt es sich Ihr Gesicht, Ihre Handgesten und Ihre Stimme auch ohne Ihre Gegenwart und richtet sich in seinem Verhalten danach. Durch die gestischen Verhandlungen hat es ein gewisses Gefühl für Grenzen verinnerlicht.

Förderbedürftige Kinder besitzen diese Gebärdengrundlagen häufig nicht. Ihre Probleme mit der Verarbeitung und der motorischen Planung haben sie davon abgehalten, Gebärdenkreise zu öffnen und zu schließen. Ohne diese Übung fällt es ihnen schwer, Grenzen zu verinnerlichen. Wollen Sie Ihrem Kind helfen, müssen Sie mit ihm an der gestischen Verhandlung arbeiten; Sie müssen bei jedem diziplinarischen Verstoß so viele Kreise wie möglich öffnen und schließen. Ist Ihr Kind schon imstande zu sprechen, so können Sie Ihre Gebärden mit Worten untermauern, aber wirklich lernen wird es vor allem durch den nonverbalen Dialog, den Sie in Gang setzen.

Auch sollten Sie Ihrem Kind helfen, sich seine eigenen Gedanken zunutze zu machen, damit es über sein Verhalten nachzudenken lernt. Eltern reagieren auf das schlechte Betragen ihres Kindes oft mit einer sofortigen Bestrafung; dahinter steht der Gedanke, daß ein Kind, wenn es für eine bestimmte Handlung bestraft wird, lernen wird, sie nicht zu wiederholen. Doch diese Logik funktioniert bei förderbedürftigen Kindern oft nicht. Ihr Kind wird nicht lernen, sein schlechtes Betragen zu kontrollieren, ehe es nicht ein gewisses Gefühl für Grenzen verinnerlicht hat, das heißt, eine Vorstellung von dem, was erlaubt ist und was nicht. Damit es diese Vorstellung bilden kann, muß es sich in der Welt der Gedanken wohlfühlen; es muß in der Lage sein, Gedanken in seinem Kopf zu behalten und sie zu steuern. Wenn Sie ein Kind bestrafen, dann reagieren Sie auf sein Verhalten mit Ihrem eigenen Verhalten. In Wirklichkeit fördern Sie es damit, daß es auf diesem Verhaltensniveau bleibt. Auf die Dauer ist es effizienter, zuerst mit dem Kind über seine Verstöße zu sprechen. Wenn Sie es in eine Diskussion verwickeln, helfen Sie ihm, sich auf das Niveau des Denkens zu heben: Sie helfen ihm, über sein Verhalten nachzudenken. Nach und nach bringen Sie es dazu, sich in seinen Gedanken selbst zu disziplinieren. Vielleicht benimmt es sich immer noch schlecht, und Sie müssen es später dafür bestrafen, aber indem Sie mit ihm darüber sprechen, fördern Sie seine Fähigkeit, sich selbst zu verbessern.

1. Schritt: Kleine Schritte

Fangen Sie mit machbaren Schritten an, wenn Sie das Verhalten Ihres Kindes ändern wollen. Beißt es andere Menschen, so geben Sie ihm einen »Beißersatz«, einen Beißring, eine Gummipuppe oder einen Spielzeug-Hot-dog. Falls das Kind alt genug ist, kann es Kaugummi kauen (verwenden Sie zuerst »Austauschobjekte«, das heißt, anstatt Sie zu beißen, kaut es auf einem anderen Gegenstand herum). Sie sollten Ihr Kind nicht dadurch verwirren, daß Sie ihm hin und wieder erlauben, Sie spielerisch zu beißen. Auch im Spiel sollten Sie ihm einen Ersatz bieten. (Nicht immer ist das Beißen ein Zeichen von Wut. Manche Kinder beißen, weil sie nach oraler Stimulation verlangen; dem können Sie entgegenkommen, indem Sie seine Zähne bürsten oder sein Gesicht und seine Lippen massieren, um seinen Muskeltonus anzuregen. Das wird ihm auch das Essen und das Sprechen erleichtern.)

Wenn Ihr Kind nach dem Spielen sein Zimmer nicht aufräumt, dann tun Sie es gemeinsam. Besprechen Sie, wer was wegräumt, und vergrößern Sie nach und nach seinen Anteil. Sagen Sie »Auf Wiedersehen« zu den Spielsachen, um dem Kind zu helfen, sich von Dingen zu trennen, und schaffen Sie den Spielsachen ein richtiges Heim, wo sie nach dem Ende des Spiels »hingehen«. Weigert sich das Kind kategorisch, sein Zimmer in Ordnung zu bringen, dann setzen Sie ihm das Ziel, dies einmal pro Woche zu tun, und sobald dieses Ziel erreicht ist, zweimal in der Woche – bis es sein Zimmer täglich aufräumt.

2. Schritt: Bodenzeit

Wenn Ihr Kind älter wird, sieht es sich immer mehr Grenzen gegenüber – und empfindet infolgedessen immer mehr Wut und Frustration. Die Bodenzeit ist dann besonders wichtig. Sie ermöglicht dem Kind, diese Gefühle zum Ausdruck zu bringen und sie dadurch zu kompensieren, daß es den »Boß« spielen, Dinge herumwerfen und Unordnung machen darf. Solange es sich nicht verletzt oder Dinge kaputtschlägt, sollten Sie es einfach gewähren lassen. Gönnen Sie ihm, Lenker des Spielgeschehens und Tyrann zu sein. Was es gefahrlos in der Bodenzeit zum Ausdruck bringt, muß sich in anderen Situationen nicht Bahn brechen.

3. Schritt: Das Problem symbolisch lösen

Erfinden Sie Spielsituationen mit Puppen, die die jeweilige Situation darstellen, in der Ihr Kind sich gerade befindet. Was passiert, wenn die Puppenmutter ihrem Puppenkind sagt, es dürfe sie nicht mehr beißen? Wie fühlt sich das Puppenkind dann? Was tut es daraufhin? Was könnte es statt dessen tun? Was geschieht, wenn das Kind trotzdem beißt? Was kann die Puppenmutter tun, damit das Kind kein Verlangen zu beißen hat? Stellen Sie für jedes Problem eine Vielzahl von Szenarien dar und sprechen Sie – wie Sie es gewohnt sind – über die Gefühle Ihres Kindes. Wenn Ihr Kind noch nicht sprechen kann, führen Sie das Gespräch hauptsächlich mittels Gebärden. Zeigen Sie durch Ihren Tonfall und Ihre Mimik, daß Sie sich in seine Gefühle hineinversetzen können.

Wenn Ihr Kind schon sprechen kann, dann helfen Sie ihm, Situationen zu antizipieren, in denen es versucht sein könnte, sich schlecht zu betragen. Was wird sein, wenn Alex dir morgen in der Schule dein Spielzeug wegnimmt? Wie wirst du dich dann fühlen? Was wirst du dann tun wollen? Kannst du statt dessen etwas anderes tun? Mit viel Übung kann Ihr Kind lernen, seine Gefühle in schwierigen Situationen vorauszusehen und seine Handlungen dementsprechend zu planen.

4. Schritt: Sich in die Lage des Kindes versetzen

Lassen Sie Ihr Kind wissen, daß Ihnen bewußt ist, wie schwer es ihm fällt, sein Verhalten zu kontrollieren, und daß Sie sehr wohl verstehen, wie ärgerlich und frustriert es sich fühlt.

5. Schritt: Erwartungen formulieren und Grenzen setzen

Versuchen Sie, Ihre großen Ziele möglichst allgemein zu halten. Wenn Sie Ihrem Kind das Ziel vorgeben, daß es andere nicht schlagen darf, kann es leicht sein, daß es nun statt dessen Tritte austeilt. Besser ist es daher, ihm als Ziel vorzugeben, andere Menschen niemals zu verletzen (denn das ist es ja im Grunde, was Sie ihm beibringen wollen). Wenn es mit diesen Verhaltenszielen gut zurechtkommt, dann können Sie nach und nach auf Ziele hinarbeiten, die mit seiner inneren Einstellung zu tun haben. Das umfassende Ziel ist, andere Menschen zu respektieren, was bedeutet, daß Ihr Kind niemanden verletzen, niemandem etwas wegnehmen, sich nicht ohne Erlaubnis auf den Stuhl einer anderen Person setzen darf usw. Wenn es lernt, andere Menschen zu respektieren und sich in sie einzufühlen, wird es weniger nötig sein, ihm Ziele zu setzen, denn es wird sein eigenes Gefühl für Disziplin verinnerlichen.

Machen Sie Ihrem Kind Ihre Erwartungen klar, und verhängen Sie, wenn nötig, Sanktionen, aber nur als letzten Ausweg.

Nehmen wir einmal an, daß Ihr Kind – auch nach langen Diskussionen über das, was erlaubt ist und was nicht – seinen Bruder mit einem Spielzeug bewirft. In diesem Fall sollten Sie einschreiten und es daran hindern. Halten Sie es so lange fest, bis es sich beruhigt hat. Bleiben Sie dabei bestimmt, aber freundlich. Wenn Sie die Beherrschung verlieren, bekommt das Kind Angst, wodurch sein Verhalten noch schlimmer wird. Sie sollten ihm die Botschaft vermitteln, daß es in der Lage ist, sich zu beruhigen, und daß Sie ihm durch Ihr eigenes ruhiges Verhalten helfen wollen. Betrachten Sie sich selbst als einen riesigen Teddybären, der das Kind mit Wärme und Geborgenheit umgibt.

Sobald Ihr Kind ruhig ist, werden Sie spüren, daß es durch Ihre Verhandlung und Ihr Festhalten verstanden hat, daß seine Handlung nicht tragbar war. Vielleicht wollen Sie diese Botschaft noch mit einer Sanktion verstärken – indem Sie verlangen, daß es über sein Verhalten nachdenkt, ihm verbieten, fernzusehen, oder sich weigern, das Spiel, mit dem Sie eben beide beschäftigt waren, weiterzuspielen. (Keine geeignete Bestrafung wäre es, das Kind von anderen zu isolieren, da alle Kinder – vor allem aber förderbedürftige Kinder – soziale Interaktion benötigen.) Solche Sanktionen sind durchaus berechtigt – jedoch erst nach 50 oder 60 Gebärdenkreisen. Mit Bestrafung allein lernt Ihr Kind zwar vielleicht, etwas Bestimmtes nicht mehr zu tun, aber es wird nicht für sich selbst beurteilen können, ob ein

Verhalten akzeptabel ist oder nicht. Gestische und verbale Verhandlungen werden ihm helfen, den Begriff der Grenzen zu verinnerlichen.

Achten Sie darauf, daß Ihre Sanktionen dem Entwicklungsniveau Ihres Kindes angemessen sind. Verbieten Sie einem Kind, das von seiner Entwicklung her 18 Monate alt ist, fernzusehen, so wird ihm das nicht viel ausmachen, selbst wenn es seinem Geburtsdatum nach bereits vier Jahre zählt. Es kann die Verbindung zwischen seinem momentanen Verhalten und der dafür verhängten Sanktion nicht herstellen. Greifen Sie statt dessen zu einer Sofortmaßnahme; verlangen Sie beispielsweise von ihm, daß es in den nächsten drei Minuten stillsitzt, anstatt mit seinen Spielsachen zu spielen. Wenn Ihr Kind noch nicht sprechen kann, dann reicht die gestische Verhandlung wahrscheinlich aus, um die Botschaft verständlich zu machen.

6. Schritt: Die goldene Regel

Nehmen Sie Probleme der Disziplin in Angriff, so ist es besonders wichtig, die Bodenzeit zu verlängern. Ihr Kind sieht sich mehr und mehr Grenzen gegenübergestellt, die es wütend auf Sie machen. Gewähren Sie ihm zusätzliche Zeit, damit es diese Gefühle im Spiel abreagieren kann; damit besteht weniger Gefahr, daß sie in anderen Situationen auftreten. Zusätzliche Bodenzeit wird zudem das Band des Vertrauens zwischen Ihnen beiden stärken; dem kommt jetzt, da Sie mehr von ihm erwarten, eine besondere Bedeutung zu.

Sauberkeitserziehung

Wenn Ihr Kind Probleme der motorischen Kontrolle hat, fällt es ihm möglicherweise schwer, auf der Toilette zu sitzen und seinen Schließmuskel zu kontrollieren. Reagiert es im allgemeinen auf Empfindungen zu schwach, dann merkt es vielleicht gar nicht, daß es uriniert. Wenn es dagegen übermäßig stark auf Empfindungen reagiert oder ein nur unzureichend entwickeltes kinästhetisches Gespür besitzt, kann das Gefühl, daß etwas seinen Körper verläßt, eine sehr erschreckende oder intensive Wirkung auslösen. Vielleicht mag das Kind auch das »offene« Gefühl nicht, das man beim Sitzen auf der Toilette hat, weil es so lange an die Geschlossenheit und Wärme der Windel gewöhnt war. Da es für ein Kind mit Förderbedarf außerordentlich schwierig sein kann, zu lernen, wie man die Toilette benutzt, sollten Sie eine sehr behutsame Methode der Sauberkeitserziehung anwenden.

Ein Kind ist gewöhnlich bereit, mit der Sauberkeitserziehung zu beginnen, wenn es entwicklungsmäßig etwa drei Jahre alt ist, was für ein förderbedürftiges Kind oft ein faktisches Alter von vier oder fünf Jahren bedeutet. Wenn Ihr Kind sehr widerspenstig oder ängstlich ist oder nur über eine mangelhafte sensorische Kontrolle verfügt, dann sollten Sie Geduld haben. Merkt es gar nicht, wenn es feucht geworden ist, so ist für die Sauberkeitserziehung wahrscheinlich noch nicht reif. Scheint es dennoch Interesse daran zu haben – etwa weil es sieht, wie seine Geschwister oder Schulkameraden die Toilette benutzen, und darauf erpicht ist, es selbst zu versuchen –, dann machen Sie einen Versuch. Gehen Sie dabei sehr behutsam vor und drängen Sie das Kind nicht, bei der Stange zu bleiben, wenn es bald das Interesse verliert. Die Sauberkeitserziehung sollte am unteren Ende Ihrer Prioritätenliste stehen. Ihr Kind hat viel größere, wichtigere Herausforderungen zu meistern, wie das Lernen von Vertrautheit und Gebärdenkommunikation. Sobald es damit zurechtkommt, wird es auch bereit sein, die Toilette zu »akzeptieren«.

1. Schritt: Kleine Schritte

Manche Kinder lernen es schnell; sie haben schon beim ersten oder zweiten Versuch Stuhlgang. Wenn Ihr Kind länger dazu braucht, dann probieren Sie es mit kleineren Schritten.

- Beginnen Sie damit, daß Sie nur auf der Toilette seine Windeln wechseln. Das wird ihm helfen, seine Ausscheidungen allein mit diesem Ort zu assoziieren.
- Falls das Kind jedesmal, wenn es pupt, in irgendeine Ecke läuft, um sich dort zu verstecken, dann schlagen Sie ihm vor, sich doch in der Toilette zu verstecken. Versichern Sie ihm, daß es dort ganz für sich allein ist. Vielleicht ist es dann sogar bereit, sich auf die Toilette zu setzen (gegebenenfalls auch mit hochgezogenen Hosen).
- Führen Sie das Kind nach den Mahlzeiten auf die Toilette. Wenn es zögert, sollten Sie nicht von ihm verlangen, sich auf die Toilette zu setzen; gewöhnen Sie Ihr Kind einfach daran, nach dem Essen die Toilette aufzusuchen. Ein wichtiger Teil der Sauberkeitserziehung (und ein zweckmäßiger erster Schritt) ist, einen Plan dafür zu erstellen.

- Sobald Ihr Kind daran gewöhnt ist, nach jeder Mahlzeit die Toilette aufzusuchen, sollten Sie es dazu ermuntern, dort in seine Windel zu pupen. Wenn es dies regelmäßig tut, dann hat es schon einen bedeutenden Schritt gemeistert.
- Wenn es nicht sofort nach dem Essen pupen kann, dann sollten Sie ihm helfen, sich zu entspannen, indem Sie Empfindungen erzeugen, die es beruhigen: das Geräusch von laufendem Wasser, seine Lieblingsmusik, Ihre besänftigende Stimme oder die Stimme einer Puppe, die es besonders mag. Manche Kinder halten gern Ihr Lieblingsspielzeug im Arm, während sie auf der Toilette sitzen; andere spielen dabei gerne Spiele, in denen sie ihre Muskeln anspannen und wieder entspannen. Experimentieren Sie so lange herum, bis Sie die richtige Empfindungskombination gefunden haben.
- Sobald Ihr Kind »nach Plan« pupen kann, sollten sie es dazu ermuntern, sich auf die Toilette setzen. Stellen Sie eine Kiste oder einen Stuhl unter seine Füße, weil das Gefühl, die Füße auf dem Boden zu haben, sein Sicherheitsempfinden verstärkt und ihm hilft, seinen Körper zu beherrschen. Wenn das Kind Angst hat, über dem Toilettensiphon zu sitzen, dann legen Sie ihm eine Windel an. Lockern Sie sie allmählich. Legen Sie sie nun unter das Kind (wickeln Sie sie nicht mehr um seinen Körper herum). Geben Sie ihm jegliche Unterstützung, die es benötigt, um sich sicher zu fühlen. Wenn es sich trotzdem noch sehr unwohl zu fühlen scheint, dann machen Sie die Schritte noch kleiner. Setzen Sie sich zum Ziel, daß das Kind erst einmal fünf Minuten lang auf der Toilette bleibt, und steigern Sie allmählich die Zeitspanne. Sobald es sich auf der Toilette wohlfühlt, wird ihm die Aufgabe leichter fallen.
- Falls es nicht zu bemerken scheint, daß es uriniert, dann geben Sie ihm viel zu trinken und lassen Sie es danach draußen mit einem Plastiktopf spielen (stellen Sie in der Nähe ein Töpfchen auf) oder setzen Sie es in die Badewanne. Bald wird es urinieren müssen; Sie können ihm dann helfen, schnell aufs Töpfchen oder auf die Toilette zu gehen. (Wenn es in die Wanne uriniert, dann lassen Sie es trotzdem ruhig sein Bad beenden.)

2. Schritt: Bodenzeit

Nutzen Sie die Bodenzeit, um sein Interesse zu wecken. Der Erfolg der Sauberkeitserziehung hängt teilweise von dem Wunsch Ihres Kindes ab,

Ihnen einen Gefallen zu tun, ab. Je mehr Nähe Sie während der Bodenzeit ermöglichen, desto stärker wird dieser Wunsch sein.

3. Schritt: Das Problem symbolisch lösen

Anhand von Büchern und Videofilmen über die Sauberkeitserziehung können Sie Ihrem Kind die Gelegenheit geben, sich den ganzen Ausscheidungsvorgang vorzustellen und Fragen zu stellen. Sie können die Sauberkeitserziehung aber auch in Ihr Spiel integrieren. Stellen Sie ein Töpfchen (oder einen Töpfchen-Stuhl) im Spielzimmer auf. Wenn Sie mit Puppen spielen, sollten Sie die Ausscheidungsfunktionen einbeziehen. Unterbrechen Sie das Spiel von Zeit zu Zeit, weil Ihre Puppe aufs Töpfchen gehen muß. Legen Sie ihr eine Windel (aus kleinen Tüchern und einem Klebeband) um, oder führen Sie sie auf die Toilette. Vielleicht will Ihr Kind es der Puppe nachmachen. Es ist aber auch möglich, daß es völlig desinteressiert bleibt oder sogar wütend reagiert.

Bitten Sie Ihr Kind um sein Engagement, wenn Sie die verschiedenen Schritte durchlaufen. Lassen Sie die Puppe die Sorgen und Ängste Ihres Kindes zum Ausdruck bringen, und berücksichtigen Sie seine individuellen Eigenheiten. Wenn Ihr Kind schon sprechen kann, dann gehen Sie die ganze Prozedur mit Worten durch. Fordern Sie es auf, sich vorzustellen, wie es auf dem Töpfchen sitzt (oder den kleinen Schritt, der gerade ansteht, ausführt) und wie es sein Ziel erreicht.

4. Schritt: Sich in die Lage des Kindes versetzen

Wenn die Puppe die Sorgen Ihres Kindes zum Ausdruck bringt, dann versetzen Sie sich in die Gefühle der Puppe und auch in die Ihres Kindes. Später, wenn Ihr Kind auf der Toilette sitzt, sollten Sie ihm klarmachen, daß *Sie* sehr wohl wissen, daß es da etwas sehr Schwieriges tut. Weisen Sie das Kind darauf hin, daß es einmal sehr stolz sein wird, wenn es die Unterwäsche eines großen Jungen oder Mädchens tragen kann.

5. Schritt: Erwartungen formulieren und Grenzen setzen

Sanktionen sind bei der Sauberkeitserziehung völlig unangebracht, weil Ihr Kind vielleicht einfach nicht in der Lage ist, Ihren Erwartungen zu entsprechen. Immer wenn es einen kleinen Schritt erfolgreich bewältigt hat, sollten Sie seine Mühe mit einer Kleinigkeit (vielleicht einem Klebeschildchen oder einer zusätzlichen Gutenachtgeschichte) belohnen.

6. Schritt: Die goldene Regel

Während Ihr Kind die einzelnen kleinen Schritte der Sauberkeitserziehung zu meistern versucht, sollten Sie ihm zusätzliche Bodenzeit gewähren. Wenn es spürt, daß Sie sehr großen Wert auf das Meistern dieser Aufgabe legen, dann hat es möglicherweise Angst, Sie zu enttäuschen. Und da es wahrscheinlich Ihren Wunsch, es solle sich wie ein »großes« Kind verhalten, durchaus teilt, kann es auch befürchten, sich selbst zu enttäuschen. Geben Sie ihm genügend Raum, um solche und andere Empfindungen auszudrücken, und bestätigen Sie ihm, daß Sie sich ihm ganz nah fühlen.

Widerspenstigkeit und Negativität

Ist Ihr Kind widerspenstig und reagiert es negativ, so sehen Sie dies höchstwahrscheinlich nicht als etwas Positives an, doch bei einem Kind mit Entwicklungsverzögerungen dürfen Sie das tun, weil es sich hier um organisiertes, absichtsvolles Verhalten handelt. Ein Kind mit Entwicklungsproblemen braucht Zeit, um zu lernen, sich absichtsvoll zu verhalten; deshalb sind sein heftiges »Nein!«, sein »Ich will nicht« und sein trotziges Sich-Abwenden Zeichen des Fortschritts. Es hat nun ein stärker organisiertes Gefühl dafür, daß es ein eigenständiger Mensch ist; daher versucht es, sich selbst zu definieren. Machen Sie sich seinen Trotz zunutze, um es zu Gesprächen und Interaktionen zu bewegen.

Das negative Verhalten Ihres Kindes bietet zuweilen hervorragende Chancen, Kommunikationskreise zu öffnen und zu schließen. Wenn Sie Ihrer Neigung, die jeweilige Diskussion abzukürzen, widerstehen können, geben Sie dem Kind viel Gelegenheit, seine Wünsche zu kommunizieren und sich logisch auszudrücken. Und weil es in einem hochemotionalen Zustand verhandelt, wird es etwas dabei lernen.

An jedem Tag gibt es Dutzende Gelegenheiten, dies zu praktizieren. Ein wenig Humor ist dabei nie verkehrt! Wenn Ihr Kind seine Schuhe partout nicht anziehen möchte, dann verhandeln Sie mit ihm, indem Sie auf seine

Hand deuten und ihm vorschlagen, die Schuhe über die Hände zu streifen. Lehnt es das ab, dann schlagen Sie ihm statt dessen vor, den Schuh auf den Kopf zu setzen. Wenn es auch damit nicht einverstanden ist, dann sagen Sie, es solle sich den Schuh ans Ohr hängen! Mit jeder Antwort wird es einen Kommunikationskreis geschlossen haben, und nach einigen solchen absurden Vorschlägen ist es vielleicht sogar bereit, Ihnen ein kleines Lächeln zu schenken. Vielleicht zieht es den Schuh noch immer nicht über seinen Fuß, aber Sie haben damit eine wertvolle Kommunikationsübung in die Länge gezogen und das Kind motiviert, seine Emotion auszudrücken. Weigert sich Ihr Kind, eine bestimmte Speise zu essen, dann stellen Sie sich dumm. Lassen Sie es mehrmals wiederholen, daß es etwas anderes möchte, indem Sie ihm mit verwirrter Miene immer wieder die erste Speise reichen; damit bewegen Sie es dazu, auf das zu deuten, was es will. Nachdem Sie vier oder fünf Kommunikationskreise geöffnet und geschlossen haben, können Sie dann ganz plötzlich seine Forderung »verstehen« und seine Mühen mit der Speise belohnen, die es lieber essen möchte. Wenn Ihr Kind schon sprechen kann, dann sollten Sie Ihr Anliegen in ein Gespräch verwandeln. Sagen Sie zum Beispiel: »Ach, du hängst deinen Mantel nicht auf? Warum nicht? Was wäre, wenn der Mantelständer seinen Haken ausstrecken und dir den Mantel abnehmen könnte?« Indem Sie die Situation in ein Gespräch verwandeln, stärken Sie seine Kommunikationsfähigkeiten *und* lenken seine Aufmerksamkeit von dem Konflikt ab.

Natürlich werden Sie nicht immer die Zeit oder die Geduld haben, diese Verhandlungen in die Länge zu ziehen; manchmal ist es einfach unerläßlich, daß Ihr Kind Flexibilität zeigt. In diesem Fall sollten Sie besonders beruhigend auftreten und versuchen, die Handlung, die Sie von ihm fordern, so angenehm wie möglich zu gestalten. Wenn Ihr Kind sich sträubt, ins Auto zu steigen, dann schlagen Sie ihm vor, sein Lieblingsspielzeug mitzunehmen. Sie können auch versuchen, es mit einem Spiel zu überreden, ihm etwas zu naschen auf den Weg zu geben, oder es besänftigen, indem Sie es liebevoll in die Arme nehmen. Wenn es dann noch immer schreit und Tritte austeilt, dann heben Sie es hoch und setzen Sie es ins Auto, aber tun Sie es nicht heftig. Halten Sie das Kind fest, aber behutsam – wie der große, starke Teddybär es tut – und sagen Sie zu ihm, Sie wüßten wohl, daß es keine Lust habe, wegzufahren, doch zuweilen müßten wir alle Dinge tun, die uns nicht passten. Versuchen Sie vor allem, nicht die Beherrschung zu verlieren, denn damit erschrecken Sie Ihr Kind. Möglicherweise reagiert es übermäßig stark auf

Töne oder auf heftige Gebärden, und was in Ihren Augen ein unbedeutender Ärger ist, kann auf das Kind überwältigend wirken. Wenn Sie diese »Starker-Teddybär-Strategie« mit vielen spielerischen Verhandlungen kombinieren, verhelfen Sie Ihrem Kind allmählich dazu, flexibler zu werden.

Denken Sie daran, daß Kinder selten deshalb negativ sind, weil sie böse sein wollen. Sie reagieren häufig übermäßig sensibel auf Empfindungen und versuchen, Dinge zu kontrollieren, damit diese sie nicht »überrollen«. Wenn das Kind Ihre Vorschläge zurückweist, versucht es damit nicht, Ihnen einen Strich durch die Rechnung zu machen; es will sich nur behaupten, herausfinden, wer es ist, und ein Selbstgefühl entwickeln. Respektieren Sie seine Anstrengungen daher nach Möglichkeit. Sie müssen nicht immer mit ihm übereinstimmen; Sie können auch versuchen, es von einer anderen Meinung zu überzeugen. Aber wenn Sie verhandeln, anstatt ihm einfach Ihren Willen aufzuzwingen, respektieren Sie seine Emotionen und stärken sein Selbstgefühl.

1. Schritt: Kleine Schritte

Entscheidend ist, immer nur einen Problembereich in Angriff zu nehmen. Wenn Ihr Kind sich beim Essen, beim Anziehen und beim Schulbesuch widerspenstig verhält, dann sollten Sie nicht alle drei Dinge gleichzeitig angehen. Beginnen Sie mit dem für Sie wichtigsten Problem, und arbeiten Sie erst danach an den anderen. Sie werden Ihr Kind nicht dadurch überlasten wollen, daß Sie es zwingen, zu viel auf einmal zu lernen, und Sie sollten ihm ermöglichen, in mehreren Bereichen das Sagen zu haben, denn das ist entscheidend für sein Selbstgefühl.

2. Schritt: Bodenzeit

Die Bodenzeit ist die Zeit, in der das Kind ungehindert seinen Willen durchsetzen darf. Es kann Ihnen verbieten, die Puppe ins Auto zu legen; es kann darauf beharren, daß seine Spielzeugautos in einer bestimmten Reihenfolge aufgestellt werden; es kann aus Ihnen einen willigen Diener machen und selbst den autokratischen Herrn spielen. Solange es sich (und Sie) nicht verletzt und nichts kaputtmacht, sollte es ruhig das Spielgeschehen bestimmen. Denn die Tatsache, daß es hin und wieder im Spiel der »Boß« ist, wird das Kind nicht verderben. Vielmehr wird es ihm helfen, zu ertragen, daß es im wirklichen Leben oft nicht das Sagen hat.

3. Schritt: Das Problem symbolisch lösen

Mit dem Problemlösen helfen Sie Ihrem Kind zu üben, Dinge zu tun, die es eigentlich nicht tun will. Wenn es sich ständig sträubt, ins Auto zu steigen, dann stellen Sie Szenen dar, in denen Puppen im Auto fahren müssen. Die Frage ist beispielsweise: Kann das Kind die Puppe dazu motivieren, gerne im Auto zu fahren? Wenn das Kind sich andauernd dagegen sträubt, angezogen zu werden, dann stellen Sie Szenen dar, in denen Puppen dagegen protestieren, daß man sie anzieht. Bringt Ihr Kind es fertig, daß die Puppe sich damit abfindet? Wenn das Problem im Puppenspiel gelöst ist, dann sollten Sie dazu übergehen, es auch im wirklichen Leben zu üben. Spielen Sie Verfolgungsspiele, bei denen Sie und das Kind in einem Auto sitzen. Spielen Sie »Anziehspiele«, bei denen Sie und das Kind sich abwechseln und immer einer ein Kleid über den Kopf zieht und der andere es ihm wegzunehmen versucht. Sagen Sie Ihrem Kind während des Spiels, wie stolz Sie sind, daß es diese schwierigen Dinge meistert.

Es ist durchaus möglich, daß Ihr Kind sich dagegen sträubt, angezogen zu werden, weil es auf bestimmte Gewebe sehr sensibel reagiert und die Kleider auf seiner Haut als unangenehm empfindet. Testen Sie seine Reaktionen auf verschiedene Stoffe, und wählen Sie die Kleider aus, die es am besten verträgt. Schneiden Sie die Etiketten heraus und drehen Sie seine Socken auf die verkehrte Seite, wenn Sie das Gefühl haben, sie könnten kratzen. Spielen Sie eine Zeitlang mit den neuen Kleidern, ehe Sie Ihr Kind auffordern, sie zu tragen. Spielen Sie Verkleidungsspiele, bei denen Sie verschiedene Kostüme anprobieren, damit Ihr Kind sich an häufiges, rasches An- und Auskleiden gewöhnt.

4. Schritt: Sich in die Lage des Kindes versetzen

Immer wenn Ihr Kind vor einer schwierigen Aufgabe steht, sollten Sie ihm zu erkennen geben, daß Sie sein Unbehagen verstehen.

5. Schritt: Erwartungen formulieren und Grenzen setzen

Wenn Grenzen nötig sind, dann sollten Sie wie der große, starke Teddybär auftreten. Versetzen Sie sich in seine Gefühle, erinnern Sie das Kind jedoch auch daran, daß es auf diesem Gebiet flexibel sein muß.

6. Schritt: Die goldene Regel
Während Sie die Problembereiche nacheinander in Angriff nehmen, sollten Sie die Bodenzeit verlängern. Sie verlangen von Ihrem Kind, daß es ein Verhalten ändert, das für ihn von großer Bedeutung ist. Geben Sie ihm genügend Raum, die starken Gefühle zum Ausdruck zu bringen, die dabei hervorgerufen werden.

Ungewöhnliche Ängste

Die meisten Kinder entwickeln Ängste, sobald ihnen bewußt wird, wer sie sind und was ihnen passieren kann. Kleinkinder bekommen zum Beispiel um das zweite Lebensjahr herum jedesmal, wenn sie hinfallen, einen Schreck. Sie begreifen, daß ihr Körper verletzbar ist, aber sie können noch nicht beurteilen, welche Art Stürze gefährlich sind. In dieser Phase helfen liebevolle Umarmungen – und Heftplaster, wenn sie sich aufgeschürft haben. Wenn die Kinder etwa vier Jahre alt sind, ist das nicht mehr notwendig; die Kinder haben nun mehr Vertrauen in ihren Körper und wissen, wann sie wirklich Hilfe brauchen. Ihr zunehmendes Gefühl für Realität kann ihnen zudem ermöglichen, Ängste zu antizipieren. Sie fürchten sich vor neuen Erfahrungen und vor Trennungen, weil ihnen im voraus klar ist, daß sie Angst bekommen könnten. In dieser Phase fürchten sich Kinder manchmal davor, in die Schule zu gehen, oder sie verhalten sich bei familiären Zusammenkünften sehr zurückhaltend und scheu.

Wenn Ihr Kind älter und damit besser imstande ist, sich selbst durch Worte und Symbolspiele auszudrücken, wird es wahrscheinlich eine Phase durchmachen, in der es ängstlich ist. Es ist nun in der Lage, seine Phantasie zu benutzen, aber diese Phantasie kann ihm auch angst machen. Es kann sich zwar vorstellen, daß Sie es liebevoll umarmen, aber es kann sich auch eine Hexe unter seinem Bett vorstellen. Alle Kinder durchleben diese Phase, in der ihnen allmählich bewußt wird, daß es Dinge auf der Welt gibt, die sie verletzen können. Die Ängste weisen darauf hin, daß Ihr Kind beginnt, zwischen Phantasie und Realität zu unterscheiden. Bislang verliehen ihm magisches Denken und sein noch wenig entwickeltes Selbstgefühl Schutz und Macht. Jetzt beginnt Ihr Kind zu verstehen, daß es eben nur ein kleines Kind ist und daß es sich an diese neue Realität gewöhnen muß. Diese Phase erstreckt sich über einen Zeitraum, in dem das Kind die Grenzen seiner wirklichen Macht lernt und vorgetäuschte und phantasierte Macht benutzt, um mit den eingebildeten Ängsten und der Realität fertigzuwerden.

Förderbedürftige Kinder sind aufgrund ihrer individuellen Eigenarten sehr anfällig für Ängste. Wenn Ihr Kind übermäßig sensibel auf Lärm reagiert, dann ist gut möglich, daß es das Geräusch des Staubsaugers nicht erträgt und dieser in seiner Phantasie zu einem bösen Elefanten wird. Reagiert es übermäßig sensibel auf Berührungen, kann es irritiert sein, wenn ein Fremder ihm die Hand schüttelt, und diese Empfindung später dann in seiner Phantasie wiederaufleben lassen (etwa als haarigen Gorilla, der es in seinem Bett zerdrücken will). Beunruhigende Erlebnisse des Tages werden oft in irrationale Ängste verwandelt.

Auch kann es sein, daß das Kind seine eigenen Gefühle als beängstigend erlebt und diese sich daher in seiner Vorstellung verwandeln. Sein Wissen, daß es von Ihnen abhängt – und daß es Sie natürlich auch verlieren kann –, löst bei einem schlimmen Ereignis die Angst aus, dies könne eine Trennung von Ihnen verursachen. Starker Ärger oder Aggressionen können sich in Angst vor Feuer, Angst vor einmarschierenden Armeen oder anderen zerstörerischen Kräften Bahn brechen. Hat Ihr Kind motorische Probleme, wird es noch mehr dazu neigen, Aggression zu fürchten. Da es nicht in der Lage ist, seinen Körper vollständig zu kontrollieren, befürchtet es, seine Wut nicht kontrollieren zu können. Unbewußt fragt es sich: Wenn ich meine Wut nicht kontrollieren kann, wie gut können dann andere Menschen ihre Wut beherrschen? Für ein Kind mit motorischen Problemen ist die Welt voller Wesen, die jederzeit zum Angreifen bereit sind. Das Wissen, daß es nicht darauf vertrauen kann, daß sein eigener Körper es beschützt – ja noch nicht einmal darauf, daß sein eigener Körper es zu den Armen seiner Mutter tragen wird –, erhöht sein Unbehagen.

Alle diese Faktoren tragen dazu bei, daß förderbedürftige Kinder eine Phase erleben, in der sie unter irrationalen Ängsten leiden. Glücklicherweise ist sie zeitlich begrenzt, denn sobald das Kind ein logisches Verständnis für die Welt entwickelt hat und besser in der Lage ist, seine Gefühle in Worten auszudrücken, nehmen diese Ängste in vielen Fällen ab. In der Zwischenzeit kann es hilfreich sein, sich daran zu erinnern, daß die Ängste ein Zeichen des Fortschritts sind; sie sind ein heilsamer Schritt auf dem Weg zu einem logischeren Denken und Fühlen.

1. Schritt: Kleine Schritte

Wählen Sie immer nur eine Art der Angst aus, an der Sie arbeiten wollen, und helfen Sie Ihrem Kind, sie in kleinen Schritten zu meistern. Hat es Angst davor, in die Schule zu gehen, dann gehen Sie, bevor das Kind eingeschult wird, einmal mit ihm hin. Sehen Sie sich gemeinsam sein Klassenzimmer an, unterhalten Sie sich mit seinem Lehrer, schauen Sie zu, wie die Kinder zusammen spielen. Wenn der Schulalltag dann beginnt, sollten Sie das Kind in den ersten Tagen begleiten. Brechen Sie früh auf, damit die anderen Kinder erst nach Ihrem Kind eintreffen. Reduzieren Sie nach und nach die Länge der Zeit, die Sie dort zubringen. Oder bleiben Sie vor der Tür stehen, wo Ihr Kind Sie sehen kann, und verringern Sie wiederum ganz allmählich die Verweildauer. Wenn nötig, nehmen Sie Ihr Kind am ersten Tag wieder mit nach Hause, aber verlangen Sie von ihm, daß es an den darauffolgenden Tagen jeweils immer etwas länger dableibt.

Wenn Ihr Kind sich vor Monstern unter dem Bett fürchtet, dann sollten Sie sich in seinem Zimmer umschauen und ihm helfen, Wege zu finden, mit denen es die Angst allein meistert, bevor es nach Ihnen ruft. Es kann eine Taschenlampe unter seinem Kopfkissen haben, um die Ungeheuer damit anzuleuchten, oder eine Trompete, in die es blasen kann, um sie zu vertreiben. Bitten Sie das Kind, seine neue Verteidigungswaffe jeden Abend ein wenig länger zum Einsatz zu bringen, ehe es Sie herbeiruft. Belohnen Sie es danach für seine Tapferkeit.

Ihr Kind wird so lange magische Lösungen akzeptieren, bis es entwicklungsmäßig etwa vier Jahre alt ist. Nachdem es realistischer geworden ist, wird es solche Lösungen entrüstet zurückweisen. Dann sollten Sie ihm aus Büchern vorlesen und über Lösungen diskutieren, die andere Kinder gefunden haben, oder Ihr Kind fragen, was es tun würde, wenn sein Freund oder ein Geschwister Angst hätten.

2. Schritt: Bodenzeit

Wenn Ihr Kind unter Ängsten leidet, wird es sie wahrscheinlich in der Bodenzeit darstellen. Kinder mimen im Spiel oft den Gegenstand, der sie in Angst versetzt; daher ist es durchaus möglich, daß Ihr Kind ein Monster spielt, das ein Baby angreift, oder einen zornigen Löwen, der den Tierpfleger auffrißt. Es wird Szenen darstellen, in denen es Räuber und Grizzlybären fängt und besiegt. Dies ist heilsam für das Kind, denn indem es sich in das

Wesen verwandelt, das es fürchtet, ist es imstande, seine Angst zu vermindern und zu kontrollieren. Es kann die Ungeheuer beherrschen. Außerdem lernt das Kind, was für ein Gefühl es ist, Macht zu haben, und wie man mit negativen Emotionen umgeht. Agiert es diese Ängste tagsüber aus, wird sein Bedürfnis, sie nachts zu fühlen und auszudrücken, nachlassen.

Das Darstellen der Ängste eröffnet zudem die Möglichkeit, aggressive Energien auszuleben, die Ihr Kind sich vielleicht nur im Spiel auszudrücken traut. Ermuntern Sie Ihr Kind dazu. Lassen Sie sich auf seine Phantasien ein. Wenn Sie sie als Realität nehmen, flößen Sie Ihrem Kind möglicherweise noch mehr Angst ein.

Manche Kinder haben eine besondere Angst vor Aggression. Sie brauchen mehr Zeit, um zwischen Phantasie und Wirklichkeit zu unterscheiden. Auf aggressive Gedanken im Spiel reagieren sie so, als wären sie real, und geraten kurzzeitig in Panik, weil sie fürchten, verletzt zu werden. Hier können Sie Ihrem Kind helfen, indem Sie ihm Spielfiguren geben, mit denen es Konfrontationen und Schlachten inszenieren kann. Wahrscheinlich fühlt es sich nur sicher, wenn es immer gewinnt; also lassen Sie es gewinnen! Wenn es sich beim Mimen des »Bösen« unsicher fühlt, dann können Sie ja beide die »Guten« spielen, die Ausschau nach dem Feind halten. Bekämpfen Sie den Feind gemeinsam und stellen Sie sich dabei vor, was die »Bösen« tun. Nach und nach wird Ihr Kind ausprobieren wollen, wie es ist, der »Böse« zu sein; aber es wird weiterhin die Kontrolle behalten müssen. Und es ist auch möglich, daß es noch immer unbedingt gewinnen muß! Das ist in Ordnung. Mit der Zeit wird sich sein emotionales Spektrum erweitern und flexibler werden.

3. Schritt: Das Problem symbolisch lösen

Manche Bodenzeit-Sitzungen sollten dem Problemlösen vorbehalten sein, damit Sie Ihrem Kind helfen, Dinge vorherzusehen, die es ängstigen könnten. Ob es darum geht, abends ins Bett zu gehen oder zum ersten Mal das Haus eines Freundes zu betreten – verwenden Sie Puppen, um die Situation im voraus darzustellen. Wie werden sich die Puppen in der neuen Situation fühlen? Ein kleines bißchen ängstlich? Ziemlich ängstlich? Sehr ängstlich? Was können die Puppen oder die Mama tun, damit diese Situation nicht mehr so furchteinflößend ist? Vielleicht könnten die Puppen ihre Lieblingstiere oder ein Foto von der Familie mitnehmen oder einen Zeitpunkt vereinbaren, an dem sie mit ihren Eltern telefonieren. Stellen Sie verschiedene Szenen dar, bis Ihr Kind mit der Situation zurechtzukommt.

4. Schritt: Sich in die Lage des Kindes versetzen

Sie wissen, daß die Ängste Ihres Kindes irrational sind, aber für das Kind sind sie real. Auch wenn Sie immer wieder in den Schrank geschaut haben und zweimal mit dem Besen unter dem Bett hin- und hergefahren sind, um mögliche Monster zu vertreiben, sollten Sie trotzdem weiterhin auf seine Gefühle eingehen. Das Kind braucht Ihren warmherzigen Beistand; er ist das einzige Mittel zur Verteidigung, das es hat.

Sobald Ihr Kind eine realistischere Sicht hat, sollten Sie nicht mehr allzusehr auf seine Ängste eingehen, sondern nur noch Mitgefühl zeigen. Erzählen Sie ihm von Zeiten, in denen Sie sich selbst als Kind fürchteten. Es wird Ihre Geschichten immer wieder hören wollen.

5. Schritt: Erwartungen formulieren und Grenzen setzen

Kindern mit irrationalen Ängsten hilft es, wenn ihnen bei anderen Gelegenheiten ihres Lebens feste Grenzen gesetzt werden, denn viele Ängste haben ihr Ursache in der Angst vor der eigenen Aggression. Das Wissen, daß Sie es daran hindern werden, etwas sehr Zerstörerisches zu tun, nimmt Ihrem Kind einen Teil der Angst.

Besonders zweckmäßig ist es, das Kind zu ermuntern, mit Spielfiguren zu spielen, damit es in seinen Kämpfen Verbündete gewinnt und sich dadurch sicherer fühlt. Erinnern Sie Ihr Kind jedoch auch daran, daß es andere Menschen verletzen kann, wenn es die gesetzten Grenzen überschreitet.

Wenn Sie diese Grenzen setzen, dann sollten Sie die Einhaltung nicht mit allzuviel Strenge einfordern. Ihre »Starker-Teddybär-Strategie«, die beruhigende Festigkeit, ist wirksamer und überzeugender. Aber seien Sie konsequent. Ihr Kind muß genau wissen, wie weit es gehen kann, weil dieses Wissen seine schlimmsten Ängste in Schach hält.

6. Schritt: Die goldene Regel

Sie verlangen von Ihrem Kind, seine Ängste direkt anzugehen, und das ist nicht leicht. Daher sollten Sie es dadurch unterstützen, daß Sie ihm zusätzliche Bodenzeit gewähren. Ihre Fürsorge während des Spiels wird seine beste Waffe im Kampf gegen seine inneren Monster sein. Zusätzliche Bodenzeit wird ihm außerdem helfen, die gesellschaftlichen Regeln zu verstehen.

Abweichendes motorisches und selbststimulierendes Verhalten

Viele förderbedürftige Kinder haben abweichende motorische Verhaltensweisen: Sie rudern mit den Armen, drehen sich um sich selbst, öffnen und schließen immer wieder Türen oder führen unwillkürliche, repetitive Bewegungen aus. Dieses Verhalten ist kein Zeichen für Autismus, für einen Gehirnschaden oder für geistiges Zurückgebliebensein. Die Bewegungen werden durch Probleme im motorischen System verursacht – hoher oder niedriger Tonus, Probleme der motorischen Planung oder Schwierigkeiten bei der Steuerung des motorischen Flusses –, die dazu führen, daß das Kind eine nur unvollständige Kontrolle über seinen Körper besitzt. Ist das Kind gestreßt, müde oder aufgeregt oder sehnt es sich nach Stimulation, dann wird seine Muskelkontrolle davon beeinflußt, und es reagiert zuweilen mit unwillkürlichen Handlungen darauf. (Erinnern Sie sich, wie es war, als Ihr Kind noch ein Baby war und vor Vergnügen oder Erwartung mit seinen Armen oder Beinen herumruderte.) Entgegen einer weitverbreiteten irrigen Annahme können auch Kinder, die sehr warmherzig und liebevoll oder ungewöhnlich begabt und intelligent sind, bei Streß oder Erregung diese motorische Überflutung zeigen.

Betrachten wir einmal das einfache Beispiel von den Gesichtsmuskeln, die sich unwillkürlich bewegen (wie das Zucken um das Auge). Ist der Betreffende gestreßt oder müde, wird das Zucken ausgeprägter. Machen Sie ihn auf das Zucken aufmerksam, wird es noch stärker werden. Ziehen Sie ihn jedoch in eine heitere, mit viel Lächeln verbundene Interaktion, wird es verschwinden. Jetzt hat der Betreffende die Kontrolle über diese Muskeln. Sie können eine ähnliche Strategie anwenden, wenn Ihr Kind motorische Abweichungen aufweist. Versuchen Sie, Ihr Kind zu einer beruhigenden Interaktion zu bewegen, die dieselben Muskeln beansprucht, die seine abweichenden Bewegungen verursachen. Wenn Ihr Kind herumfuchtelt, können Sie seine Hände ergreifen, sie festhalten und mit ihm tanzen, oder ihm etwas in die Hände geben, das es gerne festhält, und ihm dann anbieten, den

Gegenstand mit Ihnen gegen einen anderen zu tauschen. Sobald es bei Ihrem Spiel mitmacht, wird die willkürliche Kontrolle seine unwillkürlichen Bewegungen beenden. Dreht Ihr Kind sich um sich selbst, dann können Sie die Bewegung in ein Ringelreihen-Spiel verwandeln, bei dem Sie das Kind an den Händen fassen, mit ihm im Kreise gehen und das Ganze mit dem Kommando »Und jetzt fallen alle auf den Boden« beenden. Öffnet und schließt Ihr Kind unaufhörlich eine Tür, dann bleiben Sie hinter der Tür stehen und verwandeln Sie auch diese Handlung in eine Interaktion. Jetzt muß das Kind *entscheiden*, ob es die Tür zustoßen oder öffnen will; damit wird seine zuvor mechanische Bewegung willkürlich. Oder Sie geben ihm einen Grund, die Tür zu öffnen und zu schließen, indem Sie eine ganze Anzahl von Stofftieren eines nach dem anderen hereinkommen lassen.

Indem Sie das motorische Verhalten Ihres Kindes in eine Interaktion verwandeln, geben Sie diesem Verhalten eine Absicht und nehmen ihm seinen selbststimulierenden Charakter. Ihr Kind benutzt seine Muskeln jetzt, um *intentional* zu *agieren* oder zu *kommunizieren*, nicht um eine sensorische Stimulation zu erzeugen. Darüber hinaus stärken Sie sein Zielbewußtsein, indem Sie sein Verhalten an eine Emotion binden – indem Sie ihm etwas geben, das es will, oder indem Sie sich spielerisch obstruktiv verhalten. Auf diese Weise helfen Sie Ihrem Kind, mehr Kontrolle über seine Muskelbewegungen zu erlangen.

Hilfreich beim Verringern abweichender Bewegungen ist es, mit einem Beschäftigungstherapeuten und einem Augenoptiker zusammen zu arbeiten, die beide dazu beitragen können, das motorische und das visumotorische System zu stärken. Sobald ihr Kind eine bessere Muskelkontrolle entwickelt hat, wird es kein so großes Bedürfnis nach diesen Bewegungen mehr haben, und es wird zudem immer imstande sein, sie zu beherrschen. Doch dieser Prozeß braucht Zeit, und es gibt nicht wenige Kinder, die solche Bewegungen niemals vollständig ablegen; sie lernen zwar, sie fast immer zu kontrollieren, aber in Streßzeiten treten sie doch wieder verstärkt zutage. Doch muß das Verhalten nicht die Lebensqualität beeinträchtigen. Menschen mit abweichendem motorischen Verhalten können heiraten, Kinder aufziehen, eine anspruchsvolle und sinnvolle Arbeit verrichten und ein glückliches und erfülltes Leben führen. Verglichen mit den gravierenderen Problemen, mit denen manche Kinder zu kämpfen haben – darunter Probleme mit der Interaktion und Kommunikation –, ist ein solches Verhalten nicht mehr von Bedeutung.

Dennoch können abweichende Bewegungen peinlich sein, und zwar sowohl für Ihr Kind (wenn es deswegen gehänselt oder abgelehnt wird) als auch für Sie, wenn Sie (und Ihr Kind) in der Öffentlichkeit angestarrt und Ihnen deswegen Fragen gestellt werden. Sie können mehrere Schritte unternehmen, um diese abweichenden Bewegungen auf ein möglichst geringes Maß zu reduzieren und Ihrem Kind eine gewisse Kontrolle beizubringen.

1. Schritt: Kleine Schritte

Da die abweichenden Bewegungen eine beruhigende Wirkung auf Ihr Kind haben, sind sie schwer zu kontrollieren, nicht nur aus motorischen, sondern auch aus emotionalen Gründen. Respektieren Sie die Bedürfnisse Ihres Kindes und helfen Sie ihm, seine Bewegungen in sehr kleinen Schritten zu beherrschen. Sie sollten sie mit einem Bereich beginnen, in dem das Verhalten äußerst problematische Konsequenzen hat. Nehmen Sie problemlösende Spiele und Diskussionen zu Hilfe, um für diese spezielle Situation verschiedene Strategien zu üben. In allen anderen Situationen sollten Sie Ihr Kind tun lassen, was es will. Dieser erste Schritt wird ihm zeigen, daß Kontrolle möglich ist. Nach und nach wird es vorziehen, *ohne* sein abweichendes Verhalten mit Ihnen zu interagieren, statt *mit* diesem Verhalten allein zu sein.

2. Schritt: Bodenzeit

Beginnt Ihr Kind während der Bodenzeit mit seinem unwillkürlichen Verhalten, dann verwandeln Sie es in ein absichtvolles Spiel. Wenn es sich um sich selbst dreht, dann lassen Sie Musik spielen, ergreifen Sie seine Hände und machen Sie sein Drehen zu einem Tanz. Wenn es an seiner Hand saugt, dann legen Sie *Ihre* Hand in seinen Mund und zwingen Sie es, zuerst darauf zu reagieren, bevor es sein eigenes Verlangen befriedigen darf. Wenn es vor- und zurückschaukelt, dann sollten Sie ihm eine Puppe in den Arm legen, »Schlaf, Kindchen, schlaf« singen und sein Schaukeln in das Wiegen eines Babys verwandeln.

Vielleicht sehnt sich Ihr Kind nach visueller Stimulation, wenn es einen Gegenstand vor seinen Augen so rotieren läßt, als inspiziere es ihn aus der Nähe von verschiedenen Seiten. Möglicherweise tut es das, um Ihnen oder seinem Umfeld, das es als überwältigend wahrnimmt, aus dem Weg zu gehen, oder um andere visuelle Einflüsse auszuschalten, oder auch – falls sein Hörvermögen mangelhaft ist um sich auf etwas Vertrautes zu konzentrieren; oder aber es verhält sich so, weil es Ursache und Wirkung des Augenblinzelns und die unterschiedlichen visuellen Empfindungen genießt, die es hervorbringt. Wie bei anderen perseverierenden Verhaltensweisen sollten Sie versuchen, diese Aktivitäten interaktiv zu gestalten. Stellen Sie sich neben Ihr Kind, als würde es etwas Interessantes anschauen. Wenn es dagegen protestiert, daß Sie seinen Gegenstand betrachten, dann geben Sie ihm noch weitere Gegenstände zum Anschauen. Holen Sie zum Beispiel eine Taschenlampe, ein Vergrößerungsglas oder eine Sonnenbrille, um verschiedene visuelle Effekte zu erzeugen. Verwandeln Sie sein Verhalten in ein interaktives Experiment.

Falls Ihr Kind zu visueller Perseveration neigt, wird es auch von Spielen profitieren, die seine visuelle Verarbeitung und seine visumotorische Koordination fördern.

- Beginnen Sie damit, daß Sie in einem dunklem Zimmer vor dem Schlafengehen mit zwei Taschenlampen Fangen spielen.
- Versuchen Sie dann, mit Ihren Lichtern die Umrisse der Fenster und der Möbel nachzuzeichnen.
- Trainieren Sie den sprachlichen Ausdruck des Kindes, indem Sie verschiedene Gegenstände nennen und sie anstrahlen.
- Kaufen Sie einen kleinen Diaprojektor mit austauschbaren Plastikkappen, mit deren Hilfe Sie Planeten, Raumschiffen und Sterne an die Wand werfen können. Verstellen Sie das Licht so, daß die Bilder größer oder kleiner werden.
- Hängen Sie Mobiles auf, damit Ihr Kind ihre Bewegungen verfolgen kann.
- Hängen Sie ein Stofftier mit einer Schnur an der Decke auf, und schwingen Sie es vor und zurück wie eine Schaukel. Fordern Sie Ihr Kind auf, es in Ihre Richtung zu schwingen. Ändern Sie die Richtung von Zeit zu Zeit, damit Ihr Kind es packen muß, um es zurückzuschubsen.
- Inszenieren Sie mit Spielzeugschwertern einen spielerischen Kampf, bei dem Sie Ihr Schwert langsam in verschiedene Richtungen bewegen (hoch und runter, von einer Seite zur anderen), so daß Ihr Kind ihm folgen muß, um es treffen zu können.

Diese Aktivitäten werden Ihrem Kind helfen, sein visuelles System zu entwickeln. (Selbst wenn es ein gutes Sehvermögen hat, kann seine visuelle Verarbeitung unterentwickelt sein.) Falls sein Sehvermögen und seine visuelle Verarbeitung mangelhaft sind, bieten ihm diese Spiele neue Übungsmöglichkeiten für seine Augen. Ist Ihr Kind älter und kann schon mit Zahlen umgehen, dann fragen Sie es, wie oft es jedes Spiel spielen möchte. Das wird ihm die Möglichkeit geben, die jeweilige Aktivität zu kontrollieren, aber auch, sie zu begrenzen.

Vielleicht fürchten Sie, die abweichenden Bewegungen Ihres Kindes könnten sich durch Ihre vermehrte Beachtung noch verschlimmern. Diese Sorge ist verständlich, aber unbegründet, denn sobald Sie dem Verhalten Aufmerksamkeit schenken, verändern Sie es. Sie verwandeln es nämlich in eine Interaktion. Ihr Kind wird also, statt sein unwillkürliches Verhalten zu wiederholen, interagieren. Das Verhalten wird sich hingegen verstärken, wenn Sie es nicht beachten, weil Ihr Kind es dann ständig wiederholt und es niemals in eine Interaktion verwandelt.

Dasselbe Prinzip gilt für alle Verhaltensweisen, die außerhalb der Kontrolle stehen, sogar für aggressives Verhalten. Treten, Brüllen, Beißen, und Schlagen können oft durch Interaktionen unter Kontrolle gebracht werden. Wenn Ihr Kind nach Ihnen tritt oder schlägt, dann halten Sie ein Kissen wie ein Zielscheibe vor sich. Machen Sie das Treten zu einem Spiel. Wenn es Sie anbrüllt, dann halten Sie sich die Ohren zu, und machen Sie jedesmal, wenn es brüllt, eine lustige Grimasse oder einen komischen Laut. Sie können selbst sein Schreien in ein Spiel verwandeln. Je mehr Sie mit seinem Verhalten interagieren, desto besser wird es in der Lage sein, es zu beherrschen.

Sie können Ihrem Kind auch helfen, Kontrolle über sein unwillkürliches Verhalten zu erlangen, indem Sie mit ihm daran arbeiten, es zu modulieren. Machen Sie sein Verhalten nach und sagen Sie dann: »Jetzt wollen wir das einmal g-a-n-z l-a-n-g-s-a-m machen. Und jetzt ganz schnell! Jetzt ganz hart, und nun ganz sanft und weich.« Solche Spiele, in denen die Modulation geübt wird, sind auch für hyperaktive Kinder geeignet.

Wenn Sie am unwillkürlichen Verhalten Ihres Kindes arbeiten, dann sollten Sie ein allgemeingültiges Prinzip nicht vergessen: *Je schwieriger etwas für Ihr Kind ist, desto mehr Übung benötigt es.* Mehr Arbeit, nicht weniger, ist der Schlüssel zur Lösung des Problems.

3. Schritt: Das Problem symbolisch lösen

Wenn Ihr Kind älter ist und sich bereits gut ausdrücken kann, dann sollten Sie gemeinsam über das Problem reden und darüber, wie es zu handhaben ist. Wird es in der Schule gehänselt, dann sollten Sie ihm helfen, herauszufinden, wann das geschieht. Was löst dieses Verhalten aus? Wann kommt es vor? Wer ist daran beteiligt? Wie fühlt sich das Kind, kurz bevor es passiert? Wie fühlt es sich, wenn es gehänselt wird? Kann es sich vorstellen, sein Verhalten so zu ändern, daß es für andere Menschen akzeptabler wird? Vielleicht kann es sich ausgiebig strecken oder am Kopf kratzen, anstatt sich um sich selbst zu drehen oder mit den Armen zu rudern.

Wenn Ihr Kind ständig irgendwelche Dinge berührt oder darauf klopft, dann geben Sie ihm ein paar kleine Bälle, die es in seine Tasche stecken und zusammendrücken kann. Hat es den Drang, ständig auf etwas herumzukauen, so schlagen Sie ihm vor, Kaugummi zu kauen.

Ein Ziel dieser Problemlösungs-Sitzungen ist es, Ihrem Kind zu helfen, sich seiner selbst stärker bewußt zu werden. Je besser Ihr Kind sich selbst kennt, desto selbstsicherer wird es sein. Auch wenn es das besagte Verhalten nicht ganz und gar ausschalten kann, wird es schließlich dahin kommen, es auf ein geringstmögliches Maß zu reduzieren und damit zu leben.

Manche Eltern versuchen, das abweichende Verhalten ihres Kindes zu unterdrücken, weil sie hoffen, ihm somit die Qual des Andersseins zu ersparen. Auch wenn das mit guter Absicht geschieht, stellt sich auf diese Weise nur selten der erhoffte Erfolg ein; zudem bekommt das Kind keinerlei Übung, sich selbst zu beobachten. Folglich hat es niemals die Chance, darüber nachzudenken, warum sein Verhalten nicht erwünscht ist. Kinder, deren Verhalten unterdrückt wird, fühlen sich am Ende noch mehr ausgegrenzt, weil sie nicht gelernt haben, in Situationen, in denen sie mit anderen Menschen zusammen sind, mit ihrem Verhalten zurechtzukommen.

4. Schritt: Sich in die Lage des Kindes versetzen

Versetzen Sie sich in die Gefühle Ihres Kindes, während Sie über das Problem sprechen. Wenn es von anderen gehänselt oder zurückgewiesen wird, braucht es zu Hause besonders viel Verständnis.

5. Schritt: Erwartungen formulieren und Grenzen setzen
Es ist äußerst wichtig, daß Ihr Kind seine aggressiven Impulse kontrolliert und sie in Worten kanalisiert; viel weniger bedeutsam ist es dagegen, ob es sein abweichendes motorisches Verhalten zu kontrollieren vermag. Dieses Verhalten ist ein beruhigender, fundamentaler Teil seiner selbst, und das Kind muß spüren, daß Sie es trotzdem lieben und respektieren. Es darf niemals das Gefühl haben, daß es für seine unwillkürlichen Bewegungen bestraft wird (und auch nicht, daß es belohnt würde, wenn es sie ausschalten könnte). Belohnungen sollte das Kind häufig erhalten – und zwar jedesmal, nachdem es ein winziges Ziel erreicht hat –, wenn es *Selbstbeherrschung* geübt hat, wenn es interagiert hat oder wenn es den Anforderungen einer schweren Aufgabe gerecht geworden ist.

6. Schritt: Die goldene Regel
Während Ihr Kind sich durch diese Aufgaben arbeitet, sollten Sie ihm zusätzliche Bodenzeit gewähren.

Das Befolgen dieser Schritte kann dazu beitragen, daß das Verhalten Ihres Kindes in einigen grundlegenden Situationen an Auffälligkeit verliert. In jedem Fall aber sollten sie sich durch sein Gesamttherapieprogramm – zu dem auch die Arbeit an den emotionalen Entwicklungsstufen und eine Beschäftigungstherapie gehören – mit der Zeit wesentlich reduzieren.

Deplaziertes und ängstliches Verhalten

Unter deplaziertem Verhalten verstehen wir auffälliges Schnauben oder andere sonderbare Geräusche wie lautes Kichern, ferner Grimassenschneiden oder komische Posen usw. Viele Kinder scheinen diese Dinge sehr gern zu tun, vor allem in der Öffentlichkeit, wo es für ihre Eltern am peinlichsten ist! Wahrscheinlich gibt es nicht eine Mutter und nicht einen Vater auf der Welt, die nicht schon einmal die Beherrschung verloren haben, wenn ihr Kind sich weigerte, damit aufzuhören. Doch die beste Art, mit diesem Verhalten umzugehen, ist nicht etwa, dem Kind zu sagen, es solle damit aufhören – weil das fast immer zu einer Auseinandersetzung führt –, sondern zu versuchen, herauszufinden, warum das Verhalten für das Kind so vergnüglich ist. Welche angenehme sensorische Erfahrung verbindet es damit? Wenn Ihr Kind zum Beispiel schnaubt, so besteht sein Vergnügen vielleicht in dem Gefühl, die Luft durch die Lippen einzuziehen. Wenn es sich auf dem Boden herumrollt, sehnt es sich möglicherweise danach, Druck auf seiner Haut zu spüren. In diesem Fall sollten Sie, anstatt das Verhalten zu kritisieren, versuchen, sein sensorisches Bedürfnis auf eine gesellschaftlich akzeptable Art zu befriedigen. Sagen Sie: »Na, du scheinst es ja sehr zu genießen, wenn du die Luft durch deine Lippen ziehst! Wollen wir einmal ausprobieren, wie man das sonst noch tun kann?« Verwickeln Sie das Kind danach in ein Spiel, in dem viel gepfiffen und geflüstert wird, wodurch sich die erwünschte Empfindung einstellt.

Ein solches Verhalten kann aber auch ein Zeichen von Angst oder Streß bei dem Kind sein, das sonst vielleicht auf höherem Niveau agiert und lediglich den momentanen gesellschaftlichen Erwartungen nicht entsprechen kann. Wenn Sie den Verdacht haben, dies könne bei Ihrem Kind der Fall sein, dann verringern Sie den gegenwärtigen Streß, indem Sie etwas mit Ihrem Kind tun, das es liebt (spielen Sie ein beliebtes Spiel oder führen Sie ein Gespräch über ein bestimmtes Thema). Vielleicht finden Sie später heraus, wie Ihr Kind sich in dem Augenblick fühlte, in dem es mit seinem deplazierten oder ängstlichen Verhalten begann. Hatte irgend etwas ihm einen Schrecken eingejagt? Oder es beunruhigt? Verwenden Sie Techniken des Problemlösens, um ihm zu ermöglichen, alternative Lösungen zu entwickeln. Vielleicht kann Ihr Kind ein anderes anwesendes Kind fragen, ob sie nicht zusammen spielen wollen. Vielleicht kann es sagen: »Hier sind zu viele Leute!« oder »Es ist zu laut!« oder zu erkennen geben, daß ihm nicht nach Reden zumute ist. Wenn das Verhalten während der Bodenzeit auftritt, dann sollten Sie zu verstehen versuchen, was Ihr Kind erschreckt, und sich im Spiel auf seine Seite stellen. Dadurch können Sie das beängstigende Problem ausschalten und statt dessen symbolische Lösungen vorschlagen. Sagen Sie etwa: »Wir wollen die Räuber fangen und ins Gefängnis stecken«, oder: »Wir wollen die wilden Tiere in eine Grube werfen«. Helfen Sie Ihrem Kind, darüber nachzudenken, was die »Bösen« tun wollten und warum. Wenn es in Panik gerät, sollten Sie ruhig auf das Kind einsprechen und es daran erinnern, daß das Ganze nur ein ausgedachtes Spiel ist. Versuchen Sie später, das Ganze zu resümieren: »Hat der Wolf die kleinen Schweinchen wirklich gefressen?« »Hat Kapitän Hook Peter Pan getötet?« Je mehr Ihr Kind spielt, desto mehr wird es begreifen, daß es seine Phantasie selbst beherrscht und Dinge so gefahrlos, aufregend oder gefährlich gestalten kann, wie es möchte. Und je mehr das Kind seine Phantasie beherrscht, desto weniger wird es das Bedürfnis haben, Sie zu beherrschen.

Sobald Sie herausgefunden haben, welche Situationen bei Ihrem Kind Streß verursachen, sollten Sie diese in Ihr Spiel einbringen, damit es dabei die Rolle des »Bosses« übernehmen kann. Es kann der Lehrer, der Polizist, der Arzt, der Wächter oder der Tyrann sein und den anderen um sich herum Befehle erteilen. Geben Sie ihm so viel Unterstützung, wie es benötigt, um sich sicher zu fühlen; dann sollten Sie es allmählich zu logischen – wenn auch nicht zu realistischen – Lösungen ermuntern.

Geschichten oder Skripte, die sich wiederholen

Manche Kinder legen in ihrem Verbalverhalten repetitive Muster an den Tag; sie stellen immer wieder dieselbe Frage oder erzählen dieselbe Geschichte. Das tun sie aus einem Gefühl der Beunruhigung heraus; denn damit wissen stets sie selbst, was als nächstes kommt. Sie müssen den Worten einer anderen Person nicht folgen, die unvorhersehbar und schwer zu begreifen sind. Aufgrund ihrer Sprechverzögerungen und ihrer Probleme bei der motorischen Planung und beim Sequenzieren fällt es ihnen leichter, Dinge zu tun, die mechanisch und repetitiv sind.

Wenn Ihr Kind ein bestimmtes »Skript« hat, das es bevorzugt, dann sollten Sie sich erst einmal darauf einlassen und eine der darin enthaltenen Rollen übernehmen. Sobald es das akzeptiert hat, sollten Sie – innerhalb des Skripts – zu Gesprächen übergehen; halten Sie sich dabei an die determinierte Handlung, verwenden Sie jedoch Ihre eigenen Worte. Da Ihr Kind den Verlauf bereits kennt, wird es Sie dennoch verstehen. Möglicherweise spricht Ihr Kind – gemäß seiner Rolle im Skript – ziemlich viel, hat aber Mühe, Ihnen zuzuhören. Wenn Sie spüren, daß es ihm schwerfällt, Ihnen zuzuhören oder Ihre Worte zu verstehen, dann sollten Sie ihm durch Gebärden visuelle Hinweise geben und Spielfiguren und Emotionen einsetzen, um ihm zu helfen. Versuchen Sie mit Ihrer Stimme die emotionalen Themen oder den Ton des Skripts zu vermitteln, die dem Kind ermöglicht haben, das Skript im Gedächtnis zu behalten. Es wird Ihnen auffallen, wenn Ihr Kind nicht mehr nur sein eigenes Skript wiederholt, sondern erfaßt, was Sie sagen.

Wenn Ihr Kind sich ein bestimmtes Skript eingeprägt hat, hat es sich vermutlich auch noch andere eingeprägt. Machen Sie sich dieses Wissen zunutze, um ihm zu helfen, allgemeiner und abstrakter zu denken. Sobald es zu einem Zwiegespräch über ein Skript fähig ist, sollten Sie auch Figuren aus anderen Skripten einbringen, wo immer sie in die Geschichte passen. Die meisten Kinderfilme und -geschichten enthalten Themen, bei denen es um die »Guten« und die »Bösen« geht. Entlehnen Sie solche Figuren, um Ihr Kind an das Verallgemeinern und Abstrahieren heranzuführen.

Vielleicht ist Ihnen aufgefallen, daß Ihr Kind zwar nur Sprachfragmente aus einem Film oder Buch verwendet, aber gerne Figuren oder Spielzeug auf eine bestimmte Art anordnet, die mit diesem Film oder Buch zusammenhängt. Es kann sein, daß es eine Szene genauso einrichtet, wie es sie in Erinnerung hat, und unbedingt will, daß keines der dazugehörigen Elemente verändert wird, weil die Szene, die es gerade darstellt, in seinem Kopf ein statisches Bild ist. In diesem Fall sollten Sie das Kind nicht auffordern, seine Szene zu modifizieren – denn damit würden Sie nur seinen Widerstand herausfordern –, sondern, im Gegenteil, ihm beim Aufbau der Szene helfen und dabei mit den Figuren sprechen: »Du stehst hier. Rühr' dich nicht von der Stelle, ja? Wo soll das Mädchen hingehen?« usw. Machen Sie kleine Schritte und orientieren Sie sich an den Kommentaren Ihres Kindes, bis es sich an Ihre Teilnahme gewöhnt hat. Nach und nach sollten Sie dann Vorschläge unterbreiten, wie die Szene verändert werden könnte. Vielleicht möchte die dargestellte »Familie« irgend etwas essen. Fällt eine Figur um, dann kleben Sie ihr an der Stelle ein Heftpflaster auf, wo sie sich »angeschlagen« hat. Fügen Sie Erfahrungen aus dem eigenen Familienalltag hinzu; damit vermeiden Sie, daß Ihr Kind Gefühle der Angst oder Widerspenstigkeit entwickelt. Respektieren Sie sein »Nein«, aber schlagen Sie ihm gleich darauf freundlich etwas anderes vor. Allmählich wird es Ihre suggerierten Änderungen akzeptieren.

Fluchen und ähnlich unpassende Verhaltensweisen

Charlie liebte es, durch Flüche und Kraftausdrücke mit Aggressionen zu experimentieren. Wenn er sie ausprobierte, kamen seine Affekte und Emotionen ganz intensiv zum Einsatz, und er schien dabei richtig aufzuleben. In einer Therapiesitzung fragte der Therapeut: »Nun, wie steht's?« Charlie antwortete: »Es wird besser mit mir.«

»Was wird besser?«

Charlie erwiderte: »Ich verwende keine Schimpfworte mehr.«

»Welche Worte verwendest du nicht mehr?« fragte der Therapeut. In diesem Augenblick legte Charlie richtig los. Während er die Kraftausdrücke herunterspulte, lachte und grinste er, und sein ganzer Körper entspannte sich. Als sie beide über die Ausdrücke sprachen – welche die besten und welche die schlimmsten waren, was davon der Therapeut sagen konnte und was Charlie –, öffnete Charlie ganz spontan sein Herz. Sein Denken wurde kreativer und abstrakter und weniger fragmentiert. Er engagierte sich zwar damit nicht in einem Phantasiespiel, beteiligte sich jedoch an einem schnellen Frage-und-Antwort-Dialog über ein Thema, das ihn sehr interessierte; er lachte, redete dazwischen und war phantasievoll und kreativ. Kurz, er tat das, woraus die Bodenzeit im wesentlichen bestehen sollte.

Wenn Ihr Kind an unpassenden Orten und zu unpassenden Zeiten flucht, dann sollten Sie das tun, was der Therapeut tat: das Fluchen während der Bodenzeit in ein Rollenspiel einbringen. Im Rollenspiel sind Kraftausdrücke durchaus akzeptabel, je mehr das Kind sie hier verwendet, desto besser, da die Bodenzeit die beste Gelegenheit dafür ist. Sie können Kraftausdrücke aber auch in Ihre alltäglichen Gespräche einbringen, und zwar auf eine ganz konkrete Weise, indem Sie darüber reden, warum sie spaßig sind. In der Privatsphäre Ihres Heimes darf Ihr Kind diese Worte verwenden; in der Schule (oder bei anderen Gelegenheiten in der Öffentlichkeit) jedoch sind sie nicht angebracht. Wenn Sie Ihrem Kind erlauben, diese Worte nur in einem bestimmten Rahmen zu verwenden, bringen Sie ihm bei, Dinge zu differenzieren, nicht, sie zu unterdrücken. Das ist ein Unterschied. Erwachsene erzählen Witze und verwenden Kraftausdrücke, wenn sie unter Freunden sind. Sie tun es hingegen nicht in der Kirche, und auch nicht bei der Arbeit. Sie differenzieren. Und genau das muß Ihr Kind lernen. Das Verdrängen kann Ihrem Kind jedoch schaden. Wenn es meint, es sei wegen der Verwendung von Kraftausdrücken »schlecht«, kann es noch ängstlicher werden. Es muß ganz einfach lernen, daß es Orte gibt, wo es nichts ausmacht, wenn man flucht, und daß es andere Orte gibt, wo Kraftsausdrücke absolut unangebracht sind. Sie können Ihr Kind – auf eine nicht wertende oder mißbilligende Weise – daran erinnern, indem Sie etwa sagen: »Ja, das sind starke Worte, aber die darfst du nicht in der Schule sagen. Die sind für zu Hause.« Sie können mit ihm zu Hause darüber lachen und das Kind seinen Spaß daran haben lassen. Wenn sich das Problem nicht gleich in den Griff bekommen läßt, dann können Sie auch sagen: »Wenn du einmal wirklich das Bedürfnis hast, so ein Wort zu sagen, dann zieh' mich auf die Seite und sag's mir ins Ohr.«

Charlies Mutter war beunruhigt, weil Charlie häufig den Wunsch hatte, seine Hosen herunterzulassen. Daher schlug Charlies Therapeut vor, daß Charlies Mutter ihrem Sohn, wenn er das nächste Mal zu Hause sein Verlangen äußerte, erlauben sollte, einmal so richtig in seiner Phantasie zu schwelgen: Fordern Sie ihn auf, sich das Ganze in allen Einzelheiten vorstellen, bis zum Gehtnichtmehr. Was wäre daran komisch? Wem möchte er seinen Hintern zeigen? Lassen Sie ihn richtig übertreiben. Sprechen Sie dann mit ihm über das, was er tatsächlich tun darf. Fragen Sie Ihren Sohn, ob er weiß, in welchen Situationen er die Phantasie ausleben kann und in welchen Situationen nicht. Helfen Sie ihm, zu differenzieren.

Wenn Sie mit Ihrem Kind über diese Fragen sprechen, dann sollten Sie ihm erlauben, Ihre Ansichten in Zweifel zu ziehen. Debattieren Sie mit ihm. Führen Sie eine Diskussion, die auf eine Problemlösung abzielt.

Verhält Ihr Kind sich in der Öffentlichkeit unangebracht, dann sollten Sie es auf die Seite ziehen und fragen: »Warum hast du das Lust, das zu tun?« Vielleicht ist ihm langweilig, oder es ist ängstlich oder seiner selbst nicht sicher. Seien Sie sehr ruhig und besänftigend. Bringen Sie das Problem in ein Symbolspiel ein.

Mit welchen Problemen anfangen?

Wie entscheiden Sie, welches Problem Sie zuerst angehen sollten? Beginnen Sie mit dem, was für Sie am wichtigsten ist.

- Wenn Ihr Kind Sie nachts wachhält und zudem ein schlechter Esser ist, dann sollte es zuerst lernen, einzuschlafen. Solange es nicht krank wird, kann das Essen warten, aber Ihr Schlaf ist wichtig.
- Wenn es nachts Alpträume hat und sich außerdem sträubt, zur Schule zu gehen, dann sollten Sie am Schulbesuch arbeiten. Sobald es sich daran gewöhnt hat, verschwinden vielleicht auch die Alpträume. Wenn nicht, dann beschäftigen Sie sich später damit.

Behalten Sie Ihre Ziele im Auge. Belasten Sie Ihr Kind nicht mit zu vielen Aufgaben. Suchen Sie immer ein oder zwei Bereiche aus, an denen Sie arbeiten wollen, und vergewissern Sie sich, daß Ihr Kind mit dem neuen Verhalten gut zurechtkommt, ehe Sie zum nächsten Punkt übergehen. Seine jeweiligen Erfolge werden ihm die Selbstsicherheit geben, die es zum Weitermachen benötigt.

Probleme in der späteren Kindheit

Wird das Kind älter, so treten neue Schwierigkeiten auf. So beobachtet man bei vielen Kindern die Tendenz, der Wirklichkeit auszuweichen und sich in eine Traumwelt zu flüchten, zudem fragmentiertes Denken und anhaltende Probleme, Wut zu bewältigen und mit Konflikten, Herrschsucht und Regression zurechtzukommen. Diese Schwierigkeien sind charakteristisch für Kinder, die sich bislang sehr gut entwickelt haben, weil sie beziehungsfähige, abstrakte, logische Denker wurden und über diese Probleme gewissermaßen schon hinausgewachsen sind. Stellen Sie es sich so vor: Sie sind zum Generaldirektor einer großen Firma ernannt worden, das heißt, Sie sind befördert worden. Doch nun stehen Sie vor neuen Problemen. Da Ihr Kind nun ein vielfältiges Vorstellungsvermögen besitzt, neigt es unter Umständen dazu, sich in Phantasien zu flüchten. Da es so viele verschiedenartige Gedanken hat, kann sein Denken fragmentiert sein. Da es über das nötige geistige Rüstzeug verfügt, um zu wissen, was es will, gebärdet es sich zuweilen herrschsüchtig. Wenn es überlastet ist und andere Menschen nicht nach seinem Wunsch handeln, wird es schnell impulsiv und aggressiv. Falls es durch allzuviele Gedanken oder zu umfangreiche Tagesprogramme in Anspruch genommen ist, kann es auch Mühe haben, sich zu konzentrieren.

Die größte Herausforderung, die damit einhergeht, sind die fortgesetzten Schwierigkeiten mit der Sequenzierung und der sensorischen Modulation. Um Ihrem Kind durch diese Phasen hindurchzuhelfen, brauchen Sie Kernstrategien. Am wichtigsten ist es, den fürsorglichen Aspekt der Bodenzeit beizubehalten und dem Kind auch weiterhin dabei zu helfen, seine Gedanken anhand von realitätsbezogenen Unterhaltungen über seine Meinungen und Ideen zu abstrahieren und zu organisieren. Helfen Sie ihm, die Konflikte zu lösen, die es aufgrund von Aggressions-, Großartigkeits-, Macht- und Abhängigkeitsgefühlen hat. Sie beobachten häufig einzelne Merkmale dieser

Problembereiche: Großartigkeit, wenn das Kind will, daß alles nach seinem Willen geht; Abhängigkeit, wenn es will, daß man sich um es kümmert und es beschützt; Bedürftigkeit, wenn es weinerlich wird; und Wut, wenn es frustriert ist, weil es ihm noch nicht recht gelingt, in der Konkurrenz mit seinen Altersgenossen selbstbewußt aufzutreten. Denken Sie sich Situationen aus, in denen Ihr Kind diese Konflikte ausagieren kann.

Im späteren Alter muß zur Bodenzeit kein Symbolspiel mehr gehören. Sie kann auch aus einer gemeinsamen, von Ihrem Kind ausgewählten Aktivität bestehen, bei der Sie sich von ihm oder seinem Interesse leiten lassen. Meiden Sie mechanische Aktivitäten, da sie weniger Gelegenheiten zum Dialog bieten (Beispielsweise ist es schwer, eine Diskussion zu führen, wenn das Kind mit einem Videospiel beschäftigt ist.) Um mit Selbstbehauptung, Konkurrenz, Aggression und Großartigkeit zurechtzukommen, braucht Ihr Kind viel Bodenzeit mit seinen Eltern oder einem Betreuer (der dasselbe Geschlecht wie das Kind haben sollte). Spiele, die einen kompetitiven Aspekt haben, das heißt, die gewonnen oder verloren werden können, sind ebenfalls von Vorteil (lassen Sie das Kind zumeist dabei gewinnen). Falls Ihr Kind Probleme mit allzugroßer Abhängigkeit hat, sollten Sie überbehütendes Verhalten vermeiden; ändern Sie gegebenenfalls das Gleichgewicht innerhalb der Familie: Wenn sich in Ihrer Familie fast ausschließlich die Mutter um die Kinder kümmert und der Vater selten verfügbar ist, dann sorgen Sie dafür, daß Ihr Kind mehr Zeit mit dem Vater verbringt.

Fördern Sie seine Beziehungen zu Gleichaltrigen dadurch, daß Sie häufig Gelegenheiten schaffen, bei denen Ihr Kind mit anderen spielt, bei denen es Unterscheidungen treffen muß und mit Enttäuschungen umzugehen lernt. Es muß den Grundsatz »Ich bin immer der Anführer« aufgeben und statt dessen den Grundsatz »Ich bin manchmal der Anführer, manchmal aber auch nicht« annehmen. Es muß lernen, was es gut kann und was ihm schwerfällt. Es muß sich mit Konkurrenz und mit der Hackordnung unter Gleichaltrigen auseinandersetzen.

Wenn Ihr Kind älter wird, muß es ein Gefühl dafür bekommen, wer es eigentlich ist. Es lebt in zwei Wirklichkeiten. Die eine ist die Gruppe seiner gleichaltrigen Kamerden; hier ist es immer oben oder unten, je nachdem, wie die anderen Kinder es behandeln. Die andere Wirklichkeit ist sein Gefühl der Unabhängigkeit von den Gleichaltrigen, der Peer-Group (»Ich bin ein guter Mensch« oder »Ich bin wegen all der Dinge, die ich tue, ein liebenswerter Mensch; und das ist unabhängig davon, was mir heute passiert ist.«) Setzt sich Ihr Kind mit Konkurrenz, Rivalität, Enttäuschung und Verlust auseinander, dann erlebt es eine größere Bandbreite von Emotionen, bleibt über immer längere Zeiträume hinweg der Wirklichkeit verhaftet und bewältigt starke Gefühle. Es festigt damit sein Selbstgefühl. Dieses Selbstgefühl wird es Ihrem Kind ermöglichen, in die Herausforderungen der Adoleszenz hineinzuwachsen, in der mit den biologischen Veränderungen, den neuen Interessen – einschließlich der sexuellen Interessen – den neuen Schulaktivitäten, gemeinschaftlichen Interessen und neuen Versuchungen auch sein Gefühl für Eigenständigkeit zunimmt. All diese Veränderungen können beängstigend sein. Mit einem stabilen Selbstgefühl wird Ihr Kind damit fertigwerden. Im Erwachsenenalter, wenn es mit Ehe, Kindern und einer Berufslaufbahn konfrontiert ist, wird sein Selbstgefühl noch weiter wachsen. Je besser Ihr Kind mit Emotionen, Konflikten, Aggressionen, Konkurrenz und Abhängigkeit zurechtkommt, desto stabiler wird sein Selbstgefühl sein.

15 Syndrome förderbedürftiger Kinder

Oft betrachten wir die Probleme förderungsbedürftiger Kinder aus dem Blickwinkel ihrer Ursache: Down-Syndrom und Fragiles-X-Syndrom sind durch bestimmte Chromosomenkonstellationen bedingt; das fetale Alkoholsyndrom rührt vom Alkoholmißbrauch während der Schwangerschaft her; Entwicklungsprobleme treten häufig bei Kindern auf, die im Mutterleib bestimmten Substanzen, wie zum Beispiel Kokain, ausgesetzt waren. Doch wir können diese Probleme auch vom Standpunkt der spezifischen Fähigkeiten des Kindes aus betrachten. Die Ursachen der allermeisten Entwicklungsprobleme sind uns nicht bekannt, obwohl wir in Zukunft vermutlich mehr darüber herausfinden werden. Aber das Funktionsprofil bietet oft einen wichtigen Leitfaden für unsere Interventionen, weil es sowohl die Bereiche, die verbessert werden müssen, genau bestimmt als auch die vorhandenen Stärken des jeweiligen förderbedürftigen Kindes.

Wie wir bereits erläutert haben, ist es hilfreich, die Syndrome förderbedürftiger Kinder hinsichtlich der verschiedenen Verarbeitungsprobleme, die sie kennzeichnen, zu prüfen. Stellen Sie sich vor, daß der Geist eine gewisse Anzahl von Bestandteilen, von Komponenten, besitzt, die die motorische Planung und die Sequenzierung, die auditive Verarbeitung und das verbale Verständnis, das Sprachvermögen sowie die visuell-räumliche, sensorische und affektive Regulierung umfassen. Wie arbeiten alle diese einzelnen Teilfertigkeiten zusammen? Beim Menschen und bei vielen Säugetieren wird das Verhalten immer durch eine Absicht (oder ein Ziel) bestimmt. Diese Absicht rührt von einem Affekt oder einer Emotion (Wünschen) her. Die Emotion sagt uns, was wir tun wollen. Ein acht Monate altes Baby, das etwas Interessantes im Mund seiner Mutter sieht, fühlt Neugier und freudige Erwartung in sich aufkommen (»Ich möchte unbedingt dieses Ding«). Es hat ein Verlangen, einen Trieb, einen Wunsch, einen Affekt oder eine Emotion, die es dazu bewegen, die Hände nach diesem Gegenstand auszustrecken. Wie ein Orchesterdirigent organisiert diese Absicht die Komponenten bei der Handlung. Später gibt diese Absicht (oder die Emotion) den Worten und Aktivitäten eine Bedeutung; ein Wort oder eine Aktivität haben keine Bedeutung, wenn sie kein Ziel haben und keine Emotion damit verbunden ist.

Alle Kinder müssen die verschiedenen Komponenten ihres Geistes – etwa die Fähigkeit, Handlungen sinnvoll aneinanderzureihen oder Worte zu bilden – entwickeln. Zudem benötigen sie einen Dirigenten, der für Organisation, Zweck und Ziele sorgt. Dieses Gefühl für Ziel und Organisation vermittelt Emotionen oder Absichten, die aus frühen kindlichen interaktiven Beziehungen herrühren.

Wenn wir die verschiedenen Syndrome von einem funktionalen Standpunkt aus betrachten, dann erkennen wir, wo das Problem liegt. Wir sehen, welche Teilfertigkeiten betroffen sind und ob der emotionale Dirigent – die leitende Emotion – unterentwickelt oder nicht mit den Fertigkeiten verbunden ist.

Die Teilfertigkeiten

Wir können die einzelnen Fertigkeiten in mehrere Funktionsbereiche unterteilen. Die motorische Planung und – allgemeiner gesagt – das Sequenzieren ermöglichen uns, das auszuführen, was unsere Absicht oder unser Affekt uns auftragen. Ohne das Sequenzieren könnten wir die stärkste Absicht haben, wir wären dennoch nicht imstande, sie in einen Aktionsplan umzusetzen. Wenn Sie zum Beispiel aus dem Haus gehen wollten, um zu spielen, und kein Aktionsplan (d.h. keine motorische Planung oder Sequenzierung) vorhanden wäre, um Sie zu leiten, liefen Sie Gefahr, sich statt dessen um sich selbst zu drehen. Hätten Sie eine phantastische Idee für eine Geschichte, die sich mit Shakespeares Dramen messen könnte, wären aber nicht in der Lage, Ihre Worte in Sätze und die Sätze in einzelne Abschnitte zu verwandeln, um Ihre Gedanken folgerichtig auszudrücken, wären Sie niemals imstande, Ihre Eingebungen anderen Menschen – ja nicht einmal in Gänze sich selbst – mitzuteilen. Sowohl beim Herantreten an eine Tür und dem Öffnen derselben – was drei Schritte erforderlich macht: das Hingehen, das Ergreifen der Türklinke und ihr Herunterdrücken – als auch bei der Aneinanderreihung von Worten in Sätze ermöglicht uns unsere Fähigkeit der Sequenzierung, unsere Absicht zu kommunizieren.

Eine andere Teilfertigkeit ist die Fähigkeit, zu verarbeiten und zu verstehen, was wir hören, und Klänge und Worte zu entschlüsseln. Wieder eine andere umfaßt das Entschlüsseln und Verstehen dessen, was wir sehen, das Verstehen der räumlichen Beziehungen. Diese Fähigkeit ermöglicht es einem Kleinkind, zu verstehen, wie die Zimmer des Hauses, in dem es lebt, miteinander verbunden sind und wie es von einem Zimmer ins andere gelangt, um seine

Mutter zu finden, wenn es ihre Stimme hört. Ein Kind, das dieses räumliche Problem nicht lösen kann, fühlt sich unter Umständen unsicher und klammert sich an seine Mutter wie eine Klette; oder es gerät in Panik und zieht sich zurück. Ein Kind, das dieses Problem lösen kann, weiß, wo seine Mutter ist, und kann zu ihr gehen. Dieses Kind fühlt sich sicher und gefestigt; es kann sein Umfeld erkunden und Abenteuerlust entwickeln, weil es eine Art Plan in seinem Kopf hat, der ihm als Sicherheitsnetz dient. Betrachten Sie ein belebtes Vorschulklassenzimmer. Ein Kind fühlt sich überwältigt von den verschiedenen Aktivitäten, die in seinem unmittelbaren Umfeld im Gang sind. Eine anderes Kind ist imstande, einen einheitlichen räumlichen Plan – eine Art »Karte« – zu entwickeln, und weiß genau, was in jeder Ecke vor sich geht. Es weiß, wo der Lehrer sich gerade aufhält, wo die anderen Kinder sind, welches Spielzeug in der Nähe und welches weit weg ist. Es hat ein einheitliches Gefühl von seiner Umwelt. Die Fähigkeit, räumliche Beziehungen zu verstehen, wird dann bedeutsam, wenn wir die verschiedenen Elemente unseres Selbst integrieren. Unsere Selbstgefühl stützt sich auf die räumlichen und zeitlichen »Karten« von Menschen, Gefühlen und Dingen.

Die Fähigkeit, Empfindungen zu modulieren, hilft uns, mit der Welt zu verhandeln, ohne uns überwältigt oder unbeteiligt und unverbunden zu fühlen.

Der Orchesterdirigent

Die einzelnen Komponenten, so wie auch die Fähigkeit, Absichten zu entwickeln und sie mit diesen Komponenten zu verbinden, entwickeln sich in den ersten Lebensmonaten und -jahren. In den allerersten Lebensmonaten beginnt sich das Gefühl für Absicht herauszubilden. Wir sehen, daß es zwischen dem dritten und achten Monat deutlich in Erscheinung tritt, dann nämlich, wenn ein Baby anfängt, nach Dingen zu greifen, oder wenn es ein lächelndes Gesicht absichtsvoll anschaut oder Laute in seine Richtung abgibt. Im Alter von acht Monaten legt das Baby eine Menge einfacher, zielgerichteter, interaktiver Verhaltensweisen an den Tag.

Ist das Baby ungefähr 18 Monate alt, kann es seine Mutter oder seinen Vater bei der Hand nehmen, mit ihnen zur Tür gehen, an die Tür schlagen und darauf deuten, als wolle es sagen: »Hinausgehen.« Es kann im Nebenzimmer nach Spielzeug suchen und seine Eltern zu Hilfe holen, wenn es ein Spielzeug will, das auf einem hochgelegenen Regal liegt. Es kann 50 oder 60 Kommunikationskreise nacheinander öffnen und schließen, wenn es um komplexe Problemlösungen geht. Ein solches komplexes problemlösendes Verhalten läßt darauf schließen, daß die Sequenzierungsfähigkeit – die Fähigkeit, motorische Handlungen zu planen – nun unter der Leitung des Dirigenten steht: dem Gefühl für Absicht. Jetzt kann das Kind das Verlangen nach einem Spielzeug fühlen und einen komplexen Aktionsplan sequenzieren, um es zu bekommen. Auch kann das Kind Laute verarbeiten. Wenn die Mutter oder der Vater es verwirrt anschauen und fragen: »Wo?« oder »Da drüben« sagen, kann das Kind den Laut verarbeiten und vielleicht sogar das Wort »wo« verstehen. Wenn die Mutter oder der Vater, anstatt zu fragen: »Willst du das Spielzeug?« die Frage stellen: »Willst du Milch?«, wird es den Kopf schütteln und auf das Spielzeug deuten. Außerdem ist es imstande, Laute deutlich auszusprechen sowie Mimik und Gebärden zu deuten. Wenn Mutter oder Vater auf die falsche Stelle weisen, kann es seine visuell-räumliche Verarbeitung benutzen, um sie dahin zu lenken, wohin sie – seinem Wunsch gemäß – gehen sollen.

Das Kind benutzt nun drei einzelne Fertigkeiten – die Sequenzierungsfähigkeit, die auditive Verarbeitung und die visuell-räumliche Verarbeitung –, die unter der Leitung einer Absicht oder Emotion stehen. Die Verbindung zwischen einer Absicht und den Teilfertigkeiten hat sich im Alter von 18 Monaten im wesentlichen herausgebildet.

Anhand des Modells, bestehend aus benötigten Teilfertigkeiten und dem emotionalen Dirigenten, verstehen wir jetzt die unterschiedlichen Schwierigkeiten förderbedürftiger Kinder. Welche Teilfertigkeiten entwickeln sich bei welchen Syndromen nicht? Welche Syndrome machen ein Kind unfähig, eine Absicht oder Emotion mit den Teilfertigkeiten zu verbinden?

Individuelle Syndrome

Ein Großteil von Entwicklungsproblemen besteht aus verschiedenen Arten der *konstanten Enzephalopathie* (*konstant* bedeutet »nicht-progressiv«, *Enzephalopathie* bedeutet »Gehirnerkrankung«). Diese Probleme sind insofern konstant, als der Schaden durch ein Trauma, eine Infektion, Stoffwechselstörungen, bestimmte Chromosomenkonstellationen oder sonstige unbekannte Faktoren verursacht wurde. Diese Probleme unterscheiden sich von progressiven oder neurodegenerativen Störungen, bei denen sich der Zustand – selbst bei einem optimalen Interventionsprogramm – mit der Zeit verschlechtert. Als konstante Probleme werden angesehen: das Down-Syndrom, das Fragile-X-Syndrom, das fetale Alkoholsyndrom, ein sehr geringes Körpergewicht bei der Geburt, der Mißbrauch schädlicher Substanzen seitens der Mutter, die meisten Arten der Zerebrallähmung, die meisten autistischen Störungen, zahlreiche kognitive Defizite und Formen der geistigen Retardierung sowie viele gravierende Sprachstörungen, ferner subtile motorische Probleme und Seh- und Hörschäden. Wir wollen uns nun anschauen, wie wir unter Berücksichtigung dieser zugrundeliegenden Verarbeitungsprobleme einen Interventionsplan für diese Probleme erstellen können.

Autistische Störungen betreffen sowohl die Teilleistungen als auch den Dirigenten. Bei diesen Störungen wie auch bei der multiplen Wahrnehmungs- und Bewegungsstörung besteht eine große und vielfältige Bandbreite in der Entwicklung der Teilfertigkeiten. Manche Kinder mit Problemen des autistischen Spektrums werden auch als *geistig zurückgeblieben* bezeichnet, weil viele Teilfertigkeiten stark beeinträchtigt sind. Andere Kinder werden zwar als autistisch angesehen, besitzen jedoch ungewöhnliche Fähigkeiten. Sie können imstande sein, ganze Bücher auswendig zu lernen oder bestimmte mathematische Rechnungen zu lösen; sie können auf manchen Gebieten sogar frühreif sein – wie im Lesen –, aber sie können Absicht oder Emotion nicht mit diesen Teilleistungen verbinden und ihrer Aktivität dadurch keine Bedeutung geben.

Betrachten wir ein Kind, das lallt, seltsame, selbststimulierende Laute bildet und gelegentlich ein Wort oder einen willkürlichen Satz hervorbringt. Das Kind zeigt uns damit, daß seine Fähigkeit, Laute zu verarbeiten – obwohl es damit noch Probleme hat –, besser entwickelt ist als bei einem Kind, das keine Laute wiederholen oder äußern kann. Es steckt ein gewisses Potential in dieser Teilleistung, selbst wenn sie noch nicht genügend herausgebildet ist. Bei autistischen Problemen müssen wir – während wir an den Teilleistungen arbeiten – zudem noch an einer größeren Aufgabe arbeiten, die darin besteht, dem Kind dabei zu helfen, seine Absicht, seinen Wunsch oder seine Emotion mit diesen Teilleistungen zu verbinden. Wenn das Kind also lallt oder mit selbststimulierenden Klangmustern beschäftigt ist, müssen wir es in eine Interaktion ziehen. Wir beginnen damit, indem wir ebenfalls lallen und dabei versuchen, die Laute, die das Kind macht, zu imitieren. Das wirkt dann oft wie ein gegenseitiges Erkennen. Wenn wir einen Rhythmus gefunden haben, in dem die erzeugten Laute wie Ping-Pong-Bälle hin- und hergeworfen werden, spielen wir ein »Lall-Spiel«. (In dem Kapitel über die Bodenzeit werden viele Möglichkeiten beschrieben, wie diese Interaktionen wirksam in Gang gesetzt werden können.)

Das Entscheidende ist, in dem Kind ein Gefühl für Absicht in bezug auf seine erbrachten Teilleistungen zu fördern. Während Sprach- oder Beschäftigungstherapeuten und Spezialpädagogen ihr Augenmerk auf die unterentwickelten Fertigkeiten richten, versuchen wir, sie an eine Absicht oder ein Ziel zu binden. Kinder, die sowohl Probleme mit ihrem Dirigenten als auch mit ihren Teilfertigkeiten haben – das heißt, Kinder mit autistischen Problemen und multiplen Wahrnehmungs- und Bewegungsstörungen –, sollen in eine Beziehung verwickelt werden, damit ihre Emotionen sich mit einem anderen Menschen verknüpfen. Um das zu erreichen, stützen wir uns auf diejenigen Teilfertigkeiten, die auf ihrem höchstmöglichen Niveau funktionieren. Wenn das Kind bereits Laute und Worte bildet, bauen wir diese Fertigkeit in die Interaktionen ein und kombinieren sie mit sehr einfachen Gebärden und einem Gefühl für Bezogenheit. Wir verlocken das Kind zu einem warmherzigen Lächeln, zu Liebkosungen und einfachen interaktiven Spielen, in denen es zum Beispiel auch nach einem Gegenstand greifen sollte. Wenn das Kind schon einige Worte sprechen kann, fragen wir: »Möchtest du diesen Apfel?« »Möchtest du Milch?« usw. Wenn die Handlungen des Kindes ziellos und selbststimulierend zu sein scheinen, so ist das ein Zeichen dafür, wie unzureichend der Dirigent funktioniert und wie wenig die Emotion mit den Handlungen verbunden ist.

Bei einigen anderen Syndromen, wie bei der Zerebrallähmung, bei kognitiven Defiziten oder gravierenden Sprachstörungen, funktioniert die Fähigkeit, Emotion oder Absicht mit der jeweiligen Handlung zu verbinden, gut, aber es bestehen schwere Defizite bei den einzelnen Teilfertigkeiten. Bei der *Zerebrallähmung* (zerebralen Bewegungsstörung) stehen wir vor einer doppelten Herausforderung: Wir müssen die motorischen Probleme lindern und dem Kind beibringen, sein motorisches System zu benutzen, *und* wir müssen das Kind dazu bewegen, sein motorisches System absichtsvoll und zielbewußt einzusetzen. Die Emotion und die Absicht des Kindes sind hier bereits mit seinen motorischen Fähigkeiten verbunden. Es will plappern und das Wort Apfel aussprechen, aber sein motorisches Problem erlaubt ihm nicht, das Wort zu bilden; sein Arm greift nicht nach dem Apfel im Mund seiner Mutter oder seines Vaters, weil es seine Armbewegungen nicht kontrollieren kann. Es greift nicht nach dem Apfel und und schaut seine Eltern nicht an, weil es unfähig ist, seinen Kopf in die Richtung des Apfels zu drehen. Es hat einen niedrigen Muskeltonus und sehr unterentwickelte Fähigkeiten zur motorischen Planung. Wenn es dem Kind schwerfällt, seine Teilfertigkeiten anzuwenden, dann hört es auf, sie in zielbewußter Weise zu nutzen. Damit kann das Kind die Verbindung zwischen Emotion oder Absicht und Sequenzierungsfähigkeit oder, allgemeiner gesagt, den motorischen Fähigkeiten verlieren. Wenn Therapeuten und Eltern sich nicht bewußt sind, welche große Bedeutung die Absicht hat – wenn sie zum Beispiel dem Kind motorische Bewegungen beizubringen versuchen, indem sie seine Arme manipulieren, das Kind selbst aber keine aktive Rolle dabei spielt –, dann wird die eigene Absicht des Kindes nicht gefördert.

Was auf jede andere Körperfunktion zutrifft, gilt auch hier: Wenn wir sie nicht benutzen, verlieren wir sie allmählich. Bei vielen Syndromen, die bei einer bestimmten Fähigkeit ein gravierendes Defizit verursachen, kann die Verbindung zwischen Emotion (oder Absicht) und dieser Fähigkeit durch mangelnde Anwendung verlorengehen. Daher ist es unbedingt erforderlich, der Emotion oder der Absicht Beachtung zu schenken, selbst bei Syndromen, bei denen dies nicht das primäre Problem ist. Häufig sehen wir, daß ein Kind mit Zerebrallähmnung oder schweren Verarbeitungsproblemen vollkommen mit sich selbst beschäftigt ist, denn es hat weder Ziel noch Absicht. Doch sobald wir beginnen, mit einem Kind zu arbeiten, stellt sich die Absicht ziemlich schnell ein. Anfangs können wir möglicherweise nicht sicher sein, ob das Kind ein autistisches Problem hat – und zudem vielleicht noch eine Zerebrallähmnung und kognitive Defizite –, oder ob es nur unter kognitiven Defiziten oder einer Zerebrallähmung leidet. Denn es ist durchaus denkbar, daß das Problem zuerst falsch diagnostiziert wurde, weil das Kind ganz auf sich selbst konzentriert ist und sich repetitiv und selbststimulierend verhält. Oft ist es dann innerhalb eines Monats, in dem an seinen Emotionen gearbeitet wird, beziehungsfähig, handelt interaktiv und auch zielbewußter. Auch wenn es noch einen langen Weg vor sich hat, so ist zumindest die primäre Verbindung zwischen Absicht und seinen verschiedenen Teilfertigkeiten vorhanden.

Eine schwierige Aufgabe bei der Zerebrallähmung besteht darin, herauszufinden, welche Bewegungen das Kind ausführen kann. Jede erfolgreich ausgeführte Bewegung verbindet seine Emotionen oder seine Absicht mit seinen motorischen Fertigkeiten oder Sequenzierungsfähigkeiten. Hierbei nutzen wir zwar die von Physio- und Beschäftigungstherapeuten entwickelten Methoden, um dem Kind bei seinen motorischen Mustern zu helfen, müssen aber immer auch daran arbeiten, diese motorischen Muster mit den Wünschen des Kindes zu verbinden. Wir beginnen mit den einfachsten Bewegungen, die das Kind machen kann: Zungenbewegungen, Rumpfbewegungen, Kopfdrehbewegungen und schließlich Bewegungen der Arme, der Beine und der Hände (die fast immer schwieriger sind). Wir helfen dem Kind, jeden Teil seines Körpers in absichtsvoller Weise zu bewegen, indem wir Herausforderungen, Anreize schaffen, die es veranlassen, eben diesen Teil zu bewegen; und wir animieren das Kind dazu, möglichst viel ohne fremde Unterstütung zu üben. Damit »koppeln« wir sein Absichtssystem daran und stellen sicher, daß der Dirigent des Kindes funktioniert. Da gesunde emotionale Erfahrungen für die Entwicklung der zukünftigen Intelligenz und für die Fähigkeit, Probleme zu lösen sehr wichtig sind, müssen wir auch bei nichtautistischen Syndromen dem emotionalen Orchsterdirigenten und seiner Funktionsweise sehr viel Beachtung schenken. Er wird sich häufig dann relativ schnell verbessern, wenn kein wesentliches Verarbeitungsdefizit bei der Verbindung zwischen Absicht und anderen Fähigkeiten besteht. Obwohl bei den nichtaustistischen Syndromen das Defizit in der Teilfertigkeit selbst liegt, kann das Kind – aufgrund mangelnder Nutzung und Übung – ein scheinbar absichts- und zielloses Verhalten an den Tag legen.

Kognitive und Sprachdefizite erfordern eine ähnliche Methode, die zusammen mit einer traditionellen Sprachtherapie und einer speziellen Förderung im Rahmen eines Bodenzeit-Modells durchgeführt wird (wie in den vorigen Kapiteln beschrieben).

Ein zu geringes Körpergewicht bei der Geburt, das *Fragile-X-Syndrom*, *Drogenmißbrauch der Mutter*, *das fetale Alkoholsyndrom* und schwere *Aufmerksamkeitsdefizitstörungen* führen – in verschiedenem Ausmaß – alle zu Problemen der sensorischen Modulation (übermäßige oder zu schwache Reaktivität auf Berührung, Klang, Sicht, Geruch und Bewegung), zu visuell-räumlichen oder auditiven Verarbeitungsproblemen und zu mehr oder weniger großen Schwierigkeiten bei der motorischen Planung und der Sequenzierung. Da jedes Kind einzigartig ist, ist es wichtig, die jeweiligen Regulierungsmuster zu diagnostizieren. Folgendes ist dabei zu beachten:

Wie unterentwickelt sind die motorische Planung, die Sequenzierung und der motorische Tonus? Reagiert das Kind zu stark oder zu wenig auf Klänge oder Berührungen? Wie gravierend ist sein auditives und visuell-räumliches Verarbeitungsproblem? Welche funktionellen Entwicklungsstufen hat es bereits gemeistert oder noch nicht gemeistert? Ist es engagiert und absichtsvoll, ist es ein komplexer, nonverbaler Problemlöser, der Ideen kreativ nutzt und logisch denkt? Ein geeigneter Interventionsplan wird sich immer eher auf das Profil des Kindes als auf die Diganose stützen.

Kinder mit Down-Syndrom haben fast immer einen geringen Muskeltonus und gravierende Schwierigkeiten bei der motorischen Planung. Sie neigen dazu, beim Wahrnehmen von Tönen langsamer zu sein als andere Kinder, und sie haben gewöhnlich auditive oder visuell-räumliche Verarbeitungsprobleme – obwohl deren Ausmaß enorm variieren kann. Auch lernen diese Kinder mit unterschiedlicher Leichtigkeit abstrakte, kognitive Fertigkeiten. Bislang haben wir die Grenzen der Fähigkeiten von Kindern mit Down-Syndrom und vielen anderen Syndromen noch nicht getestet, da sie noch in kein Interventionsprogramm aufgenommen wurden, das sowohl Absicht oder Emotion als auch die Teilfertigkeiten berücksichtigte. Jedes Jahr lernen wir mehr darüber, wie wir diese Teilleistungen noch besser und gezielter fördern können. Kinder mit Down-Syndrom sind oft sehr warmherzig und sehr engagiert; ihr emotionales System funktioniert gewöhnlich sehr gut. Auf diese Stärke können wir bauen, wenn wir sie auf ein höheres, kognitives Entwicklungsniveau bringen wollen. Es ist wichtig, sie zu fordern. Wenn wir etwa versuchen, einem Kind mit einem geringen motorischen Sequenzierungsvermögen das Rechnen beizubringen, arbeiten wir mit Addition, Subtraktion, Multiplikation und Division und verwenden niedrige Zahlen (etwa von 0 bis 6). Wir arbeiten mit einfachen Zahlenfolgen, so daß das Kind die Begriffe meistern kann und sich nicht in den Einzelheiten des Sequenzierens verliert. Wird dem Kind auf die herkömmliche Art und Weise das Rechnen beigebracht, kann es, wenn es Sequenzierungsprobleme hat (was bei vielen Kindern mit Down-Syndrom der Fall ist), so verwirrt werden, daß es abschaltet. Tatsächlich aber sind manche Kinder in der Lage, einfache Divisionen und Multiplikationen, ja sogar Brüche und Dezimalrechnungen zu bewältigen, falls man sie ihnen anschaulich erklärt. (Im 19. Kapitel werden wir noch näher darauf eingehen.)

Für Kinder mit *visuellen Defiziten* gibt es hervorragende Förderprogramme, die wir um einige Ergänzungen – die auf unserem eigenen Entwicklungsansatz beruhen – bereichern können. Ein Kind mit schweren visuellen Defiziten benötigt zusätzliche Hilfe beim Üben vokaler Gebärden, wenn es versucht, seine Entwicklungsphasen zu bewältigen (absichtsvolle interaktive Gebärden zu machen, komplexe präverbale Probleme und anschließend komplexe verbale Probleme zu lösen). Das visuelle System ist ein wichtiger Teil beim Lernen von Gebärden und beim Deuten der Mimik und der Handbewegungen der Eltern. Daher müssen wir an den *präverbalen* Fertigkeiten arbeiten: den auditiven Gebärden, dem Tonfall und der Subtilität der Emotionen, die in der Stimme zum Ausdruck kommen. Das Kind kann sowohl viel durch nuancierte vokale Gebärden als auch durch Berührungen, Bewegungen und andere Sinne entdecken und benötigt zusätzliche Übung in der satzmelodischen Gestaltung und bei schnellen vokal-gestischen »Dialogen«.

Ein Kind mit *visuellen Defiziten* benötigt außerdem zusätzliche Übung in der Wahrnehmungskoordination. Bei vielen Kindern hängt das motorische System vom visuellen System ab; sie sehen einen Gegenstand und greifen danach. Ein Kind mit einem schweren visuellen Defizit muß unter Umständen erst etwas zu dem Gegenstand hören und diese Töne im Raum orten, ehe es nach ihm greifen kann. Gegenstände, die verschiedene Klangqualitäten haben, helfen dem Kind, Entfernung und Standort zu beurteilen. Die Fähigkeit, motorische Probleme zu lösen, ein Gefühl dafür zu haben, wo die Dinge sind, und räumliche Beziehungen herzustellen – was normalerweise stark vom visuellen System abhängt – kann durch das auditive System und andere Sinne, wie den Tast- und Geruchssinn, gelernt werden. Wir müssen noch mehr neue Möglichkeiten ersinnen, diese motorischen Verbindungen zu fördern. Spiele, bei denen versteckte Gegenstände mit Hilfe von Klangsignalen gesucht werden müssen, und die – für Kleinkinder – das Problemlösen einschließen, können dazu beitragen, ein Gefühl für einen auditiven Raum zu entwickeln. Beim Rechnen beruht das Gesamtbild-Denken häufig auf visuell-räumlichen Begriffen. Mathematische Prinzipien sind oft leichter anhand von visuell-räumlichen Mustern zu lernen, zum Teil deswegen, weil die meisten visuell-räumlichen Dimensionen – wie viele mathematische Begriffe – kontinuierlich sind. Kinder, die nicht über diese visuell-räumlichen Begriffe verfügen, müssen das Gesamtbild-Denken durch andere sensorische Wahrnehmungen lernen. Wörter haben unterschiedliche Bedeutungen, Klänge hingegen können kontinuierlich sein. Daher können wir das Gesamtbild-Denken lehren, indem wir von leisen zu lauten Klängen übergehen. Ferner ist es wichtig, mit Zeit- und Raumdimensionen zu arbeiten. Ist etwas groß – »g-r-o-ß!« – oder klein – »k-l-e-i-n«? Wir können nicht nur groß und klein in einer kontinuierlichen Dimension sehen, sondern sie auch in einer kontinuierlichen Dimension hören und berühren. Wir können das Gefühl für Größe sowohl durch Klang als auch durch Berührung vermitteln.

Viele Kinder, die ein normales Sehvermögen besitzen, haben dennoch visuell-räumliche Probleme. Für diese Kinder können zusätzliche spezielle visuell-räumliche Spiele hilfreich sein. Bei einem Baby sollten Sie Dinge in Ihrer Hand verstecken; ein Kleinkind sollten Sie Dinge mittels bestimmter Hinweise finden lassen; einem älteren Kind sollten Sie Aufgaben geben, bei denen visuelle Unterscheidung, visuelle Kategorisierung und perzeptives Problemlösen gefordert sind.

Für Kinder mit *auditiven Defiziten* gibt es eine ganze Anzahl hervorragender Förderprogramme. Wiederum können wir diese Programme durch eigene, der Entwicklung förderliche Ideen ergänzen. Sind wir zum Beispiel auf unser Gehör angewiesen, um subtile emotionale Ausdrucksweisen zu verstehen; der Tonfall ist dabei ein besonders hilfreicher Hinweis. Die meisten Erwachsenen können sich vorstellen, wie sich jemand, mit dem sie gerade telefonieren, fühlt, auch wenn sie ihn nicht sehen. Unser auditives System verbindet unsere Wahrnehmungen schneller mit unserem motorischen System, als unser visuelles System es tut. Wenn wir ein gefährliches Geräusch hören, bewegen wir uns unter Umständen schneller, als wenn wir etwas Gefährliches sehen. Das auditive System ist sehr anpassungsfähig; es nimmt subtile emotionale Nuancen wahr und informiert uns über Gefahr bzw. Sicherheit unseres Umfelds.

Ein Kind mit einem Gehördefizit muß sich mehr auf sein Sehvermögen verlassen. Um seine visuelle Wahrnehmung und die anderen Sinne zu schärfen, sollten wir uns, wenn wir mit ihm spielen, nicht nur gegenübersetzen, sondern eine besondere Lebhaftigkeit und Subtilität in das Spiel hineinbringen. Wir können zudem auch noch andere Komponenten, wie Berührungen und Bewegungsmuster und Rhythmen, nutzen. Das Kind sollte auch seine übrigen Sinne einsetzen müssen, um Emotionen wahrzunehmen. Wenn Sie das Kind bei der Hand halten und diese ein wenig drücken oder kitzeln, weil Sie gerade sehr glücklich sind, dann spürt es sowohl die taktile als auch die visuelle Empfindung. Auch das Hin- und Herschaukeln oder andere Bewegungsmuster können Gefühle übermitteln.

Ein Kind mit einem auditiven Defizit benötigt zusätzliche Übung, um die verschiedenen Phasen der Entwicklung (Aufmerksamkeit, Engagement, einfache Affektgebärden, komplexe Problemlösungsgebärden, das Anwenden von Ideen und schließlich das logische Denken) erfolgreich durchlaufen zu können. Um dem Kind zu helfen, die Entwicklungsleiter nach oben zu klettern, müssen wir ihm Übung in der emotionalen und motorischen Gebärdensprache geben, weil das Kind die Entwicklungsschritte meistern muß, ohne daß es Klänge und Geräusche vollständig wahrzunehmen vermag. Wir sollten dem Kind helfen, visuelle affektive und motorische Hinweise zu nutzen; wir sollten es ermuntern, Eigeninitiative zu ergreifen und selbst visuelle motorische Muster zu entwickeln. Wir wollen, daß es das Erkennen von Klängen für seine auditiv-perzeptive motorische Sequenzierung und für das Verstehen von Tonfall und Gebärden – und schließlich von Worten – nutzt. Funktionieren die sensorischen Kanäle des Kindes nicht, so kann das seine Erfahrungen beeinträchtigen, die vonnöten sind, um die Entwicklungsstufen zu bewältigen.

Da das auditive System bei der Übermittlung von Informationen an das motorische System gewöhnlich schneller ist als das visuelle System, sollte man, wenn die Kinder älter werden, visuelle motorische Übungen machen – zum Beispiel Spiele, bei denen man nach etwas greifen muß, Übungen mit Taschenlampensignalen, ferner Bewegungsspiele sowie komplexe visumotorische Problemlösungsspiele. Wenn das Kind Klänge wiedererkennt, sollte man an klangmotorischen Mustern arbeiten, und – wenn möglich – Klangmuster mit motorischen Mustern verbinden, um die Fähigkeit der perzeptiv-motorischen Koordination und Integration zu stärken. Zudem sind Übungen und Spiele zu empfehlen, die dem Kind helfen, Klang und Sehvermögen zu kombinieren und sie mit verschiedenen motorischen Mustern zu koordinieren. Auch können wir Spiele spielen, die visuelle Hinweise bieten und – so weit wie möglich – auditive Hinweise, um spezielle motorische Muster aufzuzeigen. Ältere Kinder können zum Beispiel einen Ball in Schachtel A, B oder C legen – entsprechend der visuellen und auditiven Information, die sie erhalten. Auch Informationen, die durch andere Sinne empfangen werden – Berührung, Geruch oder Bewegung, einschließlich rhythmischer Bewegungen und Musik –, werden die Grundlage der perzeptiv-motorischen Muster festigen. Wichtig ist, die Fähigkeit zu entwickeln, eine – und sei es auch nur begrenzte – Information von den verschiedenen Sinnen zu verinnerlichen. Selbst wenn das Kind hinsichtlich seiner Fähigkeit, Informationen zu verarbeiten, stärkere Sinne hat, so ist es immer noch hilfreich, die Information von den schwächeren Sinnen so weit wie möglich zu koordinieren.

Normalerweise werden Klang und Wortverständnis mit verbaler Sprache assoziiert. Verbale Sprache hat oft mit Aspekten des Sequenzierens von Information zu tun. Die Fähigkeit, Worte zu einem Satz oder Sätze zu einem Abschnitt aneinanderzureihen sowie Gedanken, die in einem Abschnitt ausgeführt wurden, zu einem komprimierten Aufsatz aneinanderzureihen – all das hat mit dem Seqenzieren von verbalen Informationen zu tun. Viele Teile des Nervensystems sind am Sequenzieren beteiligt: das motorische und das verbale System und auch räumliche Beziehungen. Wenn ein sensorisches Verarbeitungssystem nicht vollständig in der Lage ist, zum Erlernen des Sequenzierens beizutragen, dann müssen wir ihm durch die anderen Sinne und das motorische System – wie auch durch auftauchende Symbole – zusätzliche Übung geben.

Ein Kind, das die Zeichensprache benutzt, sollte ermuntert werden, damit lange Dialoge aneinanderzureihen; dafür kann es zudem Bilder und räumliche Zeichnungen verwenden. Das Kind kann anhand von Bildern oder Zeichen eine lange Geschichte erzählen. Es kann das Sequenzieren auch mit Hilfe von musikalischen Rhythmen oder Klangsequenzen üben, die innerhalb seiner auditiven Wahrnehmungsskala sind, sofern sein Gehör zumindest teilweise funktioniert. Das Sequenzieren ist sehr wichtig als Grundlage für die Kommunikation, für das Denken und für das Problemlösen, und sollte daher speziell geübt werden, insbesondere wenn das Gehör beeinträchtigt ist.

Ein Kind mit Hörproblemen kann zusätzliche Übung benötigen, wenn es darum geht, Einzelheiten in ein Gesamtbild zu integrieren, das heißt, sowohl den »Wald« als auch die »Bäume« zu sehen. Das Gesamtbild-Denken wird gewöhnlich durch das visuell-räumliche Denken erleichtert. Abstrakte Kategorien sind gewissermaßen die »Wohnstätten« für die Einzelheiten. Aber die auditive Verarbeitung ist notwendig, um die Einzelheiten in unserer Wahrnehmungs-Welt zu verstehen. Da das auditive System zu unserem Verständnis von spezifischen Bedeutungen beiträgt, das heißt, zu unserem Verständnis, auf welche Weise jeder Baum im Wald einzigartig ist und für sich dasteht, empfiehlt sich viel zusätzliche Übung, wobei verschiedene sensorische Bahnen benutzt werden – Sehen, Berührung, Geruch, Bewegung –, damit das Kind sowohl die Einzelheiten als auch das Gesamtbild versteht.

Ein wichtiger Teil des Gesamt-Förderprogramms für ein Kind mit einem Gehördefizit können auch Übungen darstellen, die sowohl auf die visuelle Unterscheidung als auch auf die visuelle Kategorisierung abzielen. Ferner sind Übungen mit Zeichen oder Bildern hilfreich, anhand derer man sehen kann, wie die verschiedenen Teile in ein Ganzes passen und wie die Einzelheiten einer Sache (oder eines Gegenstands) auf verschiedene Weise organisiert werden können.

Wenn wir Kinder fördern, die visuelle oder auditive Defizite haben, müssen wir ihnen helfen, mit starken Emotionen oder Affekten zurechtzukommen. Die meisten von uns sind fähig, mit starken Emotionen umzugehen, weil wir durch die verschiedenen Sinne (Sehen, Hören, Riechen, Berühren, Bewegen) emotionale Interaktionen erleben. Wir verbinden diese unterschiedlichen sensorischen Erfahrungen miteinander und integrieren sie durch die Schaffung abstrakter Erfahrungskategorien. Wir erleben Wut zum Beispiel als Angespanntheit in den Fäusten, Spannung in den Magenmuskeln, einem hohlen Gefühl in der Brust, einer ganzen Reihe von potentiellen Handlungsmustern (Schlagen, Brüllen oder Schreien), einer Reihe von Wörtern (»Ich bin stinksauer«), einer Reihe von visuellen Bildern, die eine Handlung ausdrücken können, sowie auch als besonderen Geruch oder als taktile Empfindung (»schnauben« vor Wut). Im Laufe der Entwicklung werden diese vielfachen Aspekte der Wut gewöhnlich miteinander verbunden und in einen Begriff integriert, der auf immer höheren Ebenen der Integration und Synthese erlebt werden kann. Etwa die Überlegung: »Ich bin wütend, und dazu habe ich einen guten Grund, aber es ist besser, wenn ich jetzt trotzdem nichts unternehme, weil die Lage nicht dazu angetan ist. Ich muß einfach Geduld haben und den rechten Augenblick abwarten«, kann die (auf einem höheren Niveau) hergestellte Synthese eines momentanen Wutgefühls sein. Um die Fähigkeit, starke Emotionen zu ertragen – ohne sie im Verhalten direkt auszuagieren oder gehemmt zu werden oder sie überhaupt zu vermeiden –, auszubauen, müssen wir imstande sein, unsere Erfahrungen, die wir durch die verschiedenen Sinne machen, zu integrieren und miteinander zu verbinden und abstrakte Kategorien zu bilden, die diese starken Gefühle widerspiegeln.

Um solche Überlegungen bei einem Kind zu fördern, das Verarbeitungsprobleme mit einer sensorischen Bahn oder Defizite beim Wahrnehmen von Informationen durch eine sensorische Bahn hat, ist es zweckmäßig, zusätzliche Übungen für den erfolgreichen Umgang mit starken Affekten zu machen und sämtliche Erfahrungen miteinander zu verbinden, die durch die verschiedenen Sinne erlebt werden. Auf der praktischen Ebene bedeutet dies, dem Kind zu helfen, seine emotionale Welt in »kleinen Dosen« zu erleben, die es ertragen und bewältigen kann. Es bedeutet, ein Kleinkind zu beruhigen, ehe es allzu wütend oder aufgeregt oder verängstigt oder bedürftig wird. Es bedeutet zudem, dem Kind zu helfen, seine gesamte Bandbreite von Affekten und Emotionen durch Symbolspiele und echte, wirkliche Erfahrungen zu erleben. Es bedeutet, zu vermeiden, daß man in überbehütende Muster verfällt, die die Fähigkeit des Kindes untergraben, die große Bandbreite der zum Leben dazugehörenden Emotionen wahrzunehmen. Versucht man etwa, dem Kind frustrierende Erfahrungen zu ersparen, weil man glaubt, es sei gut, das Kind nicht mit Wut zu konfrontieren, so kann das durchaus kontraproduktiv sein. Das Erleben heftiger Wutgefühle kann dem Kind helfen, wirksam damit fertigzuwerden und Emotionen miteinander zu verbinden. Fördert man die Kreativität, Unabhängigkeit und Selbstsicherheit des Kindes, so ermöglicht man ihm – auch wenn es ihm schwerfällt, den einen oder anderen seiner Sinne zu benutzen –, eine immer größere Bandbreite an Emotionen zu ertragen, Emotionen in eine symbolische, visuelle oder auditive Form zu bringen und über diese Emotionen nachzudenken.

Teil III
Familie, Therapie und Schule

16 Auswirkungen auf die Paarbeziehung

Ann und George Lewis waren überglücklich, als ihr Sohn geboren wurde. Michael war ihr erstes Kind, und sie waren entzückt über seine winzigen, wohlgeformten Hände, seine dunklen Augen mit den langen, dichten Wimpern und seinen großen Kopf mit den schwarzen Locken. Im Alter von drei Monaten schenkte er seinen Eltern sein erstes Lachen, und mit vier Monaten war er imstande, sich umzudrehen. Mit acht Monaten krabbelte und gurrte er und begann, seine Welt zu erkunden. Als er anderthalb war, beherrschte er bereits mehrere Worte. Freunde und Großeltern rühmten seine rasche Lernfähigkeit, und seine Eltern hatten ihre wahre Freude an seinen Fortschritten. Es ließ sich aber auch nicht leugnen, daß Michael ein schwieriges Kind war – er war wählerisch beim Essen (er hatte nie gut an der Brust gesaugt), reagierte nervös bei lauten Geräuschen (wenn es an der Tür klingelte, fuhr er jedesmal auf), und er hatte Schlafprobleme (er schlief niemals eine ganze Nacht durch). Aber er war warmherzig und liebevoll und immer für eine Zärtlichkeit und einen Kuß zu haben.

Als Michael ungefähr 19 Monate alt war, bemerkten seine Eltern subtile Veränderungen an ihm. Es war nichts Konkretes, nichts, was sie hätten genau erklären können, aber Michael wirkte nun irgendwie teilnahmslos. Er antwortete nicht mehr, wenn sie ihn riefen. Wenn sie auf Bilder in seinen Kinderbüchern deuteten, starrte er nur mürrisch darauf, anstatt eine Figur beim Namen zu nennen, wie er es früher getan hatte. Er, der nur wenige Monate zuvor ständig neue Bücher verlangt hatte, wollte sich nun nur noch drei bestimmte Bücher anschauen. Dasselbe geschah mit Videos: Er verlangte, daß seine beiden Lieblingsvideos immer wieder abgespielt wurden, und die bloße Erwähnung eines anderen Videos löste einen Wutanfall bei ihm aus.

Als die Eltern Michaels Betreuerin in der Kinderkrippe von ihren Sorgen erzählten, meinte sie, es sei nichts Außergewöhnliches an dem Kind festzustellen. Er benehme sich immer »gut«. Auch Michaels Großeltern waren dieser Ansicht. »Weshalb macht ihr euch Sorgen?« fragten sie tadelnd. »Er ist zwei Jahre alt. Das ist eben eine Phase.« Doch Ann und George konnte das nicht beruhigen. Wenn sie ihren Sohn jetzt in den Park mitnahmen, rannte er nicht mehr wie früher fröhlich zum Sandkasten oder zur Rutschbahn. Er weigerte sich, den Parkplatz zu verlassen, und ging langsam an den Autos entlang, wobei er beharrlich ihre Scheinwerfer betrachtete, als suche er sie nach irgendwelchen Defekten ab. Oder er hielt sich dicht am Maschendrahtzaum, seine Augen auf eine bestimmte Maschenreihe geheftet, als könne er sich nicht davon losreißen. Ann und George hatten den Eindruck, als verenge sich Michaels Welt unablässig. Er nahm immer weniger auf.

Als Michael dann zweieinhalb war, vertraute Ann Lewis ihre Sorgen einem Kinderarzt an. Dieser vertrat dieselbe Ansicht wie die Betreuerin in der Kinderkrippe und fand, mit dem Kind sei alles in Ordnung, aber als Ann zu weinen anfing, gab er ihr zu ihrer Beruhigung die Adresse eines Kinderpsychologen. Der Kinderpsychologe kam zu dem Schluß, daß Michael unter einer tiefgreifenden Entwicklungsstörung litt.

Für Ann und George war dies ein großer Schock. Warum war das geschehen? Wer war dafür verantwortlich? Was bedeutete das für Michael? Und was bedeutete es für sie?

Sie begannen verzweifelt nach jemandem zu suchen, der ihnen sagen würde, was sie unbedingt hören wollten: daß die Diagnose falsch sei. Aber der dritte Spezialist bestätigte sie. Ann fing an, alles zu lesen, was sie über tiefgreifende Entwicklungsstörungen in die Hände bekommen konnte: Bücher, Fachzeitschriften, medizinische Artikel. Je mehr sie las, desto mehr nährte sie die geheime Hoffnung, daß sie die (noch) wenig bekannte Information finden würde, die ihr beweisen könnte, daß das Ganze ein Irrtum sei oder daß die Störung zumindest heilbar sei. Gleichzeitig gab sie sich selbst die Schuld dafür. »Alles fing an, nachdem ich ihn einmal nicht im Kindersitz angeschnallt hatte und er sich daraufhin den Kopf so heftig anstieß.« Ihr quälendes Schuldgefühl trieb sie dazu, noch mehr zu lesen und Michael noch intensiver zu beobachten.

George reagierte anders. Er las nichts über die Störung bei seinem Sohn. Er suchte nicht nach Antworten. Er sprach mit Ann nicht einmal über die Diagnose. Er kapselte sich ab und verbrachte immer mehr Zeit an seinem Arbeitsplatz – ja er brachte sogar noch zusätzliche Arbeit mit nach Hause –, um den eigenen Gefühlen, die er für seinen Sohn hatte, aus dem Weg zu gehen. Er kam immer erst um acht oder neun Uhr abends heim, da er wußte, daß Michael dann bereits im Bett lag und Ann vor Müdigkeit auf dem Sofa eingeschlafen war.

Michaels Zustand verschlechterte sich zusehends. Er zog sich vollständig in eine innere Welt zurück, aus der ihn kein noch so geduldiger Zuspruch herauslocken konnte. Der clevere und eloquente Junge, der nur wenige

Monate zuvor imstande gewesen war, Zahlen und Nummern zu wiederholen, verbrachte nun seine gesamte Zeit zusammengekauert, den Schnuller im Mund, unter einem Stuhl oder Tisch. Versuchte man, ihn zu füttern oder anzuziehen, löste dies unkontrollierbare Wutanfälle aus, die eine Stunde oder länger anhielten.

Ann meldete Michael für ein Frühförderprogramm an, aber sein Zustand wurde noch schlechter. Ann war wütend, fühlte sich mit den Problemen ihres Sohnes von ihrem Mann im Stich gelassen. Trug er nicht dieselbe Verantwortung wie sie? War Michael nicht auch sein Sohn? Warum half er ihr nicht? Warum war er nicht da, wenn sie ihn brauchte? Vielleicht hatten Michaels Probleme mit George zu tun, der früher einmal an einer Depression gelitten hatte. So wie sich George von seiner Frau und seinem Sohn zurückzog, zog sich Ann von George zurück. Sie hörte auf, irgend etwas von ihm zu erwarten, hörte auf, mit ihm zu reden, hörte auf, andere Gefühle ihm gegenüber zu haben als trauererfüllte, bedrückende Wut.

Auch George war wütend. Was war aus seiner Familie geworden? Aus dem behaglichen Leben, das er so schätzen gelernt hatte? Aus der Frau, die ihn immer so liebevoll begrüßt hatte, wenn er nach Hause kam, und so gut zugehört hatte, wenn er ihr von seinen Tagesereignissen berichtete? Diese neue Frau schien keine Zeit mehr für ihn zu haben – nur noch für das Kind, dieses Kind, das ihrer beider Leben ruiniert hatte. George ertappte sich bei dem Gedanken, er wünschte, Michael sei nie geboren worden, und war entsetzt über sich. Was dachte er da? Er liebte Michael doch! Doch das Wissen um seine ambivalente Haltung und die Schuldgefühle, die damit verbunden waren, empfand er als unerträglich. Das war der Grund für seine zunehmende Distanzierung. Nur an seinem Arbeitsplatz konnte er sich normal fühlen.

Etwa ein Jahr nach der Diagnose beschlossen Ann und George, in einem Familienrestaurant zu Abend zu essen. Erstmals, nach Monaten, gingen sie wieder aus; es war ihr erster entschlossener Versuch, ihr Leben weiterzuführen und sich nicht zu verkriechen. Als Michael in seinem Kinderstuhl saß, begann er zu brüllen. Ann und George schauten betreten auf ihre Teller und fühlten, daß sich alle Blicke auf sie richteten. Kurze Zeit später ging ein älteres Ehepaar, das dem Ausgang zustrebte, an ihrem Tisch vorbei. Der Mann blieb stehen, beugte sich vor und sagte vorwurfsvoll: »Sie sollten eigentlich wissen, daß sich ein Kind hier nicht so benehmen darf!« Ehe George recht wußte, was er tat, sprang er von seinem Sitz auf, lief dem weitergehenden Mann nach und rief: »Es ist das erste Mal seit einem Jahr, daß ich meine Familie ausführe. Ich brauche Ihren Ratschlag nicht. Zu Ihrer Information sei gesagt, daß mein Sohn unter einer schweren geistigen Störung leidet.« Der Mann war beschämt. Er hatte angenommen, Michael sei einfach schlecht erzogen, und entschuldigte sich vielmals für seine Worte. Aber George war damit nicht besänftigt und lief noch tagelang danach mürrisch im Haus herum, unfähig, mit Ann zu sprechen oder sie auch nur anzusehen.

Auch wenn der Vorfall schlimm war, so stellte er doch auch einen Wendepunkt dar: Er rüttelte Ann und George auf. Sie kamen überein, daß sie nicht länger willens waren, ständig zu Hause zu bleiben und ihr früheres gesellschaftliches Leben aufzugeben. Ann hörte auf, nach einem Spezialisten zu suchen, der ihr sagen würde, die Störung ihres Sohnes sei nur vorübergehend, und intensivierte statt dessen das Therapieprogramm. George baute nach und nach seine Überstunden ab und teilte sich seinen Zeitplan jetzt so ein, daß er Michael zu einigen seiner Behandlungstermine bringen und außerdem abends mit ihm arbeiten konnte. Überdies gingen sie zu einem Eheberater, der ihnen half, mit ihren widersprüchlichen Gefühlen füreinander und für ihren Sohn fertigzuwerden.

Ann und George empfanden zwar immer noch einen ungeheuer großen Schmerz und auch Wut angesichts der Krankheit ihres Sohnes und der drastischen Veränderungen, die sie in ihrem Leben verursacht hatte. Sie trauerten noch immer dem Sohn nach, den sie nicht mehr hatten. Aber zum ersten Mal seit mehr als einem Jahr hinderten diese Gefühle sie nicht daran, sich ernsthaft um ihren Sohn zu kümmern und sich wieder füreinander zu interessieren. Michaels Geburtstag stürzte sie dann wieder in eine Krise: Er erinnerte sie an all die Erwartungen, die sie bei seiner Geburt in ihn gesetzt hatten, und daran, daß diese Erwartungen sich nun niemals erfüllen würden. Das Weihnachtsfest war fast ebenso schwer durchzustehen. Doch als Michael dann wieder Geburtstag feierte, waren sie schon besser imstande, ihre Enttäuschungen vorherzusehen und damit umzugehen. Michael hatte in seiner Therapie bereits wesentliche Fortschritte gemacht. Er ging seinen Eltern nicht mehr aus dem Weg, schaute sie wieder häufiger an, lief aus freien Stücken zu ihnen und machte Gebärden; obendrein fing er gerade an, ein paar Worte zu sprechen. Die Eltern hatten nach einem Jahr Eheberatung gelernt, einander gefühlsmäßig zu vertrauen, so daß keiner von beiden mehr den Eindruck hatte, er stünde mit Michaels Problemen allein da.

Auf ein verändertes Leben reagieren

Obwohl sich Ann und George beide sehr allein bei der Bewältigung der Probleme ihres Sohnes fühlten, standen sie mit den Auswirkungen auf ihr Familienleben keineswegs allein da. Die widersprüchlichen Gefühle, die Wut und die Entfremdung, die Bereitwilligkeit, sich selbst, aber auch dem Partner die Schuld dafür zu geben, sind sehr häufig in Familien zu beobachten, die ein entwicklungsbeeinträchtigtes Kind haben.

Bei vielen Eltern löst die Mitteilung des Arztes, ihr Kind habe ein gravierendes Entwicklungsproblem, einen Schock aus; anschließend wollen sie die Diagnose oft einfach nicht wahrhaben. »Das kann einfach nicht stimmen!« denken sie und suchen begierig nach einer Bestätigung dafür, daß sie recht haben. Sie beschaffen sich Unmengen an Informationsmaterial über das Problem. Sie konsultieren unzählige Spezialisten, in der Hoffnung, einen zu finden, der ihnen sagen wird, was sie hören wollen: daß ihr Leben wieder wie zuvor werden wird.

Gleichzeitig leiden sie oft unter sehr starken Schuldgefühlen und empfinden Wut. Beide Elternteile beschuldigen sich selbst, die Ursache für das Problem zu sein; aber sie weisen sich auch gegenseitig die Schuld zu: »In seiner Familie gab es einen Fall von Depression«; »Wenn sie nicht geraucht hätte, wäre das nie passiert.« Auch kommt es vor, daß sie insgeheim auf ihr Kind zornig sind, weil es ihrem früheren, in vertrauten Bahnen verlaufenden Leben ein Ende gesetzt hat.

Aber sie fragen sich auch: Welches Recht haben wir, wütend auf unser Kind zu sein? Es hat seine Probleme nicht gewollt und muß nun damit leben! Daher ist gut möglich, daß sie ihre Wut verdrängen und statt dessen von Schuldgefühlen überwältigt werden: Sie fühlen sich schuldig, weil sie wütend sind, weil sie die Behinderung verursacht haben könnten, weil es ihnen nicht gelingt, sie zum Verschwinden zu bringen.

Schuldgefühle, Wut und Schmerz haben manchmal eine geradezu lähmende Wirkung. Manche Familienmitglieder versuchen, damit fertigzuwerden, indem sie »perfekt« werden, entschlossen, eine perfekte Lösung zu finden. Andere werden unsicher oder depressiv.

Irgendwann während dieser Zeit beginnt das Kind mit seiner Therapie, und dann kommt eine Zeit der ständigen Zweifel. Zuweilen glauben die Eltern, daß die Therapie alles völlig verändern, daß das Kind wieder vollständig gesund werden wird, und sie tun alles, um dies auch zu ermöglichen. Dann wieder leiden sie Qualen; sie fürchten, alle Therapien könnten ihrem Kind nicht wirklich helfen. Es ist vielleicht für immer gesundheitlich beeinträchtigt, und sie halten sich für furchtbar nachlässige Eltern, weil sie es nicht verhindert haben. Das Leben wird zu einer unerträglichen Berg- und-Tal-Bahn. Es kommt nicht selten vor, daß ein Elternteil sich der Lage gewachsen fühlt und imstande ist, damit fertigzuwerden, während der andere in Verzweiflung versinkt.

Obwohl die Familie vielleicht fähig ist, die alltäglichen Krisen zu meistern, verstärkt dieses wechselnde Auf und Ab die unterschiedlichen Methoden der beiden Partner, mit den Belastungen fertigzuwerden, und kann ihre Probleme dadurch noch intensivieren. Häufig versucht die Mutter, die Situation zu meistern, indem sie sich intensiv und unablässig mit dem Kind beschäftigt. Das Kind wird zum Mittelpunkt ihrer Aufmerksamkeit, da sie zu den Therapieterminen geht, die Ärzte zu Rate zieht, mit den Lehrern spricht und die Bedürfnisse des Kindes befriedigt. Währenddessen geht der Vater, wie schon in der Zeit zuvor, zur Arbeit. Die Arbeit wird zu einer »Insel«, einem Ort, wo das Leben so ist, wie es vorher war, einer Sphäre, die nicht von den familiären Problemen überschattet wird. Hier kann er Zuflucht von Frau und Kind finden. Er fühlt sich in der Arbeit gebraucht und kompetent, während die Familie zu Hause auseinanderzufallen droht und er der Situation hilflos gegenübersteht.

Schon lange vor diesem Zeitpunkt sind die beiden Partner mechanischen Mustern verfallen. Sie tauschen sich kaum mehr aus, und wenn, dann nur, um sich bittere Vorwürfe zu machen: »Du kümmerst dich überhaupt nicht mehr um mich! Du hilfst mir nicht genug!« Im Inneren sind beide Partner verstört – verstört über das neue Leben, verstört, daß ihre Ehe auseinanderfällt, verstört, daß sie so allein sind. Aber sie sind zu aufgewühlt, um ihre schmerzlichen Gefühle einander mitzuteilen.

Die Schwierigkeiten werden zudem dadurch verstärkt, daß sich ein Verhaltensmuster herausbildet, mit dem grundsätzlich alle Familien konfrontiert sind. Ehepartner werden oft *aufgrund* ihrer Unterschiede zueinander hingezogen. Sie ergänzen sich. Der eine Partner sorgt dafür, daß täglich das Essen auf dem Tisch steht, und die Stärke des anderen liegt im Beruflichen. Der andere ist schüchtern und introvertiert, der andere kontaktfreudig und unternehmungslustig. Doch sobald ein Kind da ist, muß sich das alte Verhaltensmuster verändern. Der Partner, der für das Essen sorgte, ist jetzt oft ganze Nächte auf, mit dem Baby beschäftigt, und möchte daher vom anderen

Partner umsorgt werden. Doch der fühlt sich betrogen und ausgelaugt. Er denkt: »Ich arbeite schwer. *Ich* brauche Fürsorge!« Eine neue emotionale Übereinkunft muß ausgehandelt werden, aber die Partner sind sich ihrer Verhaltensmuster oft nicht genügend bewußt, oder sie sind zu sehr in gegenseitige Schuldzuweisungen verstrickt, um eine Lösung finden zu können. Wenn das Kind sehr in seiner Entwicklung beeinträchtigt ist, dann intensiviert sich dieses Verhaltensmuster. Eltern müssen in ihrem Inneren die Kraft und die emotionale Substanz finden, die ihr Kind braucht, aber da sie das Gefühl haben, ihre eigenen Bedürfnisse würden nicht befriedigt, haben sie nur wenig zu geben. Um dieses Problem zu lösen, müssen sie sich fragen, was sie aneinander ursprünglich gegeben haben, und erkennen, inwieweit sich das verändert hat; und sie müssen zu einem neuen Gleichgewicht kommen, das sowohl ihnen als auch ihrem Kind gerecht wird.

Wenn Eltern lernen, ihre widersprüchlichen Gefühle zu akzeptieren, können sie wie ein Team zusammenarbeiten. Manchmal ist es hilfreich, wenn sie einen Berater aufsuchen. Nach und nach lernen sie dann, die Probleme ihres Kindes realistisch zu sehen und mit ihrem Kind an der Verbesserung seines Zustands zu arbeiten. Partner, die imstande sind, ihren eigenen Gefühlen mit Ehrlichkeit zu begegnen, gehen gewöhnlich aus der schweren Zeit, die nach der Diagnose folgt, gestärkt hervor. Doch Ehen, in denen die Partner weiterhin ihren Gefühlen ausweichen, werden oft noch schwieriger und enden manchmal mit Trennung und Scheidung.

Doch selbst für Eltern, die lernen, ihre Gefühle mitzuteilen und die Verantwortung für die Betreuung ihres Kindes gemeinsam zu tragen, ist das Leben nicht leicht. Geburtstage und Ferienzeiten wecken erneut alte Gefühle der Hoffnung und der Verzweiflung, die in abgeschwächter Form wieder aufleben. Eltern, bei deren Kindern man schon im ersten Lebensjahr die Diagnose stellt, und die, wenn ihr Kind zwei Jahre alt ist, das anfängliche Trauma überwunden haben, spüren oft, daß sie eine Art Rückfall haben, sobald ihr Kind drei oder vier ist. Zu diesem Zeitpunkt kommt das Kind in den Kindergarten, und sie vergleichen es ganz automatisch mit den anderen Kindern. Seine Schwierigkeiten werden nun besonders offenkundig, weil die anderen Kinder eloquenter, kontaktfreudiger und kompetenter sind. Die Eltern geraten dann häufig in eine zweite Depressionsphase, in der die frühere Traurigkeit, die alten Schuldgefühle und die verdrängte Wut wieder hochkommen. Eine dritte Depressionsphase stellt sich manchmal ein, wenn das Kind in die erste Schulklasse kommt. Wenn es in der Therapie gute

Fortschritte gemacht hat, hoffen die Eltern oft, daß es in eine normale Schule gehen kann. Wenn dies nicht der Fall ist oder wenn das Kind an das Niveau der übrigen Schüler eindeutig nicht heranreicht, dann treten diese Gefühle einmal mehr in Erscheinung. Wie auch in den Ferienzeiten sind diese zweiten und dritten Depressionsphasen kürzer und weniger ausgeprägt als die erste, und die Eltern gehen mit neuer, aber realistischer Hoffnung daraus hervor.

»Das Härteste für uns ist jetzt, nicht zu wissen, wie es später einmal mit Michael ausgehen wird«, sagt Ann Lewis. »Und drauf gibt es keine Antwort. Aber was unseren Alltag betrifft, so kommen wir mit ihm und seinen Problemen zurecht.«

Muster der Bewältigung

Auch bei Zachary Solomon diagnostizierte man eine tiefgreifende Entwicklungsstörung. Wie das Ehepaar Lewis war auch das Ehepaar Solomon danach am Boden zerstört. Aber die Solomons gingen anders mit ihrem Schmerz um. Melissa war immer stark und durchsetzungsfähig gewesen; Rich, ihr Ehemann, gelassen und flexibel. In den ersten Jahren ihrer Ehe hatten sich ihre gegensätzlichen Temperamente in günstiger Weise ergänzt. Aber durch die Geburt von Zachary änderte sich das. Melissa, die sich bei der Erziehung ihres ersten Sohnes kompetent gefühlt hatte, kam sich plötzlich unbeholfen und unsicher vor. Da sie nicht imstande war, ihren Sohn zufriedenzustellen oder auch nur zu beruhigen, war sie nach und nach immer weniger bereit, die Rolle der Fürsorglichen zu spielen, und hatte zunehmend das Bedürfnis, sich um sich selbst zu kümmern. Doch wollte sie nicht klagen oder ihren Ehemann um Hilfe bitten, weil sie ihre Verletzlichkeit nicht zeigen wollte. Reagierte er nicht auf ihre unausgesprochenen Bedürfnisse, wurde sie zornig auf ihn und griff ihn an.

Rich handhabte die Situation anders. Auch er fühlte sich in seiner Vaterrolle unsicher gegenüber diesem schwierigen Sohn, doch anstatt wütend zu werden, konzentrierte er sich ganz auf ihn und ging seiner Frau aus dem Weg. Je mehr er sich von ihr distanzierte, desto zorniger wurde Melissa. Und je zorniger sie wurde, desto mehr zog er sich zurück und schenkte all seine Aufmerksamkeit dem Sohn. Damit begann ein Circulus vitiosus: Beide Partner verstärkten die Reaktion des jeweils anderen, und jeder gab dem anderen die Schuld dafür. Paradoxerweise wurden genau die Eigenschaften, die sie zuerst aneinander geschätzt hatten, zu den Ursachen ihres Ärgers. Melissa warf Rich vor, daß er die Situation so passiv hinnahm; Rich kritisierte Melissa wegen ihrer Aggressivität. Als die Solomons schließlich zu einer Familientherapeutin gingen, konnten sie aneinander kaum noch etwas anders sehen als die Wesenszüge, die sie nun haßten. Keiner von beiden erkannte den erschrockenen, verletzten Menschen unter seinem Schutzpanzer.

Im nun folgenden Jahr half ihnen die Therapeutin, herauszufinden, was in ihrer Ehe geschehen war. Sie half ihnen zu sehen, daß jeder Partner als Reaktion auf die bestehenden Belastungen ein bestimmtes Bewältigungsmuster an den Tag legte, das er als Kind gelernt hatte. Melissa hatte in ihrer Familie gelernt, ihre Verletzlichkeit zu verdrängen und sie hinter Aggressivität zu verbergen. Rich hatte gelernt, stets auf Nummer Sicher zu gehen, sich passiv zu verhalten, mit dem Strom zu schwimmen und Konfrontationen tunlichst zu vermeiden. Diese Verhaltensmuster hatten in den ersten Jahren ihrer Ehe, wo sie nur wenigen Belastungen ausgesetzt gewesen waren, gut funktioniert. Aber durch die Probleme mit Zachary wurden die Grenzen dieser Muster offenkundig.

Der erste Schritt bestand darin, daß beide Partner erkennen mußten, mit welchen Strategien sie den Streß bislang zu bewältigen versucht hatten. Schwieriger war dann zu lernen, sie zu ändern. Beide mußten ihre gewohnten Reaktionen aufgeben und statt dessen das tun, was für ihre Ehe vorteilhafter war. Melissa mußte ihren Stolz hinunterschlucken und Rich mitteilen, wie ängstlich und unsicher sie sich fühlte und wie sehr sie ihn brauchte. Rich mußte sich zwingen, seiner Frau mehr Aufmerksamkeit zu schenken und sich ihre Sorgen bewußt zu machen.

Der Prozeß war schwierig, aber bald begann er sich auszuzahlen. Nach einigen Monaten Therapie schwächte sich der »kalte Krieg« ab, weil jeder Partner den anderen mehr in seiner Gesamtheit wahrnahm. Am Ende des Jahres hatten beide das Gefühl, sie seien sich nun näher als je zuvor. Die Erfahrung hatte eine Vertrautheit entstehen lassen, die in ihrer Beziehung nicht vorhanden gewesen war.

In den meisten Ehen reagieren die Partner unterschiedlich auf die Belastungen, die ein förderbedürftiges Kind mit sich bringt; und es kommt nicht selten vor, daß diese Unterschiede die Stabilität der Ehe – zumindest zeitweilig – gefährden. Um wieder eine tragfähige emotionale Partnerschaft aufzubauen, müssen beide Partner ihren eigenen Bewältigungsstil hinterfragen und dann daran arbeiten, ihn zu verändern.

Natürlich ist es schwer, seine eigenen Verhaltensmuster kritisch unter die Lupe zu nehmen; sie entstehen bereits in der Kindheit und sind unsere Art, die Umwelt gewohnheitsgemäß wahrzunehmen. Nehmen wir zum Beispiel an, daß Ihre Eltern Sie jedesmal, wenn sie Ihnen Aufmerksamkeit schenkten, dabei demütigten. Ihre emotionale Reaktion auf Nähe ist dann vermutlich von Vorsicht und Wut geprägt. Anstatt Nähe als einen Hafen der Sicherheit zu empfinden, ziehen Sie sich vielleicht zurück und mißtrauen dem Menschen, der Sie umwirbt. Natürlich macht diese Reaktion es schwer, eine enge und liebevolle Beziehung aufzubauen.

Um diese Verhaltensmuster zu ändern, müssen Sie sich sehr genau beobachten, Abstand zu sich selbst gewinnen und erkennen, daß Ihre Reaktion auf eine bestimmte Situation nicht unbedingt gerechtfertigt ist. Da es schwer für uns alle ist, unsere eigenen Reaktionen objektiv zu sehen, kann es von Vorteil sein, die Hilfe eines Therapeuten, des Partners oder auch anderer Vertrauenspersonen in Anspruch zu nehmen, die als außenstehende Beobachter fungieren.

Aber trotz Selbsterkenntnis ist viel Arbeit nötig, um Änderungen zu bewirken, weil Änderungen bedeuten, daß Sie Ihr intuitives Gefühl, das Ihr Verhalten bestimmt, in Frage stellen. Wenn Sie ein freundliches, lächelndes Gesicht sehen, werden Sie nicht denken: »Ich weiß, daß dies ein freundliches und lächelndes Gesicht ist, aber in mir löst es ein bedrohliches Gefühl aus, weil meine Eltern mich immer zu schwächen und zu manipulieren versuchten, wenn sie einmal freundlich zu mir waren«, sondern Sie werden lediglich denken: »Das ist ein *bedrohliches* Gesicht«, weil es eben dieses Gefühl in Ihnen hervorruft. Es wird viel Reife und Disziplin nötig sein, um Ihre anfängliche Reaktion mit einer gewissen Distanz zu betrachten und festzustellen: »Aha, wieder einmal tappe ich in dieselbe Falle.«

Dennoch ist es möglich. Wenn Ihnen klarer wird, wie Sie reagieren, können Sie dagegen angehen. Es ist, wie wenn man einem köstlichen Stück Schokolade widersteht, das einem nicht bekommt. Alles in Ihnen verlangt: »Iß es!« doch mit einiger Anstrengung werden Sie den momentanen Trieb zugunsten Ihres langfristigen Wohls bekämpfen.

Bis zu einem gewissen Grade ist dies für das Gelingen einer jeden Ehe notwendig. Für Familien, die ein förderbedürftiges Kind haben, ist es jedoch unerläßlich. Besitzen die Partner nicht die Fähigkeit, sich zu verändern, so laufen sie Gefahr, sich immer stärker auseinanderzuentwickeln. Mit Hilfe dieser Fähigkeit können sie erneut das Vertrauen und die Nähe aufbauen, die ihnen zuvor so viel bedeuteten. Oft stehen sie sich danach sogar noch näher.

Kommunikation innerhalb der Familie fördern

- Nehmen Sie sich bewußt Zeit für das partnerschaftliche Zusammensein, nicht nur für die Elternschaft. Engagieren Sie einen Babysitter und gehen Sie regelmäßig aus, oder setzen Sie einen ganzen Abend in der Woche fest, den Sie zusammen verbringen, wenn die Kinder im Bett sind. Nehmen Sie sich jeden Abend etwas Zeit, um über Ihre Gefühle und über die Ereignisse des Tages zu sprechen. Die gemeinsam verbrachte Zeit kann Ihnen helfen, im anderen Partner den Menschen zu sehen und nicht einen Gegner.
- Versuchen Sie, ehrlich mit Ihren Gefühlen zu sein – gegenüber sich selbst und gegenüber Ihrem Partner. Vielleicht macht es Ihnen Angst, unangenehme Gefühle einräumen zu müssen, aber sobald Sie sie einmal ausgesprochen haben, verlieren sie großenteils ihre Macht. Geben Sie einander Zeit, damit sie sprechen können, ohne sich gegenseitig zu unterbrechen oder zu stören, ohne dem anderen etwas erklären oder ihn beruhigen zu müssen. Sie werden sich dann weniger vor dem fürchten, was er auf dem Herzen hat, und nachdenklicher und einfühlsamer werden. Das gemeinsame Sprechen über Ihre Gefühle wird Sie und Ihren Partner näher zusammenbringen.
- Reden Sie mit anderen Familien, die ähnliche Erfahrungen machen. Sie werden sich dann nicht mehr so allein fühlen, und Sie werden die Möglichkeit haben, Gedanken und Gefühle auszutauschen.
- Nehmen Sie, wenn nötig, professionelle Hilfe in Anspruch. Es kann sehr schwer sein, allein mit diesen Belastungen fertigzuwerden. Wenn die Partner sich beraten lassen, so stärkt das oft die Ehe; dadurch lassen sich die Belastungen der Elternschaft dann besser meistern.

17 Konsequenzen für die Familie

Der dreijährige Steven litt an einer mittelschweren Zerebrallähmung (zerebralen Bewegungsstörung); ein Kinderpsychiater hatte die Vermutung geäußert, das Kind könne zudem auch geistig zurückgeblieben sein. Tatsächlich reagierte der Junge kaum, wenn seine Mutter versuchte, Kontakt zu ihm herzustellen. Er schaute ihr selten in die Augen und gab nur gelegentlich zu erkennen, daß er ihre Stimme gehört hatte. Trotz dieser Hemmnisse unternahm Stevens Mutter Sally ungeheure Anstrengungen, um zu ihm vorzudringen. Sie folgte seinen Augen, wenn diese im Zimmer herumwanderten, und brachte ihm jeden Gegenstand, den sie fixierten. Geduldig hielt sie ihm die Dinge dann hin und ermunterte ihn, sie anzuschauen; doch Steven weigerte sich, darauf zu blicken. Aber sie ließ sich von seinen Weigerungen nicht abschrecken, sprach leise über den jeweiligen Gegenstand, wies auf irgendeine Einzelheit daran hin und hoffte, eine Interaktion zu erzeugen. Doch Steven ignorierte sie. Nachdem Sally auf den Gegenstand gedeutet hatte, schaute er oft weg, als wäre der jetzt durch ihre Berührung verdorben. Geduldig folgte Sally erneut seinem Blick und brachte ihm das nächste Objekt, das sein Interesse geweckt hatte.

In den ersten fünf Minuten, in denen der Therapeut Steven und seiner Mutter zusah, staunte er darüber, daß Sally trotz der offenkundigen Ablehnung ihres Sohnes eine solche Geduld und Beharrlichkeit aufbrachte. Intuitiv schien sie zu wissen, was sie zu tun hatte: seinem Interesse nachzugehen, sanft darauf zu beharren, ihn zur Anteilnahme zu bewegen und dennoch nicht allzu aufdringlich zu sein. Sie schien alles richtig zu machen.

Aber als aus den fünf Minuten zehn geworden waren, fiel dem Therapeuten etwas auf: Obwohl Sally alles »richtig« machte, hatten ihre Bemühungen etwas Mechanisches. Kein Leuchten war in ihren Augen, wenn sie ihren Sohn anschaute, keine emotionale Nuancierung in ihrer Stimme, wenn sie mit ihm sprach. Es war, als wenn sie ein Lehrbuch gelesen habe und wisse, was ihre Aufgabe sei, aber kein Vergnügen daran habe. Sie hatte in gewisser Weise den Kontakt zu ihren eigenen Emotionen verloren und brachte nur eine sehr begrenzte Dynamik in die Beziehung ein.

»Sie geben sich sehr große Mühe, um Ihrem Kind ein guter Partner zu sein«, bemerkte der Therapeut. »Sie leisten eine beachtliche Arbeit. Aber ich möchte wetten, Sie hätten im Grunde gerne mehr Spaß dabei.«

Sally sah ihn einen Moment lang an und dann rasch weg, aber es war nicht zu übersehen, daß Tränen in ihren Augen in standen. Zögernd begann sie zu sprechen: »Wenn er mich anfangs nicht anschauen oder anlächeln wollte, wurde ich furchtbar wütend auf ihn und hätte ihn am liebsten geschüttelt. Dann fing ich an, mich zu fragen, was ich wohl falsch machte und was mein Mann falsch machte. Ich war in meinem Verhalten ihm gegenüber sehr schwankend. Machmal gab ich mir ungeheure Mühe, dann wieder resignierte ich, fütterte ihn bloß noch und sorgte dafür, daß ihm nichts fehlte. Ich ertrug es nicht, ihm in die Augen zu schauen und keinerlei Zeichen des Erkennens wahrzunehmen. Deshalb fing ich an, das zu tun, was ich jetzt tue–ich versuchte, ihm irgendeine Reaktion zu entlocken, doch ohne viel zu erwarten. Es ist zu schmerzlich. Ich wage nicht, viel von ihm zu erwarten. Ich versuche, nicht allzu aufgeregt oder glücklich zu sein, wenn er mich anschaut, weil ich sonst das nächste Mal nur enttäuscht sein werde.«

Sallys Reaktion auf ihren Sohn war Schmerz – ein Verhalten, das bei Eltern mit förderbedürftigen Kindern häufig zu beobachten ist. Eltern können auf unterschiedliche Weise reagieren. Manche werden sich ihrer Gefühle bewußt und mobilisieren außergewöhnliche Kräfte und Fähigkeiten zur Bewältigung. Manche leugnen ihre Trauer und ihre Enttäuschung, ihre Frustration und ihre Wut und legen statt dessen ein übermäßig kontrollierendes Gebaren an den Tag – so, als würden sie besonders hart arbeiten, damit ihr Kind die Leistungen bringt, die sie davon überzeugen, daß seine Behinderung teilweise behoben werden kann. Sie wollen gar nicht übermäßig kontrollierend auftreten; ihre Anleitungen geschehen mit den besten Absichten. Aber sie können nur so ihre eigenen Ängste und ihre Traurigkeit in Schach halten.

Andere Eltern sind so traurig und enttäuscht über ihr Kind, daß sie ihm regelrecht feindlich und ablehnend gegenüberstehen. Sie ziehen sich körperlich und emotional von ihm zurück und beschränken ihre Interaktionen auf ein Minimum. Sie wollen ihr Kind im Grunde nicht ablehnen – sie lieben es –, aber sie können sich selbst nur schützen, indem sie einen gewissen Abstand zu ihm wahren.

Wieder andere Eltern haben den Drang zu flüchten, so zu tun, als gäbe es ihr Kind und seine Behinderung gar nicht. Aber dieses Gefühl ist für sie so beklemmend, daß sie sich dagegen wehren, indem sie das gegenteilige Verhalten annehmen: Sie werden überbehütend und ängstlich. Ständig haben sie Angst davor, ihr Kind aus den Augen zu verlieren und mit anderen interagieren zu lassen. Dadurch hindern sie es, aus eigenem Antrieb etwas zu unternehmen. Sie haben nicht die Absicht, es überzubehüten, aber nur indem sie es ganz nahe an sich binden, können sie sich selbst gegen ihr eigenes verstörendes Gefühlschaos schützen.

Oft reagieren Eltern auch nicht eindeutig; sie schwanken zwischen mehreren Bewältigungsverhalten hin und her. Sie benehmen sich eine Zeitlang übermäßig kontrollierend und möchten unbedingt, daß ihr Kind auf eine ganz bestimmte Art Kontakt zu ihnen herstellt. Wenn das nicht funktioniert, sind sie schnell frustriert und wütend und bewältigen diese Gefühle durch inneren Rückzug. »Na schön«, denken sie, »wenn du mir nicht geben willst, was ich will, dann stelle ich eben alle Versuche ein«, und verkriechen sich in ihr Schneckenhaus. Wie sollten sie auch sonst normal bleiben? Wie ihre Enttäuschung ertragen?

Häufig verhalten sich Eltern nicht absichtlich so; sie *wollen* keine derartigen Beziehungen zu ihrem Kind haben. Nur wissen sie nicht, wie sie angesichts der äußerst schwierigen Lebensumstände eine andere Bindung zu ihm herstellen *können*. Es ist schwer, das Kind dazu zu bewegen, daß es ißt, schläft, auf den Topf geht und sich anziehen läßt; es kostet viel Mühe, es daran zu hindern, um sich zu schlagen, Tritte auszuteilen und zu beißen, und es ist schmerzlich, für die ganzen Anstrengungen fast niemals auch nur mit einem Lächeln belohnt zu werden! Wenn Eltern all das nicht kontrollieren können, beginnen sie, den Eindruck zu haben, sie wären schlechte Eltern, schlechte Menschen, die nicht einmal imstande sind, ihrem eigenen Kind zu helfen. Alle rationalen Argumente können ihre Gefühle, versagt zu haben, nicht aus der Welt schaffen. Zu alledem sind die Eltern müde, todmüde, weil sie nachts nicht durchschlafen, weil sie die Anforderungen, die ihr Kind an sie stellt, befriedigen und sich mit den Ärzten, Therapeuten und Schulen auseinandersetzen müssen, damit ihr Kind die Hilfe erhält, die es braucht. Außerdem sind sie erschöpft von den Streitigkeiten, die sie miteinander austragen. Sie werfen sich gegenseitig mangelnde Unterstützung vor, klagen darüber, daß der Partner ihre Bedürfnisse nicht befriedigt, und monieren, daß er nicht da ist, wenn es nottut.

Doch solche Formen des Bewältigungsverhaltens sind nicht unbedingt Reaktionen auf die Schwierigkeiten mit dem förderbedürftigen Kind. Gewöhnlich werden sie in der Kindheit gelernt. Eine Mutter war beispielsweise immer sofort beleidigt, wenn ihr Kind sich von ihr distanzierte. Als sie gefragt wurde, warum sie sich so verhalte, dachte sie einen Augenblick lang nach und sagte dann: »Genauso hat sich meine Mutter verhalten, wenn sie ihren Willen nicht bekam.«

Manche Menschen legen Verhaltensweisen an den Tag, die sie als Kinder annahmen, um sich vor Schmerz zu schützen. Eine Mutter wurde stets aggressiv, wenn ihre Tochter sich abkapselte. Sie stupste und kitzelte sie dann und versuchte, sie durch beinahe feindselige Gebärden aus der Reserve zu locken. Als man sie fragte, woher dieses Betragen käme, antwortete sie: »Meine Mutter war in ihrem Benehmen unvorhersehbar. Manchmal war sie wirklich warmherzig und liebevoll, und dann plötzlich zog sie sich zurück. Ich war immer so wütend, wenn sie mich ignorierte, daß ich sie anstupste und stieß, damit sie mir Aufmerksamkeit schenkte.«

Zu dem Zeitpunkt, an dem wir selbst Eltern werden, ist uns dieses Verhalten schon lange zur Gewohnheit geworden. Wir tragen es in uns und kommen immer wieder darauf zurück, wie ein Kind, das in einer belastenden Situation seinen Teddybären in den Arm nimmt. Doch obwohl so viel davon abhängt, ist uns unser Bewältigungsverhalten oft nicht bewußt. Wir nehmen es reflexartig an, und erst wenn es uns daran hindert, mit einer bestimmten Situation fertigzuwerden, oder wenn es mit den Bedürfnissen eines anderen Menschen kollidiert, fällt es uns überhaupt auf. Häufig tritt es in der Ehe in Erscheinung, weil die unvermeidlichen Belastungen, die die Partnerschaft mit sich bringt, bei beiden Partnern defensive Verhaltensweisen auslösen.

Dann geraten Eltern oft in einen unerquicklichen Kreislauf. Ein Partner ist frustriert und reagiert reflexartig, indem er sich zurückzieht oder feindselig wird. Dies löst bei dem anderen Partner ein gleichermaßen reflexartiges, kontraproduktives Verhalten aus. Mit jeder neuen Reaktion staut sich Wut auf. Bald sprechen die beiden nicht mehr miteinander, und keiner von beiden weiß, wie er aus dem Teufelskreis wieder herausfinden soll.

Wenn Eltern ihre Bewältigungsmuster kritisch unter die Lupe nehmen – und sich zudem fragen, wie diese Muster auf ihr Kind wirken –, können sie ihr bisheriges Verhalten ändern. Das ist keineswegs einfach. Es geschieht nicht über Nacht. Aber die Motivation, ihrem Kind zu helfen, ist gewöhnlich so groß, daß es ihnen oft gelingt.

Die Tendenz zum Rückzug

Sally bewältigte ihre Enttäuschung über ihren Sohn dadurch, daß sie sich emotional von ihm zurückzog. Es fiel ihr leichter, ihre Gefühle abzuschalten, als mit dem täglichen Schmerz zu leben. Als sie über ihre Traurigkeit sprach, verstand sie, daß sie als Kind gegenüber ihren eigenen Eltern ähnliche Gefühle hegte. Diese hatten oft nicht auf ihre Tochter reagiert. Vielbeschäftigt und karrierebewußt, wie sie waren, hatten sie nur wenig Zeit für ihre Kinder und zeigten im Umgang mit Sally und ihrem Bruder oft nur wenig innere Anteilnahme. »Sie taten immer das Notwendige«, erzählte Sally, »aber irgendwie waren ihre Gebärden stets mechanisch. Ich hatte nie das Gefühl, daß es ihnen wirklich Vergnügen machte, mit mir zusammen zu sein.« Während sie das sagte, war ihr anzusehen, daß sie ihr eigenes Verhalten als das ihrer Eltern erkannt hatte.

Diese Erkenntnis half Sally bei ihrem Entschluß, sich von nun an anders zu verhalten. Wenn sie jetzt mit ihrem Sohn daran arbeitete, Kommunikationskreise zu öffnen und zu schließen, dann konzentrierte sie sich nicht nur auf die Mechanismen der Interaktion, sondern achtete auch auf ihre eigenen Emotionen und auf eine ausdrucksstarke Mimik. Als Steven eines Tages ein Bauklötzchen aus ihrer Hand annahm, lächelte er dabei ein wenig, und zu Sallys eigener Verwunderung fühlte sie eine Welle der Freude in sich aufsteigen. Als Steven dann nach und nach in der Lage war, zuerst einen, dann zwei Kommunikationskreise hintereinander zu schließen, »tauten« Sallys Emotionen »auf«. Da Mutter und Sohn beide ihre Kommunikationsskala erweiterten, entstand eine positive »Chemie« zwischen ihnen.

Sie werden nicht immer in der Lage sein, herauszufinden, woher Ihr Bewältigungsverhalten stammt. Aber Sie erweisen Ihrer Familie einen ebenso nützlichen Dienst, wenn Sie ehrlich mit sich selbst sind und das ganze Spektrum der Gefühle, die Sie gegenüber Ihrem Kind haben, erkennen und anerkennen. Es ist ungeheuer schwierig und auch erschreckend, sich selbst eingestehen zu müssen, daß man wütend auf sein Kind ist, daß es einen enttäuscht und daß man befürchtet, man könne von Traurigkeit überwältigt werden. Doch diese Gefühle sind natürlich und real. Sie wären kein Mensch, wenn Sie sie nicht hätten. Es hilft nicht, wenn Sie sie vor sich selbst oder vor den anderen verbergen. Sobald Sie erfahrener mit schwierigen Gefühlen umgehen, werden Sie in Ihrer Fähigkeit, die Entwicklung Ihres Kindes neu zu beleben und zu unterstützen, flexibler werden.

Die Tendenz zur übermäßigen Kontrolle

Als David dreieinhalb Jahre alt war, diagnostizierte man bei ihm eine multiple Entwicklungsstörung. Er war oft geistig abwesend, konnte kaum sprechen, war noch nicht sauber und hatte Wutanfälle, die oft eine Stunde oder länger anhielten. Gelegentlich imitierte er einmal eine Gebärde seiner Eltern, aber er konnte nicht mehr als einen Kommunikationskreis auf einmal schließen, und er beteiligte sich niemals an einem Symbolspiel. Als David und sein Vater Frank zusammen spielten, trat ein Verhaltensmuster zutage: Statt zu warten, daß David an irgend etwas Interesse zeigte, versuchte Frank beharrlich, eine Interaktion in Gang zu setzen. Er reichte David nacheinander Gegenstände und ging, wenn David einen nicht sofort ergriff, immer schnell zu einem anderen über; oder er kitzelte David oder er versuchte, mit ihm herumzutoben. David reagierte darauf mit passivem Verhalten, oder er drehte ihm den Rücken zu. Wenn David eine Aktivität in Angriff nahm – etwa ein Spielzeugauto aufhob und es betrachtete –, dann wartete Frank nicht ab, bis sich abzeichnete, was David damit tun wollte, um sich dann seinem Spiel anzuschließen, sondern er nahm seinem Sohn das Auto aus der Hand und tat selbst etwas damit. Er versuchte das Spiel in jeder Hinsicht zu kontrollieren. Seine Handlungen ließen David wenig Raum, um eigene Initiativen oder auch nur ein Selbstgefühl zu entwickeln. David blieb keine andere Möglichkeit, seinem Vater die Stirn zu bieten, als ihm den Rücken zuzukehren oder abzuschalten.

Als Frank über seine Gefühle für David sprach, räumte er ein, daß er frustriert und wütend auf seinen Sohn war wegen der Probleme, die dieser hatte. »Ich war auch ein Spätentwickler«, sagte er. »Aber anders als David kriegte ich dann irgendwann die Kurve.« Frank war enttäuscht, daß sein Sohn sich »weigerte«, es ihm gleichzutun. Indem Frank das Spiel beherrschte, versuchte er, David zu dem zu bewegen, was er selbst für richtig hielt. Insgeheim hoffte Frank, wenn er sich genug bemühte und aggressiv genug spielte, würde David »sich besinnen« und der Sohn werden, den er gern haben wollte.

Nachdem Frank diese Gefühle eingestanden hatte, war er auch imstande, Kontakt zu der ungeheuer großen Liebe und dem Mitgefühl zu finden, die er für seinen Sohn empfand. Sein ganzes Leben lang hatte er die Dinge immer besser machen wollen, als er es eigentlich vermochte, und plötzlich hatte er Mitleid mit dem Teil von David, der genauso empfinden mußte.

Der Therapeut betonte, wie wichtig es sei, daß David die Initiative überlassen werde und daß Frank seinen Drang, das Kommando zu übernehmen, zügelte. Wenn David seinen Vater ignorierte, mußte Frank jetzt, anstatt sogleich zu einer neuen Beschäftigung überzugehen, geduldig bei der gegenwärtigen Aktivität bleiben, bis David den Kreis geschlossen hatte. Auch mußte Frank mit seinen Worten an dem Anteil nehmen, was David gerade tat.

Zwei Monate später hatten sie beträchtliche Fortschritte gemacht. Frank war zwar noch immer ungeduldig und mußte gegen seine Neigung, die Initiative zu übernehmen, ankämpfen, aber er arbeitete nun daran. Während der Therapiesitzung nahm Frank einmal ein Spielzeuggewehr und tat so, als schieße er damit. Aber als David die Hand danach ausstreckte, überließ Frank es ihm. David lächelte leicht und sagte leise: »Bumm, Bumm.« Frank lächelte auch und wiederholte: »Bumm. Bumm.« Es folgte ein Wechsel von drei oder vier Gebärden, bei denen die beiden sich gegenseitig Bumm-Bumm-Geräusche »zuwarfen«. So viel Verbundenheit hatte David noch nie gezeigt; er hatte fünf oder sechs Kommunikationskreise hintereinander geschlossen und sich mit dem Gewehr sogar ein wenig an einem Symbolspiel beteiligt. Auch Frank genoß die Situation; im Laufe der ganzen Sitzung lächelte er seinen Sohn immer wieder stolz an.

In den zwei Jahren, die seither vergangen sind, hat sich Davids Allgemeinzustand kontinuierlich verbessert. Jetzt, mit fünfeinhalb, ist er fast ständig mit anderen Menschen verbunden. Er hat in der Schule Freunde gefunden und arbeitet daran, seine Gefühle in Worten auszudrücken, anstatt sie auszuagieren. Davids Denken ist zunehmend logischer geworden. Er hat von einem intensiven Förderprogramm profitiert, das Sprache, Interaktion und Beschäftigungstherapie einschloß. Aber vermutlich hätte er in keinem Bereich solche Fortschritte erzielen können, wenn sein Vater sich in seinem Verhalten nicht geändert hätte (und auch seine Mutter, die im folgenden Abschnitt zur Sprache kommen wird). Da sie die wichtigsten Menschen in Davids Leben waren, war ihre Rückmeldung ungeheuer wichtig. Hätte Frank seinen Sohn weiterhin zu stark kontrolliert, hätte David wahrscheinlich seine Fähigkeit, für sich selbst zu denken und zu handeln, nicht entwickelt und von der Therapie nicht profitiert. Und was noch wichtiger ist: Es hätte nie gelernt, daß Beziehungen zu anderen Menschen warmherzig und hilfreich sein können und das Risiko lohnen, sich darauf einzulassen.

Die Tendenz zur übermäßigen Stimulation und zum gleichzeitigen Rückzug

Davids Mutter, Lucinda, hatte ebenso wie ihr Ehemann die Tendenz, in ihrem Spiel übermäßig kontrollierend aufzutreten. Sie gab den Anstoß zu Initiativen, anstatt David das Kommando zu überlassen, und sie trieb ihn von einer Aktivität zur nächsten, wenn er einmal nicht sofort reagierte. Doch anders als Frank änderte Lucinda dann abrupt ihr Verhalten. Wenn ihre eifrigen Versuche, David zur Beteiligung zu animieren, fehlschlugen, zog sie sich plötzlich zurück. Sie hörte auf, mit ihm zu sprechen, hörte auf, ihm Spielzeug zu reichen, und schaute ihn nur passiv an, als sei sie gar nicht mehr richtig da. Verletzt durch die Ablehnung ihres Sohnes, distanzierte sie sich von ihm, um sich weiteren Schmerz zu ersparen. Das Ergebnis war ein hektischer Start-und-Stop-Rhythmus, in dem sie und David nie wirklich eine Beziehung zueinander fanden.

David schienen die Verhaltensmuster seiner Mutter zu verwirren. Wenn sie so dominierend auftrat, wurde er bockig und begann zu quengeln oder zu weinen. Wenn sie sich von ihm zurückzog, beschäftigte er sich mit sich selbst, als habe ihr Mangel an Energie ihm das Bedürfnis genommen, in Kontakt mit ihr zu bleiben.

Als der Therapeut Lucinda erläuterte, was er beobachtete, nickte sie langsam, als erkenne sie sich in seinen Worten wieder. »Sie haben recht«, sagte sie. »So verhalte ich mich, wenn ich mich überwältigt fühle. Zuerst bin ich ganz aufgewühlt und versuche, die Dinge besser zu machen. Dann werde ich deprimiert, weil meine Anstrengungen nicht fruchten. Schon in der Schule war das so. Und ebenso verhalte ich mich mit Frank. Und wohl auch mit David.«

Wiederum erklärte der Therapeut, wie wichtig es sei, David das Kommando zu überlassen und sich intensiv darum zu bemühen, Kommunikationskreise zu schließen. Er ließ Lucinda wissen, daß sie diese Fähigkeit üben müsse und zudem gegen ihre Neigung, sich zurückzuziehen, anzukämpfen habe.

Zwei Monate später ging es Mutter und Sohn zusammen besser. Als David einmal eine Puppe in die Hände nahm, wartete Lucinda ab, was er damit tun würde. Zu ihrer offenkundigen Freude hielt er sie ihr hin und sagte: »Schmutzig.« »Ja, schmutzig«, stimmte sie zu. Daraufhin rieb David die Puppe mit den Händen ab und schaute seine Mutter dabei an: ein klares

Zeichen dafür, daß er ihre Hilfe wollte, wenn er die Puppe nun baden würde. In den nächsten Minuten tauschten Lucinda und David vier oder fünf Gebärden aus, mit denen sie so taten, als badeten sie die Puppe. Beide waren während des ganzen Vorfalls mit Liebe bei der Sache.

Innerhalb der folgenden Monate, in denen David und seine Eltern ihre Interaktionen verbesserten, zeichnete sich ein bestimmtes Verhaltensmuster ab: Da Frank und Lucinda ihre Neigung zum übermäßigen Kontrollieren des Spiels bezwangen, gelang es David besser, die Initiative zu übernehmen. Und da er es tat, hatten seine Eltern weniger das Bedürfnis, ihn lenken zu müssen. Je weniger direktiv sie sich verhielten, desto mehr Vergnügen fand David daran, mit ihnen zusammenzusein. Da er ihre Gesellschaft nun mehr genoß, mußte sich Lucinda nicht mehr so oft zurückziehen. An die Stelle ihres früheren kontraproduktiven Verhaltens war ein sehr konstruktives, neues getreten. Da Davids Eltern ihrem Sohn die Möglichkeit gaben, sich weiterzuentwickeln, ermöglichte David es ihnen ebenfalls, sich weiterzuentwickeln.

Die Tendenz zum Überbehüten

Rick war dreieinhalb, als seine Mutter Marsha ihn zu einem Therapeuten brachte. Er hatte gravierende motorische Entwicklungsverzögerungen, und sein sprachliches Ausdrucksvermögen war ziemlich begrenzt. Es war schwierig festzustellen, wieviel er von dem, was man sagte, verstand, weil er geistig oft ein wenig abwesend war. Er beteiligte sich geringfügig am Symbolspiel mit Puppen und Pferden, doch wandte er sich immer schnell etwas anderem zu und blieb nie lange bei einer Beschäftigung. Marsha war sehr warmherzig und unterstützend, aber sie machte keinen Versuch, ihren Sohn bei der Stange zu halten. Wenn er von einem Spielzeug zum nächsten überging, gab sie lediglich einen flüchtigen Kommentar dazu ab.

»Ihre Art, Rick zu motivieren, ist sehr hilfreich«, sagte der Therapeut. »Sie erleichtern ihm das Spiel. Aber wir müssen ihn zu Interaktionen motivieren. Anstatt nur eine Bemerkung über sein Pferd zu machen, könnten Sie Ihr Pferd auch vor ihn hinstellen und herausfordernd sagen: ›Ich wette, dein Pferd kann sich nicht neben meines stellen.‹«

Daraufhin machte Marsha ein ängstliches Gesicht. »Ich weiß nicht«, sagte sie. »Ich will ihm die Dinge nicht allzu schwer machen.«

»Schwer machen?« fragte der Therapeut.

»Ja«, antwortete sie, und als sie weitersprach, wurde deutlich, daß sie sich wegen der Beeinträchtigungen ihres Sohnes schuldig fühlte. Um ihre Schuld wiedergutzumachen, wollte sie ihm das Leben so leicht wie möglich einrichten.

Kurz darauf offenbarte Marsha einen weiteren Grund für ihre übermäßige Fürsorge. »Solange ich nicht zu viel erwarte, muß ich nicht mitansehen, daß er irgend etwas nicht schafft.« Bei diesen Worten begann sie zu weinen und sprach darüber, wie schmerzlich es für sie war, ihn mit so vielen Schwierigkeiten kämpfen zu sehen. Als sie nun die komplexen Gefühle, die sie ihrem Sohn gegenüber hatte, näher betrachtete, begann sie zu erkennen, daß sie ihn – unabsichtlich – nicht genug forderte.

Bei der nächsten Sitzung, vier Wochen später, war eine merkliche Verbesserung festzustellen. Als Rick eine Puppe in die Hand nahm und seiner Mutter damit zuwinkte, nahm Marsha, anstatt zu beschreiben, was er tat, selbst eine Puppe in die Hand und winkte damit zurück. Nun begann Rick, das Interesse an seiner Puppe zu verlieren, aber Marsha rief: »Warte! Ich will dir eine Frage stellen.« Rick hielt inne und schaute sie überrascht an. »Wie heißt du?« fragte Marshas Puppe. Rick gab keine Antwort. »Wie heißt du?« wiederholte Marsha. Rick starrte ihre Puppe an, antwortete aber noch immer nicht. Marsha langte mit ihrer Puppe vor und kitzelte Ricks Puppe an der Nase. »Heißt du Barney?« fragte sie. Rick kicherte. »Oder heißt du Ernie?« fragte sie. Wieder kicherte Rick. »Oder heißt du etwa Großer Vogel?« fragte sie. »Rick!« rief Rick laut. »Aha, Rick!« wiederholte Marsha und lächelte breit, und sie ließ ihre Puppe mit Ricks Puppe »Nasenreiben« spielen.

Die Tendenz zum Vermeiden

Ricks Vater Ed bewältigte sein Unbehagen, das er wegen seines Sohnes verspürte, anders: Er ging ihm aus dem Weg und wurde zu einem echten Workaholic. Er verließ das Haus morgens um halb sieben, um sich für die Klienten des jeweiligen Tages vorzubereiten, und kehrte abends um zwanzig Uhr dreißig mit einer vollen Aktentasche heim. Wenn Marsha klagte, sie benötige mehr Hilfe von ihm, erwiderte er, seine Firma stehe vor einer Fusion, und wenn er sich nicht unentbehrlich mache, laufe er Gefahr, heruntergestuft zu werden.

Ed beschrieb sich selbst als pedantischen Menschen, der sich lieber mit Zahlen als mit kreativen Ideen beschäftigte. Deshalb, so erklärte er, falle es ihm auch schwer, mit Rick zu spielen. Wenn sie zusammen auf dem Boden saßen, hatte er keine Ahnung, was er tun sollte. Daher hatte er die eher mechanischen Aufgaben in Ricks Leben übernommen – das Füttern und Baden – und überließ das Spielen mit dem Kind seiner Frau.

Der Therapeut machte Ed klar, wie wichtig es für den Jungen sei, daß beide Eltern mit ihm spielten, und empfahl dem Vater daher dringend, es so einzurichten, daß er täglich 20 Minuten Bodenzeit mit seinem Sohn erübrigte.

»Na ja, das würde ich ja gern, aber ich weiß nicht, was ich dabei tun soll.«

»Tun Sie gar nichts. Beobachten Sie einfach, was Rick tut, und folgen Sie dann seinem Beispiel.«

Ed lachte nervös. Der methodische Planer in ihm fühlte sich unbehaglich bei so wenig Strategie. Aber er versuchte es. Er setzte sich auf den Boden, und als Rick Figuren in das Puppenhaus stellte, stellte auch Ed zwei hinein. Als Rick zu einer neuen Aktivität überwechelte, wandte sich Ed an den Therapeuten: Bis vor wenigen Jahren, so erzählte er, habe er sich in seiner Welt sicher gefühlt. Er hatte sie in angenehmer Weise unter Kontrolle gehabt. Aber durch Ricks Geburt hatte sich das geändert. Plötzlich hatte er einen Sohn (und eine Frau) mit großen Bedürfnissen, und er wußte nicht, wie er sie befriedigen konnte. Die Strategien, die er kannte – rationaler Dialog und der Umgang mit Zahlen –, waren ihm in dieser Welt der Emotionen und der unvorhersehbaren Ereignisse keine Hilfe. Um seine Selbstachtung zu bewahren, mußte er Distanz halten, in einem Bereich bleiben, wo er sich noch immer stark und kompetent fühlte. Dann geriet auch dieser Bereich in Aufruhr. Als man in seiner Firma verkündete, man strebe eine Fusion an, fühlte er sich in seiner Kompetenz bedroht. Angesichts dieser Bedrohung wirkten Ricks Probleme auf ihn noch erschreckender: Rick verkörperte den Verlust von Kompetenz und Macht, den Ed in seiner Arbeit so fürchtete. Jetzt wurde es für ihn noch wichtiger, zusätzliche Stunden in seine Arbeit zu investieren. Ed mußte sich nicht nur unentbehrlich fühlen, er mußte auch seinem Sohn aus dem Weg gehen, der eine solche Gefahr für seine Selbstachtung darstellte.

Während Ed diese Gefühle nach und nach zum Ausdruck brachte, begriff er, daß Ricks Schwierigkeiten keine negativen Auswirkungen auf seine eigene

Leistung im Büro hatten. Indem er eine Beziehung zu seinem Sohn aufbaute, *gewann* er eher an Kompetenz, als daß er sie verlor. Als die Sitzung zu Ende ging, war er fest entschlossen, mit seinem Sohn künftig Bodenzeit zu verbringen.

Als sie einen Monat später wiederkamen, zeigten sich schon die ersten Erfolge. Rick nahm eine Puppe in die Hand, und Ed tat dasselbe. »Hallo«, sagte Eds Puppe. Rick antwortete nicht; statt dessen ließ er seine Puppe ein Auto schieben. Also nahm Eds Puppe ein anderes Auto und machte es Rick nach. Rick kicherte. Ed wartete ab, um zu sehen, was Rick als nächstes tun würde. Als Rick sich nach ein paar Minuten noch immer nicht gerührt hatte, schob Ed sein Auto neben das von Rick und stupste es sanft an. Rick stieß einen Protestlaut aus und begann, sein Auto wegzuschieben. Ed folgte ihm mit Gebrumm, und in der folgenden Minute ließ Rick es zu, daß sein Vater sein Auto durchs Zimmer verfolgte.

Das war ein ungeheurer Fortschritt im Vergleich dazu, daß Ed sich bei der vorigen Sitzung fast überhaupt nicht beteiligt hatte. Nicht nur spielte er nun aktiv mit seinem Sohn, er hatte zudem auch den Mut besessen, an dem Spiel festzuhalten, als Rick protestierte. Während der folgenden Monate bekamen Rick und Ed viel Erfahrung im Zusammenspielen, vor allem als Rick sich sprachlich besser auszudrücken begann. Ed fühlte sich beim Reden wohler als beim Gebärdenspiel, und er konnte Rick dabei helfen, einen Kommunikationskreis immer erst verbal abzuschließen, ehe er zu einer anderen Beschäftigung überging.

Wenn die Gefühle eines Kindes bei seinen Eltern Unbehagen auslösen

Kinder haben die Eigenart, bei ihren Eltern starke Reaktionen zu wecken, Reaktionen, die sich automatisch einzustellen scheinen, ehe sie sie stoppen können. Geschieht das, dann deshalb, weil etwas im Verhalten des Kindes einen emotionalen Schwachpunkt in ihnen berührt hat, einen Knoten verdrängter Gefühle. Da sie sich selbst verletzt fühlen, schützen sie sich oft dadurch, daß sie ein bestimmtes, für sie typisches Bewältigungsverhalten annehmen.

Die vierjährige Molly war intelligent. Sie besaß überdurchschnittliche verbale und motorische Fähigkeiten, und ihre Eltern waren stolz auf ihre Leistungen. Aber sie war auch aggressiv und anstrengend und sträubte sich gegen Kontrolle. Mehrmals am Tag bekam sie unberechenbare Wutanfälle, bei denen sie stundenlang weinen und jammern konnte.

Mollys Mutter gingen diese Vorfälle verständlicherweise auf die Nerven, aber anstatt daß sie versuchte, Molly zu trösten, wurde sie dann jedesmal wütend und abwehrend. Sobald Molly anfing, sich aufzuregen, geriet Jane augenblicklich in Rage und brüllte, sie solle aufhören. Tat Molly das nicht, lief Janet aus dem Zimmer. Diese Reaktion verstärkte Mollys Ausbrüche noch. Da sie sich im Stich gelassen fühlte, trat sie gegen die Möbel, schrie und warf alles, was in Reichweite war, auf den Boden. Währenddessen schäumte Janet im Nebenzimmer vor Wut und schenkte ihrer Tochter keine Beachtung. Sie wußte, daß ihre Reaktion nicht hilfreich war, aber sie war so aufgebracht über das Verhalten ihrer Tochter, daß sie keine andere Möglichkeit sah.

Im Laufe mehrerer Sitzungen erklärte Janet nach und nach, warum sie so heftig auf Mollys Ausbrüche reagierte. »Molly war in allem immer so gut, so clever, so sportlich. Ich wollte, daß sie zu meiner eigenen ›Erfolgsgeschichte‹ würde. Ich wäre nämlich immer gerne besser als mein Bruder gewesen, was mir jedoch nie gelang. Aber jedesmal, wenn sie einen Wutanfall bekommt, überfällt mich die Angst, daß sie meine Hoffnung niemals erfüllen wird. Und ich gerate in einen wahnsinnigen Zorn, weil ich so enttäuscht bin.«

»Wie reagieren Sie in anderen Situationen, in denen Sie enttäuscht oder wütend sind?« fragte der Therapeut. »Zum Beispiel dann, wenn Ihr Mann sich nicht so verhält, wie Sie es erwartet haben?«

Janet lächelte verlegen. »Genauso. Ich stürme hinaus. Dann gehe ich weg und koche innerlich vor Wut.«

Janets emotionale Schwachstelle war ihr Gefühl, ihrem Bruder unterlegen zu sein; und immer wenn Molly einen Wutanfall bekam, traf sie damit die Achillesferse ihrer Mutter. Andere Eltern haben ihre Schwachstellen in anderen Bereichen, aber wie bei Janet haben diese ihren Ursprung oft in der Kindheit.

Etwa einen Monat später berichtete Janet, sie habe eine »verblüffende Einsicht« gehabt. »Molly und ich haben gemalt«, erzählte sie, »und nachdem wir fünfzehn Minuten lang in einer guten Atmosphäre vor uns hingewerkt hatten, begann sie ohne ersichtlichen Grund zu brüllen und zu toben und die Buntstifte entzweizubrechen. Früher bin ich bei solchen Vorkommnissen immer in Wut geraten, weil sie unser schönes Zusammenspiel gestört hatte. Aber diesmal reagierte ich anders: Anstatt zurückzubrüllen und aus dem Zimmer zu laufen – woraufhin sie sicherlich eine halbe Stunde oder länger gebrüllt hätte –, zählte ich innerlich bis zehn und fragte mich: Was mag sie wohl so außer Fassung gebracht haben? Da muß doch irgend etwas sein. Ich blieb also im Zimmer und ließ sie ungefähr eine Minute lang schreien, und dann bat ich sie ganz ruhig, mir zu sagen, was sie so aufrege. Zu meiner Überraschung sagte sie: ›Ich habe das, was ich machen wollte, verpfuscht.‹ ›Wie meinst du das, Liebes?‹ fragte ich. Da zeigte mir Molly, daß sie etwas gemalt hatte, das nun nicht so aussah, wie sie es sich vorgestellt hatte. Dieses Mal brüllte ich nicht zurück. Sie tat mir leid. Sie kroch auf meinen Schoß und weinte etwa eine Minute lang. Ich umarmte sie, und danach sagte sie: ›Ich fühle mich wieder gut.‹ Daraufhin machten wir uns wieder ans Zeichnen, und bis zum Schluß gab es keine Zwischenfälle mehr.«

In den folgenden Monaten wurde Janets und Mollys Beziehung merklich besser.

Wir alle haben eine emotionale Achillesferse. Sie hilft Ihnen, zu verstehen, woher Ihre eigenen Gefühle kommen, und die Tatsache zu akzeptieren, daß Ihr Kind ein eigenständiger Mensch ist. Es ist wichtig zu erkennen, daß Sie nicht die Wahl zwischen dem Fühlen und dem Nicht-Fühlen einer bestimmten Emotion haben. (Ihr Kind fühlt die Emotion, ganz gleich, ob es Ihnen recht ist oder nicht.) Doch Sie können zwischen einer angemessenen und einer unangemessenen Äußerung wählen. Denken Sie daran: Die Tatsache, daß man in einer bestimmten Weise fühlt, heißt nicht, daß man sich auch so verhalten muß, und seine Gefühle zu erkennen bedeutet oft, daß man sein Verhalten besser kontrolliert. Wenn Sie die Gefühle Ihres Kindes mißbilligen, dann bringen Sie sie damit nicht zum Verschwinden, Sie treiben sie lediglich in den »Untergrund«. Dort verstärken sie sich gewöhnlich und tauchen dann in unangemessener Weise wieder auf. Aufgestaute Aggressionen treten oft in Form von Handgreiflichkeiten zutage, anstatt sich etwa in einem spielerischen Kampf mit Spielzeugsoldaten auszutoben. Gesunde Gefühle der Abhängigkeit, die im Wunsch nach beruhigenden Umarmungen und nach verbaler Unterstützung zum Ausdruck kommen, können sich, wenn sie zurückgewiesen werden, in die Angst vor Trennung verwandeln. Wird die normale sexuelle Neugier bei einem Kind getadelt, kann dies dazu führen, daß es ein Unbehagen gegenüber dem eigenen Körper entwickelt. Helfen Sie Ihrem Kind, seine unterschiedlichen Gefühle auszudrücken, setzen Sie jedoch gleichzeitig Grenzen für unangebrachtes Verhalten.

Wenn äußere Ereignisse die Gefühle für Ihr Kind beeinflussen

Der dreijährige Elliot hatte schon eine geraume Weile langsame, aber stetige Fortschritte gemacht, als sein Großvater mütterlicherseits plötzlich starb. Als die Familie von der Beerdigung zurückkam, wirkte Elliots Mutter Vivian erstaunlich gefaßt. Sie sprach nicht über den Tod ihres Vaters und weinte selten. Als Elliots Therapeut sie nach ihren Gefühlen fragte, behauptete sie, sie habe die Trauer um ihn bereits abgeschlossem. Einige Wochen danach fing sie an, sich immer wieder über mangelnde Fortschritte bei Elliot zu beklagen: »Warum lernt er keine neuen Wörter?« »Warum schließt er nicht mehr Kommunikationskreise?« Der Therapeut wies darauf hin, daß der Junge mehrere neue Wörter gelernt hatte und daß er sieben oder acht Kreise schloß – im Vergleich zum Vormonat, als es nur drei oder vier gewesen waren. Aber sie wollte unbedingt nur das sehen, was Elliot nicht leistete, und nicht das, was er bereits konnte. Da sich Vivian vor dem Tod ihres Vaters niemals so verhalten hatte, wirkten ihre Klagen und Vorwürfe wie eine »verlagerte« Traurigkeit. Anstatt sich ihre Gefühle angesichts des erlittenen Verlusts klarzumachen, übertrug sie ihre Traurigkeit auf ihren Sohn. Vivian rechtfertigte sich mit dem Argument: »Mein Vater ist nicht mehr da, aber mein Sohn ist hier, und ich mache mir Sorgen, daß sich sein Zustand nie bessern wird.« Während der folgenden Sitzungen drängte der Therapeut Vivian, über ihren Vater zu sprechen, und schließlich begann sie, Trauerarbeit zu leisten. Einen Monat später war Vivians Optimismus zurückgekehrt.

Ein förderbedürftiges Kind kann zu einer Art Magnet für Belastungen und Traurigkeit in Ihrem Leben werden. Emotionen werden leicht verlagert. Aber wenn Sie – mit Ihrem Partner, mit einem Therapeuten oder mit einem Freund – offen über Ihre Gefühle sprechen, ist die Gefahr nicht mehr so groß.

Welche Schwachstellen und Bewältigungsmuster haben Sie?

Um Ihre emotionalen Schwachstellen – und das Verhalten, das sie gewöhnlich auslösen – herauszufinden, sollten Sie die folgenden Fragen beantworten:

1. Wie verhalte ich mich, wenn jemand
   mich *ablehnt* oder sich von mir zrückzieht,
   wütend auf mich ist oder sich mir gegenüber *aggressiv* verhält,
   mir *sexuelle Gefühle* oder *Interesse* entgegenbringt,
   sich an mich klammert oder von mir *abhängig* ist,
   Interesse für mein Umfeld zeigt,
   mir gegenüber sehr *bestimmt* auftritt und seine eigene Meinung kundtut,
   sich in meinem Umfeld mit seinem Handeln und seinem Willen *durchzusetzen* versteht?
2. Welche Gefühle würde es in mir wachrufen, wenn ich eine neue Reaktion ausprobierte (wenn ich etwa versuchen würde, mein Kind zu umwerben, anstatt jedesmal wegzurennen, wenn es mich ablehnt)?

Ratschläge für Eltern

Sich selbst zu beobachten ist niemals leicht. Zögern Sie nicht, ergänzend zur Therapie Ihres Kindes eine professionelle Beratung in Anspruch zu nehmen, falls es erforderlich sein sollte. Ohne eine solche Hilfe ist es oft schwer, lebenslange Verhaltensmuster zu erkennen und zu ändern. Die Beratung sollte die drei folgenden Ziele im Auge haben:

1. *Sie sollte Ihnen helfen, mit den unvermeidlichen Spannungen in Ihrer Ehe fertigzuwerden.* Spannungen gibt es immer, aber wenn ein entwicklungsbeeinträchtigtes Kind da ist, treten sie fast immer stärker als gewöhnlich zutage. Ein Spezialist kann Ihnen helfen, die (positiven und negativen) Gefühle zu erkennen und die oft geheimen und zuweilen unrealistischen Annahmen zu prüfen, die Sie über Ihre Ehe haben, und Möglichkeiten zur Kommunikationsverbesserung zu erproben.
2. *Sie sollte Ihnen helfen, die Strategien, mit denen Sie Streß, Wut und Ent-*

täuschung bewältigen, zu erkennen und gegebenenfalls zu ändern. Ein Spezialist kann Ihnen helfen, zu verstehen, inwiefern Ihre eigene Geschichte sich auf die Art der Beziehung auswirkt, die Sie zu Ihrem Kind unterhalten. Ferner kann er Ihnen helfen, kontraproduktive Bewältigungsstrategien durch konstruktive zu ersetzen. Die richtigen Bewältigungsstrategien können die Beziehung zwischen Ihnen und Ihrem Partner günstig beeinflussen und außerdem dazu beitragen, daß Sie Ihrem Kind eine bessere Unterstützung bieten.

3. *Sie sollten das Spektrum Ihrer Gefühle erweitern, die Ihnen angenehm sind, damit Sie Ihr Kind besser unterstützen können.* Ein Spezialist sollte Ihnen gegebenenfalls helfen, Ihre eigenen emotionalen Achillesfersen zu erkennen. Wenn Sie diese Schwachstellen kritisch unter die Lupe nehmen, kommen Sie mit den entsprechenden Gefühlen besser zurecht und sind damit auch besser in der Lage, mit Ihrem Kind richtig umzugehen, wenn es sie zum Ausdruck bringt.

In der Interaktion mit unseren Kindern treten unsere eigenen emotionalen Konflikte notgedrungen zutage, weil keine andere Beziehung so intensiv mit den Gefühlen, die wir uns selbst gegenüber haben, verbunden ist. Es ist unmöglich, unsere Kinder aufzuziehen, ohne bewußt oder unbewußt darauf zurückzukommen, wie unsere eigenen Eltern uns erzogen haben. Aus diesen Gründen ermöglicht uns die Elternschaft auch, uns weiterzuentwickeln. Sie trägt dazu bei, unsere eigenen emotionalen Konflikte zu überwinden, die Bandbreite unserer Emotionen zu erweitern und für neue Arten des Umgangs mit anderen Menschen aufgeschlossener zu werden. Vielleicht ist einer der positiven Aspekte, die mit einem förderbedürftigen Kind einhergehen, daß die Belastungen der Elternschaft diese Kernprobleme oft stärker erkennbar werden lassen als in Familien, in denen kein solches Kind ist. Mit einem Spezialisten lassen sich diese Probleme gefahrlos und gründlich erörtern. Professionelle Anleitung kann Eltern helfen, ihren Kindern eine bessere Unterstützung zu geben, und macht die Familien oft insgesamt stärker und stabiler, so daß sie die zukünftigen Belastungen aus eigener Kraft meistern können.

Geschwister: So helfen Sie Ihren anderen Kindern

»Craig beansprucht einen Großteil unserer Zeit und Energie. Ich habe immer den Eindruck, daß seine Geschwister zu kurz kommen.«

Es ist schwer, nicht so zu fühlen. Ein förderbedürftiges Kind benötigt mehr Zeit und Energie als seine Geschwister. Ganz unvermeidlich macht man sich zuweilen deswegen Sorgen und entwickelt Schuldgefühle. Dennoch können Sie etwas tun, um Ihren anderen Kindern zu helfen.

- *Sorgen Sie dafür, daß auch Ihre anderen Kinder mindestens einmal täglich in den Genuß einer Bodenzeit-Sitzung kommen.* Bodenzeit ist nicht nur etwas für förderbedürftige Kinder. Diese Zeit zum Spiel zu zweit, in der das Kind das Geschehen bestimmt, ist auch wichtig für die Geschwister. Das Wissen, daß sie Sie ganz für sich haben, macht wett, daß Sie ihnen sonst nur begrenzte Aufmerksamkeit schenken. Sie bietet eine Chance, Gedanken und Gefühle zu äußern, die sonst nicht in Worte gefaßt werden können.
- *Führen Sie Gespräche, in denen es um das Lösen von Problemen geht.* Wenn Ihre Kinder schon sprechen können, dann sollten Sie mit Ihnen problemlösende Gespräche über ihr förderbedürftiges Geschwister führen. Geben Sie ihnen genügend Raum, um mitzuteilen, welche Gefühle sie ihrem Geschwister entgegenbringen. Dabei sollten Sie ihre negativen Gefühle nicht kritisieren oder verurteilen. Oft machen sich Kinder große Sorgen über das, was mit ihrem Geschwister geschehen ist oder noch geschehen könnte. Doch es kommt auch vor, daß sie sich darüber ärgern, daß es so viel Zeit und Aufmerksamkeit für sich beansprucht. Zudem können sie sich schuldig fühlen, weil sie solche »schlechten« Gedanken haben oder weil sie nicht selbst beeinträchtigt sind. Einige dieser Gefühle können in der Bodenzeit zutage treten. Wenn dies der Fall ist, dann können Sie sich in den »Problemlösungs«-Gesprächen freundlich danach erkundigen. Glauben Sie nicht, Sie müßten diese Gefühle »bereinigen« oder »glätten«. Hören Sie Ihren Kindern einfach aufmerksam zu. Allein durch Ihr Zuhören werden sie sich besser fühlen.
- *Machen Sie ein Familien-Thema daraus.* Wenn Sie mit Ihren Kindern über ihr förderbedürftiges Geschwister sprechen, dann machen Sie deutlich, daß dies ein Problem der ganzen Familie ist. Die Familien-

mitglieder sind zwar nicht verantwortlich für das Problem, aber gemeinsam können sie dazu beitragen, daß das förderbedürftige Kind sich weiterentwickelt und dazulernt. Geben Sie Ihren anderen Kindern die Gelegenheit, ihrem Geschwister im Alltag zu helfen. Sie können ihm beispielsweise beim Anziehen oder beim Essen behilflich sein. Vielleicht können sie ihm auch vor dem Schlafengehen eine Geschichte vorlesen oder ein Lied vorsingen. Sie sollten ihnen jedoch keine Aufgaben zuteilen, die ihr Leben beeinträchtigen, und ihnen keine Verpflichtungen auferlegen, ohne vorher mit ihnen darüber zu sprechen und ohne die Einwilligung ihrer Kinder einzuholen. Doch wenn Sie ihnen zeigen, wie sie helfen können, wird das Gefühl, etwas Wichtiges zu leisten und im »Team« zu arbeiten, sowohl auf die Kinder als Einzelpersonen als auch auf die ganze Familie positive Auswirkungen haben.

- *Lassen Sie Ihre anderen Kinder an der Bodenzeit mit ihrem förderbedürftigen Geschwister teilhaben.* Häufig haben die anderen Kinder das Gefühl, es würde ihnen etwas fehlen. »Ich will eine Schwester, die sprechen oder spielen kann«, denken sie. Diese Situation können Sie dadurch entschärfen, daß Sie den Kindern zeigen, wie sie mit ihrem Geschwister Bodenzeit verbringen (dafür können feste Spieltermine vereinbart werden). Sobald die Kinder einmal herausgefunden haben, wie das funktioniert (was bei ihnen schneller gehen wird als bei den Erwachsenen), werden sie vermutlich entdecken, daß auch nonverbale Spiele sehr befriedigend sind und daß sie zusammen mit ihrem Geschwister Spaß haben können. Lassen Sie das förderbedürftige Kind hin und wieder das Spielgeschehen bestimmen; dann wiederum sollten die anderen Kinder das Sagen haben. Auf diese Weise genießen alle Kinder einmal das Gefühl, Anführer zu sein, und alle bekommen viel Übung im Interagieren. Da die Familie ansonsten nicht sehr oft Zeit haben wird, zusammen zu spielen, werden das für alle ganz besondere Gelegenheiten sein.
- *Haben Sie keine Angst vor feindseligen Gefühlen.* Manchmal ist es schwer, Bruder oder Schwester eines förderbedürftigen Kindes zu sein. Das eine Kind erhält wesentlich mehr Zeit und Aufmerksamkeit und lähmt oft die Aktivitäten der Familie. Daher sind seine Geschwister (wie auch seine Eltern) zuweilen wütend auf das förderbedürftige Kind. Seien Sie nicht verletzt oder ärgerlich, wenn Ihre anderen Kinder Ihnen diese Gefühle offenbaren. Sie sind nur natürlich, und es ist viel besser, wenn sie zum Ausdruck kommen, als wenn sie verdrängt oder gegenüber dem

betroffenen Geschwister ausagiert werden. Zudem sollten Sie sie nicht zu ernst nehmen. Nur weil Kinder Wut auf ihr Geschwister äußern, heißt das noch nicht, daß sie es nicht lieben. Nur weil sie den Wunsch, ihm wehzutun, äußern, heißt das noch nicht, daß sie es nicht um jeden Preis verteidigen würden. Ihre Gefühle sind oft ein sich ständig wandelndes »Gemenge«, das sich je nach Stimmung, je nach Tag und je nach Verhalten ihres Geschwisters ändert. Ihre Rolle ist es nicht, darüber zu urteilen, sondern zuzuhören und Ihren Kindern genügend Raum zu geben, um sich zu artikulieren. Gleichzeitig müssen Sie freundlich, aber bestimmt feste Grenzen setzen, wenn es um das Prügeln unter Geschwistern geht. Mit diesen beiden Verhaltensweisen können Sie das Selbstgefühl aller Kinder stärken und die Interaktionen innerhalb der Familie intensivieren.

Grundlegende Richtlinien für Eltern

1. *Versuchen Sie, Ihr Kind auf entspannte und freundliche Weise zu trösten, wenn es sich aufgeregt hat.* Halten Sie es fest; machen Sie leise, rhythmische Laute; stellen Sie einen visuellen Kontakt her, oder tun Sie sonst etwas, das Ihr Kind akzeptiert. Versuchen Sie zu verhindern, daß Ihr Kind sich noch mehr anspannt, weil Sie selbst übermäßig besorgt, angespannt oder ängstlich sind.
2. *Versuchen Sie geeignete Interaktionsniveaus zu finden.* Richten Sie Niveau und Art der Stimulation danach, worauf Ihr Kind am besten reagiert (Blicke, Laute, Berührungen und Bewegungen). Bauen Sie dies in Ihre Spiele ein. Versuchen Sie, das Kind nicht allzu stark zu stimulieren und nicht allzu insistierend zu sein (so sollten Sie es nicht anstupsen, um seine Aufmerksamkeit zu erregen).
3. *Versuchen Sie, Ihr Kind in eine Beziehung einzubinden*, indem Sie es anschauen, es ansprechen, es sanft berühren usw. *Versuchen Sie zu vermeiden*, daß das Kind zu schwach stimuliert wird (das geschieht, wenn Sie deprimiert sind, sich innerlich zurückziehen oder gedanklich mit anderen Dingen beschäftigt sind).
4. *Versuchen Sie, die emotionalen Signale Ihres Kindes zu verstehen und darauf zu reagieren.* Nehmen Sie zur Kenntnis, wann es Ihnen nahe sein möchte, und reagieren Sie mit einer Umarmung darauf. Beachten Sie,

wann es Abstand halten und wann es energisch auftreten will, und reagieren Sie mit verbaler Anerkennung. Reagieren Sie möglichst nicht so, wie Sie es wollen, sondern so, wie es seinen Bedürfnissen entspricht.

5. *Versuchen Sie, Ihr Kind zu ermutigen, die nächste Entwicklungsstufe zu erreichen.* Ermutigen Sie es, zu krabbeln und Gebärden zu machen, und motivieren Sie es dazu, Initiativen zu ergreifen, indem Sie bestimmte Dinge ganz bewußt nicht für das Kind tun. Helfen Sie ihm, sich dadurch unabhängig zu fühlen, daß Sie in stimmlichem und visuellem Kontakt mit ihm bleiben, während es das Zimmer erkundet. Helfen Sie ihm, in das Symbolspiel hineinzufinden, indem Sie sich auf den Boden setzen und eine Rolle in seinem Spiel einnehmen. Helfen Sie ihm, mit der Realität zurechtzukommen, indem Sie mit ihm über seine Forderungen verhandeln. *Versuchen Sie zu vermeiden*, daß seine Entwicklung dadurch verzögert wird, daß Sie das tun, was Ihnen angenehm ist, anstatt das zu tun, was den Bedürfnissen des Kindes entspricht.

18 Ein integrierter Therapieansatz

Es gibt viele Interventions- und Unterrichtsansätze für förderbedürftige Kinder. Doch viele dieser Strategien sind unzureichend, denn erstens befassen sie sich mit Kindern als Gruppe, anstatt mit Einzelpersonen und ihren individuellen Eigenheiten; zweitens konzentrieren sie sich darauf, offenkundige Symptome und Verhaltensweisen zu ändern, anstatt sich den zugrundeliegenden Verarbeitungsproblemen und -mechanismen zu widmen; drittens beziehen sie sich auf punktuelle Entwicklungsbereiche, wie motorische, sprachliche oder kognitive Fähigkeiten, anstatt einen umfassenden Ansatz zu verfolgen, der alle Funktionsbereiche umfaßt; und viertens konzentrieren sie sich fast ausschließlich auf das Kind, anstatt die Betreuer, die Familie und das Kind einzuschließen.

Die unterschiedlichen Ansätze, mit denen man förderbedürftigen Kindern zu helfen versucht – ganz gleich, ob sie auf Beziehungen, Verhalten, Unterricht oder die Familie abzielen –, verdeutlichen die vielfältigen Aspekte der menschlichen Komplexität. Menschen sind Famlienmitglieder, verhalten sich auf eine bestimmte Weise, erleben Gefühle und Emotionen und haben verschiedene soziale, kognitive und intellektuelle Fähigkeiten. Verfechter spezieller Interventionsmethoden glauben oft (oder hoffen), daß eine positive Auswirkung auf nur einen Aspekt der Lebensumstände des Kindes (oder seiner Familie) gleichzeitig auch einen positiven »Überschußeffekt« auf andere Bereiche haben wird. Manche Therapeuten nehmen an, daß eine Veränderung im Verhalten eines Kindes die Beziehungen innerhalb seiner Familie (und die Familienstruktur als ganze) in günstiger Weise verändern wird und daß das Erlernen bestimmter geistiger Fähigkeiten die Beziehungen des Kindes zu Gleichaltrigen (und die Gefühle, die es gegenüber sich selbst hat) positiv beeinflußt; oder auch, daß die veränderte Art, Beziehungen zu erleben, das Kind veranlassen wird, mehr zu sprechen und schließlich am normalen Unterrichtsgeschehen teilzunehmen. Doch leider beschleunigt der Fortschritt in einem Bereich nicht automatisch auch den Fortschritt in anderen damit verbundenen Bereichen.

Damit ein Interventionsprogramm erfolgversprechend ist, muß es viele Aspekte von Kind und Familie berücksichtigen, einschließlich der speziellen Bedürfnisse und der speziellen Stärken. Im Laufe der vergangenen 20 Jahre hatten wir die Gelegenheit, mit einer Vielzahl von Kindern und Familien zu arbeiten, die sehr unterschiedliche Schwierigkeiten hatten.[1] Diese Erfahrung lehrte uns, wie wichtig es ist, ein integriertes Bezugssystem zu haben, das an den individuellen Entwicklungsproblemen und den Stärken eines jeden Kindes und seiner Familie orientiert ist.

Integrierte Entwicklungsintervention: Eine Pyramide

Das Interventionsmodell, das uns in unserer Arbeit mit Säuglingen, Kindern und Familien half, kann man sich als Pyramide vorstellen. Am Fuß dieser Pyramide befinden sich die stabilen, fürsorglichen, die Entwicklung unterstützenden und speziell strukturierten Familienmuster, die ausnahmslos alle Kinder benötigen, die jedoch besonders wichtig für Kinder mit Entwicklungsproblemen sind. Zu diesem Fundament gehören Schutz vor körperlicher Gewalt und das kontinuierliche Gefühl, in Sicherheit zu sein. Manche Familien funktionieren in diesen Bereichen gut, wohingegen andere viel Unterstützung oder Therapie benötigen, um diese grundlegenden Familienmuster aufzubauen und stabil zu halten. Manche Familien leben in großer Armut und befinden sich in einem andauernden Zustand der Furcht; die Beziehungen innerhalb mancher Familien können von Mißbrauch, Gewalt und Vernachlässigung geprägt oder instabil sein. In solchen Fällen erfordern die Interventionsprogramme eine erhebliche Anzahl an geschulten Betreuern, die die jeweiligen Bedürfnisse der Familien einschätzen können, Verbindungen aufbauen, Probleme zu lösen helfen, Tips geben (auch für soziale und wirtschaftliche Unterstützung) und gegebenenfalls eine Familienberatung und Familien- bzw. Einzeltherapie in die Wege leiten.

Auf der zweiten Ebene der Pyramide befinden sich die kontinuierlichen und beständigen Beziehungen, die in der Entwicklung befindliche Kinder benötigen, damit sie emotionale und kognitive Kompetenzen herausbilden können. Da förderbedürftige Kinder ohnehin oft eine eingeschränkte Beziehungsfähigkeit haben, haben sie ein besonders starkes Bedürfnis nach warmherziger, ständiger Betreuung. Doch ihren Betreuern fällt es oft schwer, vertraute und herzliche Beziehungen zu den Kindern aufrechtzuerhalten, weil das Verhalten des jeweiligen Kindes oder seine Absichten leicht mißzuverstehen sind. Lernen die Betreuer aber, das Verhalten des Kindes als Versuch zu begreifen, Probleme zu bewältigen, oder als Zeichen dafür zu erkennen, daß das Kind mit seinen Schwierigkeiten überfordert ist, können sie diese Fehldeutungen revidieren und dem Kind kreativ und einfühlsam beim Aufbau von Beziehungen helfen. Ein Beispiel: Ein Kind, das übermäßig empfindlich auf Berührungen reagiert, lehnt die Fürsorge seiner Eltern möglicherweise durchaus nicht ab, obwohl es sich von ihnen abwendet und weint. Bei einem solchen Kind ist es wichtig, leichte Berührungen zu vermeiden und starken Druck anzuwenden, damit es sich wohler fühlt. Ein Kind, das ganz allgemein die Neigung hat, sich abzukapseln, oder mit sich selbst beschäftigt ist und anscheinend lieber allein spielt, gibt damit womöglich ein Zeichen; es reagiert vielleicht zu schwach auf Empfindungen, hat einen geringen Muskeltonus und muß mehr umworben werden, damit es aus seiner Abkapselung herausfindet.

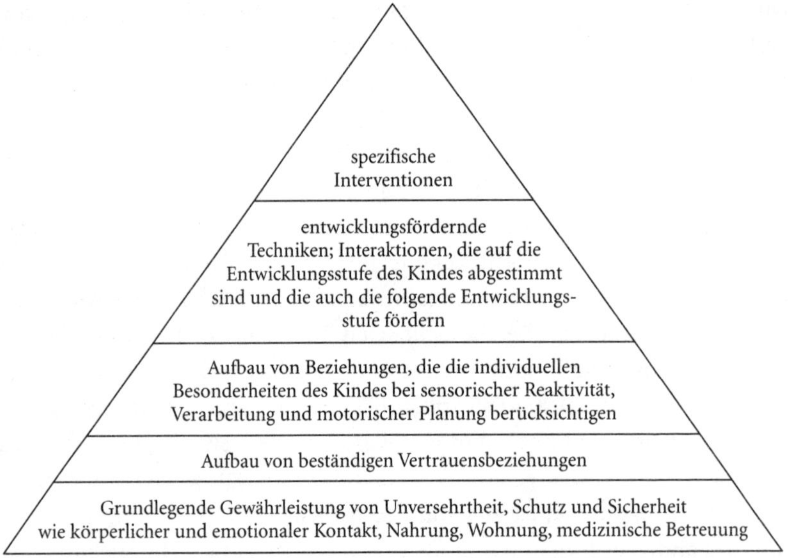

Um die Beziehungsfähigkeit des Kindes zu unterstützen, sind viel Zeit, Beständigkeit und Verständnis vonnöten. Schwierigkeiten innerhalb der Familie oder häufige Wechsel der Betreuer oder Lehrer können die Fortschritte des Kindes behindern.

Auf der dritten Ebene der Pyramide finden wir die beständigen Beziehungen, die den individuellen Gegebenheiten eines jeden Kindes angepaßt wurden. Die Betreuer müssen dafür eine ganze Anzahl von Strategien lernen. Ein Kind mit geringem Tonus, das zu schwach reagiert, müssen sie umwerben, müssen das auf Reize zu stark reagierende Kind schützen und besänftigen und Aufgaben und Herausforderungen schaffen, um absichtsvolle Verhaltensweisen und Interaktionskreise bei dem Kind zu erleichtern, das ziellos oder zusammenhanglos agiert; ferner müssen sie bei einem Kind mit schweren Gehörverarbeitungsproblemen die Gebärden und die auditive Kommunikation bewußter gestalten und die visuell-räumliche Kommunikation verständlicher machen.

Auf der vierten Ebene der Pyramide werden die Beziehungen und die Interaktionen, die sich daraus ergeben, auf das Entwicklungsniveau des Kindes abgestimmt. Manche Kinder sind noch immer nicht beziehungsfähig und planlos und benötigen Hilfe, damit sie imstande sind, sich zu engagieren und intentional zu kommunizieren. Andere sind zielbewußt, benötigen jedoch zusätzliche Hilfe beim Gebrauch von Symbolen; wieder andere verwenden Symbole oder Ideen auf fragmentierte Weise, und müssen daher lernen, logischer und abstrakter zu denken. Für jedes Entwicklungsniveau können spezielle Arten der Interaktion verwendet werden, die das Kind befähigen, dieses Niveau und die damit verbundenen Fähigkeiten zu meistern.

Die Spitze der Pyramide bilden spezifische therapeutische oder pädagogische Techniken, die die Entwicklung bei Kindern fördern, die mit besonderen Schwierigkeiten zu kämpfen haben.[2] Bei diesem Modell müssen sich spezifische Therapien auf Entwicklungsansätze stützen, die auf Familie, Beziehungen und Interaktionen abzielen. Physiologische Interventionen, die die Aufmerksamkeit, die Fähigkeiten zur Verarbeitung und die Affektregulierung verbessern, können ebenso erwogen werden wie die pädagogischen, auf die Hörverarbeitung und die Ernährung ausgerichteten Ansätze, an deren Ausarbeitung derzeit noch geforscht wird.

Das integrierte Pyramidenmodell berücksichtigt gewisse grundlegende Erfahrungen, die jedes Kindes machen muß. Diese Kernerfahrungen ermöglichen es dem Kind, ein warmherziger, liebevoller, kommunikativer, intelligenter und kreativer Mensch zu werden. Dies geschieht, indem es seine sich allmählich herausbildenden Fähigkeiten mit einem fundamentalen Gefühl für seine eigenen Ziele – das heißt seine Emotionen, Wünsche und Begierden – verbindet. Daher müssen in dieses Modell spezifische Interventionen integriert werden (oder sie müssen auf Interaktionen aufbauen), die neuerworbene Fertigkeiten zu einem Teil des wachsenden Selbstgefühls des Kindes machen.

Die individuellen Eigenheiten integrieren: Ein beziehungsorientiertes Modell mit Verhaltensansätzen (und anderen Methoden)

Ein auf Familie und Beziehungen basierendes Modell bietet bereits die Grundlage für Interventionen, aber viele Kinder benötigen darüber hinaus spezifische Hilfe, um Schwierigkeiten bei der Kommunikation, beim Knüpfen von Beziehungen, bei der motorischen Planung und der sensorischen Verarbeitung zu bewältigen. Diese Hilfe kann eine intensive Sprachtherapie, eine Beschäftigungstherapie, eine Physiotherapie, spezielle pädagogische Maßnahmen, eine Verhaltenstherapie, beziehungsbezogene Ansätze, eine Psychotherapie sowie Strategien mit einschließen, an deren Entwicklung derzeit gearbeitet wird und die die auditive Verarbeitung erleichtern. Diese intensiven fachspezifischen Ansätze sollten zu einem Bestandteil der beziehungsbezogenen Interventionspyramide werden.

Viele Frühinterventionsprogramme zielen auf eine Gruppe von Kindern ab, bei denen man ein gemeinsames Problem festgestellt hat (wie etwa Autismus). Die Programmkonzeption schreibt hier einen umfassenden Interventionsansatz vor, den man für Kinder, bei denen ein- und dieselbe Diagnose gestellt wurde, für zweckmäßig hält. Doch selten berücksichtigen solche Interventionsprogramme die individuellen Eigenheiten und das jeweilige Entwicklungsmuster des einzelnen Kindes. Oft berücksichtigen sie nicht, daß ein Kind, bei dem Autismus diagnostiziert wurde, unter Umständen zu schwach auf Geräusche und Berührungen reagiert, sich häufig zurückzieht und gerade erst damit beginnt, mittels Gebärden mit anderen in Beziehung zu treten, wohingegen ein anderes Kind mit derselben Diagnose vielleicht übermäßig stark auf Empfindungen reagiert, sich an seine Eltern klammert und viele Wörter und Gebärden verwendet. Beide Kinder verhalten sich perseverativ, stimulieren sich selbst und sind auf sich selbst konzentriert – daher die gemeinsame Diagnose. Doch wir haben herausgefunden, daß solche Kinder sich in ihrer Art, Beziehungen aufzubauen und einen warmherzigen Umgang mit ihren Betreuern zu pflegen, sehr voneinander unterscheiden können; daher schlagen wir vor, daß man Kinder, die warmherzige Beziehungen aufbauen können (oder zumindest gute Voraussetzungen dafür haben), nicht als Autisten bezeichnet, sondern sie der Kategorie der Patienten mit multiplen Wahrnehmungs- und Bewegungsstörungen zuordnet.[3] In unserer Interventionspyramide bestimmt das

Profil eines jeden Kindes, *nicht* seine Diagnose, wie die verschiedenen Therapien zusammen angewendet werden sollten; das heißt, bei diesem Modell sind die Merkmale des Kindes für das Therapieprogramm ausschlaggebend, das zu ihm paßt. Das Kind wird also nicht einem bereits existierenden Programm oder Plan angepaßt.

Obwohl wir an dieser Stelle nicht alle nützlichen Ansätze erläutern können, die kleinen Kindern mit schweren Entwicklungsproblemen helfen können, wollen wir das Prinzip der Integration anhand von zwei Ansätzen, die oft als polare Gegensätze betrachtet werden, veranschaulichen: den intensiven, entwicklungsbezogenen, interaktiven Strategien, die in diesem Buch erläutert werden, und den Verhaltenstechniken.

Der entwicklungsbezogene, interaktive Ansatz stützt sich auf die Stärke der Beziehungen und der Familienstruktur und benutzt Beziehungen in systematischer Weise, um den individuellen Eigenheiten eines Kindes – einschließlich seiner Verarbeitungs- und Entwicklungsprobleme – gerecht zu werden (siehe Teil 2).[4] Die Bodenzeit erleichtert es Eltern, auf dem Boden sitzend, dem spielerischen Beispiel ihres Kindes zu folgen. Sie verwickeln ihr Kind in warmherzige Beziehungen und verwenden immer komplexere nonverbale Kommunikationsmuster, einschließlich von Affekthinweisen (wobei sie die emotionalen Ausdrucksformen des Kindes als Ausgangspunkt nehmen, mit eigenen Ausdrucksformen oder Gebärden zu reagieren, und somit das Kind im Gegenzug zu einem anderen emotionalen Ausdruck anregen). Indem sie Kommunikationskreise öffnen und schließen und die Komplexität von nonverbalen Interaktionen steigern, fördern sie die Herausbildung von präsymbolischen und symbolischen Fähigkeiten. Eltern arbeiten an Problemen der auditiven Verarbeitung, indem sie in ihren Interaktionen mit dem Kind visuelle Hinweise einsetzen. Sie vereinfachen die auditiven Hinweise so lange, bis ihr Kind sie meistert. Sie berücksichtigen die individuellen Eigenheiten ihres Kindes, um sein Engagement und die Interaktion aufrechtzuhalten. Sie stimmen den Reiz-Input auf das spezielle Muster des Kindes – das es in puncto auditive, taktile oder visuell-räumliche Sensitivitäten aufweist – ab. Stimmt man den Ansatz, mit dem gewöhnlich die Beziehung zum Kind hergestellt wird, auf die Eigenheiten des Kindes ab, so ermutigt man es, engagiert zu bleiben, Zielgerichtetheit und immer komplexere emotionale und interaktive Fähigkeiten zu entwickeln und zum symbolischen Denken überzugehen – was den Grundstein für andere Fertigkeiten bildet.

Die Bodenzeit ist ein Bestandteil der gemeinschaftlichen Anstrengungen, die Beschäftigungs- und Sprachtherapeuten, Erzieher, Heilpädagogen und die Eltern der kleinen Kinder – denen es schwerfällt, Beziehungen herzustellen und zu kommunizieren – unternehmen. Oft müssen Eltern oder Betreuer mit dem Kind im Laufe eines Tages acht (oder mehr) 20 bis 30minütige kontinuierliche Bodenzeit-Sitzungen abhalten. Jeder, der das Kind betreut, ihm etwas beibringt oder es behandelt, steht in einer interaktiven Beziehung zu diesem Kind. Die Bodenzeit-Prinzipien können in all diese Interaktionen wie auch in die alltäglichen routinemäßigen Aktivitäten, wie Essen, Baden und Anziehen, integriert werden. Während des freien Spiels in der Gruppe können die Betreuer sich auf den Boden setzen und sich, sobald das Kind Interesse an verschiedenen Dingen zeigt, von ihm leiten lassen. Zudem sollten sie seine Interaktionen mit anderen Kindern fördern.

Jeder Mensch, der mit dem Kind interagiert, bietet ihm eine andere Art der Beziehung, von der das Kind etwas lernen kann. Sprachtherapeuten können bei ihren Sitzungen spielbezogene Ansätze verwenden; Beschäftigungstherapeuten können sich die natürliche Initiative des Kindes zunutze machen und Aktivitäten in einen symbolischen Bezugsrahmen stellen. (Eine motorische oder sensorische Aktivität wird beispielsweise zum »Flug über den Ozean« oder zum »Abheben auf den Mond«.) Bodenzeit-Prinzipien werden auch ins tägliche Leben integriert, indem man den Kindern mehr Wahlmöglichkeiten gibt und viel Gebärdensprache (Austauschen von Blicken, Lächeln, Stirnrunzeln) beim Anziehen, Essen, Einkaufen und beim Spielen in der Badewanne verwendet.

Trotz Anwendung des Bodenzeit-Ansatzes haben manche Kinder, denen das Knüpfen von Beziehungen und das Kommunizieren schwerfällt, auch weiterhin ein sehr fragmentiertes Verhalten. Da ihre Fähigkeit, ihr Verhalten zu sequenzieren, schwer beeinträchtigt ist, haben sie Mühe, Probleme zu lösen, zielbewußt zu handeln und einfache und komplizierte Muster nachzuahmen. Sie sind unfähig, spontan von einem Zustand des Engagements und der Vertrautheit – der durch verbesserte Beziehungen erreicht wurde – zu komplizierter nonverbaler Kommunikation und schließlich zu symbolischer Kommunikation überzugehen, die komplexere Handlungs-, Spiel- und Sprachsequenzen erfordern. In unserer klinischen Arbeit mit vielen solchen Kindern fanden wir es zweckmäßig, Verhaltens- und Bodenzeitmethoden zu kombinieren, und zwar im Rahmen eines umfassenden Beziehungs- und Familienunterstützungsansatzes.[5]

Verhaltenstechniken sollen Kinder befähigen, ihr Verhalten in die richtige Reihenfolge zu bringen und zu lernen, einige Wörter nachzuahmen und zu verwenden. Aber wenn diese Techniken nicht in ein umfassendes Bodenzeit-, Beziehungs- und Familienunterstützungsmodell integriert werden, bleiben die jeweiligen Verhaltensweisen oft weiterhin von äußeren Faktoren abhängig. Manchmal rufen nur Fragen, die auf eine ganz bestimmte Weise gestellt werden, Antworten hervor. Auf die Frage »Was willst du zum Abendessen?« erfolgt eine Antwort, auf die Frage »Bist du hungrig?« hingegen nicht. Fertigkeiten, die anfänglich durch Nachahmung gelernt wurden, können durch Bodenzeit-Aktivitäten – wie Symbolspiel und spontane Interaktionen – in eine dynamische Bodenzeit-Aktivität integriert werden. So kann das Kind lernen, das Wort *Tasse* nachzumachen, und es dann verwenden, um eine entsprechende Abbildung zu bezeichnen. Später, wenn Tassen in einem Symbolspiel benutzt werden, kann Papas Puppe das Kind um die Tasse bitten, und das Kind kann antworten: »Nein, *meine* Tasse!« Das Kind macht sich damit das betreffende Wort und die damit verbundene Vorstellung zu eigen; sie sind nun jederzeit abrufbar. Da das Verhalten mehr nach inneren emotionalen Reizen als nach äußeren Faktoren organisiert ist, erhöhen sich damit Spontaneität und Flexibilität des Kindes. Häufig empfehlen wir 30 bis 45 Minuten strukturierte Arbeit, auf die 30 bis 45 Minuten Bodenzeit folgen sollten, in die das aufgenommen wird, was gerade geübt wird. Dieses Muster wird täglich viele Male wiederholt. Zudem empfehlen wir, daß die Ziele der integrierten Intervention sich an den wichtigsten Entwicklungsgrundlagen orientieren, die für eine gesunde Entwicklung vorhanden sein müssen, und nicht an gefälligen Verhaltensweisen oder einzelnen geistigen Fertigkeiten. Diese Ziele sind oft freudiges Engagement und Aufmerksamkeit, ein kontinuierlicher Gebärdenfluß (viele Kommunikationskreise hintereinander), ein spontaner und kreativer Gebrauch von komplexen, zielbewußten Gebärden, Nachahmung, Symbole (Wörter und phantasievolles Spiel) und nonverbales Problemlösen.

Außerdem haben wir in unserer Klinikarbeit beobachtet, daß sich die Fähigkeit zum abstrakten Denken entwickelt, sobald ein Kind in der Lage ist, verschiedene Ideen und Verhaltensweisen mit tieferliegenden Emotionen zu verbinden. Verhalten und Gedanken sind mit Begierden und Wünschen verbunden, die von einer Situation zur nächsten tragen. Abstraktionen auf höherem Niveau werden oft möglich aufgrund der Verbindung der betreffenden Ideen mit mehreren Kontexten und – was noch wichtiger ist – mit mehreren Aspekten einer Emotion (etwa den vielen Varianten von Angst oder Liebe). Kinder lernen gewöhnlich, wann sie winken, jemanden umarmen oder irgendein anderes Verhalten, einen anderen Gedanken oder ein begriffliches Hilfsmittel verwenden sollen, indem sie diese Verhaltensweisen mit inneren emotionalen Anstößen verbinden.

Die Hoffnung, daß sich das Verhalten, das von äußeren Anstößen kontrolliert wird, verallgemeinern wird, ist zugleich die Hoffnung, daß es unter eine innere emotionale Kontrolle kommen wird, weil Kinder ihre Emotionen von einer Situation zur nächsten mitnehmen und anhand dieser Emotionen entscheiden, was sie unter verschiedenen Umständen tun und sagen. Nach unserer Erfahrung kann das Verhalten der Kinder nur dann unter Kontrolle kommen, wenn es unter den Rahmenbedingungen des Spiels geübt wird. Folglich sind viele Kinder, die schwere Probleme beim Anknüpfen von Beziehungen und beim Kommunizieren haben und zwar an Verhaltens-Förderprogrammen teilnehmen, deren Eltern jedoch nicht intuitiv mit Emotionen und Interaktionen arbeiten, gewöhnlich weniger flexibel und abstrakt im Denken sind, als sie es eigentlich sein könnten. Wir haben festgestellt, daß es Kindern, die an intensiven Verhaltens-Förderprogrammen teilgenommen hatten, mechanische geistige Fertigkeiten entwickeln konnten und bei IQ-Tests gut abschnitten, an der Fähigkeit zum spontanen, kreativen Austausch mit Erwachsenen oder Gleichaltrigen mangelte und daß sie Sachverhalte weder verallgemeinern noch abstrakt denken konnten (sie konnten zwar zu bestimmten Wörtern die passenden Bilder finden, waren aber nicht imstande zu erklären, warum sie hinausgehen wollten, oder darüber zu diskutieren, welche Vorzüge mit dem späten Aufbleiben verbunden waren). Wenn wir bei ihnen einen dynamischen, auf Problemlösung abzielenden Ansatz anwendeten, begannen diese Kinder, bestimmte Fertigkeiten wie abstraktes Denken zu erlangen.

Da bei Kindern mit schweren Kontakt- und Kommunikationsstörungen sehr viele unterschiedliche Ergebnisse möglich sind, ist es besonders wichtig, bei der Planung von Interventionen die einzelnen individuellen Merkmale eines jeden Kindes zu berücksichtigen. Zudem ist es wichtig, zu überlegen, welche Art Förderprogramm welchen Kindern und Familien die größten Chancen bietet. Ein Kind ohne schwere Verarbeitungsprobleme kann aus Erfahrungen beim mechanischen Lernen Schlüsse auf das Herstellen von Abstraktionen ziehen. Eine wesentliche Schwierigkeit bei Kindern mit autistischem Problemspektrum (so wie auch von vielen anderen Kindern mit anderen Arten von Förderbedürftigkeit) ist ihre Unfähigkeit, Verallgemeinerungen vorzunehmen und Muster des abstrakten Denkens zu konstruieren. Es ist äußerst wichtig, Kinder in dynamische, emotionsbezogene, auf Problemlösung abzielende Interaktionen zu verwickeln, die dazu angetan sind, das abstrakte Denken und die Fähigkeit zur Verallgemeinerung zu fördern. Ein integriertes Entwicklungsmodell kann helfen, die geeignetsten Interventionen zu bestimmen.

Die Rolle der Eltern

Damit die Therapie so wirksam wie möglich ist, müssen die Therapeuten in einem Team zusammenarbeiten. Das bedeutet, daß sie sich regelmäßig über die Fortschritte des Kindes austauschen und sich in ihrer jeweiligen Arbeit so viel wie möglich unterstützen sollten, indem sie gleichzeitig an derselben Entwicklungsstufe arbeiten. Eine solche Teamarbeit geschieht normalerweise nicht von selbst. Sie ist da möglich, wo Eltern aktiv und engagiert die Rolle des Teamleiters übernehmen.

Vielen Eltern kommt es vielleicht zuerst sonderbar vor, als Teamleiter zu fungieren. Schließlich sind die Therapeuten Fachleute. Aber niemand ist besser qualifiziert für diese Arbeit als die Eltern selbst, weil sie schließlich rund um die Uhr mit ihrem Kind leben. Eltern beobachten genau, wie ihr Kind auf die Therapie und auch auf andere Erfahrungen reagiert. Sie können den Therapeuten die für ihre Arbeit so notwendige Rückmeldung über die Fortschritte des Kindes geben. Bei der Förderung des Kindes sind Eltern und Therapeuten Partner. Therapeuten sind Experten auf ihrem jeweiligen Spezialgebiet; Eltern sind Experten für ihr Kind.

Eltern sollten nicht nur aktiv und engagiert sein, wenn es um das Einbeziehen der Therapeutenarbeit geht, sie müssen sich auch ganz genau darüber im klaren sein, wie sie mit den Therapeuten zusammenarbeiten wollen. Eltern sollten präzise sagen, welche Rückmeldungen sie wollen. Sie müssen den Therapeuten mitteilen, was für sie hilfreich ist und was nicht. Viele Therapeuten schließen Berichte über Fortschritte mit einer »realistischen« Notiz ab: »Johnny macht sich sehr gut; er spricht drei Wörter, aber er hat noch einen weiten Weg vor sich.« Auf diesen Zusatz könnten die meisten Eltern gut verzichten. Was Eltern von Therapeuten benötigen, sind Strategien, mit denen sie die Schwierigkeiten meistern können.

Einen Team-Koleiter finden

In manchen Städten und Gemeinden haben Eltern Zugang zu einem Fachmann, der die Fortschritte des Kindes überwachen und Änderungen im Therapieprogramm vorschlagen kann. Oft übernimmt ein Therapeut oder der Spezialist, der das ursprüngliche Therapieprogramm ausarbeitete, diese äußerst hilfreiche Rolle.

Es erfordert viel Mühe, die richtigen Therapeuten zu finden und das passende Förderprogramm zu erstellen. Manchmal ist es notwendig, die Therapeuten dazu zu überreden, mit dem Kind in einer Weise zu arbeiten, die sich von ihren üblichen Methoden unterscheidet, oder ein Programm zusammenzustellen, das intensiver und umfassender ist als das, was gerade angeboten wird. Einige erforderliche Behandlungen übersteigen vielleicht den Rahmen der Leistungen, die die Krankenkasse zu bezahlen gewillt ist. Dadurch sind manche Familien nicht in der Lage, ihren Kindern eine wirklich umfassende Behandlung zukommen zu lassen. Doch die wichtigste Maßnahme steht jeder Familie zur Verfügung: tägliche Bodenzeit mit dem Kind.

Wichtig: Früh mit einer Therapie beginnen

Das therapeutische Förderprogramm muß so früh wie möglich beginnen – das heißt, beim ersten Anzeichen dafür, daß etwas nicht in Ordnung ist –, denn je schneller das Kind engagiert und interaktiv ist, desto schneller wird es beginnen zu lernen, und desto weniger fehlangepaßte Verhaltensweisen wird es entwickeln.

Trotz größter Anstrengungen der Eltern ist es oft schwer, einem Kind eine Therapie überhaupt zu ermöglichen. Häufig spüren die Eltern zwar, daß mit dem Kind etwas nicht stimmt, doch werden ihre Sorgen von Verwandten und manchmal sogar von den Ärzten geringschätzig abgetan. Es fallen Sätze wie: »Jedes Baby ist eben anders. Warten Sie erst einmal ab und beobachten Sie, wie es sich entwickelt.« Doch bei einem Kind mit schweren Störungen darf man keine Zeit verlieren, weil Monate oder Jahre, die man mit dem Warten verloren hat, sehr schwer wieder aufzuholen sind.

Gewöhnlich dauert es acht Monate von dem Zeitpunkt an, wo Eltern Hilfe suchen, bis eine intensive Therapie beginnt. Das ist zu lang. Wenn ein Kind

Schwierigkeiten beim Kontaktknüpfen oder beim Kommunizieren zeigt, dann sollte es so bald wie möglich untersucht werden. Die Untersuchung sollte schon *wenige Tage danach* erfolgen, und die intensive Therapie sollte schon beginnen, während *die Untersuchung noch im Gange ist.* Nur auf diese Weise kann der Entwicklungsrückgang zum Stillstand gebracht werden.

Die beste Chance, Probleme früh zu erkennen, besteht dann, wenn Kinderärzte, Pädagogen und Eltern als eine Art »Frühwarnsystem« fungieren. Kinderärzte befinden sich in einer besonders günstigen strategischen Position. Sie sind den Familien nahe und haben die Ausbildung und den Sachverstand, um Probleme zu erkennen, die den Eltern oft nicht bewußt sind. Wenn die Kinderärzte bei der Untersuchung eines jeden Säuglings routinemäßig die altersgemäßen Entwicklungsfähigkeiten überprüfen würden – darunter emotionale, kognitive, sprachliche, sensorische und motorische Muster –, könnten schwere Störungen möglicherweise erkannt werden, ehe die Entwicklung eines Kindes dadurch in eine falsche Bahn gelenkt wird. So sollte ein 19monatiges Kind warmherzigen Kontakt aufnehmen können und außerdem zu Initiativen und wechselseitiger Kommunikation imstande sein. Ferner sollte es in der Lage sein, komplexe Gebärden zu verwenden, um auszudrücken, was es will: beispielsweise seine Mutter an die Hand zu nehmen und sie zur Tür oder zum Spielzeugkasten zu führen oder auch auf etwas zu deuten. Es sollte in der Lage sein, ohne den Gebrauch von Worten mit seinen Eltern zu kommunizieren, viel von dem, was sie zu ihm sagen, verstehen und ihnen wiederum viele seiner eigenen Wünsche verständlich machen können. Wenn das Kind mit 18 Monaten diese Dinge beherrscht, entwickelt sich seine Gebärdenkommunikation in der richtigen Weise; die »Bausteine« des symbolischen Ausdrucks und der Sprache sind dann vorhanden. Wenn es jedoch in seinen Gebärden nicht in der altersgemäßen Weise kommuniziert, sollte die Untersuchung und – falls erforderlich – die Intervention sofort beginnen. Es hat keinen Sinn zu warten, bis das Kind zwei Jahre alt ist, um zu beobachten, ob eine Sprachverzögerung besteht. Denn ein Kind, das nur ein begrenztes Sprachproblem hat, das sich von selbst wieder geben wird, wird diese präverbalen gestischen Kommunikationsmuster meistern. Ein Kind, das weder Gebärden noch Verhaltensweisen einsetzt, um seine Bedürfnisse und Wünsche zu kommunizieren und Probleme zu lösen, weist oft Anzeichen für gravierende Probleme auf.

Engagement für das Förderprogramm

Ein integriertes Therapieprogramm, das auf dem Bodenzeit-Modell beruht, erfordert viel Engagement. Nimmt man es nur halbherzig oder nur sporadisch in Angriff, wird es nicht den erhofften Erfolg bringen. Das Kind wird die gewünschten Verbesserungen nicht erzielen, oder diese werden – falls vorhanden – nicht anhalten.

Als Neil seine Therapie begann, benahm er sich mehr wie ein Kind von anderthalb als eines von vier Jahren – seinem tatsächlichen Alter. Er beachtete seine Eltern kaum und ging auf ihre Versuche, mit ihm zu spielen, nicht ein. Sein Sprachvermögen beschränkte sich auf wirre Laute, und sein Muskeltonus war niedrig. Doch nach sechs Monaten intensiver Therapie (dreimal wöchentlich Sprachtherapie, einmal wöchentlich Beschäftigungstherapie, zweimal wöchentlich Spieltherapie, zudem tägliche Bodenzeit mit den Eltern) hatte Neil bedeutende Fortschritte gemacht. Er hatte eine viel liebevollere Beziehung zu seinen Eltern; an die Stelle des leeren Blickes war nun ein Leuchten in seinen Augen, und er war imstande, sich mit seinen Eltern zu »unterhalten«, das heißt, vier oder fünf Gebärdenkreise nacheinander zu schließen.

Daher waren alle ziemlich erstaunt, als Neils Fortschritte in den folgenden sechs Monaten stagnierten. Statt flexibler zu werden und mit Symbolspielen und dem Sprechen zu beginnen, spielte er weiterhin mechanisch und zog dabei vertraute, routinemäßige Abläufe vor. Seine Eltern gelangten immer mehr zu der Überzeugung, daß seine schon sehr früh gestellte Diagnose richtig sei und ihr Sohn unter einer geistigen Retardierung leide.

Doch als der Therapeut mit der Familie sprach, entdeckte er eine mögliche Ursache für das Problem. Neils Vater hatte seinen Arbeitsplatz gewechselt und kam nun abends immer erst um acht oder neun Uhr nach Hause – zu spät, um mit seinem Sohn Bodenzeit zu üben. Neils Mutter, die den Jungen und seine jüngere Schwester nun allein betreute, war oft zu erschöpft für die tägliche Bodenzeit. Da dem Jungen diese täglichen Interaktionen fehlten, machte er jetzt keine Fortschritte mehr.

Diese Erfolge hatten seine Eltern allein den professionellen Therapeuten zugeschrieben; sie hatten angenommen, es spiele keine Rolle, daß dem Kind etwas von der Zeit abgehe, solange der Vater sich in seinem neuen Job einarbeitete. Sie erkannten nicht, daß die sozialen und geistigen Fertigkeiten, die sie in ihren eigenen Interaktionen mit Neil an den Tag legten, ihrem Sohn viel Übung verschafften. Sie verstanden nicht, daß viele der Fertigkeiten, die er in der Sprach- und Beschäftigungstherapie allmählich erlangte, während der Bodenzeit mit ihnen geübt und gefestigt wurden. Als sie ihren Anteil am Förderprogramm reduzierten, wurde das ganze Programm in Mitleidenschaft gezogen.

Trotz der zeitlichen Schwierigkeiten, die sich durch die neue Arbeitsstelle von Neils Vater ergaben, unternahmen die Eltern nun zusätzliche Anstrengungen, um die Bodenzeiten täglich einzuhalten. Neil reagierte ziemlich schnell darauf. Seine Warmherzigkeit, sein zutrauliches Verhalten und seine Gebärdenkommunikation kehrten innerhalb weniger Wochen zurück, und als die Familie dieses strikte Programm beibehielt, machte er erneut Fortschritte. Sechs Monate nachdem sie die regelmäßige Bodenzeit wiederaufgenommen hatten, imitierte er ihre Laute, führte wechselseitige Gespräche im Plapperton und fing mit Symbolspielen an.

Der Ansatz der integrierten Therapie, der auf dem Bodenzeitmodell beruht, ist anstrengend. Er erfordert viel Zeit und Energie von den Eltern des Kindes und gewährt ihnen keine Schonung, wenn sie anderen Belastungen und Anforderungen des Lebens ausgesetzt sind. Doch wenn die Eltern die Fortschritte ihrer Kinder sehen, so hilft ihnen das oft, die Anstrengung auszuhalten. Viele Kinder, die zu Anfang der Therapie ein zielloses, unkommunikatives Verhalten an den Tag legen, werden zutraulicher im Umgang mit ihren Eltern und beginnen, innerhalb der nächsten sechs Monate gestische Kommunikationskreise zu öffnen und zu schließen. Im Laufe eines Jahres fangen die Kinder an, ihre Gedanken und Gefühle im Symbolspiel und mit einfachen Worten auszudrücken, und fühlen sich im Zusammensein mit Gleichaltrigen wohl. Oft ist es daraufhin möglich, mit ihnen an logischen Fähigkeiten zu arbeiten und die Dauer der realitätsbezogenen Gespräche zu verlängern; ihr Bedürfnis, sich bei großen Belastungen in ihre Phantasiewelt zurückzuziehen, nimmt ab. Obwohl Kinder in unterschiedlichem Tempo und auch in unterschiedlichen Graden Fortschritte machen, entwickeln sich die meisten zu warmherzigen, spontanen und liebevollen Menschen.

Leitlinien für einen umfassenden Interventionsansatz

Wir haben erörtert, auf welche Weise verschiedene Interventionen im Rahmen unseres Bodenzeit-Modells zusammenarbeiten können. Jetzt ist es an der Zeit, über die Einzelheiten eines optimalen Interventionsprogramms zu sprechen.

Bei Kindern, die schwere Störungen der Beziehungsfähigkeit und der Kommunikation haben – und bei denen eine tiefgreifende Entwicklungsstörung, Austismus, eine Störung aus dem autistischen Spektrum oder eine multiple Wahrnehmungs- und Bewegungsstörung diagnostiziert wurden –, ist ein umfassendes, intensives Interventionsprogramm erforderlich. Für Kinder mit sehr schweren Sprachstörungen oder motorischen Problemen sind ähnliche Förderprogramme angezeigt (siehe 15. Kapitel über Syndrome förderbedürftiger Kinder).

Ein umfassender Ansatz besteht aus vielen Elementen, aber der Eckpfeiler ist das Bodenzeit-Programm, das zu Hause durchgeführt wird und im zweiten Teil dieses Buches beschrieben wird. Bei schwereren Problemen sind tägliche 20 bis 30minütige Bodenzeitsitzungen optimal. Führt man dieses Programm durch, so muß festgelegt werden, wieviel jeder Elternteil leisten kann und wieviel Hilfe erfordert ist. Diese zusätzliche Hilfe kann auch von anderen Geschwistern oder Familienmitgliedern oder auch von einem Heilpädagogikstudenten geleistet werden. Die Personen, die in der Bodenzeit mit dem Kind arbeiten, müssen imstande sein, eine Beziehung zu ihm herzustellen und mit ihm zu interagieren; außerdem sollten sie – dank einer gewissen Erfahrung – die an früherer Stelle erläuterten Leitlinien bewältigen können. Normalerweise müssen Eltern oder Therapeuten die anderen Helfer einarbeiten.

Der Tag hat viele Stunden. Wenn sich das Kind über einen zu langen Zeitraum hinweg mit sich selbst beschäftigt, sich selbst stimuliert oder in einseitige Kommunikation involviert ist – etwa indem es fernsieht –, bekommt es nicht die Übung, die es zum Erlernen wesentlicher Fertigkeiten benötigt. Im allgemeinen ist der Fortschritt des Kindes proportional zu dem Aufwand an Energie und Zeit, die für die schwierige Bodenzeit-Arbeit aufgebracht wird.

Wenn das Kind besser sprechen kann und imstande ist, zwischen einzelnen Ideen Verbindungen herzustellen, ist es wichtig, zusätzlich zu den täglichen Routineaktivitäten realitätsbezogene Gespräche zu führen, die auf das Lösen von Problemen abzielen. Diese Dialoge können von der Schule, von Freunden, von seinen Lieblingsspeisen oder von Spielzeug handeln. Zudem benötigt das Kind Hilfe beim Antizipieren von Schwierigkeiten, die zu einem späteren Zeitpunkt am selben Tag (oder am darauffolgenden Tag) auftauchen können. Die Techniken zur Förderung des logischen Denkens und zum Lösen von Problemen wurden im 12. Kapitel diskutiert. Wenn das Kind in seinem Denken logischer wird, sollten sechs Punkte: Bodenzeit, Zeit zum Problemlösen, Einfühlung in die Perspektive des Kindes, das Unterteilen der Aufgaben in kleine Schritte, das Grenzensetzen und zusätzliche Bodenzeit (falls zusätzliche Grenzen notwendig sind) zum Alltag gehören (siehe 14. Kapitel).

Ebenso wichtig ist es, die Probleme in Angriff zu nehmen, mit denen das nun zunehmend logisch denkende Kind zu kämpfen hat – weil es vielleicht seinen Freunden Spielzeug wegnimmt, ständig seinen Willen durchsetzen möchte, sich an die Eltern klammert, andauernd Forderungen stellt usw. –, indem man mögliche Situationen, in denen das problematische Verhalten auftreten kann, zusätzlich mit dem Kind übt. Vermutlich versuchen die Eltern, bestimmte Situationen zu vermeiden, wie solche, in denen es erforderlich ist, Dinge mit anderen Menschen zu teilen, weil ihr Kind sich damit schwer tut. Doch das führt nur dazu, daß sich das Kind weiterhin ungehörig in der Schule oder beim Spiel mit anderen beträgt, weil hier immer wieder Situationen auftreten, mit denen es nicht umgehen kann. Aber wenn die Eltern zu Hause bewußt ähnliche Situationen schaffen, können sie mit dem Kind zum Beispiel zusätzlich üben, Dinge mit anderen zu teilen oder auch, sich nicht an andere heranzudrängen, sondern eine gewisse körperliche Distanz zu wahren. Dabei können die Eltern problemlösende Strategien anwenden – beispielsweise bestimmte Situationen besprechen und erklären und sie dann üben –, und sie können Strukturen, Grenzen und Ermutigungen vermitteln. Das Wesentliche hierbei ist, die Fertigkeiten, die erlernt werden müssen, in der Behaglichkeit und Sicherheit des häuslichen Umfeldes zu üben. Nicht zu empfehlen ist es hingegen, Situationen auszusparen oder zu erwarten, daß das Kind sich die Fertigkeiten irgendwie, auf magische Weise, selbst beibringt.

Damit förderbedürftige Kinder lernen, beziehungsfähig zu werden, zu kommunizieren und zu denken, benötigen sie häufig zusätzliche Übung (wie in den vorangehenden Kapiteln erläutert). Wenn es dann darum geht, die subtileren Probleme zu meistern – wie das Kontrollieren von Aggression,

Konkurrenzgeist oder Eifersucht oder die Achtung vor anderen –, gelten dieselben Prinzipien der zusätzlichen Übung. Doch anstatt diese neuen Probleme – im Vergleich zu den viel größeren Problemen der Beziehungsfähigkeit, der Kommunikation und des Denkens – als relativ geringfügig erachten, verlieren Eltern und Pädagogen oft den Mut, wenn das Kind, das nun sprechen und Beziehungen herstellen kann, sich nicht immer perfekt und »wohlerzogen« verhält. Hilft man den Kindern, ihre neuen Denk- und Kommunikationsfähigkeiten einzusetzen, mit denen sie dann diese schwierigeren Herausforderungen zu meistern vermögen, vermittelt man ihnen die lebenslange Fähigkeit, Dinge zu bewältigen und zu lernen.

Sobald die Kinder lange, interaktive Sequenzen (komplexe Gebärdenkommunikation) und die unteren Niveaus des Symbolspiels beherrschen oder zielbewußt Wörter verwenden, benötigen sie dringend möglichst viele Gelegenheiten, um ihre Fertigkeiten auch zu üben – und zwar nicht nur mit Erwachsenen, sondern auch mit Gleichaltrigen. Es tut Kindern gut, wenn sie drei- bis viermal in der Woche mit einem Kind spielen, das etwa sein Alter hat, das heißt ein oder zwei Jahre älter oder jünger ist (diese Spielkameraden sollten auf dem gegenwärtigen – oder etwas höheren – Niveau des förderbedürftigen Kindes kommunizieren können). Beginnen Kinder, oft durch Vermittlung der Eltern oder anderer Erwachsener, früh mit Gleichaltrigen zu spielen, hilft ihnen das, ihre neuerworbenen Fertigkeiten unter anderen Rahmenbedingungen zu üben und sich an den Umgang mit Gleichaltrigen zu gewöhnen. Die Tatsache, daß die Kinder zu Gleichaltrigen Beziehungen unterhalten und Freude daran haben, wird ihnen später helfen, Verhaltensnuancen zu entwickeln und ihre interaktiven und geistigen Fähigkeiten weiter zu entfalten.

Auch Geschwister können in das häusliche Förderprogramm einbezogen werden (siehe 17. Kapitel). Eltern sollten sie dabei gegebenenfalls anleiten. Wenn etwa ein förderbedürftiger Dreijähriger noch nicht sprechen kann, sein fünfjähriges Geschwister hingegen komplizierte Symbolspiele spielt und ein sehr gutes Sprachvermögen besitzt, sollten die Eltern das dreijährige Kind in das Spiel einbeziehen, indem sie ihm zum Beispiel helfen, seinen Spielzeuglaster oder seine Puppe zu bewegen, oder mit ihm Verstecken spielen. Bestimmt das Kind, das noch nicht sprechen kann, das Spielgeschehen, so können die Eltern dem älteren Geschwister helfen, eine Straßensperre oder ein anderes Hindernis zu errichten, damit das jüngere die Gelegenheit bekommt, zu verhandeln.

Neben der häuslichen Bodenzeit und dem Spiel mit Gleichaltrigen bildet das Team der Therapeuten einen weiteren Eckpfeiler des umfassenden Förderprogramms; sie arbeiten an verschiedenen Teilleistungen des kindlichen Geistes. Dieses Team kann einen Sprachtherapeuten einbeziehen, der beim rezeptiven und expressiven Spracherwerb behilflich ist. Ein optimales Förderprogramm sollte eine Sprachtherapie einschließen, die mindestens dreimal wöchentlich in halb- bis ganzstündigen Einzelsitzungen stattfindet. Auch kann es notwendig sein, daß ein Beschäftigungstherapeut, der in sensorischer Integration ausgebildet ist, mindestens zweimal wöchentlich mit dem Kind in halb- oder ganzstündigen Sitzungen an seiner sensorischen Modulation, seiner sensorischen Verarbeitung und seiner motorischen Planung arbeitet. Kinder mit gravierenden motorischen Problemen sollten mehrmals wöchentlich mit einem Physiotherapeuten arbeiten. Währenddessen müssen die Eltern Aktivitäten in ihre Bodenzeit einbringen, bei denen Sprache, sensorische Modulation, sensorische Verarbeitung und motorische Planung eine Rolle spielen (siehe zweiter Teil).

Viele Kinder profitieren von einem Integrationsprogramm (siehe 19. Kapitel). Das optimale Integrationsprogramm bietet – neben Maßnahmen für förderbedürftige Kinder – auch den Umgang mit anderen Kindern, die sehr interaktiv und zur spontanen Kommunikation fähig sind. Damit hat das förderbedürftige Kind, wenn es beginnt zu interagieren und zu kommunizieren, gleichaltrige Kameraden, die auf sein Verhalten angemessen reagieren. Werden mehrere Kinder, die unter ein und demselben Problem leiden, in einer Förderklasse zusammengefaßt, so verstärkt sich dieses Problem zuweilen, denn auch wenn ein Kind allmählich imstande ist, zu interagieren, sind in diesem Fall nicht immer andere Kinder da, die diese Interaktion erwidern können. Sehr wichtig sind integrierte Förderprogramme, denn sie befähigen förderbedürftige Kinder, mit anderen Kindern zu interagieren, die nicht förderbedürftig sind oder lediglich Gesundheits- oder Lernprobleme haben (die weder Kommunikation noch Interaktion behindern).

An dieser Stelle sei eine Warnung eingefügt: Ein Integrationsprogramm, bei dem nicht das geeignete Personal eingesetzt wird und welches das Konzept der Integration nur nutzt, um Kosten zu sparen – indem beispielsweise zwanzig Kinder auf zwei Lehrer kommen –, funktioniert im allgemeinen nicht und kann auch nicht wirklich als integriertes Förderprogramm bezeichnet werden. Damit solche Maßnahmen erfolgreich sein können, muß die Anzahl der Kinder gering sein (etwa drei förderbedürftige Kinder zusammen in einer Klasse mit gleichaltrigen nicht förderbedürftigen Schulkameraden). Der Unterricht sollte von speziell ausgebildeten Heilpädagogen abgehalten werden; zudem sollten Sprach- und Beschäftigungstherapeuten entweder während des Unterrichts oder auf Beratungsbasis verfügbar sein.

Ein umfassendes Förderprogramm erfordert viel Zeit und Energie und – wenn die Maßnahmen nicht von der Krankenversicherung getragen oder von der Schule angeboten werden – einen hohen finanziellen Aufwand. Daher müssen Eltern gemeinsam erwirken, daß diese Maßnahmen von der Krankenversicherung bezahlt und die Unterrichtsprogramme vom staatlichen Schulsystem getragen werden. Gewöhnlich übernehmen die Krankenkassen die Kosten für die staatlichen Maßnahmen und die Behandlung für Kinder mit speziellem Förderbedarf nur ungern.

In vielen Städten und Gemeinden bietet das Unterrichtssystem nicht genügend Einzel-Sprachtherapien oder Beschäftigungstherapien an. Langfristig werden Eltern betroffener Kinder nicht umhin können, sich zusammenzutun, um hier Veränderungen in die Wege zu leiten. In der Zwischenzeit können sie ihr eigenes Interventionsteam ins Leben rufen und aufbauen und – mit dem entsprechenden Wissen – als ihre Leiter fungieren. Kern dieses Programms ist auch hier die Bodenzeit, die zu Hause geleistet wird. Obwohl sie viel Zeit und Mühe erfordert, kann sie mit einem relativ geringen finanziellen Aufwand durchgeführt werden (indem man beispielsweise Heilpädagogikstudenten als Hilfskräfte engagiert oder freiwillige Helfer oder nahe oder entferntere Verwandte).

Familien, die nicht in der Lage sind, eine intensive Sprach- oder Beschäftigungstherapie zu finanzieren, oder keinen Zugang zu Fördermaßnahmen haben, können die Hilfe von Therapeuten auf Beratungsbasis in Anspruch nehmen (etwa Therapeuten, die innerhalb des Schulsystems als Berater für häusliche Betreuungsprogramme fungieren). Auf diese Weise können Eltern ihr Kind zusätzlich zu den Bodenzeit-Übungen jeden Tag – oder alle paar Tage – in den Genuß von Sprachtherapie- und Beschäftigungstherapieübungen kommen lassen.

Selbst wenn durch Stadt oder die Gemeinde oder durch unabhängige Verbände optimale Fördermaßnahmen verfügbar sind, obliegt es noch immer den Eltern, ein intensives, umfassendes Programm zu erarbeiten, bei dem ihr Kind viele Stunden täglich die Möglichkeit hat, seine neuen Fertigkeiten zu üben und feste Grundlagen für weitere Entwicklungen zu bilden.

Zusätzliche therapeutische Möglichkeiten

Viele Kinder können von zusätzlichen Therapien profitieren, die auditive Verarbeitung, Aufmerksamkeit, Denkfähigkeiten oder die Regulierung von Verhalten und Stimmung verbessern. Diese Techniken schließen sowohl neue Trainingstechniken als auch eine medikamentöse Behandlung mit ein. Obwohl wir in diesem Kapitel auf die Strategien und Techniken nicht im einzelnen eingehen können, soll hier erwähnt werden, daß es auf den Gebieten der Rehabilitation, der Heilpädagogik und sowie der Sprach-, Beschäftigungs- und Physiotherapien einen bereits bewährten Katalog mit Maßnahmen gibt, die die sprachlichen, kognitiven, sensorischen und motorischen Fähigkeiten verbessern helfen.

Diese neuen Techniken sind dann am hilfreichsten, wenn sie als Teil der intentionalen wechselseitigen Kommunikation genutzt werden. Ein Kind kann Bilder verwenden, um eine Geschichte zu erzählen oder seine Bedürfnisse mitzuteilen. Es kann mit Handzeichen seinen Wunsch nach einem Saft oder nach »mehr« äußern (oder sich damit auch an einem kontinuierlichen wechselseitigen Gespräch darüber beteiligen, wieviel Saft es will, welche Art von Saft usw).

Relativ neue Techniken – von denen manche noch in der Entwicklung begriffen sind – können auditive Verarbeitung, Sprache und Kommunikation verbessern. Darunter sind zwei Arten des *auditiven Integrationstrainings.*[6] Die eine basiert auf der Arbeit von Alfred A. Tomatis; die andere ist eine Kurzform dieses Ansatzes, der auf der Arbeit eines Studenten von Tomatis, Guy Berard, beruht. Obwohl es bislang noch keine ausreichend systematischen Studien über dieses Training gibt, um wirklich sagen zu können, inwieweit es Kindern hilft, berichten Eltern von bedeutenden Fortschritten. Diesen Berichten sowie klinischen Beobachtungen zufolge scheint das auditive Integrationstraining die besten Resultate bei den Kindern aufzuweisen, die eindeutig Schwierigkeiten mit der sensorischen Modulation – wie eine zu starke Reaktivität auf Klänge – und zudem erhebliche Schwierigkeiten mit der auditiven Verarbeitung haben. Einige Eltern berichten von einer zeitweiligen Reizbarkeit ihrer Kinder und, in seltenen Fällen, von anhaltenden Schwierigkeiten mit dieser Methode. Einige Fachleute haben ihrer Sorge darüber Ausdruck verliehen, daß die bei dieser Intervention verwendeten Klangfrequenzen möglicherweise schaden können.

Die folgende Geschichte ist ein Beispiel für ein integriertes Programm, bei dem Bodenzeit, Verhaltensmethoden und einige Veränderungen in der Ernährung kombiniert werden.

Daß Jenny nicht sprach, ja fast keine Laute äußerte und kaum weinte, war für ihre Eltern kein Anlaß zur Beunruhigung, bis sie fast zwei Jahre alt war. Auch andere Kinder in der Familie hatten spät angefangen zu sprechen. Ihre Spielfähigkeit beschränkte sich darauf, daß sie ihr Spielzeug auf verschiedene Weise anordnete. Als sie zwei Jahre alt war, fing sie an, sich selbst im Spiegel zu betrachten, und interessierte sich sehr für ihr Spiegelbild. Danach folgte eine Phase, in der sie viel mit Hüten spielte. Sie setzte sich dabei immer eine Mütze auf den Kopf und schaute daraufhin ihre Barney-Puppe an, die ebenfalls eine Mütze trug. Aber mit der Zeit fingen die Eltern Sandy und Michael doch an, sich Sorgen zu machen; sie beobachteten ihre Tochter genauer, und es fiel ihnen auf, daß sie sich fast immer wegdrehte, wenn sie sie ansprachen, obwohl die Kleine sie aus der Entfernung aufmerksam betrachtete. Sie reagierte weder auf ihren Namen noch auf die Geräusche in der Umgebung. Die Eltern konnten nicht mit Sicherheit sagen, ob sie die Musik der Videofilme, die sie sich anschaute, hörte, aber wenn sie ihr ein Tonband (ohne Bilder) vorspielten, schenkte sie ihm keinerlei Beachtung. In ihrem zweiten Lebensjahr litt Jenny unter mehreren Ohrinfektionen, aber nie wurde ein Hörschaden festgestellt.

Sandy und Michael suchten Rat und Hilfe, und man empfahl ihnen, Jenny sofort in ein interaktives Interventionsprogramm einzuschreiben. Sie entschieden sich für ein privates Förderprogramm, das die Maßnahmen anbot, die ihnen wichtig erschienen. Jenny besuchte nun zweimal wöchentlich eine Sprachtherapie, zweimal wöchentlich eine Beschäftigungstherapie und einmal wöchentlich eine Therapie für interaktives Spielen. Zudem wurde sie in einer örtlichen Vorschule angemeldet, in die sie einige Tage in der Woche ging und eine Einzelbetreuung erhielt, gleichzeitig aber auch mit anderen Kindern Umgang hatte. Beide Eltern nahmen an Therapiesitzungen teil, um zu lernen, wie sie Jenny durch spielerische künstliche Obstruktionen und Blockaden sowie andere sensomotorische Spiele dazu bringen konnten, stärker interaktiv zu werden.

Jenny bemerkte schnell, wenn die Mutter ihr das Spielzeug, das sie selbst in der Hand hielt, wegnahm und darum bat, selbst damit spielen zu dürfen, oder wenn ihr Vater etwas, das sie hielt, mit seinen Händen bedeckte und eine Art Versteckspiel initiierte; aber nachdem sie dann nachgeschaut hatte, verlor sie gewöhnlich das Interesse und drehte sich weg. Sie wurde nicht zornig, sondern wandte ihre Aufmerksamkeit einfach etwas anderem zu – ihre Reaktion bestand darin, sich zu entfernen –, wodurch sie selten mehr als einen Kommunikationskreis schloß. Doch die Eltern beharrten darauf, und allmählich ließ sie mehr Interaktionen zu. Wenn Sandy und Michael sich von ihr leiten ließen – indem sie beispielsweise anboten, Münzen in die Barney-Bank zu werfen oder die Tiere eines Spielzeugbauernhofes nacheinander einen »Hügel« hinunterzurollen –, fing Jenny an, deren Teilnahme am Spiel zu akzeptieren. Aber es war offensichtlich, daß sie selbst weiterhin bestimmte, wie lange sie sich daran beteiligte.

Jenny hatte große Freude an Bewegungen und liebte es, zu schaukeln und zu klettern; dabei lächelte sie immer und wirkte gelöst. Diese Vorliebe schuf eine Menge Möglichkeiten zur Interaktion.

Die auditive Verarbeitung war der Kanal, der bei ihr am meisten blockiert war. Nachdem sie eine ganze Anzahl von Sitzungen für auditives Training mitgemacht hatte, wurde sie aktiver, liebevoller und auch aufgeschlossener für Töne, denn sie reagierte jetzt mehr auf Musik. Man gab ihr Vitaminzusätze, die ihre Organisiertheit zu verbessern schienen, indem sie ihre Aufgewecktheit und Aktivität steigerten. Zur selben Zeit tauchten neue Informationen über die positiven Wirkungen von gluten- und kaseinfreier Ernährung auf, und die Eltern beschlossen auszuprobieren, ob eine veränderte Ernährung Jennys Entwicklung vorantreiben würde. Jede zusätzliche Anstrengung schien zwar ihre allgemeine Organisiertheit, Beziehungs- und Emotionsfähigkeit zu fördern, aber noch immer sprach sie kein Wort, und sie war auch nicht imstande, Dinge mit anderen zu teilen.

In der Sprachtherapie verhielt sie sich kooperativ, aber sie konnte noch nicht mehr als die einfachsten Laute hervorbringen. Ein größerer Einsatz von Zeichen zur Verständigung brachte keinen Erfolg, sie beschränkte sich weiterhin darauf, damit anzuzeigen, daß sie von irgend etwas mehr wollte. Außerdem konnte sie keine Gebärden (Bewegungen) nachmachen, doch sie hatte eine eigene komplexe Gebärdensprache, mit der sie andere wissen ließ, was sie wollte. Sie war auch nicht in der Lage, irgendwelche Töne zu imitieren, obwohl sich einige Verbesserungen in der Rezeption bemerkbar machten. Daher empfahl man den Eltern, ihr Kind an einem Verhaltens- und gleichzeitig an einem Bodenzeitprogramm teilnehmen zu lassen, damit es besser lernte, etwas nachzumachen. Man hoffte, daß dies auch zu einem besseren Spracherwerb führen könnte. Die Verhaltensstrategien sollten über einen kurzen Zeitraum hinweg angewendet werden, um dem Kind zu helfen, Töne und Gebärden zu imitieren. Jenny reagierte mit einem (nicht allzu ernstgemeinten) Protest. Zuerst war sie verwirrt, als man sie anwies, Gebärden nachzuahmen – sie faßte an ihre Nase statt an ihren Kopf, oder sie stampfte mit dem Fuß auf, anstatt in die Hände zu klatschen –, aber sie verstand bald die Anweisungen und ahmte die visuellen Aufgaben ohne Mühe nach. Viele der gestellten Aufgaben machten ihr Spaß, und aufgrund ihrer erkennbaren Fortschritte bekam sie Gelegenheit, die Übungen selbst auszuwählen.

In der Bodenzeit-Spielsitzungen hatte sie die Freiheit, das auszuwählen, was sie gerne tun wollte; außerdem hatte sie Zugang zu allen Materialien, die beim Üben verwendet wurden. Ihre Intelligenz beruhte offensichtlich auf der Geschwindigkeit, mit der sie imstande war, die visuellen Materialen zu benutzen: bestimmte Kategorien einander zuzuordnen, Begriffsgruppierungen vorzunehmen und etwas nachzubauen, was man ihr vorgelegt hatte. Die verbale Imitation erfolgte langsamer, aber auch sie stellte sich ein. Dann ging Jenny vom Nachahmen von Lauten zum Nachahmen von Worten über, obwohl sie, anders als beim kontinuierlichen Nachahmen von anderen visuellen oder visumotorischen Aktivitäten, hier immer einen Anstoß benötigte. Auch ihre symbolischen Darstellungen wurde komplexer. Wenn jemand darauf beharrte, mit ihr zu spielen, war sie nun viel aufgeschlossener und imstande, mehrere Kommunikationskreise zu öffnen und zu schließen, obwohl sie es zumeist dann tat, wenn sie gegen etwas protestierte oder wenn sie jemanden berichtigte und darauf beharrte, ihre eigenen Ideen durchzusetzen. Ihr Spiel war weiterhin vom Anordnen bestimmter Figuren bestimmt. Diese Anordnungen waren recht kompliziert; es war, als habe sie dabei ein Stück aus einer Videoszene oder aus einem Buch vor Augen. Sie verwendete häufig Filmfiguren von Walt Disney und wußte genau, wer wohin gehörte. Sie brachte diese Figuren oder Charakterzüge, die sie darstellten, niemals durcheinander. Doch diese Szenen entwickelten sich nicht weiter und blieben immer gleich.

Auch als Jennys Sprachvermögen Fortschritte machte, bezeichnete sie Gegenstände nicht nach ihren Namen, sondern nach ihren Funktionen. So sagte sie »fahren« statt »Auto« oder »raufsteigen« statt »Treppe«. Ihre Wahrnehmung, wie die Welt funktionierte, spiegelte sich in ihren Bildern wider. Sie begann spontan Bilder zu malen, auf denen eine winzige Person – vermutlich sie selbst – hinter dem Steuerrad eines Wagens mit riesigen Rädern saß. Dann malte sie andere Szenen aus ihrem Leben, in denen ein Kind vielleicht eine Rutschbahn hinunterrutschte oder etwas aß. Sie durchlief Phasen, in denen sie viele ähnliche Bilder malte, und ging danach zu einer neuen Szene über. Später fing sie an, kompliziertere Szenen auf einen einzigen Papierbogen zu zeichnen, so daß auf verschiedenen Stellen des Papierbogens unterschiedliche Aspekte ein- und derselben Erfahrung dargestellt waren (beispielsweise alles, was sie auf dem Spielplatz getan hatte). Als nächstes schuf sie eine ganze Bilderserie, um eine Geschichte zu erzählen. Ihre Bilder spiegelten jeweils ihre wirklichen Erlebnisse und die Beobachtungen wider, die sie in ihrer Umwelt machte.

Während sie in ihrem Sprachvermögen keine großen Fortschritte aufwies und weiterhin Anstöße benötigte, ermöglichte es ihr beachtliches Zeichentalent, ihre Gedanken, die Wahrnehmung ihrer Erlebnisse und ihr komplexes kognitives Verständnis bildhaft auszudrücken. Ihre Vorschulkameraden fühlten sich von ihren herausragenden Fähigkeiten angezogen. Sie war imstande, zusammen mit ihnen raffinierte Spiele zu spielen, wenn ihr Betreuer einige Übungen und Spiele einbrachte, mit denen sie sich schon zu Hause beschäftigt hatte.

Als sie etwa fünf Jahre alt war, machte man wegen der anstehenden Schuleinstufung einen IQ-Test. Sie schloß dabei erstaunlich gut ab und erreichte ein Leistungsergebnis von 115 Punkten, womit sie im Durchschnitt lag. Sie war imstande, alle verbalen Aufgaben zu bewältigen, bei denen eine visuelle Hilfe geboten war, wie die leichteren Aufgaben zum abstrakten Denken, zum Vokabular und zum allgemeinen Wissen. Sie hatte großen Spaß an ihrer eigenen Produktivität. Es fiel ihr auch nicht schwer, sich bei der lange dauernden Einstufungsprozedur kooperativ zu verhalten, solange man ihr die Pausen gewährte, die sie benötigte, um zu springen oder herumzulaufen.

Obwohl sie zunehmend geschickter darin wurde, soziale Skripte auswendig zu lernen, wenn man sie dazu aufforderte und mit Bildern darauf hinwies, waren die Eltern noch immer besorgt wegen ihres langsamen Fortschritts im spontanen Sprechen und ließen sich daher erneut beraten, um herauszufinden, ob man ihre Fähigkeit, verbal zu kommunizieren, irgendwie zusätzlich fördern konnte. Sie erhöhten die Anzahl der spontanen, spielerischen Interaktionen und versuchten, wenig flexible Interaktionsarten möglichst zu reduzieren. Außerdem ließen sie ihre Tochter auch medikamentös behandeln, damit sie anpassungsfähiger, ruhiger und konzentrierter wurde. Eine danach erfolgte neuerliche Untersuchung ergab, daß Jenny sich in ihren Emotionen und ihrer Beziehungsfähigkeit ziemlich rasch weiterentwickelt hatte. Ihr symbolisches Spiel verbesserte sich sprunghaft. Sie beschrieb nun, wie ihre Szenen aussehen sollten, und verhandelte spontan mit Worten über die Veränderungen, die sie anstrebte.

Alle waren überglücklich über Jennys begeistertes Engagement, das sie beim Kontaktknüpfen und in der Interaktion mit anderen an den Tag legte. Es kam jetzt vor, daß sie ein anderes Kind bei der Hand nahm und zu ihren Spielsachen führte. Als ihre Therapeutin sie einmal daheim besuchte, machte sie mit ihr eine »Besichtigungstour« durchs ganze Haus. Obwohl sie noch nicht fähig war, in Worten auszudrücken, wie glücklich sie sich fühlte, strahlte sie vor Freude und zeigte damit ganz deutlich, wie sehr ihr bewußt war, daß es sich dabei um ein ganz besonderes Ereignis handelte.

Medikamentöse Behandlung

Seit vielen Jahren weist man der Rolle, die die medikamentöse Behandlung von förderbedürftigen Kindern spielt, eine gewisse Bedeutung zu. Ehe eine medikamentöse Behandlung erwogen wird, sollte unbedingt eine umfassende Untersuchung und Diagnosestellung vorgenommen werden, zu der auch die Anfertigung eines Profils gehört, das die individuellen Eigenheiten des Kindes und seine Entwicklung berücksichtigt. Danach sollte ein Interventionsprogramm konzipiert werden, das die Details für die häusliche Bodenzeit, fachspezifische therapeutische und heilpädagogische Maßnahmen miteinander kombiniert. Nach einer angemessenen Zeitspanne – oft mindestens sechs bis acht Monate – sollte die Lernkurve des Kindes geprüft und im Hinblick auf bestimmte Schwierigkeiten, die einen optimalen Lernprozeß beeinträchtigen können, unter die Lupe genommen werden. Gegebenenfalls kann man dann eine medikamentöse Behandlung in Erwägung ziehen. Es erheben sich dabei folgende Fragen: Kann einem Kind, das an seinen Problemen mit der auditiven Verarbeitung und der motorischen Planung arbeitet und noch immer sehr ablenkbar ist, mit der Verabreichung von Medikamenten dazu verholfen werden, sich zu konzentrieren und aufmerksamer zu werden? Und wie ist es bei einem Kind, mit dem seine Eltern mit viel Mühe eine innige und vertraute Beziehung aufbauten und das sich beruhigen läßt, wenn es aufgeregt und überlastet ist, aber trotz all ihrer Anstrengungen weiterhin starken Stimmungsschwankungen unterworfen und nicht imstande ist, sein Verhalten zu regulieren und zu kontrollieren? (Auch in solchen Fällen ist es übrigens oft zweckmäßig, die Ernährung zu prüfen, ehe man biomedizinische Interventionen erprobt (siehe Anhang B).

Erwägt man den Einsatz von Medikamenten, so ist es unbedingt erforderlich, sich mit einem Arzt (einem Kinderpsychiater, einem Entwicklungs- oder Verhaltenstherapeuten für Kinder oder einem auf Kinder spezialisierten Neurologen) zu beraten, der Erfahrung mit dem Krankheitsbild und der Altersgruppe des kleinen Patienten hat.[7] Auch müssen sich die Eltern über die mit einer solchen Behandlung verbundenen Probleme im klaren sein. Manche Arzneien, die bei förderbedürftigen Kindern eingesetzt werden, enthalten die stimulierenden Drogen Ritalin und Dexedrin, die konzentrations- und aufmerksamkeitsfördernd wirken. Antidepressiva – vor allem solche, die den Serotoninspiegel senken – wie Prozac, Paxil und Zoloft –, können dazu beitragen, repetitives oder zwanghaftes Verhalten oder Angst zu verringern, und sollen einigen Berichten zufolge die akustische Verarbeitung und die sprachliche Entwicklung erleichtern. Medikamente wie Klonidin werden eingesetzt, um Überempfindlichkeit, Störungen der Reaktivität und Angst zu reduzieren. Krampflösende Mittel und Steroide verwendet man bei Kindern mit bestimmten Gehirnströme-Mustern (die ein Elektroenzephalogramm wiedergibt).[8] Starke Beruhigungsmittel wie Mellaril und Risperidon verabreicht man bei schweren Verhaltensproblemen oder Denkstörungen.

Alle diese Medikamente können schwere Nebenwirkungen haben und sind imstande, die kognitive, emotionale und soziale Funktionsfähigkeit sowohl zu beeinträchtigen als auch zu verbessern. Daher sollte man – mit Hilfe einer Beobachtungszeit – unbedingt ein Profil der verschiedenen Fähigkeiten des Kindes in der Schule, zu Hause und in anderen Umgebungen zur Verfügung haben, damit die Behandlung im Hinblick darauf, wie sie in verschiedenen Funktionsbereichen und in unterschiedlichen Rahmenbedingungen auf das Kind wirkt, festgesetzt werden kann. Manche Kinder werden beispielsweise von Ritalin oder Dexedrin günstig beeinflußt, wohingegen andere zwar nach der Behandlung in der Schule besser aufpassen und sich konzentrieren können, ihr emotionales Spektrum sich aber – ebenso wie ihr Feingefühl, ihre Spontaneität, Flexibilität und ihre interaktiven Fertigkeiten – verringert; dadurch ist dann auch ihre Fähigkeit, anspruchsvolle kognitive Fertigkeiten und abstrakte Gedankenmuster zu erlernen, vermindert. Manche Kinder werden durch diese Medikamente auch reizbar und bekommen Schlafprobleme.

Ebenso werden nicht wenige Kinder, denen man Prozac verabreicht (ein Mittel, das sich zunehmender Beliebtheit erfreut), reizbar, impulsiv oder enthemmt. Gleichzeitig können sich jedoch ihr Sprachvermögen und ihre Fähigkeit zur Konzentration und Aufmerksamkeit verbessern. Wir stehen also vor einem Dilemma. Allerdings konnten wir feststellen, daß manche Kinder auch von Medikamenten wie Prozac profitieren können, wenn die Dosen sehr gering gehalten werden. Oft werden ein bis drei Milligramm von einem Kind gut vertragen, wohingegen fünf, sechs oder sieben Milligramm – für einen Erwachsenen eine kleine Dosis – bereits zu Aufregungszuständen führt. Prozac sollte also in sehr kleinen Dosen verabreicht werden, wobei man mit einem Milligramm oder weniger (einem viertel Kubikzentimeter bei Verabreichung in flüssiger Form) anfangen und die Dosis sehr langsam und unter sorgfältiger Beobachtung steigern. Oft ist es am besten, dann aufzuhören, wenn eine therapeutische Besserung erreicht worden ist, und nicht etwa zu versuchen, einen optimalen Zustand zu erzielen. Für manche Kinder ist das therapeutische Fenster sehr eng, so daß sie oft in starke Erregungszustände geraten, wenn man einen optimalen Zustand anstrebt.

Einige Mediziner haben über vorteilhafte Wirkungen von krampflösenden Medikamenten wie Depakot und Tegretol berichtet, vor allem wenn die Enzephalogramm-Ergebnisse des Kindes abnorm sind. In letzter Zeit sind Steroide, wie Prednison, bei Kindern angewendet worden, die ein bestimmtes klinisches Syndrom, das sogenannte Landau-Kleffner-Syndrom, aufweisen.[9] Bei diesem Krankheitsbild hat das Kind einige sprachliche Fähigkeiten, die jedoch nach dem 18. Lebensmonat verlorengehen, zudem subtile Muster der Gehirnströme, die zu entdecken es manchmal eines 24stündigen Enzephalogrammns bedarf. Doch nicht nur die Gruppe der Kinder, die in dieses Bild passen, reagiert positiv auf Steroide. Manche Kinder, die kein anomales Enzephalogramm aufweisen, reagieren ebenfalls positiv darauf. Kliniker sind dabei, verschiedene Muster der Verabreichung von Steroiden zu erproben; das reicht von täglichen, über mehrere Monate gleichbleibenden Gaben bis hin zu höheren Dosen (einmal wöchentlich).

Auch der Einsatz starker Beruhigungsmittel, wie Risperidon, nimmt zu. Manche Kinder, denen solche Medikamente verabreicht werden, verlieren das Gefühl für sich selbst (man spricht zuweilen von Depersonalisation) und zeigen ein schmaleres Spektrum und weniger Nuanciertheit in ihrem emotionalen Ausdruck und in ihrer Kreativität. Es ist auch schon beobachtet worden, daß das Denken der Kinder dadurch fragmentiert wurde.[10]

Bei förderbedürftigen Kindern, denen Psychopharmaka verabreicht werden, stellt man oft ein beunruhigendes Phänomen fest: Manchmal scheint das erste Medikament, das man einsetzt, zu helfen, es bringt jedoch unerwünschte Nebenwirkungen wie Erregtheit oder Aufgedrehtsein mit sich. In manchen Fällen fügt man dann, anstatt die Dosis zu verringern oder auf ein anderes Medikament umzusteigen, ein weiteres Medikament hinzu, um diese Angst oder Erregtheit zu verringern. Ist das Kind damit zu sehr ruhiggestellt, verabreicht man noch ein drittes Medikament. Wir haben eine ganze Anzahl von Kindern gesehen, die drei oder mehr Medikamente einnahmen. In mehreren Fällen führte das allmähliche Absetzen der Medikamente zu einem bedeutend besseren Ergebnis. Jedes Medikament schien die negativen Wirkungen der anderen zu verstärken: Das erste Mittel erzeugte Erregtheit, das zweite rief durch seine Substanzen zur Verringerung der Erregtheit eine Verringerung der kognitiven Fähigkeiten hervor, und das dritte führte zu einer Fragmentierung des Denkens.

Da mehrere gleichzeitig eingenommene Medikamente manchmal das Krankheitsbild verzerren – wodurch die Fähigkeiten des Kindes verschleiert werden –, ist es wichtig, beim Auswählen eines Medikaments sehr überlegt vorzugehen. Wenn möglich sollte immer nur ein Medikament auf einmal verabreicht werden. Wird ein zweites Medikament hinzugefügt, sollte dies mit viel Umsicht geschehen, und die Fähigkeiten des Kindes sollten in seinen diversen Funktionsbereichen beobachtet werden, damit gewährleistet ist, daß wesentliche Vorteile ohne nennenswerte Nachteile damit einhergehen. Die Funktionsbereiche, die beim Einschätzen der Wirksamkeit eines Medikaments oft nicht ausreichend beobachtet werden, sind die subtileren Bereiche: die Qualität der Beziehungsfähigkeit des Kindes, die Subtilität seiner emotionalen Ausdruckskraft, die Geschwindigkeit, mit der es emotionale Hinweise verarbeiten kann, und seine Kreativität oder seine symbolischen Fähigkeiten, die in seinem Symbolspiel zum Tragen kommen, sein Sinn für Humor sowie das Spektrum und die Wahl seiner Worte. Diese subtilen Fähigkeiten müssen beobachtet werden – zusammen mit dem Aufmerksamkeitsgrad des Kindes und seiner Eignung, Aggression, Depression oder Erregtheit zu kontrollieren; diese sind häufig die Gründe für den Einsatz des Medikaments.

Wenn man vor der Entscheidung steht, ob man eine medikamentöse Behandlung einleiten möchte, ist es wichtig, die Sensibilität des Kindes in seinen Beziehungen innerhalb der Familie, in der Schule oder im Zusammensein mit Freunden (oder im weiteren Umfeld) zu berücksichtigen. Angst- oder Wutgefühle, große Lärmbelastung, Unvorhersehbarkeit, Unsicherheit, Einsamkeit, Mangel an Organisation oder allzu große Kontrolle können äußerst emotionale Reaktionen auslösen, denen man am besten beikommt, indem man an dem Muster arbeitet, welches das Problem verursacht. Es ist wichtig, das emotionale Umfeld des Kindes in bezug auf seine individuellen Empfindlichkeiten und sein spezielles Profil zu beobachten. Man ist leicht versucht, Medikamente einzusetzen, um dem Kind zu helfen, sich an die Familie oder die Erziehungsmuster oder die Umgebung anzupassen, obwohl sie ihm nicht unbedingt guttun, anstatt eben diese zu ändern. Medikamente wirken nicht so selektiv, wie wir es gern hätten; sie beeinflussen nicht nur das Zielsymptom. Um das Kind in seiner Entwicklung zu fördern, sollte man viel eher versuchen, die Beziehungen und das Umfeld des Kindes so günstig wie möglich zu gestalten.

Mit diesen kurzen Erläuterungen über medikamentöse Behandlungen ist die Diskussion über das Thema keinesfalls erschöpfend behandelt. Sie stellen lediglich einige Richtlinien dar. Eltern sollten sich genau über jedes Medikament informieren, das erwogen wird, nicht nur, indem sie sich von dem behandelnden Arzt beraten lassen, sondern ebenso durch das Lesen von einschlägiger Literatur über die Vorteile, Nebenwirkungen und Risiken. Bei der Einschätzung der Vorteile und Risiken müssen die Eltern als engagierte und aufmerksame Beobachter auftreten.

19 Schule und Mitschüler

Die Schule Ihres Kindes wird eine bedeutende Rolle in seinem Interventionsprogramm spielen. Daher ist es wichtig, die richtige zu finden. Sobald Ihr Kind alt genug ist, um für die Vorschule angemeldet zu werden, sollten Sie diese Möglichkeit nutzen, damit es mit anderen Kindern zusammenkommt. Wenn es zu Ihnen bereits eine gute Beziehung hat, mit Ihnen interagiert und außerdem in der Lage ist, viele Kommunikationskreise hintereinander zu öffnen und zu schließen, ist es vermutlich geeignet dazu. Bei der Überlegung, ob es wohl schon reif dafür ist, mit Gleichaltrigen zu verkehren, sollte seiner Fähigkeit zur Interaktion mehr Relevanz zukommen als seiner verbalen Fähigkeit. Als Schulkind wird es den Vorteil haben, in einem vertrauten Rahmen mit immer denselben Kindern zusammenzusein (und außerdem mit Lehrern, die das Kind bald gut kennen werden). Ziel für alle (förderbedürftigen wie nicht förderbedürftigen) Kinder ist es, zu lernen, wie man interagiert und mit anderen Kindern in einer Gruppe in Beziehung tritt. Auch Ihr Kind sollte diese Chance erhalten, sobald es mit Ihnen (oder mit einer anderen betreuenden Person) interaktiv ist. Unter Umständen lernt es diese Fertigkeiten ganz allmählich, zuerst vielleicht nur mit einem anderen Kind (wobei Sie oder ein Lehrer ihm möglicherweise helfen müssen). Im Laufe der Vorschuljahre lernt es dann, wie andere Kinder denken und fühlen, wie man verhandelt und seine Gedanken mitteilt, wie man soziale Interaktionen beginnt und beendet und wie man Freundschaften schließt. Ein langfristiges Ziel besteht darin, das Kind dazu zu bringen, warmherzig, spontan und selbstsicher zu interagieren, und dazu benötigt es Übung.

Die richtige Schule wählen

Beim Auswählen einer Schule sind mehrere wichtige Faktoren zu beachten:

- Wie rigide ist die Unterrichtsgestaltung? Werden die Aktivitäten im allgemeinen den Kindern zugewiesen, oder erlaubt man ihnen auch, ihren eigenen Initiativen nachzugehen? Wieviel Zeit gesteht man ihnen für das freie Spiel zu?

- Wie individuell wird die Lehrstoffvermittlung gestaltet? Nehmen die Lehrer Rücksicht auf die spezifische Lernmethode eines jeden Kindes? Vermitteln sie den Kindern die Fähigkeit, auf verschiedene Arten zu lernen (visuell-gestisch, auditiv-verbal, taktil und kinästhetisch)?
- Trägt man den Regulierungsfähigkeiten des Kindes Rechnung? Wie schon an früherer Stelle erläutert, unterscheiden sich Kinder sehr in ihrer Fähigkeit, Aufmerksamkeit und Verhalten zu regulieren. Sie können sensibel auf ihre Umgebung reagieren, je nach dem, wie laut, hell, geschäftig, (mit Menschen oder Dingen) überfüllt oder visuell stimulierend sie ist. Eine bestimmte Umgebung kann auf ein Kind unterstützend, auf ein anderes überwältigend wirken. Werden Hilfen bei der Eingewöhnung in den Schulalltag gegeben, und wird es dem Kind leicht gemacht, sich anzupassen?
- Ermöglicht die Zusammensetzung der Klasse angemessene Aufmerksamkeit, angemessenes Engagement und angemessene Interaktion? Gibt es genug Lehrpersonal?
- Wie sieht der Lehrplan der Schule aus? Ist es ein auf dem Spiel basierendes, entwicklungsorientiertes Programm, das sich an den jeweiligen Entwicklungsniveaus der Kinder orientiert? Wird beim Spiel besonderen Wert auf rein mechanische Fertigkeiten oder auf Denkfähigkeiten gelegt? Fördern die Lehrer das emotionale Denken? Verstehen sie die Beziehung zwischen Emotionen, Kognition und Kommunikation?
- Setzen sich die Lehrer auf den Boden, um mit den Kindern zu spielen und zwischen ihnen Interaktion zu fördern?

Obwohl die meisten Schulen versuchen, einen entwicklungsfördernden Unterrichtsrahmen zu schaffen, gelingt dies nicht allen. Einige, häufig anzutreffende Gründe dafür sind folgende: Viele Schullehrpläne sind nicht in ausreichendem Maß auf die individuelle Betreuung der einzelnen Kinder zugeschnitten. Man erwartet, daß das Kind sich dem Lehrplan anpaßt, anstatt den Lehrplan dem Kind anzupassen. Ein förderbedürftiges Kind besitzt nicht immer die Flexibilität, sich anzupassen, weil es die dafür erforderlichen Fertigkeiten noch nicht entwickelt hat. Wenn es der Schule nicht gelingt, den individuellen Eigenheiten des Kindes Rechnung zu tragen und auf sein Entwicklungsniveau einzugehen, besteht die Gefahr, daß sie genau das Verhalten, das sie zu ändern hofft, verstärkt. Wenn Kinder sich nicht anpassen können, werden sie rigide, ängstlich, aggressiv, oder sie fühlen sich anderweitig überwältigt von Anforderungen, denen sie noch nicht gerecht werden.

Schulen unterscheiden sich ganz erheblich in ihren Erwartungen an das Verhalten der Kinder. Die eine Schule vertritt vielleicht die Ansicht, dem Kind solle so viel Zeit zugestanden werden, wie es benötigt, um sich an die neue Situation zu gewöhnen (wobei die zahlreichen Übergangsphasen berücksichtigt werden). Die Lehrer beobachten und unterstützen die Anstrengungen des Kindes und helfen ihm, Erfolg zu haben. Eine andere Schule hingegen vertritt das Grundprinzip, ein Kind müsse so schnell wie möglich alle Routinen und Regeln lernen.

Manche Schulen haben sehr strikte Lehrpläne. Sie verlangen, daß alle Kinder in einer Klasse dasselbe tun, und bieten einem Kind, das individuelle Entwicklungsmuster hat, keine auf seine Persönlichkeit abgestimmten Erfahrungen. Das klassische Beispiel ist die Arbeit im Kreis, bei der das Kind, das noch nicht imstande ist, auch nur mit einer einzigen Person in Beziehung zu treten, angewiesen wird, sich mit einer ganzen Gruppe in einen Kreis zu setzen, und man erwartet, daß es sich ruhig und aufmerksam verhält. Unter Umständen bewältigt das Kind den dadurch verursachten Streß, indem es mit den Armen rudert, Krach macht, sich die Ohren zuhält, ein anderes Kind stößt oder wegrennt. Es versucht, die überwältigende Erfahrung dadurch auszublenden, daß es sich noch mehr als sonst in sich selbst zurückzieht; oder es nimmt in rein mechanischer Weise an der Gruppenübung teil.

Befürworter der Arbeit im Kreis behaupten, jedes Kind müsse lernen, in einer Gruppe zu sitzen und aufmerksam zu sein; dies seien Fertigkeiten, die ein Kind in der Schule braucht. Doch jede Aufgabe sollte in ihrer entwicklungsmäßigen Reihenfolge bewältigt werden. Ein Kind kann erst mit einer Gruppe von sechs Personen in eine Beziehung treten, nachdem es gelernt hat, mit einer einzigen Person Kontakt herzustellen (um dann vielleicht zu einer Gruppe von drei Personen überzugehen). Verlangt man von ihm, an der Arbeit im Kreis teilzunehmen, so ist das so, als verlange man von ihm, zu lesen, ehe man ihm das Alphabet beigebracht hat.

In manchen Vorschulen, in denen man den verschiedenen Entwicklungsstadien Rechnung trägt, wird die Arbeitszeit im Kreis für die jüngeren Kinder nur sehr kurz gehalten und entsprechend ihren zunehmenden Lern- und Beziehungsfähigkeiten verlängert. Einige dieser Lehrpläne werden sehr flexibel bei Kindern gestaltet, die mehr von interaktiven Erfahrungen mit nur einer Person profitieren. Manche Institutionen für förderbedürftige Kinder beharren jedoch auf längeren Kreisarbeit-Sitzungen, selbst bei Kindern, die noch nicht bereit sind, auf diese Weise zu lernen. Einige verwenden sogar Sitzgurte, oder es setzt sich ein Lehrer hinter das Kind, um sicherzustellen, daß es nicht wegläuft. Man hofft, das Kind werde, falls man es dazu bringen kann, aufzupassen, einiges von dem behandelten Stoff im Gedächtnis behalten. Leider berücksichtigt man dabei weder die Relevanz des Stoffs für das Kind noch dessen spezifische Art des Lernens.

In manchen Klassen können sich Kinder befinden, die sehr ängstlich oder aggressiv sind oder wenig Selbstkontrolle besitzen. Werden diese Kinder mit anderen Kindern zusammengebracht, die leicht zu erschrecken oder sehr zurückgezogen sind, besteht die Gefahr, daß die passiveren Kinder sich überwältigt fühlen. Anstatt aufzublühen und Kommunikation zu lernen, ziehen sie sich möglicherweise aus Selbstschutz zurück. Zudem haben die Lehrer wegen der anstrengenderen Kinder oft alle Hände voll zu tun, so daß die zurückgezogenen Kinder sich selbst überlassen bleiben.

Vielleicht besteht das größte Problem bei der Zusammenstellung einer Klasse darin, daß die Schüler oft mit Kameraden gruppiert werden, die auf ähnliche Weise förderbedürftig sind; so kommt es zum Beispiel häufig vor, daß acht unkommunikative, zurückhaltende und desorientierte Kinder in einer Klasse sind. Verständlicherweise wird es nur wenig Interaktion zwischen ihnen geben; macht ein Kind dann plötzlich große Fortschritte in Gebärdenkommunikation, wird es von seinen Mitschülern kaum Rückmeldung erhalten. Aufgrund dieser fehlenden Rückmeldung ist die noch instabile neue Fähigkeit des Kindes gefährdet. Taucht das Kind nicht in eine kommunikative Welt voller Kinder ein, die auf andere zugehen, interagieren, sich am Symbolspiel beteiligen und sprechen, wird es nicht genügend Gelegenheiten haben, um seine entscheidenden frühen Lektionen zu lernen, in denen es darum geht, beziehungsfähig zu werden, zu kommunizieren und zu denken.

Heute gibt es mehr Gelegenheiten, förderbedürftige Kinder in Integrationsklassen aufzunehmen – Klassen, in denen speziell und herkömmlich ausgebildete Lehrer zusammenarbeiten, um das Kind sowohl zu integrieren als auch seinen individuellen erzieherischen Bedürfnissen gerecht zu werden. Ein geeignetes Erziehungsprogramm sollte folgendes aufweisen:

- *einen entwicklungsorientierten und auf individuelle Eigenheiten abzielenden Ansatz oder eine Methode, die bei jedem Kind den seiner Entwicklung gemäßen Fortschritt fördert, der mit beiderseitiger Aufmerksamkeit, Engagement und interaktiver Gegenseitigkeit beginnt.* Lehrer müssen unbedingt diese fundamentalen Fähigkeiten fördern, denn damit legen sie die Grundlage für die gestische und verbale Kommunikation sowie für das Symbolspiel. Auch ist es ganz wesentlich, die Verarbeitungsfähigkeiten eines jeden Kindes festzustellen, damit die Lehrer berücksichtigen können, wie das Kind mit Geräuschen, visuellen Eindrücken, Berührungen und Bewegungen umgeht und wie es Handlungen plant.

- *einen Ansatz, der die allgemeinen Prinzipien für die Bodenzeit, wie sie in diesem Buch beschrieben wurden, enthält.* Ganz gleich, welchen Namen das Programm trägt, es sollte sich nach dem Kind richten, an seinen Emotionen und Interessen orientiert sein und Kommunikationskreise öffnen und schließen. Dieser Ansatz macht das Lernen des Kindes bedeutungsvoll; zudem fördert es seine Initiative und Zielbewußtheit und stärkt seine Fähigkeit, aus alltäglichen Erfahrungen zu lernen.
- *Lehrer, die wissen, wie man Beziehungen mit Kindern, die bedeutende Entwicklungsverzögerungen aufweisen, eingeht.* Jedes Kind muß in Interaktionen gelockt werden.
- *Lehrer, die auf die individuellen Eigenheiten eines jeden Kindes achten und die Strategien, mit denen es sich selbst beruhigt, respektieren.* So sollte dem Kind unter Umständen erlaubt werden, vor Beginn des Unterrichts zu schaukeln, seinen Teddybär im Arm zu halten oder auch sich hin- und herzuwiegen und zu springen, falls es ein Bedürfnis danach verspürt.
- *kleine, von Erwachsenen geführte Gruppen.* Kinder mit Entwicklungsproblemen benötigen vor allem Interaktionen mit den Lehrern und mit ihren Schulkameraden. In einer großen Gruppe ziehen sie sich vielleicht ganz einfach zurück. Ein Lehrer, der häufig mit zwei oder drei Kindern arbeitet, gibt ihnen Sicherheit und fördert die Interaktion zwischen den Kindern. Außerdem sollen sich die Lehrer auf den Boden setzen und mit den Kindern spielen.
- *eine Umgebung, die es erlaubt, daß speziell ausgebildete Betreuer sich immer einem einzelnen Kind widmen.* Betreuer spielen eine Doppelrolle: Sie helfen den Kindern, den Lernstoff oder geistige Arbeiten zu bewältigen, die ihnen angemessen sind, und arbeiten dabei an deren Entwicklungsphasen und -stufen. Sie nutzen jede Aktivität als Gelegenheit zur Interaktion und zum Verhandeln von neuen Entwicklungsstufen.

Sie arbeiten mit Kindern daran, wie man im Unterricht lernt. Ein Betreuer sitzt nicht einfach hinter dem Kind und spornt es an, in der Schule mitzuarbeiten. Ihm obliegt es vielmehr, die schulischen Aufgaben in Chancen für Interaktionen umzuwandeln, so daß das Kind zwei Fertigkeiten auf einmal lernt.

Jüngeren Kindern sollte der Betreuer (zusammen mit den Lehrern) helfen, die Interaktion mit anderen Schülern zu fördern. Er kann dem jeweiligen Kind zeigen, wie es in sensomotorischen Spielen mit anderen Kindern in Kontakt tritt oder zusammen mit anderen Kindern schaukelt, Ball spielt, Seifenblasen macht, mit Bauklötzchen etwas baut oder Fangen und Verstecken spielt. Etwas älteren Kindern sollte der Betreuer die Anfänge des Symbolspiels vermitteln; er sollte sich dabei von dem Kind leiten lassen. Wenn das Kind die Entwicklungsleiter nach oben klettert, wird der Betreuer ihm nach und nach helfen, komplexere und kompliziertere Ideen mit anderen zu entwickeln. Falls während des Unterrichts Lerngruppen gebildet werden, sollte der Betreuer ihm helfen, mit den anderen Schülern zusammenzuarbeiten, damit es die gestellten Aufgaben erfüllen kann. Das Kind wird dadurch lernen, die einzelnen Schritte der anderen Kinder zu registrieren und Probleme zu lösen, und zudem die Freude über das Bewältigen der Aufgaben mit ihnen teilen.

Älteren Kindern hilft der Betreuer, die Aufgaben auf ihre entwicklungsgemäßen Fähigkeiten abzustimmen. Wenn ein Kind zum Beispiel Zahlen addiert, kann er ihm helfen, sich die Mengen vorzustellen, indem er ihm Karten mit Punkten zeigt. Der Betreuer kann das Kind auch dazu anleiten, gemeinsam mit anderen Schülern die Hausaufgaben zu machen, damit seine Interaktionsfertigkeiten gefördert werden.

- *Richtlinien, die Eltern zum Engagement ermutigen.* Häufig versuchen Schulen, unabhängige Verhaltensweisen bei Kindern zu unterstützen, noch ehe diese dazu imstande sind; sie trennen die Kinder von ihren Eltern, bevor diese richtig gelernt haben, Beziehungen herzustellen. Eine Schule sollte den Eltern erlauben, am Unterricht teilzunehmen, selbst wenn das in den schulischen Richtlinien nicht eigens festgeschrieben ist. Wenn die Probleme des Kindes es wünschenswert machen, daß die Eltern sich engagieren, dann wird ihre Teilnahme am Unterricht die Beziehung zwischen Kind und Eltern stärken und dem Kind zudem beim Lernen helfen.
- *Aufgeschlossenheit für die Vorschläge der Eltern.* In der Schule wie auch im

Kontakt mit den Therapeuten müssen die Eltern sich proaktiv verhalten. Sie sollten der Schule persönlich mitteilen, was ihr Kind benötigt. Möglicherweise sind die Lehrer nicht mit den einzelnen Entwicklungsstufen vertraut, aber sie sollten wissen, daß es für das Kind wichtiger ist, zu interagieren als selbständig zu arbeiten und zu spielen. Die Eltern müssen den Lehrern zeigen, wie sie zu Hause mit ihrem Kind arbeiten, und die Lehrer dann bitten, ebenso zu verfahren. Wenn ihr Kind in eine höhere Klasse kommt, sollten die Eltern die Schule bitten, jedes Fach interaktiv zu gestalten. Lernt das Kind lesen, wäre es ratsam, zu erörtern, wie die Schule ihm – falls dies nötig ist – bei der auditiven Verarbeitung helfen kann. Sie sollten gegebenenfalls darauf bestehen, daß genügend Zeit darauf verwendet wird, ihrem Kind bei der Verarbeitung des Gelesenen zu helfen. Stellt man ihm Fragen wie etwa: »Wohin ist der Junge gegangen? Warum ist er dorthin gegangen? Was ist dann geschehen?«, verwickelt man es nicht nur in eine Interaktion, sondern ermuntert es auch, zu interpretieren, was es gerade liest, die Informationen zu sequenzieren, darüber nachzudenken und sich das Gelesene wieder ins Gedächtnis zu rufen. All dies sind grundlegende Fertigkeiten, die viele Kinder mit Entwicklungsstörungen oft einfach deswegen nicht erlangen, weil sie sich anfänglich einfach auf das Lesen von ihnen bekannten Texten verlassen haben – deren »Bild« sie sich einprägten –, wobei sie die Buchstabenanordnungen auswendig lernten. Wenn das Kind Rechnen lernt, sollten die Eltern die Schule bitten, mit dem Kind verbales Problemlösen zu üben und dabei Bauklötze oder visuelle Darstellungen von Mengen zu verwenden. Beim verbalen Problemlösen sollten die Lehrer – falls es kreatives Denken erfordert – interagieren. Sowohl die Eltern als auch die Schule müssen emotional anregende Situationen erfinden, um dem Kind zu zeigen, wie es zum Beispiel eine halbe oder eine viertel Pizza verlangt, oder ihm begreiflich machen, warum ein Junge in einer Geschichte böse auf seinen Vater war, indem man das Kind fragt: »Warum wärest du wohl böse auf deinen Vater?« Wenn das Kind solche Fertigkeiten übt, hat es eine größere Chance, sich zu einem abstrakten und flexiblen Denker zu entwickeln. Erlaubt man ihm jedoch, die Schuljahre in mechanischer, nicht interaktiver Weise zu durchlaufen, bildet es vielleicht niemals die Fertigkeiten des kreativen Denkens heraus, die es benötigt.

- *einen integrierenden Unterrichtsrahmen, in dem förderbedürftige und nicht förderbedürftige Kinder gemeinsam unterrichtet werden.* Viele Schulen bieten jetzt Integrationslehrpläne an, bei denen traditionell ausgebildete Lehrer und Sonderpädagogen zusammen in derselben Klasse arbeiten. Ein Spezialist kann die Eltern bei der Entscheidung beraten, ob eine besondere Förderschule der geeignete Unterrichtsrahmen für ihr Kind ist und ihm die notwendige kontinuierliche Unterstützung bietet. (Dazu gehören gegebenenfalls auch regelmäßige Beratungsgespräche für die Eltern.)

Eine andere Möglichkeit ist, das förderbedürftige Kind in eine Regelschule gehen zu lassen, ihm jedoch einen Betreuer an die Seite zu stellen, der dem Kind beim Interagieren helfen kann. Das Kind sollte in der Lage sein, von den Reaktionen seiner gleichaltrigen Kameraden zu profitieren. Die Eltern sollten mit der Schulleitung erörtern, welche Art Fördermaßnahmen für das Kind am besten wäre. Leibeserziehung, Musik und Kunstunterricht bieten beispielsweise nicht immer die besten Gelegenheiten zur Interaktion. Die Einstufung sollte gemäß den individuellen Stärken des Kindes erfolgen. Zudem sollten die Eltern ihr Kind da einschulen, wo sie das Gefühl haben, man biete ihm die beste Chance, am Unterricht teilzunehmen.

Bodenzeit im Klassenzimmer

Alle Bodenzeit-Prinzipien, die Sie zu Hause anwenden, können und sollten in den ersten Zeiten des Unterrichts angewendet werden. Ihr Kind wird viele Stunden in der Schule zubringen. In diesen Stunden muß die Interaktion gefördert und Ihrem Kind geholfen werden, die Entwicklungsstufen zu meistern. Keinesfalls darf sich mechanisches, automatisches Verhalten verstärken. Und je mehr die geistigen Fertigkeiten auf die Entwicklungsstufen abgestimmt werden, desto fundierter wird das Lernen Ihres Kindes sein. Beraten Sie sich mit den Vorschul- und Kindergartenlehrern. Erklären Sie ihnen die Bodenzeit-Prinzipien, damit sie diese in die Arbeit mit Ihrem Kind einbeziehen können. Auch in den höheren Klassen, wo Ihr Kind Rechnen und Lesen lernt, sind die Bodenzeit-Prinzipien des interaktiven Lernens ganz entscheidend.

Als Eltern sollten Sie gegenüber den Lehrern immer wieder hervorheben, wie wichtig das spontane Lernen anstelle des mechanischen Lernens ist. Bei jedem Lernschritt sollten die Pädagogen mit Ihrem Kind interagieren und

Kommunikationskreise öffnen und schließen, so daß es sich den Stoff durch aktives Tun und nicht durch Auswendiglernen einprägt. Die Lernprozesse Ihres Kindes sollten durch reale, interaktive Erfahrungen erfolgen – reale Objekte, reale Aktivitäten, Symbolspiele – und nicht durch Bilder oder Leselernkarten. Wenn das Thema vielleicht Haustiere sind, kann der Lehrer Ihrem Kind etwas über Katzen vermitteln, indem er es eine echte Katze beobachten, darüber Fragen stellen und sie mit anderen Tieren vergleichen läßt. Sobald Ihr Kind einige Buchstaben beherrscht, sollte man ihm zeigen, wie man K-A-T-Z-E schreibt. Es sollte dabei Bilder von Katzen ansehen, mit einer Katze spielen oder – im Beisein eines Lehrers oder Betreuers – so tun, als wäre es selbst eine Katze. Lernt Ihr Kind rechnen, so sollte es lernen, auf visuellem Wege zu addieren und zu subtrahieren, und zwar mit Hilfe seiner Finger oder anhand von Gegenständen. Es ist besser, wenn es sich zuerst einmal auf die Zahlen unter 5 konzentriert, als wenn es mechanisch bis 20 zählt. Zuerst muß es imstande sein, Zahlen von 1 bis 5 zu erkennen, ohne dabei zu zählen; dananch sollte es, nachdem Sie ein paar Zahlen hinzugefügt oder weggenommen haben, in der Lage sein, die sich ergebende Summe zu erkennen und die entsprechende Zahl zu sagen. Jegliches Lernen sollte so erfolgen, daß die Information eine konkrete Bedeutung für das Leben des Kindes hat, die in alltäglichen Beobachtungen und Interaktionen erfahren werden kann. Helfen die Lehrer Ihrem Kind, sein logisches, interaktives Denken zu entwickeln, indem sie mit ihm an der Beherrschung von Zahlen, Buchstaben und Wörtern arbeiten, werden sie ihm eine solide konzeptuelle Grundlage für zukünftige, geistige Aufgaben verschaffen.

Hier sind einige Anregungen, die Sie den Lehrern Ihres Kindes geben können:

- *Bei jeder Interaktion mit dem Kind sollten Sie sich seiner momentanen Tätigkeit anschließen, einen Kontakt zu ihm herstellen und dann sein höchstes Entwicklungsniveau anpeilen.* Ist das Kind etwa damit beschäftigt, ein Spielzeugstethoskop zu betasten und daran zu riechen, wobei es die anderen Menschen in seinem Umfeld völlig ignoriert und ausblendet, dann sollte der Lehrer zu ihm gehen und versuchen, mit ihm zu spielen. »Darf ich es auch einmal anfassen? Mmm, das riecht aber gut«, könnte er sagen. Wenn das Kind nicht gleich interagiert, kann der Lehrer sich ihm spielerisch aufdrängen, indem er mit seinem Ohr ganz nah an den Kopf des Kindes herangeht, damit sie gemeinsam mögliche

Töne hören können. Der Lehrer kann auch versuchen, andere Sinne oder andere Körperteile ins Gespräch zu bringen: »Macht es Lärm, wenn wir es schütteln?« »Was für ein Gefühl löst das auf deiner Haut aus?« »Kannst du es um dein Bein wickeln?« Zudem sollte der Lehrer neue Ideen vorschlagen, wie man anhand einfacher Gebärden interaktive Dialoge gestaltet.

Sobald Ihr Kind Engagement zeigt, sollte der Lehrer ein spielerisches Element hinzufügen. »Ernie möchte das auch hören!« Er sollte beobachten, ob das Kind auf Ernies Herzschläge lauschen kann. Danach benötigt Ernie vielleicht ein Heftplaster oder einen anderen Gegenstand aus dem Köfferchen des Arztes. Nach und nach kann der Lehrer das Spiel komplizierter gestalten und auch Wörter einbringen. Auf diese Weise kann der Lehrer Ihr Kind langsam auf sein höchstes Entwicklungsniveau führen.

- *Nehmen Sie auf die individuellen Eigenheiten des Kindes Rücksicht.* Es kann einige Zeit dauern, bis die Lehrer die individuellen Schwierigkeiten und Stärken Ihres Kindes kennen. Wenn Ihr Kind im allgemeinen zu schwach reagiert, sollten Sie seinen Lehrern zeigen, wie man es mit viel Lebhaftigkeit und Energie zur Anteilnahme motiviert. Schlagen Sie ihnen vor, den Tag immer mit Auf- und Abspringen, mit einem Ballspiel oder mit Laufübungen zu beginnen, damit es in Schwung kommt. Wenn das Kind dazu neigt, zu heftig zu reagieren, dann zeigen Sie den Lehrern, wie man es mit besänftigenden Worten, rhythmischen Bewegungen und Liedern beruhigt. Ein sehr beschäftigter Lehrer kann sich vielleicht nur hin und wieder und für kurze Zeit an diesen Interaktionen beteiligen. In diesem Fall sollten ein Betreuer, ein freiwilliger Helfer oder ein Elternteil diese Aufgabe übernehmen.
- *Versuchen Sie, das Kind so selten wie möglich unbeachtet zu lassen; lassen Sie es nicht zuviel allein spielen oder neben anderen Kindern spielen.* Es sollte fast immer interagieren.
- *Geben Sie dem Kind nicht zu viele Anweisungen.* Dadurch lernt es zwar vielleicht, gehorsam zu sein, aber das Befolgen von Direktiven wird nicht zu seiner Entwicklung beitragen. Es muß eigene Initiativen ergreifen und selbst entscheiden, was es als nächstes tun will. Der Lehrer kann eine Aktivität vormachen und dann abwarten, ob sie sein Interesse findet. Ziel dabei ist es, das Kind zu ermutigen, das Vorgeführte spontan nachzumachen, und nicht, es zu etwas zu zwingen. Der

Lehrer muß Ihrem Kind Lust machen, sich an Aktivitäten zu beteiligen, die nützlich sind. Natürlich wird es in vielen Situationen – etwa, wenn es von einem Zimmer ins andere gehen oder wenn es sich zum Mittagessen fertig machen soll – wichtig sein, ihm zu sagen, was es zu tun hat. Aber es muß sooft wie möglich herausgefordert und angeregt werden.

- *Vermeiden Sie mechanische Fragestellungen (wie »Was ist das für eine Farbe?«)* Fragen können Teil eines interaktiven Spiels sein. Will der Lehrer Ihr Kind dazu bewegen, eine Zahl zu sagen, kann er es fragen, wie viele Bauklötzchen es möchte, und ihm eines, zwei oder drei zur Wahl stellen. (Die Zahlen sollten möglichst immer eine Bedeutung haben.) Dann sollten Lehrer und Kind die Bauklötzchen gemeinsam zählen. Der Lehrer kann eines wegnehmen und sagen: »Jetzt habe ich eines fortgenommen. Wie viele hast du jetzt?« Wird das Wiedererkennen von Wörtern geübt, kann der Lehrer, anstatt Ihr Kind aufzufordern, Karten zu lesen, ihm Bilder mit Wörtern zeigen oder auch nur die Wörter (wie Milch oder Saft, Ball oder Bauklotz) und es auffordern, auf das Gewünschte zu deuten. Auf diese Weise wird es nicht mechanisch, sondern aus seiner eigenen Motivation heraus lernen.
- *Lassen Sie das Kind selbst Dinge tun.* Wenn der Lehrer möchte, daß Ihr Kind etwas Bestimmtes tut, dann sollte er es dazu motivieren, seinen Körper in der gewünschten Weise zu bewegen. Es ist nichts dagegen einzuwenden, wenn der Lehrer den Körper des Kindes ein- oder zweimal manipuliert, um ihm zu zeigen, wie etwas getan werden soll, oder wenn er seine Hand auf die des Kindes legt, um ihm zu helfen, falls es schwere Probleme mit der motorischen Planung hat; das kann dem Kind helfen, neue Handlungen oder Sequenzen zu lernen. Aber danach sollte der Lehrer es stets ermuntern, die Aktivität selbst zu tun.
- *Setzen Sie nicht einfach voraus, daß das Kind immer alles versteht.* Lassen Sie es den Kommunikationskreis schließen; lassen Sie es in Worten oder Gebärden antworten, damit es zeigt, daß es verstanden hat, um was der Lehrer es gebeten oder was er gesagt hat. Falls Ihr Kind nicht in der gewünschten Weise reagiert, muß der Lehrer die Frage wiederholen. Wenn Ihr Kind besser auszudrücken kann, was es selbst sagen will, als es verstehen kann, was Sie sagen, oder wenn es Schwierigkeiten mit dem Abrufen von Wörtern hat, braucht es möglicherweise eine ganze Weile, um zu antworten. Dann sagt es vielleicht das falsche Wort anstelle des

Wortes, das es im Grunde meint. Der Lehrer sollte sich von seiner falschen Antwort nicht irritieren lassen, sondern versuchen, trotz der Verzögerung nicht die Geduld zu verlieren.

- *Vermeiden Sie mechanische Interaktionen.* Selbst in durchorganisierten Spielen kann der Lehrer Ihr Kind ermuntern, neue Arten des Spielens auszuprobieren, indem er ihm Hindernisse in den Weg legt oder ihm Fragen stellt, die das Spiel in eine neue Richtung lenken. Der Lehrer muß immer das Innovative über das Repetitive stellen, um Ihr Kind zu Spontaneität und Flexibilität anzuspornen.

Die ideale Schule

Förderbedürftige Kinder sollten in einer Schule unterrichtet werden, die förderbedürftige und nicht förderbedürftige Kinder gemeinsam betreut. Eine solche Umgebung ermöglicht es Kindern mit Entwicklungsverzögerungen, aus den spontanen Interaktionen ihrer gleichaltrigen Kameraden zu lernen, und bietet den nicht förderbedürftigen Klassenkameraden eine Gelegenheit, empathisch, hilfsbereit und fürsorglich zu sein. Es ist für alle Kinder gut, wenn die Klassen klein und die Anzahl der Schüler, die auf einen Lehrer kommen, gering ist. Es zeigt sich immer mehr, daß auch nicht förderbedürftige Kinder sich in solchen Einrichtungen gut entwickeln. Ein Kind in eine »normale« Klasse oder spezielle Förderklasse zu geben bedeutet heutzutage oft, daß man auf therapeutische Hilfe oder auf Kleingruppenunterricht verzichten muß, den es in den Integrationsklassen gibt. Das ist bedauerlich. Wir hätten gern, daß unsere Schulen umstrukturiert werden, so daß förderbedürftige und nicht förderbedürftige Kinder in einem integrierten Rahmen wirklich zusammenarbeiten können, der das ganze Spektrum der Unterstützungsmaßnahmen bietet. Nicht jede Schule muß so ausgerichtet sein, aber wenn wir bestimmte Schulen zu Integrationsschulen ernennen, würden wir beiden Schülergruppen nützliche Fördermaßnahmen bieten.

Solche Integrationsschulen würden den pädagogischen Zielen unseres herkömmlichen Lehrplans gerecht, doch ihre materiellen und sozialen Einrichtungen entsprächen auch den Bedürfnissen der förderbedürftigen Kinder.

Wie realistisch ist dieser Vorschlag eines wirklich gemeinschaftlichen Unterrichts? Wir glauben, daß er durchaus in die Tat umgesetzt werden kann. Sicherlich wäre die Schaffung solcher Integrationsschulen kostspielig, aber nicht kostspieliger als die speziellen Einrichtungen, die wir bereits haben. Wenn wir unsere bestehenden Schulen umstrukturierten, wären wir in der Lage, bereits existierende Ressourcen anders einzusetzen – was auch einschließen würde, daß Eltern und freiwillige Helfer sich mehr engagieren könnten. Die Befriedigung der entwicklungsmäßigen Bedürfnisse von Kindern ist nicht unbedingt kostspielig. Speziell ausgebildete Lehrer und hochentwickelte Computer, die manche Schüler zur Bewältigung bestimmter Schwierigkeiten benötigen, mögen zwar teuer sein, nicht teuer aber ist es, Kindern zu helfen, wie sie lernen, Beziehungen herzustellen und mit Gebärden und einfachen Worten zu kommunizieren.

Die Fördermaßnahmen verbessern

Familien sind nicht immer zufrieden mit den Fördermaßnahmen, die ihre Kinder erhalten, vor allem, wenn sie keinen angemessenen Fortschritt erkennen können. Die Lehrpläne sind oft allzu homogen und tragen den individuellen Bedürfnissen der Kinder nicht genug Rechnung. In vielen Lehrplänen ist die Familie eines Kindes kein wichtiger Teil des Interventionsprogramms. Manche bieten angemessene, jedoch keine optimalen Fördermaßnahmen und schöpfen das Potential des Kindes nicht voll aus. Viele wollen die speziellen Bedürfnisse eines Kindes oder alternative Fördermöglichkeiten und -methoden nicht zur Kenntnis nehmen, damit sie nicht gezwungen sind, sie anzubieten. Folglich herrscht oft ein konfliktgeladenes Klima des Mißtrauens zwischen Eltern und Schulleitungen, was eine gute Zusammenarbeit vereitelt, die aber notwendig ist, um die Entwicklung eines jeden Kindes zu verbessern.

Es gibt ganz konkrete Schritte, um aus dieser Sackgasse wieder herauszukommen, und die Eltern können durch ihre Kooperation mit der Schulleitung dazu beitragen, daß diese Veränderungen eintreten.

1. *Eltern können sich für flexibler gestaltete Unterrichtszimmer und weniger restriktive Lehrpläne einsetzen*, die sich mehr an den individuellen Bedürfnissen der Kinder als an den diagnostischen Bezeichnungen orientieren.

2. *Eltern können verlangen, daß die Schulleitungen sie als unerläßlichen und wesentlichen Bestandteil des erzieherischen und therapeutischen Programms ihres Kindes ansehen.* Das bedeutet, daß sie von den Schulen verlangen, dem gesamterzieherischen Milieu des Kindes größere Bedeutung beizumessen und anzuerkennen, welch entscheidende Rolle die Eltern spielen. Es bedeutet auch, daß sie eine wirkliche Partnerschaft mit den Eltern bilden müssen, in der die Schule die Anstrengungen der Familie unterstützt und die Familie wiederum die Arbeit der Schule unterstützt. Damit diese Partnerschaft funktionieren kann, müssen die Schulen sich ändern. Sie müssen die Heilpädagogen dazu ausbilden, mit den Eltern zu kooperieren, damit die Heilpädadogen sich mit den Sorgen und Anliegen der Familien vertraut machen können. Sie müssen den Heilpädagogen helfen, die Gegebenheiten in einer Familie zu erkennen, die die erzieherischen Ziele fördern oder behindern, sowie auch die Anzeichen für Dysfunktionen in einer Familie. Zudem obliegt es ihnen, den Eltern zu erklären, wie sie die Arbeit der Schule zu Hause unterstützen können.
3. *Eltern können Therapeuten und Heilpädagogen dazu ermuntern, die Kinder anders zu beurteilen.* Viele Beurteilungen stützen sich heute zu sehr auf standardisierte Tests, die die Fähigkeiten des Kindes nicht exakt widerspiegeln. Viele förderbedürftige Kinder kommen mit den herkömmlichen Testverfahren nicht zurecht und werden daher falsch und auch zu negativ eingeschätzt. Mit diesen irrigen Einschätzungen werden dann Eignungskriterien aufgestellt, oder sie dienen auch als Vergleichsmöglichkeit. Es überrascht also nicht weiter, daß manchen Eltern hier oft zum ersten Mal der Verdacht kommt, daß sie und ihr Kind nicht verstanden werden und daß man dem System insgesamt nicht trauen kann. Einige Pädagogen reagieren auf die Beschwerden der Eltern defensiv und behaupten, die Eltern leugneten die wahren Probleme ihres Kindes. Sie empfehlen den Eltern irgendeine Broschüre, worauf sich häufig sofort eine angespannte Beziehung entwickelt.
   Anstatt sich auf die standardisierten Tests zu stützen, sollten die Kinder in mehreren Sitzungen von Heilpädagogen und Eltern gemeinsam beobachtet werden. Die Beobachtungen sollten erst beginnen, nachdem das Kind sich in dem gegebenen Umfeld wohlfühlt. Das Kind sollte daraufhin beobachtet werden, wie es mit den Heilpädagogen und den Eltern frei interagiert und wie es verschiedene, von den Heilpädagogen

gestellte Aufgaben ausführt. Von diesen Beobachtungen ausgehend sollten Heilpädagogen und Eltern seine Stärken und auch seine Probleme erörtern und das Entwicklungsniveau bestimmen. Sind sich Heilpädagogen und Eltern nicht einig, sollten weitere Beobachtungen angestellt werden, damit ein Konsens erreicht wird. Auf diese Weise haben alle eine Chance, zu sehen, wie sich das Kind in natürlichen Situationen in Bestform verhält, anstatt ihm die künstlichen und aufreibenden Bedingungen eines Tests aufzuzwingen. Standardisierte Tests können, wenn nötig, als zweite Beurteilungsstufe verwendet werden.

4. *Eltern können die Schulleitung darum bitten, einen integrierten Unterricht anzubieten,* in dem je zwei oder drei förderbedürftige Kinder und sieben oder acht nicht förderbedürftige Kinder gemeinsam unterwiesen werden. Für jedes förderbedürftige Kind (bzw. für zwei Kinder) sollte ein Betreuer verfügbar sein.
5. *Eltern können die Schulleitung bitten, Lehrpläne von optimaler und nicht nur von hinreichender Qualität zu erstellen.* Solche Lehrpläne sollten sowohl die Veränderungen einschließen, die schon an früherer Stelle erläutert wurden, als auch das richtige Verhältnis von Lehrern zu Kindern, und zudem eine kontinuierliche Fortbildung für Lehrer festschreiben. Externe Gruppen aus Eltern und Fachleuten können die Lehrpläne kontrollieren und Verbesserungen vorschlagen.

Natürlich können Eltern diese Veränderungen nicht selbst bewirken. Die Schulen müssen willens sein, ihren herkömmlichen Ansatz für förderbedürftige Kinder zu überdenken. Obwohl Geld sicherlich ein wichtiger Diskussionspunkt und vielleicht auch ein Problem sein wird, glauben wir, daß viele der hier vorgeschlagenen Veränderungen ohne große zusätzliche Ausgaben in die Tat umgesetzt werden können. Viele dieser Veränderungen kann man vornehmen, indem man die bereits bestehenden Ressourcen anders einsetzt, anstatt neue zu investieren.

Ein Programm für Förderbedürftige schaffen, bei dem die funktionellen emotionalen Interaktionen im Vordergrund stehen

Auch nachdem viele förderbedürftige Kinder sich ausgezeichnet entwickelt haben, gibt es oft noch Probleme beim Rechnen oder beim Interpretieren von Texten. Da es solchen Kinder oft schwerfällt, Informationen zu sequenzieren, verlieren sie sich leicht in einem Wust von Zahlen oder neuen Wörtern und werden dadurch irgendwie unflexibel im Denken. Sie sind dann außerstande, ihre abstrakten Fähigkeiten zu benutzen, mittels derer sie die entscheidenden Begriffe, mit denen sie arbeiten, verstehen könnten.

Wenn wir versuchen, Kindern bestimmte Begriffe oder Wörter beizubringen, übersehen wir zuweilen, daß dafür verschiedene grundlegende Elemente vorhanden sein müssen. Viele Verhaltensprogramme, einschließlich der angewandten Verhaltensanalyse, und viele Erziehungsprogramme achten nicht genügend darauf, ob das Kind imstande ist,

- schnelle dialoghafte emotionale Gebärdeninteraktionen zu zeigen (wie im 10. Kapitel beschrieben);
- komplexe, mehrfache Kommunikationskreise zu schließen und soziale Probleme zu lösen, wobei es anfänglich nur einfache motorische und gestische Sequenzen durchführt, die sich dann aber zu Problemlösungen in zwei oder drei Schritten (wie finden der Puppe im Haus, die in der Spielkiste versteckt ist) entwickeln;
- spontanes, selbsterdachtes, interaktives Symbolspiel und Phantasie zu entwickeln, wobei mit einfachen Sequenzen angefangen wird, in denen das Kind vielleicht eine Puppe küßt oder sie für eine Spazierfahrt in ein Auto legt oder in denen es zu komplexeren Spielen übergeht, in denen die »Guten« gegen die »Schlechten« kämpfen; und
- Ideen zu entwickeln, die einem Wunsch oder einer Emotion entspringen und sich von den repetitiven Ideen abheben (das reicht von einfachen Ideen wie der Bitte um Saft, wenn das Kind durstig ist, bis hin zu komplexen Ideen, wie dem Ausdenken eines Wortes, um jemanden zum Lachen zu bringen).

Diese vier Fähigkeiten, die Teil der an früherer Stelle erläuterten Entwicklungsphasen sind, müssen in die Zielehierarchie aufgenommen werden, ungeachtet der Methoden, die zur Erreichung dieser Ziele verwendet werden. Alle Ziele, die mit diesen Zielen konkurrieren, sollten sorgfältig auf ihre möglichen positiven und negativen Auswirkungen hin geprüft werden. So kann etwa das mechanische Lernen von Wörtern – anstelle des bedeutungsvollen interaktiven Lernens – die angemessene und bedeutungsvolle Verwendung von Wörtern und Ideen verhindern. Daher sollten, wenn möglich, neue Wörter und Begriffe in Situationen gelehrt werden, in denen das Kind auf natürliche Weise motiviert ist (wenn das Kind die Tür öffnen will, um hinauszugehen, können wir ihm helfen, mehrmals das Wort »öffnen« zu sagen). Wenn wir Lernmöglichkeiten schaffen, in denen das Kind ein Wort oder einen Begriff oder eine schon früher erworbene Fertigkeit – wie das Lösen eines nonverbalen Ein-Schritt-Problems – zum Einsatz bringen muß, helfen wir dem Kind, auch im wirklichen Leben eine bestimmte Fertigkeit zu lernen. Es lernt und zieht gleichzeitig daraus allgemeine Schlüsse, anstatt sich etwas auf mechanische Weise einzuprägen und erst später zu Verallgemeinerungen zu kommen. Normalerweise lernen alle Kinder so die wichtigsten Begriffe. Förderbedürftige Kinder tun es auf dieselbe Art. Solche Kinder benötigen oft mehr Übung und eine größere natürliche Motivation. Unsere Aufgabe ist es, die Bedingungen für optimales Lernen zu schaffen.

Rechnen lehren

Schauen Sie sich ein Kind an, das »nicht rechnen lernen kann«. Es gibt solche angeblich schlechten Rechner, doch sobald man mit ihnen darüber zu verhandeln beginnt, wie viele Stücke Pizza sie wohl bekommen werden und wie viele man selbst, merkt man, daß das betreffende Kind sogar ganz hervorragend mit Zahlen umgehen kann.

Die meisten Kinder sind imstande, eine Pizza anzuschauen und zu sagen, daß sie lieber drei Stücke als zwei davon wollen. Wenn man sie fragt, wie viele Stücke sich insgesamt ergäben, wenn sie selbst drei hätten und jemand anderes zwei, können sie ohne weiteres bis fünf zählen, wobei sie die Finger oder die Pizzastücke zu Hilfe nehmen. Gefragt, wie viele noch übrig sein werden, nachdem sie vier Stücke gegessen haben, antworten sie rasch: »Eins.« Selbst wenn das Problem komplizierter ist und eine Sechs-Stücke-Pizza unter drei Leute aufgeteilt werden soll, sind sie imstande zu erklären, daß jeder zwei Stücke bekommen wird. Sie können sogar angeben, wie viele

Stücke sich auf einer halben Pizza befinden, und wenn man ihnen sagt, die Hälfte entspräche fünzig Prozent, verstehen sie auch diesen Begriff sehr schnell.

Viele Kinder, die »nicht rechnen lernen können« und selbst mit zehn Jahren keine einfachen Additionen und Substraktionen bewältigen, werden rasch geschickter im Umgang mit Rechenaufgaben, wenn diese zum Beispiel mit Pizzen zu tun haben. Wichtig scheint also zu sein, mit dem Kind an einem konkreten, verständlichen Begriff zu arbeiten – einer Addition oder Subtraktion –, mit relativ kleinen Zahlen und zudem in einer emotional anregenden Atmosphäre. Wenn wir mit kleinen Zahlen arbeiten, dann wirken sich die Sequenzierungsprobleme der Kinder beim Lernen der Begriffe nicht so gravierend aus, wie wenn die Kinder versuchen, mit größeren Zahlen zu arbeiten und addierte oder multiplizierte Zahlen im Gedächtnis zu behalten.

Wir empfehlen daher, an kleinen Zahlen festzuhalten und an den einzelnen, unterschiedlichen Begriffen – Addition, Subtraktion, Multiplikation, Division und auch Brüchen und Dezimalzahlen – mit kleinen Zahlen zu arbeiten. Jeder dieser Rechenvorgänge trägt dazu bei, die anderen zu verdeutlichen, und fördert das Verständnis. Was man subtrahieren kann, kann man auch dazuaddieren; was man dividiert, kann man auch multiplizieren. Man kann das Multiplizieren durch Addieren ersetzen, wenn man auf die langsame Art vorgeht, usw.

Indem man mit kleinen Zahlen (von 0 bis 6) und zusätzlich mit Gegenständen, die für das Kind bedeutsam sind, arbeitet, hilft man dem Kind, die grundlegenden Mengenbegriffe zu meistern. Die Begriffe werden erst dann beherrscht, wenn sich das Kind die Pizza oder die Äpfel oder seine Finger mit geschlossenen Augen vorstellen und die Rechenaufgaben ohne sie durchführen kann. Hat es diesen Punkt erreicht, so ist es sinnvoll, bis zur Zahl 10 und danach zu immer höheren Zahlen zu gehen.

Bei dieser Methode besteht nicht die Gefahr, daß die Sequenzierungsprobleme – und die zeitweiligen Visualisierungsprobleme – des Kindes seine Fähigkeit, die wesentlichen Begriffe zu lernen, beeinträchtigen. Dadurch daß wir bei den kleinen Zahlen bleiben und sie in einen emotional bedeutungsvollen Zusammenhang stellen, schaffen wir einen Kontext, in dem das Kind eine Beziehung zu den betreffenden Gegenständen (Pizzen, Äpfel usw.) findet.

Wörter und Begriffe lehren

Förderbedürftige Kinder neigen zuweilen dazu, Wörter und Begriffe in einer mechanischen oder konkreten Weise zu lernen, weil sie weder Gefühl noch Bedeutung damit verbinden. Dieses Problem beeinträchtigt ihre Abstraktionsfähigkeit, denn eine Abstraktion impliziert, daß vielfache Bedeutungen mit Wörtern und Begriffen verbunden werden (so wie man die vielfachen Bedeutungen von »Gerechtigkeit« oder »Liebe« verstehen muß).

Gewöhnlich vermitteln vielfache emotionale Erfahrungen die Bedeutungen, mit deren Hilfe Kinder Abstraktionen bilden. So beeinflussen Erfahrungen, in denen sie gerecht oder ungerecht behandelt wurden, ihren Begriff von Gerechtigkeit. Da förderbedürftige Kinder oft ein kleineres Erfahrungsspektrum als nicht förderbedürftige haben (zum Teil deshalb, weil ihre Verarbeitungsprobleme ein vollständiges Erleben oder eine vollständige Verarbeitung der Erfahrungen verhindern), stützen sie sich zuweilen auf eher mechanische Lernweisen. Ihre Verarbeitungsprobleme können es ihnen auch erschweren, verschiedene Arten der Erfahrung zu integrieren (wie Erfahrungen, die durch verschiedene Sinne oder in unterschiedlichen Zusammenhängen erfolgen).

Helfen wir Kindern, Wörter und Begriffe zu lernen, so ist es ganz wichtig, einen anregenden emotionalen Rahmen dafür zu schaffen. Eine Übung, die sich gut bewährt hat, besteht darin, daß Eltern, Heilpädagogen und Therapeuten alle paar Tage ein halbes Dutzend neuer Wörter und Begriffe einbringen, die von dem Kind beim Bewältigen seiner Welt verwendet werden können. Diese Wörter sind abhängig von der jeweiligen Kultur und der Familie; ein Kind, das in den Tropen lebt, lernt vielleicht sehr früh schon die Wörter »Schlange« und »achtgeben«, wohingegen ein Kind desselben Alters, das in einem städtischen Vorort wohnt, wohl eher die Wörter »Saft« und »öffnen« lernt. Wörter und Begriffe, die die meisten Kinder schon früh beherrschen, sind unter anderen »offen«, »rauf«, »raus«, »mehr«, »Saft«, »Keks«, »jetzt«, »gehen«, »aufhören«, »geben«, »ja«, »nein«, »glücklich«, »zornig«, »will haben«. Wir empfehlen, auf solche Wörter und Begriffe zu achten, die im Leben des Kindes nützlich und emotional bedeutsam sind. Denn je mehr sie das sind, desto wahrscheinlicher wird das Kind das Wort – in emotional bedeutungsvoller Weise – viele Male am Tag zu benutzen versuchen. Wenn wir dem Kind helfen, Wörter und Begriffe zu beherrschen, die auf emotionaler Bedeutung und Nützlichkeit basieren, bauen wir seinen

Wortschatz in einer bedeutungsvollen und nicht in einer willkürlichen oder mechanischen Weise auf. Das Kind will und muß diese Wörter und Begriffe verwenden. Es behält sie dann nicht nur besser im Gedächtnis, sondern versteht sie auch besser.

Gewöhnlich bringt man Kindern Wörter und Begriffe bei, die auf erstellten Listen von empfohlenen Ausdrücken basieren, welche jedoch nur wenig Bedeutung für ihr tägliches Leben haben. Oft wird der Wortschatz auf eine sehr unpersönliche Weise aufgebaut. Wenn die Wörter mit dem Leben des Kindes nichts zu tun haben, wird es sie sich auch nicht merken oder auch nur vollständig verstehen. Auch die Begriffe wird es nicht lernen, sofern sie nicht funktional und emotional sind, das heißt: relevant für sein Alltagsleben.

Eine Mutter arbeitete mit ihrem dreijährigen Kind am Verständnis des Begriffs »neben«. Das Kind machte gute Fortschritte, aber es hatte in früherer Zeit leichte sprachliche Probleme gehabt. Obwohl der Therapeut sich darüber freute, daß die Mutter an einem Begriff arbeitete, der im Leben ihres Kindes einmal wichtig sein würde (damit es zum Beispiel erkennen konnte, daß ein Spielzeug *neben* einem anderen lag), fragte er sie, warum sie ausgerechnet diesen Begriff ausgesucht habe (sie hätte ebensogut Begriffe wie mehr/weniger oder viel/wenig wählen können). Die Mutter erklärte, sie arbeite deshalb an diesem Begriff, weil sie ihn auf der Liste der Wörter gesehen habe, die drei- bis vierjährige Kinder beherrschen sollten. Ihr war gar nicht bewußt, daß die Tabelle, die sie verwendete, Begriffe und Wörter keinesfalls in einer entwicklungsmäßig sinnvollen Weise aufführte, sondern einfach bestimmte illustrative Fähigkeiten auflistete, die sich auf Kinder verschiedenen Alters bezogen. Daher stützte sich ihre Wortwahl nicht auf ein Entwicklungsmodell, in dem der Begriff »neben« hinter dem Begriff »mehr« bzw. »weniger« rangierte, sondern sie hatte einfach irgendein Wort genommen und es als grundlagenbildend angesehen.

Der Therapeut erklärte ihr eine alternative Möglichkeit, mit der sie dem Kind beim Lernen von neuen Wörtern und Begriffen helfen konnte. Die Eltern, Heilpädagogen und Therapeuten sollten einige Tage lang immer wieder zwei oder drei Wörter oder Begriffe bestimmen, die in den alltäglichen Aktivitäten des Kindes häufig vorkamen und außerdem eine emotionale Bedeutung für es hatten. Wenn es öfters nach seinem Ball suchte, sollten sie sagen: »Der Ball liegt *neben* der Eingangstür«; »Der Ball ist *neben* dem Stuhl« usw.

Nach diesem Gespräch sagte die Mutter: »Es ist nicht fair, daß man den Eltern solche Wörterlisten aushändigt, denn natürlich denken wir, wir sollten sie unseren Kindern in der vorgegebenen Form beibringen.«

Da ein förderbedürftiges Kind häufig zusätzliche Übung benötigt, um neue Wörter zu lernen, sollten wir Bedingungen schaffen, in denen es diese Wörter sehr oft benutzen muß. Wenn wir etwa seinen Lieblingsball vor die Tür legen, damit es die Tür öffnen muß, um den Ball zu erhalten – vor allem, wenn es, um die Tür öffnen zu können, Hilfe braucht –, dann wird es das Wort »öffnen« verwenden.

Arbeiten Therapeuten, Heilpädagogen und Eltern bei diesen wichtigen Vorgängen zusammen, so ergibt sich eine Art Synergie, die dem Lernen förderlich ist. Der Sprachtherapeut kann beispielsweise dem Kind helfen, Laute zu imitieren, die zu einigen ausgesuchten Wörtern und Begriffen passen; Heilpädagogen und Eltern sorgen für Gelegenheiten, in denen diese Wörter verwendet werden; und der Beschäftigungstherapeut kann an den Fertigkeiten der motorischen Planung und der sensorischen Modulation arbeiten, die es dem Kind ermöglichen, die Handlung in die Tat umzusetzen, die mit dem jeweiligen Begriff assoziiert wird (zum Beispiel »hoch oben« hinauflangen, um ein bestimmtes Spielzeug zu bekommen).

Eltern und Heilpädagogen können während der Bodenzeit Situationen einbauen, bei denen diese eben erlernten Begriffe in einer spontanen Art und Weise verwendet werden. Der Bär könnte den Apfel »hinter« dem Regal oder »hoch oben« auf dem Regal verstecken.

Es gibt eine Art Hierarchie der Fertigkeiten, die förderbedürftige Kinder beherrschen müssen. An erster Stelle stehen Aufmerksamkeit und Anteilnahme: Sie müssen lernen, intentional zu sein, viele zweckbestimmte Interaktionen aneinanderzureihen, präverbale Probleme zu lösen, etwas nachzumachen, ihre Phantasie zu benutzen und mit einem Wortschatz aus bedeutungsvollen Wörtern und Begriffen zu interagieren. Jede dieser Aufgaben kann sowohl in halbstrukturierte als auch in völlig spontane Bodenzeit-Aktivitäten eingebaut werden. Bei dem halbstrukturierten Ansatz schaffen wir Situationen, in denen das Kind hochmotiviert ist, die Fertigkeit anzuwenden, die wir ihm eben beizubringen versuchen. Es ist gut möglich, daß das Kind mit Protest reagiert, wenn wir sein Auto aus seiner Autoschlange wegschieben, und daß es das Auto mit einer überlegten, absichtsvollen Bewegung an seinen ursprünglichen Platz zurückstellt. Wenn das Kind die Entwicklungsleiter hinaufsteigt und Wörter und Begriffe beherrschen lernt, wird es die emotional bedeutsamsten und nützlichsten Wörter und Begriffe in einer abstrakten und bedeutungsvollen Weise beherrschen.

Ein Kind, das nicht imstande ist, verständliche Wörter zu bilden, sollte zuerst einmal mittels seiner eigenen Lallsprache oder durch die Verwendung von Zeichen, Bildern oder anderen symbolischen Kunstgriffen eben diese Begriffe und Wörter üben. Man hat Kindern geholfen, anhand von Bildern ihre Wünsche zu kommunizieren – lange bevor sie sprechen konnten. Entscheidend dabei ist es, die vorhandenen symbolischen Fähigkeiten des Kindes in einer emotional bedeutungsvollen und nützlichen Weise zu verwenden. Dieser ganze Ansatz beruht auf dem Konzept, daß die eigene Absicht des Kindes und seine damit verbundenen Emotionen die Bedeutung für seine begriffliche und verbale Welt liefern.

Das Auflisten von funktionalen Begriffen und Wörtern ermöglicht es Eltern, Therapeuten und Heilpädagogen, besser im Team zusammenzuarbeiten, und bietet Kindern die kohäsiven, bedeutungsvollen, emotional gesättigten Erfahrungen, die es ihnen ermöglichen, auch dann zu lernen, wenn sie mit beträchtlichen Schwierigkeiten zu kämpfen haben.

Förderbedürftige Kinder benötigen oft zusätzliche Hilfe beim Sequenzieren, das heißt beim Tätigen von Handlungen in einer logischen Reihenfolge. Man muß sie auch zuweilen dazu anhalten, organisiert und aufmerksam zu sein. Es kann ihnen schwerfallen, Anweisungen zu folgen und komplexe soziale Hinweise zu deuten. Den Kindern zu helfen, diese Probleme in einem erzieherischen Umfeld zu meistern, bedeutet, dasselbe Prinzip zu verfolgen, mit dem man ihnen Rechnen und sprachliche Begriffe beibringt. Wir müssen Übungsgelegenheiten schaffen, die nützlich und emotional bedeutungsvoll sind, etwa wenn dem Kind erst einfache und allmählich kompliziertere Anweisungen gegeben werden, wie es seinen Lieblingskeks oder ein begehrtes Videospiel findet. Man kann Detektivspiele veranstalten, die den Umgang mit einem bestimmten Requisit erfordern (zum Beispiel muß das Kind einen gewünschten Gegenstand finden, um ein Problem zu lösen). Die Spiele sollten viele soziale Interaktionen einschließen. Das Kind sollte die Mimik anderer Menschen oder ihre Körperhaltung deuten müssen, um entweder beim Spiel zu gewinnen oder um die nächste Stufe zu erreichen oder um einen versteckten Keks zu finden. Wichtig ist, immer dann ausgeklügeltere Übungsgelegenheiten zu schaffen, wenn das Kind in einem Zustand großer, natürlicher Motivation ist.

Wie ein Betreuer Ihrem Kind helfen kann, möglichst viel von seiner Unterrichtszeit zu profitieren

Die folgenden Richtlinien können auf die individuellen physiologischen Probleme Ihres Kindes abgestimmt werden:

Muskeltonus

Falls der Muskeltonus Ihres Kindes niedrig ist, sollte der Betreuer es morgens – und auch sonst, wann immer es nötig ist – zur Bewegung animieren: Das Kind sollte einen Ball auf- und abspringen lassen, springen, Tauziehen spielen usw. Diese Aktivität kann im Klassenzimmer oder – wenn vorhanden – in einem Raum für Beschäftigungstherapie stattfinden. Falls möglich, sollten auch andere Kinder daran teilnehmen. Die dafür aufgebrachte Zeit kann verwendet werden, um an Begriffen wie »hoch« oder »niedrig«, »langsam« oder »schnell«, »darunter« und »darüber« zu arbeiten.

Reaktive Interaktion

Wenn Ihr Kind noch immer unsicher-vermeidende Verhaltensmuster an den Tag legt – sich abwendet, Ihnen den Rücken zukehrt, sich in einem Buch vergräbt usw. –, dann kann der Betreuer behutsam aber dezidiert mehr Augenkontakt und ein besseres Zuhören verlangen, und zwar mit Aufforderungen, wie »Paß mal auf«, »Ich muß dir was sagen«, »Das ist jetzt wichtig«, »Schau mal, was ich da habe« usw. Er kann dabei Scherze machen und die ganze Sache spielerisch gestalten. Sobald wie möglich sollte der Betreuer weniger verbale Aufforderungen verwenden und sie durch vokale und gestische Hinweise ersetzen, beispielsweise indem er sich räuspert und »Wow!« oder »Na, los« sagt oder dem Kind einen leichten Klaps auf die Schulter gibt.

Der Betreuer kann die Reaktionsfreudigkeit des Kindes auch mit kleinen aufmunternden Gesten fördern: indem er ihm übers Haar streicht, ihm ein Belohnungsgeschenk (eine Murmel oder die Eintrittskarte für ein Fußballspiel) gibt oder dem Kind ganz einfach mit einem strahlenden Lächeln begegnet. Diese Dinge sollten variieren, so daß Ihr Kind sich zwar auf eine Überraschung freut – das heißt auf eine Belohnung für sein gutes Reaktionsvermögen –, aber nicht weiß, worin sie bestehen wird.

Beendigung und Übergänge

Kinder müssen lernen, anzuzeigen, wenn sie etwas beendet haben, anstatt danach einfach davonzulaufen. Der Betreuer kann Ihr Kind dazu ermuntern, anzukündigen, wenn es mit einer Sache fertig ist, wenn es zu einer anderen Aktivität überwechseln oder an einen anderen Ort gehen möchte. Aber er kann dem Kind auch helfen, bei einer Aufgabe zu bleiben. Indem er ihm die Wahl läßt, die gegenwärtige Aktivität fortzuführen oder zur nächsten überzugehen, bekommt Ihr Kind ein Gefühl der Kontrolle. Wenn möglich, sollte der Betreuer andere Kinder dazu ermuntern, daran teilzunehmen. (»Okay, Jessica, was willst du als nächstes machen? Komm, Maria, wir wollen mal sehen, was Jessica jetzt tun will.«) Wenn Ihr Kind sich eine Aktivität aussucht, die auf einem höheren Niveau liegt als die, mit der es momentan beschäftigt ist, dann ist das um so besser. Wenn Ihr Kind ziellos wirkt, kann der Betreuer das, was es eben tut, ins Absichtsvolle ziehen. Steht es etwa in der Nähe einer Kiste mit Stofftieren, kann er sagen: »Komm, laß uns mal diesen Dschungel erforschen.«

Der Betreuer kann Ihrem Kind beibringen, mit Übergängen umzugehen, zum Beispiel wenn es vom freien Spiel zur Kreiszeit wechselt. Bevor im Unterricht eine bestimmte Geschichte gelesen wird, kann er dem Kind die Geschichte laut vorlesen und ihm die Art von Fragen stellen, die auch der Lehrer später stellen wird. Gegebenenfalls kann man mit Requisiten oder Accessoires, die in der Geschichte eine Rolle spielen, das Interesse Ihres Kindes wecken und es dafür bereit machen, sie danach zusammen mit seinen Klassenkameraden anzuhören.

Gesellschaftsspiele

»Folge dem Anführer« ist ein Spiel, bei dem man leicht lernen kann, sich abzuwechseln. Der Betreuer kann als Partner Ihres Kindes fungieren und es durch die verschiedenen Schritte geleiten. Er kann ihm als Stütze dienen, indem er andere Kinder auffordert, sich am Spiel zu beteiligen, Ihr Kind an der Hand nimmt und viele Gebärden macht. Geeignet sind auch solche Spiele, bei denen das Imitieren gefördert wird und Ihr Kind genau auf das achten muß, was die anderen Spieler tun. Die Lehrer können diese Spiele auch in die Arbeit im Kreis aufnehmen.

Wird draußen gespielt, kann der Betreuer Ihrem Kind helfen, die auf Schaukeln und Rutschbahnen verbrachte Zeit phantasievoll zu gestalten (das Kind fliegt auf den Mond, fährt auf Skiern den Berg hinunter, findet Dschungeltiere usw). In strukturierteren Spielen wird Ihr Kind in engeren Kontakt mit anderen Kindern kommen.

Teilen

Wenn das Teilen mit anderen geübt wird, kann der Betreuer die jeweiligen Mitspieler bitten, die Gegenstände oder das Spielzeug, das sie eben in Händen halten, Ihrem Kind zu geben, damit es sie berühren und seinerseits weitergeben kann. Wenn Ihr Kind zumeist mitten in der Gruppe sitzt, sollte es sich darin üben, die anderen von einer anderen Position aus zu beobachten und zu warten, bis es selbst an der Reihe ist (manchmal wird es dennoch den Wunsch äußern, der erste zu sein). Der Betreuer sollte darauf achten, daß Ihr Kind sich immer wieder an einer anderen Stelle befindet, damit es manchmal neben seinen Freunden sitzt, zuweilen jedoch auch neben anderen Kindern.

Werken

Die verschiedenen Aktivitäten, die die Lehrer während des Werkunterrichts anordnen, können für Ihr Kind geeignet oder ungeeignet sein. Der Betreuer sollte darüber Buch führen, wie das Kind mit jeder einzelnen Aufgabe zurechtkommt, um so seine Fortschritte überwachen zu können. Er kann Interaktionen fördern. Sobald Ihr Kind einmal versteht, wie eine Aktivität funktioniert, kann ein anderes Kind sie zusammen mit ihm tun; im Höchstfall sollten drei Kinder zusammenarbeiten. (Wird die Gruppe kleingehalten, so hat Ihr Kind mehr Gelegenheiten zum Reagieren und muß nicht so lange warten, bis es an der Reihe ist.)

Der Betreuer kann Aktivitäten fördern. Wenn Ihr Kind wegen der sensorischen Stimulierung sehr gern zum Perlentisch geht, kann diese Motivation dazu genutzt werden, um ihm Begriffe und Ausdrücke beizubringen und ihm zu erklären, wozu Perlen sonst noch verwendet werden. Hierzu könnte der Betreuer folgende Aktivitäten vorschlagen:

- Das Kind kann seine Murmeln mit Spielkameraden tauschen – es gibt ihnen Murmeln und bittet sie im Gegenzug um einige ganz bestimmte Murmeln.

- Es kann Murmeln nach Farbe und Größe sortieren.
- Es kann phantasievolle Spiele mit den Murmeln spielen, bei denen sie als Hagel oder Kieselsteine verwendet werden.
- Es kann die Murmeln mit Hilfe von Trichtern in verschieden große Behälter schütten; es kann die Murmeln im Sand vergraben oder sie zu Ketten aneinanderreihen.

Der Betreuer kann Ihr Kind ermuntern, zunächst einmal mit den Materialien zu spielen, mit denen es gut umzugehen vermag. Bestimmte Aufgaben wie das Entfernen der Tische oder das Säubern von Kreidemarkierungen können dazu beitragen, daß es später komplexere Aufgaben bewältigt.

Wenn die Klasse mit kognitiven Aktivitäten beschäftigt ist (wie dem Vergleichen von Formen und ihren Unterschieden, dem Lernen von Farben, Buchstaben und Zahlen), ist es für ein Kind mit Verarbeitungsproblemen nützlich, wenn es mit den Begriffen an verschiedenen Formen arbeitet, etwa indem es sowohl die wirklichen Gegenstände als auch die Abbildungen dieser Gegenstände verwendet.

Rollenspiele

Während des freien Spiels kann der Betreuer Ihr Kind mit in die »Verkleidungsecke« nehmen und es dazu ermuntern, sich verschiedenen Spielfiguren und Personen entsprechend zu verkleiden. Ihr Kind kann mit den anderen Kindern Scharaden spielen, indem es zum Beispiel Tiere imitiert. Es wird ihm ebenso förderlich sein, zu erraten, was andere Kinder tun, wie seine eigene Rolle zu spielen. Das Spiel kann damit beginnen, daß die Kinder Bilder darstellen, die sie aus einem Hut gezogen haben; danach können sie eigene Vorstellungen umsetzen.

Dem Kind helfen, mit einem anderen Kind zu spielen

Sobald Ihr Kind kontinuierlich Komunikationskreise öffnen und schließen kann, ist es wichtig, die Interaktion zwischen ihm und anderen Kindern zu erleichtern. Dabei sollte man mit einem einzigen Kind beginnen; es wird dann eher bereit sein, sich einer ganzen Gruppe anzuschließen (siehe an späterer Stelle in diesem Kapitel). In Ihrer häuslichen Umgebung können

Sie damit beginnen, daß Sie die Kinder zusammen spielen lassen. In der Vorschule wird Ihr Kind anfänglich zunächst noch immer mit nur einem Kind interagieren wollen, auch wenn viele andere Kinder anwesend sind.

1. *Wenden Sie Bodenzeit-Prinzipien an, um sich von den Kindern leiten zu lassen; halten Sie nach Gelegenheiten Ausschau, bei denen es zwischen den zwei Kindern zu Interaktionen kommen könnte.* Wenn die beiden spielen, sollten Sie ihre jeweilige Aktivität kommentieren und – wenn immer es möglich ist – daran teilnehmen. Sobald Sie eine Gelegenheit zum Zusammenspiel erblicken, sollten Sie es fördern. Spielt Ihr Kind mit Spielzeugautos, dann geben Sie dem anderen Kind auch ein Auto. Hat das keine Interaktion zur Folge, dann versuchen Sie, Ihr Kind zu der Aktivität des anderen Kindes zu bewegen. Schließlich werden die beiden Kinder einen Weg finden, wie sie zusammen spielen können – und sei es auch nur für drei Kommunikationskreise. Versuchen Sie das auszubauen.
2. *Machen Sie immer ein Kind darauf aufmerksam, was das andere gerade tut.* Sagen Sie Dinge wie: »Schau mal! Hast du das gesehen? Toll!« Je mehr Lebendigkeit Sie in Ihre Stimme legen, desto leichter wird es den beiden Kindern fallen, aufmerksam zu sein. Beschränken Sie sich nicht auf positive Emotionen; setzen Sie auch negative Emotionen wie Wut, Frustration und Eifersucht ein.
3. *Bringen Sie die Kinder dazu, gemeinsam Probleme zu lösen.* Sprechen Sie in einem animierenden Tonfall, wenn Sie beide Kinder zu einer problemlösenden Aktivität bewegen wollen. »Ach du liebe Zeit! Bei diesem Auto fehlt ein Rad! Was können wir da machen?« oder auch: »Hilfe, Hilfe! Die Tür zu dem Haus ist verkeilt. Jetzt ist der Soldat eingesperrt! Wie können wir ihm helfen?«
4. *Helfen Sie den Kindern, sich der jeweiligen Gefühle des anderen bewußt zu werden.* Legen Sie viel Lebendigkeit in Ihre Stimme und Ihre Gebärden; scheuen Sie sich nicht, Krokodilstränen zu vergießen oder ärgerliche oder eifersüchtige Gesichter zu schneiden, und nennen Sie das Kind, von dem Sie sprechen, immer mit Namen. »Armer Seth! Er schaut so traurig drein!« Oder Sie sagen – wobei Sie ein wütendes Gesicht und entsprechende Gebärden machen: »Jason sieht jetzt aber richtig zornig aus!« Es ist gut möglich, daß Ihr Kind zuerst überrascht ist, weil es nicht gewohnt ist, die Gefühle anderer Kinder wahrzunehmen. Aber wenn Sie dies regelmäßig tun, wird es sich allmählich auf die Emotionen seines Freundes einstellen.

5. *Helfen Sie den Kindern, wirklich zusammen zu spielen.* Vielleicht spielen die Kinder zuerst nebeneinander, ohne zu interagieren. Versuchen Sie in diesem Fall, sie zu einem interaktiven Spiel zu bewegen, indem Sie die Aufmerksamkeit des einen Kindes auf das, was das andere Kind tut, lenken.
6. *Versuchen Sie, die Aufmerksamkeit eines jeden Kindes so lange wie möglich aufrechtzuhalten.* Wenn Sie spüren, daß eines der Kinder weggehen will, dann sollten Sie etwas Spannung oder Aufregung in die gegenwärtige Aktivität bringen, um es zum Dableiben zu bewegen. Legen Sie zusätzliche Emotion in Ihre Stimme und Ihre Gebärden oder schlagen Sie etwas vor, das dieses Kind besonders gern tut. Wenn solche Anstrengungen nicht fruchten, fragen Sie es: »Warum willst du weggehen? Weshalb hast du es so eilig?« Oder: »Schreit Maria zu laut? Tut dir das in den Ohren weh?« Vielleicht bleibt das Kind dennoch nicht viel länger dabei, aber jede gewonnene Zeit gibt mehr Übung im Interagieren.
7. *Helfen Sie beiden Kindern, das Verhalten des anderen zu verstehen, indem Sie dieses Verhalten in einfachen Worten ausdrücken.* Vermutlich sind beide Kinder hin und wieder verwirrt vom Verhalten des jeweils anderen. Daher sollten Sie ihnen erklären, was der Spielkamerad eben tut. »Sarah schreit, wenn sie jemanden weinen hört. Es tut ihr in den Ohren weh.« »David macht ein böses Gesicht. Er wirft das Teeservice hinunter, deswegen wird niemand Tee trinken können.« »Mary kommt nicht weiter. Sie weiß nicht, was sie als nächstes tun soll.«
8. *Helfen Sie den Kindern zu interagieren, indem Sie gemeinsame Interessen nutzen.* Wenn ein Kind mit etwas beginnt, von dem Sie wissen, daß das andere Kind es ebenfalls gern tut, dann lenken Sie die Aufmerksamkeit des anderen darauf. Reichen Sie Ihm einen zweiten Lastwagen, ein Feuerwehrauto oder eine Puppe und ermuntern Sie es zum Mitspielen. Oder nehmen Sie das ganze Spielzeug an sich und verteilen Sie es zu gleichen Teilen an die Kinder. Das kann dazu führen, daß sie zusammen spielen.
9. *Helfen Sie den Kindern, an ihrem Spiel festzuhalten.* Sobald die Kinder ein bestimmtes Spielthema verfolgen (sie führen vielleicht eine Puppenfamilie im Park spazieren), sollten Sie selbst eine Rolle darin einnehmen, damit sie nicht abschweifen. Wenn ein neues Thema auftaucht (ein Alligator, der aus dem Zoo entflohen ist, kommt vorbei), dann sollten Sie es entweder ignorieren und zum ursprünglichen Thema zurück-

kehren (»Wann werden wir endlich in den Park kommen?«) oder das neue Thema in das erste einbauen (»Nehmen wir doch den Alligator mit in den Park!«).

10. *Helfen Sie jedem Kind, die Gefühle und Handlungen des mitspielenden Kindes zur Kenntnis zu nehmen, indem Sie wiederholen, was es gesagt oder getan hat.* Kinder bekommen die Handlungen oder Reaktionen der anderen Kinder oft nicht mit, wenn diese Handlungen sich leise vollziehen. Um ihnen zu helfen, sie zur Kenntnis zu nehmen, sollten Sie auf das, was jedes Kind tat oder sagte, hinweisen. Gegebenenfalls können Sie das Kind bitten, zu wiederholen, was es soeben gesagt oder getan hat (»Evan, hast du das wirklich gesagt?«).
11. *Helfen Sie den Kindern, symbolische Ideen zu teilen.* Ermuntern Sie sie, Spielthemen auszuwählen, die beide Kinder symbolisch handhaben können (vielleicht haben Sie schon einmal mit den beiden Pirat oder Doktor gespielt). Wenn Sie ihnen diese Spielerlebnisse ins Gedächtnis rufen, dann können sie sie zusammen ausführen. Falls es um ein »Gut-Böse«-Thema geht, kann es sein, daß beide auf derselben »Seite« stehen wollen und gegen Sie mobil machen. Das sollten Sie akzeptieren, denn das wird ihr Bündnis stärken. Wenn eines der Kinder sich auf einer niedrigeren symbolischen Stufe befindet, dann sollten Sie es so einrichten, daß es trotzdem mitspielen kann. Sie können den Kindern zum Beispiel vorschlagen, ein Siegesfest zu veranstalten oder eine Festung zu bauen. Auch wenn diese Aktivitäten eher konkret sind, werden sie die Kinder dank des symbolisches Themas zusammenschweißen.
12. *Greifen Sie hochemotionale Themen auf (wie Trennung, Ängste, körperliche Verletzung und Aggression) und helfen Sie den Kindern, diese Themen symbolisch auszuagieren.* Diese hochemotionalen Themen sind für alle Kinder relevant, weil sie Teil des Entwicklungsfortschritts sind. Wenn Kinder sich damit beschäftigen, dann definieren sie ihr Selbstgefühl und ihren Realitätssinn. Daher sind symbolische Spiele, die mit diesen Themen zu tun haben, für die Kinder von größtem Interesse. Sie werden darauf entweder positiv oder ängstlich reagieren (indem sie übermäßig stark oder auch passiv und abwehrend reagieren).
13. *Stellen Sie fest, welche Bewältigungsstrategien und Lösungen jedes Kind hat, und schlagen Sie symbolische Lösungen für schwierige Situationen vor.* Vielleicht fällt Ihnen auf, daß eines der Kinder jedesmal, wenn sich ein Pirat nähert und nach Gold sucht, einschläft (bzw. das Einschlafen

mimt). In diesem Fall können Sie sagen: »Jesse schläft immer ein, wenn der Pirat kommt. Jesse, wenn du jetzt einschläfst, wirst du keine Angst vor dem Piraten haben. Aber vielleicht möchstest du lieber ein Zauberschwert zur Hand nehmen, dann kannst du dich wehren!« Indem Sie dem Jungen eine symbolische Lösung für seine Angst anbieten, können Sie ihm helfen, sich auf andere Weise damit auseinanderzusetzen.

14. *Helfen Sie den Kindern, Konflikte gemeinsam zu lösen.* Wenn ein Kind das Spiel unterbricht, dann sollten Sie beide Kinder bitten, dazu beizutragen, das Problem zu lösen. Ein Kind bekommt vielleicht Angst, während es eine bestimmte Geschichte hört, und beginnt deshalb, zu schreien oder um sich zu schlagen; oder das andere verliert im Spiel und läuft deswegen weg. In diesem Fall sollten Sie den Kindern erklären, wie wichtig es für sie ist, zu verstehen, wie das jeweils andere sich fühlt; helfen Sie ihnen dann, eine Lösung für das Problem zu finden.
15. *Geben Sie den Kindern Gelegenheiten, bei denen sie zusammenarbeiten können.* Wenn Sie etwa in die Rolle des »Bösen« geschlüpft sind, der versucht, das ganze Haus auf den Kopf zu stellen, können die Kinder gemeinsam eine Barriere bauen, um Sie auszusperren. Vielleicht wollen sie Sie kitzeln, um zu sehen, ob sie Sie zum Lachen bringen können.

Wie Sie Ihrem Kind helfen, sich einer Gruppe anzuschließen

Kindern, die Kommunikationsschwierigkeiten hatten, mangelte es in der Vergangenheit an den vielfältigen sozialen Austauschmöglichkeiten, die unerläßlich sind, um die Fertigkeiten zu lernen, die man für den Zugang zur menschlichen Gesellschaft benötigt. Während der Vorschuljahre üben und erlangen Kinder die Fertigkeiten, die man braucht, um sich anderen anzuschließen zu können, um zu fordern, selbst an die Reihe zu kommen usw. »Kann ich mitspielen?« »Wie wär's, wenn mein Lastwagen die Steine für den Bau herfährt?« »Schau dir das neue Kleid meiner Puppe an!« Das sind Fragen und Äußerungen, mit denen man sich einer Gemeinschaft anschließt und die Kinder zu formulieren lernen. Ihre Vermittlung (und auch die anderer Erwachsener) kann hilfreich sein, während die Kinder diese Fertigkeiten erlangen und Interesse am Spiel mit anderen Kindern entwickeln.

1. *Helfen Sie Ihrem Kind, sich anderen anzuschließen.* Nähert sich Ihr Kind einer Gruppe, dann ermuntern Sie es dazu, zu fragen, ob es sich dazugesellen darf. Regen Sie es dazu an, den anderen mitzuteilen, was es gern mit ihnen spielen würde, oder steuern Sie selbst eine Idee zu dem bei, was die Kinder gerade tun. Ermuntern Sie das Kind, falls nötig, mit lauterer Stimme als sonst zu sprechen.
   Schließen Sie sich selbst der Gruppe an, damit die anderen Ihrem Kind Beachtung schenken. Sagen Sie beispielsweise: »Kinder, schaut mal, wer da kommt!« Dann sollten Sie die Kinder freundlich dazu auffordern, Ihr Kind zu fragen, ob es mitspielen will (»Johnny, schau mal, ob Daniel dir bei dem Puzzle helfen kann«). Schlagen Sie den Kindern vor, darüber zu diskutieren, was sie zusammen tun könnten (»Kinder, wollt ihr eine Straße vom Flughafen zum Zoo bauen?« »Pete will den Kontrollturm bauen. Johnny will eine Schnellstraße bauen. Und Daniel möchte eine Brücke bauen. Wo könntest du mitmachen?«).
2. *Fördern Sie interaktive Fertigkeiten.* Wenn Sie beginnen, mit Ihrem Kind zu spielen, dann sollten Sie sich immer vom ihm leiten lassen. Wenn es ein Spiel spielt, das es sich ausgesucht hat, dann wird es wissen, was es will, und wird besser imstande sein, seine Ideen anderen mitzuteilen. Nach einer Weile können Sie dann ein oder zwei andere Kinder dazubitten. Versuchen Sie, sie dazu zu bringen, daß sie Ihr Kind beachten – und animieren Sie auch Ihr Kind, die anderen wahrzunehmen. Falls nötig, richten Sie es so ein, daß Ihr Kind die meiste Zeit über das Sagen hat. Danach sollten Sie ihm helfen, den anderen Folge zu leisten. Setzen Sie viel vokalen Ausdruck und Gebärden ein, damit es Kontakt zu den anderen findet.
3. *Fungieren Sie als Vermittler von Spielkameraden.* Wenn Sie Ihr Kind dabei unterstützen, mit den anderen zu spielen, werden sich seine Beziehungen ganz allgemein rascher entwickeln. Wenn Sie sich auf den Boden setzen, um mit ihm zu spielen, dann werden sich andere Kinder ebenfalls von dem, was Sie tun, angezogen fühlen. Rufen Sie ihnen zum Beispiel zu: »Dieses Flugzeug fliegt nach Disneyland. Will noch jemand mit? Schnallt euch gut an!« Die anderen Kinder werden bald ebenfalls irgendwelche Rollen annehmen und mitspielen. Wenn die Kinder von Ihnen angezogen werden, werden sie natürlich auch Ihre Aufmerksamkeit fesseln wollen. Machen Sie ihnen klar, daß Sie vor allem da sind, um mit Ihrem Kind zu spielen, daß sie aber gern mitmachen dürfen.

Wenn Ihr Kind einem anderen Kind auf eine Frage nicht antwortet, dann sollten Sie das Kind bitten, seine Frage oder seine Äußerung zu wiederholen. Wenn Ihr Kind dann noch immer nicht reagiert, dann fragen Sie es, ob es gehört hat, was das andere Kind gesagt hat. Wenn es auch dann nicht antwortet, dann beantworten Sie die Frage selbst, damit das andere Kind nicht weggeht. Vielleicht reagiert Ihr Kind langsam, weil es Informationen nicht schnell verarbeiten kann, aber wenn man ihm genug Zeit läßt, wird es früher oder später antworten. Fassen Sie seine Reaktionen (oder seine mangelnden Reaktionen) nicht als Ablehnungen auf. Sie sollten auch Ihre Bemühungen nicht wegen seines Protests einstellen. Und was noch wichtiger ist – versuchen Sie, das Kind nicht entwischen zu lassen, ehe es eine Antwort gegeben hat, auch wenn es nur sagt: »Nein, ich will nicht!« Beharren Sie auf einer Antwort, in Worten oder Gebärden.

4. *Fördern Sie motorische Aktivitäten.* Wenn Ihr Kind nur geringe Fähigkeiten zur motorischen Planung hat, dann neigt es dazu, nur mit Spielzeug zu spielen, das leicht zu handhaben ist. Das Schieben von Fahrzeugen, die Räder haben, oder das Ausgießen von Dingen in den Rinnstein fällt ihm leichter als das Bauen von verschachtelten Häusern. Helfen Sie ihm, anspruchsvolle feinmotorische Aktivitäten zu üben, indem Sie die Hand des Kindes mit Ihrer eigenen Hand führen und indem Sie diese Fertigkeiten mit ihm proben, ehe es sie in einer Gruppe unter Beweis stellen muß.
5. *Fördern Sie die Gemeinschaft mit anderen.* Wann immer möglich, lassen Sie Ihr Kind mit einem anderen Kind spielen, damit es genügend Gelegenheiten bekommt, zu interagieren und Freundschaften zu schließen. Wenn beide Kinder malen, dann sollten Sie die Papierbögen nebeneinander an der Staffelei anbringen, damit sie zusammen malen und dabei über ihre Bilder sprechen können. Geben Sie beiden Kindern zusammen ein großes Stück Knetmasse und bitten Sie sie, es zu teilen. Fordern Sie sie auf, die Zutaten für ein großes Abendessen aus Knetmasse zu fertigen und sich abzusprechen, was jedes Kind formen wird. Oder richten Sie es ein, daß ein anderes Kind mit Ihrem Kind ein Puzzle macht. Geben Sie jedem Kind ein paar wahllos herausgegriffene Puzzlestücke und überlassen Sie es ihnen, herauszufinden, wie die Stücke zusammengehören. Möglicherweise müssen Sie ihnen dabei zuerst ein wenig helfen. Wenn Sie anfangen, diese gemeinschaftlichen Spiele zu fördern,

dann sollten Sie zuerst die Kinder einladen, die das größte Interesse an Ihrem Kind haben; nach und nach sollten Sie dann auch andere Kinder dazubitten. Vergessen Sie nicht, die Kinder für ihre gemeinsamen Anstrengungen zu belohnen.

6. *Fördern Sie immer Interaktionen.* Ganz gleich, was Ihr Kind tut, sorgen Sie dafür, daß es interaktiv ist – sei es mit Ihnen oder mit einem anderen Kind. Es kann verlockend sein, ein Kind dafür zu belohnen, daß es eine Aufgabe allein fertiggestellt hat; doch bei Ihrem förderbedürftigen Kind ist es wichtiger, seine Bemühungen um Interaktion zu belohnen. Nur so wird es die wechselseitige Kommunikation beherrschen lernen.
7. *Sorgen Sie für Gelegenheiten, die die Kinder dazu motivieren, zusammen zu spielen.* Arrangieren Sie zum Beispiel ein Spiel, in dem die Kinder sich zusammentun müssen, um Sie zu besiegen oder herauszufinden, wer einen höheren Turm bauen kann. Die beiden können auch gemeinsam Ihre Schuhe oder Socken verstecken.

20 Was können wir erwarten?

Welche Fortschritte können Sie von Ihrem Kind wirklich erwarten? Wird es einmal in der Lage sein, selbständig zu leben? Wird es lesen und schreiben können? Wird es arbeitsfähig sein? Heiraten können? Es ist unmöglich vorauszusagen, wie hoch die Lernkurve Ihres Kindes gehen wird. Die diagnostische Zuordnung zu einer bestimmten Gruppe ist kein sicherer Hinweis, denn Kinder mit derselben Diagnose können sich sehr unterschiedlich entwickeln. Auch die Testergebnisse und Einschätzungen sind oft irreführend, denn sie sagen Ihnen nur, wie der Entwicklungsstand Ihres Kindes zu der Zeit war, als die Tests durchgeführt wurden. Der Vergleich mit den Leistungen von Gleichaltrigen ist ebenfalls nicht hilfreich, weil er Ihnen lediglich sagt, wie der gegenwärtige Entwicklungsstand Ihres Kindes ist, und nicht, wie seine zukünftigen Fortschritte aussehen werden. Jeder statische Maßstab – das heißt, alles, was die Leistung des Kindes in einem bestimmten Augenblick mißt – ist als Indikator für sein Potential ungeeignet, da er voraussetzt, daß die Lernkurve sein ganzes Leben lang gleichbleiben wird. Und diese Annahme ist unbegründet.

Der beste Indikator für das Potential Ihres Kindes ist die Entwicklung seiner Lernkurve; man sollte sie genau beobachten, nachdem es ein optimales Therapieprogramm begonnen hat. Wenn das Kind diszipliniert mit einem Therapeutenteam arbeitet und mit Ihnen in der Bodenzeit übt, wird seine Lernkurve anzeigen, inwieweit es in der Lage ist, Fortschritte zu machen. Und solange diese Kurve ansteigt, wird Ihr Kind sich weiterentwickeln. Wie lange wird sein Lernprozeß anhalten? Wo wird Ihr Kind ankommen? Das könnnen wir nicht voraussagen. Aber je steiler die Kurve ist, desto schneller lernt es und desto optimistischer dürfen Sie sein.

Am sinnvollsten ist es, die Lernkurve zu betrachten, nachdem Ihr Kind zwölf bis vierundzwanzig Monate lang in Therapie war und begonnen hat, interaktiv zu lernen. Da kein Kind in der Isolation lernen kann, sollte man am besten warten, bis es kontaktfähig ist und interagiert, ehe man über den Grad seines Fortschritts urteilt. Selbst wenn eine geraume Weile vonnöten ist, um Ihr Kind in Beziehungen einzubinden und es dazu zu bringen, Kommunikationskreise zu öffnen und zu schließen, sollten Sie warten, bis dies geschieht. Denn wenn es auch viele Monate dauern kann, bis es seine ersten Kommunikationskreise schließt, so werden die nachfolgenden Kreise schneller zustande kommen, und die Lernkurve Ihres Kindes wird ansteigen.

Über die Entwicklung Ihres Kindes sollten Sie sich erst Gedanken machen, wenn die Lernkurve flach wird. Normalerweise macht ein Kind zuerst Fortschritte, stagniert danach eine Zeitlang und entwickelt sich hierauf wieder weiter. Wenn die Stagnationsphase zwei oder drei Monate anhält, fangen wir an, uns Sorgen zu machen – insbesondere über das therapeutische Programm. Wenn das Kind sich nicht weiterentwickelt, dann oft deshalb, weil seine Bedürfnisse in einer wichtigen Hinsicht nicht mehr befriedigt werden.

Was kann also schieflaufen? Viele Dinge können eine Verlangsamung – eine Regression – des Lernprozesses bewirken.

- *Spannungen in der Familie.* Wenn die Eltern sich nicht verstehen oder wenn ein anderes Kind die ganze Aufmerksamkeit der Eltern in Anspruch nimmt oder wenn die Familie umgezogen ist, so kann das zu einer Verringerung der Bodenzeit und der fürsorglichen Beachtung führen, die dem Kind gewöhnlich zuteil wird. Es wird nicht nur die geduldigen und verständnisvollen Rückmeldungen und die nötige Übung im Problemlösen vermissen, es wird zudem auch die gegenwärtigen Belastungen der Familie spüren und darauf reagieren. Diese Kombination von verschiedenen Faktoren kann das Lernen behindern.
  In Zeiten, wo Ihre Familie unter Streß leidet, sollten Sie dafür sorgen, daß Ihr Kind mehr Stabilität erhält und sich sicherer fühlen kann. Versuchen Sie, weniger zu arbeiten und ihm dafür mehr Zeit zu schenken; widmen Sie ihm mehr Bodenzeit. Erhöhen Sie Fürsorge und Interaktion.
- *Überlastung.* Jede Art Überbelastung kann den Anstieg der Lernkurve beeinträchtigen. Zu viele anwesende Menschen im Haus, zu viel Krach, zu viel Aufregung wegen eines Geburtstags oder der Ferien – alle diese Dinge können, auch wenn sie an sich positiv sind, das innere Gleichgewicht Ihres Kindes stören und seinen Lernprozeß zum Stocken bringen.
- *Veränderungen im sozialen Umfeld.* Vielleicht ist der beste Freund Ihres Kindes weggezogen, vielleicht betreut sein Lieblingslehrer oder -therapeut es nicht mehr, oder es wird in der Schule von einem tyrannischen Mitschüler drangsaliert. Solche Ereignisse ängstigen ein Kind, das hochsensibel auf äußere Erfahrungen reagiert, und können dem Lernprozeß schaden.
- *Veränderungen in den physischen Lebensumständen.* Veränderungen in der Ernährung können die Lernfähigkeit des Kindes beeinträchtigen;

ebenso Gifte in seinem Umfeld, wie Pestizide, Parfüme, Farb- und Lackdämpfe oder andere Chemikalien, auf die es empfindlich reagiert. Auch Allergien und andere Krankheiten können den Lernprozeß behindern. Medikamente gegen körperliche Krankheiten können Nebenwirkungen haben, die einen negativen Einfluß auf die geistigen Fähigkeiten ausüben. Manchmal sind auch einzelne Bestandteile, aus denen ein bestimmtes Medikament zusammengesetzt ist, der Grund für Lernschwächen (vielleicht ein Antibiotikum in einer zuckrigen Flüssigkeit mit Farbstoffen).

- *Der Therapieplan.* Vielleicht hat Ihr Kind den oder die Therapeuten gewechselt, oder vielleicht hat ihm ein Therapeut bei bestimmten Problemen helfen können, hat jedoch wenig Erfahrung mit der nächsten Entwicklungsstufe. Sprechen Sie in diesem Fall mit den Therapeuten; beobachten Sie, wie sie arbeiten. Überlegen Sie, ob irgendeine Änderung den Lernprozeß Ihres Kindes ankurbeln könnte.
- *Ein Entwicklungsschub.* Manchmal geht ein Schritt, der auf der Entwicklungsleiter nach oben gemacht wird, mit einer zeitweiligen Verlangsamung des Lernprozesses einher. Wenn Ihr Kind sich seiner Umwelt mehr bewußt und offener wird, kann diese neue Weltsicht eine geradezu überwältigende Wirkung haben. Um sich selbst zu schützen, zieht es sich unter Umständen zurück. Gewährt man ihm jedoch viel Zeit, Geborgenheit und beruhigende Interaktion, so kann es die neuen Informationen in seine Persönlichkeit integrieren; der unterbrochene Lernprozeß wird dann wieder einsetzen.

Auch wenn Ihr Kind in der Therapie Fortschritte macht, sollten Sie sich auf mögliche Verzögerungen einstellen und mit zeitweiligen Regressionen rechnen. Regressionen sind auch deshalb so erschreckend, weil förderbedürftige Kinder ein breites regressives Spektrum haben. Während ein nicht förderbedürftiges Kind in Streßzeiten oft übellaunig und aufsässig wird, können die Reaktionen eines förderbedürftigen Kindes vom pausenlosen Sprechen bis zum völligen Abschalten, vom Kooperieren bis zum Treten, Beißen und Brüllen reichen. Aber so schnell wie Ihr Kind regredieren kann, kann es auch wieder zu seiner höchsten Entwicklungsstufe zurückkehren. Sie müssen ihm die Stabilität, die Beruhigung und die Interaktionen zukommen lassen, die ihm geholfen haben, sein voriges Niveau zu erreichen.

Wenn Sie das Umfeld Ihres Kindes gründlich prüfen und nichts finden können, was verbesserungswürdig wäre, dann sollten Sie Ihre gewohnte Arbeit fortsetzen. Es ist durchaus möglich, daß seine Lernkurve nach dieser Unterbrechung wieder ansteigen wird. Wenn sie trotz eines kontinuierlichen optimalen Therapieprogramms relativ lange Zeit flach bleibt, dann ist es Zeit für eine umfassende Neueinschätzung.

Konzentrieren Sie sich auf die Beherrschung der gegenwärtigen Entwicklungsstufen. Wenn Ihr Kind die gegenwärtigen Entwicklungsstufen beherrscht, dann wird es vermutlich auch die nächste meistern. Und wenn es diese meistert, wird es vermutlich auch mit der darauffolgenden keine allzu großen Probleme haben. Die Anstrengungen, die Sie heute leisten, werden sich morgen auszahlen. Vergleichen Sie Ihr Kind nicht mit anderen Kindern; vergleichen Sie nur seine verschiedenen Entwicklungsstufen miteinander. Wenn es früher einen Kommunikationskreis geschlossen hat und jetzt fünf Kreise schließt, dann hat es sich um 500 Prozent verbessert. Wenn Sie merken, daß Sie ausgebrannt sind und allmählich die Hoffnung verlieren, dann machen Sie sich bewußt, wo das Kind zum jetzigen Augenblick steht. Zählen Sie die Kreise, die es schließt. Zählen Sie, wie viele Sekunden Augenkontakt es halten kann. Messen Sie die Zeit, die es braucht, um sich nach einem Wutanfall zu beruhigen. Vergegenwärtigen Sie sich jeden noch so kleinen Fortschritt, damit Sie neuen Mut zum Weitermachen bekommen.

Manche Menschen – Mediziner wie Eltern – wissen nicht mit Bestimmtheit, in welchem Alter ein Kind grundlegende Fertigkeiten erlernt. Einige glauben, wenn ein Kind mit anderthalb oder zwei Jahren zu 50 Prozent seinem altersgemäßigen Niveau gerecht würde, werde es sich immer auf diesem Niveau bewegen. Andere sind der Ansicht, wenn ein Kind eine Fertigkeit erst vier oder fünf Jahre nach seinen gleichaltrigen Kameraden lernt, werde es sein Leben lang in seiner Entwicklung hinterherhinken. Das mag auf manche Kinder zutreffen, aber sicherlich nicht auf alle. Die erzielten Leistungsfortschritte der Kinder, mit denen wir gearbeitet haben, legen nahe, daß viele Kinder mit einem optimalen Therapieprogramm relativ schnelle Erfolge erzielen können. Wesentlich wichtiger als der Zeitpunkt, *wann* ein Kind grundlegende Fertigkeiten besitzt, ist die Qualität dieses Lernens.

Wenn Sie sich den gesamten Lernprozeß Ihres Kindes wie den Bau eines Wolkenkratzers vorstellen, dann sind die emotionalen Entwicklungsstufen die Fundamente dieses Gebäudes. Sie müssen ungefähr 80 Stockwerke tragen – 80 Lebensjahre. Sie müssen sehr belastbar sein, denn falls diese grundlegenden Fertigkeiten wackelig sind, ist das ganze Gebäude in Gefahr. Es ist weit besser, ein solides Fundament zu haben, das sich spät entwickelt, als ein wackeliges Fundament, das sich nach Zeitplan entwickelt hat. Natürlich wäre es ideal, wenn alle Kinder in jeder Hinsicht ihrem Alter entsprechend funktionieren würden (und manche förderbedürftige Kinder, mit denen wir gearbeitet haben, haben dieses Niveau erreicht). Aber nie darf die Lernqualität dem Wunsch nach rascher Weiterentwicklung geopfert werden. Wenn für das Errichten eines soliden Fundaments und das Festigen der Entwicklungsstufen mehr Zeit investiert werden muß, dann sprechen wir uns eindeutig dafür aus, denn ohne dieses Fundament wird Ihr Kind niemals fähig sein, sich komplexeren Bereichen zuzuwenden.

Es ist schwierig, diese Anschauung in einer Welt aufrechtzuhalten, die sehr viel Wert darauf legt, daß bestimmte Fertigkeiten zu ganz bestimmten Zeiten gelernt werden. Die meisten Kinder lernen mit sechs oder sieben Jahren lesen und schreiben. Mit acht Jahren lernen sie fließend schreiben. Mit neun oder zehn Jahren Bruchrechnen. Natürlich sind diese Fertigkeiten wichtig, aber schauen Sie sich die Situation einen Augenblick lang mit mehr Weitblick an. Wenn ein Mensch 35 ist – welchen Unterschied macht es da noch, ob er mit sieben oder mit neun schreiben gelernt hat? In beiden Fällen kann er Briefe an seine Freunde schreiben und sich Notizen machen. Welchen Unterschied macht es, ob ein Mensch gelernt hat, eine Warum-Frage mit drei oder mit viereinhalb Jahren zu beantworten? Wenn das Kind im Alter von sieben Jahren qualitativ gut antworten kann – das heißt, wenn das Kind drei oder vier logische Antworten zu geben vermag –, dann besitzt es für den Rest seines Lebens ein solides Fundament für das abstrakte Denken. Es hat dann in den folgenden dreißig oder vierzig Jahren immer noch viel Zeit, diese Fertigkeit zu kultivieren. Es sollte also nicht so viel Wert darauf gelegt werden, wann ein Kind bestimmte Fertigkeiten lernt; viel entscheidender ist, wie gut es sie lernt.

Leider wird in unserem therapeutischen und heilpädagogischen Alltag nicht immer diese Denkart vertreten. Manchmal wird ein Kind gezwungen, sich auf das Grundschulniveau zu beschränken, nur weil es mit anderen Kindern gruppiert wurde, die ebenfalls Lernschwierigkeiten haben. Noch häufiger geschieht es, daß einem Kind, wenn es ins Teenageralter kommt und mehrere Jahre hinter seinen gleichaltrigen Kameraden herhinkt, keine interaktiven Therapien mehr angeboten werden (mit deren Hilfe die grundlegenden Fertigkeiten aufgebaut werden könnten) und statt dessen nur Wert auf praktische Fertigkeiten gelegt wird (wie das Herstellen von Gegenständen und der Umgang mit Geld). Dadurch kommt die kognitive Erziehung des Kindes zum Stillstand, und es erreicht keine abstrakteren Denk- und Verhaltensniveaus. Aber warum sollte man meinen, daß ein Kind, nur weil es bis zum Alter von 15 Jahren noch nicht gelernt hat, abstrakt zu denken, es dies niemals lernen wird? Unser Gehirn entwickelt sich bis in unsere fünfziger Jahre weiter. Warum sollte man nicht glauben, daß Kinder, denen wir optimale Förderprogramme bieten, die Leiter der Entwicklungsstufen weiter hinaufsteigen und mit 20, 30 oder 40 Jahren flexible, logische und abstrakte Denker werden können?

Wenn wir beginnen, mit einem zwölfjährigen Jungen zu arbeiten, der sich wie ein Vierjähriger verhält, und dies so lange tun, wie seine Lernkurve nach oben geht, dann kann er, wenn er 16 ist, sich wie ein Sechsjähriger verhalten. Er wird dann bedeutende Fortschritte gemacht haben. Wenn er sich dann mit zweiundzwanzig Jahren wie ein Zehnjähriger verhält, wird er immerhin imstande sein, halb autonom zu leben, und nicht in einer Anstalt wohnen müssen. Wenn er mit dreißig Jahren wie ein Fünfzehnjähriger handeln kann, dann wird er eine zweijährige Collegeausbildung absolvieren können, vermutlich eine Freundin und einen Job haben und ein normales Leben führen. Ist das möglich? Wir wissen es nicht. Das Experiment wurde noch nicht gestartet. Aber wir wissen, daß das Gehirn und das Nervensystem viel elastischer sind, als man früher annahm, und wir sehen nun eine große Anzahl von Kindern, die in wesentlich späteren Altersphasen, als man früher für möglich hielt, Fertigkeiten entwickeln.

Manche Mediziner vertreten den Standpunkt, man wecke falsche Hoffnungen bei in den Eltern, wenn man Erwartungen in das Potential des Kindes setze, dessen man noch gar nicht sicher sein könne. »Eltern müssen realistisch sein«, lautet ihr Argument. »Wenn sie sich auf die Zukunft ihres Kindes vorbereiten, müssen sie das, was es vermutlich wirklich erreichen wird, zum Ausgangspunkt nehmen.«

Wir haben noch nicht genug Erfahrung mit optimalen Interventionen, um zu sagen, was ein Kind vermutlich erreichen wird. Überdies ist jedes Kind einzigartig. Daher können wir über seine zukünftigen Leistungen nur Vermutungen anstellen, wenn wir seine Lernkurve beobachten. Solange die Kurve ansteigt, wird das Kind sich weiterentwickeln. Andere Voraussagen machen hieße, viel mehr zu riskieren als falsche Erwartungen: Man würde die Eltern ganz zu Unrecht entmutigen und damit die Fähigkeit des Kindes, sich so weit wie möglich zu entwickeln, begrenzen. Die physiologische

Konstellation des Kindes, sein Umfeld (einschließlich der Familie, der Therapeuten und der Erzieher) und seine interaktiven Erfahrungen spielen alle eine Rolle bei seinem Entwicklungsweg. Doch nur der Weg selbst kann das Ziel bestimmen.

Anhang A
Strategien für die Bodenzeit: Ein kurzer Überblick

Wir haben in diesem Buch eine Fülle von Material behandelt – mehr, als die meisten Eltern im Gedächtnis behalten können. Um Ihnen die Arbeit mit Ihrem Kind zu erleichtern, haben wir diese »Spickzettel« beigefügt, auf denen die zentralen Punkte aufgelistet sind. Sie können Sie gern kopieren und an den Kühlschrank hängen oder sie an Freunde oder an die Heilpädagogen und Therapeuten Ihres Kindes weitergeben.

Bodenzeit-Strategien: Wie Sie Ihrem Kind helfen können, sich auf Sie und die Umwelt einzulassen und eine wechselseitige Kommunikation zu führen

- Lassen Sie das Kind den Lenker des Spielgeschehens sein. Machen Sie mit bei dem, was es tut. Es spielt keine Rolle, was sie zusammen machen, solange das Kind den Anstoß dazu gibt.
- Lassen Sie nicht locker, bleiben Sie beharrlich.
- Behandeln Sie alles, was das Kind tut, als absichtsvoll und zielgerichtet. Geben Sie seinen scheinbar willkürlichen Verhaltensweisen eine neue Bedeutung, indem Sie darauf reagieren, als seien sie zielgerichtet und zweckmäßig.
- Helfen Sie Ihrem Kind dabei, das zu tun, was es tun möchte.
- Stellen Sie sich direkt vor das Kind.
- Achten Sie darauf, was das Kind initiiert oder nachahmt, und konzentrieren Sie sich darauf.
- Machen Sie mit beim perseverativen Spiel des Kindes.
- Interpretieren Sie sozialen Rückzug oder ein »Nein« nicht als Ablehnung.
- Ziehen Sie die Interaktion in die Länge: Stellen Sie sich dumm, tun Sie das Falsche, machen Sie, was das Kind Ihnen sagt, mischen Sie sich in sein Spiel ein. Tun Sie, was Sie können, um die Interaktion in Gang zu halten.
- Unterbrechen Sie das Spiel nicht und wechseln Sie nicht das Thema, solange das Kind mit Ihnen interagiert.
- Bestehen Sie auf einer Reaktion.

- Setzen Sie sensomotorische Spiele wie Hüpfen, Kitzeln und Schaukeln ein, die dem Kind Vergnügen bereiten.
- Setzen Sie sensorische Spielmaterialien ein, damit das Kind Ursache und Wirkung erleben kann: Verstecken Sie ein Spielzeug und lassen Sie es auf »magische« Weise wieder auftauchen; lassen Sie ein Spielzeug mit Glöckchen fallen, damit Ihr Kind das Klingeln hört; kommen Sie mit einer »Kitzelfeder« näher, näher, immer näher, und kitzeln dann das Kind damit.
- Spielen Sie Spiele für Kleinkinder wie »Guck-Guck«, »Ich krieg dich« und »Backe, backe Kuchen.«
- Wichtig ist, daß das Kind mit Freude bei der Sache ist. Brechen Sie keine vergnügliche Erfahrung ab.
- Betonen Sie mit Mimik, Gestik, Tonfall und Körpersprache den emotionalen Gehalt dessen, was Sie sagen und tun.
- Versuchen Sie, ebenso akzeptierend mit Ärger, Wutausbrüchen und Protestgeschrei umzugehen wie mit den positiveren Emotionen und Stimmungen des Kindes.
- Helfen Sie Ihrem Kind durch Mimik, Gestik und Problemlösungen mit seinen Ängsten (Trennungsängsten, Angst vor Verletzungen, Aggression, Verlust, usw.) umzugehen.

Bodenzeit-Strategien: Wie Sie Ihrem Kind helfen können, eine symbolische Welt aufzubauen

- Wählen Sie Erfahrungen aus der Lebenswirklichkeit des Kindes aus, die es kennt und die ihm Spaß machen, und stellen Sie Spielmaterialien und Requisiten bereit, um diese Erfahrungen im Spiel nachzustellen.
- Reagieren Sie mit Als-ob-Handlungen auf echte Wünsche des Kindes:
  - Lassen Sie das Kind entdecken, was echt ist und was ein Spielzeug. Wenn es beispielsweise eine Puppenrutsche herunterrutschen will, hindern Sie es nicht daran; wenn es versucht, sich Puppenkleider anzuziehen, sagen Sie nicht gleich, daß die Sachen zu klein sind; wenn es den Fuß in ein Spielzeugbecken setzt, fragen Sie es, ob das Wasser kalt ist.
  - Wenn das Kind Durst hat, bieten Sie ihm eine leere Tasse an oder laden Sie es zum Geburtstagskaffee ein.

  - Wenn es Hunger hat, öffnen Sie den Papp-Kühlschrank und bieten ihm etwas zu essen an. Tun Sie, als würden Sie kochen, oder fragen Sie das Kind, ob es mit Ihnen auf den (imaginären) Markt gehen möchte, um etwas einzukaufen.
  - Wenn es weggehen möchte, geben Sie ihm Spielschlüssel oder ein Spielauto.
  - Wenn das Kind sich auf den Boden oder auf das Sofa legt, holen Sie eine Decke oder ein Kissen, machen Sie das Licht aus und singen Sie ein Schlaflied.
- Ermuntern Sie das Kind mit Requisiten und Kostümen zum Rollenspiel. Setzen Sie Handpuppen ein. Möglicherweise zieht das Kind es vor, selbst Theater zu spielen, bevor es symbolische Figuren im Rollenspiel einsetzt.
- Lassen Sie bestimmte Figuren oder Puppen für Familienmitglieder stehen, und geben Sie anderen Puppen bekannte Namen.
- Geben Sie Gegenständen eine symbolische Bedeutung, wenn Sie miteinander spielen:
  - Wenn das Kind auf das Sofa klettert, tun Sie so, als würde es einen hohen Berg ersteigen.
  - Wenn es auf dem Spielplatz eine Rutsche herunterrutscht, tun Sie so, als würde es im Meer landen, und halten Sie nach Fischen Ausschau.
- Wenn Requisiten gebraucht werden, ersetzen Sie ein Objekt durch ein anderes. Tun Sie so, als ob der Ball ein Kuchen wäre oder der Löffel eine Geburtstagskerze.
- Setzen Sie analoge Gesten als Requisiten ein.
- Helfen Sie dem Kind während des Spiels, über seine Absichten zu reden. Fragen Sie, wer das Auto fährt, wo das Auto hinfährt, ob das Kind genug Geld dabei hat, ob es an die Schlüssel gedacht hat. Fragen Sie, warum es dorthin fährt und nicht woanders hin. Ziehen Sie die Interaktion in die Länge.
- Nutzen Sie Pannen aus. Wenn im Spiel ein Problem auftaucht, finden Sie eine symbolische Lösung dafür. Holen Sie den Arztkoffer, wenn die Puppe stürzt, damit das Kind der verletzten Puppe helfen kann. Holen Sie den Werkzeugkoffer, wenn das Auto kaputt ist, und so weiter. Lassen Sie das Kind merken, daß Sie seine Enttäuschung verstehen, und fördern Sie einfühlendes Verständnis in andere.
- Übernehmen Sie eine Rolle in dem Rollenspiel. Spielen Sie als eigene

Figur mit. Reden Sie mit den Puppen, anstatt Ihr Kind zu fragen, was vorgeht, oder wiederzugeben, was gerade passiert.
- Tun Sie beides: Helfen Sie Ihrem Kind und schlüpfen Sie in die Rolle einer Figur. Sprechen Sie als Verbündeter mit dem Kind (vielleicht im Flüsterton), aber lassen Sie auch Ihre Figur sich gegen die Vorstellungen des Kindes wenden oder es herausfordern.
- Fügen Sie Hindernisse ins Spiel ein. Lassen Sie beispielsweise Ihren Bus die Straße blockieren. Fordern Sie (in Ihrer Rolle) das Kind heraus, darauf zu reagieren. Falls nötig, machen Sie die Sache immer dringlicher (flüstern Sie dem Kind Ermutigungen zu, damit es das Problem löst, bieten Sie notfalls Ihre Hilfe an, indem Sie sich als Verbündeter zeigen).
- Verwenden Sie symbolische Figuren, die das Kind bereits kennt und liebt, etwa Disney-Figuren oder Gestalten aus der Sesamstraße, um es zum Symbolspiel anzuregen. Spielen Sie vertraute Szenen nach, singen Sie bekannte Lieder, erfinden Sie neue Szenen. Achten Sie darauf, ob das Kind vielleicht bestimmte Figuren oder Themen meidet oder ob sie angstbesetzt sind.
- Geben Sie dem Kind Gelegenheit, im Spiel Themen zu verstehen und zu meistern, die ihm Angst eingejagt haben. Arbeiten Sie in der Phantasie und in der Wirklichkeit mit diesen Themen.
- Lassen Sie das Kind Regie führen. Sein Rollenspiel muß nicht realistisch sein (möglicherweise ist es noch im magischen Denken befangen), aber fördern Sie das logische Denken.
- Konzentrieren Sie sich beim Symbolspiel auf den Prozeß: Besprechen Sie, wer welche Rollen übernehmen soll, welche Requisiten gebraucht werden, was an den Szenen verändert werden soll, wo das Problem liegt, wann das Spiel zu Ende sein soll. Bestimmen Sie Anfang, Mitte und Ende des Rollenspiels.
- Passen Sie während des Spiels Ihren Tonfall der Situation an. Schluchzen Sie laut, wenn Ihre Figur verletzt ist, jubeln Sie, wenn sie sich freut, sprechen Sie grob oder mit unheimlicher Stimme, wenn Sie den Bösewicht spielen. Denken Sie daran: Ihr Kind braucht möglichst viel Dramatik, um emotionale Hinweise zu erkennen.
- Stellen Sie Überlegungen über die gedanklichen Vorstellungen und Gefühle der Figuren in der Geschichte an, sowohl während des Spiels als auch danach, wie Sie es mit anderen Erfahrungen aus der Lebenswirklichkeit des Kindes auch tun würden.

- Sprechen Sie über die abstrakten Themen des Kindes wie die Guten/die Bösen, Trennung und Verlust. Reden Sie über die verschiedensten Emotionen wie liebevolle Nähe, Angst, Eifersucht, Wut, Rivalität, Machtstreben. Vergessen Sie nie: Im symbolischen Spiel und im Gespräch kann das volle Spektrum emotionaler Vorstellungen und Erfahrungen gefahrlos eingeübt, erneut durchgespielt, verstanden und gemeistert werden.

Bodenzeit-Strategien: Verarbeitungsprobleme angehen

Verhaltensweisen des Kindes	Lösungen der Eltern
Vermeidet jeden Kontakt, entfernt sich	Beharrlich bleiben, versuchen mitzumachen Das Verhalten als absichtsvoll und zielgerichtet behandeln Visuelle Hinweisreize bieten Das Kind spielerisch behindern Mit reizvollen, »magischen« Dingen sein Interesse wecken Auf einer Reaktion bestehen
Steckt fest, weiß nicht, was es als nächstes tun soll	Ein Ziel anbieten Dem Kind das Objekt zurückgeben, dem gerade sein Interesse gilt Die Interaktion in die Länge ziehen Dem Verhalten des Kindes eine neue Bedeutung geben Ritualisierte Hinweise wie »Achtung, fertig, los!« geben
Neigt zur mechanischen Wiederholung von Szenen aus Videos oder Büchern	Mitmachen Einen alternativen Handlungsverlauf vorschlagen Die Szene umschreiben, Figuren verändern
Perseveriert	Darauf hinweisen, daß man auch mal an der Reihe ist Mitmachen, das Verhalten nachahmen, dem Kind Hilfen geben Das Verhalten zu einem Interaktionsspiel machen Fragen, wie viele Male es das noch machen will Eine besondere Zeit für das Verhalten festsetzen

Verhaltensweisen des Kindes	Lösungen der Eltern
Protestiert	Bedauern äußern, sich dumm stellen, den ursprünglichen Zustand wiederherstellen, der Rollenspielfigur die Schuld geben
Lehnt etwas ab, weigert sich	Dafür sorgen, daß das Kind öfters Dinge ablehnen kann Die Interaktion in die Länge ziehen Alternativen anbieten oder einen anderen Zeitpunkt für das Gewünschte vorschlagen
Benutzt Worte ohne Sinn- oder Situationsbezug	Auf einer Reaktion bestehen Auf Veränderungen achten Zum Abschluß bringen
Wird ängstlich	Beruhigen, ein Gefühl der Sicherheit geben Problemlösungen anbieten Symbolische Lösungen finden
Macht Theater, schubst, haut	Mit emotionalen Hinweisen (»Uh, uh, oh«; Nein, nein«) die Selbstregulation fördern Grenzen setzen Das Kind belohnen, wenn es diese negativen Verhaltensweisen nicht zeigt

Anhang B
Empfindlichkeit gegen Nahrungsmittel und chemische Stoffe

Wenn ein förderbedürftiges Kind untersucht wird, sollte man (neben den familiären Belastungen und den individuellen physiologischen Eigenheiten, wie taktilen und auditiven Sensibilitäten) auch prüfen, ob eine Empfindlichkeit gegen bestimmte Nahrungsmittel und Substanzen wie petrochemische Erzeugnisse, Formaldehyd oder Farb- und Lackdämpfe besteht.

In der Forschung werden diese Empfindlichkeiten sehr unterschiedlich bewertet. Das Thema Nahrungsmittelempfindlichkeiten gegen Milchprodukte, Zucker, Zusätze, Konservierungsmittel, Gluten, Weizen oder andere Produkte ist umstritten. Sowohl die Forscher, die an solche Empfindlichkeiten glauben, als auch jene, die meinen, diese seien in erster Linie pure Einbildung, berichten mit viel Emotion über ihre Ergebnisse. Interessanterweise ist die einschlägige Literatur hierüber weniger kontrovers, als man vermuten könnte.

Einige Studien vertreten die Ansicht, daß die Nahrung Einfluß auf das Verhalten[1] hat und daß das Eliminieren bestimmter Nahrungsgruppen dazu beitragen kann, Symptome wie Migräne und Hyperaktivität zu verringern[2]. Andere Studien behaupten, die Nahrung habe entweder keinen – klinisch signifikanten – Einfluß auf das Verhalten oder nur Einfluß auf sehr empfindliche Menschen[3].

Zum Beispiel verbieten nur wenige Studien, in den zwei Wochen vor einer Versuchsphase Zucker oder chemische Stoffe zu sich zu nehmen (andauernder Verzehr kann die Reaktionen verwischen). Auch unterscheiden sich die Studien hinsichtlich der Menge der Substanzen oder Nahrungsmittel, die dem Kind gegeben werden, und ebenso hinsichtlich dessen, was überhaupt eine klinisch relevante Reaktion darstellt.

Auch ist durchaus möglich, daß der Forschungsansatz an sich schon nicht objektiv ist, vor allem weil dieses Gebiet so umstritten ist und so emotional diskutiert wird (z. B. wird manchmal keine Eliminationsphase eingeschaltet, bevor das Kind den jeweiligen Stoffen ausgesetzt wird, oder aber es werden geringe Mengen der Nahrungsmittel oder Substanzen verabreicht, oder man verwendet nur unzureichende Meßgeräte, oder es wird nur ein sehr hoher Störungsgrad als klinisch relevant angesehen).

Es existieren nur sehr wenige Forschungen über Einflüsse der Umwelt, wie Farb- und Lackdämpfe, Formaldehyd, petrochemische Lösungs- und Reinigungsmittel und ihre Wirkungen auf das Verhalten. Beispielsweise berichten viele Menschen, daß sie unter Kopfschmerzen, Sinusproblemen, Reizbarkeit, Zerstreutheit und Konzentrationsschwäche leiden, wenn sie über einen langen Zeitraum hinweg Farb- oder Lackdämpfen ausgesetzt waren. In den Medien ist viel über die innerhäuslichen Umweltbelastungen gesprochen worden, aber daran müßte noch systematischer geforscht werden.

Da die Forschung sich nicht einig ist und da selbst die skeptischsten Wissenschaftler nicht umhin können, bei einigen wenigen sehr empfindlichen Menschen starke Reaktionen festzustellen, müssen Eltern und Fachleute immerhin die Möglichkeit in Erwägung ziehen, daß das betreffende Kind zu diesen wenigen Menschen gehört oder unter einer seltenen Art von Störungen leidet, bei der sich auch kleinste Mengen der Substanzen erheblich auswirken (z. B. bei einem Kind mit sensorischer Reaktivität und regulatorischen Eigenarten). Da die Forschung sich nicht schlüssig ist und die Empfindlichkeiten gegen Nahrungsmittel und chemische Stoffe möglicherweise größer sind, als bislang bekannt ist, und da manche klinische Populationen – wie Kinder mit schweren Beeinträchtigungen – noch nicht genügend untersucht wurden, sind eindeutige Ergebnisse eher unwahrscheinlich.

Eine Möglichkeit, festzustellen, ob ein Säugling oder Kleinkind eine Empfindlichkeit gegen ein Nahrungsmittel oder eine chemischen Substanz hat, besteht darin, bestimmte Stoffe aus seiner Ernährung auszuschalten (Eliminationsdiät), so wie man verfahren würde, wenn das Kind einen Ausschlag hätte. Die betreffende Nahrungsgruppe wird zehn oder vierzehn Tage lang vollkommen gemieden. Danach wird sie erneut – ein bis drei Tage lang oder bis zu dem Zeitpunkt, wo sich negative Symptome bemerkbar machen – in die Ernährung aufgenommen. Negative Symptome schließen Veränderungen in Konzentration, Aktivität, Reizbarkeit, Impulskontrolle, Frustrationstoleranz, Schlafgewohnheiten, Eßverhalten, Eliminationsmustern oder in der Stimmung oder auch in den sonstigen Verhaltensweisen, Gefühlen oder Gedanken ein, die von den gewöhnlichen Mustern des Kindes abweichen. Man erwartet nicht unbedingt Verbesserungen, wenn man dem Kind die in Verdacht geratene Nahrung nicht mehr gibt. Vielmehr prüft man, ob eine Verschlechterung eintritt, wenn dem Kind eine größere Menge der betreffenden Nahrung gegeben wird. Manche Lebensmittel oder chemische Stoffe führen – selbst bei geringen Dosen – zu einem negativen Verhalten. Andere bedürfen höherer Mengen, und das ein oder zwei Tage lang, ehe eine Wirkung zu beobachten ist.

Wichtig ist bei einer solchen Diät, zuerst festzustellen, ob eine Empfindlichkeit besteht, und dann, je nach Empfindlichkeitsgrad, festzustellen, wieviel von der Nahrung und wie oft sie gegessen werden kann. Zum Beispiel kann ein Kind manche Lebensmittel vielleicht alle drei oder vier Tage gut vertragen, muß andere Lebensmittel hingegen vollständig meiden.

Bei der Eliminationsphase sollte man nicht auf sofortige Verbesserungen hoffen, weil viele Faktoren zu einem negativen Verhalten beitragen können; auch andere Lebensmittel, chemische Stoffe sowie interpersonelle und familiäre Dynamiken können eine Verbesserung verhindern. Doch wenn sich der Zustand eines Kindes nach dem Verzehr der in Verdacht geratenen Nahrungsgruppe verschlechtert, gibt dies einen Hinweis auf das problematische Lebensmittel. Damit man ganz sicher sein kann, sollte das Verfahren gegebenenfalls wiederholt werden. Da es sich hierbei nicht um Blindversuche handelt, kann sich ein falsches positives Resultat ergeben. Daher sollte man in der Versuchsphase nach deutlichen Veränderungen Ausschau halten und, im Zweifelsfall, die ganze Prozedur wiederholen.

Es existieren viele Arten, Lebensmittel in verschiedene Gruppen zu unterteilen, um eine Eliminationsdiät zusammenzustellen. Auch gibt es viele verschiedene Lebensmittel und chemische Stoffe, die zu überprüfen sind. Eine Methode dafür wird im folgenden beschrieben:

Zuerst hat man vermutlich den Wunsch, Zucker, Schokolade, koffeinhaltige Lebensmittel und chemische Substanzen (Lebensmittelzusätze, Konservierungsstoffe, Farbstoffe) als Einzelgruppe zu testen. Wenn das Kind eine diesbezügliche Empfindlichkeit zeigt, können die chemischen Stoffe und der Zucker von den anderen Testsubstanzen getrennt werden, damit man sehen kann, welche Gruppe den größeren Einfluß ausübt. Um die Tests bei einem Säugling, der noch gestillt wird, durchzuführen, muß die Mutter die Eliminationsdiät einhalten, weil das Kind durch die Muttermilch mit den Lebensmitteln in Berührung kommt.

Eine zweite Gruppe, die man austesten kann, besteht aus Lebensmitteln, die natürliche Salizylsäure enthalten. Zu dieser Gruppe gehören die meisten Früchte, einschließlich Tomaten. Keine Salizylsäure enthalten zum Beispiel Bananen, Melonen, exotische Früchte, wie Papayas und Mangos, Grapefruit oder auch Ananas in Dosen. Manche Kinder reagieren empfindlich auf natürliche Salizylsäure. Zudem sind einige Kinderärzte der Meinung, man solle Kindern, die unter chronischen Mittelohrinfektionen leiden, keine salizylsäurehaltigen Produkte geben.

Als nächstes möchte man vielleicht die Empfindlichkeit auf Molkereiprodukte (Käsesorten und Milch) überprüfen. Manche Menschen, die empfindlich auf Milchprodukte reagieren, können jedoch Joghurt essen. Fachleute berichten, daß manche Kinder sich besser fühlen, wenn sie glutenfrei essen (d. h. wenn die meisten Weizenprodukte vermieden werden). Auch auf die Verträglichkeit von Nüssen sollte man Kinder testen, vor allem auf Cashews und Erdnußbutter, zudem auch auf Hefe, wenn man sie im Verdacht hat, negativ zu wirken. Auch andere Nahrungsgruppen können ausgetestet werden, je nach dem, welche Unverträglichkeiten in der Familie des Kindes vorkommen und welche natürlichen Reaktionen auf verschiedene Nahrungsmittel man bei dem Kind beobachtet.

Am besten beginnt man damit, daß die Familie die Rolle der »Nahrungsmitteldetektive« übernimmt und darauf achtet, wann das Kind gute und wann es schlechte Tage hat, und diese dann daraufhin, was das Kind ißt und welchen Dämpfen es unter Umständen in seinem Umfeld ausgesetzt wird, überprüft. Wenn Eltern so etwas äußern wie »Nach einer Geburtstagsparty spielt er immer verrückt« oder »Ich habe bemerkt, daß es ihm an Tagen, wo ich das Haus putze, nicht gutgeht«, dann ist eine systematischere Untersuchung angezeigt.

Aufgrund der zahlreichen Umweltchemikalien – Reinigungsmittel, Pestizide, Farb- und Lackdämpfe, Gas (suchen Sie nach möglichen undichten Stellen!), ätherische organische Verbindungen (wie in neuen Teppichen), Polyurethan und andere petrochemische Produkte – ist eine Untersuchung, bei der stets alle Produkte eliminiert bzw. dabelassen werden, nicht möglich. Daher müssen Eltern die Muster im häuslichen Alltag beobachten und dürfen schlechte Tage nicht ohne weiteres für Zufall halten. Wenn sich das Kind zum Beispiel montags immer schlecht beträgt und Montag der Tag ist, an dem gewöhnlich geputzt wird – wozu eine Menge ammoniakhaltige Lösungsmittel verwendet werden –, dann sollten einmal mildere Mittel oder nur reines Wasser genommen werden, damit man sehen kann, ob es dem Kind damit besser geht. Legt das Kind zu der Zeit, in der das Haus frisch gestrichen wird, plötzlich ein schlechtes Betragen an den Tag, müssen Eltern dafür sorgen, daß das Zimmer des Kindes besonders gut gelüftet wird. Eltern müssen vor vielen Substanzen, wie zum Beispiel Blei, auf der Hut sein, weil diese dauerhaft schädliche Einflüsse auf die Entwicklung des Kindes haben können. Es wird dringend empfohlen, sich einen Überblick über Chemikalien im Haushalt zu verschaffen.[4]

Bei Kindern, die auch nach den ersten Lebensmonaten Schlafprobleme haben oder reizbar sind, und ebenso bei Kindern, die Schwierigkeiten mit dem Modulieren von Aufmerksamkeit, mit dem Denken und mit Stimmungsschwankungen haben oder sonstige Verhaltensauffälligkeiten zeigen, sollte man die Ernährungs- und Umweltfaktoren einer Prüfung unterziehen. Hier ist noch viel Forschungsarbeit nötig, insbesondere bei Kindern, die unter sprachlichen und motorischen Problemen leiden. Kinder mit Verhaltensproblemen und solche, die übermäßig stark auf Berührungen und Eindrücke reagieren oder eine unregelmäßige Entwicklung durchlaufen, sollten auf Umwelt- oder Nahrungsempfindlichkeiten hin untersucht werden.

Selbst wenn Empfindlichkeiten gegen Lebensmittel, chemische Stoffe und andere Faktoren des Umfelds entdeckt werden, sollte man dahinter nicht sofort Allergien vermuten, obwohl natürlich Allergien bestehen können. Faktoren, die das Verhalten beeinflussen können, können genauso »Empfindlichkeiten« sein – so wie Erwachsene unterschiedlich auf Kaffee oder ein frisch gestrichenes Haus reagieren können. Daher sind der »detektivische Ansatz« (d. h. das Beobachten, welche Tage gut und welche schlecht sind) und Eliminationsdiäten hilfreiche Methoden, um solche Empfindlichkeiten – falls vorhanden – zu erkennen.

Anmerkungen

Einleitung

1 Leo Kanner, Autistic Disturbances of Affective Contact, *Nervous Child* 2 (1943), S. 217–250.

2 Diagnostic Classification Task Force, Stanley Greenspan, M.D., chair, Diagnostic Classification 0-3: *Diagnostic Classification of Mental Health and Developmental Disorders of Infancy and Early Childhood* (Arlington, VA: ZERO TO THREE/National Center for Clinical Infant Programs, 1994); Stanley Greenspan, *Infancy and Early Childhood: The Practice of Clinical Assessment and Intervention with Emotional and Developmental Challenges* (Madison, CT: International Universities Press, 1992); and S.I. Greenspan and J. Salmon, *The Challenging Child: Understanding, Raising, and Enjoying the Five »Difficult« Types of Children* (Reading, MA: Addison-Wesley, 1995).

Kapitel 7

1 Ausführlich erörtert werden die emotionalen Grundlagen von Intelligenz, Moralempfinden und Selbstgefühl sowie die Phasen der intellektuellen und emotionalen Entwicklung in Stanley Greenspans Buch: *Die bedrohte Intelligenz. Die Bedeutung der Emotionen für unsere geistige Entwicklung*, München 1999.

Kapitel 18

1. Für weitere Informationen siehe Stanley Greenspan, Intelligence and Adaptation: An Integration of Psychoanalytic and Piagetian Developmental Psychology«, *Psychological Issues* 12 (3/4): Monographie 47/48 (New York: International Universities Press, 1979); Psychopathology and Adaptation in Infancy and Early Childhood: Principles of Clinical Diagnosis and Preventive Intervention, *Clinical Infant Report*, Nr. 1 (New York: International Universities Press, 1981); Infant Developmental Morbidity and Multiple Risk Factor Families: Clinical Impressions and an Approach to Services, *Public Health Reports* (Bethesda, MD: Department of Health and Human Services, Public Health Service, Januar 1982); *Infancy and Early Childhood: The Practice of Clinical Assessment and Intervention with Emotional and Developmental Challenges* (Madison, CT: International Universities Press, 1992); *Die bedrohte Intelligenz* (München 1999); *Developmentally Based Psychotherapy* (Madison, CT: International Universities Press, 1997); Stanley Greenspan et al., Infants in Multirisk Families: Case Studies in Preventive Intervention, *Clinical Infant Reports*, Nr. 3 (New York: International Universities Press, 1987); Serena Wieder, Integrated Treatment Approaches for Young Children with Multisystem Developmental Disorder, *Infants and Young Children* 8, S. 3 (Januar 1996).
2. Vielfältige Strategien können angewendet werden. Für einen umfassenden interaktiven Bodenzeit-Ansatz siehe Stanley Greenspan, *Infancy and Early Childhood: The Practice of Clinical Assessment and Intervention with Emotional and Developmental Challenges* (Madison, CT: International Universities Press, 1992) und *Die bedrohte*

Intelligenz, München 1999). Für Peer-Modelle siehe S.L. Odom und P.S. Strain, A Comparison of Peer-Initiation and Teacher-Antecedent Interventions for Promoting Reciprocal Social Interaction of Autistic Preschoolers, *Journal of Applied Behavior Analysis* 19 (1986), S. 59–71 und P. S. Strain, R. E. Shores und M. Timm, Effects of Peer Social Initiations on the Behavior of Withdrawn Preschool Children, *Journal of Applied Behavior Analysis* 10 (1977), S. 289–298. Für umfassende Verhaltensansätze siehe O. I. Lovaas, Behavioral Training with Young Autistic Children, *Critical Issues in Educating Autistic Children and Youth*, hrsg. von B. Wilcox und A. Thompson (U.S. Department of Education, Office of Special Education, 1980) S. 220–233; und Behavioral Treatment and Normal Educational and Intellectual Functioning in Young Autistic Children, *Journal of Consulting and Clinical Psychology* 55 (1987), S. 3–9. Zusätzlich können diese Strategien die Arbeit in verwandten Bereichen einschließen. Für Ansätze, die auch die Arbeit mit Familienmustern berücksichtigen, siehe P. A. Barber et al., A Family Systems Perspective on Early Childhood Special Education, *Early Intervention for Infants and Children with Handicaps: An Empirical Base*, hrsg. von S. L. Odom und M. B. Karnes (Baltimore: Paul H. Brookes, 1988), S. 179–198; U. Bronfenbrenner, Ecology of the Family as Context for Human Development Research Perspectives, *Developmental Psychology* 22 (1986), S. 723–742; C. J. Dunst und C. M. Trivette, A Family Systems Model of Early Intervention with Handicapped and Developmentally At-Risk Children, *Parent Education as Early Childhood Intervention: Emerging Directions in Theory, Research, and Practice*, hrsg. von D. Powell (New York: Ablex, 1988), S. 131–180; T. H. Powell, A. Hecimovic und L. Christensen, Meeting the Unique Needs of Families, *Autism: Identification, Education and Treatment*, hrsg. von D. E. Berkell (Hillsdale, N. J.: Lawrence Erlbaum Associates, 1992); F. R. Robbins, G. Dunlap und A. J. Plienis, Family Characteristics, Family Training, and the Progress of Young Children with Autism, *Journal of Early Intervention* 15 (1991), S. 173–184; und A. P. Turnbull und H. R. Turnbull mit J. A. Summers, M. J. Brotherson und H. A. Benson, *Families, Professionals and Exceptionality: A Special Partnership* (Columbus, OH: Merrill, 1986). Für die, die interaktive Dynamiken enthalten, siehe Stanley Greenspan, *Infancy and Early Childhood: The Practice of Clinical Assessment and Intervention with Emotional and Developmental Challenges* (Madison, CT: International Universities Press, 1992). Für Ansätze, die sich mit Verhaltensmustern beschäftigen, siehe V. M. Durand, D. Berotti und J. S. Weiner, Functional Communication Training: Factors Affecting Effectiveness, Generalization, and Maintenance, *Communicative Alternatives to Challenging Behavior: Integrating Functional Assessment and Intervention Strategies*, hrsg. von J. Reichle und D. P. Wacker (Baltimore: P. H. Brookes, 1993), S. 317–340; T. G. Haring and L. Lovinger, Promoting Social Interaction through Teaching Generalized Play Initation Responses to Preschool Children with Autism, *Journal of the Association for Persons with Severe Handicaps* 14 (1989), S. 255–262; und S. L. Odom und T. G. Haring, Contextualism and Applied Behavior Analysis: Implications for Early Childhood Education for Children with Disabilities, in *Behavior Analysis in Education: Focus on Measurably Superior Instruction*, hrsg. von R. Gardner et al. (Pacific Groce, CA: Brookes/Cole, 1993). Für Strategien, die die Arbeit mit der sozialen Umgebung mit einschließen, siehe M.M. Ostrovsky, A.P. Kaiser und S.L. Odom, Facilitating Children's Social- Communicative Interactions through the Use of Peer-Mediated Interventions, *Enhancing Children's Communication: Research Foundations for Interventions*, hrsg. von A. P. Kaiser und D. B. Gray (Baltimore: Paul H. Brookes, 1993), S. 159–185; und P. J. Wolfberg und A. L. Schuler, Integrated Play Groups: A Model for Promoting the Social and Cognitive Dimensions of Play in Children with Autism *Journal of Autism and Developmental Disorders* 23 (1993), S. 467–489. Für heilpädagogische Ansätze siehe D.B. Bailey und M. Wolery, »Normalizing Early Intervention, *Topics in Early Childhood Special Education* 10 (1992), S. 33–47. Für Therapien, die kognitive und Sprachansätze berücksichtigen, siehe B. M. Prizant und A. M. Wetherby, Providing Services to Children with Autism (Ages 0 to 2 Years) and Their Families, *Topics in Language Disorders* 9 (1988), S. 1–23; und für sensorische Ansätze sowie Ansätze der motorischen Verarbeitung siehe D. Bricker, Then, Now, and the Path Between: A Brief History of Language Intervention in *Enhancing Children's Communication: Research Foundations for Interventions*, hrsg. von A. P. Kaiser und D. G. Gray (1993), S. 11–13.

3. Greenspan, *Infancy and Early Childhood.*
4. Greenspan, Intelligence and Adaptation, *The Development of the Ego* (Madison, CT: International Universities Press, 1989); *Infancy and Early Childhood, Die bedrohte Intelligenz* und *Developmentally Based Psychotherapy.*
5. Lovaas, Behavioral treatment; P. S. Strain und M. Hoyson, Follow-up of Children in LEAP (Aufsatz, vorgelegt bei der Versammlung der Autism Society of America, New Orleans, 1988); P. S. Strain, M. Hoyson und B. Jamison, Normally Developing Preschoolers Intervention Agents for Autistic-like Children: Effects on Class, Department, and Social Interaction, *Journal of the Division of Early Childhood* 9 (1983), S. 105–119; S. J. Rogers und H. Lewis, An Effective Day Treatment Model for Young Children with Pervasive Developmental Disorders, *Journal of the American Academy of Child and Adolescent Psychiatry* 28 (1989), S. 207–214; A. Miller und E. Miller, *A New Way with Autistic and Other Children with Pervasive Developmental Disorder*, Monographie, (Boston Language and Cognitive Center, Inc., 1992); und A. S. Bondy und S. Peterson, The Point Is Not to Point: Picture Exchange Communication System with Young Students with Autism (Aufsatz, vorgelegt auf der Konferenz der *Association for Behavior Analysis*, Nashville, TN, 1990).
6. A. A. Tomatis, *The Conscious Ear: My Life of Transformation through Listening* (Barrytown, NY: Station Hill Press, 1991).
7. C. J. McDougle, L. H. Price und F. Volkmar, Recent Advances in the Pharmacotherapy of Autism and Related Conditions, *Psychoses and Pervasive Developmental Disorders.* Child and Adolescent Psychiatric Clinics of North America 3(1), (Januar 1994), S. 71–87.
8. W. J. Streit und C. A. Kincaid-Celton, The Brain's Immune System, *Scientific American* 273 (1995), S. 54–61; und A. W. Zimmerman, V. H. Frye und N. T. Potter, Immunological Aspects of Autism, *Int Pediatrics* 8(2), (1993), S. 199–204.
9. S. E. Mouridsen, The Landau-Kleffner Syndrome: A Review, *Our Child Adolecent Psychiatry* 4(4), (Oktober 1995), S. 223–228.

Beulow, J. M., Aydelott, P. Pierz, D. M. und Heck, B., Multiple Subpial Transection for Landau-Kleffner Syndrome, *AORN J* 63(4), (April 1996), S. 727–735, 737–739.

10. Für weitere Hintergrundinformationen über den Gebrauch von Medikamenten siehe R. F. Tuchman und L. Rapin Regression in Pervasive Development Disorders: Seizures and Epileptiform Electroencephalogram Correlates, *Pediatrics* 99(4), (April 1997), S. 560–566.
A. W. Zimmerman, Autism: A Neurological Disorder, Vortrag gehalten bei dem Infancy and Early Childhood-Ausbildungskurs, Rosslyn, VA, Mai 1997.

Anhang B

1. Siehe R. J. Prinz, W. Roberts und E. Huntaranj, Dietary Correlates of Hyperactice Behavior in Children, *Journal of Clinical and Consulting Psychology* 40 (1980), S. 760–769; M. Virkkunen und M. D. Huttunen, Evidence for Abnormal Glucose Tolerance test among Violent Offenders, *Neuropsychobiology* 8 (1982), S. 30–34; M. Virkkunen, Insulin Secretion during the Glucose Tolerance Test in Antisocial Personality, *British Journal of Psychiatry* 142 (1983), S. 598–604; und Reactive Hypoglycemic Tendency among Arsonists, *Acta Psychiatrica Scandinavica* 69 (1984), S. 445–452; R. Bolton, The Hypoglycemia-Aggression Hypothesis: Debate vs. Research, *Currents in Anthropology* 25 (1984), S. 1–53; und M. J. P. Kruesi, M. Linnoila und J. L. Rapoport, Carbohydrate Craving, Conduct Disorder and Low 5-HIAA, *Psychiatric Research* 16 (1985), S. 83–86.
2. Siehe J. Egger et al., Is Migraine Food Allergy? *Lancet* 2 (1983), S. 865–869; und J. Egger et al., Controlled Trial of Oligo Antigenic Treatment in the Hyperkinetic Syndrome, *Lancet* 1 (1985), S. 540–544.
3. Siehe M. D. Gross, Effect of Sucrose on Hyperkinetic Children, *Pediatrics* 74 (1984), S. 876–878; D. Behar, J. L. Rapoport und A. J. Adams, Sugar Challenge Testing with Children Considered Behaviorally ›Sugar Reactive‹, *Nutrition and Behavior* 1 (1984), S. 277–288; M. Wolraich, R. Milich und P. Stumbo. Effects of Sucrose Ingestion on the Behavior of Hyperactive Boys, *Journal of Pediatrics* 106 (1985), S. 675–682; R. Milich und WE. E. Pelham, Effects of Sugar Ingestion on the Classroom and Playgroup Behavior of Attention Deficit Disorder Boys, *Journal of Consulting and Clinical Psychology* 54 (1986), S. 714–718; und H. B. Ferguson, C. Stoddart und J. G. Simeon, Double Blind Challenge Studies of Behavioral and Cognitive Effects of Sucrose-Aspartame Ingestion in Normal Children, *Nutrition Review* 44 (1986), Anhang: S. 144–150.
4. Siehe N. T. Greenspan, Infants, Toddlers, and Indoor Air Pollution, *Zero to Three* (Bulletin of the National Center for Clinical Infant Programs) 11 (5), (1991), S. 14–21.

Literatur

Anmerkung: Für eine umfassendere Literaturübersicht und Diskussion der verschiedenen Studien über Störungen des autistischen Spektrums siehe Tsakiris, E., Treatment effectiveness for preschool autism: A look at affective variables. Diss. (i. Vb.).

American Psychiatric Association: *Diagnostisches und statistisches Manual psychischer Störungen*, 3. Auflage, Göttingen 1984.

American Psychiatric Association: *Diagnostisches und statistisches Manual psychischer Störungen*, 4. Auflage, Göttingen 1989.

Attwood, A.H., Frith, U. und Hermelin, B.: The understanding and use of interpersonal gestures by autistic and Down's syndrome children, *Journal of Autism and Developmental Disorders* 18 (1988), S. 241–257.

Baron-Cohen, S.: *Mindblindness: An essay on autism and theories of mind*, Cambridge, MA 1994.

Baron-Cohen, S., Cox, A., Baird, G., Swettenham, J., Nightingale, N., Morgan K., Drew, A. und Charman, T.: Psychological markers in the detection of autism in infancy in a large population, *British Journal of Psychiatry* 168 (1996), S. 158–163.

Baron-Cohen, S., Frith, U. und Leslie: Autistic children's understanding of seeing, knowing, and believing, *British Journal of Developmental Psychology* 4 (1988), S. 315–324.

Baron-Cohen, S., Tager-Flusberg, H. und Cohen, D.: *Understanding other minds: Perspectives from autism*, London 1993.

Benson, F. und Zaidel, E.: *The dual brain*, New York 1985.

Bondy, A. S. und Peterson, S.: *The point is not to point: Picture exchange communication system with young students with autism.* Aufsatz, vorgetragen bei der Assocation for Behavior Analysis Convention, Nashville, TN 1990.

Cafiero, J.: *Teaching parents of children with autism picture communication symbols as a natural language to decrease levels of family stress.* Unveröffentlichte Dissertation, University of Toledo, OH 1995.

Campbell, M., Overall, J. E., Small, M., Sokol, M., Spinon, E., Adams, P., Foltz, R. L., Monti, K., Perry, R., Nobler, M. und Roberts, E.: Naltrexone in autistic children: An acute open dose range tolerance trial, *Journal of the American Academy of Child and Adolescent Psychiatry* 28 (1989), S. 200–206.

Campbell, M., Schopler, E. und Hallin, A.: The treatment of autistic disorder, *Journal of the American Academy of Child and Adolescent Psychiatry* 35 (1996), S. 124–141.

Carew, J.V.: Experience and the development of intelligence in young children at home and in day care, Monographie, *Social Research on Child Development* 45 (1980), S. 1–115.

Carr, E. und Darcy, M.: Setting generality of peer modeling in children with autism, *Journal of Applied Behavior Analysis* 20 (1990), S. 45–59.

Cook, E., George, K., Gurman, H. und Weigel, J.: *Pervasive developmental disorders (not otherwise specified) and the autistic spectrum disorders.* Einführung, gehalten bei der

American Speech and Language and Hearing Association National Convention, Anaheim, CA 1993.

Courchesne, E., Akshomoff, N., Egaas, B., Lincoln, A.J., Saitoh, O., Schreibman, L., Townsend, J. und Yeung-Courchesne, R.: *Role of cerebellar and parietal dysfunction in the social and cognitive deficits in patients with infantile autism.* Aufsatz, vorgelegt bei der Autism Society of America Annual Conference, Las Vegas, NV 1994.

Courchesne, E., Yeung-Courchesne, R., Press, G., Hesserinck, J. und Jennigan, T.: Hypoplasia of cerebellar vermal lobulen and in autism, *New England Journal of Medicine* 318 (21) (1983).

Dawson, G., Warrenburg, S. und Fuller, P.: Cerebral lateralization in individuals diagnosed as autistic in early childhood, *Brain und Language* 15 (1982), S. 353–368.

DC-O-3, Diagnostic Classification Task Force, Stanley Greenspan, M.D., Chair. *Diagnostic Classification O-3: Diagnostic Classification of Mental Health and Developmental Disorders of Infancy and Early Childhood,* Arlington, VA: ZERO TO THREE / National Center for Clinical Infant Programs, 1994.

Durand, V. M.: *Severe behavior problems: A functional communication training approach.* New York 1990.

Feuerstein, R., Miller, R., Hoffman, M., Rand, Y., Mintsker, Y., Morgens, R. und Jensen, M.R.: Cognitive modifiability in adolescence: Cognitive structure and the effects of intervention, *Journal of Special Education* 150 (1981), S. 269–287.

Feuerstein, R., Rand Y., Hoffman, M. und Miller R.: Cognitive modifiability in retarded adolescents: Effects of instrumental enrichment, *American Journal of Mental Deficiency* 83 (1979), S. 539–550.

Gelle, E., Ritvo, E.R., Freeman, B.J. und Yuwiler, A.: Preliminary observations on the effects of enfluramine in blood serotonin and symptoms in three autistic boys, *New Engalnd Journal of Medicine* 307 (1982), S. 165–169.

Gillberg, C.: The role of endogenous opioids in autism and possible relationships to clinical features. In: Wing, L.: *Aspects of autism: Biological research,* Washington, DC 1989, S. 31–37.

ders.: Autism and pervasive developmental disorder, *Journal of Child Psychiatry* 31 (1990), S. 9–119.

ders. und Steffenburg, S.: Outcome and prognostic factors in infantile autism and similar conditions: A population-based study of 46 cases follewed through puberty, *Journal of Autism and Developmental Disorders* 17 (1987), S. 273–287.

Greenspan, S. I.: Intelligence and adaptation: An integration of psychoanalytic and Piagetian developmental psychology, *Psychological Issues,* Monographie 47/48, New York 1979.

ders.: Psychopathology and adaptation in infancy and early childhood: Principles of clinical diagnosis and preventive intervention, *Clinical Infant Reports,* Nr. 1., New York 1981.

ders.: *Infancy and early childhood: The practice of clinical assessment and intervention with emotional and developmental challenges,* Madison, CT 1992a.

ders.: Reconsidering the diagnosis and treatment of very young children with autistic spectrum or pervasive developmental disorder, *ZERO TO THREE* 13 (2) (1992b), S. 1–9.

ders.: *Developmentally based psychotherapy*, Madison 1996.

ders.: *Die bedrohte Intelligenz – die Bedeutung der Emotion für unsere geistige Entwicklung*, München 1999.

ders. und DeGangi,G.: *The Functional Emotional Assessment Scale: Revised version and reliability studies.* Unveröffentlichte Studie.

Guess, D. und Carr, E.: Emergence and maintenance of steretypy and self-injury, *American Journal of Mental Retardation* 96 (1991), S. 299–319.

Handen, B.: Pharmacotherapy in mental retardation and autism, *School Psychology Review* 22 (1993), S. 162–183.

Harris, S. L.: Teaching language to non-verbal children with an emphasis on problems of generalization, *Psychological Bulletin* 82 (1975), S. 565–580.

Harris, S. L., Handleman, J. S., Kristoff, B., Bass, L. und Cordon, R.: Changes in language development among autistic and peer children in segregated and integrated preschool settings, *Journal of Autism and Developmental Disorders* 20 (1990), S. 23–31.

Kanner, L.: Autistic disturbances of affective contact, *Nervous Child* 2 (1943), S. 217–250.

ders.: Follow-up of eleven autistic children originally reported in 1943, *Journal of Autism and Child Schizophrenia* 1 (1971), S. 119–145.

Klein, P. S., Wieder, S. und Greenspan, S. I.: A theoretical overview and empirical study of mediated learning experience: Prediction of preschool performance from mother-infant interaction patterns, *Infant Mental Health Journal* 8 (1987), S. 110-129.

Koegel, R. L., Dyer, K. und Bell, L. K.: The influence of child-preferred activities on autistic children's social behavior, *Journal of Applied Behavior Analysis* 20 (1987), S. 243–252.

Koegel, R. L., Koegel, L. K. und O'Neill, R: Generalization in the treatment of autism. In L. V. McReynolds und J. E. Spradlin (Hrsg.), *Generalization strategies in the treatment of communication disorders*, Toronto 1989, S. 116–131.

Kohen-Raz, R., Volkmar, F. und Cohen, D. J.: Postural control in children with autism, *Brain Dysfunction* 4 (1992), S. 419–429.

Lovaas, O. I.: Behavioral treatment and normal educational and intellectual functioning in young autistic children, *Journal of Consulting and Clinical Psychology* 55 (1987), S. 3–9.

Markowitz, P. L.: Fluoxetine treatment of self-injurious behavior in mentally retarded patients, *Journal of Clinical Psychopharmacology* 12 (1990), S. 21–31.

Mesibov, G. B., Schopler, E., Schaffer, B.: Use of the Childhood Autism Rating Scale with autistic adolescents and adults, *Journal of the American Academy of Child and Adolescent Psychiatry* 28 (1989), S. 538–541.

Miller, A. und Miller E.: A new way with autistic and other children with pervasive developmental disorder, Monographie, Boston, MA 1992.

Mouridsen, S. E.: The Landau-Kleffner syndrome: A review, *European Child and Adolescent Psychiatry* 4 (1995), S. 223–228.

Odom, S. L. und Strain, P.: A comparison of peer-interactions and teacher-antecedent intervention for promoting reciprocal social interactions of autistic preschoolers, *Journal of Applied Behavoir Analysis* 19 (1986), S. 59–71.

Olley, J., Robbins, F. und Morelli-Robbins, M.: Current practices in early intervention for children with autism. In: E. Schopler, M. Bourgondien und M. Bristol (Hrsg.), *Preschool issues in autism*, New York und London 1993, S. 223–245.

Panskepp, J., Lensing, P., Leboyer, M. und Bouvard, M.: Naltrexone and other potential pharmacological treatments for autism, *Brain Dysfunction* 4 (1991), S. 281–300.

Piven, J., Harper, J., Palmer, P. und Arndt, S.: Course of behavioral change in autism: A retrospective study of high-IQ adolescents and adults, *Journal of the American Academy of Child and Adolescent Psychiatry* 35 (1996), S. 523–529.

Prizant, B.: Language acquisition and communicative behavior in autism: Towards an understanding of the »whole« of it, *Journal of Speech and Hearing Disorders* 48 (1983), S. 296–307.

ders. und Wetherby, A.: Toward and integrated view of early language and communication development and socio-emotional development, *Topics in Language Disorders* 10 (1990), S. 1–16.

Ratey, J. J., Sorrer, R., Mikkelsen, E. und Chmielinski, H. E.: Buspirone therapy for maladaptive behavior and anxiety in developmentally disabled persons, *Journal of Clinical Psychiatry* 50 (1989), S. 382–384.

Ricks, D. M. und Wing, L.: Language, communication, and the use of symbols in normal and autistic children. In: J. K. Wing (Hrsg.), *Early childhood autism: Clinical, social and educational aspects*, Oxford 1976.

Rimland, B.: *Infantile autism*, New York 1964.

Rogers, S. J., Herbison, J. M., Lewis, H., Pantone, J. und Reis, K.: An approach for enhancing symbolic, communicative, and interpersonal functioning of young children with autism and severe emotional handicaps, *Journal of the Division of Early Childhood* 10 (1988), S. 135–145.

Rogers, S. J. und Lewis, H.: An effective day treatment model for young children with pervasive developmental disorders, *Journal of the American Academy of Child and Adolescent Psychiatry* 28 (1989), S. 207–214.

Rumsey, J. M., Rapoport, J. L. und Sceery, W. R.: Autistic children as adults: Psychiatric, social and behavioral outcomes, *Journal of the American Academy of Child Psychiatry* 24 (1985), S. 465–473.

Rutter, M.: Cognitive deficits in the pathogenesis of autism, *Journal of Child Psychology and Psychiatry* 24 (1983), S. 513–531.

ders.: Autism research: Prospects and priorities, *Journal of Autism and Developmental Disorders* 26 (2) (1996), S. 257–275.

Rutter, M., Greenfield, D. und Lockyer, L.: A five to fifteen year follow-up study of infantile psychosis: II. Social and behavioural outcome, *British Journal of Psychiatry* 112 (1967), S. 1183–1199.

Schopler, E.: Specific and non-specific factors in the effectiveness of a treatment system, *American Psychologist* 42 (1987), S. 262–267.

Schopler, E. und Mesibov, G. (Hrsg.): *Neurobiological issues in autism*, New York 1967.

Schopler, E., Mesibov, G. und Hearsey, K.: Structured teaching in the TEACCH system. In: E. Schopler und G. Mesibov (Hrsg.), *Learning and cognition in autism*, New York 1995.

Sigman, M. und Ungerer, J.A.: Attachment behaviors in autistic children, *Journal of Autism and Developmental Disorders* 14 (1984), S. 231–244.

Sparrow, S.S., Balla, D.A. und Cicchetti, D.V.: Vineland Adaptive Behavior Scales, American Guidance Service 1984.

Sperry, R.W.: Consciousness, personal identity, and the divided brain. In F. Benson und E. Zaidel (Hrsg.), *The dual brain*, New York 1985, S. 11–27.

Stokes, T.E. und Osnes, P.G.: The developing applied technology of generalization and maintenance. In R. Horner, G. Dunlap und R. L. Koegel (Hrsg.), *Generalization and maintenance*, Baltimore, MD 1988, S. 5–19.

Strain, P.S. und Hoyson, M.: *Follow-up of children in LEAP.* Aufsatz, vorgelegt bei der Konferenz der Autism Society of America, New Orleans, LA 1988.

Strain, P.S., Hoyson, M. und Jamison, B.: Normally developing preschoolers as intervention agents for autistic-like children: Effects on class, department, and social interaction, *Journal of the Division of Early Childhood*, 9 (1983), S. 105–119.

Szatmari, P., Barolucci, G., Bremmer, R., Bond, S. und Rich, S.: A follow-up study of high-functioning autistic children, *Journal of Autism and Developmental Disorders* 19 (1989), S. 213–225.

Western Psychology Services: Childhood Autism Rating Scale (CARS), Los Angeles, CA 1988.

Wetherby, A., Koegel, R. L. und Mendel, M.: Central auditory nervous system dysfunction in echolalic autistic individuals, *Journal of Speech and Hearing Research* 24 (1981), S. 420–429.

Wing, L. und Gould, J.: Severe impairments of social interaction and associated abnormalities in children: Epidemiology and classification, *Journal of Autism and Developmental Disorders* 9 (1979), S. 129–137.

Register